U0620287

顾　　问：丁名楠

主　　编：张振鹍

副 主 编：庚裕良　张　胤

编　　者：庚裕良　黄振南　廖宗麟　张永平

参加初选及整理者：萧德浩　杨立冰　黄国安

李燕宁　张　宁

中国近代史资料丛刊续编

中　法　战　争

第　五　册

主　　编　张振鹍

副 主 编　庾裕良

张　胤

中　华　书　局

图书在版编目(CIP)数据

中法战争·第五册/张振鹍主编.—北京:中华书局,2006

(中国近代史资料丛刊续编)

ISBN 7-101-03810-7

Ⅰ.中… Ⅱ.张… Ⅲ.中法战争(1883—1885)—史料 Ⅳ.K256.206

中国版本图书馆 CIP 数据核字(2003)第 016985 号

责任编辑:薛有红 张荣国

中国近代史资料丛刊续编

中 法 战 争

第 五 册

主 编 张振鹍

副主编 庾裕良

张 胤

*

中 华 书 局 出 版 发 行

(北京市丰台区太平桥西里 38 号 100073)

http://www.zhbc.com.cn

E-mail:zhbc@zhbc.com.cn

北京瑞古冠中印刷厂印刷

*

850×1168 毫米 1/32·33¼印张·19 插页·726 千字

2006 年 6 月第 1 版 2006 年 6 月北京第 1 次印刷

印数 1-2000 册 定价:68.00 元

ISBN 7-101-03810-7/K·1591

目　　录

本册译校人员

BB—4 1946

戴润庠 周瑞亭译 沈明鉴校

BB—4 1947

诸建正 周瑞亭译 戴润庠 沈明鉴校

BB—4 1948

袁中波译

BB—4 1949

骆幼玲译

BB—4 1950

骆幼玲 陈耐秋译

BB—4 1951

廖官友译 骆幼玲校

BB—4 1952

梁守锵译

BB—4 1953

梁守锵译

BB—4 1954

骆幼玲译 梁守锵校

BB—4 1956

廖官友译 骆幼玲校

BB—4 1957

周瑞亭 徐知奋译 沈明鉴校

BB—4 1958

陈耐秋译 夏秀峰校

M.D.亚洲第42卷

赵永范 冒怀开 茅瑞清 毛雪良译

M.D.亚洲第43卷

李燕宁译 沈明鉴校

M.D.亚州第44卷

周瑞亭 顾树鑫 郇 宁译 孙 源 沈明鉴

方振华 夏 煌 徐景陵校

C.P.中国第62卷

顾树鑫 张庚祥译 沈明鉴 雷如意校

C.P.中国第63卷

鲍 刚 梁华顺译 孙 源 胡中夫校

C.P.中国第64卷

鲍 刚译 孙 源校

C.P.C中国第4卷

王长青译 孙 源校

C.P.C上海第10卷

徐知奋译 沈明鉴校

法文总校审 梁守锵

越南人名、地名校审 范宏贵

中法战争法文资料

第678—1210件

（1883年9月—1884年4月）

678 海军及殖民地部长薄纳致外交部长沙梅拉库

1883年9月2日于巴黎

外交部政治司9月7日收到

部长先生、亲爱的同事：

我荣幸地将共和国驻东京总特派员先生刚发给我的密码电报寄给您。

附件 驻东京总特派员何罗恾致海军及殖民地部长电

1883年9月1日11时于香港

海防，8月28日——到达海防时得悉8月19日发生的不快事件，事后海军陆战队司令决定明天前往河内。

布里翁瓦尔上校13日攻克了海阳要塞，并于20日兵不血刃便占领了广安（Quang-yen）。

请立即派驻扎官6名及海关人员来，其中1名为督察员，月薪由您自行确定。同时请派出水道测量队，以勘测河静、清化、乂安等地的海岸。

要求全部驻扎官应由有一定资历的校级或至少为专区区长级优秀军官担任，请认真挑选。估计所需军饷平均为2万法郎。依我之见，可效法英国、荷兰，设置高级驻扎官和必要的海关人员，助理驻扎官和见习驻扎官亦在所必需。

请寻找有文化、有科学知识和司法知识的知识青年。

M.D.亚洲第42卷第9—10页

679　交趾支那总督沁冲致海军及殖民地部长

1883年9月2日于西贡

部长先生：

我荣幸地随函寄上两份命令的4份样本。在收到有关在顺化签署预备性和平条约的消息后，该命令张贴在西贡、殖民地主要中心地区和柬埔寨境内。

总督　沁冲

附件1　法兰西共和国交趾支那政府当日命令

1883年8月29日于西贡

交趾支那总督、骑士勋章获得者、法国文化教育勋章受勋者荣幸地向本殖民地各行政长官、各部门官员、军官、职员和全体居民通告如下：

由于炮轰和占领顺安要塞以及炮台，预备性和平条约已于今年8月25日在顺化签署，双方出席代表为：

——法兰西共和国总特派员、全权代表何罗栏先生代表法国签字，交趾支那土著事务行政主管、法国前驻顺化代办参哺先生协办。

——正使、协办大学士陈廷肃阁下，副使、吏部尚书、商舶大臣阮仲合阁下代表安南政府签字，机密院大臣[①]黄有常（Huinh-huu-

① 原文为membre du Conseil Privé，译机密院大臣。查《大南实录》正编第四纪卷七十第五十二至五十三页，黄有常职务为内阁参办。——编者

thuong)参办。

本条约已呈送巴黎,报法兰西共和国总统批准。

法兰西万岁!

共和国万岁!

总督 沁冲

附件2 法兰西共和国交趾支那政府当日命令

1883年8月30日于西贡

法属交趾支那总督、骑士勋章获得者、法国文化教育勋章受勋者今日向交趾支那各区行政长官先生发出下列电报:

"挂满彩旗的'雷诺堡'号载交趾支那行政主管参哺于昨天抵达,他携带着8月25日在顺化由总特派员何罗枈代表法国和安南全权代表签署的预备性和平条约。

"主要条款是:

"——完全承认我们对安南和东京的保护权;

"——平顺省永远并入交趾支那;

"——法军永远占领Vuing-khuia和顺安炮台;

"——顺化朝廷立即召回其派驻东京的部队,恢复在东京的和平驻防;

"——命令官吏返回工作岗位,并由法国官员对任命予以确认;

"——向东京各省会派驻扎官,并派足够的部队协助;

"——整个王国的海关完全由法国控制;

"——架设河内和西贡之间的电话线;

"——法国驻顺化驻扎官有权觐见安南国王;

"——沿红河设置军事哨所,法国可在它认为必要的地点修建永久性的炮台；

"——皮阿斯特和交趾支那货币将在整个王国使用；

"——贸易、海关和税务管理制度及一切细则将由以后在顺化召开的会议解决；

"——安南全权代表要求尽快重开顺化公使馆；

"——本条约已送巴黎呈交共和国总统批准。"

总督 沁冲

BB—4 1951 第 201—203 页

680 交趾支那总督致海军及殖民地部长

1883 年 9 月 2 日于西贡

部长先生：

我荣幸地随函寄上有关顺安和顺化最近发生的各种值得关注的事件的通信。这些信函是共和国驻东京总特派员何罗栏和东京分舰队总司令孤拔海军少将寄给我的。

总督 沁冲

附件 1 驻东京总特派员何罗栏致交趾支那总督

1883 年 8 月 22 日于顺安"巴雅"号舰上

总督先生：

由于对安南沿海实行封锁，东京海军分舰队少将司令先生不得不在港口前不断地游弋，并且使他指挥的船舰处于戒备状态。

另外，为了配合海军部队共同保卫我们刚刚攻占的顺安炮台，必须留下几艘舰艇在环礁湖防守。

在目前情况下，靠东京分舰队的舰艇根本不能适应这些要求。

如果您近期内能派给我两艘炮舰（其中"梭尼"号已运送几位

舰长和船员去西贡),使之听从海军少将孤拔先生调遣,我将不胜感激。

“斗拉克”号今天驶往西贡,返回时可能会拖来其中一艘炮艇,接着再去拖第二艘。当您收到这封信时,“梭尼”号应当还在西贡,它不可能自己到顺安来。

共和国驻东京总特派员　何罗柽

附件2　何罗柽致交趾支那总督

1883年8月25日于顺安“巴雅”号舰上

总督先生:

今天我荣幸地将一份电报原文寄给您[①],并请求您转送给海军及殖民地部长和外交部长先生。

我认为,我把平顺省和各个锚地并入交趾支那,整个交趾支那殖民地都会感谢我带给它的这份礼物。

今天我为共和国政府尽了力,对此我感到自豪。您为给我们派军队和优秀军官而作出了贡献,我从内心感激您。

在25名水兵护送下,我与参啸、巴思定、马斯先生和我的办公室人员今晚到达顺化。明天早上我将启程前往东京;我派交趾支那行政主管、前驻顺化代办参啸和土著事务行政官马斯先生前往您处,向您口头汇报有关事件情况。我请求您尽快送他们回来。

我离开东京11天来,一直没有那里的消息。

总特派员　何罗柽

① 原档缺电报原文。——编者

附件3 东京分舰队总司令孤拔致交趾支那总督

1883年8月22日于顺安"巴雅"号舰上

总督先生:

我荣幸地将我给海军部长先生的电报的副本寄给您。我在电报中向他报告了顺化河口战斗的胜利消息。建筑在河口处的全部堡垒工事都落到了我们手中。"蝮蛇"号和"野猫"号绕过河口沙滩,越过内港入口处安南人筑起的围堰,目前正在顺安要塞前面停泊。"野猫"号今天溯顺化河而上,运送东京民政总特派员先生前往顺化。

总督先生,您及时地为远征军派出陆战队、海军炮兵连队并供应其粮食及各种装备物资,对于您的大力支持协助,我向您表示衷心的感谢。

您利用殖民地的人力物力资源,不遗余力地为我们提供一切。假如部长不反对的话,您本来甚至会给我们增派200名后备军,我认为这批人员是占领沱瀼所不可缺少的。

我义不容辞地要向您表示深切谢意,由于您及时地派出交趾支那部队,使我能利用千载难逢的有利时机,及时地采取行动。

"云雀"号前来参战,它打响了第一炮。由于机件突然损坏,使它未能进入顺化河,今天也不能溯江到顺化。毋庸置疑,这艘护卫舰的机器不几天就可修好;尽管有沙滩阻拦,我们还是能利用其宝贵的援助以接济远征军。我十分感激您主动给我派来这艘舰艇,但我十分遗憾未能立即满足您的要求,临时换一艘吃水较深的舰艇给您。我还希望,最近的事件能起到平息您管辖的殖民地的各种骚乱的作用。

尽管顺化河上堡垒被攻占,接着实现了停火,但还是应当预防敌人以顺化为基地进行最后的挣扎。因此,我要考虑部署足够的海军部队和将一些吃水较浅的船舰留守在顺化河上,以方便这里的行动。为此,我要求您派遣型号合适的“标枪”号和“剑尖”号组成舰队前来增援,并给予必要的火力装备。

东京民政总特派员很想将停在河内的“短枪”号调来由我指挥。在顺化河中,一旦舰艇足够调配,我立即将“云雀”号调回给您。

“斗拉克”号将这封信带给您,它要给我们运回必要的给养和军用物资。除这些给养外,请您再装载20万份[①]口粮,这样便足以使顺化占领军有必要的额外粮食,再不必担心粮食不足。多余的粮食将补充供应分舰队,直至我认为可以不需要时再通知您。

同时,还请您叫人制造10个用于水底爆炸的钢箱,每只箱可以装300公斤黑炸药,要密封,能承受外部一个大气压的压力。这些钢箱对于彻底炸毁顺化河的水坝可能有用。

如果“梭尼”号在离开西贡之前已卸下东京分舰队的军火物资,请您派“斗拉克”号给我送来。这批军火数量已在附件清单上开列,它们对完全恢复供应参加攻占顺安作战的战舰是十分必要的。

远征军已经收到“安南人”号运来的3000公斤石灰;这批石灰已用来为8月20日战斗中击毙的安南人尸体消毒。还需要更多一些石灰,故请再给我运来8000公斤,不是用于上述目的,而是用来建筑木板屋和坑道。

我荣幸地要求您供给分舰队各战舰人员衣服、烟叶和肥皂,请参阅“巴雅”号、“阿达朗德”号、“斗拉克”号和“蝮蛇”号军需品报

---

① 原文如此。——编者

表,以及“雷诺堡”号和“野猫”号分列报表。

请您让西贡仓库向我报告该处是否有上述所需物品。如果这里的殖民地不能满足这个需求量,那么,如果您认为合适的话,是否由您下令直接向法国提出要求。

最后,在这封信中,我补充谈一下“雷诺堡”号舰提出的要求,解决它开炮时出现的机器损坏问题。我请您满足这一要求并派“斗拉克”号运来有关物资。“安南人”号从西贡给我运来一些鱼雷接收器,其中大部分可以使用,但是12个100—125公升的三角形密封箱漏水,将由“安南人”号送回西贡。我恳求您给我送来同样数量、更结实的接收器。

结束这封信之前,我荣幸地通知您,总督先生,我已收到您寄给我标有下列日期和号码的信件:

1883年7月23日办公室214号;

7月30日军事局534号;

8月10日政治办公室1号,内有8月8日一封部长电报的副本;

8月11日政治办公室2号,连同一封电报;

政治办公室3号,夹有7份电报和一份总督的决定;

8月12日政治办公室4号;

8月13日政治办公室5号;

8月13日政治办公室6号;

8月15日政治办公室7号和一份电报。

东京分舰队总司令　孤拔

附件4　孤拔致交趾支那总督

1883年8月26日于顺安“巴雅”号舰上

总督先生:

在攻占顺化河口之后,我荣幸地于8月22日给您寄去108号函,对您派“云雀”号运送交趾支那土著事务行政主管参哺先生前来顺安这一好主意表示衷心感谢。

我感谢您有两个原因:其一是您割爱将参哺先生派来,其二是您给我们送来一位难得的好助手。

当民政总特派员先生前往顺化谈判时,参哺先生陪同他前往。

民政总特派员先生和顺化朝廷签署协议所产生的新形势不会改变我认为必须将炮舰开进顺化河的想法。“梭尼”号舰长通知我,他要拖带炮舰“标枪”号,因此我设想,您会把“剑尖”号或者46号鱼雷艇交给“雷诺堡”号或“斗拉克”号拖到顺安。您为这些舰艇安全拖引提供必要的手段,我不胜感激。

在很长一段时间内我们要向登陆部队供应给养。必须利用即将到来的天气有利的时机,因此,“云雀”号对我们有极大用处,我力图给远征军备足4个月的给养。

我现在已拥有各种食品,但要实现必不可少的粮食供应,有些东西如饼干、面粉和酒数量还不够。我需要49天的饼干、面粉,两者合计为4万份;88天的酒合计为7.2万份。

我请您派“斗拉克”号运来的22万份[①]给养可以补足远征军4个月和东京分舰队三个月的需要。因此,不用补充上面提到的7.2万份酒,4万份面粉。我之所以提出这些,惟一目的是向您报告目

---

① 原文如此。——编者

前远征军的给养状况。

总督先生，在搁笔之前，我荣幸地提请您特别注意“云雀”号舰长德·沙加桑(de Sagazan)先生。我无需赘言，这位军官对我帮助极大而且继续在大力协助我。由于卧式锚机断裂和机器损坏，“云雀”号人员和物资条件变得很差，这就更值得赞扬。而德·沙加桑先生的积极和忠诚态度，使这一切在最短的时间内便得以克服。

东京分舰队总司令 孤拔

BB—4 1951 第 204—212 页

681 交趾支那总督致海军及殖民地部长

1883 年 9 月 2 日于西贡

部长先生：

我荣幸地随函转去顺化商舶大臣的两封信。这两封信是由安南一位军官和两位低级官员送来的，他们于 8 月 19 日及以后几天的事件前离开安南首都，8 月 26 日抵达西贡。

在 8 月 4 日的第一封信中，商舶大臣告诉我说，他已收到共和国驻东京总特派员何罗栏先生发给他的通知，得悉共和国总统授予这位高级官员直接和安南谈判的一般权力和特别权力。

8 月 11 日的第二封信告诉我，嗣德于 7 月 17 日[①]去世，按照皇太后的敕令，其弟于 7 月 30 日登基，改元“协和”(安南语即协作与和平之意)。

新国王取这个年号，表明他根本不认为在短时间内他能够使其名位合法化。

法属交趾支那总督 沁冲

① 原文如此，与原信(附件 2)所说 19 日有异，疑此处为笔误。——编者

附件1　顺化商舶大臣阮仲合致法属交趾支那总督沁冲

嗣德三十六年七月二日(1883年8月4日)

上月中旬,我收到总特派员先生的一封信,该信用法文书写,并译成中文。

信中大意是:法兰西内阁会议决定,今后凡涉及安南和平及其他棘手问题,应提交总特派员,他有权处理,等等。

这一文件还谈到其他问题,我不敢对此表态。但这些问题可使人了解到,法国准备和平,而不要敌对行动。

读过这封信后,我甚为感动,并表示真诚的谢意。

自从和法国签署和平条约20多年来,我国政府只想忠实履行条约,而没有别的企图。

所以,在去年当贵国军队突然袭击我们时,没有人不感到惊讶。

这一行为应当归咎于您的前任和代办,正是由于他们未经调查就轻信某些冒失鬼的报告,从而导致现在这种复杂的局面。

我国政府没有挑衅,只是根据局势而行事,因为它别无其他办法。不过,所有这些都不妨碍它一如既往地保持对法国的友好感情。

现在总特派员先生已就任,我不知道他有何打算;苍天会给他启示,使他在这种形势下明辨是非。这是我最后的希望。

总督先生,最后我向您指出:旧条约依然存在,我惟一的愿望是,为了部队和平民的利益,两国间能重新出现和平和安宁。

正是上述各种原因促使我给您写这封信,总督先生,请您深思。

附件2 顺化商舶大臣致法属交趾支那总督

嗣德三十六年七月九日(1883年8月11日)

我们的国王在位36年间,向爱民子,正直真诚,为保持和平呕心沥血,全国臣民对他感恩戴德。不幸,国王于今年六月十六日(1883年7月19日)与世长辞,举国上下,无不悲痛,哀思良深。

遵照王太后谕旨,全体王亲国戚、勋臣显爵、文武百官,一致拥戴已故国王之弟继承王位。

新国王陛下美德昭昭,体恤百姓,为世人所深知,四海景仰。六月二十七日(1883年7月30日)新国王正式登基,举行授封和移交玉玺仪式。

新国王陛下即位,改元"协和"(即协作与和平之意)。不过,这一年号将从明年启用,从明年算起①。

陛下即位得到百官、朝野的一致拥戴。新国王将继承前国王的大业,一切依旧。鉴于法国和安南已签署和平条约,条约上写明"凡涉及两国切身利益之事,双方应相互磋商",因此,我有义务将上述情况通知您,并请您告知法兰西共和国政府。

BB—4 1951第213—215页

682 海军及殖民地部长致外交部长

1883年9月3日于巴黎

部长先生、亲爱的同事:

现将交趾支那总督刚刚给我的密码电报全文随函奉上。

---

① 这种习惯在安南和中国历来沿用;新国王开朝年号从国王逝世第二年算起;□……——原注

附件　交趾支那总督致海军及殖民地部长电

1883年9月2日晚11时5分于西贡

"梭尼"号和"斗拉克"号拖着"标枪"号和一艘小炮艇已驶往顺安。"永隆"号于8月29日到达西贡。"雷诺堡"号明日将送参哺并带着公使馆的档案和孤拔要的工兵主任去顺安,同时拖带46号鱼雷艇前往。

何罗恾向我要1000支宪兵用的1874年型短枪和全套装备,以武装1000人来加强已在东京的安南步兵,我已给他运去500支枪和装备。因此,请由9月的运输船给我运来1000支短枪。安南的一位军官和两位低级官员给我送来顺化商舶大臣的两封信,他们希望和平,并告诉我:嗣德帝于7月17日[①]去世,根据王太后的谕旨,并经王亲国戚和高级官员们拥戴,嗣德帝的同父异母弟已登基即位,改元"协和"。此事对东京所产生的影响尚不得而知。

我给您寄去了何罗恾对弗拉维亚诺[②]率领的法国军队不太满意的报告,弗拉维亚诺是希腊人,原为海防商船驾驶员,堵布益手下的上尉。何罗恾本不同意招募他,但认为在接到新命令之前还必须维持现状,并警告说一旦有过分举动或者掠夺行为就解雇他。

M.D.亚洲第42卷第11—12页

683　何罗恾致外交部长

1883年9月3日于河内

外交部政治司11月5日收到

部长先生:

① 原文如此。上件之附件2作19日。——编者

② 即乔治·弗拉维亚诺。——编者

我荣幸地随函附上林椿先生刚寄给我的一封信,这些问题林椿先生已经告诉部里了。我应该指出:我们在广州的领事对于中国部队集结在东京边境之事,至今仍不是很肯定。另一方面,人们反复向我强调说:山西和北宁今天已不再由安南人和黑旗军占领,而是被来自广西和广东省的中国正规军占领了。

如果这些情报准确的话,我认为这样的形势不可能持续下去。对于我们来说,立刻与中国进行一场公开的战争,比我们无休止地和中国部队对峙,并且同意把中国军队不看作是参战者——这种假设只能证明我们无能——好处要大得多。否则肯定会置我们在东京的机构于危险之中,会阻碍公共安宁的恢复,最终肯定会使我们只要付出一点点力量就会很快获得成功的事业受到危害。

我完全有必要清楚地了解我应该如何对付中国的企图,因此,我请阁下给脱利古先生一些电报指示。

根据8月25日的条约,我们不能再容忍中国正规部队在东京三角洲的存在。如果中国的正规部队驻扎在他们自己的边境之内,我们就完全有可能进行布置,对前线进行调整,这就有可能使我们对将来有所准备。可是,情况完全不是这样,今天,这些部队竟如此大胆,以致经常来到距河内几公里的地方,刚刚发生的事情,许多报告都向我肯定了。

至于林椿先生信中提到的禁止销售牲畜问题,我应该说:任何出口禁令都威胁不了我们,禁止出口不会使任何了解中国态度的人感到惊讶。只要去寻找,付钱给土著人,而不必关心这个或那个供应者的特殊利益,东京可以在很长的时期内廉价提供屠宰场的肉,这一事实立即就可以得到证明。得知中国人在海南岛所采取的——明显是针对我们的——令人气愤的措施,我只能为我们的军事当局在我到达之前所犯的毫无理由的过失感到痛心。

应该相信,在当前这种情况下,已经有所准备的两广总督将以各种不正当的理由来反对我们的领事提出的抗议。和曾国荃一样(林椿先生说他即将离开),他的继任者张树声将保持狡猾的谨慎态度和官方的礼节,来掩盖中国高级官员们目前对我们不太友好的情绪。部里已经知道张先生已担任了两广总督之职,他去年年初为了到天津临时接替李鸿章的职务(他完全受到李的影响),曾不得不离开这里的职务。今年7月在上海同脱利古先生进行的谈判失败之后,李鸿章恢复了直隶总督之职,便立即把一个他知道是忠心耿耿并能盲目服从的人派往广州,张先生于是就成了李总督在两广执行其意志的工具。为此,他将不遗余力地在东京对我们持续不断地进行不光明正大的攻击,同时还避免使这些攻击成为损害他的主子的政策的证据。

林椿先生认为:在华北海滨进行一次海军示威可能会使北京朝廷惊恐,从而把南部边界的部队撤走。他还认为,我们的一艘巡洋舰在广州港口出现,是不会没有益处的。我完全同意这个意见。梅依海军少将不同意这种看法,我感到很惊讶。我不知道我们驻中国海分舰队司令拿什么理由来说明他为什么在香港停泊场长期不动;我真希望这些理由是建筑在对形势进行了比过去他长期把分舰队停留在下龙湾时对形势所作的更全面、更可靠的分析基础之上。此间物议沸扬,并且传到了我的耳朵里,这在一定程度上纯属巧合。尽管驻中国海分舰队服从指挥和遵守纪律,但仍然表现出一种情绪,这种情绪的全部危害无需我一一指出。然而,有一点,我冒昧请阁下注意,即:惟一能使中国方面停止采取那种持续已久的模棱两可的危险态度的,就是使之害怕,在它的海岸及军事、商业港口施加精神压力,并在北京佐以坚定的语气甚至是威胁。为完成这个双重任务,我们要有两个得力的人:第一,我们已经有了我们在中国的特使脱利古先生这样的人；我热切地希望梅依海军少将能成为第二个人，他以他的和蔼可亲的性格和宽宏大度在这些海上结交了许多朋友。

附件 驻广州领事林椿致何罗栏

1883年8月20日于广州

总特派员先生：

本月14日，我们的香港领事代雅丹[①]先生按照您的愿望，把您寄给共和国驻中国公使的信的抄本转给了我，您在信中提醒他注意海南当局所采取的禁止出口的措施和在这个大岛的开放港口里建立领事代办处的好处。

同时，我从海军少将梅依先生那里收到钦州当局发布的告示的文本，海军少将孤拔先生转来要求翻译，该告示旨在禁止牛的出口，借口是：这些对农业如此有用的牲畜应当受到尊重，而不应成为人的食品。

我立即给总督写了信，请他撤销禁令，我认为这是和条约第30条完全矛盾的。遗憾的是这位高级官员即将离任，甚至连给他的信都不予答复。因此，我要等两三天之后和他的继任者交涉这件事。我将努力争取得到一个圆满的解决办法。可以说从现在起，我将遇到相当大的困难：事实上，我的消息是很灵通的，这样的告示并非第一次发布，人们告诉我，就在最近，当局还采取了一些措施，限制猪的出口，猪的出口量过去是很大的。显然，最近采取的这项措施是针对我们的，可是中国当局引用以前的例子为理由否认这一点。

---

① 中文名汉尚廷。——编者

方耀将军前天离开了广州。正如我有幸告诉您的那样,他去的是钦州。

弹药和各种军需品不断大量地运到广州,在广州目前聚集了700人,当然还不包括通常的驻军。这一行动和这些准备的原因,似乎是由于我们的舰队在香港的存在。如果允许我提出一个完全是个人的设想,我认为,如果梅依海军少将率领他的大部分舰队开到北方去,比如到渤海湾去,这样一个似乎威胁大沽然后威胁北京的军事行动,将会解除东京边境的威胁。毫无疑问,一场大动乱正在笼罩着广州,广州认为可能会立即遭到一次袭击,而且由于这个省的居民容易激动和粗暴的性格,这次动乱通过刚刚发生的一次令人遗憾、引起最让人恼火的后果的事件变得更加强烈了。本月11—12日夜间,中国海关的三名下级职员——一个英国人、一个俄国人和一个挪威人——正在喝饮料,和中国人发生了争吵,随后开枪打死了一个9岁的小孩,重伤了一个男人和一个妇女。人们不太清楚事情的起因,对此流传着各种不同的说法,不幸的是一切错误都推到外国人一边。

林椿

M.D.亚洲第42卷第13—17页

684 海军及殖民地部长致××[①]急电二则

(一)

1883年9月4日

必须趁晴好季节摧毁黑旗军。我知道政府在寄希望于您。请

① 原件无标题,因用海军及殖民地部长办公室信笺书写,故推断发电人系该部部长。再从该两电内容判断,收件人应为孤拔。本册第687件开头部分可证明以上判断。末尾独立的自然段,似非电文,而是工作人员事后所加的说明文字。——编者

同总特派员及波滑将军配合作战。必要时,让您的陆战连全部登陆。在协同作战的情况下,请您指挥战斗。

(二)

1883年9月21日

听说波滑将军已经出发,兹命令:您所指挥的部队全部登陆,在不让你们的军舰受损的情况下,由您来担任陆地和海上的作战总指挥。

波滑将军于9月10日从河内返回法国,他出发前不可能知道这些急电的内容。

M.D.亚洲第42卷第18页

685 海军及殖民地部长致交趾支那总督电

1883年9月4日于巴黎

必须趁晴好季节,将东京的黑旗军消灭,政府坚信您能派遣可能抽调的军队去东京。另外,已增派一个营的海军陆战队及两个炮兵连。陆军部也将派遣一个步兵团(3个营)。

BB—4 1946第280页

686 何罗栏致外交部长

1883年9月5日于河内

政治司10月29日收到

部长先生:

我荣幸地向您确认8月26日从顺安发往您处、应于30日交到西贡的电报:

总特派员致巴黎海军部长和外交部长,8月25日于顺安。

“今天在顺化草签了协议。

“充分地、完全地承认保护国制度,平顺省最终并入法国交趾支那属地。永久军事占领Vuing-Khuia、顺安炮台及顺化河口。以足够的兵力进驻东京各省的首府,包括清化和乂安。春台和沱瀼港开放。整个王国的海关均由法国控制。建立西贡—河内的电报线路。顺化驻扎官有权会见国王□……。在红河沿线建立军事哨所和在所有认为必要的地方修筑防御工事。安南债务以顺安作抵偿。每年至少付给国王200万的海关收入和东京的税收。皮阿斯特和交趾支那的货币在整个王国流通。以后在顺化召开的会议将解决贸易制度、海关、协议的细节等问题。

“安南的全权代表们要求尽快重新设立公使馆,参哺似乎被提名,请求通过电报任命。

“我迫切要求迅速批准协议和任命全权代表,以便讨论我认真研究过的细节问题——贸易制度、海关、税收、给安南的税收分配额等等。讨论这些问题可能需要相当长的时间,我没有时间参加这些讨论,请求不担任这一使命。指定一位商务或财经人士任全权代表会有很大的好处。

“急盼寄来给新国王协和帝和两个安南全权代表——大监察官陈廷肃和内务外交大臣阮仲合的勋章和礼品。要求给卡斯巴尔神父骑士十字勋章。他帮了我很大的忙。

“明天回东京。官邸很需要行政管理人员。

“祝贺共和国政府这一伟大而迅速的成功。希望原谅我超越了给我的指示。”

我如告诉阁下,顺化政府尚未让东京的安南当局知道顺化条约,是会使阁下感到惊讶的。应该考虑到,即使在最困难的情况下,东方人也总还是拖拖拉拉。然而,我应该为安南政府辩白一句:就在签署条约的当天,一位携带诏书的皇家使者离开了顺化,该诏书向东京的官员和人民宣告今后他们将在法国和安南共同保护的一种新制度下生活。我还没有得到这位官员到达东京及其使命已在该地区发挥和平影响的消息。由于交通困难及其职责本身所要求的耽搁,我认为他在8天之内还不可能到达这里。

我正在等待着他,我对安南政府的可靠性充满信心。安南政府很清楚这一危险性:如果它玩弄手腕,我们就要对它采取新的军事行动,而且会轻而易举地迅速获得成功。事实上,只要海军和外交两个部达成协议,孤拔将军接到行动命令,就可以在24小时之内让法国国旗飘扬在顺化城的上空,而安南王国就不复存在了。

何罗梽

M.D.亚洲第42卷第21—22页

687 海军及殖民地部长薄纳致东京分舰队总司令孤拔

1883年9月7日于巴黎

海军少将先生:

现向您证实我9月4日的电报。电文如下:

“除了一营海军陆战队、两连海军炮兵之外,陆军部还派出一个团(3个营)的步兵。必须趁晴好季节消灭黑旗军。我知道政府在寄希望于您。请同总特派员及波滑将军配合作战。必要时,让陆战连登陆。在联合作战情况下,请您任战斗总指挥。

“请随时向我们报告情况。”

因此,您应该与政府总特派员和波滑将军一起部署军事行动,暂时派陆战部队登陆,以便充实作战兵力。您的陆战连上岸后,政府将委任您为海陆军总司令,并指挥作战。波滑将军和东京小舰队海军中校司令先生将归您指挥。

我在电报中提到的海军部队,即我8月31日函中所说将由“阿威龙”号和“桑罗克”号运去的部队。这两艘运输舰的出发时间分别定为9月10日和20日。

此外,我在部长会议上获悉,陆军部将派遣一个步兵团(3个营,每营600人)前往增援。这支部队由非洲兵组成,包括两营阿尔及利亚土著步兵和一营外籍兵团士兵,由一名上校率领。“边和”号和“东京”号约于9月25日驶离土伦,前往阿尔及利亚,将这些部队运到目的地。

另外,“维也纳”号(Vienne)将在最近驶离土伦,开赴东京。该舰将把陆军部提供的80毫米口径大炮及弹药一齐运走。该舰将经西贡赴东京。到东京后,请立即将它遣返土伦。

最后,我在9月4日的电报中请交趾支那总督把他能调遣的所有部队派往东京。

我高兴地认为,依靠各方面的增援和东京现有的兵力,完全能全面绥靖红河三角洲。最好是利用晴好季节敉平所有的反抗,消灭黑旗军。

当然,领导该地政治行动的任务,一直由共和国政府总特派员肩负。由他负责谈判和组织。按照政府给他的指示,他要努力防止中国介入,让安南人站到我们一边。

关于陆上行动,您应直接与部里联系,如同有关分舰队事务问题您都与部里联系一样。

您将直接隶属于部长,但您必须与何罗恾先生商量,以便能保持我们的军事行动与我们的政策协调一致。而我们的政策的实施就是由何罗恾先生负责的。

万一政府总特派员不同意您的观点,他会函告您,他对您认为必须采取的军事措施不负责任。

从现在起,请您利用一切可能出现的机会,通过西贡和香港,将有关军事活动的准备情况和军事活动的进展情况寄给我。我不能不强调这一点。因为,我们不能让公众舆论被那些不正确的消息所迷惑,这一点特别重要。

您接到本函时,晴好季节即将开始。现在,从本国派遣的援兵即将到达,交趾支那总督也将把他可能动用的兵力派给您。

在这个时期,关键是集中我们的兵力,进行一次决定性的行动,捣毁敌人的主要防御工事,粉碎敌人的抵抗。

我完全相信您的军事才能和您的赤胆忠心,所以才请政府选择您担任东京陆海军总司令之职,以便进行决定性的一击。少将先生,我知道,您将会使我满意地完成这一艰难的任务,在这种新的情况下,您将保持我们军队的光荣。

以上的指令是我接到您的报告后,于 9 月 5 日给您发去的一份电报的精神,现证实一下该电电文,未添一字:

"别急于占领 Voum-Quioa。必须集中兵力到东京,以赶走黑旗军。严密监视沿海公路,已发现中国军队在公路行动。

"雷贾尔已晋升,由皮卡尔接替。"

十分遗憾的是,接到您关于嘉奖海军上尉戎吉埃尔先生的要求已为时太晚。根据 8 月 29 日的总统令,"蝮蛇"号由海军上尉皮卡尔先生领导。

海军上尉雷贾尔先生已提升为海军中校。布鲁埃先生也列在晋升名单上。从今以后,我愿意将政府对您光彩夺目的表现的满意告诉您,不过我还不知道该用什么方式。此外,您可以相信,我将尽可能对您在报告中提到的事迹给予表彰。

BB—4 1946 第 69—73 页

688　海军及殖民地部长致驻东京总特派员何罗栏

1883年9月7日于巴黎

总特派员先生：

您8月28日从海防发来的电报已经收悉。我通知您，我将通过主管部门提出各种要求。

现向您确认9月4日我发出的电报，内容如下：

“除了通知海军陆战队将军增援以外，陆军部也将派3个营的步兵去增援。

“必须趁晴好季节摧毁黑旗军。把军事行动同海军陆战队，必要时，同孤拔的陆战连联合起来作战。联合战斗时，由孤拔将军担任军事行动的总指挥。

“命令西贡总督派出可以抽调的军队。此事请通知〈波滑〉将军。

“随时向我们报告情况。”

我已通过电报向总特派员先生及驻东京海域的海军分舰队总司令发出以上指示。今天我还用邮件向东京海域分舰队总司令确认这项指示。请您和波滑将军共同商讨，以便联合行动。如无不便，请暂时派他的陆战连登陆，以便充实作战兵力。

我另外考虑到，从登陆部队登陆成功时起，政府将委任孤拔海军少将担任陆海军及作战部队总司令。波滑将军及东京小舰队海军中校司令先生将临时听从他的指挥。

我在电报中提到的海军部队，即我8月31日函中所说将由“阿威龙”号及“桑罗克”号运去的部队。这两艘运输舰的出发时间分别定为9月10日和20日。

此外，我在部长会议上获悉，陆军部将派遣一个步兵团(3个营，每营600名步兵)前往增援。这支部队由非洲兵组成，包括两营阿尔及利亚土著步兵和一营外籍兵团士兵，由一名上校率领。“边和”号和“东京”号约于9月25日驶离土伦，前往阿尔及利亚，将这些部队运到目的地。

另外，“维也纳”号将在最近驶离土伦开赴东京，该舰将把陆军部提供的80毫米口径大炮以及弹药一齐运走。该舰将经西贡赴东京。海军少将孤拔先生将按照我的命令，立即把这艘兵舰再派往土伦港口。

最后，我曾通知您，我于9月4日电请交趾支那总督，将他可以抽调的部队全部派往东京。

我高兴地认为，依靠各方面的增援和东京的现有兵力，完全能全面绥靖红河三角洲。最好是利用晴好季节敉平所有的反抗，消灭黑旗军。

当然，您负责全部政治指导，谈判和组织工作还是继续由您负责。您应努力防止中国的介入，把安南人争取到我们这边来。

对于陆上作战，海军少将孤拔先生将直接与部里联系，就像他以往处理海军分舰队的事务那样。这位将军直接从属于部长，但他需要跟您一起商讨，以便使我们的政策和军事行动经常保持一致。

如果您不同意海军少将孤拔先生的意见，您可用书面通知他，让他承担他认为应该由他承担的军事责任。

请您利用一切机会，通过西贡和香港将有关东京问题的情报转递给我。我不能不强调这一点，因为，我们不能让公众舆论被那些不正确的消息所迷惑，这一点特别重要。

您接到本函时，晴好季节即将开始。现在，从本国派遣的援兵即将到达，交趾支那总督也将派出部队前往支援。但不能过分地把殖民地的部队完全调走。

在这个时期，关键是集中我们的兵力，进行一次决定性的行动,捣毁敌人的主要防御工事,粉碎敌人的抵抗。

正是为了这个决定性的行动,我才指定了海军少将孤拔先生为政府效力,使他担任东京的陆海军总司令。

以下指令是我用电报对海军少将孤拔先生的建议作出的答复,其目的是阻止将交趾支那殖民地提供的200名驻防军人调到Voum-Quioa。9月5日电报内容如下:

"部长致孤拔

"别急于占领Voum-Quioa。必须集中兵力到东京,以赶走黑旗军。严密监视沿海公路,已发现中国军队在公路上行动。"

BB—4 1946第179—182页

689 驻华特使脱利古致外交部长沙梅拉库电

1883年9月7日下午5时25分于上海

8日12时收到

从表面看,中国政府对顺化朝廷的屈服甚感困惑,但时间对它一向是次要的,所以它肯定会把事情拖延下去,并继续秘密地加强对华军及黑旗军的支持。在这种情况下,我方若无1000人左右之兵力,而欲谋稳固立足于东京及安南,将十分困难。中国以隐蔽的方式给我方造成之危害胜过其公开的方式。对它来说,让事态既对我方造成威胁,又可使它不冒风险地从中渔利,实为良策。我相信曾侯已得到拖延时间的命令。

我们的舰队在香港水域无限期滞留令人吃惊。舰队停在那里不动是有害的,因为中国人以为在南方受到威胁,就会把大部分兵力调到那里。

脱利古

C.P.中国第62卷第199页

690 外交部长致脱利古电

1883年9月7日晚8时

8月7日发出的电报已向您表明，我希望不久以后就能满足您的要求，结束您在华的特别使命。我刚刚向共和国总统呈交了任命巴德诺先生为驻华公使的建议，以补宝海先生之缺。我认为在正常条件下重建我国派驻北京朝廷的外交代表机构及重申愿维护有利于谈判的气氛的时刻已经到来。您当不会误解这一决定的动机，这一决定更不会引起对您在极其困难的条件下承担重任的忠心产生怀疑与否定。本星期我与曾侯已重开谈判。有某种迹象表明，不久即可找到某种安排的良好基础。过不多久，您将会收到实现和解建议的全文。您将会庆幸能有机会为谈判成功贡献力量，因此您不必滞留上海等待巴德诺先生抵达。

沙梅拉库

C.P.中国第62卷第197－198页

691 孤拔致海军及殖民地部长

1883年9月8日于顺安"巴雅"号舰上

部长先生：

8月26日来电收悉。您在来电中转达了政府对东京分舰队和顺安占领军夺取顺化河口堡垒表示满意。

我当即将此电向水手和部队传达，并将它贴于炮台和兵营中。

海军少将、东京分舰队司令　孤拔

BB—4　1949第155页

692　何罗栏致海军及殖民地部长

1883年9月8日于河内

部长先生：

前曾委托法国驻香港领事向您发出两份电报，今特去函将该两份电报内容予以证实。

(1)9月5日电文(发于河内)：〈波滑〉将军向我转达了下列情报：8月15日事件及洪水以后，敌人从底河溯流而上，至山西公路旁的第二座设防阵地。9月1日，我军以5个海军陆战连、3个安南土著步兵连和1个火炮连向敌军发起进攻。炮舰在右侧沿底河射击，黄旗军[①]则在左侧作战。激战一天一夜。在齐胸深的水中，必须用拼刺刀的方式进行白刃战；全军士兵勇猛拼搏的激情和坚韧不拔的精神令人钦佩。敌人(约3000人之众)四散溃逃。敌人从山西调来大批援军，幸有我军小舰队火炮将其钳制，使其无法及时赶到。这一地区因洪涝而成泽国，故无法实行追击。3日晨，我军返回底河河口巴兰(Palan)，那里已筑起设防的哨所。将军拟等待已宣布的援军到来后再行出击并等候条约的成果。将军估计敌人损失约1000人，外加数面军旗和一批步枪。我军损失计有：军官阵亡2人，负伤3人；士兵阵亡14人，负伤37人；安南土著步兵阵亡1人，负伤2人；黄旗军阵亡6人，负伤2人。

阵亡人员为：奥贝坦(Aubertin)中尉，奥朗(Haulan)中尉，米当(Midan)军士。士兵有穆达朗(Moutalant)、普同(Pouton)、拉里耶尔(Larrière)、卡迪(Cadie)、勒谢尔(Lechere)、加里格(Garrigue)、巴巴桑(Babassen)、贝贾(Béjiat)、杜沃尔(Duvol)、福兰(Follint)、泰莫

---

① 似为乔治·弗拉维亚诺招募的华人武装。——编者

(Thaimot)、□……、索梅耶(Sommeiller)。

负伤人员为:比尔巴(Bilba)少尉,雷儒(Réjou)少尉,贝库尔(Bécourt)中尉,茹布兰(Joublin)上士;士兵奥伯维尔(Auberville)、朱安(Chouin)、利维业、□……、布列(Boulet)、莫日隆(Maugiron)、贝尔蒙(Bermont)、马铁尔(Martel)、肖韦罗(Chovereau)、科尔(Corre);德塞尔端(Desserteine)、格兰让(Grandjean)下士,拉科朗日(Lacollange)土著步兵上士,沙布罗尔炮兵中士。其余人员均为轻伤。

将军要求发来如下物资和人员:步兵用弹药,外加500支备用步枪;用于"飓风"号和"闪电"号两舰的1000发90毫米炮弹;一批1公斤装的牛肉罐头和备用蚊帐;牵引火炮用的马匹和骡子(因中国与马尼拉禁止出口牲口);6门80毫米山炮;3名素质优良的骑兵军官,骑兵在冬季可大有作为;酒类、面粉和40毫米山炮弹请始终保持供应,并请在10月底真正派出一批可观的援军。将军说,此时一切进展迅速。莫列波约舰长请求调来两名仓库管理员、两名会计、数名舵工和轮机手及机械师,以分别任用于港口港务长办公室以及修理车间。另外,增派一批新炮舰(应配有新型舰炮),迫切需要4艘装有转膛炮的武装汽艇。现有各炮舰都已陈旧和破损,"火枪"号锅炉爆炸。请命令西贡船厂尽快送往修配车间修理。

中国人去年以来人数剧增,并配备精良武器,最近又获得增援。我希望顺化派出的使者近期内到达,使局势缓和,孤立中国人,从而能更顺利地向他们追击。

(2)9月8日电文(发于河内):各种情报均一致证实,中国人正用广西(也许还有云南)的兵力在暗中增援黑旗军。北宁、山西、兴化等地均发现〈中国〉官军,并装备炮闩装填的野战炮。黑旗军均为老盗,而战场上的中国人尸体则几乎都为25岁左右的青年。若不向中国宣战以示威胁,则我们想在东京立足恐难以成功。中国人正在作各种准备,企图重占怀德府各堡垒,向北宁运河中的汽艇发动袭击。虽然有传闻贸易条约已签订,但只要中国人继续坚持战斗,则这种条约收效亦甚微。

将军让我转问,您是否收到了他的报告,务请予以回电为感。比硕上校的才干已为全远征军团所公认。若您同意,我拟请他将此役的指挥任务继续担当下去。将军认为立即增派 3 个营来此,实属当务之急。增派援军一事一拖再拖,实在令人遗憾。此间水位下降,用小舰队攻打山西也许无法进行。

BB—4 1950 第 234—235 页

693 海军及殖民地部长致陆军部长①

1883 年 9 月 8 日于巴黎

部长先生、亲爱的同事:

我荣幸地通知您,9 月 7 日关于调派阿尔及利亚 3 个步兵营至东京的来信收悉,现就您提出的几个问题答复如下:

(1)关于军饷,受海军部支配的陆军部队照规定享受海军部队同等待遇。因此,海军部将承担差额补助和作战津贴。

非常感谢您知照陆军部行政部门代海军部支付这笔津贴。至于发给各级军人的津贴,在军饷工资率和海军部队附加津贴上都有注明。兹随信附上三份②。

(2)在阿尔及利亚登船的部队不带子弹,所有军火将由海军部门供应。

(3)上述部队在航程中不需备带罐头食物,也不需备带登陆后

① 当时的陆军部长为蒂博丹(Thibaudin)。——编者

② 原档缺此附件。——编者

的食物，他们的给养应自登船之日起完全由海军部供应。因此，对他们发放两天食物没有用处。

(4)部队应随带野营用具(军用水壶、锅、军用饭盒等)、轻便帐篷、毯子。

同样，给海军部队供应的一切，都将向下船后的陆军部队提供。

海军军人在东京都配备一张床垫、一个长枕和一顶蚊帐。

我们不能让仓库空空如也，我们已从那里提出最近运往东京的1500套、即将向阿尔及利亚3个营提供必需的1800套床垫和长枕。但我将下令尽快寄去供外籍军团使用的床垫600张、长枕600个。

至于蚊帐，待部队抵达目的地时便发放。为此，我已电请交趾支那总督下令制作1800套。

(5)用于阿尔及利亚3个营的正规软木盔帽将在运输船离开土伦前装运。

关于特定的服装，我想应该向您指出，我们发放法兰绒长裤为时不久，但我们没有储备，故无法向陆军部队提供。

部队抵达东京的季节，呢长裤可以继续穿着。

(6)陆军部应提供30份最好的干草(为期50天)，这些饲料将在非洲与马匹一起上船。

(7)□……

我只能同意您的意见，在每个营登船时，按法国的工资标准预发3个月的军饷。

但是，我想应当向您指出，海军部队在船上只能获得欧洲待遇标准的预支，只能享受法国本部的军饷。因此，3个营的人员仅从抵达东京时起享受殖民地待遇，而且海军部不必在部队出发时补足由军事当局付给的预支。

我非常感激您,部长先生、亲爱的同事,正如您曾表示过的,向若西埃(Jaussier)将军先生发出最新指示,务使保证执行我们两部之间协议的实施。

BB—4 1947第377号

694 驻华特使脱利古致外交部长沙梅拉库电

1883年9月9日11时20分于上海

9日下午3时45分收到

如阁下以为我在此尚有某些用处,我将等待巴德诺先生的到来。

巴夏礼爵士最近被任命为驻华公使,刚刚抵沪,我与他在(日本)东京时已有良好关系。他主动表示:如总理衙门与他谈起安南和东京事务,他要积极促使其接受我方提出作为协议的基本原则。巴夏礼先生一贯对中国声称的宗主权抱有反感。他将于12日乘“警戒”号巡洋舰前往天津。

若阁下认为总理衙门的意图已由曾侯表述清楚,我将随时准备前往北京以促使谈判成功。

脱利古

C.P.中国第62卷第212页

695 脱利古致外交部长密电

1883年9月9日晚9时25分于上海

9日晚7时40分收到

我刚与巴夏礼爵士进行了一次完全私下的谈话。他跟我一样认为曾侯受命在巴黎以假谈判与我方周旋。他相信,我们只有在北京施加强大的压力,方可取得实际的结果。

脱利古

C.P.中国第62卷第213页

696 脱利古致外交部长电

1883年9月10日于上海

阁下是否允许我立即前往北京?仍望阁下协助,使我能克服各种困难,以谋取谈判圆满成功。

脱利古

C.P.中国第62卷第214页

697 驻东京总特派员何罗栏致海军及殖民地部长薄纳

1883年9月10日于河内

部长先生:

兹将远征军最高司令官〈波滑〉将军先生给我的下列文件转呈给您,请审阅:

(1)远征军最高司令官先生就9月1日、2日及3日在丰村(Phung)四周出击的战情报告,并附有该地区地形略图和此次战役的联络图。

(2)小舰队司令、海军中校先生就上述3次出击所作出的战情报告。

(3)提请对参加上述战斗的军人及水手予以晋级、授予荣誉勋位和军功章的保举名单。

(4)此次战役中伤亡人员名单。

第4海军陆战团中士德桑屯(Dessenteune)因伤势严重而不得不在河内医院截去大腿,但截肢后因手术并发症而不幸身亡。

对波滑将军提出的保举名单,除一人以外,我均完全同意。此人即希腊籍人弗拉维亚诺或弗拉德纳(Vladenas)(大家连他的确切姓名究竟是什么都未掌握)。若提名授予他骑士级荣誉勋位,必将在10年来服役于东京的全体人员中引起异议。

我对科罗纳少校先生持保留态度。对这位高级军官的军事素质,也许不该由我来作出评价,尽管人们对此争议极大。但作为一名参谋长,还必须具备其他长处:较强的判断力,性格随和,情绪稳定,秉公办事。就操守而言,科罗纳少校在远征军中的劣迹显然多于功绩。

共和国驻东京总特派员　何罗桠

附件1　东京远征军最高司令波滑关于8月底和9月初在巴兰及丰村四周出击的战情报告

1883年9月8日于河内

自从1883年8月15日与16日事件以后,敌人已退入底河方向的丰村、后村(Sau)与拉村以及底河右岸。远征军司令曾命人将四柱庙置于设防状态并在那里留下两个连,外加1排工兵、1排炮兵和1排救护兵。

在那里的平原上,我军进行了多次侦察,其范围一直延伸至河水深度允许的限度内,并直达计村(Kê)村口的河堤旁。敌人在那里筑起的用以轰击我军炮舰的各座工事已被悉数拆毁,其中的火炮亦均运往河内①。敌人已完全撤出汭江防线,但仍须对其新阵地发起攻击以巩固8月15日取得的胜利,并向公众表明,敌人的

① 参见所附之这类工事略图。——原注。此处所说工事略图,原档阙如。——编者

撤退并非如他们自己所说是由于洪水所致,而是因为其损失惨重。首先必须查实,在红河沿岸已确无新的炮台,且部队的水路运输亦无风险。因此,9月[①] 28日,参谋长科罗纳少校以及第4团第27连搭乘"吕里马吕"号前往四柱庙。次日,一支侦察队朝纸村方向开拔。该侦察队(由第1土著步兵连、第4团第27与29连以及两门火炮组成)在贝杰少校率领下沿河堤前进。"大斧"号与"军乐"号与它们并行。在纸村并未发现任何动向,参谋长遂命纵队返回,自己则乘两艘炮舰继续前进,直抵巴兰。这位高级军官29日晚回到河内后即接到命令,30日上午,全营(第4团第25、26、27连以及第1土著步兵连)均在四柱庙集中,并奉命于31日清晨5时半由此出发前往巴兰,而由第4团第29连留守四柱庙。

31日黎明时分,另一个营人马又登上小舰队各船和"吕里马吕"号;下午3时,全体人员均在巴兰驻定,但途中"飓风"号曾发生一事故,因而不得不将1个连的士兵转运至"雎鸠"号上。

"军乐"号与"吕里马吕"号留驻巴兰,至3时30分,小舰队其余船只向底河入口处驶去并在那里锚泊。4时正,该舰队又派出一批快艇前往侦察航道,而侦察纵队队长在巴兰前方作了一次侦察以探明敌人阵地和地形情况,在侦察队返回时,发现东方有一支敌人纵队。接着,侦察队亦奉到了次日的行动命令。第2团第29连受命率1个炮兵排前往守卫巴兰,于天黑前占领阵地。

9月1日7时,部队分两路纵队向丰村进发,左路纵队作侧翼掩护,包括第2土著步兵连和黄旗军,他们沿稻田中的一条田埂前进;剩余的兵力即为右路纵队,沿河堤前进。

8时半,敌人出现在纵队眼前,担任前卫的土著步兵随即朝河

---

① 原文如此,应为8月之误。——编者

堤开火。参谋长察看了敌人阵地后,分析其情况如下:其右路已越过丰村村界以支援出现在远方极右侧的安南兵。中路由布置在丰村村界上的兵力以及设在老河堤上的前哨防线所组成,那座老河堤自模村(Mô, village de)开始,平行沿丰村村口伸展,最后与一座新河堤相接。左路驻扎地点是:竹林环抱的Tanh-Teune村内,河堤近旁借以掩护其正面,以及位于附图上标有"大佛"字样的庙宇中。在这一左路的后方,还有一批据点,但当时尚未能确认。

总之,敌人布设的阵地呈一大圆弧状,只有一边可以进入,即大堤附近,但那里亦设置了大批据点。敌人知道,任何欧洲部队只有经过此堤才能前进,故从左路和中路用交叉火力对大堤射击,因而,无法依靠大堤的庇护向前进发。

在这种情况下,首先必须使敌人注意力从其中路转向右路,以便我军能沿河堤前进。

为此,土著步兵第2连奉命前往模村村口,黄旗军则集结在该连左翼,而第4团第25连则受命前往树林边缘一带支援这批土著部队。前锋炮兵排奉令朝敌人中路开火并不时向右翼轰击。这批部队逐渐展开,争得了地盘,从而使兄弟部队沿大堤前进时的危险性减少。主力部队的4门火炮奉命轰击敌之左翼。在此期间,第2团第26连亦驻扎下来以支援土著步兵第3连。

经过这番对敌人阵地的侦察,有必要集中兵力向其右翼进攻,以使在平原上作战之我军不受来自Tanh-Teune村火力斜射的威胁。接着,参谋长向贝杰少校传达了命令:迅速抵达大堤中间之庙宇并命第2团第26连朝敌人右翼迂回,以便能向位于A处的大堤纵射。

贝杰少校获得保证说,一旦控制了大堤A和大佛庙,则当天战役即可稳操胜券。第2团第27连奉命调至少校处作为增援兵力,于是,该纵队即勇猛拼搏。在该纵队争得相当多的地盘后,炮兵排遂冲向大堤中间大庙,〈波滑〉将军随即把主力部队的4门大炮调去接替该排。此外,土著步兵团第1连又向中路展开以伸长第3连的阵列。在此种新局面下,战役进展虽然缓慢,然而始终朝着有利的方向发展。我军各部队从四面八方逐步向前推进,争得地盘。黑旗军亦渐渐让出中间大堤并向丰村村界后撤。此时,第4团第25连开始参战,黄旗军在他们的支援下将右路敌军的安南兵击退。在原野上,可以清楚地看到,敌人正纷纷后撤,但我们却无法乘此机会取得决定性胜利,因为水深齐腋,士兵们不得不举枪泅水过河以免枪栓失灵。然而我军右翼在 Tanh-Teune 村界受阻,敌人躲在掩蔽处向我们射击。此时,弹药即将用完,气候又炎热难熬,〈波滑〉将军遂下令在原地稍停片刻以积蓄力量加紧后撤,他还命令将中路与左路逐步召回至始发阵地,右路则应集结在河堤上随时准备再起。然而,贝杰少校发现本纵队与村界相距仅100米,遂请求调拨援军以力克 Tanh-Teune 村。第4团第26连随即奉命前往,前卫炮兵排一直推进至河堤拐角处。接着,4门火炮在第4团第27连一个小分队的护卫下前来接替该排。以后,另一个小分队亦接踵而至。第4团第26连抵达河堤拐弯处后,冲锋号响起,左路纵队全体官兵举着刺刀冲往 Tanh-Teune 村。5分钟内,第4团第26连损失15人,第2团第26连有1名军官被杀。第2团第26连和第3土著步兵连泅水过河,抵达村口。敌人虽然在我军这次凶猛进攻下被歼,但临死前仍奋力顽抗,其尸体遍地狼藉,我军士兵捡到7面将旗、一批步枪以及其他各物。黄旗军亦在战场上奔跑,其中1名军官还缴获了1面大纛。

右路纵队乘胜追击,但在 Tanh-Teune 村村口却遭到从阿模(A-mô)村边和与大堤右侧相距不远处的1座碉堡射来的密集火力的袭击。是役全军士兵战绩颇大,遂在 Tanh-Teune 村休整。

敌人右路和中路在晚上逐渐向后面各村蜂拥而去,另有缓缓射出的炮弹护送着他们。

经过对我右侧进行侦察后得悉,阿模村村界由河堤左侧的1座庙宇、筑在堤上的1个坚固而有雉堞的防卫护墙和1个右侧小碉堡构成,小碉堡火力甚密,使大佛庙再也无法守住。在这种形势下,贝杰少校奉命白天不作进攻,而是乘黑夜在河堤上为两门火炮赶筑一道掩体,以便在黎明时分,两门火炮可以向那座小碉堡轰击。各部队应在天亮前摆好战斗阵势,以便在火炮发起攻击后立刻向前挺进。在此期间,曾经在水中度过了整整4个小时并消耗了大量弹药的第2团第26连被召回,并由第4团第27连的1个小分队接替。此时,各连拥有的枪弹数量均相等,及至向巴兰村所要之弹药运到时,每个士兵手头的枪弹平均数又增至70发。同时又发令,从河内运来部分弹药以供海军陆战队、黄旗军和炮兵使用。

接着,又发出各道命令,要求对右路、中路、左路及后方各部兵力作合理分布。此夜平安度过,惟在右方,敌人仍连续不停地射击了一夜。9月2日拂晓,右路纵队炮兵开始接火,该纵队在向前推进时,发现敌人在不久前业已后撤。于是,不发一枪一弹即进占了一丛丛树林,直达标有红白色旗帜的地点附近为止。敌人向A′后撤,将军前往侦察这边阵地,并发现A″方向有伏兵存在,他们正向侦察队开火,而且瞄得很准。将军立即命第4团第27连的半个排发出一阵齐射火力,而敌人并不回击。在此期间,在参谋部雷日上尉率领下,由100来名黄旗军、1个土著步兵排和1个海军陆战兵排组成的侦察队沿中间河堤前进,其任务是窥探敌人虚实并用自己这支在敌人看来可以轻易取胜的队伍作为诱饵,吸引其朝模村方向而来,因为这支侦察队的主力是黄旗军与土著步兵。但敌人只不过从村界处打来几枪;夜间,他们利用部分时间在原野上收集尸体和伤兵，并继续向后撤退。前一天曾对前来增援丰村的敌军纵队进行过炮击的炮舰，在2日那天又向丰村敌群轰击，而且弹无虚发，从而将正在后撤的敌军纵队打散并朝四面八方逃跑。入夜，经证实，敌人早已撤出阵地并受到重创。由于缺乏骑兵，而且河水过深，故无法继续追击。此外，敌人受到突袭后，调来驻扎在后方各村的数支小队作为增援；但我军此役的胜局已定，因而不能听任敌人来侵扰我军侧翼，从而影响业已取得的胜利。侵扰侧翼乃敌军最喜欢玩弄的战术，而且在这种季节，此举不冒风险，因为出河堤范围后不可能有效地追击他们。再者，连日淫雨，使地面越来越糟糕。将军遂下令，命各部队于次日7时返回巴兰。是夜亦安然度过，并无特别事故发生。

9月3日，各部队遵照前一天奉到的命令撤离阵地。右路一面撤离，一面向A′庙射击，9月1日敌人正是由此向我们开火的。由于阴雨连绵，河堤已成了稀烂的泥浆地。因此，炮兵们拉着大炮行进就分外艰难。上午9时，纵队终于抵达巴兰。下午1时，部队开始上船，3时半，首批船队启航。次日，部队其余人员登上小舰队——小舰队是在前一天自底河抵达，而且基本上未受重大损伤。留驻在巴兰的，仅为第4团第25连，土著步兵团第2连1个小队，1个炮兵排，1个工兵排，1个战地救护排和两艘炮舰。9月2日，工兵即奉到命令，在巴兰河堤与红河河堤交汇处筑起3座庙宇式的工事群。这样，一旦需要由此再次恢复攻势时，丰村村口及底河河口就可固若金汤；同时，这亦有助于平定当地的骚乱，因为此间缺乏一支带枪的民团，故无法控制内地局势。

总之，这场战斗是在极短时间内迅速计划、部署和进行的，我军以少胜多(我军仅有5个法国连，44名炮手，其余均为土著兵)，大败敌军的事迹已远近闻名。敌军四散溃退，损失惨重，伤亡人员包括1000余名中国人和五六百名安南人,其中就有我们的顽敌——巡抚。另据当时传闻,刘永福亦已负伤,于是,我全军士气大振,信心十足。红河直至底河口一段已畅通无阻。以上所述乃近日战果。但更重要的是,我们终于领教了对手的厉害:参战的欧洲兵员中有1/10丧失战斗力。敌人坚守自己阵地,并在拼刺刀时被杀。其兵力在不断增加,并配有新式武器和充足的弹药。幸亏他们当时还缺乏优质火炮;但不难预见,这类火炮最终他们也会有的。至于他们选择防御阵地之机灵和巧妙,那是无可置疑的。9月1日他们赶筑的那个阵地(这些工事均是在48小时内筑成的)堪称典范。

在此种情况下,早在8月15日所作的侦察结果显然在这次新战斗中得到了证实。因此,必须采取迅速而有效的措施以制止这种抵抗。于是,我们在9月5日向民政总特派员先生发出如下电文,请他转达部长:"8月15日事件以后……[①]关于事件详情的报告……伤亡人数……最好及时寄来一批海军陆战兵弹药,另加500支备用步枪;为'飓风'号和'闪电'号送来1000发90毫米火炮用弹药;另寄一批1公斤装牛肉罐头,备用蚊帐若干,以及炮兵用马匹和骡子(因中国和马尼拉禁止出口此类牲口);6门80毫米山炮,3名素质优良的骑兵军官,因骑兵在冬季可大有作为;酒类、面粉和40毫米山炮弹务请始终保持供应,并请在10月底派出一批可观的援军,此时一切将进展迅速。"该电补充了8月19日起草的关于要求增派援军的下列电文:"敌军人数在增加,装备亦精良,而其骁勇善战之素质已为世所公认,且其防御工事全线绵延达数公里之长,凡此种种,均使我和全体军官确立这样的观念:为进行这

① 省略号系原文所有,下同。——编者

一战役必须有一整师的兵力,其各级部门和装备均须按战时标准配置。该师应于10月中抵此,事先须电告我,使我能加以妥善安置。另请运来一批攻城炮和要塞炮。”

9月1日与2日两天的战斗证明了这一估计的准确性。法国政府不能再迁延时刻,坐失良机。若它想早日解决东京问题,则应认为上述意见陈述得相当及时,预定的战役亦可望在这时的有利季节开始发动。

东京远征军最高司令、陆军少将　波滑

附件2　东京小舰队司令莫列波约对各舰所发的特别训令

1883年8月30日于“雎鸠”号舰上

(8月30日)兹命“马枪”号驶往四柱庙,向“军乐”号与“闪电”号两舰舰长传达命令,要求他们立刻驶返河内。届时,将派1艘帆船靠近“豹子”号(右舷),6门炮的1个火炮连应即登上该舰。“军乐”号抵达后应立即将纵队所需之食物装上船。

8月31日晨5时,各部队应分别登上下列各舰:

比硕上校所率之第2团第26连登上“军乐”号;雷维龙中校所率之炮兵连登上“豹子”号;第2团第29连、第3土著步兵连登上“吕里马吕”号;第2团第27连登上“飓风”号;第2土著步兵连、第2工兵排及救护队登上“雎鸠”号。由“军乐”号牵引“鹈鹕”号(Pélican),“豹子”号牵引载有炮兵之帆船,“雎鸠”号牵引“海防”号,“吕里马吕”号牵引“九龙”号(Low Loon)。

河内各舰应立即升火,以备8月31日晨5时启航。在接纳上述指定人员上船后,各舰应先后启锚开航,驶往巴兰,并将各舰搭载之兵员运送上岸。“军乐”号可留在巴兰,充作登陆部队的基地,该批兵员储备粮均存于“军乐”号上。其余各舰,若无资历最深的舰长,即应听从"雎鸠"号信号指挥,见其发出信号,须启航前往底河口。对底河口之炮台应予炮击,河中航道应由"海防"号及"鹈鹕"号勘测查明,登上该两艘快艇前往巴兰者为以下海军中尉:"军乐"号上1名中尉登上"鹈鹕"号,"豹子"号舰上1名中尉登上"海防"号。

"飓风"号与"大斧"号驶入底河后,即应朝河内经丰村通往山西的公路驶去。若有可能,应对丰村轰击。必须严禁各种帆船横渡底河,凡企图渡河或脱逃之帆船均应予以击沉。

对敌军逃兵,凡走近河岸者,应一律用排枪扫射;黑旗军一经发现,亦同样处理。

不论在何种情况下,射击时须持节制态度,并应在认清确系敌人后才开枪射击。

"海防"号与"鹈鹕"号两艘快艇可用以沟通锚泊于丰村前之炮舰和进入底河口的炮舰之间的联系。"大斧"号与"飓风"号未奉到有关命令前一般不得擅自会合,至于在何种情况下可以未奉命而临机会合,须由"飓风"号舰长作出判断。

"闪电"号应留驻河内守卫租界,并应随时准备奉命与舰队会合。

"土耳其弯刀"号驶抵后,其舰长应向特派员请示是否需要本舰服务,若特派员认为并无需要,则"土耳其弯刀"号亦应返回小舰队。

小舰队驶离巴兰前往底河时,应按下列战斗纵队的队形依次前进(另有修正令除外):

"雎鸠"号,"飓风"号,"豹子"号与"大斧"号,若"火枪"号届时在场,则最后为"火枪"号。

各舰所牵引之快艇仍如前述不变。

此令

小舰队中校司令　莫列波约

附件3　东京小舰队司令对即将在底河上作战之各舰所发的特别训令

1883年8月31日于“雎鸠”号舰上

一俟各部队登陆以后，除“军乐”号以外，小舰队应继续行驶直至底河汇流处。

“军乐”号应预先指派1名海军中尉至“鹈鹕”号上，“豹子”号则应派1名海军中尉至“海防”号上。

“大斧”号应额外接纳5名男子或5名士兵以充实其枪队的兵力。

“鹈鹕”号及“海防”号上应装载竹子以备需要时供勘测及建筑用。这些竹子运抵四柱庙后可由“大斧”号接收。小舰队可按本舰队司令8月30日训令中所规定的序列行驶。

一俟该舰队驶抵火炮有效射程以内，能击中构筑在底河右岸及红河附近的各座炮台时，即可开始对这些炮台开火，射速可以缓慢，但必须尽量做到精确，提高命中率。

在进入适当射程范围内后，哈乞开斯炮应即开始轰击。此时，我军应全力以赴，以期以准确的火力将敌人赶出炮台。

一旦大家认为可以不冒过多的风险行事时，“鹈鹕”号与“海防”号应迅即前往勘探河口。当航道测定完毕后，“大斧”号与“马枪”号炮舰以及“闪电”号护卫舰可依次驶入底河，因为在它们前面已有这两艘汽艇探过路，该两艇当继续进行勘测。

这3艘舰艇顺流而下时，沿途均应采取一切必要的防范措施，直至经过丰村附近的河内至山西公路为止。驶抵那里后，炮舰即应泊定以阻止被我击退的敌人由此寻路过渡到南岸（即山西方向）。

上述各炮舰应尽其可能给右岸的中国人以及据说驻在丰村上游不远处的后村的黑旗军以重创。

各炮舰的战斗应于9月1日上午7时半至8时半在底河上打响。炮舰自7时半至8时半开火,实际上也为我纵队的攻击作好准备,由于我军在8时半以前不会出现在丰村,故炮舰开火时不会伤及他们。先遣队应有一面三色旗作标志,若对方系非正规的中国兵,则以黄旗作标志。

为使各炮舰易于理解自己的行动部署,特作如下规定:汽笛一声长鸣,表示准备;一声长鸣后再拉一声短笛,表示向前行驶;一声长鸣后拉两声短笛为停车;一声长鸣后拉数声短笛表示停泊;三声长笛表示呼救。

"豹子"号与"雎鸠"号可停泊在底河河口。"豹子"号可派出1名医生至"闪电"号上,"雎鸠"号则可用"鹈鹕"号与各炮舰发生联系。

在底河中作战的3艘兵船可按下列顺序前进:"马枪"号、"闪电"号与"大斧"号。

小舰队中校司令　莫列波约

附件4　东京远征军最高司令关于9月3日晚与4日晨的行动令

1883年9月3日于巴兰

炮兵的装备应从岸上装入武装帆船后驶往"豹子"号。在炮兵器材装船后,人员应在"吕里马吕"号附近聚集,然后再用船只送往"豹子"号。第1土著步兵连于2时在"吕里马吕"号附近执行任务,后即登上"九龙"号,再由该船送至"豹子"号。"豹子"号途经四柱庙时应将那里的两尊火炮、炮手和第1土著步兵连人员与装备搭载上船。

“九龙”号尾随“豹子”号之后行驶，接着，“豹子”号应留驻河内。

“军乐”号应在2时将第3土著步兵连及第2团第26连搭载上船。“九龙”号转运人员和设备的工作应尽快进行。

明日拂晓，该船应驶返巴兰。

“吕里马吕”号须装载马匹和黄旗军，该船应于明日上午驶回巴兰；在驶经四柱庙时，应顺路将那里的各种食品载入船内。马匹随即亦装运上船。

9月4日行动令：比硕上校应留在巴兰以负责以下各部队的登船事宜：第2团第29连，第4团第26连与27连；1个工兵排，1个战地救护排。此外，他在经过四柱庙时应将留在那里的第4团第29连用船接走。

比硕上校还应与小舰队司令会商各船所载人员的合理分布问题。

他须留在巴兰等“军乐”号和小舰队司令所指派的另一艘炮舰以及“海防”号驶抵时为止。

最高司令、将军

附件5 东京小舰队司令关于该舰队8月31日及9月1—4日战况的报告

1883年9月6日于“睢鸠”号舰上

将军：

遵照您的指示，本小舰队各舰自8月31日凌晨5时起，均已作好接纳兵员的准备。由于人员及器材从陆上转运至舰上的难度较大，加之因路面恶劣，火炮从城中运出途中耽搁甚久，故整个登舰过程费时较长。然而，舰上应接纳之兵员登舰完毕后，各该舰随即启航,至上午7时,全部舰船均已开航。

我们刚开出约两浬半,即发现“飓风”号因冷凝器受损而抛锚。“睢鸠”号立即驶近该舰,将该舰所载之兵员接入我舰,我又命该舰舰长卡佩泰先生返回河内,而我舰队仍继续行驶。“睢鸠”号虽经这次短暂的耽搁,仍赶上了其余各舰。途中,我命自四柱庙返回的“闪电”号与我们汇合,它即尾随我们而行。正午,小舰队在巴兰村前锚泊。部队登陆时进展迅速,我趁这一停泊时刻将各舰舰长召集一起并就下一步如何行动对他们作了补充指示。

下午3时半,除“军乐”号以外,全舰队各舰均同时开航,呈战斗阵列朝底河口进发,最后在那里锚泊,“睢鸠”号在前,其余各舰在其后泊定。在此期间,火炮未发一弹。紧接着,“海防”号与“鹈鹕”号分别由海军中尉纪夏芒(Guichamans)与雅尔姆(Jarme)率领,被派去勘探驶入底河的航道。下午6时半,他们回到舰上,我在那里再次召开全体舰长会议,商讨驶入底河的方式。“马枪”号、“大斧”号与“闪电”号奉命于次日上午5时半启航。

9月1日凌晨5时半,上述3艘炮舰以“鹈鹕”号与“海防”号为前导,按指定顺序布开阵势;驶入底河时又采取了一切必要的防范措施以免发生严重事故。

“睢鸠”号与“豹子”号留驻锚地,准备在敌人炮台揭去伪装而对我驶入底河的炮舰进行侵扰时立刻加以回击;“马枪”号、“闪电”号与“大斧”号自底河顺流而下,以最低航速行驶。在出航后头几浬,并未发现任何防御工事。

7时45分,3艘舰船停泊在丰村前河湾处的上游,最初未能辨出丰村在何方。然而,“闪电”号却朝轮廓依稀可辨的那座庙宇方向开了数枪。

这时,位置似在底河左岸的一座炮台向派去侦察的“鹈鹕”号与

“海防”号开火,我炮舰随即驶近以便对其炮击。“闪电”号的停泊地点不仅能看清受我军攻击的敌人阵地,而且也有利于瞄准和射击。

自8时45分至9时50分,“马枪”号与“大斧”号朝敌人火炮不断轰击,这些火炮表面看来似乎架设在一道河堤后面,实际却装在5艘大型帆船上,而帆船又隐藏在与丰村和底河均相通的一条小河中。

在我炮舰火力攻击下,5门火炮中有3门迅速停止射击,变得无声无息。但其余两门火力较强,打得也最准,它们仍继续射击直至下午4时,应搁浅的“马枪”号之要求而前来搭救的“闪电”号向它们开了几炮后才将其轰灭。

入夜,各炮舰均未受到侵扰。由于离此不远有1艘大型竹制运输船,〈敌军〉射手很有可能登上此船射击,故我舰是容易受其骚扰的。时过正午,“雎鸠”号及“豹子”号更换了锚地,占据有利位置以便截断河岸间的联系。“雎鸠”号驶入底河,“豹子”号则开进红河。3时许,我再次命“豹子”号驶向下游,以便用信号将泊于巴兰村前的“军乐”号召回我处。2时正,“土耳其弯刀”号前来与我汇合,我令其驶至各炮舰停泊处了解发生的情况。次日晨,我打发该舰前往河内设法弄到1帆船煤。战斗若需继续进行,这些煤炭即可作为炮舰的燃料补给。

9月2日天亮后,“马枪”号在“大斧”号及一批汽船的协助下顺利脱浅。然而,由于其中一台锅炉损坏,致使该舰无法动弹,直至下午2时许才能恢复行驶。

晨6时,“大斧”号沿底河而下直至山西公路口,发现一支约1500—2000人的中国军队自上游而来,前往搭救丰村,该舰遂瞄准他们打了几炮将他们拦住。这支军队停行片刻后,即决定向右转,经柯村(Kha)而去。“闪电”号一上午都忙于向经由山西公路而来、集中在丰村一带和丰村棱角堡附近的大批敌增援军开火,直至11时才与"大斧"号汇合,但仍能向那支沿底河而下、然往往隐没在树丛中的这支中国纵队开上几炮。"马枪"号至2时方归队。此后,各舰的炮火再无实效,但当晚安然度过。

9月3日,"大斧"号沿后村附近的河流而下,后在与竖有一面大黑旗的地方相隔约1000米处停泊,在这面遥遥相望的黑旗四周有4、5名黑旗军和大群红旗军。该舰即朝红旗方向开了数炮并用各种步枪进行多次齐射,中国人一面向前靠近,一面以大堤作掩蔽,用齐射火力还击。他们第一次齐射射程太近,未能击中,以后数次的枪法极准,"大斧"号炮舰亦遭到多发枪弹击中,所幸舰上无一人受伤。"大斧"号沿河溯流而上与"马枪"号汇合。在此前不久,法国军队已离开丰村,我遵照将军转来的指示,令各炮舰汇集我处。它们逐一返回,至3时,整个小舰队重新锚泊于巴兰村前。根据将军的意见,我在9月2日下午派"豹子"号去巴兰。须返回河内的兵员分别登上"吕里马吕"号、"豹子"号及"军乐"号3舰。3时半,3舰驶离巴兰。"雎鸠"号及"闪电"号亦应沿河而下,但当时我们的瞭望水手发现在原野上有军队在大规模移动,比硕上校遂要求我暂时不走。是夜,除一场滂沱大雨而外,别无其他事故发生。"大斧"号、"马枪"号与"雎鸠"号于4日下午返回河内,仅留"军乐"号与"土耳其弯刀"号驻守巴兰。

总之,各炮舰在力所能及的范围内完成了预定计划,它们均参与了对敌人阵地的攻打,并堵截了底河渡口。各舰指战员在所据位置并不始终有利的情况下,却一直镇定自若,并英勇地履行了自己的职责。"闪电"号上90毫米舰炮射击精度极高,故特别引人瞩目。惜乎这种口径的弹药我们备量不足,无法使该舰提高射击量。我曾叮嘱该舰舰长铁斯麦,在射击时务必注意精打细算,节约弹药,他亦遵命竭力做到弹无虚发。然而由于战斗持续了两天,故最后每门炮仅剩下41发炮弹。

西贡并没存有90毫米炮弹,因此,只能向法国要求接济。

由于“大斧”号舰长吕亚尔(Luiard)先生染病,故在此次征讨中我不得不派海军上尉马罗尔先生去该舰接替其担任舰长一职。“大斧”号在战斗中表现特别出色,因此,我以为有责任向您介绍马罗尔先生在是役中的非凡战绩,此亦是我一大快事。

此外,我认为将此次战役中表现突出的优秀而勇敢的军人名单呈上,提请您批准予以晋升,藉以鼓励小舰队全体指战员奋发向上,亦是我义不容辞之责。

小舰队中校司令 莫列波约

附言:现将小舰队司令向各舰所发的特别训令一并附上,请审阅①。

附件6 (与附件4同,略)

附件7 9月2日与9月3日晚的兵力部署

1883年9月2日于丰村前

各部队今日应留在其驻守的丰村周围不动。

一俟辎重队自巴兰抵达这里后,各人可领取一天的食品。明日,各队伍可按下列顺序启程前住巴兰:

始发地点:野战医院茅屋。

前锋之先头部队应于7时由此经过。

---

① 此附言系何罗栏所写,所云特别训令,当系本件之附件2及附件3。——编者

鲁(Roux)先生所率之前卫(队列长300米)
- 第3土著步兵连
- 第4团第25连
- 全体战地救护人员

纵队主力
- 第2土著步兵连
- 全体炮兵,另加苦力
- 第2团第26连
- 第2团第27连
- 第4团第26连(少1个排之人数)

后卫
- 第4团第21连1个排及1名军官
- 第1土著步兵连

各级队伍应精确计算本部队的出发时间,以便能按时到达:前锋在7时,纵队主力在7时15分到达始发地。

第3土著步兵连应派出侧翼护卫队保卫两侧,特别是右侧。各部队抵达巴兰后,驻防位置应完全与8月31日之驻防地相同。

但第4团第25连应于晚6时驻扎在第29连之位置上。若部队须在白天登船返回河内,则第29连的换防工作应在出发前进行。

第4团第25连和第3土著步兵连应与1个工兵排和早已驻守在那里的1个炮兵排及1个卫生排一起暂时进占巴兰。上述各部应驻守在河堤边上之两座庙宇内,并将庙宇坚固设防。

四柱庙之分遣队应立即返回河内。黄旗军应在明天白天启程,以便在天黑以前返回巴兰。

各部队应在抵达大庙后再行分散和布开。

远征军最高司令　波滑将军

附件8 9月1日晚各部队的驻地安排

1883年9月1日于丰村前

第2团第27连 第4团第26连 1个炮兵排 第4团第27连第10分队 博克默(Beauqueme)所率之第1土著步兵连	驻于河堤右侧拐角处之树林内
第4团第27连1个排 第2团第26连 4门火炮及工兵	驻于大堤中段之庙宇内
后卫	驻野战医院
第2土著步兵连 第3土著步兵连 第4团第25连	驻河堤左侧之树林拐角处

统率行军团之上校应将现存的弹药遣人统一分配至各连。接着,全体士兵应即就餐,休息并就地待命。贝杰先生统率右翼分队。比硕上校先生统率中翼,鲁先生所部驻于左翼。黄旗军可作为侦察兵离开主力部队单独行动。

远征军最高司令、将军

附件9 8月31日晚与9月1日上午的兵力部署

1883年8月31日于河内

前锋部队可由第2团第29连及来自四柱庙的炮兵排组成,一支前哨部队应驻守靠近丰村的河堤地段,炮兵排应驻在警卫队近旁、庙宇前的大堤上。整支队伍应在:右起大河,左至大庙以西的树林尽头。

各部队应留在原地待命。

明日 7 时,各部队应向丰村进发,始发地点应在第 29 连的前哨队驻地。行军序列如下:

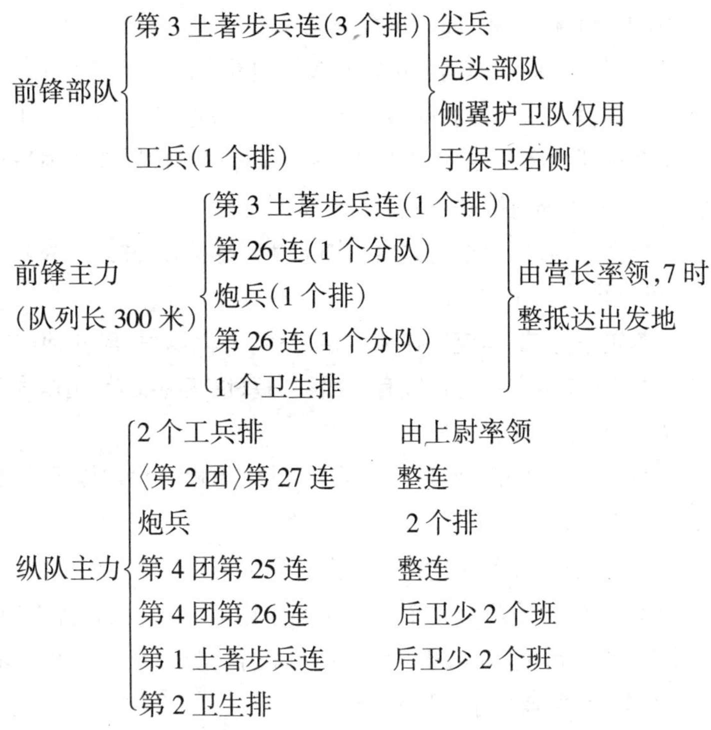

前锋部队:
- 第 3 土著步兵连(3 个排)
- 工兵(1 个排)

尖兵、先头部队、侧翼护卫队仅用于保卫右侧

前锋主力(队列长 300 米):
- 第 3 土著步兵连(1 个排)
- 第 26 连(1 个分队)
- 炮兵(1 个排)
- 第 26 连(1 个分队)
- 1 个卫生排

由营长率领,7 时整抵达出发地

纵队主力:

2 个工兵排	由上尉率领
〈第 2 团〉第 27 连	整连
炮兵	2 个排
第 4 团第 25 连	整连
第 4 团第 26 连	后卫少 2 个班
第 1 土著步兵连	后卫少 2 个班
第 2 卫生排	

后卫:
- 第 4 团第 27 连 2 个班,由 1 名军官率领
- 第 1 土著步兵连 2 个班

左翼侧卫:第 2 土著步连全连紧挨纵队左侧前进,与后卫相配合,共同搜索前哨部队前方的树丛并始终与纵队的先头部队相并行。

将军所在位置:将军届时走在纵队主力之前。

必须遵守的行动准则及与敌人发生遭遇的情况：前锋在行军时应仔细搜索侧翼。敌人也许已抵达丰村村口，一旦他们先行开火，则走在前锋炮兵排前列的各分遣队应立即自河堤奔下并立即驻守到与炮火相对的位置，既能将自己隐蔽起来，又能使火炮前方的景物一览无余，瞄准时，视线毫无遮挡。

前锋炮兵应选择适当位置并缓慢地开火。

先锋营应从大堤右侧第 3 土著步兵连和左侧第 2 土著步兵连的 1 个排开始展开，第 4 团第 26 连应保持这一位置并作为后备力量，听候命令随时准备投入以后的战斗。

概言之，我们应通过大堤周围的迂回战术，从敌人右翼开始包围，以便将其驱往□……①

黄旗军：黄旗军应走在侧卫连之后，开火以后，应立即向左朝公路奔去，前锋主力之首应有一面红白双色旗为前导，用以为各舰指明该前锋之首的位置。

纵队主力之首以四色旗作前导，其用途相同，两面旗子均必须分别系在一根长竹杆上。

留守巴兰：如前所述，第 29 连与炮兵排一起留守该城，在各部队出发以后，该连应派 1 个班驻防庙宇附近，以监视计村方向，另 1 个班前往“吕里马吕”号以保持通讯联系。第 1 土著步兵连应留 1 个班给第 29 连以承担联络任务。

发生夜袭时的措施：一旦发生全面夜袭，位于后方第 4 营第□……连应即支援第 2 团第 29 连。这时，第 2 营应在大庙前组建完毕，并一直向前哨部队展开。该营可作为后备兵力。炮兵应随时架好炮位。军医应留在“吕里马吕”号上，届时病号将运往

① 原文不清，根据作战部署，似为底河。——编者

该舰。

远征军最高司令、将军

附件10　8月30日至9月1日行军总部署

1883年8月29日于河内

8月30日上午7时,第4团第25、26连登舰出发,前往四柱庙。鲁先生统率的第4团所属之营由第4团第25、26与27连及第1土著步兵连组成。第4团第29连应配两门火炮以留守四柱庙。

黄旗军在30日白天启程,以便夜宿四柱庙(此乃大庙前的茅屋群,以前曾为黑旗军所用)。

"闪电"号与"军乐"号一清早在向一艘专程被派来接班的小炮艇交班以后应即驶返河内。

8月31日:第4团所属之营(包括第25、26、27连及第1土著步兵连),连同四柱庙1个炮兵排(上校应在明日用"吕里马吕"号上的兵力将其补足)以及在四柱庙的1个工兵排和救护排一起于凌晨5时半向巴兰进发。他们应在行军方向的大堤左侧扎营,其先头部队应驻在通往丰村的路上。

晨5时,下列各部队应登上为他们调来的指定船只,上船后应立即启航。

第2团第26连:登"军乐"号,由比硕上校统率。

第2团第27连:登"飓风"号。

第2团第29连、第3土著步兵连:登"吕里马吕"号;1个6门火炮的火炮连(无牵引马匹)登"豹子"号。

第2土著步兵连
第2工兵排
第2营之救护队　}登"雎鸠"号,将军及参谋部成员亦登该舰营长贝杰应登上“吕里马吕”号舰。高级军官、参谋部成员、营长助理、炮兵军官及其他军官之马匹应在30日上午7时半乘“吕里马吕”号舰离开，以便在四柱庙过夜，自31日起，它们应随同第4团所属之营行动。各马主应领取这些牲口所需之食用稻谷。军官们若希望让人将各自之坐骑经大堤带至四柱庙，则可在黄旗军出发的同时，命人将其马匹经由此道牵至该地。

各炮舰应即驶往巴兰并将各部队载运至该地，登陆部队应驻扎在河内大堤左侧，亦即是大河近旁。然而，第2团第29连以及来自四柱庙之炮兵排应驻扎在通往丰村的路上。

部队登岸毕，由小舰队司令所指派之各舰应即沿底河驶去，前往特别指令所指定的地点。

9月1日：第2团第29连以及四柱庙之炮兵排应留驻巴兰。以后，第2土著步兵连应前去接替贝杰营的这一连，其余各部队应按顺序作指定移动，有关顺序将发往巴兰。

各部队应携带两日之食品，第5步兵排应在后两天中登上舰船并令各舰停泊在专为此而指定的地点。各兵丁的服装应按第二种情况的规定（7月30日第44号令）穿着，其帽子系用帐蓬布制成。

波滑

附件11　部队登船与登陆的特别措施

1883年8月30日于河内

今日上午11时，火炮及弹药车均应装入帆船，帆船停在炮兵仓库路口，然后，该帆船应至下游锚泊并由另一艘所取代。

“吕里马吕”号应泊在这后一艘帆船旁。

第2团第26连可在警察局门口登上一艘平底驳船，然后由

“鹈鹕”号牵引前往“军乐”号。

第2团第27连、第2土著步兵连登上“吕里马吕”号;接着第27连经由后舷门登“海防”号,再由该船将其转运至“飓风”号上,第2土著步兵连则由船首登“九龙”号,由该船将其载往“雎鸠”号。

工兵排与救护队可在炮兵仓库路口集合,命令一到,即行登上“吕里马吕”号,它们应紧随在第2土著步兵连后面行进。

炮兵连随后而来,并登上“吕里马吕”号,然后由快艇将其由“吕里马吕”号载往“豹子”号。今日下午,“豹子”号还应将满载火炮的平底驳船拖带在后。

上述行动完毕后,第2团第29连与第3土著步兵连登上“吕里马吕”号,沿途由它载运。

各船舰装备就绪后即应先后启航。第一艘应将“鹈鹕”号牵引在后。“雎鸠”号牵引“海防”号,“吕里马吕”号牵引“九龙”号。

部队登陆应先由“豹子”号拖带之武装帆船开始进行。该帆船一经解开缆绳,即可用于为部队摆渡。各部兵员在炮舰抵达后应乘快艇分批登上帆船。为了加速这一进程,“豹子”号最好排在最前列,或设法使其他船只易于靠近。必须注意的是,本命令在关于“飓风”号方面修正了原来的通令,根据本命令,该舰应搭载第2团第27连,而不是按原来命令搭载炮兵,炮兵的人员和装备均应由“豹子”号载运。

远征军最高司令、将军

附件12　通令

1883年8月14日于河内

一、关于敌情的通报:敌人的总防线从纸桥开始,到四柱庙终止,途经安寨(Yen-tai)。

第二线从怀德府(Phu Hoaï)至内村与鸿村(Hong)。在鸿村以北,有多处木制内堡,四周又围有竹栅栏。旁边有两座炮台,可轰击沿红河行驶的炮舰。

在这两层防线后面,又有一条宽10—12米的小河,称作汭江,形成一个圆弧。小河后的各座村落均已构筑了防御工事。通往那一带的桥梁已有部分被拆断,但在断口处布满竹杆,这样,只要把竹杆一撤除,交通就被截断。这一阵地是敌人的中心堡垒,刘永福的营帐设在开治(Kaiên tri),安南将军的营帐则在西新(Tay-tan)附近。

敌人的退路在底河方向、沿山西公路及沿山西公路以西伸展的那条古道一带。

二、须完成的作战目标:作战目标是将敌人防线逐一攻克,防止沿线敌人夺路而退,并将其驱散。

第一天,部队兵员必须将头几道防线攻克,并在晚上沿汭江而行,抢在敌人之先抵达汭江大桥,必要时还应赶过他们以便占领地盘并于次日突然出现。

第二天,各部队必须攻克由坚固设防的村落群构成的第三道防线,然后利用在左翼作战的安南土著步兵及华人非正规军①追击敌兵。法国部队应驻在山西公路沿线作为后盾,该公路应于次日由各路纵队占领。

小舰队专门负责驻防在底河两岸的渡口,并随时截获或摧毁可用于渡河的各种船舶、帆船或竹筏。

三、路面情况:山西公路路面状况极好,完全可以通行;内村公路虽稍差,但亦可通行;沿河堤伸展经计村前往求仙桥(Cau-cau-

① 似指乔治·弗拉维亚诺招募的“黄旗军”。——编者

tien)的公路路面亦可通行火炮;其他公路路质较差,但亦并非不能通行。汭江与敌人前沿阵线之间尚未□……此乃一马平川之地,其间杂有数座竹林掩映的村落,村村之间有稻田小路相通;竹林沿路而栽,构成了天然的防御物。这一带的外貌即如此。这里没有适合于架设火炮的炮兵高地,有的只是狭小的通道。

四、纵队的队形:除小舰队外,将组成3支纵队。

(一)小舰队:各炮舰应在四柱庙下游泊定,以便准确地用齐射火力轰击大堤附近村庄敌人的岗哨与炮台。它们应于5时45分开始缓缓发射。一俟统率第1纵队的上校发出停火信号,即应立即停止射击。接着,各舰应紧跟纵队同步行驶,在纵队转向大堤以西内侧时,炮舰应充当它们的基地和补给点。第二天,小舰队司令接到通知后,应立即遵命前往底河口,但仍命1艘炮舰留驻在前一天的锚地,并派两艘炮舰(若有可能,则可派3艘)前往敌人后方以拦截敌人渡河。此事的作法已如上述,下一步该如何行动,应等待新命令通知。

(二)第1纵队(右路)包括第4土著步兵连、第4营(第4团第25、26、30连)、拥有4门火炮的第3火炮连以及1个工兵排(第1排)。该纵队应于凌晨3时离城出发,以便在6时抵达占村附近,行程约12公里左右。辎重队此时应停歇待命。该纵队必须攻克河堤附近的工事。若此纵队遭到顽强抵抗,应等候在其左侧的第2纵队向内村和安村(Yen)攻击时发出的动静,然后向其求援。第1纵队必须占领西仙桥(Cau-Tay-Tien)及府里桥两地。该纵队还应在河堤上保留一个岗哨,以便与小舰队沟通联系。

第1纵队指挥由比硕上校先生担任。

(三)第2纵队(中路)由第3土著步兵连、第2营(第2团第26连、29连与33连)、拥有4尊火炮的第2火炮连、1个工兵排(第2

排)组成。该纵队应在3时30分离开租界,以便在5时30分抵达安寨村对面(行程为8公里)。

第2纵队必须自东面包抄怀德府,以便协助攻克该城,然后折向内村与安村,以便在必要时协助第1纵队进攻。该纵队还应在安寨留驻一个岗哨。辎重车队可在安寨停歇待命。该纵队必须占领富建桥(Cau-Phu-Kien)桥头。该纵队由参谋长科罗纳少校指挥。

(四)第3纵队(左路)由第1土著步兵连、第1营(第1团第25连、第3团第34连与第36连)、拥有4门火炮的第1炮兵连、1个工兵排(第3排)组成。后备军(第3团第21连、第2土著步兵连及1个炮兵排)可随另一个纵队前进。该纵队可于4时离城,以便在5时15分到达纸桥对面(行程5公里左右)。辎重车队应在那里待命。该纵队可进攻怀德府,以便第2纵队有充分的时间赶路。该纵队还应设法占领更桥与连桥(Caû-Rien)两桥。第3纵队受炮兵指挥官雷维龙(Révillion)[①]上校节制。

五、将军的行军位置:远征军团司令及随军牧师均与第3纵队一起行进。

六、各纵队间的通讯联络:最初,通讯联络可由驻在日战(Nhât-Chiên)、安寨与纸桥的各岗哨进行。在第一与第二线攻下后,这种联络可经由沿汭江伸展的道路进行,但由于路面状况不佳,故只能靠土著步兵沿路传递信息。

七、工兵:工兵排的3个分遣队应随3支纵队的前锋一起前进,携带必要的工具以修复路面、辟斩竹林,将五六米长的桥梁断口接合起来。

八、后备军:该军应与第3纵队随行,驻扎在纸桥旁,对纸桥以

① 前作Revillon,两处中似有一处笔误。——编者

西及以南的道路进行观察并加以控制。此外,后备军还应随时听从总司令的特别命令。

九、弹药库的布置:每个火炮连可按每炮40发炮弹的配量将弹药装入箱中携带。炮兵指挥可用现有的马拉炮车以及苦力队组成1个弹药排,其弹药存量为:每炮配20发炮弹,每个兵丁配3包枪弹。各军兵种定员总额为1800人。该弹药排应沿山西公路前进并在纸桥停歇以等待炮兵中校指挥官的新指示。

十、卫生排:每支纵队应配有1个卫生排和12张运送伤病员的帆布行军床,在安寨和纸桥各设1个中间卫生站,该两站可将伤病员疏散至城中的诊疗所。第1纵队可搭乘为此而派出的专用小汽艇疏散其病员。

十一、大件行李:宿营物品可捆扎成包或打成行李,而士兵各人应随身携带120发枪弹。军队行装应停放在指定地点,直至各中队指挥要求将行李带至他们处为止。若有命令必须组建一个行管队,则该队应沿山西公路前进,其宿营地点届时再予指定。

助理军需官应准备好两天定量的葡萄酒与塔菲亚酒,以便随时可以动身。

各纵队应指定一名军官专门负责本队辎重车的押运。□……先生负责第3纵队辎重车,拉尔济(Largy)先生负责第2纵队辎重车,何新热(Hossinger)先生负责第1纵队辎重车。各步兵连或土著步兵连应派两名兵丁监管该连的苦力,侦察队或宪兵队应作为总司令部的卫队随第3纵队一起行进。□……

十二、□……

十三、黄旗军:黄旗军团在乔治上尉的统率下,应在阵列的最左侧展开战斗。

十四、情况汇报:各纵队指挥应随时向将军作出简要汇报,遇有重大事件，应立即向将军报告。

十五、行动总则：由于火炮射程较远，凡接到命令后得知□……和进攻点的军官，应注意不让士兵排在□……纵队旁。

各部队一般均应朝西射击，新发地图仅是根据得到的情报绘制的简明地形图，不如普通地图精确。但这不妨碍军号手对部队各项行动的指挥，也不影响部队判明方向。若情况允许，一天内可以完成原定两天完成的计划，则当然应不失时机地迅速行动。

严禁随便谈论本命令内容和提及有关的人名地名。营房周围布有敌人密探，目前尚无法将其抓获。

远征军司令　波滑将军

附件 13　通令（第 87 号）

1883 年 8 月 21 日于河内

远征军团的军官、士官、士兵和水兵们：

3 路纵队遵照 8 月 14 日所发的行动令于 8 月 15 日拂晓时分开始进军，前往攻击长期以来驻扎在城西 10 公里各防御阵地上的黑旗军。

小舰队炮轰敌人的炮台及哨所，从此拉开了进攻的序幕。3 支纵队朝敌人防线一齐开火并整整战斗了一天。

敌人损失惨重，自 15 日晚至 16 日晨，他们陆续撤出阵地。由于洪水滔滔，他们无法前来抢救其伤员脱险。虽然天气恶劣，开始了的战斗难以彻底完成其预定目标，但所取得的成效仍然十分显著。这一重大战果是与你们坚韧不拔的毅力、顽强的意志和骁勇善战的军事素质分不开的，当然，还应归功于你们长官指挥有方。一旦天气和路面状况允许，我们将在这一战绩的基础上再接再厉，以期大获全胜。

各连刚组建完毕，马匹下船登岸，套车挽具制成，辎重车队组建后，我们又向敌人进军了。我们分秒必争，毫不停歇。这时，全国上下焦躁不安，急不可耐，他们不了解我们肩负使命的种种艰辛。因此，我们不得不全力以赴，以期巩固和维持目前的局面，我们确实千方百计，尽力为之。我们还必须为5月19日的败仗雪耻，最终亦达到了雪耻的目的。我们恢复了先前对敌人的那种威慑力量。

军官们，士官及士兵们：

你们的成绩很出色，国家将感谢你们。但你们必须乘胜前进，一旦各种对我们不利的因素一齐爆发而迫使我们必须继续战斗时，你们应立即准备向敌人进军。在你们坚韧不拔的毅力、顽强的斗志和严明的军纪面前，任何艰难险阻终将被克服。

小舰队的军官、士官和水兵们：几天来，你们在这一战绩中起了重大作用，你们为战胜各种险情作了艰巨的努力，我怀着欣喜的心情向你们表示感谢。在你们前面，仍然有许多障碍需要克服，但我认为你们是值得充分信赖的。形势迫使我们在困难重重的时刻进行战斗，但你们一定能以坚韧不拔的斗志、刚强的毅力和赤胆忠心的献身精神将困难一一克服。

远征军最高司令　波滑将军

BB—4　1950第236—267页

698　海军及殖民地部长致阿尔及利亚军区司令

1883年9月10日于巴黎

海军少将先生：

政府已决定派遣一个步兵团去东京。该团将由陆军部组织，包括3个营，每营600名，其中两个营是阿尔及利亚步兵，一个营是外籍兵团,由一位上校或一位中校指挥。

这些部队将在阿尔及利亚装运,由9月25日从土伦起程的“边和”号和“东京”号负责。

现提出几点供您参考:

(1)将在阿尔及利亚装运的军官和马匹的大概名单一份。

(2)电报副本一份,这个电报我已于9月8日寄给陆军部长先生以便处理执行中的细节。

“边和”号和“东京”号将在土伦装运第一线紧急物资:3个营用的食物、军火、盔帽;还有外籍兵团用的床垫、长枕(约600套)。

该两轮将在土伦装运发往东京的物资以补充它们的货载。但是,最需要的位置仍留给肯定在阿尔及利亚上船的3个营的军官、士官和士兵、马匹以及预先装箱的武器、辎重,骡鞍、压榨过的干草。

“边和”号和“东京”号离开土伦将驶往阿尔及尔,其中一艘在该港装运一个半营,立即驶往东京;另一艘在阿尔及尔仅装运半个营,立即开往博纳(Bone),装运一个营驶往同一目的地。……

BB—4 1947第36号

699 海军及殖民地部长致内阁总理兼公共教育及美术部长茹费理

1883年9月11日于巴黎

内阁总理先生、亲爱的同事:

我荣幸地将中国海及日本海分舰队总司令梅依少将先生刚刚发给我的密码电报附寄给您。

附件　中国海及日本海分舰队总司令梅依致海军及殖民地部长电

1883年9月11日于香港

据说在发生了一个欧洲人杀害了一个中国人的另一起著名的凶杀案之后,在广州的租界遭到居民的袭击,房屋部分被烧毁。对人员没有发生任何粗暴的行动。现派去"鲁汀"号。

广州总共到达2900人的部队,用于防卫和修筑防御工事。

M.D.亚洲第42卷第23—24页

700　驻华特使脱利古致外交部长沙梅拉库电

1883年9月11日下午4时10分于上海

法国驻广州领事电告我说在沙基外国租界爆发了骚乱。租界已被焚,欧洲人均逃至船上避难。尚无关于传教士的消息。近两个月来,我一直要求派遣一艘军舰到广州水面。

脱利古

C.P.中国第62卷第217页

701　驻东京总特派员何罗桤致海军及殖民地部长薄纳

1883年9月11日于河内

部长先生:

波滑将军与我协商后一致决定,两人从此分道扬镳,其目的在于结束这种难堪的局面,这种局面若继续维持下去,将对政府委托我们完成的任务带来相当的危害。为了化消极因素为积极因素,并抓紧一切有利时机,我已委派驻军最高司令〈波滑〉回国向您当面叙述我们当前的迫切需要。

现将我交给他的各项训令抄件随函附上，请一并察阅。

我之所以最后对波滑将军提出的返回法国的愿望不得不表示同意，个中详情我将于近期向您汇报。比硕上校已担任远征军代理司令，全军上下对他是充分信赖的。我亦相信，这位高级军官为人通情达理，而且头脑清醒，又易于通融，故迄今我面临的那种反复出现的纠葛和龃龉当不复存在，人们对文职官员及我本人所存在的那种敌对情绪亦将很快瓦解冰消。

布里翁瓦尔中校已担任步兵团团长，巴当中校任参谋长，科罗纳少校任海防驻军最高司令官。

就我而言，我希望有朝一日科罗纳能够调走，因为我了解他的意向和习性，故完全有理由担心他与法国驻海防领事马尔基先生之间必将很快出现纠纷和冲突。

共和国驻东京总特派员　何罗栏

附件　何罗栏致东京远征军最高司令波滑

1883年9月10日于河内

亲爱的将军：

由于与祖国之间的邮政联系费时甚久，加之这一业务时断时续，并不稳定，而用电报来确切告知我们的处境尚有困难，故我们在东京和安南初创的事业将受到危害。

虽然全军上下士气高涨，决心极大，但我们手头拥有的兵力确实太少，无法应付中国军队入侵东京北部及西北各省所造成的新危局。因此，一位亲身经历者被授命回国作当面汇报，对我们目前正在进行的事业所起的作用远比寄往海军部的一切书面报告大得多。

由于诸多毋庸赘述的原因，您的调离已势在必行。从爱国的感情出发,同时也为了上述种种因素,必须把您离开东京返回法国的机会充分利用。因此,我决定委派您前往法国当面口述我们目前的迫切需要究竟是什么。

您比任何人都清楚,今天,只要把顺化置于我们的炮火射程之内,我们就不必对安南政府两面三刀的伎俩心存疑虑。只要东京境内不出现大批有战斗经验且装备精良的中国军队,那么8月25日条约签订以后,战争时期的结束当指日可待。

实际上,我们必须与之周旋的,已不再是安南,而是中国本身。面对这个大国明里暗里施展的种种手法,加上它又肆无忌惮地不断增派兵力充实黑旗军,使之充作中国官军的核心力量并用以掩盖其鬼鬼祟祟的行径(但对此明眼人一看便知),东京百姓只能采取犹豫观望的态度,那些素具声望而又态度强硬的安南官吏见此情形,当然也拒不服从顺化的旨令并将其视若草芥。因此,您所组织和领导的数次战斗收效甚微,徒使我们众多的勇士丧生。您手头的兵力薄弱,无法使您继续发挥优势,我们的战士以令人叹服的勇猛精神攻克的阵地,在我们离去后又被敌人占领。总之,敌人因胆大妄为所付出的牺牲虽然很大,他们却能使我们周围胆小的百姓相信,他们终究取得了胜利。

在这种情况下,特别是中国人除速射步枪以外又能配备经改进的大炮火力,当这些火炮开始陆续运到时,我们的处境将很可能变得岌岌可危。我们也许将被围困在河内的法国租界内,而我们的全部兵力本来就不足以将租界守住,更何况万一发生此等事件,我们还不得不抽调一定兵力保持与海防和海上的联系畅通无阻。

在此情况下,安南人看到我们不堪一击,我们原来对他们鼓起的那点微不足道的信念将丧失殆尽。斯时,早已满目疮痍的东京将完全陷于空前未有的骚乱之中。

因此，必须前往法国解释清楚，现在既不能迁延时日，也不能因循敷衍，而应该立即考虑与中国开战的必要性，这是保全我们体面，免受他人耻笑，从而扩大我们在印度支那影响的惟一办法。

从今以后，我们可以毫不夸张地说，事实上，我们正与中国开战，而不再与安南作战。

但是，在深知这一大国体制及其内外交困状况的人看来，只要发出一纸强硬的最后通牒并以炮轰其沿海数个港口相威胁，仍可能促其处事审慎并恢复理智。

然而，即使如此，仍必须迅速付诸行动。

亲爱的将军，这就是我请您向海军及殖民地部长先生，若有机会，亦请向内阁其他成员面陈的大体内容。

我还希望借你返回法国的机会，请您向海军部汇报，在中国的威胁被排除后，我们拟定的对东京实行永久性军事占领的方式和计划。

和您一样，我也不赞成过度分散欧洲军的兵力。除了用于维持治安的力量以外，我们还应该尽力保存一批精锐完整的集团军，使他们在一定时间内相对稳定，自给自足。正是基于这一观点，我才设法在顺化条约中规定：法国有权在“它认为必要的任何地区”构筑一批永久性防御工事。这些防御工事与其散布在我占领区中心附近，不如分布在占领区周围边界上，其目的不仅在于对付中国，而且一旦安南人在某个时刻有可能图谋不轨时，这些工事还能起抵御作用：下交趾支那的征服和暴乱史业已向我们证实，此种防御体系收效甚大。然而，在东京与中国接壤的边境地区，将在长时期内，也许将永久成为我们在此处立足的主要威胁，故对此切不可掉以轻心。

当前所发生的事清楚地告诉我们,我们需要在红河河谷构筑两个碉堡,在广安或先安(Tyen-yen)附近构筑一个碉堡。

最大的一个碉堡恐怕应设在山西或兴化附近。这一堡垒不仅应制止由此而来的对我方领土的侵犯,并且能够在条件成熟时,作为远征军团的基地使用;该军团的任务是:向广西一带挺进,若天朝政府由于须与某个强国作战而不得不把军队从其内地各省调出,则我们正可乘乱而入;或者支持中国西南地区的暴乱,以便借他人之手为我们报仇雪恨。与出动全部舰队在沿海一带作战相比,这样做可以用极少的兵力和财力给予天朝政府以更沉重、更有震动的打击。

另外,还必须在宁平一带设置防御中心,其规模可略小;在东京边界上构筑一个坚固的棱堡,这一出色的防御阵地我已特意指名将其载入顺化条约之中。

我已提出申请,要求为我们派一名经过严格挑选的高级工兵军官。务请您面陈时将此事再次强调一番,以便该军官能及时派定。

今后我要做的,就是按照我目前的设想,立即着手研究关于保护国政权所辖各省的正规的军事占领条件。

此间我们面临的当务之急,其性质又完全不同。我们知道,安南人并不可怕,他们所掌握的战斗工具并无多大实效;再者,顺化朝廷现在再也无力来策动任何叛乱:它今后甚至会领悟到,与我们为难再无好处,相反,取得我们的支持并为我们治理这一地区提供方便却可使他们得到实惠。因为随着我们管理体制逐步纳入正轨,它的财政收入和利益也将有所增加。

在东京地区,撇开中国军队不提,我们若单从安南人方面考虑,则仅须保护我们在各地的驻扎官,确保他们能自由而有效地对本地官吏实施控制并为他们维持所辖各省的治安提供必要的手段。因此,您虽曾多次隐约提出成立军管区的问题,但我觉得此事目前无法进行,因为我们为此必须配备大批高级军官。实际上,几乎在各省各地,只需派出一名上尉就足可应付局面,但这位军官必须赋有特别职权,其军饷待遇亦应相当丰厚。

至于我们这个新保护国政权,若法国只想认真实施这一权力而并不暗中盘算将其征服(从种种迹象来看,我认为确系如此),则这一政权的构成当不能与某一属地或殖民地政府的结构相提并论,因为大家知道,对于这类属地和殖民地,我们一般均在法国配有各种办事机构。在东京,我们即将着手进行一种对我们来说是全新的尝试,而如果我们希望这种尝试成功,则我们务须注意从我们的先驱和前辈——英国人和荷兰人的经验中吸取教训,享有崇高威望的驻扎官应是其所辖省份的当然领袖,虽然他无须明显地进行直接干预。该省的军队只应听从他的指挥和调度,成为他的卫队,同时又是一种治安军,甚至可以说是一种宪兵队。

这些只以少量费用而使我们的统治权得以普遍确立的设想若有幸能得到一致的赞同,则东京未来的驻军可以由名额相当有限、但可长期服役的欧洲军(这些人似乎不一定都须是法国人)和以行伍为其终身职业直至年老退役为止的土著宪兵组成,但对于后者,招募时务须特别谨慎。这后一种军队当然应由保护国政权本身来负担。驻守在各碉堡中的法国步兵与炮兵当然又当别论,其一切给养只能被视为可以在所谓"主权经费"栏中报销。

请您务必向部长面陈我们的交通联系十分困难,以及我们各业务部门几乎被分割成海防和河内两部分后给我们及各部门又造成了多大的不便。

我已紧急请求,派一个水文师和技师团前来,除非该团能找到更适宜的地点可以建立一个行政管理和商务贸易大城,且证明用人为的办法将商业和管理两者集中于一地果真有利,否则,我们应及早定都海防。

在此点尚未能付诸实施以前,我们的当务之急是增加炮舰的数量,若有可能,则应改进其外形(或直接购买现成舰只),减少其吃水并配以一套比旧式140毫米火炮具有更大的水上仰角、重量更轻、有效射程更远的火炮设备(全体军官一致要求调拨一批带有齿轮啮合式圆形炮架的90毫米火炮)。

我们还需要较多的快艇或防御力量较好的高速快艇。最后,我们当然还希望能派来一批年轻军官或志愿军准尉,以便让他们统率那些中国式小船或武装军用帆船,这些船舶可改装成水上流动岗哨或用以扼守最主要的河道交叉口。

目前,由于中国的公开插手,本来极易解决的问题完全改变了性质。我觉得,东京北部的地方民事机构组织工作之所以始终困难重重,其源盖出于此。现在我们已据有海防、南定和河内3城。一俟我们拥有更多的兵力,我们将可以在广安、宁平,也许还可在鸿安各设置一名驻扎官。

然而,我觉得特别有意义的是及早派一个占领军团(其人数无须过多)至义安:一旦我要求指派的行政人员抵达我处,我就可以从南方开始,在我们不必担心中国人侵扰的某一地区筹建正式的地方管理机构。同时,向安南人和顺化朝廷明确表示:我们就是想得到8月25日条约中赋予我们的各种优惠。这一地区并不像红河三角洲那样骚乱,故我们可以在此间构筑一批公用设施(如公路、桥梁等),开始架设电报线,并立刻征得一批收入,以便我们能静候东京地区秩序和法制恢复后进一步征收赋税。

此外,还应设法改变在法国国内对此存在的巨大错觉,而要做到清除这种错觉或至少将事实真相说明,以恢复其本来面目,亦并非你此行中的一件易事。

总特派员 何罗柁

BB—4 1950 第 270—276 页

702 海军及殖民地部长致外交部长

1883 年 9 月 12 日于巴黎

外交部政治司 9 月 15 日收到

部长先生、亲爱的同事：

我荣幸地将交趾支那总督先生刚刚发给我的密码电报附送给您。

附件 交趾支那总督沁冲致海军及殖民地部长电

1883 年 9 月 12 日晨 7 时于西贡

遵照您的指示，我把我的海军陆战队士兵 300 名和安南土著步兵 200 名派往东京，没有遇到太大的麻烦。顺安的全部远征军有 700 人已属于交趾支那；这样，交趾支那的〈部队〉编制人数将缩减为：海军陆战队 1.5 万人，土著兵 1.6 万人、150 名炮手和操作手。4 个月以来，派到东京的 900 名土著兵和在顺安时一样，一直战斗得很好，一般都比我们的部队更加耐劳。目前正在进行的比较困难的征兵工作要继续下去。一旦有机会就请寄来 1500 套全套装备。

8 月 15 日和 16 日的出击（波滑将军已经直接电告您）被英国和中国的报纸看作是我们的失败。根据我们得到的全部情报来看，这次行动既非失败，也不是胜利，而是没有成功。因为我们死伤 73 人，我们不得不回到自己的阵地；此外，这次行动没有产生任何效果。

我们面前不再是仅有黑旗军,而是还有大批的军队。这些军队训练有素,纪律严明,武器良好。很明显,中国是通过云南和广西派进了援军。

很有必要让两个阿尔及利亚土著步兵营紧急登船,这些士兵在抗击黑旗军的斗争中骁勇善战,他们将会像以前使安南人闻风丧胆那样,给中国人造成恐惧。那时就可以保留这个海军陆战营,以防止顺安、东京和此地一切可能发生的事件。

海阳和广安两城已在8月16日和18日被布里翁瓦尔上校夺取。

"都尔威"号(Tourville)2日从新加坡到达,6日从香港出发,"永隆"号将于15日去东京,几天以后去安南。

M.D.亚洲第42卷第25—26页

703 海军及殖民地部长致外交部长

1883年9月12日于巴黎

外交部政治司9月14日收到

部长先生、亲爱的同事:

通过海防领事佛列斯提埃先生,我刚刚收到关于东京事件的一份中国报纸的摘要。

我荣幸地将这个文件的原文寄给您,同时请您一有可能就退回海军部。

附件 名为《循环日报》(Tuân huon nhût báo)的中国报纸摘要

1883年5月23日报纸摘要

5月7日,一些欧洲人从新门(Tan Môn)带来的消息说:今日上午到达Min-lang的Hai-yen号船报告了一项朝廷的秘密决定:朝廷把李鸿章派到广东,以便统率军事。当时该船就决定去找这位将军。

此外,将军还接到命令,设法和法国人一道处理东京事务,如果不成功的话,允许他和法国人交锋。因此,他招募了 1.25 万士兵,并直接向东京进发,以便见机行事。

中国招商局(Chien Chuong cuci)得到命令:当接到朝廷的命令后,就不要再往北方,而是往南方运大米,以便供应军队。

将军已选定出发日期(5 月 16 日),从 Dyiphê 出发,通过 Ngô-tong 河乘轮船去某一港口,以了解有关海防的情况。

根据这些消息,中国和安南不会对法国人在安南为所欲为袖手旁观。

据说 Mami-Zhué 已从安南到达 Zhien tan,他刚刚到达那里就被宫廷任命为法文翻译(Phiendich phap van)。这是因为此人为李将军做了很多事,而且,也是由于安南事件太紧急,所以他晋级如此之快。

在云南省,在一次居民和天主教徒发生争执之后,一位天主教神父和 7 名教徒被杀害了。

1883 年 5 月 29 日报纸摘要

一名在北京的欧洲人说:一些人说最近到达天津的军队是调往安南的,而另一些人说是调回河南省的。这位欧洲人还说:在中国,3 万中国部队已选定开往安南的吉日。有些人说中国之所以这样做,是因为他们对现在到处作战取得胜利并已掌握了东京的法国政府的力量不了解。可是,中国之所以这样暗地保护安南,可能是为了从中得到一些好处。

1883年5月30日报纸摘要

巴黎的法国当局发来的一份特急电报说:法国在河内的部队被黑旗军包围了,要求援助。

巴黎发来的一些电报命令在东京的法国当局坚决打退中国军队,如果中国军队在这个地方骚扰的话。

1883年5月30日报纸摘要

从西贡来的消息说:安南的军队中有很多中国人,这支军队已严密地包围了河内,以致大本营(总部)和法租界之间的一切联系都被切断了。黑旗军给在河内的法国当局写信,敦促法国当局出来和他们在广阔的田野上进行较量,而不要在城里打仗,以免给商人们带来不幸。法国人不知道如何回答。

这些消息说,在河内的法国人就像Conlong和Lon Boi那样,是总守在洞口的动物,不敢远离。

另一条消息也说黑旗军严密地包围了河内。总司令曾进行一次出击,但战事失利,故派出船只,要求加强力量。黑旗军扩充了大量安南人和中国人。他们时而厮杀,时而后退,但全都充满狂热,决心战斗,无一例外。

一些船只在大河和小溪中行驶以侦察黑旗军的阵地,但是这些船到达一个地方,却什么也没了解到,只听到向它们射来的炮声。据这些情报说,黑旗军还有良好的武器,以至如果法国人决心打他们,不一定会取胜。

1883年6月5日报纸摘要

5月19日,总司令进攻黑旗军,但被打败。法国当局害怕了,立即向法国写信请求4000名援兵。

人们对我们说：中国从云南派3万部队到东京，由李鸿章总督指挥。北京朝廷命令李将军帮助黑旗军。这些都是传闻。

在5月19日战败之后，最高司令官先生(实为海防领事之误)写信给黑旗军，请求归还在战场上死亡的官兵的尸体；但是人们不知道结果如何。

1883年6月6日报纸摘要

6月3日，一艘从顺安(顺化港)回来的名为Heama的中国轮船带来的一条内部消息说：该地居民听说法国人轰炸了河内和南定后还企图夺取其他地方，感到非常气愤，他们说：法国人如果在东京战胜不了黑旗军，一定来攻打顺化，因此我们要作好部署，修筑好防御工事，然后用铁链把河流拦起来。然而，安南的武器状况很糟，200多年以来，一直忽略了这一点，他们怎能和法国人打仗呢？在顺安，现在警戒极严，任何船只都不能穿过封锁，就连Baote号也是被仔细地检查之后才通过的。

1883年6月7日报纸摘要

6月5日，从东京回来的一艘法国轮船说：李维业司令是非常勇敢的，但不太懂军事，也不够聪明。战斗前一天晚上，当他和他的军官们做第二天的部署时，两个中国仆人听到了他们的谈话，知道了他们的行动计划，于是告诉了黑旗军，黑旗军便在法国军队的通道设下了埋伏。

第二天，一名军官建议司令派先遣队先侦察一下，司令谴责他胆怯，而他自己走在前面。黑旗军立刻就把他包围起来了。他的腹部和肩部都中了弹。两名士兵看他倒下了，就把他抬起来，他对他们说他的伤是致命的,命令他们结果了他的性命。两名士兵不敢服从他的命令,他便落在了黑旗军的手中。当黑旗军抬着他行走时,他用手枪自杀了。黑旗军便把他的头割下,悬挂了起来。下交趾支那总督然后派250人(其中有125名勇敢的安南土著兵)到前哨阵地。从海防派来250人(其中125名炮兵),现在在河内总共有1700人,其中300人被派往南定。法国在河内的当局烧毁了租界周围的所有房屋,以防黑旗军夜间接近。在河内的欧洲商人都逃到了海防,在那里,大家都很安心了。

在河内的法国军队都在很好地防卫着,他们并没有害怕黑旗军。但是在南定,法国军队人数很少,人们担心不能抵抗黑旗军。据说法国在东京的兵员总额现在为3000人,并说黑旗军扎营在新地(Tan Dia)和北宁。如果法国人有为他们服务的好密探和好向导,他们不用等待从法国派来的援军就可以打败黑旗军。

黑旗军现有2万人,其中2000人是用毒弹枪武装的。假如中国不抓紧行动的话,法国人得到援军,将变得更加强大和勇敢。

在顺化,战船在严密地监视着,以阻止法国人向东京运送生活必需品。因此,当法国军队断了吃的东西时,将会更加糟糕。

当李鸿章到达上海并被当局正式接见时,一位军事要人对他说:我认为,我们最好不要谈东京事件,不要和法国人打仗。照我的看法,我们只利用黑旗军,也就是说,用叛乱者打叛乱者。

1883年6月13日报纸摘要

6月7日,众议院对东京事务的经费进行投票表决。既然已经决定占领这个地方,只要达到目的,就不会再考虑其开支多大了。

从海防来的人说:海军运输处的“伊利苏”号汽船正在西贡等待波滑将军,以便把他运往东京。将军一到达海防就被任命为东京远征军总司令。梅依将军将回到他的战舰上去,顺便了解一下李鸿章的活动情况。

据说:一些官方文件透露,法国将以强有力的手段继续处理东京事件,即使中国想参与此事,法国也不会理睬它,因为在安南同法国签订的条约中没有承认中国的宗主权,那么,中国就无权参与此事。现在,援兵已经到达河内,军队更加勇敢了,应该打击黑旗军,但是,这一行动还是由于天天下雨被耽误了。

在南定有400余人,他们分别守卫各自的岗位。为了包围城市,黑旗军修筑了一些防御工事。但是,由于江中有战舰,他们不敢前进,不敢向正在等待救援的法国军队进攻。

据说,黑旗军打算去攻打海防。听到这个消息后,法国人说那太好了,他们正在准备迎战。

1883年6月14日报纸摘要

5月25日,海军部长打电报给交趾支那总督,说众议院为东京事务举行了会议,一致通过了军事预算;但众议院没有同意派政府代表。是否应该任命一位文官或武官,这件事从众议院转到了参议院,但在短时间内是无法决定的。

同月26日,海军部长也给交趾支那总督打了电报,说波滑将军已被任命为东京远征军总司令;一切军事方面的事情都听他的命令,船只和军队5天内即将派往东京,以便加强东京的部队。

1883年6月15日报纸摘要

一天早晨,在福州,人们看见在云中有两面黑色的大旗,旗帜的中央有两个白色的大字,仔细瞧,可看出是"李"字和"刘"字。根据居民的解释(翻译),这意味着在中国李鸿章总督和东京黑旗军头目刘永福之间要发生一场冲突。一些很能干的游击队员也这样说。

1883年6月16日报纸摘要

5月7日,一些消息说军队已经从土伦向东京进发。但中国将军沉着地、谨慎地行动。首先,他将等着看看法国如何处理此事件,并看看是否能在同法国开战之前以和解的方式来处理此事。

中国驻巴黎使臣同法兰西共和国总统就东京事件举行了会晤。他说:根据官方的态度,中国将继续保护安南,不惜付出金钱上的代价,法国应该承认中国对安南的宗主权,在此种情况下,法国才能在安南站住脚;否则,如果法国独自占领东京,中国就要向法国宣战,经过片刻慎重考虑之后,总统给了中国使臣否定的答复,于是这位使臣便走了。

1883年6月18日报纸摘要

一位高级官员向众议院说:在同安南签订条约时,法国应该迫使安南政府不仅接受我们在东京的政府,而且要接受法国在安南所有设有警备部队的地方的政府。未经法国同意,安南不能同其他国家订立盟约,财政要由法国控制,只把1/3的收入交给国王。如果这些条件被接受,战争将停止;否则,战争将永远继续下去。东京的收入可以提高到3000万法郎,其中第一部分由法国政府支配;第二部分用于建立或维修运河通道,9%用于购买武器;而第三部分交给安南政府。

根据李维业司令的报告,谅江府河一带有各种产品和许多住房,如果我们能占领,只要用两艘军舰就可以容易维持这一流域的治安。

1883年6月21日报纸摘要

一则消息说:安南向北京派去一名使者恳求天朝的保护。这位官员在那儿已经两个月了,可是没有得到朝廷的任何答复。今天,这位官员听说李鸿章总督在上海,便去见他,并向他详细地说明了此次出使的目的。

1883年6月22日报纸摘要

据说:5月18日,当众议院为东京事务举行会议时,一位高级官员说中国现在不打算参与东京事件以及与法国作战。经费已经以398票赞成、90票反对获得通过,并已在所有官方报刊上披露。

1883年6月23日报纸摘要

一家法国报纸说:至今,没有人再敢劝告我们不向东京派兵了,现在我们拥有良好的大炮,精良的武器和一支组织良好的军队,我们要利用这些来结束东京事件,以便显示我们武器的威力和迫使安南政府尽快接受另一项条约。至于经费,应该执行投票通过的决议。

巴黎的一家报纸说:根据目前的情况,中国不应再拿起武器来反对我们。如果中国向东京派兵,就应该坚决地把他们赶出去,以便使这个国家不再参与和它无关的事件。另一家法国报纸说:根据中国的理论,法国不应该参与东京事件。既然中国对1874年的条约不置可否,为什么现在它要站出来呢?

6月26—28日报纸摘要

据说:根据目前的形势,乘安南政府还没有想到修筑防御工事之机,法国应该立即派军舰炮击顺化城,然后,再派军队守卫东京,就不会再受到安南人的威胁了。

海军及殖民地部长打电报给交趾支那总督说:有关东京事务的经费已经最后通过,人们只须照办和向敌人报仇就行了。

在法国,人们现在正忙于派两艘战舰和一艘向东京运送部队的运输船。

1883年7月2日报纸摘要

一条消息说:黑旗军和黄旗军已经聚在太原及其周围,他们正准备攻打南定。

据说:一艘法国轮船从土伦出发,已经到达新加坡,载有士兵约200名;已经装满了煤和给养。

据说:这艘船首先去西贡。不知道是否从西贡再去东京。

1883年7月3日报纸摘要

传说法国在东京的军队已经被黑旗军打垮了;死了许多士兵,将军也中了弹。黑旗军有两万人来到河内袭击他们。

法国在西贡的当局正在考虑是否应该驱逐安南商事裁判官,以免他们在居民中制造新的谣言;当局还正在考虑是否能够从西贡到东京拉一条电报线。但是,由于开支太大,正在协商之中。

一些消息说:在法国,有关东京事务的经费已经一致通过了。

众议院说:中国若要求对安南的宗主权,法国就永远不会去讨论和约问题,肯定要进行战争。当安南同法国签订条约时,并没有谈到中国的这个宗主权,为什么现在中国却要求宗主权呢?

根据这个决定,一位高级官员问应该怎么办,众议院回答说:我们只有准备进行战争,同时向整个安南宣布:这是照条约行事,而在不久以后,我们还要修改这个条约。

假如欧洲各国听到这些,他们不会说我们的行动是非正义的,因为我们只不过是为了使条约能付诸实施而已。现在,如果我们退让和向困难妥协,不仅中国,甚至整个欧洲都会嘲笑我们。

1883年7月4日报纸摘要

在法国,人们向东京去信说:很久以来,没有收到关于远征军的消息了。东京回答说:西贡和东京之间的电报线尚未架设,因此,同西贡的通信极为缓慢。尽管如此,我们还听说军队很快就要到达,而且要继续远征。

1883年7月5日报纸摘要

一些消息说:法国政府听到李维业司令死亡的消息后非常气愤,写信给东京的法国当局说:不应该只注意黑旗军和向他们报仇,而应该猛烈攻击安南政府,因为是安南政府豢养那些人的;要让安南政府对我们的优秀公民的死亡付出昂贵的代价。如果安南不答应这一点,那就炮击顺化城,并烧毁一切。

1883年7月6日报纸摘要

当李维业司令阵亡的消息传到巴黎时,这个城市的居民都非常激动,决定给他树立一个塑像。为此,开了一个募捐人名单,该名单得到了一致的同意。一周后,就收集到一万法郎的捐款。当捐款得到补充时,将挑选一些工匠来建立这个纪念物。

一些消息说:尽管国库不足,法国政府还是愿意着手进行东京的远征。近些年来,陆军部开支很大,去年的税收又未完全收上来,虽然如此,法国政府恐怕也永远不会在远征中后退。

M.D.亚洲第42卷第27—36页

704 脱利古致外交部长电

1883年9月12日8时40分于上海

12日9时收到

广州的严重事态促使我必须前往北京。目前那里应有法兰西代表的位置。我乘“伏尔达”号启程。请梅依司令派“维拉”号来上海。

脱利古

C.P.中国第62卷第218页

705 脱利古致外交部长电

1883年9月12日10时30分于上海

12日夜9时45分收到

广州最近的骚乱与安南、东京事件毫无关系。其原因似乎是一个月前一个美国人、一个俄国人及一个挪威人与一些中国人发生的一次冲突。

我将在天津等待阁下向我提到的关于新谈判的建议全文以作为谈判基础。在中国目前情况下,我若在沪滞留是说不过去的。

脱利古

C.P.中国第62卷第220页

706 海军及殖民地部长致交趾支那总督

1883年9月12日于巴黎

总督先生:

我在7月7日的电报中跟您说过,“边和”号及“东京”号将于7月25日驶离土伦去阿尔及利亚,将政府决定运往东京的3营军队运走。

在去东京的途中，这两艘运输舰将不经过西贡，如果有人员或物资需运送到交趾支那，运输舰从东京返回时，会带到西贡的。

“维也纳”号即将离开土伦去西贡和东京。我同意第五海军军区司令在可能时，用另一艘大军舰装运装备一个炮兵连的 80 毫米口径炮，使这些物资早日到达目的地。

“阿威龙”号将于 9 月 10 日离开土伦。至于“桑罗克”号，当然是在本月 20 日启航，以便进行一次定期的航行。

所有派往交趾支那及东京的运输舰，在结束任务后，应立即返回土伦。可是，我同意海军少将孤拔在需用大型运输舰时，可保留“阿威龙”号。

BB—4　1946 第 283 页

707　海军及殖民地部长致交趾支那总督

1883 年 9 月 14 日于巴黎

总督先生：

9 月 12 日来电收悉，其内容很有价值。

正如我在 9 月 7 日的电报中指出的那样，3 个营的阿尔及利亚部队(2 个营的土耳其人部队及 1 个营外籍部队)将于 9 月 25 日乘“边和”号及“东京”号离开土伦，驶往东京。

在非迫不得已和绝对需要时，不要把“阿威龙”号及“桑罗克”号上的海军陆战队留在交趾支那。

正如我在 9 月 4 日电报及 9 月 7 日函中所说的那样，我们要尽可能高度集中我们所有的兵力，以便在东京进行一次决定性的行动。

BB—4　1946 第 284 页

708　海军及殖民地部长致外交部长

1883年9月14日于巴黎

部长先生、亲爱的同事：

我刚收到中国海及日本海分舰队少将司令先生7月20日有关中国事务的一封信(第271号),我觉得它可能会引起外交部的兴趣。

兹随信附去梅依少将来信的摘录。

附件　梅依致海军及殖民地部长

1883年7月20日于下龙湾

部长先生：

自从东京分舰队组建以来,中国已不敢再向南方派遣任何舰船,并一直担心俄国或日本会积极干涉朝鲜。我毫不怀疑,这一看法极为可靠。中国通过其1882年在朝鲜的表现,自己暴露出野心及对两个邻国的恐惧。正如我以前一封信中所说,英国对这一点了解得如此清楚,以至我怀疑它有可能怂恿俄国南下,并推动俄国夺取永兴湾(Lazareff)不冻港,而英国自己则谋取朝鲜海峡中部佐渡(Sado)岛①上的良港——哈米尔顿港(Port-Hamilton)。威利斯(Willis)司令经常到该岛巡航,就想在岛上升起英国国旗,并使之成为英国的一个军事基地。我想今年夏天亲自到那里去,设法在当地搜集一些英国人的行动情报。除了长崎港外,我尚难以找出其他利于我国巡洋舰停泊的码头。舟山群岛是停泊的好地方,但既无电报亦无煤炭,除非像英国人在1840年鸦片战争期间那样暂时加以占领,建立一个兵营。长期以来,我的意见倾向于选择长

---

① 原文如此。应为巨文岛。——编者

崎,这已在上一封信中向您呈报。我仅想补充一点:我们已经赢得日本国民的同情,必须全力保持这种感情。正是为此目的,我本人一直与驻日本公使先生意见相合,我主张在长崎,而不是在神户(Kobe)设立副领事馆。长江为中华帝国之贸易大动脉,中国轮船公司的航运均通过长江。另外,长崎距芝罘仅 3 天航程,距朝鲜海岸则只 24 小时航程。巡航的船只在长江入口处有良好的停泊场,遇到坏天气可以在那里避风,并可以十分方便地在日本沿海补给粮食和煤炭,我们甚至可以从日本沿海通过通到大赤(Gutzlaff)的电缆与船只联系。

我应向您报告,部长先生,长时间以来流传中国招商局经理企图将他的船只悬挂美国国旗或其他国家国旗,以逃脱我巡洋舰的监视。请政府将这个计划成功的可能性尽快告诉我。

梅依

C.P.中国第 62 卷第 222—224 页

709　驻东京总特派员何罗栏致交趾支那总督沁冲

1883 年 9 月 15 日于河内

总督先生:

我曾在 8 月 17 日就弗拉维亚诺上尉在东京招募中国人组织军队的一些情况给您写过信,并请您把这封信转交给海军部长先生。

我一回到河内就弄清了那些模糊的情况。今天,我告诉您关于波滑将军和弗拉维亚诺上尉签订的合同中最重要的条款。

6 月 11 日决定建立一支黄旗军。根据合同,弗拉维亚诺上尉要招募 500 人,但不与被招募的人签订任何契约。根据这支独立的军队所定的标准,每月的饷银由国库支付。

士兵 …………………………………………… 10 皮阿斯特

下士 …………………………………………… 12皮阿斯特

中士 …………………………………………… 15皮阿斯特

中尉 …………………………………………… 35皮阿斯特

上尉 …………………………………………… 50皮阿斯特

这个支队分成5个连。弗拉维亚诺上尉的每月饷银为250皮阿斯特。

在黄旗军成立时,将派他到香港去购买物资,为此给他500(?)[①]皮阿斯特的经费。

除了采购物资外,弗拉维亚诺上尉在香港期间还要通过法国领事购买900支雷明顿枪(Remington)(每支8.25美元)和25万发子弹,其中一部分于10月中旬交货。

费用由行政部门开支。

合同中明文规定,被召募的兵员如被辞退,将如数发给当月饷银,另外还多发一个月的饷银作为额外报酬。

这就是关于建立黄旗军合同的主要条款。在8月10日的信中,我已向您谈了对这些中国兵和他们的长官的估价。除了建立、供养这支独立的军队的费用太高和今后解散的费用也很大外,我没有什么要补充说的了。费用的多少与取得的成果之间不会有丝毫联系。

另外,黄旗军将不断解雇其人员,他们的武器将转交给经精心招募的,可能更会认真服役的东京军队。

共和国总特派员　何罗榁

M.D.亚洲第42卷第321—322页

---

① 因该数目字位于行末,而原档复印件在该页右边未印出部分字母和数字,故"500"之后尚有多少个数字不详。——编者

710 何罗楂致外交部长

1883年9月15日于河内

部长先生：

我荣幸地告诉阁下，波滑将军先生已因公回国。我是同意满足他这一要求的。他对待我的态度可能证明采取一项更为严厉的措施是正确的，即立即遣送他回去交部长处理。阁下肯定会和我一样认真地判断我提供给阁下的事实。

听到我被任命的消息，波滑将军先生从第一天起就以一种毫无分寸的坦率暴露出了他的不满。当时他在曼谷，他是在我离开这个城市前不久被派到那里给我送1882年12月同暹罗国王陛下的代表在西贡签署的电报协议批准书的。阁下肯定不会忘记我当时给部里发的电文。在电文中，我向部里说明了波滑将军在曼谷逗留期间给我制造的严重困难，当时我已经推测到选择这个人来指挥东京的远征军是个不祥之兆，所有了解这位军官的人也都持有同样看法。此外，我在曼谷目睹了波滑将军先生癫痫症发作，当时，我照顾他并提了一些建议。我认为，将军看到我知道了他竭力隐瞒的这个秘密，知道我清楚这种病会不同程度地减低患者的智力，他极度不安。我被任命的消息——当我接到第一次通知时，他正好在我这儿，而且他已经知道他自己被指定为部队的高级统帅了——也使他在精神上产生了非常不快之感，以致他立刻就情不自禁地暴露了出来，而且，尽管是在我的饭桌上，他都没有向我表示丝毫的祝贺。

可是，甚至在他突然表现出不安和妒嫉之后，我都没有预料到他会始终对我采取敌对态度和行为，"如果说波滑先生不是一个很聪明的人，很有修养的人，人们一致认为——我也很同意——他却是一个很严厉的人”,当他表露他自己的想法时,人们并无恶意地说。人们赞扬他的坦率;但可惜的是,他惟恐失去自己的威信。尽管他有这种怕丧失威信的想法,而当某种影响使他产生一种或好或坏的思想时,他却是那样的固执。这种精神状态就说明了他的参谋长科罗纳少校立刻对他施加影响的原因。因此,我可以毫不犹豫地说:波滑先生对待我的那种不正确的行为,科罗纳负有很大责任。这位军官——大家是很看重他的——以他偏激的个性、学究式的外表、粗暴的性格,他通信中那种攻击性的、傲慢的语气,使远征军几乎所有的人对他和将军都很不满意。此外,他还毫不掩饰他对我的恶意,也不让我在军事当局中享有哪怕一点点的照顾。科罗纳少校的不好影响在多于一个半月的时间里完全自由地扩大了,事实上,是在这么长的一段时间之后,我才被允许去东京到波滑将军那儿的;而波滑将军在他的参谋长的纵容下,并不心甘情愿于把他的权力分给我,因为他已经习惯当第一把手,不愿退居第二位。假如我们是同时到达东京的话,绝大部分麻烦本来是可以避免的。至少,我可以避免引起我们最初分歧的原因——在整个红河三角洲实行戒严;而且,出于表明我这个为东京真正的利益服务的愿望,我也许可以制止将军走这条路。

我被任命的消息一经得到证实,科罗纳少校就匆匆忙忙让将军采取了一项毫无意义的、也不可能实施的措施,因为这项措施根本不符合像东京这个地方的情况:对整个红河三角洲实行戒严。所有的人都知道,乘我不在之机、背着我做出的这个决定的真正目的,其结果只能使我的行动从属于军事当局的行动,使我无法完成政府交给我的任务,压缩我和我的合作者的权限,使我们充当一个无足轻重、甚至有点可笑的角色。

我在到达东京之前,已经事先告诉了波滑将军,可是他不来接我,这种行为和孤拔将军的做法形成了最鲜明的对比:孤拔是急忙离开他的下龙湾停泊处,正式拜访我,还以他的炮兵部队向我致意。在我和这位将军的每次交往中,在以占领顺安要塞和缔结顺化协定而结束的整个战役过程中,都出现了这样的鲜明的对比。难道这说明作为指挥官的孤拔将军没有波滑将军那种军人气概吗?我想没有人会敢于指责他的这种行为。

要波滑将军来参加他和孤拔将军及我预定好的会议,我都必须用书信来请他,他才肯来。我曾等待着这次会晤,以便讨论戒严的决定。出于礼貌,此外我也知道,由于几乎所有军事当局的代表对我都持敌对态度,所以我应该采取十分谨慎的态度。正因为如此,我不愿意在通知军队的最高指挥官之前采取戒严这项措施,使他用以支配我行动的理由合法化。此外,我请教过孤拔将军,他的谦恭使我铭记在心,这位原殖民地的总督此时是我最好的顾问。这位海军分舰队司令被当作仲裁人,显得十分尴尬,可是他也承认:至少可以以保留我的行动自由等理由,使戒严声明的语气更温和一些,并附带一定的条件。

波滑将军没有提出任何反驳,他对所有的反应都只是默然置之。我很想把这些反应都告诉他,以此向他说明我并不是为了我个人的任何利益,而是因为我确信采取这项措施对于这个地方未来的组织和行政当局是很危险的,在东京这样的地区,从军事角度来说,这些危险是采取这项措施所能带来的极不可靠的好处远远不能补偿的。

那天,波滑将军寄给我两三份文件、一些信件和总日程,都不是重要的,这是至今两个半月以来他和我的惟一的联络。还没有等我写信向他要,他就寄给我了。我可以说,这是经过克服多么大的困难之后,才得以让他在这一点上服从于我。

会议的第二天(在这次会议上终于做出了决定,同意我长期以来一直强烈要求攻打顺安的主张),我同将军去了河内。在这次旅行中,波滑先生对我始终保持极其慎重的态度,他什么也不对我讲,并避免陪同我,根本不像他 10 年前接待我率领南定驻军时那样来履行他的职责。这种有意识的回避是必然会引起议论的。

在我到达河内时,将军来接我了,这一次,一切都很正常。

我可以拿出一千条证据来证明他对我的恶意,对此我感到十分不安,但是,我并不愿意表露出来。如果不叙述那些枯燥无味的细节,我周围的文职官员和我一样所忍受的那些恶意之举是很难说清楚的。我决定向将军作些友好的解释。在我们的会谈中,我对他说:政府决定一位"文官"作东京的领导和我毫无关系,我期望靠他的明智和爱国热情不要妨碍我履行职责,我请求他在我们发生意见冲突或存在某种误会时,能本着友好的态度向我解释清楚,我向他保证,我会以尽量和蔼和坦率的态度来处理我们之间的官方关系,等等。这时,将军一再向我表示:我的被任命对他是极不愉快的事情,他永远不会履行他的诺言,以同样的信任来回应我诚心诚意的表示。

我在河内只停留了几天时间(正是在这个城市建立法国官邸的时候),如果不是因为对驻扎官——这个老军官的某些伤害、某些蔑视的表现以及考虑他本人的职责的性质,这个情况是不会发生的。

我出发去了海防。根据我所得到的情报,我认为必须迅速占领海阳城堡,我曾多次要求这样做,但毫无结果。事情发展到如此地步,以至我提出的任何建议、任何计划,都遭到千方百计的排斥。

在去下龙湾之前(在下龙湾我同孤拔将军进行了会晤),我不得不在海防等待着海军分舰队完全准备好即将在顺化采取的行动。我给波滑将军寄去一封信(现附上,见附件1),他给我的回信是参谋长写、将军签字的。

在这份文件的最后部分(见附件2),我发现有特别明显的不信任感,这种思想到处可见。这次,我决心向将军说明,如果他把我当成是一个逆来顺受、对任何损害我的权责的言行都毫不反抗的人,一个只满足于表面权力,而不要真正权力的人,一个由于极端软弱而背叛共和国政府对我的信任和期望的人,那他就大错特错了。然而,最后我还是恳求他要考虑我们之间的分裂会带来的严重后果。我再一次呼吁他要有一个爱国者和一个战士的精神(见附件3)。

还没等将军答复,我就着手并成功地抚慰了海防的高级指挥官布里翁瓦尔中校,他有一些可以理解的不安心理。他的内心由于参谋长的莫明其妙的怀疑而受到了伤害,这种怀疑完全是对他一个人的,因为对他在海防的权限进行了限制,可是对在南定处在类似地位的巴当中校就没有这样做。后者一直就是和科罗纳少校相对抗的、曾被少校当作危险敌人的人,然而,对于他却给予灵活的照顾,使之几乎总是占有无可辩驳的优势。另一方面——我有足够的机会去研究科罗纳少校行为的秘诀——这仅仅是他对布里翁瓦尔中校的嫉妒,布里翁瓦尔是位审慎的军官,他的认真和谦逊的态度是他性格的活的证据,而这些却使得少校给他制造了很多麻烦,限制了他现场指挥的权力,目的是让他产生万一失败就会有严重后果的恐惧心理,或者使他感到,即使成功也不会有他的荣誉。

以上就是我写第1号信的原因。

布里翁瓦尔中校先生出色地完成了他艰难的任务。他攻克了海阳旧城堡和官员们在这座古城堡后面、在内陆20公里处修筑的、约有55门大炮和大量战争器械的新防御工事,他运到海防30

多万贯铜钱,约合25万法郎。他还夺取了一艘蒸汽护卫舰“边和”号[①],这是在签订1874年条约之后转让给安南的舰艇之一,经过修理之后,我们还能很好地使用。

在此,我应该指出(我并不是用这一事实来证明明显的偏见),波滑将军在我不在时发出的电报中,竟“忘记了”将海阳的重大胜利告诉法国,甚至就在昨天,我还收到海军部发来的急件,要求我证实攻克海阳这件事。幸亏当我从顺化一回来,就想到了此事,并发去了一份电报。这份电报正好和海军及殖民地部长先生的电报错开了。

我是9月1日回到河内的,〈波滑〉将军不在,与其说他是在指挥河内北部巴兰周围的军事行动,不如说他在视察这些行动。我把我的副官巴思定船长派到那儿,以便把我从顺化带回的消息转达给他,同时也是为了得到他的消息;我没有得到将军和他周围的人丝毫的祝贺之词,不论是书面的,还是口头的,甚至连一丝一毫的暗示都没有。相反,我却收到一封信,在信中,这位军队的最高指挥官告诉我说:针对我8月12日信中的伤害性的言词,他要求被召回法国(见附件4)。

我给他的复信附后(见附件5)。

翌日晚上,他回到了河内,对我进行了一次短暂而毫无意义的拜访。从那时起,我要想看到所需要的文件、各种报告等,只有向他提出书面请求才能得到。而这些文件和报告等,他还只能一个一个地给我。我对今后的侦察计划或军事行动一无所知。炮艇或小舰队出发或遭到炮击或射击后返回,若不是通过公众议论我是不会知道的。这种情况一直没有改变——即使我们现在的处境相

① 原文为Bien-hoa。——编者

当艰难，而且这还成了一种制度。

尽管我根本没有指挥战斗的意图和奢望，但是，我需要知道要做什么，做了哪些准备工作，需要知道那些总是需要采取某些行政措施及我应该监督其开支的必要工作等等。关于这一点，我要补充的是，自从我到来以后，军事当局的开支，我一次都没有签过字。在这类问题上和在所有其它问题上一样，我被抛在一边。

最后，波滑将军终将超越我能忍耐的界限，除非我用电报要求被召回法国。最高指挥官向军队和舰队发布了一个真正的宣言作为总命令，不仅当时没有告诉我这份文件，甚至到现在我也还不知道。然而，如果说规章能够允许把这种性质的文件也叫做总命令的话，那么，这个总命令是绝对合乎常规的，我再补充一句，是合乎这种礼仪的。也就是说，公众对所有军队的赞扬，对军队行为的高度评价，都可以归功于司令官们。

当时，我给将军写了一封语气十分温和的信(见附件 6)，但出乎我的意料，波滑先生的复信是那样地放肆(见附件 7)。他无视我们得到的共同指令，极明显地暴露出他企图把参谋长的命令只转告给部长一个人。他的复信只能有这样一种解释，尤其是因为有许多先例可以证明将军和他周围的人早有摆脱我的职权的打算。此时，我想起从我到达以来，我没有看到过他给海军部的一封信，然而我并不相信一个半月以来他连一封信也没有给海军部写过。

这次，我承认，和解已经不可能了。我认为到了必须分清我们各自角色的时候了。因此，我给将军回了信，这封信上标有“第 8 号”字样。其结果只能是这样一种急迫的解决方法：让将军立刻离去，别无他路。

可是，最高指挥官先生看到在法国，在我的上司面前做辩护的时机已到，于是竭力做了些叫我不能接受的解释(见附件 9)。我以毫不动摇的决心和信心坚持,将军的意图就是要和部长直接联系。任何诚实的人都会证明对他的第7号信没有其他理解。

我可以说,波滑将军不是一个怀有恶意的人,这一切令人遗憾的争执的原因都在于他的参谋长,我已经要求把参谋长召回了。我并不怀恨将军,但是,我认为把他调离还是必要的,因为他没有能力完成他的任务,他不懂得他和总特派员之间的关系是什么性质的关系。此外,把他调走也不会让人有任何遗憾,因为将军不善于取得他的士兵和副官们的信任。他们不知道我对这位将军做出如此严肃的结论的原因,但他们已经感觉到需要有一位更果断的、更有魄力的首长来指挥这次对付一个惯战的、不是一打就会后退的敌人的战役了。

我认为他是一个不负责任的人,因此,我不愿意把他派到部长那儿去。通过一番骗不了人的假话,我又让他去执行一个他根本无能力完成的任务了,我荣幸地把我当场起草的关于委托他回国汇报的信转给您。

从此,我们的关系变得非常好了。我认为,将军实际上很高兴减轻他肩上过重的担子。现在,他走上了他一开始就应该走的正确的道路。现在发生任何事情,他都会预先告诉我。各部门领导的报告,他也都交给我了,等等。我希望这种开创得已经过迟的协调局面不会再改变。比硕上校先生代替了波滑将军,他完全是另外一种人,比他的前任随和得多,而且怀有良好的愿望。

何罗枨

附言:由于没有时间,1、2、3号附件未能发出。此外,这3份文件的抄本已由以前的信使寄给部里。

附件4　东京远征军最高司令波滑致何罗桤

1883年8月30日于河内

我荣幸地通知您,第44号来信已收到。

由于这封信中有含沙射影的中伤,我认为有责任把此信转给部长,同时要求把我召回。我抄录了信中的从军事上来说是错误的东西。

您说您不完全赞成我的第15号信,由于信中所描绘的行为就是我一贯的行为,由于我一直按所受到的教育(也是您所受的教育)行事,所以我认为在今后我也没有必要有任何改变。从一开始,我就宁愿避免发生严重的分歧,因为这些分歧是在您刚上任3个星期开始发生的。

我将用书面的形式向您报告所有我认为应该做的事,当处理问题时,假如需要我在场的话,我将一如既往,时刻准备听从召唤。

波滑

附件5　何罗桤致波滑

1883年9月2日于河内

我荣幸地通知您,8月30日的来信、电报和报告均已收到。

我很遗憾,您竟把我完全出于好意而提出的意见当成个人攻击。这种解释本身所反映的倾向倒使我对您认为应该作出决定要求召回一事不那么痛心了。

我请求您,按照给我们两人的指示,把我不在时您寄给部里的所有函件都转送给我……

何罗桤

附件6 何罗栏致波滑

1883年9月7日于河内

我听说您在当日总命令中赞扬了军队和舰队在9月1日和9月2日的战斗中的良好表现,无疑,您会懂得我对甚至没有得到通报而感到惊讶。这样的事最好是由我来做,因为即使不是根据规定,此事向来也是由总督们做的。如果我没搞错,请把此事告诉我。

何罗栏

附件7 波滑致何罗栏

1883年9月8日于河内

我有幸答复您的第123号信:一个部队首长和一个将军有权通过当日命令表彰他们的军队的表现,尤其是在战斗之后,而只是每个月把部队的情况报告给部长。巴思定先生可能已把这方面的规定(1882年5月3日)告诉您了。

波滑

附件8 何罗栏致波滑

1883年9月8日于河内

我提醒您:您和部里不能直接联系,您根本不处于法国兵团首长通常的地位,是我而不是您代表政府,应该由我一个人和海军部长直接联系(部里的指示);因此,根据您援引的法令您应该每月向我呈报您的总命令的记录。

如果您存心继续有步骤地反对我的权威,并为此目的采取一系列不符合您的性格、也不符合您身份的做法,我将考虑是否有必要对您立即作出处理决定,不管这是多么的令人感到痛心。

事实上,这种能够危害我们事业取得成功的状况要是继续下去,那是很危险的,而我对此将不会承担任何责任。

何罗栏

附件 9 波滑致何罗栏

1883 年 9 月 8 日于河内

我现在答复第 135 号信。我从来没有说过我想直接和部长联系,而当我写到命令已寄给部长时,我指的是信件、报告、季度检阅的汇报、视察报告等,不过这些都是通过总督们寄的,在您不在时,我才直接寄。

此外,对您信中第 3 段的措词,我只能有一种想法,这一段补充了 8 月 12 日的信。我从来没有想到事情会达到这种地步。

我把军队的最高指挥权交给了比硕上校,而我自己则将听从您的支配。

两天前,我曾请求您把我交给部长处置,现在您可以这样做了。

我本想由我自己来做这件事的,从大局出发,以一个说得过去的借口把我调离可能更好些。如果您做出其他决定,我也只能服从。

关于 9 月 1 日事件的报告和建议还没有结束。一旦登记完毕,都将寄给您。(现只有已注册的这份报告。)

波滑

附件 10 何罗栏致波滑

1883 年 9 月 8 日于河内

假如您重读一下您 644 号信的确切措词,您就会信服,只能有像我所理解的那样并使我大为吃惊的那种解释。

很显然,我们之间的局面的惟一解决办法就是您的离开。不过,我根本就没有(尤其是在您做了解释之后)把您交给部长处置的意图,如果您能亲自向我指出一个能使我很容易把您调开,而又不让大家知道我们之间有分歧的办法,我将随时都会同意。

何罗椪

附件11　何罗椪致波滑(略)[1]

M.D.亚洲第42卷第40—61页

711　何罗椪与波滑的来往信件

(1)何罗椪致波滑的第123号信(略)[2]

(2)何罗椪致波滑的第134号信

听说您把使命交给广安的勒巴,其结果如何,我一无所知。我还不怎么知道您对先安究竟作了什么样的决定。先安是孤拔将军最关心的地点。我也不了解您要在北宁运河、或者在运河的左岸,或者为防止中国人占领怀德府要塞等方面制订的计划和打算采取的措施。

我现在正给部里写一份关于东京总的形势的报告。要向部长解释我不了解情况,这是很难的,但我不得不向他说明原因。

我把您的这些事仅看作是一个疏忽,希望引起您的注意就行了,并在将来不再发生这种情况。

我应向您指出,我对您这种做法感到十分遗憾。如果您想对任何行动作出决定的话,您也只能在同我商量之后才可以这样做。

---

① 见第701件附件,此处从略。——编者

② 即上件之附件6,此处略。——编者

因此我请您按时来向我汇报您要执行的计划,至少要汇报立即要执行的计划。

为了避免种种混乱现象,请您每星期一、三、六上午8点到总特派员府来,同我合作一起研究各种问题。如果您事务太忙来不了,您可在前一天晚上通知我。如果我定的时间由于工作的原因,对您有困难的话,请您告诉我另定一个时间。

我还想每星期召见各部门的首脑一次。

附言:我也想了解布里翁瓦尔中校关于海阳军事行动的报告。

(3)何罗栏致波滑的第135号信(略)[①]

(4)波滑复何罗栏的第123号信[②]

根据巴霍先生提供的情报,几艘炮艇将去天德江,设法击毁在那里发现的中国帆船。这些帆船可能是为把军队从天德江左岸渡到右岸作准备的。杜邦米埃先生将乘"飓风"号去巴塘,在那里找一个有利的占领点。因为军舰和商船必须从伯治(Berge)附近经过,所以要严密监视这个据点,否则是危险的。工兵上尉先生回来后,我就把他的意见告诉您。

另一方面,巴兰哨所是不是比四柱哨所更可取?顺化条约能允许我们向山西进军吗?长期以来,山西表面上并没有归降。对河水涨落不必大惊小怪,但不管情况如何,我要派舰队去那里侦察。红河不是一条可以航行的河流,而是一条急流,舰队在河中航行没有把握。

---

① 即上件之附件8,此处略。——编者

② 此处省略该信第一段,见上件之附件7。——编者

(5)波滑复何罗栏的第134号信

对您9月8日的第134号信中提出的各种问题,我谨答复如下:

①关于勒巴先生的使命。我曾派这位军官去海防,请布里翁瓦尔中校同工兵的首长一起研究在广安设置岗哨的问题。他把马上要做的工作向我作了报告。但布里翁瓦尔先生这时离开了海防,因此,工兵首长和勒巴先生两人只好去广安。在布里翁瓦尔了解情况之前,什么事情都定不下来。

我会很快得到关于这件事情的报告的。我将不失时机地派人占领这个据点。有了这个据点,既可以控制沿海的道路,也可以控制海防。

②关于先安问题。我认为现在占领先安比任何时候都更不适宜。我的力量还不足以组成一支600人的队伍。在这样长的战线上和在这个特定的时候,我的部队分散驻扎到我们占领的几个地方后,人数就不太够了。当然占领广安会得到禁止敌人使用广安的沿海道路的部分效果,必要时还可以从这里向其他地方寻找出路。广安在海防附近,起着保卫这个具有特别重要意义的地方的作用,因为这里有粮食和物资仓库。

③关于红河问题。当今天动身的侦察队一回来,我就要求舰队司令派几艘炮艇到山西去确切了解红河岸上修建的防卫工程。为了让南定的新任参谋长了解今后要做的事情,我等着他到这里来。在了解了侦察的结果后,我再研究对山西发动进攻会不会取得胜利。在这种情况下,可以一面监视巴兰或四柱庙据点,一面准备发动军事进攻。如有可能,可以把军事行动推迟到冬天进行。同时投入比我现在所有的军队人数更多的兵力去占领土路。如果

安南兵不再返回巴兰的话,我就把部队从那里撤出来,因为在特定的时候,巴兰可能会变得毫无用处。

④关于天德江问题。只有占领北宁才能确保天德江[①]。但从正面发动军事行动来占领北宁和山西,这是不可能的。为了解决军队的交通问题,我今天已派部队去俘获在天德江的帆船或把它们摧毁。我深信这些帆船的目标是针对红河上或竹河上的某个据点的。甚至就在今天,我还叫人研究如何占领巴塘的一个据点的问题,因为这个据点威胁着我们的炮舰。我也关注着兴安的情况。正如我今天早晨对您说的,如果遭到来自竹河方面的威胁,我想我们就应占领这个据点。这对稳定这里的居民也是有用的。但是,如果大批中国人从这边来的话,这时就得放弃对山西和北宁的军事行动,去把中国人阻止在天德江对面,确保我们同海防的自由通行。

⑤关于怀德府问题。我的计划是:一旦道路可以行走,就派一支强大的队伍到那里去,让一支足够强的部队,或是正规军,或是民兵(当民兵有了枪支时)驻扎在那里。目前,主要的问题是经竹河的通行问题。

⑥关于布里翁瓦尔中校的报告问题。我原打算把这个报告告诉您的,因为这位高级军官未能这样做,而我自己也忙于9月1日的军事行动以及为这次行动作繁重的准备〈所以拖延了下来〉,就这样,现将事情原原本本地向您汇报。

最后,我还要补充一句,上面谈到的可能要采取的措施,并不就是军事行动,而是一些对付敌人的阵地及其计划的大概考虑和设想。您会和我一样认为,我们之间必须协调一致地执行这些措施。在我为进行具有重大意义的军事行动而设法掌握必要的情报

① 即急流河,又名北江、滩河、竹河、竹运河。——编者

之前,同您谈军事问题是没有用的。我坚信我还没有超越我们共同接到的指示所规定的范围。

(6)波滑复何罗栏的第135号信(略)①

(7)何罗栏致波滑的第137号信(略)②

(8)波滑复何罗栏的第137号信

1883年9月9日

让我回国而又不让公众知道我的处境的惟一合适的办法,就是派我去出差。我认为人们是会理解的。分舰队指定比硕上校担任代理职务,今天我就把这个消息告诉他。此外,我认为有必要把此事报告海军部,最晚到年底,部里就会给您送来能打败世界上一切敌人的东西。

我将同勒巴先生一起回国。

M.D.亚洲第42卷第460—465页

712　海军及殖民地部长致何罗栏

1883年9月15日于巴黎

总特派员先生:

我荣幸地向您确认9月5日及8日由香港转发给您的两份电报,内容如下:

"您要求的增援部队及6门80毫米口径的大炮将在月底前运出。如果认为有必要,可以向马尼拉、中国或日本购买马匹。粮食和武器由运输船运去。此外,西贡食物供应丰富。同中国的谈判在继续进行。

① 即上件之附件9,此处略。——编者

② 即上件之附件10,此处略。——编者

"政府认为目前没有书面请求和理由时,不能有大调动。请将我对你们的满意传达给奋勇作战的士兵们;在恢复作战之前,请等待援军和谈判的结果。"

BB—4 1946 第 184 页

713 交趾支那总督沁冲致海军及殖民地部长

1883 年 9 月 15 日于西贡

部长先生:

继我本月 12 日的电报之后,我荣幸地向您报告:我抓紧执行您来电中的指示,随即将伯多列威兰(Berteaux-Levillain)营长指挥的两个陆战连(每连 150 人)和 200 名安南土著士兵派往东京。

将这支新增援部队派往新殖民地是目前交趾支那部队所能尽的最大努力,因为由于过去抽调增援部队,印度支那军队已大大减少。从目前驻防部队中再抽调新的增援部队,就会使兵员减少到最低限度,从而危害殖民地的安全。邻国无论发生好的或不好的事件,都会使殖民地受到影响。

再减少兵员将会使交趾支那武装部队处于软弱无力的境地,违背最基本的安全规定。为使您对形势有确切的了解,我叫人做出下面两份报表,罗列自 5 月 19 日以来我派往东京的大批兵力和余下部队的概况。只要浏览一下,您便可了解到:在尽可能少打乱内地据点兵力的同时,我从不犹豫抽调西贡驻军,以确保东京战斗取得成功,而根据眼下我拥有的部队,我很难再抽调更多的兵力。

从另一方面来看,以后完全有必要增加金边支队的兵员,并在时机成熟时,在根据顺化条约而割让给我们的平顺省设立两个新哨所。因此强调尽快补足驻军兵员的必要性,这是毋庸赘言的。而在补充兵员时,应考虑到已把一些连队和两个炮兵中队约 700

人左右调往顺化。

安南土著兵团不像过去那样坚强,全团最好的真心实意的士兵已在远征军中。有些人已被替换,已下达命令,要尽快加以更换。总之,土著兵团中有1000名新兵,在几个月之内不能对这些新兵寄以大的希望。

在您有保留地同意的条件下,我决定将现在派往东京的第1团第28连和第29连全部编入纵队步兵团,以原来的连队为基础筹建营;第1团应当征求东京方面的意见,然后全面落实5月18日快信中提到的措施。第4团两个连队在东京已属多余,当事态许可时,这两个连应返回交趾支那。

总督　沁冲

BB—4　1951第218—219页

714　交趾支那总督致海军及殖民地部长

1883年9月16日于西贡

部长先生:

我很荣幸能随函寄去中文报纸某些文章的译文,这些文章介绍了安南和东京近来发生的事件,饶有兴味。

最近以来,在堤岸(Cholon)和交趾支那华人各居住中心广为流传的报纸,主要是由英国和德国商船运来的。

总督　沁冲

附件1　香港中文报《中华报》(Tsu'n-Wa)1883年8月24日摘要

安南最新消息:海阳陷落

一封寄自海防的英文信件宣称:200名法国人于8月14日中午被派往海东(Haï-dông)(大概是海防所在的海阳省的省会)。安南军队望风而逃。法国人冲进城堡,守住要害通道。据说法国人不费一枪一弹,轻而易举地成了城堡的主人。

翌日凌晨,法国人集结兵力整顿部队,向构筑起新炮台的安南人发动猛攻。尽管安南人全力拚搏,英勇奋战,但他们的枪炮根本不起任何作用,结果被击败。法国人终于攻破炮台,安南人则往富宁境内逃窜。

16日,法国人追杀至富宁,安南人抵挡不住。法国人步步进逼,最后攻占富宁全境。经过3天激战,法国人攻陷3个堡垒,缴获150门大炮,强夺40万贯铜钱(估计价值6万皮阿斯特)、大批给养和弹药以及一艘法国在1874年赠送给安南国王的"威能"号(Oaï-Nang)舰。

法国人以往赠送这艘舰艇,今天却将其夺回。

河内:8月15日和16日的战斗

近来毫无河内的消息。人们可以推断:法国人已开往新地作战。所有从事运输的小船都在河内运载部队。

我们获悉法国人打算攻打顺化。这个消息不一定可靠,我们在这个星期内将会得到情报。

8月15日凌晨3时,波滑司令率领2000名官兵前往新地攻打黑旗军,那里地势险要,距河内20里之遥(8—10公里左右),村寨稠密,人口众多。由于得到村民百姓大力支持,黑旗军和安南军修筑好大批坚固的防御工事和碉堡。2000名法国人分成4队,其中一队由华人新兵组成,称为黄旗军;其他各队由部分土著士兵和部分法国兵组成,配备有16门炮,列队向前进军。守候在那里的黑旗军马上散开,准备战斗,以免遭法军包围。凌晨6时,战斗正式打响,双方炮声震天动地。开始时双方伤亡不大。然而进攻者全力奋战,直到下午4时左右,黑旗军眼看守不住防御工事,只好窜逃。设在富海地区的一个哨所也被法国人攻占。司令波滑认为守这些据点作用不大,就让两个纵队返回河内,另两纵队在河塘(Hà-Tan)修筑战壕。

在河的上游,有两艘战舰(名称难以辨认),载有粮草和弹药。

我们获悉,尽管黑旗军有1.2万人,但不能打赢,因为缺乏食物和弹药。17个法国人被打死,50人受伤。

有些人认为,由于洪水泛滥,甚至漫过堤岸马路,法国人不会长期留在河塘。

15日白天,水位升高数尺(约3米左右),大水淹到城墙。在某些地方,洪水冲垮了一些木屋,若干人淹死。当地人说,15年来未见到过这么大的洪水。可能由于这场大洪水,法国人不能长期与黑旗军交战。以上是一篇英文报的译文。

香港议论纷纷,说什么法国人与黑旗军在Oaï-Dû-'c发生了一场战斗,法国人打了败仗,有800名法国人死亡。两种说法不相吻合。一俟得到确切消息,我们将作详细报道。

附件2 《中华报》8月24日摘要

战争物资运抵中国

加利福尼亚一家报纸获悉:柏林的哈西华泰公司(Ha-si-hoa-dap, Compagnie)运往中国100枚鱼雷,另外20枚鱼雷可能不久就要抵达中国。它还获悉,另一家贸易商行也运往中国100门攻城炮和250门大型野战炮。

澳门的西迪公司(Si-dia, Société)制造大批武器,并将大批快速步枪运往中国。

此间消息披露,中国购买大批军火物资。我们认为,一旦出现紧张情况,他们就会使用这批军火物资。

附件3 《中华报》8月25日摘要

援救祖国

一位记者用西文写道:他刚刚获悉,侨居加利福尼亚州的华人打算组织志愿军,以便在法国和安南突发冲突引起战争时,援助中国政府。

他们贴出布告宣称:有志参战者,只要报个名便可。穷人出人,富人出钱。志愿军人数不限,50—500人均可。每个同乡会的头面人物聚集在各会馆里作出决定,资助应征人员。

当接到战争爆发的宣告时,人们将写信给中国政府,要求提供回国的交通工具。

黑旗军头头檄文所说是真的吗?"夫天下之积忿久矣,杀机隐伏,如火待燃,有倡者必有和之,众愤激发,非条款所能禁。"法国人何不对此深思?

附件4 《中华报》8月25日摘要

攻打安南首府

一份西文报纸称,它获悉法国人于本月19日攻打安南首府顺化。隆隆炮声在空中震响,弹如雨下。法军司令宣布封锁安南全部港口。钦州(Quinh-Châu)港务局长将消息电告上海,以使上海更快递送至首都。

一艘丹麦(?)汽船"阿杜"号(Ach-Duc)从西贡开出,于本月23日抵达香港。该船长证实法国人确曾攻打过安南首府,不过他还不知谁获胜,因为安南人防御坚固;那时法军被黑旗军打得溃不成军。以前在西贡的6艘军舰奉命开往顺化。自西贡前往香港途中,"阿杜"号在顺化河入口处看见这6艘战舰,但未听见炮声。他猜测人们在准备战斗,不过他不能断定战斗是否已经发生。我们获悉,顺化河口两岸碉堡上的大炮,是9年前由法国提供的,由于年久失修,破旧不堪,此时根本不能用。我们不知道,安南人是否想到,这些大炮如果过快装填炮弹就会爆炸。

顺化河入口处横架着一条粗铁缆,以便阻挡舰艇驶过。法国士兵只得用炮火摧毁碉堡工事,斩断铁缆,才能自由通过。可惜那里河水太浅,舰艇吃水很深,只有小舰艇才能通行。由此人们可以断言,如果法国派遣水兵去,他们就无用武之地。如从陆路进攻,道路极其险阻,安南人会想到加以利用而布置埋伏。

香港传说,在河内省一次攻打安南部队的战斗中,法国大概死亡2000人,不过我们尚不知此事是否确实。此时,人们对这些来自安南的消息始终半信半疑;法国人则想方设法阻挠外界人士获悉战斗情况,甚至连欧洲人写信提此事时,有关信件也遭到法国长官检查。

附件5 《中华报》8月25日摘要

法军伤亡报道的续篇

我们昨天说过,黑旗军在Oai-du'é[①]地区击败了法军,法军损失800人。

据前往海防采访返回香港的5位中国记者所述,为了防止泄露他们的意图,法国人采取了十分严密的防范措施,以致外界不可能了解真实情况。

关于河内战斗情况,我们做过报道,在这里不再重述。不过我

① 原文如此,与上文所作Oaï-Dû-'c有异。——编者

们获悉,波滑司令在出击黑旗军时,战斗刚刚打响,战败的法军就纷纷逃窜,黑旗军乘机追击至河内才撤回。据人们向我们透露,黑旗军装备有远程、快速、命中率高的步枪。

法军伤员中既有直接参战者,也有大批离战场较远的法国人。

有的人胫骨、腿肚被击伤;有的人腰部、腹部被打穿。尽管伤员被送到野战医院救治,但这不过是浪费药物而已。从我们刚才所述的看出,黑旗军是抗击法军的坚强斗士。

此外,8 月 23 日,一位来自海防的商人叙述说,15 日法军被黑旗军打得落花流水。对照上述两种说法,人们就可看到事情真相。下面我们将其所述加以介绍。

由于预先获悉南定法军将要攻打他们,黑旗军包围了法军营地,他们将部队集中起来,个个磨拳擦掌,急切求战。当时黑旗军兵力 10 倍于法军,每个人都渴望杀死一个法国人。此时法军枪弹如雨,当其直往前冲时,黑旗军从侧翼出击,法军抵挡不住,400 多人弃尸战场,其余的人逃回河内。

16 日,法军企图反扑,又损失 700 人。

19 日,法军提心吊胆地发动新的进攻,又一次吃败仗,200 人被击毙;然而那天战斗方酣时,倾盆大雨从天而降,黑旗军不得不撤退。

在 15 日战斗中,法军由三部分人组成,一支西贡土著部队、一支华人部队、一支法国部队。

法军抵达营地时,首先攻击第一个小碉堡,但里面空无一人;然后进攻第二个,同样空空如也;他们以为黑旗军在他们开来时逃走了,所以又扑向第三个……突然一声枪响,黑旗军向法军开枪,法军后退;由于桥梁被截断,法军不能互顾,大批人员被打伤。

附件6 《中华报》8月27日摘要

两江总督决定摘要

考虑到江苏历来是大批渔民聚居之地,他们成年累月以捕鱼为生,出没于惊涛骇浪,以不畏雨暴风狂而著称于世;全省22个县(郡、镇、府、县等)位于沿海。崇明的渔民尤为精明能干,该县各个港口的渔民争相逞能,全县造就了大批著名渔民,有些已位居显绅,有些则当上军队长官;总而言之,该省的渔民成千上万,若精选3/10强悍者,就足以组建一支4000—5000人的远征军,其他渔民可就地组成地方团练。为此,兹决定如下:

在全省22个县中,每县选一合适之地作为集中训练中心,崇明县选两处。每月集中训练两次,每次集中时间不超过3天,士兵每天领取薪伙100铜钱;长官和教官按月发薪,士兵则按日发给军饷以作生计。教官物色培训出合格的士兵将有奖赏,或发给证书,或赏顶戴花翎。集训期间设刀剑、枪械和武术课。

因此,各级官员务必采取各种必要措施,确保所有渔民一个不漏地进行登记。

这些训练不仅有利于防御海盗和坏人,而且有利于国家。

本公告发表于光绪九年六月二十七日(1883年7月30日)。

附件7 《中华报》8月27日摘要

关于边境

广东省毗邻安南。此时法国正用武力以夺占这个王国。无论这一行动结果如何,广东省均将承担其后果。

从沿海到省城,总督拥有5000支速射步枪和20枚水雷。

他下令从Oaï征集2000人,同时租用一艘汽船运载2000支步枪和水雷前往广州，其余的枪支留给从 Oaï 招募的新兵使用，黄、李两将军专门指挥这批士兵，他们陪同总督已抵达广州。

总督巡视了位于珠江入口处的虎门炮台。总督的来意是显而易见的，他作出一切应有的布置；准备一旦敌军来犯，便可夺取胜利。

附件 8　《中华报》8 月 27 日摘要

该报刊登了舰队司令孤拔有关封锁安南沿海声明的译文。

安南最新消息：我们收到一封寄自顺化的来信，信中谈到顺化城遭到法国人的进攻，但不知攻城的结果如何。

国王死后，其侄文禄(Vǎn-Loc)登上国王宝座。由于他过于年轻，言行举止威严不足，百姓甚为担心他能否应付局势，认为他不能承担政府的重任。

摄政王向王太后陈述政局情况，建议王太后让已故国王之弟韵郎(Vãn-Long)[①]接替王位，定年号为协和。王太后表示赞成，于是文禄只做了 3 天国王。接着派一名使节出使中国，随身携带一封函件，报告前国王去世和新国王登基。新王在函件中自称为阮昇(Ngûyen-Thâng)[②]，请求册封。

据说，新国王聪明能干，憎恨不断侵夺其国土的法国人。

当他还不是国王时，他就热望继承王位，以便赶走外来敌人巩

① 原文如此，据第 805 件附件潘宗的札记为 Vǎn Lãng，译文郎，两者实为一人，即当政四个月的原朗国公，原名洪佚，登位后改名阮福昇，年号协和。——编者

② 阮昇即阮福昇。越南阮朝时期，将“福”字与“阮”字一起组成皇帝专用的复姓。其他人(包括藩王)均不可用此复姓。皇名用字，初均带三点水，自阮福映起将“氵”改为“日”字旁。这些皇名，只有皇帝登基以后才能启用。阮福昇即位前有“韵郎”之名。——编者

固国家。王太后一让他掌权,新国王马上从国库中拨出4万(文中未说明是什么)给黑旗军首领刘永福作军需之用,并赐封他为三宣提督(三宣是当时黑旗军所占据的地方,位于山西省北部[①]),使他能便利行事,绥靖地方。这就是新国王的所作所为,由此便足以表明这个人的深谋远略。

刘将军所在地离顺化甚远,法国人调集一些战舰停泊在顺化城附近,我们不知结局如何。

不过法国人根本不敢与黑旗军对阵。

附件9 《中华报》8月28日摘要

据伦敦电讯,普鲁士报刊最近宣称,再不能指望法国人按兵不动。报纸指出:法国人正在寻找一切机会,为上次失败进行反扑。另外,法国报刊声嘶力竭地指摘普鲁士报刊极力煽动邻国起来反对法国,如寓言所述,企图使鹬蚌相争,渔翁得利。

法国报刊敦促各邻国切勿上当受骗。

众所周知,法国和普鲁士是两个天生的敌国,所以普鲁士宣扬此事,根本无济于事;另一方面,法国人此时无论怎样也要发动战争,他们想利用自己的军事实力危害世界。在这种情况下,普鲁士有点担心,也就毫不足奇了。

法国人声称自己是迫于形势的需要。一些来自安南的消息表明,目前法国在这个国家(安南)的士兵和军官人数不多。在这种形势下,攻打黑旗军谈何容易。一封电报发往法国要求紧急增派援军,以使波滑司令能早日结束这种局面。我们不知法国政府是否同意这种要求。

---

① 原文如此,应为山西省及以北地区,即宣光、兴化、山西三省。——编者

巴黎消息:法国首都一份叫 Y-Nha 的报纸指出:法国政府已派增援部队赴东京,而政府中却意见不一,以致共和国总统不知如何是好。政府曾想和日本订立攻守同盟条约,日本却不同意。有人认为,不管法国在东京有多大的困难,也不管这场战争会有多大耗费,将来总会得到补偿的。不过人们也担心中国插手介入,这将会引起极大的麻烦。在这种情况下,法国人就难以保住安南这块领土。报纸说,安南所有防御工事都是华人施工,如果他们造起反来,法国人就无法在这里呆下去。所以,法国政府左右为难,犹豫不决。

海防消息:法国征收的商品税在海防已高达货值每 84 两银抽 29.757 两;河内货值每 62 两银抽 10.79 两;南定货值每 40 两银抽 4.984 两。

西贡消息:我们获悉一艘名为 Ti-Sam-Na("梭尼"号?)[①]的法国汽艇从马赛给远征军运去大批电讯器材、粮食和军火物资。法国人租用一艘轮船载送电讯器材,使西贡和海防连接起来,从而为这个城市的联络提供了方便。

附件 10 《中华报》8 月 29 日摘要

一份西文报纸声称,它得到北京的消息。该报秘密获悉:云贵总督岑宫保招募大批志愿兵,从开化府(云南)开往安南援助黑旗军。它还获悉:遵照北京朝廷的命令,一支来自广西(Kwan-taï)省的部队正开赴安南。

很难了解到底上述消息是否确实。

"平安"号(Binh-an)汽船船长 8 月 27 日抵达香港时说:24 日,

---

① 原文如此。——编者

当他的船离开北海时,他发现那里停泊着 3 艘中国船。也许是东京事件使这些中国船舰开来这里,以警戒边境。这一点尚无法肯定。

关于英国报刊报道,在攻夺顺安要塞的战斗中,法军击毙 700 名、击伤 1000 安南人一事,中国报刊认为这个数字夸大了;它虽然没有否认法军武器具有巨大杀伤力,但小小的堡垒根本容纳不了这么多的士兵。报纸提出:法国人不惜夸大其胜利,以减轻它上次失败蒙受的耻辱。

附件 11 《中华报》9 月 6 日摘要

评法国——安南和平条约

在进攻顺化(Chuân-hoa)[①]之后,法国人取得了有利地位,以迫使安南国王媾和。条约中各项条款完全满足了法国人的要求,充分体现了他们的意图。如他们将来要求赔偿,也根本不会感到为难。然而,只要认真研究条约的各条款,人们就可称之为“强迫屈从的契约”而不是“和平条约”;所以尽管这个条约已订立,它还是可以废除的。因为人们查遍各王国的政府条例,也找不出像它这样的条约。欧洲各国严格地遵循共同准则行事,这是一条正确的途径。只有当各国所要制定的契约符合天理人情时,它们的所作所为才没有损人利己的目的。公共准则认为:自从造物主使人具有天赋感情之日起,就要求人类在享受权利的同时也应该履行义务,遵守这两条互相补充而不可分割的原则。所以,所有国家都应秉承人的天赋感情来制定自己的法规,以便了解所定法规是符合还是违反公道。如果人们都实施这一准则,那么无论大人物还是

① Chuân-hoa 是 Hué 的旧称。——原注

小百姓都不应超越自己的权利,强者不应剥夺弱者的权利;违反公理行事,就会走上不幸的道路。这便是各个国家的条件。

尽管古代不同于现代,法律规定的不同于习惯沿用的,父母应不同于漠不相干的人,可是当涉及组成一种联盟时,缔约双方任何一方都不能违反公理原则去争权夺利。

法国人夺取安南东部首府(河内)后尚不满足,他们过高估计自己部队的实力和武器的威力,向西部首府(顺化)用兵,使安南生灵涂炭,并推翻这个王国的保护神。这难道不是违反公理而用兵?

新条约一方面声称:安南同意接受法国的保护国制度;另一方面却说:安南王国同意法国人占领整个国家。甚至连官员就职上任也要接受法国人审查,海关将完全受法国人控制;法国代表可以视情况需要与国王本人商讨国家事务。事实上就是控制整个安南,将安南交给法国人;就是让法国政府①遥控安南,任命督察或总管来监督这个王国。安南国王的每一敕令,他的一举一动,法国代表都加以监视、审查并阻挠其实施。所有的人和事物乃至动物都由法国代表控制、役使,法国代表拥有废立弃取、生杀予夺的大权。

尽管安南王国之名还存,他本身难道还不像姬将(Ky-hân)②远逃越国(Vǒ-tũ)③一样无家可归?他说:"国事听命于季氏(Ninh-thi)④,祀事属我(国王)!"

他恰如宫殿的卫士,就是卫士也不像他那样受压。其实安南政府早已名存实亡。中国尽管在坐待事态的发展,不过它也应为

---

① 原文为"朝廷"。——原注

② 孔子《春秋》中的人物。——原注

③ 同一本书中的人物。——原注。应为地名。——编者

④ 同一本书中的人物。——原注

自己着想,因为如果说现在大批外国人以武力强占这个国家,那么不久之后,其眼睛将会盯着南方,可惜集6省之生铁也不足以熔铸成这样一个大词:“误入歧途”。

我只是考虑目前事件的一个小文人,如果说现在已没有希望,那我对将来却并不悲观失望。

目前中华帝国和外部诸强国有贸易往来,各国都有使节互通情报,并将此加以整理,大家都遵循各国的公共准则。此时中国应将此条约交给各国,对条约中自相矛盾的条款逐一进行讨论,要求按公理原则订立。我们认为,列强会认为贸易往来是不可少的。既然这样,它们就不会支持法国人,致使中国不满,从而关闭港口和断绝与各国的所有关系。如果法国的作为违背公理,就会引起公愤,将来总有人会指出事实真相。

在目前情况下,为了防备意外之事发生,中国应当和各强国结盟,然后在国内布置一支部队,坚决对抗法国军队。

目前法国人是强大的,但并不能稳操胜券。为权利而战的军队才是强大的,如果我们的军队是建立在公理的基础之上,就必然会百倍地强大。强弱不会一成不变。

将来不要说:我当时估量不到我的刚毅,也衡量不出我的力量。也不要讨论和检查是否有过错误。总之,必须战斗,只能这样。

不管怎样,两个国家还没有开战,只要暗暗研究法国人的秘密想法,我们就可以说:中国不必靠战争就可使他们屈服。为什么?因为新条约违背公理,而拥有公理者必然占上风。新条约违反准则,而遵守准则又可占上风。法国人在条约中表明了他们的意图,但这不足以使全世界平民百姓都屈从于这个条约。如果中国政府不想抛弃安南,它就应当派遣高级官员,由欧洲事务专家陪同前往欧洲各国,无所畏惧地与它们认真讨论条约中的各个条款,公理会使法国人屈服,封住他们的嘴,缓和他们的脾气。我所以说,虽然条约已经签订,但还可以将它废除,就是这个道理。

又有一批士兵来自 Oaï(江南省)①

9月4日,Oaï-Vien 和 Cûng-Bat 汽船从上海抵达香港。据说,Oaï-Vien 运载 900 名;另一艘汽船运载 500 名来自江南 Oaï 的士兵,他们奉圣旨前往广州驻防。

在香港作短暂逗留后,这些汽船开往广州,然后士兵将被派往他们的岗位,以防意外事件的发生。4天后,将有 3000 人到达上海。

据上海一份西文报纸透露,中国向美国订购的武器弹药中,已有 925 箱子弹交给负责验收的官员。

前不久该报刊登一篇文章谈到两广总督招收新兵一事,它补充说:

由于法国人在安南占上风,对中国不会有任何好处,所以朝廷情绪激昂,把注意力转向南方,并下令总督招收新兵。为此总督指定两位精明能干的官员负责在广东、广西两省招收新兵。据估计,要守卫两省险要据点非有 10 万人不可。为此做出决定:广东省出 8 万人,广西出 4 万人。另外人们获悉:云贵总督岑宫保奉皇上密旨,要招募 6 万人。已经定下部队组成的时间,为了训练好部队,专门颁发了特别命令。

以上事实证明,中国不想放弃安南。只要准备就绪,就会开战。

---

① 原文如此。——编者。

附件 12 《中国邮报》(China Mail)摘要

中国报刊认为,法国与安南国王签订的条约是通过威吓迫使一个根本无权批准这种条约的人签订的,因此是个彻头彻尾的大骗局。两广应当募兵 12 万人,云南和贵州应当募兵 6 万人。毫无疑问,中国和安南联合在一起将轻而易举地战胜法国侵略者和阻挠已经签署的这种条约付诸实施。

这是中国人的想法。

伦敦,9 月 6 日——人们焦虑地注视着——中国和法国关系即将破裂。

BB—4　1951 第 220—241 页

715　交趾支那总督致海军及殖民地部长

1883 年 9 月 16 日于西贡

部长先生:

为了补充本月 12 日的电报,我很荣幸地随函寄上两封出自很可靠的人的私人信件的副本。这两封信介绍了波滑将军指挥的 8 月 15 日和 16 日河内出击情况。

我认为应该通过最近的邮班把共和国派驻东京总特派员先生的一封信和司令先生的一份关于这一战斗的报告转给您。

波滑将军宣称我们的部队获得成功,而何罗栏却认为我们有所失利;英国和中国报纸都说法军遭到一次真正的失败。在这些不同的意见之间,还可以有一种中间的看法。部长先生,我希望您读过这两封寄给我的信后,会如我在上次电报中说的一样认为:这次出击对我们来说,既不是失利,也不是胜利,更不是失败,而是不成功,因为我们伤亡 73 人,况且出击没有产生任何预期的效果,迫使我们 2000 人的部队不得不停止向山西挺进而返回河内。

总督　沁冲

附件 1　关于 1883 年 8 月 15 日和 16 日河内出击的私人信件

1883 年 8 月 18 日于海防

"东京"号今晚到达，为我们送来如下消息：由海军陆战队、炮兵和土著士兵联合组成的一支 2000 人的部队于凌晨 2 时分三路纵队向 Phu-Oâc 进发。

中路军实力最强，由将军指挥，右路和左路军分别由比硕上校和贝杰率领。

将军的中路军一通过纸桥，就进入 19 日曾发生过战斗的那条有名的公路。不一会儿就与敌人遭遇，战斗正式打响。我们的炮兵完全无用武之地，因为今年这个季节，稻田被水淹没，堤埂很滑，大炮滚掉进水中，60 名士兵不得不下水寻觅。就在这个时候，黑旗军的炮火给我们造成许多损失。经过 8 小时的战斗，将军不得不率领 60 名[①]被击溃的士兵撤退，2 名军官阵亡，1 名军官受伤；10 名士兵阵亡，47 名士兵负伤。

左路军为一大湖所阻，不能出击。黑旗军毁掉所有堤坝，正值雨季，水位很高，整个地区被水淹没，惟独纸桥公路幸免，中路军沿此路挺进。

由于在大河停泊或行驶的船舰的大力配合，经过一阵轰击之后，右路军最后占据四柱庙和一个被中国军队坚强防卫、火力配备很强的小碉堡。

比硕上校把指挥所安置在这个小碉堡里，仅一人死亡。敌人

① 原文如此。疑应为 600 名。——编者

遭到炮击,伤亡惨重。

在安南人的心目中,我们这次出击结局不妙,他们还是把中国人看成是不可战胜的。从军事上看,人们深信战争将是长期的,会造成大量伤亡,很有必要调派增援部队来,因为中国会运来一些士兵和武器。

海防方面的消息令人高兴。13日早晨,一支部队奉命出征,它是这样组成的:一艘海关侦察艇载着5名法国海关人员和4个安南人。

"短枪"号舰拖着一条满载士兵的小船。

一艘商船也拖着一艘满载的小帆船。

"土耳其弯刀"号载运部队断后。14日上午,布里翁瓦尔上校指挥一支部队占领了海阳城和堡垒。翌日,攻陷了内地9公里处的一座堡垒。

我们的英雄尚未归来。海防领事马尔基与部队一块出发。

14日上午,何罗栏前往下龙湾,他要与孤拔将军在那里会合;舰队大概正向顺化堡垒开炮轰击。

附件2 关于1883年8月15日和16日河内出击的私人信件

我今天才收到由昨天到达的"西贡"号送来的您8月9日的信。我是从河内来的,本月初我一直呆在那里。

由于工作过于繁忙,我迅速地对8月15日河内战斗情况向您作一些报告。因为我们这里惟一重要而且真正严重的正是这件事。

8月15日拂晓,大雨滂沱,由每路600人组成的三路纵队,分别离城朝山西方向进发,以发动一次出击。

各纵队要沿着3条平行公路前进,一路纵队由比硕上校统领

(我一直跟随在他身边),沿着红河右堤前进。

第二路纵队由科罗纳少校率领,在中部地区采取行动,它沿着切断红河的小坝朝安西和安内(Yen-Noï)挺进。

第三路纵队由雷维龙上校指挥,实际上是波滑将军指挥,将军与这个纵队一道经过巴尼庙、纸桥和富海(Phu-Haï)(人们认为,黑旗军在这里埋伏坚守),最后途经望村,一路上沿着山西公路前进。

小舰队在莫列波约的指挥下溯红河而上,配合比硕纵队作战。

各个纵队都有两个炮队同行。

第一纵队

该纵队没有遇到顽强的抵抗便攻占了好几个小村庄,接着到占村,其尽头是著名的四柱庙。

在该地到两公里长的河堤两侧进行了激烈的战斗。我们的战士冒着黑旗军猛烈的炮火,接连攻克3个大街垒。这是名副其实的巷战。陆战队第4团第25连穿过房子,逼进离街垒10米远的地方,折回街道后发起冲锋。

在每个街垒里,我们都丢下一些尸体和伤员。每次冲锋前,我们的炮兵都轰击敌人的防御工事,为攻克这些工事提供援助。

村寨尽头,我们的部队对面是建在公路拐角处的第四个街垒,其两侧有泥筑的防御工事,有1500—2000名中国士兵防守。

炮兵在舰队配合下开始炮击,接着开始首次冲锋,我们的战士遭到扫射,不得不后退。

第二次冲锋也遭到失败。上校下令第三次冲锋,但我们在街垒脚下留下了许多伤员。由于看来不可能正面攻占街垒,上校命令部队退却。在下令烧毁占村后,另外派出一个连试图包抄敌人。

原来试图从左翼包抄,但不成功。海军陆战队遇到一个坚固的泥筑工事;瓦谢(Vaché)少尉遭受致命重伤,他的两边倒下大批伤兵。

我们的战士退却。

这时有人发现黑旗军占据着我们左侧的一个小庙。一连安南土著士兵和一个海军陆战连经过拼刺刀夺占了这个小庙。

于是中国兵带着战象穿过平原逃窜。我们的炮兵向他们轰击,陆战队以排枪追击,将他们的队伍打开许多缺口,使他们溃不成军。这时候,人们发现中国兵中间有个长官身穿白衣服、头戴甲盔,穿着和我们一样的制服。

毫无疑问,黑旗军是由一些欧洲人指挥的。我用小望远镜清清楚楚地看见这位长官。不管人们怎么说,我也不会看错。

晚上比硕上校命令其纵队就在攻占的小庙中过夜。雨下个不停,我们的战士从凌晨3时以后都没有吃过东西,后勤处安排的运输队还未将粮食和睡袋运到!后勤工作本来一直都保证得很好的!

翌日拂晓,我们得以攻占著名的占村堡垒,因敌人在15日傍晚黑夜降临时就已撤离。街垒四周,一切都被摧毁或烧掉。小屋内尸体遍地,其中许多人被活活烧死。

在那里,人们找到几个受轻伤的黑旗军,上校下令将他们吊死。

上午8时,我们攻占远在河边的四柱庙,昨夜中国兵躲藏在那里。舰队炮轰该庙,战果辉煌。

由于没有另两个纵队的消息,比硕决定,在未接到新命令之前不再前进。他还算幸运,因为白天就传来很坏的消息。

战士们白天留在原地休息,加固保护四柱庙的堤坝。由于48小时以来连降暴雨,河水上涨,水位一直上升,甚至到了危险地步。

晚上7时,河水开始溢出,泛滥成灾。塔楼院子地势低,很快被河水淹没。9时半,洪水迅猛上涨,刹那间涌入庙内,不到10分钟,水就浸到我们的腰部。

在这危险时刻,比硕上校没有惊慌失措,他拿起铁锹,并叫一些士兵和工兵上尉杜邦米埃过来,在宝塔底部打开一个大缺口,从而将洪水排去,使庙中水位很快下降,只剩下三四厘米。

凌晨2时,更加危急可怕,到处决堤,洪水向我们涌来,我们面临灭顶之灾,要么被洪水淹死,要么由于庙顶经不住洪水冲击而倒塌,将我们活埋。两者必居其一,我们别无他途。

于是上校给舰队发出信号。汽船在恐怖的黑夜里,冒着滂沱大雨,顶着汹涌的激流赶来抢救我们。人们先将大炮器材装上船,然后将部队分装上各船舰。

比硕上校坚守岗位,他不顾个人安危,带领一个连队坚守这个得之不易的小庙,他躲在最高处,等候天亮。幸好凌晨4时左右,雨势减弱,河水也有所下降。

17日上午10时,波滑将军从河内乘一艘汽船来到,他巡视了小庙周围,选择修筑防御工事的位置。18日上午,他布置好一连士兵驻守小庙后,就与比硕上校和部队乘船返回河内。

洪水给整个地区造成极大的灾难,一些村庄完全被冲毁,成千上万安南人被淹死。根据情报,许多黑旗军来不及逃走,也被洪水淹死。

比硕的表现备受赞扬。海军陆战队尽管都由年轻士兵组成,他们个个都英勇善战。

第二纵队

在科罗纳司令的指挥下,这个纵队前进中没有遇到敌人,甚至挺进到安内,远比其他两个纵队领先得多。

这个纵队只是在掩护第三纵队退却时才开枪,我后面将要说到。这个纵队只有一个伤员。

遵照波滑将军的命令,这个纵队于16日返回河内。

第三纵队

在越过李维业司令被害之地后,这个纵队左翼由乔治的黄旗军护卫,一直走到富隘,在那里仍没有碰见敌人,而人们原以为会遭到顽强抵抗,因为我们的侦探报告,该村驻扎有大部队。

在富隘,看不见一个中国人,也没有一个安南人的踪影。

波滑将军得意洋洋,以为至少可以轻易地抵达山西,但是由于高兴过头而忘记叫人作认真的侦察。

当部队主力到达望村——与背靠汭江的连桥村相比,它只是一个小居民点——附近时,却遭到巧妙地隐蔽在竹篱后面的碉堡的猛烈扫射,打得将军蒙头转向,不知所措。

部队成散兵线铺开,但无济于事。黑旗军的防御工事延伸几公里,由竹林、陷阱和土壕三道防线组成。

工事后面有七八千中国军队向我们士兵猛烈开火,我们许多士兵被击毙或击伤。在那里卡隆少尉中弹身亡,与此同时其连队一名副官和两位士官也被击毙。

于是将军命令撤退,部队还不到600人,确实不能冒险发动进攻。

撤退秩序井然地分级进行。中国军队以猛烈的扫射和密集炮火向我们追击。

就在此时,中路纵队猛烈扫射中国军队,掩护波滑将军撤退。

傍晚5时,纵队回到河内,一名逃兵在纵队撤退之前回队,四处叫嚷部队溃败;此人以后被押送军事法庭。

我们有20人被打死,54人受伤,其中不少人终身难愈。另外黄旗军中有35人丧命,60多人受伤。其华人首领也被击毙,乔治死里逃生。

敌人伤亡情况是这样:有七八百人被打死,受伤人数比死亡人数多一倍。

可见,15日和16日的出击,成果甚微,但也不是一场失败,因为不管怎样,比硕上校的右路纵队好歹保住了小庙。

不过也不是胜利,因为中路纵队一无所获,左路纵队也不得不撤退。

至于形势,在此我坦率地私下同您讲,我感到东京北部形势不是很妙。

我们要对付的部队,装备十分精良、死心塌地信任其悍勇的首领,牢牢地占据这块地方。这些部队一直占据着防御阵地,而从各方面看,他们享有天时、地利,由于季节、温度的关系以及已经取得胜利等等,所以居于十分有利的地位。

我不认为以我们目前拥有的兵力能够真正战胜敌人,所以整个地区必须有增援部队,这是**必不可少的**。

军事当局还必须派兵占领与中国边境毗邻的谅山基地,因为谅山已成为向黑旗军运送武器、弹药、金钱和救援部队的基地。不占领这个明显重要的战略据点,是大错特错的。

我下笔匆匆(这从信的形式和文笔可以明显看出,请予原谅),向您作以上叙述,请您从中得出结论。

BB—4 1951第242—251页

716　东京分舰队总司令孤拔致交趾支那总督

1883年9月16日于顺安"巴雅"号舰上

总督先生:

我很荣幸能随函寄去45号鱼雷艇艇长信件的摘录,此信介绍了9月1日和2日在河内上游发生军事冲突的有关情况。这是我收到关于上述战事的惟一情报,我赶紧让"云雀"号将它转给您。这艘通信舰在海防停了4天,它在那里等待民政总特派员的函件。

东京分舰队少将总司令　孤拔

附件　45号鱼雷艇艇长拉都(Latour)来信摘要

1883年9月12日于海防

司令:

自从8月30日我给您寄去最后一封信以后,9月1日和2日我军与黑旗军进行了新的战斗。

据悉,我舰队将800人左右的部队运往红河上游的巴兰村。这支队伍沿着河堤前进,准备攻打设防坚固的丰村阵地前的3个村庄,其中两个村庄已被攻占,黑旗军在自己工事内被歼灭。

我方伤亡重大:20人被击毙,大约50人受伤。据说,黑旗军从山西刚刚招募2000名新兵,所以指挥官决定让部队到巴兰汇合。

其目的是要把敌人赶到底河,在那里埋伏着几艘炮舰以切断敌人退路;不过,山西公路被黑旗军严密把守,我们只有少数部队上阵。

不幸的是炮舰并没有切断山西的所有联络通道,从而使来增援的部队可以渡过底河。

拉都

BB—4 1951 第 254—255 页

717 驻东京总特派员何罗杧致外交部长沙梅拉库

1883 年 9 月 18 日于河内

部长先生:

我荣幸地收到了您 8 月 30 日发来的电报。您在电报中通知我,共和国政府业已同意我同协和帝陛下的全权代表在顺化签订的条约,您也同意给予我认为可以得到的奖励。

部长先生,我以顺化大主教和我个人的名义,对能获得荣誉勋位,特别向您表示感谢。

我对迟迟不能批准条约,尤其是迟迟不派负责解决条约(只提出一些原则)中许多细节的全权代表去顺化感到担心,这也使安南人难以理解,其后果将对我们的工作十分不利。

不管怎么样,我冒昧地坚持要把条约在议会复会之时就交给议会,要求早已委派的使团尽早地、在议会采取决定后立即乘第一班邮船动身。

我认为只有在条约最终签字后才给安南国王和大臣们授勋和向他们赠送礼品。

我一获知外交使团的团长抵达的时间,就马上返回顺化去同他进行商谈,并将我们所处的形势需要我们采取特殊的、必要的措施告诉他。

我肯定不会被允许向政府推荐人选,这个崇高使命应委托给这样的人,他要懂得安南的政治习惯和社会情况,要了解安南同中国的关系,同时要有商人的才能。

参哺先生应该到顺安了,现在可能开始工作了。我谨请您告诉我该如何同他相处,并就我与他的关系作一些专门的指示。

何罗枆

M.D.亚洲第42卷第323—324页

718 何罗枆致内阁总理兼公共教育部长茹费理

1883年9月19日于河内

部长先生:

我对被指定领导筹备东京保护国事务深感荣幸。我想,如果我们能在一个我们熟悉其资源和物产的国家作战,我们的事业一定会取得很大的成功。事实上,关于东京的情况,我们知之甚少,而且,我们所掌握的情报中还有很多严重的错误,其他渠道来源的情报已没有了。

正如我建议的那样,对这个令人感兴趣的地区进行科学考察,不仅能使我们获得意想不到的结果,而且还能使我们取得一些我们根本没有的实际资料。毫无疑问,最初的开支将是巨大的。但是我认为,我们肯定能够通过节省的时间,尤其是通过我们将来所能获取的好处而得到补偿。我没有足够的时间来详述那么多我从一开始就有步骤地进行了研究、能使我们避免会造成严重后果的错误、徒劳探索和实验、还能使我们的商业和工业得到一些宝贵信息并能充分利用这些信息的问题。部长先生,我给您写这封信,并不是因为需要为科学进步事业进行辩护,科学是到处都需要的,但可以肯定,它在任何地方都不会比在一个新的陌生的地方能结出更丰硕的成果。

至今,在法国,除极少数地方外,我们已经对所有需要了解的地方都进行了考察,有时并没有很好的计划,可以说有时的考察活动是盲目进行的。经常发生这样的情况,即一些担负着考察新地方任务的大型科学考察团也只是经过那些处女地时匆匆作一些考察。也就是说,可以想像得到,他们进行考察时条件很恶劣。尽管科学考察队的成员很有才干,但是在大部分时间里,他们只不过绘制了一些草图而已。

在其他地方,由一些旅行家发起的各种考察被放弃了,因为他们不具备渊博的知识,在进行了长期的危险行程之后,带回来的只不过是一些支离破碎的资料,或者由于时间不够和经费缺乏,他们的最宝贵的记录往往也不能得到发表。

交趾支那给我们提供了一个值得深思的榜样。只有几个法国学者迪亚尔(Diard)、埃杜(Eydoux)和苏雷叶(Souleyet)、穆奥(Mouhot)到过的印度支那的这块地方,就像一座矿山,似乎只需索取。一个大的勘察团在1869年勘察过印度支那半岛的内地。尽管这个团是由一些杰出的并拥有各种头衔的人组成的,但是应该承认,除了湄公河的地理草图之外,他们只取得一些微不足道的成绩;那些单独行动的考察者也同样,他们是顺着特拉格来司令和安邺开辟的道路走的。相反,我们在这个地方却看到另一位科学家皮埃尔(Pierre,L)先生,他把据点设在他要进行勘察的这个地区的中心西贡。他从这个中心出发,向各个方向进行勘察,当他出去比较长的时间和到比较远的地方去勘察之后,总是再回到西贡。14年间,他在西贡积累了各种收藏品和文件资料。因此,他的收藏品肯定和英属印度及荷属印度收集到的收藏品同样丰富和宝贵。

皮埃尔先生的这一工作现在使我们看到了一部法国50年来最杰出的插图植物学著作,还不包括他所做的关于各种农作物、关于金鸡纳树在柬埔寨的风土驯化、水稻的种类、橡胶树和杜仲胶树等的大量报告。但是,这种做法在交趾支那只被应用于植物学。

另外虽然设有一个所谓的"工农"常委会,但这个委员会往往都是由一些无能的人组成,虽然花巨资专门从法国派来一定数量的工程师、学者或工艺学家,如珀菲托尔(Pefitor)、福希、雅拉丹(Jaladin)负责矿山,马干(Maguin)负责烟草,朱利安(Julien)负责地理研究,德拉波特负责考古学研究等,他们做了一些工作。但是,可以说从科学和工业的观点看,所有的事情都还有待去完成。

我希望要避免在东京犯同样的错误,不要让知识及热情浪费。为此,在科学的各个领域都应该实行皮埃尔先生所倡导的方法。我希望在东京成立一个机构,比如研究所,这个机构要建立在植物园里,其领导同时又是园长。除了欧洲的助手和职员及必要的下级土著人外,还应有若干年轻的学者和工程师归他指挥。这些年轻的学者和工程师在我的监督下,每人担负一项专题研究工作。我将把他们分别先后派到一个有利于他们从事专门研究的指定地区。在这些地区,他们逗留一个短暂的时期之后,再回到园里。在园里他们可以找到必要的书籍、工具和设备,以便准备他们的工作和给博物馆或各科学机构寄送实物。同时,他们还可以为研究所的附属机构——博物馆保留一些有益的资料。研究所的学者或工程师,应该是已经表现出有足够的知识和才干的人。他们应该——直接地、或者在很好地完成一项任务之后——有国民教育部批准、并由海军及殖民地部签发的合乎规定的委托任务。然而,我希望我能有给军官、医生、药剂师等指派任务或分配工作的权力。

这样一个机构——我指的是有组织的很好的机构——的开支当然是很大的。

对于人员来说,能相当近似地计算出其开支情况:

1名院长(植物学家) 12000法郎

1名总工程师	6000法郎
1名欧洲秘书	4000法郎
6名土著园丁和助手	6000法郎
苦力们的月工资	2500法郎
出差费	3500法郎
1名动物学家	9000法郎
1名欧洲助手	6000法郎
2名土著人助手	2000法郎
出差费	6000法郎
1名地质矿物学家	9000法郎
1名欧洲助手	4000法郎
1名土著人助手	1000法郎
出差费	3000法郎
1名化学家	12000法郎
1名欧洲助手	6000法郎
1名土著人助手	1000法郎
1名欧洲地图绘制员	6000法郎
1名土著人助手	1200法郎
现场委派军官或公务员出差费	8000法郎
军事兽医的补助费	2000法郎
用于人类学考古和人种志的开支材料	9800法郎
房屋及设备的维修	2000法郎
为试验室购买各种产品和仪器	6000法郎
图书馆	8000法郎
动物的运输费和食品费	6000法郎
办公费	2000法郎

备忘录的印刷费　6000法郎

合计:　150000法郎

在这个估价单中,不包括最初创办时的开支,因为我无法比较准确地进行估计。

显然,东京保护国自己不能提供这些开支,尤其是在最初阶段。虽然这些开支的好处是无可争议的,但也必然会招致那些不习惯对这个大自然进行革新的人们的强烈的指责。

在向海军部提出这个建议之前,我需要知道能从东京进行这项事业中得到好处的教育部、博物馆、矿业学校和各科学机构及科学协会是否赞成这一肯定会为法国大大争光的事业,并且能给予多大的援助。

我希望科学考察委员会将同意趁我在东京之时(我不会永远在这儿)来支持这一充满前途的建议。

部长先生,我还相信:在您的照顾下,会得到最有益和最明确的赞助。

何罗榁

M.D.亚洲第42卷第63—68页

719　外交部长致驻华特使脱利古电

1883年9月19日下午4时15分于巴黎

以下为15日以备忘录形式交给曾侯的建议全文,并附有提到我们尊重帝国古老传统的前言①。

……②

① 着重号为原文所有。——编者

② 此处所省略的部分,为下件最后4个自然段。——编者

曾侯昨日与我会谈。他认为,为了照顾中国守旧派的成见,最好只提开放云南通商的原则,而其实行则推迟到将来更合适的时机。至于中立区,他只指出该地区实际上处于我方的管辖之下,因为我们是整个安南的保护国。他似乎倾向于修订边界,因为这样将会扩展中国的领土。在这两点上,可以同意进行讨论。他多次提到我们对安南的保护权,而没有提到宗主权问题。另外他答应向其政府电告并在最近对备忘录作出答复。

目前,请您了解中国政府的真正意图,并严格按照 9 月 14 日给您的指示推动谈判在上述基础上达成谅解。

C.P.中国第 62 卷第 237—238 页

720 原交趾支那总督卢眉关于东京事务的札记①

1883 年 9 月下半月补充完成

在对有关东京的政策作出决定之前,审慎的做法看来应是从过去的历史中吸取教训,并追溯到几年以前,了解一下法国为了征服下交趾支那而不得不作出的牺牲,这似乎是明智的。为做到这一点,我们只能从官方的资料,从殖民地总督们的报告中查考。

1862 年 5 月 24 日,海军将军在呈报按派遣现有法国驻军占领边和、西贡、美萩及永隆 4 省的设想而制定的预算草案时,为了确保该地的公共秩序和安全,要求:

步兵	4800 名
骑兵	300 名

① 原文未注明作者及时间。M.D.亚洲第 45 卷第 388—403 页内容与本文相同的文件末有“卢眉,1883 年 3 月 8 日”字样,但缺本文中“对我们来说”以下几段文字。而这几段中的建议则是 9 月 15 日法外长向中国提出的。可见本文完成于 1883 年 3 月 8 日,9 月下半月又有所补充。本文标题即参照这些情况拟加。——编者

炮兵	550 名
工兵	150 名
宪兵	50 名

各兵种的士兵共计 5850 名,以及

运输船	3 艘
大型护卫舰	2 艘
小型护卫舰	4 艘
巡逻舰	4 艘
趸船	1 艘
大型炮舰	5 艘
小型炮舰	14 艘
共计军舰	35 艘[①]

欧洲人武装的无数小艇还不算在内。

此外,他还要求立即建造营房、医院、住房、仓库,费用达 1000 万〈法郎〉以上(文件 1)。

1863 年 1 月 14 日,在继 1862 年 6 月 5 日条约而发生的暴动之后,尽管永隆省已归还安南人,海军将军仍然坚持他 5 月 24 日的建议,而且还要求派遣 1000 名援军。

远征军要攻打的不是敌人,因为我们和嗣德帝在名义上已处于和平状态,但是我们必须确保一个正在崩溃而又遭海盗土匪劫夺的国家的安全(文件 2)。在同一时期,即 1863 年 1 月 19 日,谢师罗劳伯(Chasseloup-Laubat)侯爵把部队(除海军外)的兵员规定为 4682 名,再加上 1 营 800 名的炮兵。

海军将军特拉格郎提爱在 1863 年 7 月 26 日的电报中,赞同

① 原文如此,与上述各数之和不相符。——编者

他前任的意见，认为我们要维持对3个省的统治必需有6000名步兵，其中5500名欧洲籍士兵，500名土著士兵（文件3），3700名水兵，共9700名。

1864年，为进行征服而不得不在人力和财力上付出的巨大牺牲，在法国国内产生了极坏的印象，因此帝国曾讨论过撤出交趾支那。为了避免国家的灾难，总督致力于缩减开支。在12月31日的信中，他提议把兵员缩减到4715名步兵及2500名水兵，总共7215人。

我们在6个省份中，还只不过占领了3个（文件4）。

1865年3月31日，特拉格郎提爱将军返回法国，把殖民地政府的管理事务暂时交给驻中国海分舰队司令罗兹（Roze）。1865年11月28日，特拉格郎提爱返回安南时，他看到政治安定，生活十分平静（1866年1月30日的电报）；可是，到了旱季，在Joncs和美萩平原发生了某些骚乱，因此必须派兵征讨。1866年4月，在初捷以后，大家都认为秩序已经恢复，而事实根本不是这样。6月7日拉克罗斯（Larclause）上尉和勒萨日（Le Sage）中尉，就在西宁（Tay Ninh）城堡的门口中了柬埔寨人和安南人的埋伏而丧生；1866年6月14日，马尔舍（Marchaix）上校又遇到同样的厄运，可怜地丧了命。暴动的规模越来越大，因此，增援已必不可少（1866年6月25日及7月10日的信）。

在我们登陆7年后，总督以7000人的实有兵员，加上在途中、住院或死亡的人总共近1万人，还不足以占领6个省份中的3个。

甚至在今天，虽然我们占领边和、西贡和美萩已有24年之久，占领永隆、昭笃（Chaudoc）[①]和河仙有15年，我们还必须维持3300

---

① 又名安江、朱笃。——编者

名白人步兵和 200 名水兵,而 2200 名安南土著步兵和 2200 名的地方保安警察还不算在内。

然而,我们熟悉这个国家。我们具有许许多多经验丰富、会讲被统治者语言的人员;我们拥有一支 25 艘小轮船的舰队,开辟了公路,敷设了电报线,所有的公共部门工作正常。当地人民开始信任我们,许多当地人和我们合作,且出于利害关系而忠诚于我们。但最困难不过的是保证受中国文化影响地区的治安。因为,在那些地方,中央政府只不过是名义上的政府,而村庄则像某种“高卢—罗马式”的自治市,构成一个拥有大部分民事权力的寡头政治的共和国。

像这样的小邦无法抵挡正规军队的入侵,却可以通过抢劫和掠夺的方式对占领者进行几乎无法战胜的抵抗。

除了最初时期以外,我们在下交趾支那从未遇到过大规模的战斗,我们的部队在伏击战中,在追击那些难以捕捉的海盗时,弄得精疲力尽。我们因敌人的枪炮而造成的伤亡并不大,我们的士兵和水手大都死在医院的病床上,9/10 都是因病而死。交趾支那成了一块所有被派往那里去的法国孩子们的家庭咒骂的地方。而尽管我们付出了所有这些牺牲,如果没有那些小炮舰驶进小河的话,我们的努力也许还是不会获得成功的。

直至 1879 年废除农奴制时期,在殖民地,煽动叛乱是再也简便不过的事了。在那些可以颁发将官、校官、尉官证书的王国官员的劝诱下,一些坏蛋聚集在一起不断进行抢劫,弄得地方上人心惶惶。4、5 月间,当粮食已收好入库,稻田干燥时,这些坏蛋半夜里集合在一个大村庄里,把村长捉住,再敲起铜锣,召集老百姓前来参加这个法定必须参加的会议。这时,绅士们在死亡的威胁下,只得命令农奴服从匪徒的命令。大家手持竹棍成群结队,走向邻村,再如法炮制，将那些被指为追随法国人的地主的家庭洗劫一空，这样逐渐蔓延开来。如果匪首大胆敢干，他就会突然袭击我们一个孤零零的哨所。于是，他成了该地区的主人，所有的村庄都得顺从他。而我们就需要用几个月的时间才能恢复秩序。这个温顺、胆怯、轻信、安分守己的民族，尽管仇恨中国人，可是刚刚摆脱官员的暴政，又落入秘密会社的统治。穷人相信给予救助的许诺，纷纷参加进去；而富人则在放火烧屋的威胁下，同意输纳钱帛，因为害怕可怕的报复，谁都不敢检举揭发。

今天的情况还是如此，稍有疏忽，就会带来极其严重的纠纷。

而为了防止我们的安南臣民被卷进去，我们必须时刻进行监视，一发现作乱企图，便迅速进行镇压。

我们对下交趾支那的情况说了许多，因为我们深信在东京会遇到同样的困难和犯有同样的错误，因此，看来有必要吸取过去的教训。

Ⅱ.人口、军队、财政、交通、社会组织

安南王国自失去下交趾支那以来，它的土地面积几乎等同法国的面积——53万平方公里：

安南：6.5万平方公里。

东京：6.5万平方公里。

摩依族地区：41万平方公里[①]。

如不把红河上游、湄公河和安南山脉支脉之间广大地区的野蛮部落算在内，人口约有1800万到2000万；王国中部（顺化）人口有600万，东京有1200万到1400万。他们都在从平顺至归化角

① 原文如此。此3个数之和与上文53万平方公里不符。——编者

(Quihou, Cap)中央山脉支脉和中国海之间,宽50公里的沿海地区。从归化角开始,红河盆地上人口密集,村庄彼此相连。在这个地区内,每平方公里的人口密度达到200人(法国平均每平方公里人数为72人)。

由冲积层形成平原的南北诸省,土地肥沃,而中部诸省却很贫瘠,甚至连居民吃的大米都生产不出来。自从我们在湄公河流域建立机构以来,政府不得不以贡品的名义,由东京提供食物。这就是说,安南完全靠占有红河才能生存,一旦失去红河,安南人就要饿死。一个拥有600万人口的国家,如果没有剧烈可怕的动乱,是不会消失的。因此,它为了生存,一定会扑向下交趾支那和东京的富庶的省份,制造动荡和混乱,抢劫掠夺,使商业和耕作无法进行。普天之下,从来没有为了生存而进行如此激烈的斗争。因此,要恢复平静,就必须血流成河。

佛教是他们的主要宗教,东京的1200万居民中,只有60万天主教徒,其比例接近下交趾支那。这似乎说明,在以宗族为主体的国家里,几乎不到1/20的人口可以接受基督教个人主义的学说。我们常常听到军官们断言,东京人迫不及待地等着我们的到来以便把安南人赶走。我们尚不知道这些估计是建立在什么基础上的。因为,这在我们看来没有什么根据。在亚洲人眼里,欧洲人从来都是首要的敌人,因为两个人种的文明是建立在截然不同的原则之上的。对于当地人来说,必须有相当长的时间才能了解我们有关权利的概念。我们视作第一财富的个人自由,对他们来说,只是引起骚乱的一个原因,是造成家庭不和的一个因素。而家庭则是2000多年来他们永恒不变的社会组织的主要基础;任何官吏,任何显贵,任何业主,都是自己妻子、孩子、仆人的主人。在这种情况下,他必然是我们的反对者,因为如果他受到我们的管辖,他只会看到特权被剥夺,却不知道他将从中获得的好处。

农奴也并不急于投靠我们,历史证明,在社会变革中,不管我们愿意与否,只要我们在那里出现,就会引起一场革命,而无产者在开始时是最反对改革的人,尽管他们将从中获得最大的利益。

人总是要吃饭的,而农奴的生活则是由其主人家庭来保障的,而他也成为这个家庭的一员。

我们甚至认为在60万天主教徒中不会有超过半数的人会给我们提供真正的援助,因为管理着28万信徒的西班牙多明我会教士对于由我们来代替官吏进行管理丝毫不感兴趣。因为,事实上,在他们的教区内,以前的官吏把无限的权力都让给了他们。

安南和东京24个省的税收,估计有2100万法郎,其中600万是现款,1500万是实物。一般由中国人经营的佃地,常用的征税方式是收现金,所有农产品及工业产品都要征税,因税收过高,以致妨碍了商业的发展。在实物税中,稻谷占300万担,用来养活官吏、军队及一部分安南居民。国王还收无数杂税,以供朝廷之用:例如孔雀翎、天鹅绒、丝绸、糖、肥皂、锅、席、竹、油、油脂、兽角、水果等等。此外,入伍军人、成年公民总共有75万人,还须参加48天的劳役,约值250万法郎。

在一个拥有1800万人口和200多万公顷耕地的国家里,每人交的税不超过1.4法郎,可能太轻了;即使向所有的农场主和官吏征税,税收也增加不到五倍。但是,上交国库的数字还不到1/5。而据我们估计,老百姓要负担的捐税,除了大笔的村庄费用和祭祀支出外,不会低于1亿法郎。这种与我们的财政制度如此不同的做法,并不构成贪污行为。在中国和印度支那,以及在所有集体生活的地方,基层官吏尽管要承担许多事务,却并没有报酬。但君主会默许官吏去搜括百姓。不过,当他发了财后,皇帝又会以最微不足道的借口来把这个官吏剥夺光。

皇家仓库里,从来都贮存着大量各种各样的物品。如200万金币,1100万银币,400万铜币,4.5万匹绸缎,200万担大米等等。

安南的海陆军约有12.5万人,有步兵、炮兵、骑兵、象兵、水兵等。分为3个兵团:

顺化兵团　　5万人,

北方兵团　　5.5万人,

南方兵团　　2万人。

在征服下交趾支那之前,在顺化的5万人中,有7000人服侍国王陛下:宫廷和后宫的警卫、船夫、厨师、沏茶和端燕窝的士兵、猎人、渔夫、持扇人、持顶盖人、管吊床人、看守王宫陵墓的人,刽子手(4个连,每连50人,共计200人)。

王子、王妃、大臣和宫廷的官吏,也拥有2000侍从人员;太后就有一个连的厨师服侍自己。

全国军队的作战士兵就只有11.6万人了。他们分成若干旅,每旅2500人。旅下为营,每营500人。营再分成连,每连50人。在东京常驻兵两个营。

士兵的每月军饷为1法郎及约值6法郎的大米。其他的给养就由他的家庭、如果没有家就由他的村子来供应。

除了作战部队之外,约有3.5万人分派在警察局、海关及行政部门。一旦发生战争,军队人数可以翻一番,达到25万人。

炮兵的装备非常庞大,有1.8万门大炮,其中1.05万门是用青铜铸的,7500门是生铁铸的。这些炮的半数口径在20厘米以上;野战炮也是青铜浇铸,口径在6厘米以下,如古代喇叭短铳。

步兵的武器为土制长矛、军刀、梭标、戟,每连有一定数量的步枪,这些火器约有4.5万支,购自不同国家。例如:雷明顿连发步枪、击发枪、火石步枪和药线步枪。最后两种可能是最好的，至少能够发射子弹，而其他步枪，由于缺乏维修而不能使用。

安南拥有几艘1874年法国政府赠给的轮船："马延"号、"当特尔卡斯托"号(d'Entrecastaux)；这些轮船已破损不堪。

明命帝和嗣德帝很不重视公共工程，嘉隆帝时由法国工程师乌离为(Ollivier)、瓦尼埃(Vannier)等建造的平坦公路，至今差不多已不复存在。东京的江河难以航行，而在安南则没有可放木排的河流。在这种情况下，当地人已感到交通不便，而我们欧洲人更是极难忍受。陆地上的货物搬运全靠肩挑背驮。北方各省的气候没有下交趾支那那么困人，到了冬天，可以把夏天因酷暑消耗的体力补偿回来。但是，霍乱和间歇热是流行的疾病，因此，死亡率在海防和河内的驻军中要比西贡和殖民地高。部队作战时，必须预计到大量的死亡。

从健康的观点上说，在红河流域内的陆上行动，不见得比在湄公河流域更安全。

Ⅲ.东京的征服和占领

上面就是我们很多同胞要求立即加以占领的国家的主要情况。在我们看来，征服它并不困难，只要有一支1500人的远征军，就可轻而易举地战胜那些没有纪律、装备不良的人。我们要走得更远些，只要有3000名士兵，就可以穿过中华帝国。孟斗班(Montauban)将军的远征，便可证明这种估计并非夸张。

中国人没有很好地建立民主政治以进行战斗。所以我们认为他们不可能认真抵抗占领。安邺只用了300名非正规军，就顺利地占领了红河流域。

我们的困难只是在胜利之后才会开始，就是说从组织治安的那天起才开始,这是一项即使花费巨大力量,仍然吃力不讨好的事;其实,我们只不过控制住我们军事占领的地方而已。诚然,有人会反对说:安南已经削弱,我们不会遇到像1859年那样的困难。由于我们有了懂得当地语言和当地风俗的行政官员,我们可以避免最初在下交趾支那所犯的大错误。我们并不否认这点。但是,还存在一个数量问题,我们不能把我们的兵员减少到某种范围以下。

如果说从1859年到1867年我们在殖民地需要8000名士兵去保护3个省的80万人口,即每100个居民派一名欧洲籍士兵或水兵;如果今天我们仍然不得不用3500名士兵去保护150万人口,就是说用1名白人士兵来统治500名亚洲人;那么,无可争议的事实是,在安南和东京这个兵员的比例不能降低得太多,即就1800万人口而言,每500个居民要1名士兵,那就需要3.6万名士兵。即便把兵额减少一半,还要1.8万到2万名士兵。这支军队,在远离宗主国3000公里之外行动,每名战士平均需要约2000法郎的支出,总共4000万法郎。

至于机关,不管是民政机关还是军事机关,每人的费用不能低于2法郎。在交趾支那,这笔费用要高达12法郎,所以,每年的支出达4000万法郎。而要希望一开始就能从公共收入中得到补偿,那未免是非分之想。在一个正在打仗和发生暴动的国家里是收不到税的,而部队的住宿、医院的设置、公路的建筑都不能拖延。

总计8000万法郎。

诚然,战役计划的拟订人曾经建议把占领范围缩小为三角洲的富饶省份;但是,他们能够办到吗?他们不得不对即使远离通航水道的居民也加以管理,否则,交通就会被人切断。为了保护居民,不让海盗入侵,他们不得不继续扩大占领。

由于预计到年轻的士兵被送到那里必死无疑，而又毫无荣光，其家属理所当然地会提出抗议，他们在计划中便以非洲军队和土著步兵去代替海军陆战队。我们并不反对这样的计划，但是只要看一看特拉格郎提爱和鲍纳(Bonnard)海军将军的报告，就会知道阿尔及利亚步兵从来都只不过是我们的累赘。他们离开交趾支那确实使我们感到轻松。他们到了殖民地之后，甚至将欧洲籍士兵也带坏了。他们以鸡奸来腐化我们，这个恶习至今还没有根绝。

关于雇用安南步兵的问题，只有对管理亚洲人一窍不通的人，才会想到从我们殖民地抽调当地人去维持东京的秩序。如果要求派出大量的军队，那就会有引起叛乱的危险。此外谁都知道，只要放那些土著兵出去，尽管时刻监视和以严格的纪律约束，他们在出征中也还是必然会很快地去敲诈老百姓。而我们在我们的殖民地上还无法杜绝这种陋习，因为当地人哪怕只有一点点权力都要利用来聚敛钱财的习惯已经根深蒂固了。

在我们统治的国家内，欧洲人是以道义的威望而不是用武力的优势来起作用的，任何士兵都是而且必须是征服者民族的受尊敬的一个代表。

我们还没有谈到中国的因素。这个因素是我们不可忽视的。天朝从来没有放弃过它对安南、高丽和暹罗的宗主权，这并不是因为它想对这些地区直接行使其权力，而是它想使它的边界拥有屏障，因为它把与欧洲为邻看作是一种危险，而且会引起长期的纠纷。它的这些担心不是没有根据的。

我们并不认为北京朝廷会公开同我们决裂，因为，它知道自己无法反抗欧洲列强。避免与外国发生纠纷，这是符合它的利益的。否则它们就会给这个3亿人口的大王国不断发生的动乱提供某种支持。但是北京朝廷会对我们造成重重困难，参加天地会这种秘密会社的人在下交趾支那有6万,在柬埔寨有4万,在东京和安南有6万。他们到处进行恐怖活动。

广东、广西、云南把无数惯犯和流氓送到我们〈占领的〉省份内,这些人甚至在我们的堡垒门前进行抢劫。当我们要求总理衙门赔礼道歉时,他们就会把我们推给两广总督。而两广总督则总是信誓旦旦地表示要尽快制止,但到最后则向我们承认他无能为力。

至于追捕那些在山林地区盘踞的土匪,那更是妄想。因为,瘴疠盛行的气候,使匪徒能够躲避我们的打击。

这一事实在交趾支那尽人皆知。瘴气几乎被视为不可克服的危险。作为我的意见的佐证,我们可以举出1882年发生的一件事。从西贡派往平顺边境多乐(Tala)和茶衢地方的一支由3个欧洲人及25个土著步兵组成的纵队,没有一个人是健健康康回到家的,死去1个欧洲人和3个当地人,来回走一趟要15天。

占领和征服东京和安南,对于法国来说肯定不会是力量不足,而我们想要达到很高的成就,就得付出重大的牺牲。但是,这样的事情要取得成功,必须预先做好准备,而且还应知道要干些什么。否则,一遇到困难就会泄气,而在贸然行事之后,就会像在墨西哥那样,手忙脚乱地脱身,贻害无穷。

欧洲的政治形势,我们的财政情况和敏感多变的舆论,是否允许我们在几年之内把一支至少2万名士兵的军队陷在远离祖国3000公里的远东地区,同时每年至少要支出5000万法郎去冒着同中国人打仗的危险呢?

执行一种谨慎一些、特别是影响小一点的政策,只占领红河两岸和东京湾一带沿海地区,试探同北京朝廷维持和平关系,利用势必会发生的事件以便扩大我们的统治和增长我们的势力,这岂不更好吗?

这应该由对议会和对国家负责的政府在经过深思熟虑之后作出决定;但是政府不应轻易产生冲动和追求无需费力的荣誉。炮击一个不设防的城堡,进行没有危险的战斗,那么,紧接着胜利而来的便是纠纷。于是派出几个连,然后是几个团、几个旅、几个师的援军,即使出兵会损害祖国的切身利益,也要挽救国家的声誉①。

对我们来说——我们这个意见从来没有改变过——东京问题特别是一个政治的和管理的问题,这是一种要有耐心和恒心才能做好的事业。

1882 年 11 月底左右,由于东京局势混乱和法国政府竭力想恢复当地的治安,法国驻北京公使与直隶总督进行了会谈。这一谈判达成了一项协议草案,其基本原则已以备忘录的形式,递交法国政府研究。所提出的办法,其缺点之一就是在各自的政权之间的一条既漫长又不明确的分界线上建立持久的毗邻关系。这样一来,由于双方的习俗和利害关系不同而随时可能发生各种冲突,这就会有严重的危险。法国政府认为不能采纳这个办法。

东京还没有恢复和平,一些重大事件又迫使法国政府采取措施以保护它在这些省份的利益,北京政府对其南面的边界表示了某种忧虑。法国政府的公开声明,迄今似乎还不能消除它的顾虑,这或者是中国政府有这样的本性:除了在某些指定的地区外,对与外国通商都抱着闭关锁国的态度;同时它又执着于某些传统,生怕与我们为邻会使这些传统受到破坏,或者害怕东京的新事态会产

---

①　以上文字并载于 M.D.亚洲第 45 卷第 388—403 页,文末有“卢眉,1883 年 3 月 8 日,巴黎”字样。——编者

生某些麻烦。中国政府似乎认为有必要达成一个在各方面为它提供可靠保证的协议。几个月以来,我们作了各种尝试,以便找到一个完满的解决办法,但并没有成功。在此期间,东京的局势反而在恶化,使与远东进行贸易的国家产生不安,并引起了爱好和平的朋友们的关注。

法国政府理所当然地要关心防止出现危险的纠葛事件。不仅要在东京建立正常的秩序,而且要对中国再次表示它的善良意图和尊重中国的古老传统习俗。因此,法国根据9月6日中国公使所表示的愿望,力求寻找一个同时符合两国的尊严和利益的协议的基本原则。为此,法兰西共和国外交部长提出了下列两条建议。据他认为,只要两国同意,就能达到所期望的结果。

(一)法国政府保证在北起中国边境,南到纬度21度和22度之间的海岸某一点起至红河的老街上游处的待定界线为止的区域内,不占领任何地点,不进行任何活动;中国政府也保证在这一地区不占领任何地点,不进行任何活动。

该地区继续由安南官员负责行政管理,不得在该地建筑防御工事。

万一武装匪徒企图在该地区藏身,或该地区发生混乱危及毗邻领土的安全,中法两国政府在彼此就行动的目的和范围取得一致意见后,可以一起或单独派遣部队进入该地区;但一俟达到出兵的目的之后,部队应即撤回。

(二)云南省内红河边的蛮耗城,可以用与中国其他已允许对外贸易的城市或港口相同的条件对外开放通商。

M.D.亚洲第40卷第17—33页

721 交趾支那总督沁冲致海军及殖民地部长电

1883 年 9 月 20 日 3 时 30 分于西贡

我用运输舰运给东京 500 人和大量给养:酒、面粉、沙丁鱼。我仅有 2 公斤和 3 公斤的咸肉罐头,也将同 1500 顶蚊帐急速运去。修理东京战舰的人员和一部分物资 3 个星期前已经发出。此外,兵工厂制造的设备今天已经准备好,一有机会就会运出。因为我没有轮船,所以只能在星期一把 9 月 4 日和 5 日的电报转给海军少将。

M.D.亚洲第 42 卷第 79 页

722 交趾支那总督致海军及殖民地部长电

1883 年 9 月 21 日下午 3 时 20 分于西贡

自 8 月 29 日以来,一直未接到东京方面的消息。自 9 月 2 日以来也没有顺安方面的消息。

收到您间接为东京要求调拨给养和弹药的函件,我感到十分惊讶,无论过去还是将来我总是做必要的工作。"云雀"号从海防和海南来,未带来一直在河内的总特派员的任何信件。孤拔本月18日率领"巴雅"号和"野猫"号启程前往下龙湾,将"雷诺堡"号留在沱瀼,"蝮蛇"号留在顺安。在顺安,一切顺利,士气很高,士兵非常健康[①]。孤拔向我通报,9 月 1 日和 2 日在东京与黑旗军进行新的战斗,舰队从河内运载 800 人前往巴兰,溯红河而上,攻击丰村坚固阵地前面的 3 个村庄,以便将敌人赶到底河,那里早已埋伏有 3 艘炮舰,以将其退路截断。尽管遭到激烈抵抗,两个村庄还是被

---

① 着重号为原文所有,下同。——编者

攻克;鉴于黑旗军2000名援军到达,我们不得不把纵队集结在巴兰,20个法国人被击毙,其中有两名军官;大约50人受伤,其中有3名军官。我驻香港领事昨天复电告诉我:海军陆战队将军[①]肩负任务动身前往法国,"安南人"号星期天抵达西贡,昨天启航前往土伦。

BB—4 1951第257页

723 海军及殖民地部长致交趾支那总督密电

1883年9月21日于巴黎

如果海军陆战队的〈波滑〉将军路过西贡,请向他问明返回法国的原因,并立即电告我。

药品由"桑罗克"号装运,根据他们的要求送往东京。

BB—4 1946第286页

724 孤拔致海军及殖民地部长

1883年9月21日于下龙湾停泊场

部长先生:

我到东京已有两月,一直在设法弄清该地形势。由于不了解远征军的行动,总的来说我很难评价其意义。只是在8月15—16日,9月1—2日事件之后,我才开始有自己的看法。现谨按对我指示的要求,向您汇报如下:

8月25日条约是迈向平定东京的重要一步。我们少了一个敌人——安南国王。如果解除武装的敕令迅速得到执行,那么远征军就可以少对付几千安南兵。这些安南士兵对我们虽无危险,

① 原文如此,指东京远征军最高司令波滑。——编者

却有威胁。因为它们钳制了我们的部分军队。指挥这些军队的黄统督是否服从顺化的命令？他可能会顶住不办，这不是出于仇恨法国人的统治，而是反对兵部尚书将协和帝推上王位，取得对新国王的影响。这便引起他的嫉妒。即使他企图摆脱，但解除武装的敕令对他的部队还是将会迅速产生影响。因为这些部队显然一点也不喜欢打仗；一批官员将不顾他的愿望而服从敕令；将有大批人逃跑，说得好听一点是解甲归田；安南军队士兵很快会越来越少直至化为乌有，或者比和平时期的兵员稍为多一点。

不过他并不是我们最可怕的对手。几个月以来，黑旗军大量招兵买马；海盗、中国逃兵来自四面八方，而且至今仍然每天都有人来到，其中可能还有中国政府默许的正规军。他们的武器得到改进，只是型号五花八门。他们有几个头头是欧洲人。总之，黑旗军是要认真对付的对手。对于这些匪帮，我们以前是不屑一顾的。为什么一下子发展这样快？原因是中国对安南突然又萌发了保持宗主权的奢望。

对此无须我寻找原因。不过我知道1860年战争之后，我们占领了安南一部分地方，但并未激起中国(我们刚刚与之交战)任何抗议；在签订1874年条约时，中国同样默不作声。只要有关安南和东京的问题依然只限于由交趾支那总督打交道，只要我外交使节不插手，中国就一直不会提出抗议。我认为，当我驻北京全权公使触及这些问题时，李鸿章总督就找到了一个把被遗忘的权利重新提出来的绝好机会。他当着我公使的面十分巧妙地调遣中国陆海军队。他甚至可能为所列举出的军队和战舰数目而感到吃惊。直到现在总督还很巧妙地利用着法国及其使节所怀有的和平意愿。中国人自以为可以无限制地玩弄其背信弃义和蛮横无礼的伎俩而不受到惩罚。他们大量陈兵东京边境，借口保护国土免遭黑旗军的入侵,而其实正相反,这支军队是受其保护的,并且是从我们对手中招募组成的。他们否认这支军队的任何行为都将有损于他们与我们之间的关系。而如果这种状况一直持续下去,那么,直至我们的政策变得完全坚定不移,直至我们准备采取决定性的态度,我们都将遭受他们的敌对行动之害,我们都要对付这些由他们支持甚至可能由他们豢养而逐渐死灰复燃的势力。问题不在于无限地增加远征军人数。不能这样做,因为他们会用十倍的兵力来对付我们的一支部队,而牺牲要少得多。必须向中国宣战,在宣战的第二天就要炮轰其军港,摧毁其海军。当它知道我们决心采取这一激烈行动时,东京的形势才会改观。黑旗军不会很快像起初那样重新成为一群群海盗和土匪,以我们现有的兵力,可以轻而易举地将其剿灭;不过,他们很可能逐渐分散,我们无须占据绝对优势。在此之前,远征军可能出现不妙的情况。它在历次战斗中已经死亡了一些人,还有更多的人受伤不能战斗。与敌人的伤亡相比,这些损失是微不足道的,但与我们战斗人员总数相比,却是巨大的数目。我们在日益削弱。为了补充缺员,将更多的兵力投入前线,而留下少量部队驻守我们现已占领或今后将要占领的堡垒,调来大批增援部队是必不可少的。

东京分舰队少将司令　孤拔

附言:就在我即将封信时,我获悉您已派有3个营的野战团、1个营的海军陆战队、150名海军陆战队士兵、2个连的炮兵到东京。我估计这些增援部队的到来将会有力地推动军事行动的开展。

BB—4　1949第164—168页。

725　孤拔致海军及殖民地部长

1883年9月22日于下龙湾

部长先生：

东京和远洋邮轮航线之间日益需要有足够的、经常的定期交通。至今每月只有一次航班。东京分舰队的舰只通过其在安南和东京海岸的游弋成为航班的补充。可是目前所有舰只都用来或者封锁Lach Tran和北仑之间的地区，或者封锁沱灢和顺化地区。这些船舰甚至连完成本身的任务都不够，而参谋部和水手们也极其疲劳。因此，我根本无法抽一艘船每月在西贡与海防运送一次邮件。

在这样的情况下，我认为为了邮寄邮件，也为了人员调动，运送病人甚至运送物资，完全有必要在交趾支那和东京之间每月有两次而不是现在的一次邮船与邮船公司的邮轮交接。

为此，我曾写信给交趾支那总督和东京民政总特派员，请他们研究我提出的问题，在短期内解决这个问题至为必要。

东京分舰队少将司令　孤拔

BB—4　1949第169—170页

726　海军及殖民地部长致孤拔

1883年9月23日于巴黎

少将先生：

您7月30日、8月2日、5日和6日的来信（第35、37、38、39、40、42号）和9月21日来电均已收到。

我饶有兴趣地看了您的函电，并把您报告（第35号）中提出的物质要求交给第二指挥处考虑。现在通知您，“边和”号和“东京”

号运输舰将各载两艘10米长的汽艇,交东京小舰队司令使用。

我批准您派人寻找一个比下龙锚地更易防守的锚地,并请把结果告诉我。

按照您的愿望,我已请求海军第五军区司令命令定期航行的各运输舰舰长,以后在西贡卸完东西后,一直驶到下龙湾去,以便从那里把海军分舰队和远征军的病号运送到交趾支那,或运回法国。如果配有适合接纳病员设施的运输船已被派到东京去,则另行考虑。因此,这些规定不适用于"桑罗克"号。

这艘舰已于9月20日驶离土伦,"维也纳"号将于21日驶出。"边和"号和"东京"号将于24日和25日前往阿尔及利亚和东京。

"美萩"号舰长在他8月12日的报告中告诉我,他不打算在西贡而打算在新加坡加煤,以免减少交趾支那煤库的存煤。

考虑到这个想法不错,我请土伦海军军区司令建议前往交趾支那和东京的运输船,条件许可时,在新加坡加煤。

中国海分舰队少将总司令先生给我转来海军中校福禄诺6月23日和7月9日的有趣的报告。他报告了"伏尔达"号、"巴斯瓦尔"号和"鲁汀"号在中国和东京两国边界沿海侦察巡航的情况。

我肯定梅依海军少将没有将"伏尔达"号舰长搜集到的有趣的情况向您通报。从中看到,您现在对海岸进行的封锁十分有效地阻挠了中国人在沿海公路的运动。

"伏尔达"号舰长的草图上A点即先安的位置和北仑湾,似乎是您的巡洋舰监视的最佳地点。

这条海岸线的水道急待测量,因此,请您立即向雷诺先生和罗列得利(Rollet de l' Isle)先生提供设备,绘制一幅完整的测量图。这两位助理工程师不乘原先提到的"边和"号或"东京"号,而将乘9月30日从马赛驶出的邮船。

我于9月21日给您发了一封电报，内容如下：

“我获悉海军陆战队已全部出发。我向您证实我的命令，即命令您与总特派员共商行动大计，命令您可能支配的所有人员上岸，并保证船只的安全；命令您在这种情况下担任陆上和海上军事行动的总指挥。请把消息转告 Tellhard[①]上尉。”

少将先生，我指望您能继续陆上和海上进行的行动。我再次高兴地告诉您，我完全信赖您的毅力和才能，增援部队和本函到达以后，您定能实施一次决定性的行动。

附言：(1)占领山西，意义最为重大。我希望“边和”号和“东京”号运送的增援部队到达后，将使您达到目的。

(2)您在第35号信中要求的物品，一部分将于近期发出。

BB—4 1946第78—81页

727 海军及殖民地部长致驻东京总特派员何罗桎

1883年9月23日于巴黎

总特派员先生：

7月25日及31日来函和9月17日来电收悉。同时，我也收到了波滑将军7月31日的报告。

我已将巴当中校所提奖励这次在嘉桥战役中作出卓越贡献的官兵们的建议转报人事领导部门。

看到这次出击取得了圆满的成功，我很高兴，大家都英勇作战，尽到了自己的责任。你们获得的成果，显然说明巴当中校指挥有方，同时也是这位高级军官及其部属的荣誉。

请您向这次参加嘉桥战役的巴当中校及各位军官、士官、士兵

---

① 原文如此，疑为 Teillard(泰亚尔)之笔误。——编者

转达我的敬意。

我向您确认9月21日的电报,其内容是:

"'阿威龙'号和'桑罗克'号已启航,'边和'号和'东京'号已于25日装载援军启航。

"请解释海军陆战队将军启程的原因。

"西贡药品充足。

"群众渴望战讯。"

我相信从这事发生起,对〈波滑〉将军启程回国,您并未向我汇报。但是,我不明白您在电报中为何不向我解释清楚,对这个事件更没有作出指示。

9月21日我曾致电海军少将孤拔,其内容如下。(略)[①]

遵照孤拔少将的愿望,我请第五海军军区司令嘱咐定期运输舰舰长在西贡卸货后直去下龙湾,以便把远征军及海军分舰队中的病员遣送回法国或交趾支那。如果最近有运输船驶往东京而船上装有适合病员的设备装置,则可以例外对待。

这项规定不适用于"桑罗克"号。

"桑罗克"号已于9月20日驶离土伦,"维也纳"号也于9月21日启航。"边和"号和"东京"号两艘军舰将于24日、25日开往阿尔及利亚和东京。

附言:对〈波滑〉将军的启程回国我不再解释,至少他应该等我的命令。他应给我书面说明,申述理由,并候回信。我对他没有说明理由而启程十分遗憾。

BB—4 1946第186—187页

① 该电文见上件,此处从略。——编者

728　中国海及日本海分舰队总司令梅依致海军及殖民地部长电

1883 年 9 月 23 日 12 时 25 分于香港

"伏尔达"号舰长从淡水向我报告，总督已宣称帝国部队占领东京东北部、北宁、谅山、高平，看来大量的援军必不可少。您是否已接到脱利古先生要带福禄诺去北京的请求？他电告我，这位校级军官对他必不可少。关于这个问题，请予指示。

BB—4　1948 第 184 页(复)

729　驻华特使脱利古致外交部长沙梅拉库电

1883 年 9 月 24 日 12 时 15 分于上海

阁下 14 日及 19 日来电均已收悉。

我与李鸿章关系甚为融洽。我本欲于今日启程前往北京；他把我留在天津，我希望能在此地达成协议。

脱利古

C.P.中国第 62 卷第 240 页

730　脱利古致外交部长电

1883 年 9 月 24 日下午 6 时 30 分于上海

25 日下午 6 时 30 分收到

"伏尔达"号舰长福禄诺中校之协助对我进行边界谈判十分有益。他对东京北部情况十分了解。我已请梅依司令将他暂调我处。我十分感激您能将此事转告海军部长。

昨晚在李鸿章处晚宴，他亲切地对我说他把我视为最好的朋友。我们明天上午会晤。他似乎急于开始谈判。阁下可以相信，此次会见,双方态度一定都十分友好。

脱利古

C.P.中国第62卷第241页

731 交趾支那总督沁冲致海军及殖民地部长电

1883年9月24日于西贡

鉴于与中国毗邻的东京省的新形势,急需报请政府采取必要的措施,并当面向政府说明为迅速实施我们的保护国制度应运用的切实手段,根据9月10日的命令,总特派员委派波滑将军回法国执行此项任务。今天将军乘邮船离开西贡。他离任期间,由比硕上校代行其职。何罗恺在私人信件中曾将此事告诉我,我也有义务秘密告诉您:由于出现严重分歧,应将军本人的要求,为了不让内部分歧公之于众,他才作出这个决定。

总督 沁冲

BB—4 1951第258页

732 脱利古致外交部长电

1883年9月26日11时35分于上海

26日下午6时收到

在我行将启程赴北京时,李鸿章派他的秘书秘密告诉我,总督担心曾侯企图蒙骗巴黎和北京,以提高自己的身价。他请我不要对总理衙门掩盖实情。李鸿章本人主张和解。

脱利古

C.P.中国第62卷第243页

733 脱利古致外交部长电

1883年9月26日下午6时30分于上海

26日晚9时25分收到

据李鸿章说是曾侯告诉总理衙门,议会复会后外交部长会下台,鼓励总理衙门坚持抵抗。

脱利古

C.P.中国第62卷第242页

734 东京分舰队总司令孤拔致海军及殖民地部电

1883年9月27日下午6时30分于香港

9月12日仅收到4日致总特派员的传阅电报。25日仅收到5日给我的电报和8月14日关于从今天(即9月24日)[①]起使用的密码的手写信件。

今天见到总特派员,他认为无需陆战连的帮助,根据比硕上校的意见,将行动推迟到增援部队到来才合适。几天后与总特派员、上校会商,届时将作出最终决定。

BB—4 1949第179页

735 外交部长致海军及殖民地部长裴龙(Peyron)

1883年9月28日于巴黎

将军先生、亲爱的同事:

兹随函寄上英国政府就我们为阻止向东京输入武器军火所商定的措施一事的来函抄件。

---

① 原文如此,即此电文拟于24日,27日送达香港后发出。——编者

信内还附有为答复该函而拟寄给我驻伦敦代办的指示抄本,请详阅后迅速告知您对该指示文稿的意见。

附件1 英国外交大臣葛兰维尔勋爵致法国驻伦敦代办多柰(d'Aunay)伯爵

1883年9月21日于外交部

我上月27日曾照复,业已荣幸地收悉瓦定敦先生当月9日照会,向我通告法国政府为阻止向安南境内输入武器军火所采取的某些措施,并要求发布必要的命令将暂时禁止在安南沿海从事此类贸易一事通知英国商人和商船船长。

我谨向您保证,女王陛下政府定将严肃考虑此事。但在按法国政府意图发出指示之前,我想就这件事的非常特殊的情况以及来函多少有点非同寻常的性质提出看法。

瓦定敦先生说法国舰队司令受命严格监视东京湾并对靠近安南口岸之一切可疑船只进行检查。他还进一步指出,在分别收到禁止进行武器买卖的通知后,一切企图卸货或冲破封锁线的船只都将予以扣押。

〈瓦定敦〉阁下接着援引1874年法国和安南签订的通商条约指出:一方面,该条约旨在向一切外国开辟某些口岸进行通商;另方面,其第二款明文规定:“不能通过贸易来输入和输出武器和军火”;〈瓦定敦〉阁下进而指出,法国驻东京特派员和法国舰队司令已奉命采取必要措施以保证该条款之严格执行。

以上对这件事情况的说明使女王陛下政府有些困惑不解,因它不清楚应以什么观点看待目前进行的军事行动。

在照会中,〈瓦定敦〉阁下声称,法国政府占领东京是为了在东京恢复秩序,并提到“法国政府正与之作战的叛党军队”,但对封锁一事却只字未提；由此看来，法国政府更确切地说是打算代表安南政府来实施 1874 年 8 月 31 日条约中禁止输入军火的条款。女王陛下政府看不出法国根据什么观点可以对第三方强调通商条约中的这样一项条款，显然，即使在两个缔约国发生战争时，该条款永远也不是转而针对安南的。

鉴于这种情况，女王陛下政府希望法国政府对其所采取的立场作更明确的说明。本政府想了解贵国所颁布的禁令的性质以及是否将根据 1856 年 4 月 16 日巴黎宣言通过实际封锁的办法将该禁令付诸实行。

我谨补充指出，如贵国打算就这样对安南口岸实行封锁，女王陛下政府准备立即将有关此事的通报公诸于众。

附件 2　外交部长给多柰的指示草稿

1883 年 9 月□……日于巴黎

先生：

为答复我们关于采取措施以禁止向东京输入武器军火的通报，葛兰维尔勋爵于本月 21 日向您发出照会表示希望我们对该禁令的性质以及对为保证禁令的效果而采取的措施加以澄清。

法国由于必须在东京作战以恢复秩序，故注意不让别人通过供应武器军火向叛乱分子提供延长抵抗的手段。由于我们已实际占领了该地区，因此我们无疑有权不让这种性质的输入品进入东京。但是我们并没有为此而颁布新的禁令，因为武器军火的贸易早已为安南政府所禁止，我们的 1874 年条约便可为证。既然如此，可以认为，我们所采取的措施仅仅是对这种早已存在的禁运的一种特殊的认可方式。而且，这种封锁完全是在 1856 年宣言所提出的条件范围内进行的，也就是说，并没有以充足的兵力来维持封锁的实施,以便切实禁止进入被封锁的港口。

在将这些看法告诉葛兰维尔勋爵时,您应指出,正是考虑到外国商业的利益并为了防止任何意外,我们才不得不充分公开我们所采取的措施,大使馆受命向英国女王陛下政府进行的活动并没有别的目的。

BB—4 1952行动办公室第510号

736 海军及殖民地部长致孤拔

1883年9月28日于巴黎

少将先生:

您8月9日、10日和22日的来信(第43、44、45、46、51和53号)均已收到。

我饶有兴趣地看了您的来信,并已将信中提供的各种情况转告有关部门进行研究。

您8月22日关于占领顺安的报告,完全印证了我接到您的电报时的想法。

我十分高兴地看到您的指挥才能,登陆部队准确的射击和奋勇精神,"蝮蛇"号和"野猫"号根据您的指示所进行的大胆的行动。对于你们的作为,我十分满意。请您将此转告海军上校帕莱荣和所有英勇地支持您的全体人员。

我和您一样,很希望看到在这种场合下表现突出的指战员受到重奖。为此,我只是在等待得到这样的机会,目前还没有。

您说您本应该从"斗拉克"号调一门14厘米口径炮给"雷诺堡"号。现在我准许您在必要时,到迄今还停在法国的运输船上要它们装去的14厘米口径炮的零件和机关炮。

海军中校莫列波约在7月25日写的一份由何罗榁转来的报

告中,谈到东京海运设备情况,要求在海防搭一座浮桥,作为该舰队的中心舰。如果您认为这个建议可行,请您对该建议提出看法,以便给他答复。

现在告诉您,关于东京可拆卸炮艇的建造问题,正在积极研究。这类舰艇已预定不少了。我不会忽视吃水浅的船只的建造。

根据您上述报告中表示的愿望,我已命令即将从土伦开往东京的第一艘国家运输船给您运去4艘White系统的汽艇(2艘7.65米长,2艘6.6米长),供您的舰队使用。

"边和"号已于9月27日驶离阿尔及尔,开往博纳,"东京"号也于同时装载着部队驶离阿尔及尔。

您在8月9日的信(第45号)中说,"阿米林"号两次搁浅的原因是由于没有海图和航海仪器;在这种情况下,海军中校边涅梅谨慎操作,充分尽到了责任。您对他表示赞赏,我也一样。

从您的来信中看出,您对占领先安感兴趣,认为有利。我想至少应该派人侦察一下这个地方。

因此,我刚刚打电报给海军少将梅依,命令他在"伏尔达"号没有任务,正好您要使用时,交给您调遣。

刚接到您9月24日来电,您说政府总特派员先生认为海军分舰队的陆战连不宜在此时登陆。

增援部队到达时(此函几乎会同时到达),必须进行一次决定性的打击,将三角洲的黑旗军全部赶跑。为了达到这一目的,必须采用一切办法。

因此,我命令您将各舰上的所有可以动用的人上岸,并由您担任海陆军的总指挥。

我把希望寄托在全体指战员身上,寄托在为达到这个目标默契配合、共同努力上。只有这样,我们才能成功,我们才能将黑旗军赶出东京,并牢固地树立我们的势力。

我按同样的意思也致函何罗柅。

BB—4　1946第82—84页

737　海军及殖民地部长致外交部长沙梅拉库

1883年9月28日于巴黎

部长先生、亲爱的同事:

我荣幸地将刚收到的共和国驻东京总特派员先生和海军少将孤拔先生给我的两份密码电报转给您一阅。

附件1　驻东京总特派员何罗柅致海军及殖民地部长电

1883年9月28日晚7时30分于香港

9月15日,黑旗军撤至山西;比硕上校将于17日出发,带领两个营用3—4天时间去侦察被抛弃的阵地和摧毁还存在的防御工事,他将从左岸回来,以便清剿直至天德江的地方。

附件2(略)①

M.D.亚洲第42卷第94—96页

738　海军及殖民地部长致外交部长

1883年9月28日于巴黎

外交部政治司10月2日收到

部长先生、亲爱的同事:

我荣幸地将刚收到的交趾支那总督先生给我的密码电报转给

① 此附件即第734件之后半部分,此处略。——编者

您一阅。

附件 交趾支那总督沁冲致海军及殖民地部长电

1883年9月28日晨7时25分于西贡

9月15日何罗榁的消息:国王使者尚未到达,顺化宫廷只寄些信来,但条约已经生效,官员们决定和总特派员进行联系。比硕上校应在17日出发,率领两个营用3—4天的时间去侦察河内北部直至底河一带,然后从左岸回来,以便彻底清剿天德江一带。三角洲南部没有任何消息。8天来气温非常高,部队健康状况良好。有一些在9月1日和2日受伤的人死在医院里。

9月22日从顺化和顺安传来了好消息:参哺获准向东京派去两位主要大臣,此二人拥有充分的权力,以便安抚和解散安南军队,把那些拒绝放下武器的将领和官员扣留并集中到顺化。两位大臣于18日乘"雷诺堡"号出发。

在顺化公使馆留下50名海军陆战队作为卫队。

M.D.亚洲第42卷第97—98页

739 海军及殖民地部长致驻香港领事德尚廷电

1883年9月28日于巴黎

援军已开出。"姑类兹"号将于10月11日左右运载一个营的海军陆战队及一个连的炮兵启航。

在援军到达时,以海、陆军全部力量,在总司令孤拔将军的率领下,对敌军迅速进行一次决定性的打击。

根据13日电报的请求,已下令派遣援军及发送军队装备。

BB—4 1946第188页

740　海军及殖民地部长致何罗栏

1883 年 9 月 28 日于巴黎

总特派员先生:

我已收到您 8 月 6 日、8 日、9 日的来信,7 月 24 日波滑将军的一份报告和 7 月 22—25 日海军中校莫列波约的两份报告。

我津津有味地读了您的来信,您能随时向我报告东京的情况,我很感激您。

我已把您的意见和建议提交管理部门研究。

结合您 8 月 9 日来信中的意见,我认为,在确保需要而不忽视军队福利的同时,必须紧缩开支、厉行节约及整顿东京的行政工作。事实上,应该尽可能减轻宗主国由于占领而引起的负担。

"边和"号于 27 日离开阿尔及利亚,驶往布埃(Bouet);"东京"号也在同一日载运部队启航。

我刚收到东京分舰队少将总司令 9 月 24 日来电,告知我陆战连不宜在此时登陆。

您会在援军抵达时收到此信,万一此信不能在援军之前到达,就应该采取断然行动,以便彻底消灭三角洲的黑旗军。我们要使用我们所有的行动手段,以收到良好的效果。

因此,通过当天的邮件,我让海军少将孤拔命令舰上的预备役人员全部登陆,并任命他担任海陆军队总司令之职。

我所依赖大家的是万众一心,相互谅解,共同为同一目标而努力。只有这样,我们才能使东京不受黑旗军的骚扰,从而巩固我们的政权。

今天早晨我才收到您的电报。

BB—4　1946 第 189—190 页。

741 中国海及日本海分舰队总司令梅依致海军及殖民地部长电

1883年9月30日上午10时于香港

广州出现了极大的动乱,中国这个城市本身也受到掠夺的威胁。

我留下了"凯旋"号和"都尔威"号,它们本应明天出发(去北方),形势会变得极其严重。

M.D.亚洲第42卷第99页

742 "伏尔达"号舰长福禄诺致海军及殖民地部长电

1883年9月30日下午1时50分于上海

私人电报——我是用公使的密码、经他允许并用公使馆的工具给您发出电报。他对形势的看法和我一样。

如果中国人知道我们已经决定要在东京采取迅速果断的行动的话,他们将进行谈判。

对孤拔海军少将的任命和派遣3000名士兵已经产生了良好的效果,但是,这还不够。

请您看一下脱利古先生提交外交部审批的、我拟定的边境修正方案。

福禄诺

M.D.亚洲第42卷第100页

743 驻华特使脱利古致外交部长沙梅拉库电

1883年9月30日晚8时7分于上海

10月1日11时30分收到

在我离开天津之前,李鸿章再一次向我表示,他本人极其渴望在我返回法国前能达成一项谅解。他担心曾侯从中作梗,让北京朝廷昧于实情,从而使朝廷的主和势力难于为力。总督希望在我大约 12 天后再来天津时,他能拿出一份修改东京边界走向的方案来。

我们方面最好届时也能提出一项成熟的反草案。

海军中校福禄诺先生曾是游列居伯利将军的副官,是个才识卓绝的军官。他向我们建议采取如下的边界从而使我们能控制中国通向红河三角洲地带的边界出口。这条边界线从先安(Tien-Yenne)东南部海角边缘开始,相继通过海军地图社 1881 年出版的汉斯[①]、安南地图上标明的以下各地:

大将(Dai-Tuong)和 Shuong-Xu 在东部从 1200 米处绕过山峰的底部,谦门(Khienmonc)是地图所示的三江河道直至与富春(Foucheun)至室溪(Thatkhe)的公路红色虚线相交叉的那一点。从这一点起,东京的边界以这条公路的走向为界,经过高平、上琅(Thuonglane)、白通(Baghthong),直达该河的北端——Khame。从那里由北面绕过大吴(Daingo)山脚和老街,老街仍属东京。沿线所有经过之点以及线以内地区仍属于安南。

在我与李鸿章的私下会谈中,福禄诺中校与我摸清了北京朝廷直到最后一刻仍主张沿现存边界以固定的 10 公里的距离划一条平行的修正线。我们与中国政府在对三角洲防务至关重要的据点、关隘及地方上有分歧;因为这样我们不得不在东京常驻一支相当可观的占领军。

毋庸讳言,李鸿章也曾向我暗示:中国其实并不想通过修订边界来扩大领土,不过,其惟一目标是得到安南王国的一块地区,即

---

① 汉斯,此处原文为 Dutreil-Derins,与前作 Dutreil de Rheins(见本书第 4 册)不尽相同。——编者

使很小也行，以便在那里建立它的保护权。因此，中国不像是要放弃其宗主权，而是想今后对安南保留一种形式上的保护权。

我认为这在今后将是个巨大的危险，而在目前则会造成一场无休止的纠纷。也许作为权宜之计，应当在要达成的协议中明确指出，这丝毫不是另一种近似瓜分的领土让与，而只是为了向中国表明我们诚挚的友谊而进行的修订边界。从某种程度上来说，这种让与或许可以通过几个世纪以来的邻国关系及众多华人聚居边境地区这一事实得到证实，它对安南的行政管理造成了极大损害，从而使安南的行政管理在这一地区的影响，在今天或可被看作纯粹是名义上的。

最后，请允许我向您说清，有一个协议当然很好，我也希望在短期内能够达成协议；但既然清朝与黑旗军的同谋已昭然若揭，如果不同时派遣足够的增援部队以挫败清朝的阴谋，那么光靠一纸协议是什么也解决不了的。

脱利古

C.P.中国第62卷第255—257页

744　东京分舰队总司令孤拔致海军及殖民地部长

1883年9月30日于下龙湾

部长先生：

我在9月2日第57号信中已荣幸地向您汇报了为确保您要求封锁和监视的沿海各地所采取的预防措施。自那时以来，各种部署均已付诸实施，各部门都开展了正常的业务。“阿达朗德”号在沱瀼，从那里监视南部地区，由于有“蝮蛇”号、“标枪”号和46号鱼雷艇在环礁湖，而且远征军又已占据各炮台，所以对顺安的封锁更有保障。

“凯圣”号、“阿米林”号、“梭尼”号、“巴斯瓦尔”号、“野猫”号封锁北部地区。每天都有一艘船舰从下龙湾停泊中心启航,对海岸进行为期3天的巡逻:一天在西部,从吉婆到泥岛;一天在东部,从吉婆到白龙;还有一天同时在两地巡逻,就是说负责巡逻东部的船只每4天在白龙出现一次,每艘船舰返航后在泊地逗留两天,或者在下龙湾逗留。如果要加煤,就在海防逗留。

我指示负责巡逻北部地区的舰长要严密封锁,尤其要对中国船舰或者装载华人的船只。有大量华人木船在这些海域捕鱼,而有机会时便进行海盗活动。已下令这些船只离开东京海岸,如果它们再在这里出现,就将它们捕获。那些经过搜查的船只都在木板打上一个"V"的标记,以免重查。已经逮捕一些海盗,送交海防当局。他们绑架的一些安南人已经被释放。对于法国商船,对于为行政当局和远征军服务的各国船舰和木船,我特别通融。经过检查证实它们未载运武器和战时违禁品时,就允许这些船舰进入。

"阿米林"号捕获了一艘悬挂安南旗、由英国舰长驾驶的小汽船,因为其手续不全,行踪可疑,我扣住了这艘船,直至我收到香港的情报可以确定其行为及其在香港与安南之间所进行的贸易的性质时为止。

我打算最近增调"雷诺堡"号或"斗拉克"号以加强对北部地区的巡逻。这艘运输船目前在西贡,我原派它到那里去接运用来占领Boung Quioa的人员和物资,以便在您批准占领该地时使用。此外"斗拉克"号还将运回分舰队所需的一些物资。

正如我在第91号信中向您报告的,我部署在顺安的"雷诺堡"号于9月24日抵达下龙湾,它载来保证在东京执行8月25日条约的安南钦差大臣。该巡洋舰将协助封锁北部地区,因为"巴雅"号将作一次为期8—10天的对沱瀼和顺化海岸的巡逻。在此之后,根据情况,我将派该舰,或派"斗拉克"号与"阿达朗德"号一道封锁南部地区。

45 号鱼雷艇现泊于下龙湾。

我在此泊地接待了民政总特派员的来访,他于 9 月 24 日乘“土耳其弯刀”号来这里。我也于 9 月 29 日乘“巴斯瓦尔”号到海防回访他,并与他和专程从河内来的比硕会商。

东京分舰队少将司令 孤拔

BB—4 1949 第 182—183 页

745 孤拔致海军及殖民地部长

1883 年 9 月 30 日于下龙湾泊地

部长先生:

今天我荣幸地向您报告昨天海防会议的结果。参加这次会议的有东京民政总特派员、比硕上校、巴当中校、梅格雷(Maigret)上尉以及民政总特派员的两位副官——巴思定和古安。

这次会议的主要目的是具体地确定我们占领东京的现有条件,尤其是确定民政总特派员是否认为需要东京分舰队陆战连的援助,如果这一援助有必要的话。据您 9 月 5 日来电的指示,我将担任军事行动的总司令。

民政总特派员、比硕上校、巴当中校一致明确地认为,目前不需要分舰队陆战部队的援助。他们认为,组成远征军的部队完全足以有效地随时对付黑旗军或中国军队的进攻。中国军队占据着北宁、山西以及这两地附近地区。他们放弃了位于他们与我们驻地之间的工事和阵地,而撤到上述这些地区。我军以河内、海阳、海防和南定作为主要据点。

民政总特派员和两位校官坚定地认为,由于下雨,目前道路和堤坝泥泞不堪,根本无法进军。黑旗军和中国军队集结在他们占据的两个主要据点,人数多达1.1万人,装备都很不错。在这种情况下,采取决定性的行动显然是不适宜的。应该推迟到道路比较坚实时进行。希望届时已宣布派出的增援部队能够抵达,那时就能重新发动进攻。

在这次会议期间,我曾向民政总特派员建议建立一个戒严区。我认为戒严区应当划在我们考虑可进行民政管理的相当有限的地区的外围。民政总特派员原则上接受这个建议,但划定戒严区范围则留待以后进行。

部长先生,这些就是9月29日会议讨论的要点。这次会议记录未能及时交给我,所以我未能随此信附上。我将在下一次邮班把记录呈送给您。

我认为,目前"巴雅"号已没有必要留在海湾北部,我打算10月2日驶离下龙湾以便到顺安和沱瀼去。我将于11日或12日北上,留下6艘船在下龙湾以便封锁北部地区。

东京分舰队少将司令　孤拔

BB—4　1949第184—186页

746　1883年3月28日夺取南定至今在东京所遭受的损失①

	舰队船员	海军炮兵部队	海军陆战队	合计	备注
阵亡或伤后死亡	19	2	44	65	[1]其中1名军官 [2]其中4名军官
伤　员	32	8[1]	104[2]	144	
病　死	1		21	22	
合　计	52	10	169	231	

① 此件无时间。其前一件为1883年9月25日,后一件为9月28日,则此件应在这两日之间。——编者

注:根据1882年[①]9月28日共和国驻东京总特派员先生给部长的电报,在8月15日和9月1日的事件中受伤的伤员现处于令人满意的状态。

另一方面,海军主治医生、卫生处处长雷(Rey)博士先生在他第一份报告中说,远征军军团的卫生状况对于新到达的野战部队来说是极好的。

7月27日,河内卫戍部队的2000人中有44名病号(其中22人发烧,6名伤员和16名性病患者),即22‰是不能战斗的。海防卫生状况良好。

最后,在7月25日的命令中,部队最高指挥官先生向远征军各部队和部门重新提出了他以前提过的关于卫生、蚊帐的分配、身体清洁、洗澡、衣服、被褥和营房床具的清洁、部队住房的通风、在水和茶水中加塔菲亚酒使之略带酸味、对公共食堂和零售商卖给军队的食品和饮料要进行检查、对井里的水在使用前要进行化验、用明矾把水净化、随着营地的增加逐步把部队分散住等等注意事项。

M.D.亚洲第42卷第92—93页

747 东京小舰队1883年9月1日至10月1日活动情况

1883年10月1日于河内"雎鸠"号舰上

船舰名	型号	人数	活动情况	目的
"雎鸠"号	护卫舰	69	在河内,28日前往东京。	救"豹子"号脱浅。
"豹子"号	炮舰	72	9月23日从河内出发。	驻南定和底河。

① 原文如此。——编者

船舰名	型号	人数	活动情况	目　的
"军乐"号	炮舰	71	在红河和巴兰之间。	保卫巴兰据点。
"突袭"号	炮舰	68	10月2日[①],从南定返□……	同上。
"飓风"号	护卫舰	47	在红河与巴兰之间。	同上。
"闪电"号	护卫舰	40	在红河与巴兰之间。	同上。
"大斧"号	汽船	38	在红河、河叉。	巡逻,执行其他任务。
"短枪"号	汽船	37	同上。	同上。
"火枪"号	汽船	27	同上。	同上。
"土耳其弯刀"号	汽船	27	在红河、河叉。	同上。
"马苏"号	汽船	27	往下龙湾。	

小舰队司令　莫列波约中校

BB—4　1950(原件未编页码)

748　驻沪总领事傅赉世致外交部电

1883年10月1日下午5时于上海

消息灵通人事声称,美国驻华公使唆使直隶总督反对法国。又,英国驻华公使竭力愚弄我们。

傅赉世

C.P.C.上海第10卷第290页

① 原文如此。——编者

749　外交部长沙梅拉库与中国驻法使臣曾纪泽会谈纪要

1883年10月1日

当曾侯到达外交部时，中国政府10月1日的照会刚刚送到部长手中，部长仓促了解了它的内容。

中国大使[①]请沙梅拉库先生注意他手里的照会是针对法国政府对中国6项建议之答复而写的。

尽管该文件令人相信是对我方备忘录的答复，但大使正式声明说：他想起了我方第一封信中对中国边界含含糊糊的保证、扑灭黑旗军的匪盗行为、在红河流域通商等等。

中国政府不接受上述建议为谈判基础，以同样理由提出了第一批建议。

既然我们不同意在解决法中问题以前由中国过问我们与安南的关系，中国政府在我们承认其对东京的权利之前，亦拒绝考虑我方建议。

当大使提到与茹费理先生的会谈时，部长回答说，他知道了会谈的情形，他不隐瞒谈判者的要求极为普通，他不急于相信任何蔑视性的挑战。他的意见将不改变，一直等到这些新鲜又奇怪的主张用书面加以表达并尝试伴以辩护与解释为止。

大使重申了中国政府对法国的良好意愿。部长表示不愿怀疑这一愿望的诚意。但他不得不提出：会谈的进程无法令人相信如此良好的意愿。尽管如此，他仍希望情况会有所改变，法中能达成协议。

C.P.中国第62卷第261—265页

① 原文如此。——编者

750　驻东京总特派员何罗桤致海军及殖民地部长裴龙

1883年10月4日于河内

部长先生:

我荣幸地向您转呈卫生处长、主治医生关于9月份我远征军健康情况的报告。

我认为要特别提请您注意少数休养人员,这些人是与那些因战斗负伤入院治疗的人分开的。部队的生活条件和居住条件很差,估计他们十分疲劳。

多数营房设在沼泽附近,故当热病发生时,从交趾支那或罗什福尔来的士兵身上几乎都感染了。因此,似乎很有必要而且毫不迟延地研究在交趾支那士兵和东京士兵之间建立轮班制度问题。

关于这个地区,从现在起,可以肯定,驻军和高级官员居留此地的时间可以在两年以上。

共和国总特派员　何罗桤

附件　卫生处长、主治医生给东京民政总特派员的报告

1883年10月2日于河内

总特派员先生:

我荣幸地将关于1883年9月份远征军健康情况的报告呈送给您。

至8月31日,河内医院情况如下:

发热:16人;伤员:55人;花柳病:9人。总共80人。

9月份该医院情况如下:

留院:80人;进院:193人;出院:92人;送海防医院57人;死亡:14人;至10月1日仍留院110人。

14人死因如下:

伤寒:2人;恶性荨麻热1人;胸膜炎:1人;中暑3人;被火枪打伤:7人。总共14人。

8月31日,一支1000人左右的纵队从河内出发攻击黑旗军。黑旗军占据底河左岸,9月1日至2日,双方交战。战后,医院接收了39名伤兵,其中一半人伤势严重。其中一人是米东(Midon)军士,他腹部中弹,因腹部发炎,于9月3日死亡。

有4人截肢:1人大腿截除,2人手臂截除,1人前肢截除。他们在受伤后两天就动了手术。其中一个动手术的士官德雅塔絮(Dejatassue),在大腿截除后只活了4天;其余3人正在康复。

2人受轻伤,3天之后,便已出院,2名军官在病房接受治疗。其中贝库尔上尉很快就重返工作岗位。另一名是里尔巴(Rilba)中尉,他的手掌被打穿,他也可看作处于康复期。

9月5日,5名伤情不重的伤员,由埃默(Ayme)一级医生护送到海防医院。至9月6日,留在我院治疗的有24名在9月1日受伤的伤员。此后,有2人死亡,2人康复出院,3人康复撤离;还有17人留院治疗。

至9月19日,一支纵队出去侦察,有4人中暑,其中3人情况危急。他们在24小时后死亡,剩下1人病情不重,很快就恢复健康。

在此之后,我院未发生特别情况。

9月份我院留医伤病员平均每天103人,其中有11—12个花柳病。该月□……平均人数2150人。死亡率为5%左右(准确数为4.79%)。

据海防和南定报告,这两处官兵健康情况良好。在南定,由一级医生塞烈(Sérey)负责。他成功地给当地人做了两起肘部手术。

BB—4 1950第350—352页。

751　何罗栏致海军及殖民地部长

1883 年 10 月 4 日下午于河内

部长先生：

今向您转呈下列两宗文件：

(1)远征军最高司令 8 月 25 日至 9 月 24 日所发的通令。

(2)在此期间远征军历次行军与作战日记摘要一本。

共和国总特派员　何罗栏

附件 1　1883 年 8 月 25 日至 9 月 24 日通令

附件(1)　通令(第 88 号)

驻军最高司令将下列决定转发至远征军各部队，使全体官兵周知：

“共和国总特派员、骑士勋章获得者、国民教育官决定：布里翁瓦尔中校已奉命担任指挥官，在整个战斗期间，他有权对海防要塞各部门进行征调。　何罗栏 1883 年 8 月 12 日于河内”

驻军最高司令　波滑将军

附件(2)　通令(第 89 号)

驻军最高司令将下列决定转发至远征军各部队，使全体官兵周知：

“共和国总特派员、骑士勋章获得者、国民教育官据有关方面提出的建议，特作出如下决定：

“海军陆战队军士昂热洛隶属于游击队，担任军训秘书。他仍以这一身份继续领取根据最高司令将军先生 1883 年 6 月 19 日决定而补助给他的 3 法郎附加军饷。

"翻译员阮文禄(Nguyên vàn lâc)与文人杨文光(Duong vàn quang)亦隶属于游击队,前者每月领取工薪??[①]贯铜钱,后者月薪100贯铜钱。 何罗栏 1883年8月24日于河内"

驻军最高司令 波滑将军

附件(3) 通令(第90号)

1883年8月28日于河内

最高权力机关获悉,本城各集市有抢劫行为发生。将军提请全体官兵注意,凡有这种行为的军人,一经查实,必将受到军纪处分。视其情节之轻重,必要时须将其送交军事法庭。

驻军最高司令 波滑将军

附件(4) 通令(第91号)

1883年9月5日于河内

驻军最高司令欣喜地将海军部长发来的下列电报转发给远征军全体官兵:

"我代表政府嘉奖您,并请您将此意转达您属下的全体忠勇将士。我已向议会转交您要求调拨援军的申请。在该申请获批准前,暂调一个海军陆战营和两个炮兵连至尊处应急。"

军官、士官、士兵和水兵们:

8月15日以后,敌人已撤出阵地,并沿底河撤至第二道防线。

他们散布流言,谎称他们之所以撤退,是因洪水而非被我们击退。因此,你们应把他们赶出第二道防线,以便向公众表明你们是英勇善战的,即使面对一比五的劣势,你们仍能控制地盘。9月1

① 双问号系原文所有。——编者

日的战绩,使人们对此深信不疑。

经过数小时与隐蔽之敌激战、竭尽全力克服种种困难之后,你们终得在敌人上午还把持的阵地上宿营过夜。敌人已四散溃退,但因缺乏骑兵,而且原野洪水暴涨,故我们无法追剿残敌。丰村的敌人几乎只剩下几名后卫队员。我们取得了预期的成果。我认为,对于付出高昂代价取得的这一成果,不应再使之受到丝毫损害。因此,我命令你们返回了营地。小舰队在大胆地驶入底河参战,阻遏前来援救丰村之敌,并将其重创之后,终于平安驶回,途中并未受到敌人火力的袭击。

这一天不仅使敌人遭受了一次突然袭击,而且为指挥此役的军官和参加此役的士兵增添了光彩。每个人都履行了自己的职责。

对于第4团第26连及塔科昂上尉的表现,人们记忆犹新。我相信,通令嘉奖他们也表达了你们的心声。

有你们这样的军人,只要兵力充足,取得胜利是毫无疑义的。请随时准备在时机来临时去夺取这种胜利吧。

远征军最高司令　波滑将军

附件(5)　通令(第92号)

1883年9月6日于河内

为执行1883年7月23日部长急件中的有关指示,兹对东京高级军官作如下调整:

①巴当中校先生前来河内担任参谋长,其所任南定驻军最高司令一职,交由雷加斯(Reygasse)营长先生担任。

②科罗纳营长先生在向巴当中校先生办完移交手续后,立即前往海防担任最高司令。但他仍是远征军参谋部成员,并享受高级军官的出差待遇。

③布里翁瓦尔中校先生在与科罗纳司令先生办完司令一职的交接手续后,即来河内挺进团任职。

在不得不与自己的参谋长分别之际,将军愿借此机会向他公开表示:对他在远征军中的卓越贡献表示满意,特别是对他在各种困难面前的表现深表嘉许。

将军相信,这种表示也表达了远征军全体将士的心愿。

驻军最高司令 波滑将军

附件(6) 通令(第93号)

1883年9月10日于河内

驻军最高司令将法兰西共和国驻东京总特派员先生的如下决定转发至远征军各部队,使全体官兵周知:

“由于应该让共和国政府了解因与中国毗邻的东京各省出现新局势而产生的军事上的实际需要,有必要向政府当面陈述,以便采取切实可行的措施,按照部长的指示及1883年8月25日缔结的顺化协议的规定,使我们的保护国制度尽快运行,兹决定:

“波滑将军先生最近返回法国出差。

“在其离任期间,最高司令之职由比硕上校先生担任,比硕上校原任的挺进团司令一职,由布里翁瓦尔中校担任。

“波滑将军先生可由其副官勒巴先生陪同出差。 何罗枑

1883年9月10日于河内”

最高司令在与自己属下的军官、士官、士兵和水兵告别之前,向各位表示谢意,感谢各位在最近度过的艰苦环境下所表现的献身精神和忘我精神。将军希望各位能保持自己的本色,始终无愧于自己的使命,并随时准备为国家利益作出牺牲。

波滑

附件(7)　通令(第94号)

1883年9月11日于河内

驻军最高司令将如下决定转发至远征军各部队,使全体官兵周知:

"鉴于土著游击队队长、营长助理蒲煦上尉因病须离开东京,根据最高司令先生的提议,共和国总特派员、骑士勋章获得者、国民教育官先生决定:

"海军陆战队上尉马特里埃先生自即日起接替蒲煦上尉先生担任土著游击队队长,他有权领取其前任所领取的各种附加军饷。

何罗栏"

驻军最高司令　波滑将军

附件(8)　通令(第95号)

1883年9月10日于河内

驻军最高司令将如下决定转发至远征军各部队,使全体官兵周知:

"'安特落波'号小艇已调拨给一名海军中尉指挥,以便用于东京各河流的军事侦察。为完成此任务,该小艇将在近期内加装一套设备。有鉴于此,并根据小舰队中校司令先生之请及最高司令的合理建议,法兰西共和国总特派员、骑士勋章获得者、国民教育官决定:

"'安特落波'号归小舰队司令管辖,其管理条件与该司令统辖的国家其他舰船相同。　何罗栏"

驻军最高司令　波滑将军

附件(9)　通令(第96号)

远征军代理最高司令将如下决定转发至远征军各部队,使全体官兵周知:

"共和国总特派员、骑士勋章获得者、国民教育官决定:

"由下列成员组成的委员会应于近期内在主任委员的召集下,商讨并研究东京临时性或永久性医疗单位地点选定的最佳环境和筹建这些机构的最佳条件。

"该委员会组成如下:

"参谋长巴当中校　主任委员

"一级军医雷　委员

"一级军医博兰(Borin)　委员

"工程主任杜邦米埃　委员

"海军上尉马罗尔　委员

"一级药剂师拉郎德　委员

"副军需官朗加马齐诺(Langamazino)　委员

"何罗栏　1883年9月13日于河内"

驻军代理最高司令　比硕上校

附件(10)　通令(第97号)

1883年9月14日于河内

驻军代理最高司令将部长致交趾支那总督的快件转发至远征军各部队,使全体官兵周知:

"总督先生:

"我决定准许重新服役的安南土著步兵领取首次重新服役期间所发的50法郎奖金。

"因此,1879年12月4日条例第4款有关安南土著步兵体制第2段的内容应作如下修改:

"'凡愿重新服役者,均可享受相同的增额军饷,并继续领取奖金。'

"国务参事、殖民地司司长狄斯莱尔(Dislère)奉海军及殖民地部长之命转发此函,并对其负责。　1883年$\frac{7月13日}{8月20日}$①于巴黎"

驻军代理最高司令　比硕上校

附件(11)　通令(第98号)

1883年9月15日于河内

根据挺进团少校代理团长的提议,兹决定:

①安南土著步兵第二连上士拉科隆日(Lacolonge)在被调往海防以前,应列于挺进团编外待命。

②第3团第21连中士让·洛罗·库里埃(Jean Loraux Courrier,番号:C14826)编入土著步兵第3连,以接替已奉命返回挺进团的格朗克郎东(Granddandon)中士。

③第2团第20连中士让·马里·格朗让·爱多奥(Jean Marie Grandjean Edouard,番号:M.B.14977)编入土著步兵第4连,以接替已被任命为司务长的贝尔特(Berthe)中士。

驻军代理最高司令　比硕上校

① 原文如此。——编者

附件(12) 通令(第99号)

1883年9月16日于河内

驻军代理最高司令将未被转发的1883年8月7日的一份决定转发至远征军各部队,使全体官兵周知:

"法兰西共和国驻东京总特派员、骑士勋章获得者、国民教育官作出如下决定:

"从归仁哨所调来的海军二级军医布凯(Bouquet)应在安南土著步兵营担任助理军医、营参谋部成员。

"医务处应调拨一批供挺进团各营使用的医疗器材供其使用。

"在挺进团上校担任土著步兵团团长期间,该营的医疗业务由挺进团助理军医负责,并统一管理。 何罗栏 1883年8月7日于河内"

驻军代理最高司令 比硕上校

附件(13) 通令(第100号)

1883年9月16日于河内

自9月16日起,布里翁瓦尔中校先生接替比硕上校先生担任挺进团团长。比硕上校先生已遵照共和国总特派员先生9月10日的决定,担任东京驻军各兵种最高司令。

驻军代理最高司令 比硕上校

附件(14) 通令(第101号)

1883年9月25日于河内

在共和国驻东京总特派员先生离任期间,驻军代理最高司令决定:

1883 年 8 月 2 日关于行军部队津贴的部长急件于 1883 年 9 月 22 日起生效,另有批准书者不在此限。

驻军代理最高司令　比硕上校

附件 2　1883 年 8 月 25 日至 9 月 24 日军事行动日记摘要

8 月 25 日

25 日夜,几名中国士兵摸近四柱庙,并向这里开枪。我军还击并派出一个巡逻队去搜索。

由于缺煤,无法继续在海岸进行巡逻。这是由于建立新的组织机构,使行政管理独立于司令官造成的。

无特殊情况,但缺煤。下令所有船舰要有 10 天存煤,要在河内经常保持有 200 吨煤、南定有 80 吨煤。

8 月 27 日

"吕里马吕"号运来 45 吨煤。立即下令第 4 团第 27 连和"大斧"号开拔。

8 月 28 日

上午 10 时,"吕里马吕"号载运第 4 团第 27 连出发。这些部队于下午 1 时在四柱庙上岸。上午,贝杰司令官率军侦察,直至计村都未发现新情况。

8 月 29 日

凌晨 5 时,由第 4 团第 27 连和第 29 连,1 个土著兵分队以及 1 个医疗队组成的纵队开往戎村(Nhong),"军乐"号和"大斧"号在其右边随行。8 时在戎村休息。纵队总指挥、参谋长将纵队调回,让

25人上船，与两艘炮艇一道回到巴兰。未发现任何敌人。11时，炮艇返回四柱庙。下午2时30分，参谋长率“大斧”号回到河内，立即下令攻击丰村，敌人似乎已从该地撤出。

8月30日

9时，“吕里马吕”号与第4团第25连和第26连前往四柱庙。第二天，这两个连要与第4团第27连、第1土著步兵连、1个炮兵排、1个工兵排和医疗队一起于5时30分向巴兰进发。黄旗军在前面开路。这些黄旗军将在四柱庙前驻扎。5时下令装运第2团第26连、27连和29连、第3土著步兵连、1个炮连、1排工兵和医疗队。“吕里马吕”号和船队将这些部队运往巴兰。

8月31日

晨5时装运部队。7时“豹子”号、“飓风”号、“短枪”号、“大斧”号、“雎鸠”号、“吕里马吕”号启航。8时，“飓风”号报告轮机受损，不得不抛锚。“雎鸠”号将“飓风”号载运的第2团第27连接过来，继续赶路。“闪电”号已经把黄旗军运到四柱庙，返回河内，拨转船头紧跟“雎鸠”号前进。

12时15分抵巴兰。每艘炮艇用小船装运驻防的步兵上岸，并于3时登陆结束。“军乐”号、“吕里马吕”号还留在巴兰。后一艘船舰用作指挥部。

“雎鸠”号和“豹子”号将在底河入口处停泊。“闪电”号、“大斧”号、“短枪”号要在拂晓开进底河，以炮轰丰村、炮击渡河船只和敌人出现的地区。

在各舰出发之前，召开一次舰长会议。散会前大家对自己将要做的工作取得一致意见。

4时,对巴兰外围进行侦察,了解当地情况。返回时,在丰村北面发现一纵队敌人。下达了关于第二天行动的命令。

9月1日

第2团第29连和1个炮兵排留守巴兰。其余军队于7时分两个纵队向丰村挺进。左路从田埂上前进,第2土著士兵连和黄旗军负责防守左侧;其余部队为右路;前锋为第3土著步兵连、1个工兵排、第2团第26连1个炮兵排和医疗队。在丰村前面大堤拐弯处遭到敌人狙击。参谋长亲往战斗地点,下令炮击,命令第26连挺进,支援第3土著步兵连,并将第2土著步兵连部署在河堤左岸树林附近。与此同时,令黄旗军在左侧集结,炮兵排向丰村前面驻在大堤上的敌人开炮,其余4门炮向敌人左翼、隐蔽在大堤拐弯处的敌人射击。第4团第25连奉命到左侧树林里以支援在那里的黄旗军和土著士兵。第2团第26连开始沿大堤前进,支援向庙附近挺进的土著士兵。在确定敌人阵地之后,参谋长在司令官因身体不适没有在场指挥的情况下,命令贝杰指挥官将第26连调到庙附近以部分兵力展开,向右侧迂回以便向隐蔽在大堤后面的敌人阵地纵射,占领右侧敌人战线的拐弯处。因为从那里射来的火力与中路火力相交叉,封锁了这段大堤,我们从大堤上前进就十分危险。第2团第27连刚接近庙侧,又被派去支援第2团第26连。参谋长命令炮排前进,炮轰右边拐弯处和中央大堤。在得到司令官的许可后,4门大炮部署在前锋排阵地,第4连土著士兵向右边运动以延长由3连组成的战线。所有这些部队同时挺进,不顾一切困难,占领阵地。12时30分,要向敌人右方发动攻击。司令官命令第4团第26连挺进。该连与占领竹林的敌人进行肉搏战。与此同时,第2团第26连和第27连攻击敌人的侧翼。敌人被赶得狼狈逃窜。这时,中路军和左路军向前挺进。敌人被赶到左边很远处,中路的敌人回到丰村,丢失了一面旗。然而,我右翼却遭到敌人3个工事火力的交叉射击,它们向大堤猛烈开火。于是下令在右边和中间建立阵地,而左翼部队则在敌人撤出后逐步后撤休息。

第26连由于消耗了部分弹药而返回,由第2团第27连到右翼接防。下令再去取弹药,并于傍晚从巴兰和河内运来。步兵每人发70发子弹。一夜平安无事。只是右翼还在交火。

9月2日

遵照参谋长的命令,贝杰指挥官趁夜令人筑起大炮掩体以保护专门轰击右翼堡垒的两门大炮。在拂晓时部署好部队,以夺占堡垒。炮轰开始,当部队出动攻击时,敌人撤出了建筑得十分坚固的阵地。我军逐步占领这边的地盘。7时,司令官和参谋长对右边进行一次观察,发现右边前面1200米处有一个敌人阵地,这肯定是掩护敌人纵队撤至Sây村的阵地。8时30分,副官雷日上尉率领100名黄旗军、1排土著士兵和1排步兵出去侦察,了解中路所发生的情况。因为昨天5时左右,曾见到敌人从这边撤退。这支侦察队于10时左右返回,发现丰村边守军甚少。敌人整天都在撤退,由于没有马枪以及平原水很深,无法追击他们。敌人就这样撤出丰村阵地,惟右翼还有一个小据点在顽抗。司令认为,在一条河堤上,无法继续从一个村到一个村地进行军事行动;另一方面由于援军已于昨天从山西抵达,必须用炮舰运到后村以便过底河;另外,签订和约的消息也已传到,因此,有必要等一等安南官员的反应。第二天命令部队返回。

9月3日

早上7时,部队开拔,未发生事故。在巴兰,一些黄旗军发牢骚,结果将其中一人斩首以儆效尤。下令纵队部分人马上船。晚上6时30分返回河内。比硕上校留在巴兰,指挥4个纵队撤退的装运等工作。9月1日曾命令工兵把巴兰河堤入口处的一群庙宇整修成防御工事,第4团第26连与1排土著士兵、1排炮兵和医疗队留守那里。

9月4日

运输船继续往河内运部队,直至晚上11时才结束。巴兰或4个纵队的任何一个据点都未受骚扰。

9月5日

特罗龙海军中尉指挥的"安特落波"号抵达。据报告,该舰1时遭到驻守在天德江两岸的中国军队扫射和4门小炮的炮击。由于临时用小船作掩护,所以没有人受伤。

9月6日

工兵侦察队到左岸开始修筑工事,道路不好,仍无法运送物资和人员。当他们动工时,下达保护他们的命令。

9月7日

据报告,天德江上有木船将安南部队运到兴安(Hung-Yen)。命令船队开到那里捕获或击沉这些木船。与此同时,还派兵到巴塘侦察,选择一个阵地,修建一个保护水路的据点。

9月8日

“飓风”号开往巴塘。派出勘察的工兵上尉杜邦米埃返回。将制定出一个修建据点方案,派去摧毁集结在天德江运送敌军的木船的“大斧”号和“安特落波”号返回。敌船只有5艘,而报告大大夸张,说成有100艘。

9月9日

工兵处长对左岸进行勘察。下令从第二天开工。同时还下令建造租界河堤大门并将围墙封口。

9月10日

下令派兵守护4个城门,白天由土著士兵守卫,夜里由士兵守卫。当左岸遭到攻击时,第3炮连要抽调两门12厘米野战炮、两门4厘米野战炮部署在左岸。新参谋长巴当中校来到,他接替科罗纳少校。

9月11日

波滑总司令返法述职,向海军及殖民地部长汇报东京形势并请求增援。11日晚9时,司令在副官勒巴的陪同下,乘“红河”号前往海防,然后从那里趁涨潮时开往香港。科罗纳少校也乘“红河”号到海防,任该地驻军司令,比硕代行总司令职权。

9月12日

9月11—12日夜,一群匪徒摧毁左岸桥头堡工事。采取了一些措施以免同类情况再发生。

9月13日

鲁张军需官前往格索(Késo)运送给养给保卫传教士住地的士兵。

9月14日

总特派员先生成立一个委员会,在参谋长巴当中校的主持下研究东京医疗机构的工作。据巴兰分队上尉指挥官报告证实,黑旗军已从红河和底河之间整个河内北部地区撤出至山西。

9月15日

没有情况。

9月16日

9月15—16日夜间到达海防。(1)布里翁瓦尔中校先生被指定从海防去接替比硕上校先生担任挺进团司令。(2)阿尔及利亚土著兵团少尉、光学电报考察团团长塞拉尔(Sailhard)先生被派往东京。该考察团共有10名成员,其中一人为士官。晚上7时传来关于9月17日出发的第10号行动令。

9月17日

根据第10号行动令,部队出发时间定于凌晨4时45分。但此时乌云密布,接着下起倾盆大雨。远征军上校司令下令推迟出发。晚上又下令,于第二天出发。在17—18日夜里,"吕里马吕"号从中国运战马到河内,军官负责监运。

9月18日

9月18日出动,主要目的是:

(1)侦察山西大路上的敌人工事,侦察在8月15日和16日战斗后敌人撤出的工事。

(2)寻找5月19日事件后被抛弃的我军官兵的头颅和尸体。据准确的情报,相信这些残骸能够找到然后将其掩埋。

9月18日凌晨5时,由6个海军陆战连、2个安南土著步兵连,1个炮连、1个后备工兵排和1个医疗队组成的纵队从河内出发,开往山西大路。

部队行军十分顺利,只有两次停下来修路,一次在纸桥,其栏杆被敌人拆掉;另一次在连桥前面,敌人挖开15米长的沟。

1营在戎村和阮社(Nguyen Xa)扎营。

2营在富料(Phu Rieu)扎营。炮连、第2土著步兵连与司令部一起在乔梅(Kieu-Maï)。

在后一村庄的入口处,找到李维业司令的头颅,并加以掩埋。纵队司令比硕上校、参谋长巴当中校、中尉杜博克、炮兵上尉雷日、副官等在场。他的头颅被认出来,我驻河内特派员亲自参加仪式。

其他人的头颅在一条河里面找到,离乔梅入口处20多米。

下午察看黑旗军所建的工事,他们于8月15日守卫这些工事。

下午5时,下令第二天回河内,行军中毫无困难,也未发生明显事故。

9月19日

纵队返回时,发现6具尸体,埋在他们被击毙的地方。李维业司令以及其他官兵的尸体留在 5 月 19 日的战场上。

9 月 20 日

未发现任何情况,左岸防御工事继续施工,由于下雨不停,推迟了完成时间。

9 月 21 日

未发生任何情况。

9 月 22 日

撤出巴兰据点,第 4 团第 26 连和第 2 连第 1 排炮兵替换第 4 团第 25 连和第 1 连第 1 排炮兵。自 9 月 3 日以来,第 25 连和炮兵一直守在那里。

总特派员乘"短枪"号舰启程前往海防。

9 月 23 日

未发生任何情况。

9 月 24 日

未发生任何情况。

参谋长　巴当

1883 年 9 月 25 日于河内

BB—4　1950 第 329—349 页

752 何罗栏致海军及殖民地部长

1883年10月4日于河内

部长先生：

现将驻军最高司令比硕上校先生关于9月18日与19日在怀德府城外进行侦察的总结报告附上，请察阅。这次侦察的结果还发现了李维业司令的头颅。

此报告对我在9月28日寄给您的第56号公函中所附的报告抄件作了进一步的补充。

另有关于李维业司令颅骨发掘过程的笔录以及一级军医马斯先生为证明确系李维业正身而写的一份法医报告，现将这两个文件亦随函附上①，请阅。

共和国总特派员　何罗栏

附件　东京远征军代理最高司令比硕关于侦察怀德府敌军碉堡的报告

1883年9月20日于河内

在目前无法进行大规模战斗的情况下，上校司令官认为不能听任部队始终处于无所事事、懒散松垮的状态，遂决定对8月15日、16日两天战斗后敌人所撤离的怀德府阵地进行一次侦察。

此次战斗期望取得的结果是：使士兵保持良好的作战状态，并让他们就近仔细察看敌人构筑的防御工事。附近百姓在看到我军驻扎在原黑旗军驻防的军营中后，将会满怀信心并会明白，他们终于永远摆脱了压迫者的桎梏。

---

① 此两个文件原档阙如。——编者

另有一目标乃远征军司令长期以来所亟盼实现的宿愿。他派人作了查考,以便寻访 5 月 19 日事件中落入敌手的 28 名官兵遗骸的掩埋地点。他终于确切了解到,李维业海军上校的首级埋葬在乔梅村村口道路中间的一座小庙前,而 27 名法国人和 3 名安南人的头颅,在军营中示众了相当长时间后,即掩埋在离乔梅村村口 50 米左右的稻田中。至于他们的遗体,均在战场上挖出 6 个墓穴就地埋葬。墓穴位于公路两侧我士兵牺牲的原地。惟我军有一名伤员得以脱逃,前往邻村,但最后亦被杀死。其遗骸就留在该村,与其战友的遗体分开掩埋。

根据远征军司令先生的请求,特派员先生派法国驻河内公使及其秘书到司令手下充当户籍官之职,另派一批工人及苦力以发掘和运送可能觅得的官兵遗骸。

9 月 18 日凌晨 5 时,由 6 个海军陆战兵连、2 个安南土著步兵连、1 个畜拉火炮连、1 个附属工兵排和 1 个战地救护排组成的纵队从河内出发,然后走上通往山西的公路(参见本报告所附之第 11 号行动令)。

6 时 30 分,前锋抵达纸桥,但该桥有待修复。此桥系一座砖结构、只有一个拱腹、呈半圆的拱桥。敌人已挖掉了构成桥台和通往桥头的泥土。工兵立刻将断口填平,从而修复了公路。7 时正,前锋继续赶路。

在公路的多处其他地方,工兵亦须重新对它进行修复,或对居民在坍陷断口处搭起的便桥进行加固。

上午 8 时,前锋部队又在一座称为“连桥”的石桥前受阻。该桥的桥墩与桥面均系方石构成,桥本身未受破坏;但在桥前,敌人将公路破坏,形成一个约 15 米长的断口。

在附属工兵排修复公路时,参谋长随前锋部队一起前往安排部队在附近各村的宿营事宜,并探寻5月19日战斗牺牲者的头颅。曾经组织人力将上述首级掩埋的该地副村长以及蒲真尼主教大人所指派的向导毫不迟疑地将他带到坐落在1500米处的设防线以内的乔梅村,并将一个小土堆指给他看。土堆离村口约50米,边长约1.5米,坐落在将稻田分隔开的两条小河堤拐角处,与河堤齐高,高出水面20厘米。当地乡民说,在这座土堆下掩埋着5月19日被杀的27名法国官兵以及为我军效力的3名安南人的首级。

接着,向导与副村长向村口走去,并指给参谋长看距离约5米处一条村内道路中间的一座小庙前的一座土堆,土堆边长50厘米,其上放有一张桌子,摆满了祭品;他们还对他说,这座土堆就是掩埋李维业司令首级匣的地点。

获得这些消息后,参谋长又返回连桥,向上校司令官作了汇报,并通知了公使先生。公使立刻作好布置,准备发掘李维业海军上校的首级。

9时30分,分路断口被填平,纵队各部被带往各驻地宿营:第1营驻在戎村与阮社村,第2营在富料村,火炮连及第2土著步兵连随总部驻在乔梅村。

下午3时,一只镶有铜皮的油漆木匣掘出后即被打开。匣内大部分空间均装满单色土。匣内所装之物遂当着下列人员之面倾倒在一张桌布上:纵队司令比硕上校、参谋长巴当中校、公使先生、海军中尉杜博克先生、炮兵上尉雷日先生以及副官等人。

在清除了周围的泥土和涂在上面的石灰以后,李维业司令的首级立刻被曾经亲眼见过李维业司令其人的全体在场军官所认出。步兵团军医马斯先生应召前来,经他验证,被发现的首级确系李维业之头颅无误。

公使先生旋即命人挖开掩埋着其余头颅的土层。

在挖至70厘米深时,人们逐一掘出30只竹笼,其上的孔眼宽为5—6厘米,与中国人用以装人头示众的竹笼相仿,名曰“示众首级笼”。每个笼中均盛有一个涂满石灰和填满泥土的人头,其中27颗头颅被认定为欧洲人之首级,其余3颗则为安南人之头颅,顶上还留着具有他们种族特色的头发。

以上发掘出的各头颅均装在为此专门运来的匣子中,由公使先生设法于次日运往河内。

下午,远征军上校司令、参谋长及纵队大部分军官察看了由黑旗军建筑而在8月15日曾由他们防守过的各类工事。

远征军上校司令原定于次日前往察看构筑在丹凤村(Don Phong, village de)四周、而9月1日这天黑旗军又曾固守过的工事。然而由于戎村至丹凤段的公路被大水所淹,司令遂不得不决定这一侦察改期进行。

下午5时,发出行动令,命各部准备于次日返回河内。9月19日清晨5时,全纵队以与前一天相同的队列开始行军。

在抵达纸桥前,向导们认出了埋葬5月19日落入敌手的28名法国人尸身的几座坟墓并将它们指给纵队上校司令看。这些坟墓共有6座,均位于公路两侧,与公路相距不远,经向导指明,其中一座系李维业海军上校之坟墓。

由于坟墓四周的地面均为水淹,故发掘尸骨一事暂时无法进行。

纵队继续前进,并于上午9时返回河内,途中并未发生其他事件。

远征军代理最高司令　比硕上校

附件(1) 为1883年9月18日行动而发布的命令(第11号)

1883年9月17日下午5时于河内

明日上午,步兵团应执行今日未能执行的侦察任务。

侦察时基本上仍应按昨日颁发的第10号通令中各项部署行事,但应作如下更动:

布里翁瓦尔中校先生既已担任该团团长之职,则应负责指挥纵队主力的任务。

前锋的先头部队应于晨6时经过山西[①]城门,纵队主力先头部队应于6时15分经过那里,辎重车队应于6时45分经过。

在上校离开期间,雷维龙中校留守河内担任最高司令之职。

远征军代理最高司令 比硕上校

附件(2) 为1883年9月17日行动而发布的命令(第10号)

明日,行军团应沿山西公路执行对怀德府防线的侦察,届时将成立单支纵队。

前锋为谢瓦利埃少校指挥的第1营,包括:
- 第1土著步兵连
- 第1团第25连
- 1个畜拉火炮排
- 1个工兵排
- 1个卫生排

① 原文如此,应为河内之误。——编者

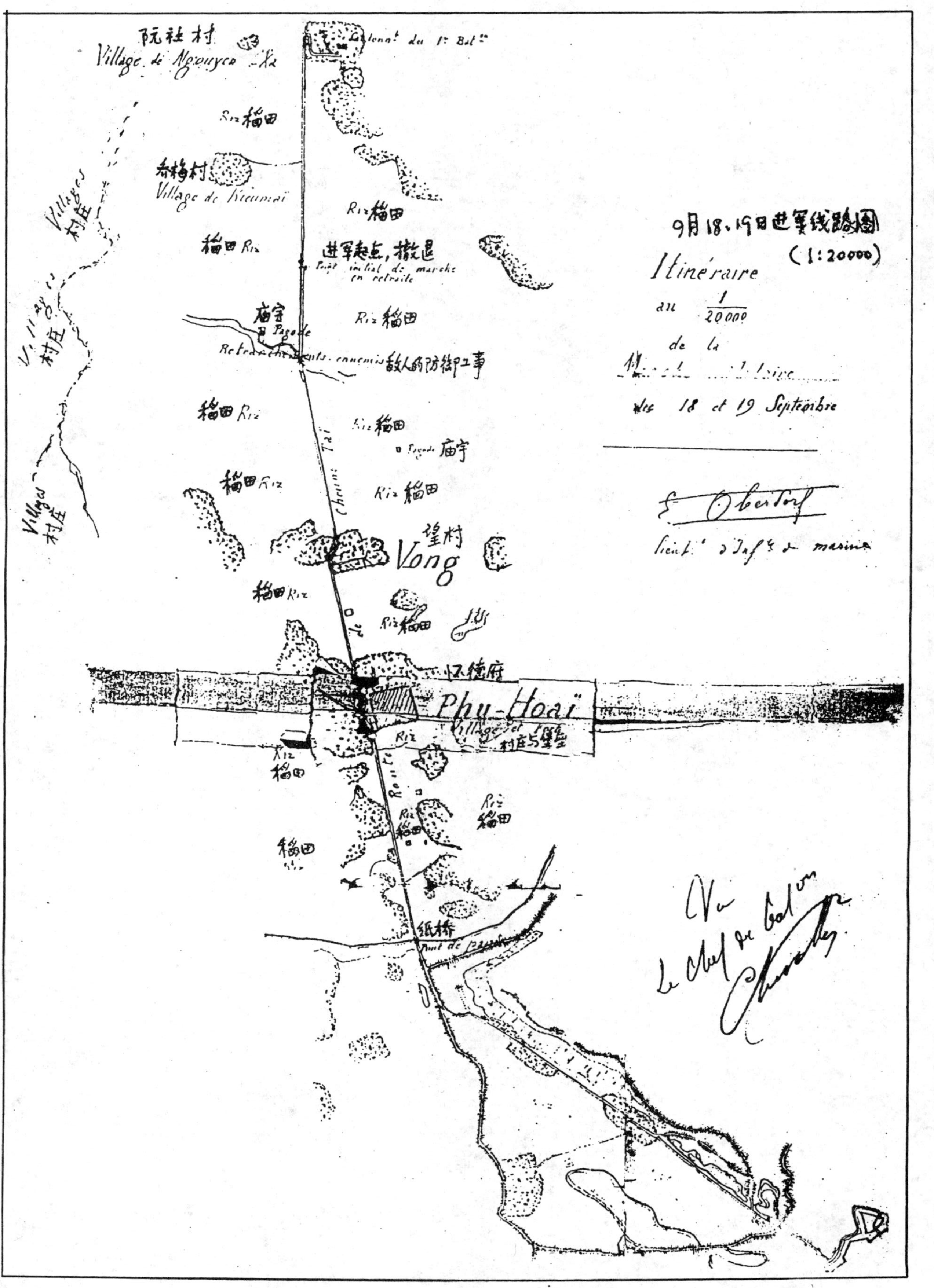

9月18、19日进军线路图
(1:20000)
Itinéraire
au 1/20000
de la
des 18 et 19 Septembre
lieut.t d'Inf.ie de marine
Vu
Le Chef de Bat.on
阮社村
Village de Ngouyen-Xa
Lieutenant du 1er Bat.on
Riz 稻田
奈梅村
Village de Kieumaï
Villages
村庄
进军起点，撤退
Point initial de marche en retraite
庙宇
Pagode
Retranchements ennemis 敌人的防御工事
望村
Vong
Chemin Tal
怀德府
Phu-Hoaï
Village et
村庄与堡垒
Route
纸桥
Pont de papier

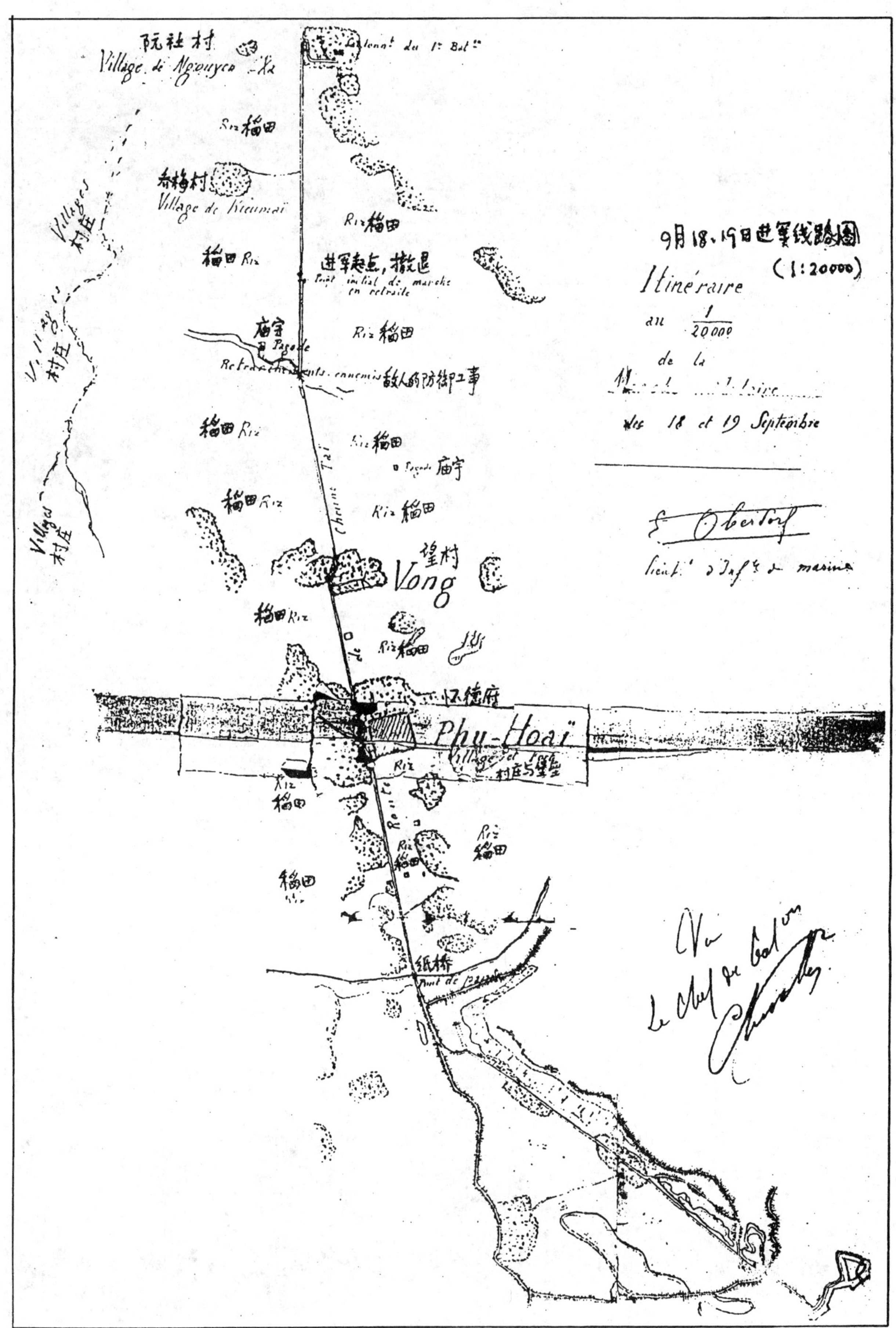

9月18、19日进军线路图
（1:20000）
Itinéraire
au 1/20000
de la
des 18 et 19 Septembre
阮社村
Village de Ngouyen-Xa
Kieumaï村
Village de Kieumaï
望村
Vong
怀德府
Phu-Hoaï
Village et Fort
村庄与堡垒
纸桥
Pont de papier
庙宇
Pagode
敌人的防御工事
进军起点，撤退

主力由贝杰少校指挥,包括

- 第3团第25连
- 第3团第34连
- 火炮连之其余4门畜拉火炮
- 由贝杰统率之第2营
  - 第2团第26连
  - 第2团第27连
  - 第4团第29连
  - 第2土著步兵连
  - 1个卫生排

后卫:1个土著步兵排

前锋主力的先头部队应于清晨5时半经过山西[①]城门,纵队主力先头部队于5时45分经过该城门,辎重车则应在6时15分经过。

各士兵均应按第二种情况规定之数额备带食品、弹药等物。

助理军需官应按第76号通令之规定数为军官和官员配备苦力。

各营营长先生应预先指定一名军官绘制需侦察之地区的地形图,克雷孟梭上尉先生应备带其摄影器材。

上校司令届时将走在主力之前。第一次定时休息应在6时至6时10分进行,第二次定于7时至7时10分,以此类推。

各部队可在阵地上露营或宿营过夜,并应于×日上午返回河内。

在上校离开期间,布里翁瓦尔中校将留守河内担任最高司令一职。

远征军代理最高司令　比硕上校

BB—4　1950第317—328页

---

① 原文如此,应为河内之误。——编者

753　东京分舰队总司令孤拔致海军及殖民地部电

1883 年 10 月 5 日晚 9 时 45 分于香港

在已公开的会议上，我正式提出登陆连队给予援助的问题。总民政特派员、司令和参谋长一致认为没有必要，防卫有充分保证，在增援部队于预计的时间抵达之前，由于道路泥泞，不能发动攻击。我将于明天(9 月 30 日)①启航前往沱瀼。

BB—4　1949 第 187 页

754　交趾支那总督沁冲致海军及殖民地部长裴龙电

1883 年 10 月 5 日下午 3 时 35 分于西贡

我只是将一些安南人派往东京，何罗栏认为只要他们协同舰队的机械师就可以满足小维修的需要。我问他是否需要立即发电报给您派欧洲工人来代替安南工人。

我只有 9 顶可供 16 人用的帐篷，已把它们送往东京作为补充和替换我们的全部营帐。

通知雷戎(Réjon)中尉家里：中尉皮肤轻微擦伤已痊愈。驻曼谷领事告诉我，大批穆斯林匪帮可能会入侵老挝东北部省份，他们中有中国人、东京地区半开化的土著人和安南人；他们是原先协助云南叛乱者，组成类似黑旗军的集团。暹罗政府正在调动部队，在雨季后前往安抚。

BB—4　1951 第 261 页

---

① 原文如此。该电文应拟于 9 月 29 日，10 月 5 日在香港发出。——编者

755　交趾支那总督致海军及殖民地部长电

1883 年 10 月 6 日下午 1 时 20 分于西贡

东京总特派员委托我将下面这份电报转给您。

海防,9 月 26 日。我坚持认为占领 Voum-Khioa①有利。据侦探报告,黑旗军开始向老街退却,中国正规军装备甚差,它盘踞在东京北部和西部一些省份,没有进攻意图,但对这些省仍抱有野心。

我已接待过东京重要官员来访。安南全权代表今天乘"雷诺堡"号抵达这里,他与我一起,多次前往河内,我还不知道他们的真实意图:除了想安抚当地外,无疑想对条约做些修改。

昨天我们接收了第 1 团第 28 连和第 29 连以及 200 多名土著士兵。

我很尊敬一位资历很深的督察,他在海岸上有很好的海关经理人。

我恳切要求增加西贡航运线每月的海上运输量。

政府是否同意在条约批准前占领清化和乂安并立即组织保护国? 这两地在政治和军事上都是十分理想的。

BB—4　1951 第 262 页

756　驻华特使脱利古致外交部长沙梅拉库急电

1883 年 10 月 6 日 10 时 30 分于上海

6 日晚 11 时收到

我刚才对恭亲王进行了一次礼节性拜会。没有谈及东京问

① 原文如此。关于这个地名还有 Voum Quihoa, Voum Quio, Voung Qhioua Viung-Kiua, Vuing-Khuia……等写法,极不规范,无法译出。经多方考察,似为归化港(Vüng Quihoa)之笔误。——编者

题。为了自自然然地表示我们不急于达成随便一个什么协议,我对殿下说,我不想没有向他表示敬意便离开中国,而这正是此行的惟一目的。我又说,我今天将去看看长城,然后马上动身回法国。

恭亲王显然不知如何是好,便对我十分友好地表示,在我郊游回来时,也就是四、五天后通知他,他将到使馆来。

尽管恭亲王有这样的表示,我仍然坚持认为,总理衙门企图以要谈判的手法来耍弄我方,直至我们或者是消灭了黑旗军,或者是派来大量援军从而有能力在短期内给他们以决定性的打击为止。这是我自到达中国以来不断表达的一种看法,而不幸的是事情的发展完全证明了这一点。他们害怕在广州发生新的动乱。恭亲王向我肯定已对此采取了措施。另外,我从英国同行处得悉,如果9月10日那样的骚乱再发生的话,女王政府可能认为有必要或者派兵登陆,或者从香港出兵保护英租界。

脱利古

C.P.中国第62卷第273—274页

757 "伏尔达"号舰长福禄诺致海军及殖民地部长电

1883年10月6日10时30分于上海

在参加了公使与李总督的会谈后(见前电),〈我认为〉除非彻底击溃黑旗军,否则进行任何会谈均不会成功。中国政府把我国正式派公使到北京当作不惜一切代价来求和的表现。曾侯使北京相信这一点,而李总督的建议则不被采纳。我认为应采取以下紧急措施:向东京派出强大的增援部队;如果有新的动乱发生,就效仿英国在广州的做法;停止与曾侯的一切会谈;留下巴德诺先生而立即召回脱利古先生。

我相信这些措施相互促进,不但不会引起战争,反而会促使中国妥协。此地外交界对法国政府仍在犹豫而不采取必要措施来维护国家尊严甚为惊奇!

福禄诺

C.P.中国第62卷第275页

758　驻东京总特派员何罗恺致外交部长

1883年10月7日于河内

部长先生:

我谨向阁下通报,由安南国王陛下派来的三位钦差大臣已抵达东京,准备向当地居民公布顺化条约的内容。

我在9月5日发出的第4号信中,基于已掌握的情报,曾向阁下报告:这些钦差大臣来河内按惯例是走东京——安南大道的;我甚至向阁下表示过我担心他们的行程将会拖延很久,那时尽管已有人向我报告说大臣们已经离开顺化在前来河内的途中了,但这个报告是不准确的。我的预见还是不幸而言中。对方如此拖延时日,我不得不敦请孤拔将军通知安南政府,愿向安南方面提供"雷诺堡"号以备大臣们北上。正是由于舰队司令如此既客气又强硬的敦促,钦差大臣一行才于几日前抵达下龙湾。我几天前去下龙湾拜访将军时,意外地遇见了这些钦差。尤其使我高兴的是,三位钦差中有一位是阮仲合先生。他是我们讨论并签订顺化条约时打过交道的老相识。其他两位钦差,一位是目前兼管外交事务的工部尚书陈文准(Tràn Săn[①] Chuân)先生,另一位是王室成员尊室洪肥(Hông Phì)。

---

① 原文为San(应译珊),似为Van之误。参见《大南实录》第四纪卷七十第三十六页。——编者

他们的态度,从他们被选为特使这一行动中就可见一斑。三位钦差尽管一再表明他们是满怀诚意的,乐意承认安南今后的命运已与法兰西的命运紧连一起,但从他们提出若干为难的问题可以看出,他们对我方如此突然地为他们安排陌生的前途,仍有一种害怕及疑虑的情绪。为此,我在与他们的头几次会晤中,力举8月25日条约后出现的新制度所获得的成果,叫他们放心。我用比较方法引证他们熟悉的事例和他们历史上得出的论据,向他们解释了"保护国制度"这个词在欧洲语言中通行的含义。同在顺化那样,我特意提醒他们注意如下一点:他们每每不自觉地受到汉语的牵制,汉语表达这种关系所用的词汇比我国语言更为广泛、更为强烈。尽管我费了不少劲,但我不敢自夸已经完全消除了他们的疑虑。归根到底,这也不用奇怪,不用过多操心。因为这是一种教育,一种需要随着事态的发展逐步去做的教育。

钦差大臣们随我到海防,他们的到来在安南居民中产生了极为良好的影响,促使周围的地方官员们急忙赶来谒见他们,并深信他们可以既为安南效力,也可以为法国效忠出力。钦差大臣们在逗留海防期间,几乎在我的口授下,拟定了一纸张贴东京各省的布告。布告的译文随信附上。我期望阁下能够同意我的如下看法:安南政府已用一种最明白不过的态度,表明它将不再同来自各方、各式各样的中国人勾结在一起的决心。在海防停留了几天之后,我便陪同特使们取道海阳返回河内,这是应他们的要求一起走的。在海阳产生的印象,远比在海防产生的更为强烈。这种情况是完全可以理解的:我们进驻海防已有多年,而占领海阳还只是两个月前的事情,海阳的地方官员中有些人直到最近还是一提到法国就抱有敌视态度。当桅杆上飘着绣有这3名特使官衔的红底蓝边旗子的大型官船驶入该城河道时,只见两岸居民蜂拥而至,争相观看。海阳省当局官员虽已相继归顺,尚有本地一名司令(提督)一直不请降。但当他听到顺化朝廷特使亲临海阳的消息时,竟亲自前往码头迎接。我利用与安南钦差同在海阳的机会,处理了几起地方性的事务;由于我国政府至今尚未向该省派出民政代表,所以此类问题迄今未能得到解决。我坚决认为,我国应尽快向该省派出一名保护国的正式代表以协助由我方重新任命的安南官员。遗憾的是我手下一时还没有这样的高级民政官员。旅途中我一直与安南大臣们保持着接触,我抓紧一切机会友好地向他们解释说,安南只要与我国保持一致,全面而忠实地执行顺化条约,就必定会得到巨大的好处。可以向阁下保证,这些谈话必将对今后法国当局与安南当局在东京的关系产生良好的影响。我如此说绝不是出于盲目的自信与乐观,因为这不是我的性格。

由于旅途中发生事故,我只好先于3位钦差大臣数小时抵达河内。他们于前日(10月5日)抵达河内见我。根据下达的命令,在他们弃舟登岸时,我方鸣炮15响致敬,并有海军陆战队的一个小队、交趾支那土著士兵的一个排和若干东京民兵护送。昨天晚上,他们出席了我每周一次的例行招待会。此外,河内省的所有重要官员也都应邀出席。安南官员们看到自己被当作贵宾与朋友受到尊敬的接待,显得十分高兴,他们毫无拘束地与我国军官周旋交谈,完全忘记了在不久之前这些法国军官还是他们不共戴天的敌人。在这样的场合中,顺化条约已因其无可置疑的权威性,在出席招待会的来宾的眼中得到了确认。我希望他们将不限于自尊心得到的这些满足。仅顺化事件这一消息,就使东京的安南人对我们的敌对情绪有所缓和。可以相信,随着奉命批准并传播顺化条约的钦差大臣的到来,必定会在此引起比前阶段更广泛、更重要、更具诚意的顺从行动。当然也必须看到,仍有一小部分官员,由于过去长期与我们为敌的历史，或是出于个人利益的考虑，会拒绝与我们合作，甚至继续反对我们。但是这种行径不仅再也不会得到顺化朝廷的支持，甚至还会被宣布是对国王的背叛，他们不会向我们发动一场颇为危险的战争了。现在下三角洲地带已安静下来了，非法抵抗活动今后只能勉强在河内和西北各地维持下去，因为这些地区与中国毗邻，可以指望得到中国匪帮的支持。在这方面，我要指出的是，最近一段时期，凡只有安南的因素在起作用的地方，远不是靠我方的军事上的进展、军事压力，而是在我们与安南政府有了新的关系的影响下，绥靖工作才取得成功的。因此，今后我们在这些地区的主要任务，将是镇压那些不公开的土匪与海盗。在那次大动乱后盗匪人数剧增，平时也有。这对于负责这一任务的军队说来，将是一件艰巨而又长期的工作，很难指望在短期内能取得辉煌的成果。因为要改变这种早已成为习俗、早已成为东京民族特性之一的状况，无疑是需要费时费力的。有些即使是尚有知耻之心、安分老实的人，在贫困逼迫或者政府机构放任自流时，也会走上偷盗之路，直到他们能够重新安心地耕种土地、恢复他们昔日的生活习惯那一天为止。

我们在南部的军队只限于做些警察工作，但在靠近中国人居统治地位的省份，形势就截然不同了。顽强的官员们还能在那里招募到众多的士兵。我们在下三角洲能获得巨大成功的外交手段在河内以北只几公里便难以施展。再往北就到了惟有凭借军事手段才能取得令人满意的结果的地方，尽管钦差大臣们在远处所作的努力也可以引来一些人归顺。只要我们的军队未能把中国人从山西及北宁地区赶走，那就不仅上述两省的安南官员仍将犹豫不定，下不了服从顺化朝廷的命令和倒向我们一边的决心，而且在那些已经决心归顺我们的人群中还会产生惴惴不安和不自在心理。

这种情绪将会阻碍我们的行政机构取得积极成果,而且还将鼓励当地的公开或潜在的叛乱。总之,这将延迟我们的绥靖工作和建成保护国的计划。

尤为重要的是,我们对中国的真实意图必须要有清醒的认识。如果北京朝廷继续以荒谬的借口作掩护,秘密雇用其南方各省的土匪,伺机在东京边境地区同我们开展一场无休无止、危险而又卑劣的战争的话,那么很明显,东京就永无宁日可言——而东京又是如此急切地需要安宁。此外还应看到:顺化朝廷一直在密切注视着这种尚未公开的敌视行为,日后一有机会,它也不会不寻找摆脱我们的途径。脱利古先生在最近给我的一份电报中告诉我:安南新国王在我军攻占顺安和顺化条约已签订的情况下,还向中国皇帝请求对他的登基给予承认。我认为我国特使消息不够灵通,他弄错了日期,实际上安南政府的这一行动是在8月20日与25日事件之前发生的。目前,由北京豢养的各色杂牌军、黑旗军、地方军、正规军及民团等正源源不断地开进山西、北宁以及毗邻的各地城堡。根据这一情况,我们首先必须对山西和北宁发动攻势,那才是解决东京问题的症结。在这里采取一次决定性行动也许能使中国打消它所坚持的对我们具有严重威胁的那种保留态度。十分遗憾,最近以来我一直得不到我国政府对北京的政策的最新指示。至于中国的情况,自从我国特使因广州事件离开上海北上之后,我也再没有收到任何有关中国的情报。

此外,我不知道我该不该相信所收到的许多电讯。这些由英国通讯社传来的香港电讯往往互相矛盾。其中有一条竟然说:法国政府正考虑将红河左岸的东京各省全部放弃给中国。从这条消息可以看出路透社如何惯于使用卑劣手法来损害法中冲突中的法方利益。我之所以敢于如此直率地向阁下提到上面这些情况,这是完全出于您长期以来对我的高度信任,体验到您崇高的品德与爱国热情。我觉得我没有权利向您隐瞒近来郁结在我心中的那种忧虑。我在印度支那这块土地上倾注了自己的全部精力与忠诚。为了表明我自己坚决捍卫这一地区的决心,即使言辞过于激烈而引起您的不快,我也只好在所不惜了。当然,这些话也只能向部长先生本人和盘托出,若是换了旁人作我的上司,也许我就不会如此直言不讳了。我甚至斗胆希望:因我满怀敬意地向阁下提到我过去曾经一贯热情地捍卫并宣传过应把整个安南和东京置于法国保护之下这一政治观点而能引起阁下对我的某种好感并进而能够理解,如果我国在安南采取了与之相反的政策——这种改变将会无可挽回地损害我国在印度支那的事业——在这种情况下我就很难与这种新政策保持一致了。部长先生,希望您相信:尽管我在上面对这种尚属假想的形势变化发表了一通大胆的反对意见,但这完全不是出于一种私心杂念,而且也不是我不明白政府在制定把局部问题与全局问题统一起来的根本国策时有时会遇到十分棘手的困难这一事实。但即使是这样,我认为仍可以在不放弃基本要求的前提下与北京政府进行边界谈判,并在中国承认安南几百年来实际控制的行政乡镇这一基础上与对方签订新的边界条约。在这些乡镇之北的中国境内是一片无法开垦的荒无人烟的山区,这样的不毛之地可以形成中立地区,中国可以在这片中立地区后面放心地实行闭关政策,避免与我们接触。

何罗楷

附件　安南钦差大臣告黎民百姓书

嗣德三十六年八月二十六日(1883年9月23日)

大法兰西王国[①]与本王国已签订新和约,并奉安南国王陛下谕旨公之于众。但在东京地区,此约尚系新事,未为广大士绅及百姓所周知。

今天,我们受国王之差遣,会同法国全权公使办理一切有关事务,恢复本地区的和平与安宁。

现将下列情况公告全体百姓、士绅,望遵照执行:

“两王国已成友好之邦,全体人民必须牢记此点并向他人广为宣传;

“诸位应即回家,各司其职;

“如在百姓中发现坏人,你们应立即告发,务使此等坏人无处藏匿继续作恶;

“严禁聚众从事违法行为;

“凡有违法行为的人应立即向当局自首,并由官员依其罪行之轻重进行判决;

“违法者如拒不自首,法国官员及安南官员将派人前往拘捕,并严惩不贷;

“黑旗军匪帮及其他各族武装匪徒,法国已决心予以打击,把他们从无故占领的东京地区驱逐出去。法国不能把这些匪徒视作正式的军人,因而对他们不能实行人权法则;

“各府、县必须确保治下之百姓安居乐业,此乃惟一能使本地得到繁荣之途。”

---

① 王国(Royaume),原文如此。——编者

本公告应使东京各省居民广为知晓。

嗣德三十六年八月二十六日

M.D.亚洲第42卷第113—120页

759 何罗桤致海军及殖民地部长

1883年10月8日于河内

部长先生：

我荣幸地向您证实两份给您的电报，内容如下：

“河内，10月7日——目前无重大军事行动。我正等候已宣布派出的增援部队的到达，并正为他们准备棚屋及营地。安南钦差大臣已抵达河内，我早就期待着他们的到来。但他们不会对东京北部及西北部的中国人采取重大行动。我需要了解政府打算对中国采取的行动。

“我下令占领广安。此城是建首府的理想地点，请同意马上建设。几天后我将占领宁平。

“请派出优秀的建筑师来着手修建民房。

“远征军将士健康状况很好。

“李维业司令及5月19日事件中遇害者的头颅已经找到。明天将派人前去辨认，以便带回李维业的尸体。”

“河内，10月8日——波滑将军已向我请求辞职，他坚持要求撤换参谋长。最后，我请他尽快出发。因为在科罗纳司令的有害影响下，他会不断地反对我，使我无法履行使命。此外，□……神经病□……我把任务交给他，并给他下了指令。

“请于10月15日运送5000支带刺刀的步枪来。

“9月15、21、28和29日电已收到。”

共和国总特派员 何罗桤

BB—4 1950第356—357页

760　驻顺化外交代表参哺致何罗栏

1883 年 10 月 8 日于顺化

总特派员先生:

我们与顺化政府一直保持着良好的关系。目前担任商舶大臣职务的刑部侍郎经常来我处拜访。据我判断,他的使命是尽量避免与我们发生不和。我原估计那些会引起对抗——或至少会引起抗议的问题,都已得到令人满意的解决。他的第一项命令,是政府准备解决司令派来保卫我官邸的 50 名卫兵的住处。出乎我的意料,我们租界中的 Su'quanbú 地(大使们的旧宅)全部让予法国,并让法国无限期地使用该地的建筑物。这位大臣马上开始改建工程以适合新的用场。过不了几日,我即可使我官邸的卫队及其军官住进又舒服又卫生的宿舍。当然,如有必要,自然会偿还他的开支。

已经向平顺巡抚下达了最明确的命令,要他一受到法国交趾支那总督先生的督促,就将他的政府转交给该总督。

平定省的按察使自撤出归仁以来,竟敢恶毒地殴打天主教徒、甚至法国传教士。在我向交趾支那总督先生申诉后,该按察使立即被召回顺化,并将在我的眼皮下受审。特派员先生,顺安司令部与安南政府有些小矛盾,但是我们很快就会予以解决。新国王似乎认真考虑他前任的错误,决心放弃过去有损于他的国家的消极反抗做法。有人说这位新王很聪明,对我们也很好商量。可惜,他还不是单独统治国家,令人担心的是,他多少受到前国王嗣德周围的人的影响。他们的野心已有所表现,他们的建议自然要降低协和对我们的慷慨信任。我已经得知,尽管这些对国王的思想产生不了大的作用,但毕竟是国王的行为的根源。国王在一段时间内要会同摄政院一起统治国家。摄政院目前的成员有：

尊室说，即说亲王，原兵部尚书；

陈践诚(Trân Kien thanh)，cǎn chánh(王国的第三号人物)；

阮文祥(Nguyeñ van Túóng)，户部尚书，Van Ninh(王国的第四号人物)。

这些大人物中的第一位是推翻只做了一天国王的育德(Giụ́c-Dúc)的那次宫廷政变的首脑，他把协和帝拥上宝座。协和帝对他优宠备至，但并不太信任他。此人好吹牛、说大话，他曾策动抗击我军进占顺安及顺化，推动安南政府实行抵抗。为了修筑红河上无用的防御工事，他浪费了不少财物，并强制居民服劳役，勒索百姓税赋，而结果如何，我们现已明白。

第二位是个好人，是惟一迁就我们的人，只是他年事已高，数年前就被别人赶上而消失了。

第三位阮文祥，好久以来就是王国的最重要人物，他之所以如此重要，应该说，是由于他聪明出众、精明能干所致。

他是与霍道生一同订立 1874 年条约的签字人。他在嗣德帝眼中是个十分光荣的人，国王相信正是靠了他的外交手腕才得以保持了东京。

因此，从那时起至嗣德帝去世，阮一直指导着安南，没有一个官员能抵消他的权势。他身负户部尚书及国王惟一的顾问这样的双重职务，满足了他的贪婪欲望。他是该王国最富有的人。他也参与了把育德赶下台的宫廷政变，但他的目的却与尊室说不同。

嗣德在他统治的最后一年，为了证明对宰相的宠爱，曾将 Mê Men 的妹妹许配给宰相的儿子为妻。Mê Men 是位颇有机会继承王位的年轻亲王。

选择协和为王是出于尊室说的主意。这件事使阮文祥大为不快,以致新王一登基,他就向国王奏请摆脱政务。国王似乎接受他的辞职,但阮文祥又局促不安,收回了辞呈。

因为放弃他的地位,对这位高级官员是非常危险的。如果他辞官而当个老百姓,立刻就会遇到许多申斥责难,他至少须向国库归还他贪污所得的钱。因此他要求留下来。后来他用原先对前国王施用的阴谋诡计,又在协和身边恢复了他的地位。他似乎对国王提过,1874年在河内条约的条件下,既然能得到有利于安南的许多变动,他自信今日也能够获得同样的成功。他抱着这一目的,要求我接见他,他同我谈了很久。他好几次要提出问题,但我回答他这些问题都不是我的事,我没有受到委托。我看他虽然有些失望,可仍想尽力为之。

第二天早晨,他派人非正式地问我:在最后签订条约时,法国政府能否接受他为全权代表。我托人转告他,我看不至于有什么阻碍。但是我想还是跟这位官员疏远些好,而且要做得很明显。如果国王任命他为全权代表(这本身便是不妥当的),我们应予以拒绝,理由如下:他向嗣德提出恶毒的建议才使1874年条约迟迟不得执行;他的坏主意易使两国之间的战火燃烧起来;他在1874年前就曾资助非正规军黑旗军,并把它引到安南来;他要求中国的干预;他的政策一直带有仇恨法国的标志;他在财政上又手脚不清……。基于这些理由,在当前两国即将协调一致时,应不许阮文祥参与政治。如果我们同安南的关系中出现他的恶劣影响,我们将不得不采取十分彻底的办法排除这位官员的干预。

我应该承认,阮文祥已今非昔比,他已失去骄横和自信,正是这些曾使人不愿接近他。但是我看,他一如既往,还想将过去对付我们的背信弃义、强辞夺理的策略重新用上。

这个人无论如何要排除掉,不能让他参与我们的事务。可以肯定,我们这样坚定的声明会使他在国王脑子中从此消失。国王对他已不甚欣赏,可能乘此机会让他永远退休。此人一退休就不能为患了。因为害怕被人告发,他被迫处身局外。这样,我们就少了一个最顽强的对手。

顺化官场里人们一般认为我们要做的第一件事就是控告阮文祥,有人说,国王本人对此也不会特别感到十分惊讶的。

国王等我痊愈后接见我,但是我倒愿意把这次谒见拖到条约批准后。因此我延长我的养病时间。我在此刻去见国王没有什么好处,倒是有所不妥。国王在阮文祥的推动下,可能会提到条约中一些条款,因此我最好避免给他必然是生硬的答复。

我知道,阮文祥如果真的成为全权代表,至少要和我们讨论第2、6、12、27条。我们必须认真让他不要操这份心。

总之,一切似乎都完全平安无事,国王似乎准备作出必要的让步。朝廷好像没有得到东京什么消息,他们常来向我们打听消息,但我们很少有消息。他们向我保证严格解除武装的命令已经下达,他们也不怀疑事情已经照办。他们相信黄佐炎(Huinh ta viêm)不会退回到顺化来,因为他与说亲王有矛盾。他们也不相信武仲平和阮政(Nguyen Chánh)会听顺化的话,他们会停留在各自的省份,也许最好是迫使这些大人物重返京城。

参哺

M.D.亚洲第42卷第125—130页

761 何罗杧致外交部长

1883年10月8日于河内

部长先生:

我荣幸地将海军及殖民地部长的来函摘要转呈阁下,不知海军将军裴龙先生这一与原先给我的指令相矛盾的意见是否代表阁下的意见?

海军部长先生指责我离开东京前往沱瀼与顺安。后来所发生的事已向他证明我并不像他想像的那样有严重的过失。我相信,如果当时稍有耐心再等几天,这样严厉的谴责也许就不会发出了。

因此,我没有对此事提出抗议,但坚持今后保留申辩自由。我自信没有人比我更能判断采取行动的时机,因此我希望别人确信:如果我离开东京前往他处,那完全是有其必要。此外,我的职责本身要求政府对我的完全信任,特别是海军部长对我的信任;可海军将军裴龙先生的上述电报却不能不使我担心,这种信任是经国王大街(rue Royale)的办公室仔细斟酌后才给我的。

我很想知道阁下对舰队司令孤拔先生承担的外交使命有何看法。我本人对司令的品格极为推崇,司令本人也深知我对他怀有的敬意;肯定他也同意,欲与安南人打好交道,首先就得跟他们频繁接触,对他们有足够的了解。我完全可以让权给孤拔将军,由他去处理在我应该独自判断的特定情况下出现的问题。但如果我须与孤拔将军共同承担我国开发印度支那地区的外交使命,那么我只有请求阁下立即将我召回法国。

何罗枨

附件　海军及殖民地部长致何罗枨

1883 年 8 月 24 日于巴黎

……您向我报告说您前往下龙湾及沱瀼,我实在无法理解您现在离开东京前往安南海岸的动机。负责领导此间军事行动的舰队司令孤拔先生在他认为必要时,完全可以同时担负与顺化朝廷进行交涉的任务。再者,您留在东京在我看来是有必要的:为了扩大我们的影响,为了组织好保护国制度的各项工作,有足够的事等着您去做。为此,我乐于听到您尽快返回任所的消息。

裴龙

M.D.亚洲第42卷第131—133页

762　交趾支那总督沁冲致海军及殖民地部长裴龙电

1883年10月9日凌晨1时16分于西贡

根据最新消息透露:由于安南钦差大臣的抵达和三角洲地区官吏的归顺,东京整个形势明显好转;黑旗军因许多人动摇变节和各种传染病而有大批人死亡,故已抛弃河内附近村寨的防御工事,从山西部分地区向老街撤退。在对从底河至天德江地带的侦察中,比硕根本没有看见敌人踪迹,在怀德府附近堆积的杂物中找到我们士兵的33颗头颅,其中一颗是我们李维业司令的,这颗头颅戴着涂有石灰的面具,是惟一可辨认的。您前天的电报我已寄给孤拔。我在9月21日函中告诉您,孤拔于18日离开沱瀼前往下龙湾。何罗柽还告知我:孤拔、比硕和他将在9月底到海防举行会晤,不过尚没有打算作出重大决议。东京、顺安各部队士气高,身体很健康。

BB—4　1951第264页

763　海军及殖民地部长致东京分舰队总司令孤拔

1883年10月10日于巴黎

少将先生:

您10月5日来电收悉。现向您证实我7日电报内容。电文如下:

“援军抵达前,请从沱瀼返回,令各陆战连队登陆。由您担任将在山西和北宁作战的陆海军总指挥。"

共和国政府对攻打山西和北宁非常重视,希望军事行动迅速推进。因此,政府派您担任聚集在东京的一切部队的总指挥,指挥这次行动,和我 9 月 7 日电报告诉您的一样。与天朝进行公开谈判要取得成功,就取决于一次迅速、辉煌的军事胜利。

我还要把这些举措通知何罗桠先生。此外,我 10 月 7 日也给他发去一份电报,抄件内附①。

"边和"号已于 10 月 2 日驶离博纳,开往东京。而将于 10 月 12 日驶离土伦的"姑类兹"号,正如我告诉您的那样,将运去一营的海军陆战队和一连的 65 毫米口径炮兵部队。它还给您运去 3 艘 White 系统的炮艇。第 4 艘 6.6 米长的炮艇正在瑟堡修理,以后再运去。

这艘运输舰去东京时不经过西贡,但从下龙湾返回时,将到西贡。

最后告诉您,您 8 月 26 日的报告(第 34 号)刚送到我手上。

BB—4 1946 第 87—88 页

764 海军及殖民地部长致何罗桠

1883 年 10 月 10 日于巴黎

总特派员先生:

收到您 8 月 25 日来函及所附同日在顺化签订的条约正本后,我已立即向外交部长通报。

同时,我还收到了您 9 月 26 日从海防发来的电报。兹向您确认我 9 月 29 日及 10 月 7 日的两份电报,内容如下:

① 原档缺此电报抄件。——编者

(1)“部长致法国驻香港领事电:如果何罗栏需要武器,法国在两个月后才能运出。告诉他用电报催求。我可以派出5000名携带单刃刺刀的步兵。”

(2)“部长致驻香港领事转交何罗栏电:因为山西及北宁不由我们控制,政府反对占领新的土地。军事行动要占优先地位,一俟援军到后,必须集中海陆两军的优势兵力,进行决定性的打击,夺取三角洲的险要地点。

“勿使队伍分散,准备一次我们发挥军事力量的行动。我命令孤拔从沱瀼回来,会同全体登陆部队参加战斗。他将担任联合作战的司令。

“各省的占领和保护,要放在后一步。尽量节约,减少浪费。”

政府实际上对夺取山西和北宁很重视,希望迅速开展军事行动。政府还把领导权托付给孤拔少将,委任他为东京联合军的总司令。我在9月7日的电报中已说过,同中国公开谈判,都取决于我们迅速和辉煌的军事成就。

我已就这方面的指示通知孤拔少将。“边和”号于9月28日从博纳开往东京,“姑类兹”号应于8月12日离开土伦,将像我说过的那样运去一个营的海军陆战队,一个65毫米口径的炮兵连。这艘军舰将直驶东京。去程不经过西贡,但从下龙湾回来时,将在该港停靠。

附言(由部长亲手书写):“姑类兹”号将为您运去1000支短枪,以便武装当地军队。

BB—4 1946第193—194页

765 海军及殖民地部长致交趾支那总督

1883年10月11日于巴黎

总督先生:

8 月 22 日、24 日、25 日、27 日、31 日和 9 月 2 日的 239 号、241 号、242 号、243 号、244 号、246 号、247 号和 248 号来信,以及 10 月 5 日、6 日、9 日来电均收悉。

我津津有味地阅读了您的来信,并将各种指示传送有关部门。

兹向您确认我在 10 月 7 日发出的电报,其内容如下:

"火速把下列消息传送给在沱瀼的孤拔:

"在援军到达前,您必须离开沱瀼返回。

"登陆连上岸,海陆军队总指挥由您担任。命令他们在山西及北宁行动。"

"东京"号于 9 月 27 日从阿尔及尔出发驶往苏伊士运河及下龙湾。"边和"号于 9 月 28 日由博纳开往同一目的地。

"姑类兹"号于 10 月 12 日驶离土伦。它将运走一个营的海军陆战队及 65 毫米口径炮一个炮兵连。这艘运输舰直驶东京,不在西贡停泊,但从下龙湾返回时,将进港停泊。

BB—4　1946 第 289 页

766　何罗栏致海军及殖民地部长

1883 年 10 月 11 日于河内

部长先生:

我荣幸地将东京小舰队上校司令的信转给您。该信谈到海防海运站的组织问题。

该信还包括关于给这一组织调派必要人员的请求,敬请批准。

何罗栏

附件　东京小舰队司令莫列波约致海军及殖民地部长

1883 年 10 月 11 日于"雎鸠"号舰上

部长先生:

我荣幸地受您委任负责东京海运站，并得到共和国驻东京总特派员的批准，我随即投入工作。

在海防，已立即成立一个港务局以监督物资装卸，并建立一个修理车间以修理轮船、木船和平底驳船。

该港务局和车间的欧洲籍官员按最小数目设置。

尽管如此，我也无法找到。我请您下令派下列人员来海防：

1 名副军士长；

1 名副技师，任车间主任；

1 名副工匠，任车间主任；

2 名海军下士技师
2 名技工 } 在轮船上工作；

1 名士官文书代替下士记账秘书从事抄写工作；

8 名驾驶平底驳船的人员。

来河内港：

1 名副工长；

1 名下士驾驶；

2 名 gatuers；

4 名甲板水手同样必不可少，以掌管小船、开船、监督装卸货。

此外，我们目前尚缺乏：

“斗拉克”号缺 1 名下士技师；船队技师甚缺，无法从这些地方抽调，如此则无法开工。

小舰队司令 莫列波约中校

BB—4 1950 第 358—359 页

767　海军及殖民地部长致东京分舰队总司令孤拔

1883年10月12日于巴黎

少将先生:

现将附于我本月10日函中、我7日发给在东京的总特派员先生的一份电报抄件寄给您[①]。此电是答复他关于占领Voum－Quihoa[②]的建议的。

您知道,我曾指示何罗栏先生不要向任何据点派兵,我们的目的是要集中所有的兵力。

不过,我要告诉您,政府原则上并不反对占领Voum－Quihoa,认为占领该地是相当重要的,而且该地并没有写在条约里。

但是,政府认为主要的目标,即我们集中全力要达到的目标,是占领山西、北宁,可能的话,还要占领兴化。控制了这三处地方,就控制了整个三角洲。那时,我们也就可以治理东京了。在此之前,关键是要集中我们的一切力量,发动猛烈的进攻。

少将先生,您一定会从对这些问题的思考中得到启发。这些问题,我也通知了何罗栏先生。

BB—4　1946第90页

768　东京形势回顾[③]

1883年10月15日于巴黎

〔本文已递交〈海军及殖民地部〉部长,并以非正式方式转报外交部长〕

① 原档缺此电报抄件。——编者

② 似为Vüng Quihoa(归化港)之笔误。——编者

③ 原文无标题,此系编者拟加。

本文件中，我们不用重提几年前需要我们插手的东京事件，那时安邺上尉和他的伙伴们断然出兵，平定了这个国家。

1874年的条约破坏了他们的事业。

也许我们去东京保护我们未明确规定的利益是犯了一个错误；但是，这肯定是既犯了一次严重的错误，又犯了一个残酷的罪行，因为我们这样离开时，就使已归顺我们的人民遭受到无情的报复。从这以后，我们在红河三角洲的处境，经常是困难重重的。

如果我们认为要忠实执行像1874年这样的条约，必须使安南的政策与我们的政策一致，这就说明欧洲人不够了解安南人的性格，他们的双重人格，他们的机灵和仇恨。

事实上，条约中本来规定的开放红河，现已变成一纸空文，而安南人不断以巧妙非凡的手段来设置种种困难。

从1875年起，这种敌对行为已经明显地表现出来。但是，法国早就本能地感觉到走得很远了。我们可以想到，在离我们作战基地几千公里之外，在一个像中国这样强盛的，人口有4亿，国民精神已开始觉醒过来的国家的边境设立一个殖民地，有多么危险呀！

法国的政策，不管是表现为动摇还是胆怯，确实反映了这些不无根据的顾虑。因为我们犹豫不决，局势变得日益微妙；现在，我们既不能退出不管，又不能诉诸武力。

1880年这个年头就是这样进入的。在河内，我们仅仅保留了少量的部队以保护领事。然而，要维持现状，我们感到日益困难。如果把这种事态拖延下去，那是非常危险的，因为它既妨害了我们的威望，又严重损害了我们在下交趾支那的利益。我们只能最后催促一下安南国王，要他保证在红河上自由航行。但是安南国王只是含糊其词地作了答复，因此我们派了李维业司令与几艘炮舰前往山西三角洲以增强河内的驻军。这时,安南人却要尽阴谋,把一切都与我们对立起来,并且还收买和武装了黑旗军。顺化差不多公开与这些匪徒结为一伙,从老街来围攻河内,很快就使李维业司令不得不退避在城堡之内,指挥几个战略点而已。

法国舆论的压力终于迫使我们采取行动。游列居伯利海军将军提出了一个方案。起初,方案没有通过;后来由于局势总是每况愈下,海军上校李维业,尽管得到中国海分舰队给他提供的援助,他的处境还是日益危急。政府于1883年4月26日提出一项法律草案,内容涉及海军部的一笔550万法郎的拨款。

在陈述事由时,政府明确申明在东京必须保障秩序和安定,停止执行那种损害我们在亚洲的名誉并把我们的利益置于危险境地的苟且偷安政策。

正在讨论法律草案时,获悉李维业司令于5月19日不幸阵亡。在该消息的影响下,拨款通过了。

有了这项拨款,就可以把一支庞大的海军派往东京。另外,还可以供应4000名远征军,其中有欧洲人3000名,安南兵1000名。交趾支那可以毫无顾虑地把部队撤走,把红河三角洲上的总兵力提高到4800人。此外,孤拔将军的舰队也停泊在Quiberoy的锚地上。给该分舰队的拨款获通过并汇至东京。

大家可以想像出这次我们炫耀的武力足可以进行一次决定性的打击。中国似乎不会鼓励它的士兵起来帮助别人反抗我们。所有情报都一致认为远征军已足够强大。

在议院休会期间,局势就是这样的。

如上所述,送到巴黎的情报认为,只要迅速炫耀武力,就极易结束这种局面。根据5月27日来自交趾支那的一份电报,大家都表示9000人这个数目已绰绰有余了。我们也知道可以依靠三角洲的居民,因为他们憎恨安南人奴役他们。最后,我们也可以回忆安邺远征时,准备的物资是多么菲薄,而当时只花了几天就结束了战争。

因此,任命了一位能力强的民政特派员。这个人应该非常熟悉当地情况,负责组织行政工作,避免工作偏移到军事方面去。此后,对于任命一位民政总特派员以及任命后导致的双重指挥权,引起了各方面的强烈抨击。确切地说,这些抨击过了火。一个平庸的领导,要比两个好的领导强——这对一个军事行动不应在谈判之前进行而应该同时进行的国家来说是不妥的。在那里,瓦解反抗者是有可能的。我们正在巧妙地插手到各机构中成立一个中央政府。

在民政总特派员何罗柽身边安置了两位将军:波滑将军率领军队和内河小舰队,孤拔将军负责外海警戒。但在这些新领导人到达之前,我们应该把由于5月19日的失败而动摇了的信心重新树立起来,并且做好我们阵地的防御工作。

交趾支那的总督表现了最强烈的爱国精神,他把他手下的兵力立即派遣了出来。泊于海防附近的海军分舰队司令梅依临时担任指挥职务。从6月初起,河内不再有任何遭受突然袭击的危险,这样就保证了该地与海上的交通。

6月7日,波滑将军到达东京。7月19日,巴当上校在南定前面的嘉桥击溃了敌人,缴获大炮7门。河内的防御日趋完善。7月底,总特派员何罗柽及孤拔将军相继到来。7月30日,在第一次军事议会上,定下了作战的总方向。

可惜,在这个季节,在红河三角洲上,行动很不顺利,在6、7、8及9月中,天气炎热,淫雨霏霏,该地一片泽国。河流纵横,泛滥成灾。河内市郊也是一片汪洋,间以狭隘的堤岸。在这种情况下,才知道行军的困难。在狭长的堤上,排成纵队行走几乎是不可能的。走在前面的排,必然是首当其冲,纵使从侧翼掩护,亦非易事。然而,这项任务只能由小型舰队完成,因为这时正值涨潮。

10月间,雨季已过,天气转凉,地面也逐渐变得结实,到 11 月,以前的困难都将消失。不幸的是雨后江水会暴降,炮舰不能从河内溯流而上,小型舰队不能再从河上提供支援,掩护战斗。

对东京的气候条件作一简介,不无益处。

由于地形带来的困难,新军体力需要恢复,辅助部门有待建立,防卫设施必须增强,战争基地亟需巩固等一系列工作,须立即行动起来。

7 月 30 日,军事会议上一致决定,作战计划中的第一目标,就是占领顺化和进入有碉堡设防的通道。

要对顺化进行果敢的打击,就等于迫使安南国王和我们谈判,迫使他同黑旗军策划的阴谋诡计决裂,使他与安南正规军断绝一切联系,解除该地正规军的武装。我们知道,为了达到加强条约的效果,我们有许多困难要克服,但是目的必须达到。根据最近的消息,我们希望军事会议对这方面的见解应该是完全正确的。另外,许多装备精良的中国军人相继投奔黑旗军。这些逃兵都受到北京政府的怂恿,甚至连正规军也越过了边界,来到了北宁。我们应该对顺化直接行动,干脆把安南和中国的联系切断。

8 月 18 日、19 日和 20 日,孤拔将军率领的海军分舰队封锁了安南海岸,摧毁了顺安的防御工事。民政总特派员北上到达这个都城,那里的人完全被我们的惊人成功吓怕了。他强迫嗣德帝的继任人接受 8 月 25 日的条约,规定把安南和东京作为我们的保护地,把与我们在下交趾支那占领的土地相邻近的平顺省全部割让给我们。海关由我们占领,并把安南军队解除武装。

当这个巧妙的行动在顺化酝酿并实现时,我们在东京并没有闲着双手。8 月 13 日那天,布里翁瓦尔上校攻下了海阳,20 日占领了广安。8 月 14 日,波滑将军向山西方面采取了大规模的军事行动。

8 月 15 日上午,将军率领 1800 名士兵、14 门大炮离开了河内。在怀德府进行一番激战之后,我军夺取了这个阵地——5 月 19 日李维业上校曾败北于此。尽管大雨倾盆、水灾空前,波滑将军率领部队浴血奋战,终于攻克了怀德府以外的几个据点,并占领了其中最重要的几个。战斗中,战线长达几公里。敌军武器精良,顽强抵抗,战场上留下了许多正规部队的尸体。这明显地说明,由于一个月前中国偷偷出兵,局势才有了很大的转变。

远东的胜利是不容置疑的。

政府的职责是立即向波滑将军增派援军,因为将军已屡屡提出此种要求。雨季将告结束,我们应该加快行动,特别应该乘胜迫使中国放弃它对我们的敌对态度。

9 月 1 日,波滑将军的部队占领了巴兰和底河口。这一消息证实了怀德府战斗中提供的情报。我们要同为数众多而又不断增强的精锐部队进行作战,所以向我们派遣大批援军是刻不容缓的。

9 月 10 日和 20 日,1000 名步兵和炮兵离开了法国。

9 月 27 日,非洲军队中的 1800 名士兵也同样起程了。

最后,600 名海军陆战队也于 10 月 15 日相继动身。

这 3400 名援军可把在东京的驻军增加至 8000 人左右。我们希望有了这批人马,会更快地完成一项已经备尝辛苦的艰巨任务。

顺化条约已开始生效。孤立的黑旗军今后再也不会有安南方面的支持。因此,他们放弃了三角洲。如果把忠于我们的安南辅助部队装备起来,我们可以减少一些远征军还在忍受的辛劳。直至目前,中国人基本上由于我们举棋不定而壮了胆,但他们将接受既成事实,他们将不再坚持他们的奇怪要求,而我们的共和国在我们勇敢的海陆军队的支持下,将能取得丰硕的战果,向世界开辟一些优美的商业地区,并在一个长期受到贫困和压迫的国家建立秩序和自由。

迄今东京发生的重要事件摘要

3月27日	李维业司令占领南定,卡洛中校负伤致死。
4月3日	梅依将军启程去东京。他奉命支持李维业司令,让李维业在他手下办理红河三角洲派遣新军舰事宜。
5月16日	李维业上校顺利出击。
5月19日	李维业上校带领400名士兵朝怀德府方向出击。其中部分士兵是向海军分舰队梅依少将借来的。上校在这次战役中被击毙。手下的部队损失惨重。回到河内后,在该处建筑工事。
5月20日	莫列波约中校在河内担任海陆军司令。
5月25日	交趾支那总督派遣援军。
5月27日	交趾支那总督收到接替李维业上校职位的中校的通知后来电说,派遣2900名士兵及3门大炮应付出征是绰绰有余的。派遣的援军到来后,可以支配的人数约达9000人。波滑将军调任总司令。
5月27日	孤拔将军的海军分舰队奉命去东京。
6月1日	两连士兵从新喀里多尼亚启程去东京。
6月7日	波滑将军到达东京。莫列波约司令担任小舰队司令。局势转好,防守无虞。河内和海上的交

	通线畅通无阻。被任命为法兰西共和国总特派员的何罗恾于6月8日到达西贡。
6月20日	巴当第一次在南定出击，缴获大炮4门。
7月4—9日	敌军攻打海防，没有成功。
7月10日	孤拔将军到达西贡。
7月17日	安南嗣德帝逝世。孤拔将军离西贡去东京。
7月19日	何罗恾离开西贡前往东京。
7月19日	在南定前面的嘉桥地区发生激战。巴当中校击溃敌军，缴获大炮7门。
7月25日	何罗恾先生同孤拔将军在海防会晤。
7月30日	总特派员何罗恾、孤拔将军及波滑将军举行3人会谈，一致决定封锁顺化河口及占领防御工事，要强制顺化政府签订条约。
8月1日	孤拔的海军分舰队集中在下龙湾。
8月8日	宣布封锁东京海岸。
8月13日	布里翁瓦尔上校占领海防。
8月15—16日	怀德府战役。攻克怀德府要塞，占领四柱庙，该地洪水泛滥。军队返回河内。
8月15日	奉命在东京组织辅助部队。
8月19—20日	孤拔将军的分舰队攻克顺安。布里翁瓦尔上校夺取广安。
8月25日	签订顺化条约。
9月1日	巴兰之战。占领河内和山西之间的巴兰据点及底河河口。决定等待援军到达后再继续作战。特大洪水，道路崎岖不平，行军很困难。
9月2日	波滑将军因与民政总特派员意见不合而离职返回法国。

9月7日　孤拔少将即将担任联合作战的总指挥。“阿威龙”号装载900名援军启航。西贡军事当局派遣援军900名。顺化条约签订的消息传开,开始把安南人和黑旗军孤立开来,瓦解了敌军。一个使团离开顺化以履行8月25日的条约。

9月15日　黑旗军退到山西。

9月17日　比硕上校视察黑旗军撤出的地区。

9月20日　“桑罗克”号载900名援军启航。

9月27日　“边和”号及“东京”号载阿尔及利亚的援军1800名启航。

9月28日　“东京”号每月的支出高达90万法郎(沁冲先生电)。

9月29日　命令孤拔将军在援军抵达后会同所有兵力(包括登陆连队在内)一起行动,进行一次决定性的进攻。

10月5日　据军事会议的观察,防卫很有把握;它认为援军在预定日期到达前,不可能发动全面性进攻,因为公路还是很难行走。

10月6日　根据谍报及侦察,黑旗军确已撤退,中国军队占据三角洲的西北部,他们似乎不准备进攻。

10月9日　黑旗军中不断出现背叛行为,据说李维业司令及其战友们的头颅已经找到。

士气及卫生状况良好。

病员:20‰。

情况可喜(主任医生的报告)。

远征军一览表

整个军队的士兵穿上了热带军装,头戴软木帽,并带有蚊帐、法兰绒衣服等。

1883年8月11日在东京:

步兵 2878人 包括来自新喀里多尼亚的两个连

炮兵 463 人 其中103人系交趾支那派来

安南步兵 1000人

总数:4341人

10月派往东京的援军精确数:

海军陆战队士兵 618人
炮兵(两个炮兵连) 224人
一连海军陆战队士兵 150人
〔拉盖尔(Laguèrre)营部的〕
} "阿威龙"号于9月10日启航 "桑罗克"号于9月20日启航

阿尔及利亚土著步兵 1200人
外籍军团 600人
} "边和"号与"东京"号 {这些部队由海军部负担

拉盖尔营部的三连海军
陆战队士兵 450人
炮兵 112人
} 乘"姑类兹"号于10月15日左右启航

总数:3354人

梅依将军的分舰队	孤拔将军的分舰队	莫列波约的东京小舰队
"凯旋"号	"巴雅"号	"睢鸠"号
"胜利"号	"阿达朗德"号	"军乐"号
"都威尔"号	"雷诺堡"号	"豹子"号
"维拉"号	"阿米林"号	"突袭"号
"鲁汀"号	"凯圣"号	"闪电"号

	“巴斯瓦尔”号 “野猫”号 “蝮蛇”号 “益士弼”号 “梭尼”号 “斗拉克”号 (可能留用) “阿威龙”号 (9月10日从东京驶出)	“飓风”号 “马苏”号 “短枪”号 “土耳其弯刀”号 “大斧”号 “马枪”号 “标枪”号

顺安远征军于8月13日乘“安南人”号离开西贡:

海军陆战队2个连　500人
安南土著步兵　100人
苦力　100人
炮兵　37人
总数:737人

10月4日辅助部队人员:

500名黄旗军,队长乔治·弗拉维亚诺。但听说这些士兵已被解散,因为他们抢劫百姓,他们装备着香港的快枪。

300名非正式部队的士兵参加了嘉桥事件,已有武器运来,可以组织辅助部队。

4月27日准备从法国派到东京:

炮兵　375人　从法国去交趾支那共665人
步兵　703人
总数:1078人

由交趾支那去东京:

步兵　617人

9月7日

现在东京实有：

步兵	4个营，每营包括军官在内618人	2464人	
	规定编制人数的补充数	90人	
	由归仁派来的1连士兵	150人	
	来自努美阿的2连士兵	206人	
	1营安南兵	1000人	
	现派来1营士兵	618人	
		总数：4528人	4528
炮兵	4个炮兵连	483人	
	2个炮兵连（待派遣）	224人	
		总数：707人	707
		现有人数	5235人
待增加	拉杰尔的3个营	1860人	
	1个海军营	600人	
		总数：2460人	
加上孤拔的陆战连		400人	
		2860人	2860
		总人数	8095人

BB—4 1947第225号

769 孤拔致海军及殖民地部长

1883年10月16日于下龙湾

部长先生：

我荣幸地向您报告我封锁北部地区的分舰队船舰的活动情况。自从我于9月30日给您写信至今，该地巡逻未发生任何事故。调去巡逻的6艘船舰轮番在下龙湾西部和东部执行正常的巡逻任务。每 6 天都有一艘船舰巡逻直至北海。3 艘停泊于该港的中国船已启航多日,据说是开往龙门,但确切去向不明。根据英驻北海领事以及从传教士那里收集的情报,最近以来,不断有部队开往东京。北海沿线驻防司令方将军(General Fong)指挥这些调动。最近似乎公开整肃掉一些官兵,然后再将他们派往东京。这一闹剧的目的可能在于,以后万一部队落到我们手中,就可以开脱中国政府的责任。我不大相信这些说法。

我的船舰不断到这里巡逻并且发出禁令,从而将在东京沿海打鱼的整个中国船队彻底赶走,它们在这里进行抢劫,尤其是绑架妇女和儿童。这样,我们便取得了巨大的成果,不仅消灭了军火走私,而且确保了在我们保护国制度下的居民的安全。我们不仅在远海上,而且在沿着从下龙湾到计宝(Kébao)煤矿错综复杂的石岸采取治安行动。

“凯圣”号在一次巡逻中发现了一条很深的航道,它能使船舰从筷子笼湾开到计宝。目前正在该处重新进行水文测量。这次粗略的探测证实从下龙湾一直到 Kiva - Sing - Morn 有一条可通航大船的航道。“凯圣”号舰长还亲自探测了计宝煤藏。他认出了已经开采的露天部分。这里的煤似乎与鸿基煤矿种类相同,类似澳大利亚的纽卡斯尔煤矿。

10 月 2 日、3 日和 4 日台风经过,“巴雅”号在沱瀼海岸遇到台风,其他出海船舰从北北西到北东都遭遇风浪。我曾向您提到西班牙护卫舰“维拉”号路过沱瀼之事,该舰前往下龙和海防了解东京西班牙传教士的情况,当时我不在沱瀼。它在上述两地作短暂逗留之后,就再次开往香港。它打算从那里返回西贡。

“阿米林”号于 13 日开往香港,带去一份电报和一些信件给您。

在10月12日的信中,我曾荣幸地向您汇报过派去封锁南部地区的船舰的情况,我在去信前两天离开该地区。

“斗拉克”号昨天抵达。它从西贡来,曾在沱瀼和顺安停泊。它在那里将运来的物资卸给“阿达朗德”号和远征军。“阿达朗德”号舰长曾向我报告来自欧洲的俄舰“奥普里奇尼克”号(Opritchnik)经过沱瀼。看来该舰不久要来东京。

“斗拉克”号给我带来法国驻顺化外交代表先生的一封信,该信充分证实了我10月12日给您信中所谈到的我们与顺化朝廷关系的情况。这些关系看来很令人满意。我曾向您提到的一些小麻烦,并不会影响这种关系。关于拆除顺化河堤坝问题,参哺将执行这一条款,进展缓慢的原因归咎于河水暴涨。应安南国王的请求,我释放了在北部封锁区捕获的安南汽船“顺安”号以表明我的友好态度。

东京分舰队少将司令　孤拔

BB—4　1949第197—200页

770　海军及殖民地部长致外交部长沙梅拉库

1883年10月16日于巴黎

部长先生、亲爱的同事:

我荣幸地随函送上适才收到的海军少将孤拔先生发来的密码电报译文一份。

附件　孤拔致海军及殖民地部长电

1883年10月16日上午7时于香港

9月28日来电今日收悉。我将率领部队登陆,并担任海陆两军总司令。待增援部队抵达之后,将立即发起攻势。　孤拔,10

月 12 日。

6 日及 7 日来电已于 13 日收到。

M.D.亚洲第 42 卷第 152—153 页

771 海军及殖民地部长致外交部长

1883 年 10 月 16 日于巴黎

部长先生、亲爱的同事:

我荣幸地随函转去刚刚收到的共和国政府驻东京总特派员先生发来的两份密电译文。

附件 1 (略)[①]

附件 2 何罗恾致海军及殖民地部长电

1883 年 10 月 16 日上午 7 时于香港

河内,〈10 月〉8 日。海军陆战队将军曾向我提出应派人接替他的职务,在……[②]变动之后再次提出这一要求。我已命令他紧急出发,因为他受科罗纳少校的有害影响,一直与我作对,使我无法履行我的职权。此外,他软弱、散漫、神经不健全。然而,他已接受我委派给他的新任务,并听从了我的指示。

M.D.亚洲第 42 卷第 154—156 页

① 此附件即本书第 759 件所证实两份电报中的第一份,此处略。该电于 1883 年 10 月 16 日上午 7 时 10 分自香港发出。——编者

② 原文有约一个词的空白,用省略号代之。——编者

772 驻华特使脱利古致外交部长急电

1883年10月16日11时15分于上海

16日11时收到

巴夏礼先生奉命前往高丽。

因为恭亲王与总理衙门没有提到东京问题,我想我应该持同样的沉默态度。我准备20日赴天津。

脱利古

C.P.中国第62卷第295页

773 脱利古致外交部长急电

1883年10月17日下午1时55分于上海

17日夜11时10分收到

柏林内阁已委派了其驻高丽的全权代表。巴夏礼先生会在汉城(Séoul)见到他。我的英国同行定于11月底赶在白河封冻之前返回北京。他只需一个月时间即可完成商务谈判。

脱利古

C.P.中国第62卷第296页

774 外交部长致海军及殖民地部长裴龙

1883年10月19日于巴黎

将军先生、亲爱的同事:

您本月6日转来的交趾支那总督有关安南称之为Hos的中国穆斯林武装集团出现在老挝东北部这一消息的电报已经收悉。

中国的这些部族重新出现,使我不得不认真思考他们至今在远东起过什么作用以及他们可能对东京当前局势产生什么影响的问题。根据我所获得的情报,这些Hos 20年来对中国朝廷多少抱有敌对态度。因此我已提请共和国政府民政特派员注意:他们如从云南方面进行牵制,则对我们极为有利,我们可得到他们的配合。

我荣幸地附上我就此问题发给何罗杧先生的快件副本一份。我在同日还向交趾支那总督及驻曼谷领事发出了同样内容的快件。

M.D.亚洲第42卷第157页

附件[①] 外交部长致交趾支那总督沁冲、曼谷领事馆代办可加拉德克、驻东京总特派员何罗杧

1883年10月□……日于巴黎

先生们:

我收到了海军部转来的交趾支那总督本月5日电报。电报说,曾侵入老挝东北各省的Ho武装正在集结,暹罗国王为此准备派兵对抗。这些部落的复出,我们不能置之不理。这样,我不得不研究他们过去在远东事务中起过什么作用、他们的出现对目前东京局势有什么影响。

1863年,中国穆斯林在云南境内曾建立一个独立国家,归住在大理府的苏立曼苏丹(Sultan Solimen)统治,那时他们曾派遣250人组成的使团到湄公河上游的景洪(Xien - hong)请求老挝人帮助反对中国人。景洪王赵丰(Chao Phoung)向大理王进贡,但中国设法同这位国王结成联盟,以致他在穆斯林眼中变成可疑人物,1864年将他杀害。

---

① 原文未注明为附件,此系根据主件文末内容拟加。——编者

1873年,北京朝廷镇压了大理府的中国穆斯林叛乱,于是缅甸与中国又毗连起来。为了讨好中国,缅甸将这些Hos在缅甸的财物交给中国。这些Hos,缅甸人称之为Panthays,暹罗人称之为Ho,中国人称之为回(Hoei)或回纥(Hoei－ho)。

(致交趾支那总督和驻曼谷领事)

何罗榁先生还任驻曼谷领事时曾向部里报告,琅勃拉邦(Loang－Prabang)国王于1882年底请求暹罗帮助对付这些部落。但是,当时我们对这些Ho的历史缺乏了解,不能判断可否用他们传统上对中国的仇视而从中渔利。也许现在有可能在帮助暹罗人把这些使他们不得安宁的匪帮赶走之后,争取到这些Ho在云南方面对我们有用的协助。故重要的是,调查一下我们在东京的非洲籍士兵中有无与这些穆斯林一样属于伊斯兰教逊尼派(Sunite)者能为我们拉上关系。

实际上,我国并非第一个想同Ho、回或Panthays联系的国家。1868年,英国驻缅甸的政治代理人斯拉登(Sladen)少校已成功地同他们取得联系,并在1872年促使他们的首领作出决定,派出一个代表团到英国。这个使团在英国得到一封介绍给君士坦丁堡(Coñsple)的信。奥斯曼宫廷(ottomane,Porte)向他们同宗教的云南人赠送了不少礼品,并答应在道义上支援他们。这个使团的头头优索夫(yousouf)就是大理府苏丹的儿子,他回到英属缅甸正是其父的伊斯兰国家消亡之时。有人说,他现今仍住在仰光(Rangoon)。

(致何罗榁)

先生,您与交趾支那各种人打交道有经验,就由您来考察这些Ho是不是值得我们吸收为助手用于您有兴趣的事业上。如果他们有能力牵制云南的话,那么您得设法争取他们的信任。如您对此有所决定,请即告诉我。以上的情报我将转告交趾支那总督和我们驻曼谷领事。

(致沁冲和可加拉德克)

我将这些情报告知我顺化驻扎官时,我会请他考虑一下这些部落是不是能成为我们的辅助力量,是不是在云南起些牵制作用。请将您的看法告诉我,必要时将您的看法转告何罗桤先生。

M.D.亚洲第42卷第136—138页

775　东京分舰队总司令孤拔致海军及殖民地部长

1883年10月20日于下龙湾

部长先生:

在9月30日信中,我曾荣幸地向您报告我尚未收到9月29日总特派员、总司令和我的海防会议纪要。

现刚收到该会议纪要的一份副本,我马上将抄本转给您。

东京分舰队少将司令　孤拔

附件　9月29日海防会议纪要

1883年9月29日,在民政总特派员何罗桤的主持下,在海防开会。会议于1时30分开始。

参加会议的有东京海军分舰队总司令孤拔少将,远征军代理司令比硕上校,分舰队参谋长梅格雷海军中校,远征军参谋长巴当中校。

会议开始,孤拔少将发言,他提到根据部里的函件指示,如分舰队登陆连协同作战,将由他担任军事行动总司令。他明确地询问民政总特派员和代总司令是否请求支援。

比硕上校对形势作了阐述,指出目前黑旗军和中国军队不仅撤出该地直至三角洲地带，而且后退到山西附近，黑旗军甚至可能已不占据此地，这里与北宁都只有中国军队防守。中国军队大概还已撤离这条战线前沿的炮台和据点。我们可能要对付大约有11000人、按中国军队编制的、由一些雷明顿枪、各种型号的枪枝以及一些火炮装备起来的军队。

目前，他们的任何攻击都无足忧虑，所以我们远征军根本不怕敌人进攻。必要时，在河内、海阳、海防和南定沿线布置的部队便完全能对付他们。

关于我们恢复攻势的时机问题，比硕上校认为，目前不可能作任何有效的出击，因为堤坝、道路都因雨水冲刷而泥泞不堪。他对这问题的看法是：事情并不取决于他所拥有的兵力，而是除非由于中国军队动手而要采取行动。在这种情况下就要求分舰队的参与。否则，就只能、也只应作一些侦察。司令的看法得到总特派员和远征军参谋长巴当中校的赞同，即要等雨水少了，道路坚实了，那时但愿正好已宣布的增援部队也已到来(增援部队可能在10月19日左右到东京)，才可能采取决定性的行动。

孤拔少将提请注意安南钦差大臣的行动，顺化朝廷刚派他们来东京安抚该地，因而可减少法国驻军的数量，从而更便于军事行动。

对此，总特派员提请大家注意，在安南钦差大臣的告人民书中，加进了一句敌视黑旗军和中国军队的话，专门提到这些军队是在他们国境外装备起来的，不能被看成是参战军队。

孤拔少将又提出占领先安问题。对此他曾建议过，他再次指出此事十分必要。这一问题原则上得到赞同，但是占领该地需要约一营步兵，以这样一支驻军在该地四周巡守，以肃清其周围边远地区、击退中国军队，尤其是截断他们的联络。

接着孤拔少将建议,为便于对目前的占领区边界采取军事行动,应在有待确定的外围地区实行戒严。

对这一做法,总特派员未表示任何异议。他认为这会有利于法军的占领。总特派员将研究这个问题以便找出一个切实可行的解决办法。

BB—4　1949 第 201—204 页

776　孤拔致海军及殖民地部长电

1883 年 10 月 20 日于香港

8 月 31 日来信收悉。我猜想已解除对沱瀼湾的封锁。我只同意给予方便许可证,还不同意解除封锁。事实上,不封锁困难很多。

孤拔

部长命驻香港领事转告孤拔少将,封锁一事,按您认为最好的办法进行。来电请加日期和地点。

1883 年 10 月 21 日于巴黎

BB—4　1949 第 205 页

777　孤拔致海军及殖民地部长

1883 年 10 月 20 日于下龙湾

部长先生:

在攻占扼守顺化河口的堡垒之后,工兵营长索莱尔被派往顺安,以研究在该地建立防御工事,确保占领该地。

我和索莱尔营长研究采用最理想的防御设施系统,并确定了随函所附方案中的防御设施。在 1883 年 9 月 18 日的会议上,与会者研究了此方案的细节。

这一永久性防御设施方案需要巨大的费用，这会推迟计划的实行。有一个缩小的方案，只需建几年，现附在第一个方案之后，作为临时的防御设施，我希望您能尽快批准执行。我尤其要强调的是要立即建一个医院和火药库。

如果建筑坚固的火药库仍嫌耗资大，那么尽早建筑一个和平时期用的火药库是必不可少的。

目前建筑的医院很不牢固，犹如工棚。将病人置于更卫生的环境是刻不容缓之事。

顺安丘陵前沿的炮台可以就地取材，立即建造，只须在春天时加上顶板。一旦该据点得到掩护免遭袭击，就能使军队进入永久性隐蔽所中去。目前驻军的茅舍难以经受季节性的恶劣天气。

海军少将、东京分舰队总司令　孤拔

BB—4　1949 第 206—207 页

778　中国海及日本海分舰队总司令梅依致海军及殖民地部长电

1883 年 10 月 20 日下午 5 时于香港

由方将军统领、曾占领芒街对面中国南部边界的那支 1400 人的中国军队已于前天撤回广州。刚从珠江与海南海峡南部巡航到达这里的“鲁汀”号证实了这一情报，昨晚驻广州领事来信也证实了这一情报。

BB—4　1948 第 185 页(复)

779　外交部长沙梅拉库致驻华特使脱利古急电

1883 年 10 月 20 日晚 7 时 30 分于巴黎

不可能马上送去对高丽的必要措施。另，英、德两国正进行的谈判不像会影响该国与中国的政治关系。据1882年6月20日《北华捷报》(North China Herald)发表的一封可能经中国政府同意的高丽国王的信所说,中国不反对高丽这个仅只朝贡的国家有自由签约的权利。在此情况下,加入英、德的谈判于我方无任何政治实惠。

沙梅拉库

C.P.中国第62卷第299页

780　孤拔致海军及殖民地部长

1883年10月21日于下龙湾

部长先生:

您9月4日、5日、21日、28日和10月6日的电报收悉。您命我驻香港领事先生转来您10月7日的密电(此密电是通过交趾支那总督先生发给这位领事的)亦已收到。该电是密电,但却没有加密,这样,香港雇员就有可能发现这个密码。

我还收到您如下的信函:8月21日信(参谋部、人事问题),8月29日信(人事),8月31日信(人事、船员,9月1日电对该函作了修改),8月31日信(办公厅、调动),9月4日信(物资、工兵供给),9月5日信(人事、参谋部),9月5日信(人事、参谋部),9月7日电(人事、参谋部),9月7日信(办公厅、调动)。

部长先生,我十分感谢您和政府对我们夺取顺安深表满意,我已将此向参战的军官、士官、水兵、士兵传达。我海军有机会再次表明没有辜负国家的期待,对此,全体人员都感到高兴和自豪。

部长先生,您任命我为东京陆海军司令,我军最近军事行动的失利,我们目前在三角洲的处境,这一切使我更加珍惜您对我再次表示的信任。我要竭尽全力不辜负这种信任。我打算,增援部队一抵达，就对阻碍占领的敌人采取坚决的行动。

明天或者后天，分舰队登陆连将驶往河内。我将严格地根据需要给舰队留下操作大炮的人员，这样我可以组成三个120人的连队和一个有8门炮的炮连（5门65毫米炮，3门4厘米山炮），登陆部队增加到513人，登陆部队由“凯圣”号舰长罗蒙（Reaumont）海军中校指挥。我深信该校官完全能胜任此职。另一方面，“凯圣”号副舰长完全能暂时接替他指挥该舰。

我深刻领会您关于总民政特派员与我之间要维持正常关系的指示。我深信我们之间至今的融洽关系会保持下去。我将与他共同商议尽可能地使军事行动与由他负责的政治问题之间能协调一致。不过，我还要感谢您授予我在必要时对军事措施完全负责的权力。就像迄今为止我对有关海军分舰队行动的做法一样，我将迅速地通过一切机会使您了解事态和军事行动的发展。

部长先生，我十分感谢您同意我关于雷贾尔中校和布鲁埃海军上尉的提议，我尤其感激您对我的善意，感谢您向我保证对我的工作的信任和关怀。

海军少将、东京分舰队司令　孤拔

BB—4　1949 第 244—246 页

781　海军及殖民地部长致外交部长

1883 年 10 月 21 日于巴黎

部长先生、亲爱的同事：

我荣幸地随函寄去刚刚收到的共和国驻东京特派员先生及海军少将梅依先生发来的两份密电的译文。

附件1　驻东京总特派员何罗柽致海军及殖民地部长电

1883年10月20日晚8时50分于香港

河内,10月16日——既然政治问题及实施保护国制度已推迟,孤拔将军与部里保持直接联系,我认为我现在回到巴黎更有用,我可以对条约、保护国计划、未来的需要等问题提出解释。当三角洲北部的军事行动向前发展时,我再回东京来。

如果政府同意,我将把全部职权交给孤拔将军并指示他对已占领的各省民政机构维持现状。我获得回电后立即回国述职。

关于军事行动,没有新情况,我们只是集中精力在三角洲各河道上截断中国军队间的联络,并截获他们的给养供应。比硕上校每天派人外出侦探,地面上还有不少积水,但天气已经转晴。部队人员身体情况甚佳。正在为即将到达的部队修造营房。

何罗柽

附件2　(略)[①]

M.D.亚洲第42卷第159—161页

782　脱利古致外交部长急电

1883年10月23日11时35分于上海

23日下午3时15分收到

请允许我向您确认我今天上午的电报。我痛心地认识到,目前任何谈判均无效果。如阁下无不同指示,我拟于27日乘“伏尔达”号启程赴日本,使馆事务由谢满禄负责。我将于25日向李鸿

---

① 此附件即本书第778件,此处略。——编者

章辞行。

脱利古

C.P.中国第62卷第301页

783 脱利古致外交部长急电

1883年10月23日12时20分于上海

23日下午4时45分收到

在中国的说合下，德国、英国同高丽国王签订了通商条约。今天，他们又想不经天朝同意，作重要的修改。

我刚见过李鸿章。我一眼就看出他将倾其全力来挫败英德代表的使命。

20天来，未得到阁下对曾〈纪泽〉所提要求的信息。总理衙门闭口不谈东京事态，我也不谈。我比以往任何时候都确信：只有在我方不以任何方式追求的情况下，才能得到一个令人满意的协议。这是既成事实。是这一既成事实使我们坚定不移地得到这样一个协议。

我在此已无甚大作用，请阁下允许我经日本回国。在日本，我须拜会天皇并□……，我已将离任一事通知恭亲王与总理衙门，分别时说了不少好话。

由于天津与日本间没有直达航线，如果海军部长无异议，我准备乘“伏尔达”号前往横滨。

脱利古

C.P.中国第62卷第302—303页

784　海军及殖民地部长致何罗栏[①]

1883年10月23日于巴黎

政府认为您必须留在东京,您可以拟好稿寄出,以便解释条约和保护国制度的方案。但还得尊重政府只进攻红河三角洲及海岸上必要据点的意图,这对您是必需的。孤拔只有军事权力,而他的权力在占领山西及北宁后就要消失。

BB—4　1946第198页

785　何罗栏致海军及殖民地部长

1883年10月23日于"雎鸠"号舰上

部长先生:

我荣幸地向您确认我10月22日在宁平通过我国驻香港领事发给您的密码电报:

"直至9月7日才接到来信。没有新情况。在收到最后一份电报之前,宁平和广安已占领,未遇到抵抗。在三角洲中部,而不是中国军队占领下的北部和西北部省份,安南人遵守条约较好。

"机密:建议政府不要任命参哺为全权公使,因为其表现不能令人满意。我曾任命他,那是因为我手下无人。顺化警卫已有50人。

"我坚持要求迅速调回国内述职。孤拔将于10月25日就任总司令。　10月22日于宁平"

共和国总特派员　何罗栏

BB—4　1950第371页

---

① 此件从内容和格式看,应为电报。——编者

786 交趾支那总督沁冲致海军及殖民地部长电

1883 年 10 月 23 日下午 6 时 30 分于西贡

自从 9 月底以来,我毫无东京方面消息。如发生重大事件,总特派员和舰队司令无疑应由香港通知我们。但他们对我守口如瓶,甚感遗憾。“阿威龙”号昨天抵达西贡,“桑罗克”号今天到达,它们将在很短期内启航前往东京。

BB—4 1951 第 270 页

787 国务参事、国家审计局长富尼埃(Fournier)致海军及殖民地部副部长

1883 年 10 月 23 日于巴黎

副部长先生:

我荣幸地通知您,根据本年 10 月 19 日殖民地部第五办公室的要求,拨给东京民政特派员那份 100 万法郎的拨款令已于本月 20 日送给了财政部长。

此笔拨款加上前已拨出的 837,000 法郎,总数共为:

1,837,000 法郎

再加上已拨往交趾支那的 630,000 法郎

及拨往本土和阿尔及利亚的 189,000 法郎

总数 819,500 法郎①

此外,殖民地部巴黎本部因进口设备等项需要共计支出

340,580.22 法郎

以上款项均根据东京拨款法草案第 9 章及殖民地拨款法第二

① 原文如此。上两项之和应为 819,000 法郎。——编者

部分之规定批准拨下的。

目前已拨款额总数为　2,997,080.22 法郎

根据1883年5月28日通过的法令,东京地区追加5,300,000法郎,其中殖民地可以分享到:

2,595,000 法郎

再加上财政部计划中原定拨给您部经费的

558,900 法郎

您部实际可支款数应为　3,153,900 法郎

最近,议会将开会通过再给您部追加3,000,000法郎拨款的法律草案,届时殖民地部可得经费总额为6,153,900法郎。

即使按照目前规定的拨款数3,153,900法郎进行结算,扣去已支出的2,997,080法郎,尚有可供使用的款项156,820法郎。

随函附上殖民地部第五办公室来信[①]及其申请拨款的预算表格两份。

国务参事、国家审计局长　富尼埃

附件　东京拨款法第9章

(拨款5,300,000法郎)

根据1883年10月25日审计局的拨款统计,目前收支情况如下:

1.已拨款项

东京	1,837,000 法郎
交趾支那	630,000 法郎

① 此信原档阙如。——编者

法国各港及阿尔及尔	1,101,569 法郎
合计	3,568,569 法郎

2. 直接提款

巴黎本部及各省提款总数	699,130 法郎
总计	4,267,699 法郎
根据殖民地事业拨款法原定预算	558,900 法郎
1883 年 5 月 28 日法案追加款	5,300,000 法郎
合计	5,858,900 法郎
已支总额	4,267,699 法郎
余额	1,591,201 法郎

M.D.第 42 卷第 162—163 页

788 驻东京总特派员何罗栏致外交部长沙梅拉库

1883 年 10 月 24 日于河内

部长先生:

我已于昨日回到河内。我于 10 月 17 日星期三离开此间,在 3 位安南钦差的陪同下前往下三角洲各省视察,并在宁平筹建驻扎官公署。兹向阁下报告这次短期旅行之经过。

10 月 7 日我曾有幸向您电告(政治司第 6 号电报):安南国王的钦差已于 10 月 5 日抵达河内;在此之前他们曾陪同我巡视了海防与海阳两地,他们的到达在上述两地官员及民众之中产生了极为良好的印象。我已向您报告过,在他们到达之后,当地官员纷纷投降归顺。此外,在兴安、南定及宁平等地也产生了同样的效果。我们发现,今日在下三角洲红河两岸地区,一切合法与公开的抵抗运动都已经完全停止;当地官员已经接受新的现实;顺化条约已人人皆知并且受到尊重。配合这一和平发展的势头,若能再加以小股兵力的军事行动,则我们的影响力可以直达清化、乂安两省。该两省现已划归东京地区,从而隶属于管辖更北各省的同一行政当局。

我对海军部长先生认为应该推迟武力占领上述两省的省会和Viung-Kiua一线[①],暂缓执行顺化条约中有关我方行使保护权的那些条款这一态度深表遗憾。照我看来,不利用顺化条约赋予我们的权利把安南当局置于既成事实之前,从而避免无休止的争论——这种争论除了造成我们与他们的钦差之间的僵局之外,不会有其他结果——这种做法是极不策略的。应该知道,我之所以要求把我们的直接控制扩大到清化和乂安两省以及立即占领Viun g-Kiua一线(两者之间后者尤为重要),这是因为我担心安南人会一有可能便采用各种可以采用的方法,试图回避他们应承担的义务。可以说,我们控制了Viung-Kiua一线,并在这一带布置武装力量,插手清化与乂安,便摧毁了任何反叛的企图,大大加强了我们对安南中部的控制。

迄今为止,我们的行动已在北起河内、南至宁平这一区域内取得了成功。从此之后,该由孤拔将军先生凭借武力将我们的控制范围从河内扩展到山西、北宁及兴化3省,而我则可随之以和平的手段在清化、乂安及河静3省建立我国驻扎官公署。我过去就这样认为,现在在此重申,这后一项行动具有极为重要的意义;而为完成这一行动,在目前情况下,我们只需从守备南定的法军中抽出一支小规模的部队就足够了。在整个东京,上述地区是我国军队及影响从未到达过的惟一地区,它对导致我们干预东京的种种事

① 着重号为原文所有。——编者

端几乎全无关系。因此,我们应该利用安南政府目前对我们表现出顺从与惧怕的时机,尽早在远离我们统治中心的那些偏远地区站稳脚跟。我们实际的存在,就可使安南当局抛弃种种幻想,而不至节外生枝,从而顺顺当当地归顺我们。

然而,海军部长先生并不这样判断问题,他非要将东京地区保护国制度的和平、正常的发展推迟到我们占领山西、北宁及兴化之后。幸好由于我最近巡视清化省毗邻的宁平省省会并在宁平城成立我国驻扎官署这一行动所产生的印象,使他这种决定的缺点在一定程度上有所抵消。但愿我的行动已充分向安南人表明,我们是绝不会放弃任何已经获得的权益的。此外,我还请参哺先生照会顺化朝廷,我将尽早在东京南部3省建立官署。

我在10月17日星期三早晨6时登上"雎鸠"号护卫舰离开河内。次日我们离开红河主流,首先进入府里河,然后进入底河——它是红河的主要支流之一,宁平城即位于它的岸边。由于我们前一阶段的疏忽,底河在很长时期内成了占有其上游的黑旗军能与顺化和海外,即与香港保持联系的最方便的通道。军事部门现在总算采取了一些措施封锁了这条河道。尽管由于最近事态的发展,安南政府已经正式宣布黑旗军为敌人,并将他们赶到了底河上游北岸,从而大大削弱了这条河道的作用,但它今后仍会是黑旗军要竭力加以利用的一条对外通道。

下午两点,"雎鸠"号在宁平口停泊。正如基于我在上面讲到的理由,我早就有心派兵进驻该城建立副驻扎官署(隶属于河内驻扎官)。我就此问题征询安南特使们的意见,他们毫不反对。他们只是表示希望我们的士兵不要先于他们进入宁平,最好能与他们同时入城。远征军参谋长巴当中校认为可由他亲自率领一支小分队事先进入宁平,因而驻军实际上在我与钦差们到达之前便已开进了宁平。巴当采用了一种完全不必要的欺骗手段[①]哄骗该省省长而进入该城,并派了一位中尉率领一支小小的海军陆战队留守城内。当我于 10 月 18 日星期四到达宁平城前时,发现法国国旗已在该城高地上飘扬。我因为急于继续向南定前进,当日没有弃船登岸,只让战舰在此稍停,让新成立的副驻扎官公署的人员上岸。由于缺乏文职官员,我选中一位名叫马特里埃(Mortelliere)的海军陆战队上尉作为驻该城的副驻扎官。这位先生曾在交趾支那土著事务机关内工作过一年。两三天后,我从南定回来还要经过宁平,因此我关照马特里埃先生利用这一段短暂时间与该省地方官员取得联系,以便了解清楚他们的性格特征及倾向,作为我将来与他们打交道的参考。

"雎鸠"号接着拔锚向南定进发,次日(即 10 月 19 日,星期五)上午抵达南定。

当地人对长期负责领导该城驻防工作的巴当中校[②]议论纷纷。即使只是为了远征军其他军官们的利益,不使他们为前者名不副实的名声感到寒心,我认为应该把巴当中校的作用恢复到他真正的水平上。南定驻军除了要对付一批安南的乌合之众外,并无重大战事。这批乌合之众不仅装备不精,而且指挥极差,他们最感兴趣的是抢劫农民,而不是进攻我们的士兵。法国国内有人认为这里发生了一场正规的包围战,可事实上连最低程度的包围也没有。所谓的"出击行动"——这是新闻界引用电报中的不确切词汇——其实只不过是派出少量侦察兵而已。这些侦察兵一到,安南人就逃跑,第二天我们的侦察兵撤回城里,他们又回到原地。我希望 5 月 19 日事件在国内产生的激动情绪今天已有所缓和,希望

①② 着重号为原文所有。——编者

报纸不要急忙用臆测笔法去歪曲原本极其普通的事件，不再愚蠢地帮那些惯用别人的轻信而自我吹嘘的人。

李维业司令占领该城之后，顺化朝廷鉴于该省总督在我们进攻3小时之前就已逃之夭夭，当即任命了一名新的总督。新总督面对顺化与我交战的局势，不敢到南定上任，而留在内地招募与组织军队，并在离城几公里处攻打我军。由于某种我尚未弄清的原因，几个月前朝廷又任命了一位新总督来接替前者。我在这次巡视南定时与这位总督已有过接触。这位官员躲在离城不远的地方，直到今日还拒绝承认在南定已经两个月之久的我国驻扎官。尽管他也知道已经签订了顺化条约，而他也已经收到安南三位钦差对东京全体官员百姓发布的告示，他却仍然用种种借口一直拒绝我方邀请前来南定。只是这次，在安南钦差与我抵达该城的前夕，他接到钦差们的通知后才来到南定城，他知道他理应谒见由我陪同来的钦差。他的态度如此暧昧，他一露面我就毫不犹豫地用极其严厉的言词接待他。尽管在我面前他表现得十分谦恭，但他谈吐中近似于谎言的含糊其词却激怒了我，我对他严厉地进行了谴责和威吓。我在法国官署内接见他后便回到了“雎鸠”号舰上，这一天我没让安南钦差陪我一同接见，而让他们留在舰上。回到舰上我当即告知钦差们，我对南定总督留下了极坏的印象。我明确告诉他们，为了他们自身的利益，他们应该告诫此人对我们应严格遵守他所负的义务。他们已从多次事件中懂得，绝不能忽视我的警告，因此我坚信他们会充分考虑我的意见。在他们的敦促下，南定总督现在已开始对法国当局表示出更多的尊重。我与钦差们会谈了多次，以就地解决我国驻扎官向我提出的双方存在分歧的问题。我还召见了该省主要官员，并且当着钦差的面，着重要求他们应自即日起立即与我国派驻南定的代表保持最经常最诚挚的关系。我特别对安南钦差反复强调,请他们以钦差身份所具备的权威使在场大小官员明白:为了他们自身的利益,他们也务必不可试图暗中给我们制造麻烦或是阴谋反对我们,因为这些事我们是很快就会发现的;而一旦我们发现后,我们就会最严厉地处置罪犯,不管他们的地位如何。接着我又安抚了他们一番说,只要诚心诚意地接受被保护地位,那么他们的官职就不会受到任何损害。我向他们解释,我们对安南的行政机构无意作任何更动,安南可像以往一样行使权力,不过它必须接受我们驻扎官的监督。法方代表对有关全局利益的大事保留越过地方官吏采取直接行动的权力,因此在这一类问题上,我们无疑比他们更善于作出适当的判断。

我不敢说我一次就能说服他们,因为形势的变化来得突然,他们的害怕心理也是很自然的。当我们发现他们对新秩序有所摇摆和反叛时,这其实并没什么可奇怪的。最重要的事是此刻应向他们指出如果他们试图不管是公开地还是隐蔽地改变现实,那对他们是极其危险的。这种现实是他们所受的教育、他们的自尊心、他们的习惯,当然也包括他们的爱国心所不能接受的。但是,这是他们必须承受的严酷的命运,不然他们必将遭到自身毁灭。我非常怀疑在整个安南王国会有一名官员对我们要给他在印度支那什么样的地位有个明确的了解,相反地,所有官员都可能感到他们的职务与地位今后将会不断地受到威胁,甚至突如其来地被撤去官职和头衔。这种深藏于心中的恐惧心理,使今后相当长时期内他们还会希望能够摆脱我们的控制。不过,随着我们与他们新的利害关系日益紧密,他们的上述情绪会逐渐削弱,从而遗忘过去。但在目前,使用武力加上深刻了解安南人的性格和策略,仍是发展我们新产生的影响与准备未来的惟一方法。

此外,中国当局与我们对抗,占领东京北部各省的武装匪帮尚未受到惩戒。这就迫使我们必须取得一场辉煌的、决定性的胜利以显示一下我们的武力。继续不去认识其紧迫性，那是十分危险的。只要我们的部队一天还未把中国人赶出北宁与山西，安南人脑子里就还存有希望。再加上一些其他的动机，他们仍然要痛恨我们在东京的存在。至于老百姓，他们总是不管是谁，只要在争夺中能使自己成为无可争议的真正主人，从而能使老百姓享福，他们就尊敬，就惧怕。

我与钦差们一同视察了南定城。根据习惯，我已要求该省人员、各衙门首脑尽快带领他们手下的文武官员住进他们各自的官衙中去。在南定城内将同时设立我驻扎官公署。城内其他地段仍然由法军负责守卫。

所有这些问题都已在19日得到了圆满解决。我于次日，即10月20日离此前往宁平，当日下午4时抵达。我受到了新任驻扎官马特里埃先生的迎接。他为我及安南首席钦差准备了官轿和罗伞(另两位钦差宁愿乘木船，不乘“雎鸠”号，尚在我们后面)。宁平省隶属于河内省管辖，未设总督而由一名巡抚治理，辅以一名按察使。这两名官员带着随从都到城外用竹做的码头迎接首席钦差。我们先来到巡抚衙门。一路上马特里埃先生向我讲了许多关于这两名官员的颇不友好的态度。阁下当然知道，安南的城堡[①]同中国及其他亚洲国家的城郭[②]一样，所有省一级的军政机关，以及上自总督，下至小吏的衙门官邸全都设在城内。因此，从下属城乡征调来供给该省所需之粮食、武器、装备等物资也就全都贮藏于此。正是这一点决定了我们必须把这些城市紧抓在自己手里。宁平省巡抚及按察使也许是出于他们本人的主动，也许是执行上司的秘

①② 着重号为原文所有。——编者

密命令,虽然不敢与我们正面为敌,却将宁平变成了一座空城,将大部分物资及办事机构迁往距内地数公里之远的富梅(Phu - Moï)。富梅只是该省辖下的一个县,而现在却成了该省事实上的省会。为了证实这一点,我亲自当着他们的面视察了各处库房。我根本不听这些安南人在这种情况下惯用的狡辩和谎言。我首先命令他们在一周内务必将迁走的人员及物资从富梅运回宁平城。当天晚上,负责在富梅设立衙门的那位官员竟然逃出了宁平城。我曾在宁平召见过他,他当面答应我继续留下的。有鉴于此,我认为应该对他们更加严厉才行。再者,我又想:对方移动省府所在地,其目的是让这些省会丧失作用,然后留交我们。我不得不采取最有效的镇压措施对待他们,第二天一早我便令莫列波约海军中校率领一支小分队去富梅。该省官员及首席钦差亲自随同征讨,部队没有遭到抵抗。在该地找到了相当数量已遭彻底破坏的武器和3万贯铜钱,当即下令封存库房,等待日后处理。我相信这一行动给了他们应有的教训,使我在今后不至于再遇到类似情况。

翌日,我们上路向河内进发。当日晚上抵达兴安省省会洪安城。洪安位于河内南34浬的红河岸边,兴安省在行政上隶属于南定省。在随从和首席钦差的陪同下,我当即进入该城。在此之前还从未有法国人到过此城。我在该市受到了副总督及其他官员的迎接,他们的态度极为谦卑顺从。次日,我再次进城。这次是正式视察,所以带着一小队海军作卫队。我认为我在宁平时对当地官员所发的一通脾气大有用处,因为我这次又听到并亲自发现兴安省官员也同样在离洪安不远的地方建立了另一个行政中心,并将仓库内的部分物资运往该处。安南人把位于三角洲地带沿江河的省治下的府、县放弃给我们,同时在腹地建立新的行政中心。他们这样做,看来是竭力想避开我们炮舰的炮火射击,因为他们已领教了我们大炮的厉害。这是他们对我们抱有怀疑情绪的表现，是我们今后需长时期加以认真对待的问题，尽管他们这种情绪只敢偷偷摸摸用一些幼稚的、毫无实效的办法来表现。我严肃地要求副总督立即下令将隐匿的物资运回洪安。我给他及他的下属与他们邻省同事们同样的劝告。我还对他们说：我不久即将派法国驻扎官来，并驻扎一小支军队。最后我像在其他各地做过的一样，向安南钦差们分发了告示，令他们把这些告示张贴到闹市地方和交通要道。

几小时后，我便回到河内。这次旅行给我的印象是满意的。首席钦差的态度从表面上看是很恰当的，在他的劝导下，各级官员看来已准备以一种比我们所能希望的更加认真的态度去执行顺化条约的各项有关条款。他们生性多疑，以及因盘踞在三角洲上游地带的中国武装力量未受惩罚，心中还隐约地抱有幻想，我们对他们的期望原是不能过高的。所以我们不能绝对信任他们而不加提防。若以为从此可以把我们刚刚开始的事业全托他们去办，那就太过于天真了。我们未很好地给他们思考的时间就把他们民族的生存条件搅得天翻地覆，这必将引起他们的反感。我目前还不知道他们会如何反应，但是——请阁下原谅我又回到了前面谈过的问题上来——为了防止不测，我们立即占领东京南方 3 省及 Viung – Kiua一线实属非常必要。

何罗桤

M.D.亚洲第 42 卷第 164—171 页

789　"伏尔达"号舰长福禄诺致海军及殖民地部长裴龙电

1883 年 10 月 25 日下午 2 时 25 分于上海

在中国执行任务的日本军官肯定：留在东京的帝国部队不多，

对中国来说,东京已成为次要问题,它面临的是朝鲜事件。李总督好像很关心此事,朝鲜事件的结果可能是中国直接进行军事占领并与日本军队发生冲突。

福禄诺

BB—4 1948第186页(复)

790 海军及殖民地部长致何罗桤(机密)

1883年10月26日于巴黎

总特派员先生:

8月16日来电收悉。您在电文中要求回国休假,您认为您此刻在法国比在东京更起作用。

我已将您的请求转交给部长会议,这我已于本月23日向您电告。政府认为不能同意您的要求。您在波滑将军回来后回国,将产生很坏的影响,势必引起最令人不快的评论。况且,海军少将孤拔担任总司令之职,在政府想法上,只不过是临时的职务,一旦三角洲的战争胜利结束,他的司令职务也随之结束。于是,情况又将回复到原来的状况。最后组织占领区的时间快到来了,这时就迫切需要我们来关心它。

我愿意把您的要求及其复音完全保密,不让人家知道。我要求您把这封信当作是私信、绝密的信。

BB—4 1946第199—200页

791 海军及殖民地部长致何罗桤

1883年10月26日于巴黎

总特派员先生:

8月29日来信与10月7日、8日及16日来电均收悉。

这里,我向您确认我本月16日的电报,其内容如下:

“政府希望同中国协商,解决纠纷,它认为更好的办法就是在东京取得辉煌成就。所以,我们应尽早对山西、北宁及兴化采取行动。

“预算资金非常少,目前,不可能申请拨款去建设广安。

“由于一些要塞没有掌握在我们手中,政府不同意占领新的领土。

“1000支短枪和30万发子弹已由‘姑类兹’号军舰运走。4000支短枪将由邮船装运。军粮和武器交由运输舰运送。”

您即将在此邮班收到一封快信,向您确认我寄往□……的信。

“姑类兹”号10月12日驶离土伦。“美萩”号将于11月20日启程,对交趾支那作定期航行。

我再次提出以前的嘱咐,劝您同交趾支那总督保持一致意见,将重大事件告诉他。

BB—4 1946第201页

792 海军及殖民地部长致东京分舰队总司令孤拔

1883年10月26日于巴黎

少将先生:

您10月16日和20日经香港转发来的电报已收到。现向您证实我本月21日电报。电文如下:

“请采取您认为最好的办法进行封锁。何时来电均应注明日期和地点。”

请您采取您认为最合适的措施,对顺化河口、安南和东京沿岸实施封锁。

现在通知您,“姑类兹”号已于10月12日驶离土伦,“美萩”号将于11月20日出发,到交趾支那作定期航行。

BB—4　1946第92页

793　孤拔致海军及殖民地部长

1883年10月27日于河内

部长先生:

我荣幸地对我10月27日电报予以确认,内容如下:

"东京海军司令致巴黎海军及殖民地部长:我于10月27日在河内接任司令。"

海军少将、东京陆海军司令　孤拔

BB—4　1949第249页

794　海军及殖民地部长致何罗枆

1883年10月27日于巴黎

总特派员先生:

我在10月10日的信中向您确认了我于同月7日发给您的电报,以答复您9月26日建议我军占领Voum－quihoa的来电。在同一信内,我请您别向任何新据点派兵,我们的目标要求集中全部兵力。

但是,我还要告诉您,政府基本上反对占领Voum－quihoa;相反,政府把不占领Voum－quihua看得非常重要,这点在条约上也有记录。政府认为目前要继续集中力量攻占的主要目标是山西、北宁,甚至也包括兴化。一旦占领了这3个据点,我们就能控制三角洲。在这以前,我们必须集中所有的兵力,进行有力的打击。

关于这个问题,我已写信给海军少将孤拔。

BB—4　1946第196页

795　何罗栏致外交部长沙梅拉库

1883 年 10 月 30 日于河内

部长先生：

在我赴东京任职时，根据议会决议拟定的给我的训令，确定我负责此间陆海军的行动，也就是说我在远征军各司令面前代表政府的意见。

海军中将裴龙先生 9 月 7 日的电报却完全改变了上述训令。他宣布海军少将孤拔先生不归我领导而直接向海军部负责，允许他直接与部长通信，他这份电报构成了权力的双重性。我认为这将给我们的事业带来损害，而且违反政府的原意。

为此，我不得不致函阁下，并将此意见呈报阁下考虑。

海军少将孤拔先生在任东京沿海分舰队司令时，与我之间的关系只是一种海军分队司令与殖民地总督之间通常的那种关系。在这种情况下他的独立地位自然不会引起任何问题。可是现在情形完全不同了，他已被指定统率海陆两军了。

我赞赏孤拔少将的才干和坚强性格，但是他也不是没有缺点。考虑到我们现在的处境，目前绝对需要一个统一的领导。而裴龙海军中将的电报却使我已经十分困难的处境变得更为困难，从而使我不可能完成我的职责。

尽管我想竭力与他搞好关系，但这样的分权造成一种未曾料到、未有规章制度的境况使我与孤拔少将之间经常要发生争执，除非我安于做一个毫无权威的角色。而这样做，我无论在法国公众面前还是在安南当局面前都会丢尽面子。

此外，同一份电报还通知我：建立保护国制度一事应推迟到军事行动结束之后。

在这种情况下,我只有一个决定要做,即要求回国。我在国内将比在东京更有用处。这也就是我 10 月 16 日及 22 日发出两封电报的原因。

只要这里的文职官员可以自由行动,有组织一个正规政府所必要的权力,这些条件能够得到满足,我随时可以重返东京执行任务。我可以利用回国逗留的机会——逗留时间越短越好——向政府面陈我已经设想好的未来保护国制度所应采用的方式。我将详细地解释我草拟顺化条约时的指导思想,我将把此间的具体情况介绍给我国派到顺化来的全权代表。

不管将会对我作出何种决定,我迫切请求阁下召我回国。我没有忘记我是属于外交部的人,我相信自己并未有负于政府对我的信任。因此我要求:如果上面认为我不宜于再回东京,那么就请您委派我担负另一项重要工作,以证明我的所作所为原本是无可指责的。

何罗栏

M.D.亚洲第 42 卷第 182—184 页

796 何罗栏致外交部长

1883 年 10 月 31 日于河内

部长先生:

我荣幸地将我刚刚收到的顺化驻扎官寄来的两份报告抄件转呈阁下。

参哺先生根据我 9 月 25 日信(此信抄件也为本信的附件呈送阁下)的要求,对中国招商局在东京和安南最近事态中起过什么作用这一问题作了调查。他在第一份报告中就把调查的结果告诉了我。我同时将黎那先生的信随函附上。您可从中了解到关于招商局4名代表去年12月前往顺化的很有用的详细情况。您将发现信中把两广总督当作招商局大股东之一,说他是当前中国最有影响的人物,这显然是个错误。黎那所指的那位人物无疑是李鸿章,而此人并非两广总督而是直隶总督。因此,我有理由认为信中提到的4位代表之一,两广总督的秘书马复贲(Ma Phuc Bo)不是别人,正是大名鼎鼎的李鸿章的秘书马建忠①。中国人一般除了本名外,大都还有字或号,可以随意交替使用。由于相同的错误,参啸先生似乎相信刑部尚书范慎遹今年2月出使中国以来,至今还在广州。事实上此人在两广的首府只停留了几个小时,即前往天津去见李鸿章。他到天津是尽人皆知的,离开天津则是最近宣布的。我曾给林椿先生写过一封信,请他调查清楚,这位大臣离开天津后是否已经来到了广州,等待有利时机由陆路回顺化。如果这样,我请他务必设法与该大臣在广州见一次面,并向该大臣指出,他继续在中国逗留不仅不合道理,而且会给安南政府带来危险的后果。我甚至命令我国驻广州领事向该大臣提出搭乘来往于香港——海防间的法国轮船回国。

参啸先生在他的第二个报告中向我介绍了有关当前顺化政治形势的一些情况,我认为把这些情况呈送阁下很有必要。作为补充材料,我还附上一位土著天主教神甫用拉丁文写来的一封信的译文,信中详细谈到了导致当今国王协和帝(登基前称为韵郎亲王)替代只统治了一天即被废黜的育德的前因后果。

何罗栏

① 马复贲号铁崖,与马建忠并非一人。——编者

附件1　顺化驻扎官参哺致何罗栏

1883年10月15日于顺化

总特派员先生:

我到顺安后,便按照您的要求,开始对中国招商局是否参预了东京及安南最近之事件一事进行了认真调查。

首先,几乎可以肯定地说,至今尚未在招商局驻顺安办事处发现任何能够证明该公司参与这次战争的文件。该办事处在我军登陆顺安后即落入我军手中。

该公司的代表于15日离开顺安去顺化避难,因为该公司在顺化设有总办事处。他们没有留下任何足以引起怀疑他们参与此次抵抗行动的证据。目击者对我说,后来该办事处的佣人或苦力送到支队指挥官处的作战令牌(据说,差不多是作为信物用的),都是在附近的军事官员处发现的,不是在中国人的住宅里发现的。这方面的情况完全不足信,我们不必在此多费心思。

该公司的过错和我们有权抱怨它是不同的,相反,我们的抱怨要比他们的过错重大。

招商局确实未对我们作战。它对安南政府没有提供人力、武器、保卫和进攻计划。安南政府的军事行动纯粹是由前兵部尚书尊室说领导的,他取得过成功,但也导致了兵部的垮台。招商局的目的是同户部尚书阮文祥签订合同,同他合伙垄断该国的粮食运输。这样的买卖对安南花费多,对阮大人和招商局则赚钱多。

河内被攻占后,阮文祥试图请中国干预反对我们,而又不敢向北京或广州提出此项要求,就请招商局充当安南和中国政府之间的中间人。

招商局求之不得,愿为户部尚书效劳,从此它担当起两广总督与阮文祥之间的联络工作，但它做得谨慎，安南政府通过招商局中间人提出的干预要求也十分秘密。招商局为了将来能获得铸造钱币的权力，乐于为该大臣效力。

顺化一般人认为中国干预的交易都是这家公司经手的。阮大臣于是怂恿嗣德帝派一位大使去广州。刑部尚书范慎遹被选中，他乘招商局的一艘船动身。也是这家公司(此间正流传此说)曾派(有人说是运载广州军队)6艘轮船到广安，向东京人表明，中国将积极参与反法战争并以此鼓动人民起义。

总之，招商局大叫大嚷，大吹牛皮，目的是想让安南政府作出让步。但这家公司是半官方企业，中国政府就是大股东之一(还有大官僚也是股东)，为国家利益而负责代管这家公司的小官员在顺化神气十足，一副大使气派，使劲地宣传说中国决定要保护它的藩属安南，反对我们。这是招商局的过失，我觉得招商局这样做已可以使我们有权拒绝对它的赔偿。但是我就怕我们找不到确切的证据来证明安南和这家公司互相勾结。

招商局的代表还在顺化，他们要求来向我致意。我没有得到命令，故加以拒绝。我派了间谍去探听他们可能的要求，但什么也没有了解到。代表们谈到他们与安南政府长达10年的合同废弃，说他们等待命令以放弃在安南和东京的机构。他们没有提赔偿的要求，但他们不可能不提要求而放弃他们的地位。

顺化政界对中国的干预有些很特殊的看法。有人埋怨户部尚书，说是他制造麻烦，引起法国反对安南政府和在该国内的中国人。有人说这位大臣受了中国的愚弄，中国认为我们要征服东京，从来只是想从中分一杯羹。有人坚信他们见到了顺化条约后就会撤走，因为他们不想显出他们与黑旗军是同谋，也不想与黑旗军分享失败的命运。

刑部尚书范慎遹还在广州。我已要求安南政府把他召回来。户部尚书得到国王许可,对我说已照此办理,但是两广总督反对他回国。这点我看可能性不大,不过可以通过我国驻广州领事了解清楚。

有传说,南定巡抚武仲平和驻在同文(Dông Van)营地的统帅黄佐炎不服从顺化朝廷,但此举并非针对我们,而是针对户部尚书阮文祥的。

这些传说也不能过于相信,但也得注意。蒲真尼主教为顺化朝廷出使云南挑选的两个人,我未能得到任何情报。这里似乎也不认识这两人,实际上其中之一是河内来的,另一个是谅山来的。

也可能是黄佐炎直接派出,替他本人办事的。根据表面现象,协和帝已经没有希望(如果他过去有过)能见到中国为他的利益参与他的事情了。他似乎转而关心起他与我们之间的条约问题了。他每天表示要见我,就是一个证明。这件事已拖延颇久,我在最近的一封信中已对您说过,我想尽力先了解一下他对我会说些什么话。如果条约批准了,我将会随便些。而国王要见我的愿望也许会随之减弱。

我们很缺少东京方面的消息,我看顺化朝廷不比我们更了解情况。代理商舶大臣昨天对我说,海阳已攻克,黎耀(Lẽ Dieû)被扣留,该省布政使已自杀。这些事已过去一个半月了。

法国顺化驻扎官、保护国代表　参哺

附件2　何罗柸致参哺

1883年9月25日于河内

公使先生:

我要提请您注意,收集能证明招商局参预为顺安各炮垒提供军备和给养的确凿证据,从各方面看均有必要。

在顺安搜集到的文件碎片使我几乎可以确信中国招商局援助了安南政府反对我国。但凭这些支离破碎的文件不足以合法地给中国定罪。您若能收集到肯定性材料,我们就断然拒绝对方向我们提出的赔偿要求。

法兰西共和国驻东京总特派员　何罗栏

附件3　驻顺化代办黎那致交趾支那总督

1882年12月29日于顺化

总督先生:

我荣幸地向您报告,负责把东京地区出产的大米运往顺化的中国招商局的4名经理人已于最近抵达顺化。

他们是从沱瀼乘坐轿子抵此的,这些轿子是顺化专门提供的,他们享受的待遇与正式来访的官员们一模一样。其中3人受到了高级官员才能享有的接待。

主要经理人中有一位唐廷庚曾于两年前来过顺化,不久也将到来。他们全是国王召来的。我尚未摸清其目的……

黎那

附件4　黎那致交趾支那总督

1883年1月21日于顺化

总督先生:

我荣幸地向您证实,我前信所报告的负责运输东京政府大米到顺安的中国招商局的经理人一行抵达顺化的消息。

两位经理人是乘帆船抵达沱瀼后取陆路来此的,另两位是从宁海直接由陆路抵此的。路上,各村征调了人伕马匹运送这些人员及他们的行李;这是受官员剥削的一种劳役,这种劳役对被征调的人增加不少苦难。

这些经理人是:

(1)公司总办唐廷庚;

(2)进士唐景崧,据说此人来此是为了监视前者,因为怕他太容易被人拉过去,作出过多的让步;

(3)马复贲,据说此人是两广总督的秘书(两广总督是招商局大股东之一;正因为有他参加,该公司才能充分利用中国之财力与兵力;两广总督被视为当今中国最有影响力的人物);

(4)周炳麟,他去年曾以公司代表的身份来过顺化。顺化码头仓库即是在他主持下建造的,他略懂法语,对外务有丰富的知识。

对于他们来顺化的目的尚无确切情报,他们可能是国王陛下召来的。

他们在此就像政府官员一般地受到接待;户部尚书曾去拜访过他们,而他们并没有回访,却两次去见他的负责处理安南政府与中国招商局之间关系的第一副手。

4名经理中已有3位于本月19日取道沱瀼返回广州,只唐廷庚一人仍在顺化。

公使馆请的那位秀才与周炳麟相识,去年他们在顺化曾有过交往。这位秀才拜访过周氏,但未能探听到任何内情;当他婉转提到这一问题时却被对方巧妙地回避了,而只说此次是为解决在建造码头仓库中遇到的分歧而来的。

秀才去拜访那天,曾在前厅看见挂有一木牌,上写:因有要事,来客止步。

看来安南政府很可能已向两广总督代表探问了请中国军队来保护顺安的可能性……

法国驻顺化代办　黎那

附件5 黎那致交趾支那总督

1883年2月6日于顺化

总督先生：

作为前信(编号为160号)的补充,我荣幸地向您报告:在我提到的抵达顺化的4位中国人中,根据最近得到的情报,其中两位确实是政府官员。

据说马复贲是知府,唐景崧是翰林。另两位才是招商局的经理人,他们所以陪同前两位同来,是掩盖此行的真实目的。这4名代表在顺化逗留期间全部下榻于招商局办事处内,据认为他们在那儿与安南官员进行了会谈。

正如我所提到的,我认为是安南户部尚书与中国人作了会谈,这个人的政治态度十分明朗,他对欧洲人,尤其是对法国人极端仇视,而对中国的一切十分欣赏。毫无疑问,正是在他们提议下安南才决定投入中国的怀抱。

他写过信给中国官员,目的似乎在说服两广总督向我们开战,把我们赶出河内及宁海。有人又说,他想得到支援,以便从我们手中夺回我们的殖民地。无疑这也正是安南国王陛下梦寐以求的愿望,不过他周围的大臣们十分清楚,在当前的实际情况下,不应抱有这种幻想。

中国代表们看来对上述建议只作了一番含糊其辞的回答。他们在顺化作了短暂逗留后已经返回广州。传说安南政府在必要时将向中国租船以保卫自己,我认为这纯粹是无稽之谈。两名安南代表陪同中国代表前往广州,他们可能奉命去继续谈判或要求中国给予有效的积极的援助……

黎那

附件6　黎那致交趾支那总督(略)

1883年2月10日于顺化

附件7　参哺致何罗栏(略)

1883年10月8日于顺化

附件8　天主教神甫关于顺化形势的报告(略)①

M.D.亚洲第42卷第184—203页

797　中越间的藩属关系②

1883年10月

对1862年以来北京的通信和有关印度支那的专门文件进行研究的结果,没有发现在恭亲王1875年6月15日给罗淑亚的声明之前,中国政府对安南有任何企图的痕迹。

这一否定的结果在交趾支那总督杜白蕾海军将军1876年10月28日给白罗呢先生的一封信中得到了证实:"杜白蕾将军的这封信中说,可加拉德克先生提出了一个严肃的问题,即安南和中国的新的关系问题。当我最近一次在巴黎逗留期间被问及此事时,我坚持说,在法国占领安南三个省、尔后又占领一个省之后,1862年同顺化宫廷签订了一项条约,1874年又签订了第二项和第三项条约,无论是武装征服,还是外交谈判,都没有引起中国政府方面的丝毫的抗议,也没有提出宗主权问题。看来很明显,对安南的宗

① 以上3个附件因原档复印件字迹模糊不清,未能译出。——编者

② 此文无头无尾,标题系编者所加。

主权只有纯粹的历史意义了……”

关于1874年的条约,杜白蕾将军搞错了:在我们将这一条约通知中国时,恭亲王在答复中通过一种表达方式附带地保留了中国对安南的宗主权,不过表达方式的真正含义直至1877年始终没有被理解。但是,我们完全有理由认为杜白蕾将军关于1862年条约所涉及的问题是正确的,因为既没有发现寄给中国关于这个条约的通知的记载,也没有中国答复这个条约通知的记载。

M.D.亚洲第42卷第101页

798 黄皮书·东京事件:形势概述

1883年10月

在两院分别举行会议期间,公众日益关切地注视着我们在印度支那的军事行动所连续发生的事件。由于报纸发表了关于我们与中国的关系的相互抵触的消息,人们甚至表现出某些担心情绪。我们已尽力满足国民的正当的好奇心,及时地公布了向我们正式报告的有关我们远征军活动的一切消息。至于悬而未决的谈判问题,我们曾经探讨是否有可能从外交信函中找到使我们可以观察谈判进展情况的业经公布的各种资料。但是在巴黎也好,在中国也好,会谈中交换的观点均未写下纪要;另方面,有关谈判的信函和电报,又都只是一些摘要。看来,还是应该放弃使用黄皮书,因为它可能使人们对谈判产生不完整的、因而不准确的概念。为了尽可能弥补这一点,并向你们提供你们有权要求提供的有关形势的说明,我们决定将如下有关在安南相继发生的事件的详情以及法国代表与中国代表之间来往的信函,提交你们审阅。这便是本概述的目的。

I

5月26日——我们尚记忆犹新——人们在巴黎获悉河内突围结局悲惨和李维业舰长阵亡的消息。在将此消息告知众议院的同时,海军部宣布已立即命令交趾支那总督将殖民地可以调动的部队开赴东京,并从法国派出援军,为此立即向议会请求援款。海军部还宣布交趾支那军事司令官波滑将军已奉命前往东京负责远征军的最高指挥事宜。

首要的问题是应付当时之急需并为我们军队的荣誉复仇;其次是考虑以何种办法来弥补一个可能会助长敌人的放肆态度和安南的反抗行动的事件所产生的政治后果。

波滑将军在东京所面临的局势虽然不是不可收拾,但无法立即发动攻势。我们的部队只占领三角洲的3个地点;但3地交通联络无阻。海防集结有附近的驻军,在炮舰的支援下可以进行抵抗。安南人控制了南定,但巴当上校掌握着城堡并有办法击退任何进攻。在河内,5月19日事件发生后,成立了防御会议并订出部署,以保证占领王家宝塔。

波滑将军一到达便完善了必要的措施以保证阵地的安全,使所占领的据点足以进行防御。来自交趾支那的首批部队用来加强驻军。由于拥有足够支配的兵力,我们不久即将处于能控制战场的形势。

正是在这期间,在巴当上校率领下,7月19日出色地突破了安南人对南定的包围,击毙敌人700名,缴获若干门大炮,清除了要塞四周的敌人,这便是当日的战果,从而提高了法国国旗的声威。对河内外围进行了一系列的侦察,从而扩大了包围圈,并可衡量出山西方向黑旗军的兵力。在海防附近,莫列波约舰长也给予安南和中国武装集团严厉的教训，将他们驱赶至关隘的那边使之无法再骚扰当地。总之，由于部队的英勇和部队首领的灵活部署，直至从努美阿和土伦派去的援军使他们即将有力量投入行动之时为止，局势都没有变化。

大约同一时期，根据6月8日法令任命的民政总特派员何罗椗先生带着政府令他路过西贡时领取的指示来到了东京。通过7月10日向众议院所作的通报，人们业已了解这些指示中有关行政与政治的部分。现重录为他制定的他与军事当局的关系准则，可能并非无益之举。为了远征的胜利，最重要的是不要发生任何职权的纠纷。军事指挥部一方面接受政府的指导思想，但同时负责对部队的调动和对战争行动实行全面领导。下面便是在这一点上给民政总特派员的指示内容：

"在三角洲彻底绥靖之前，只要尚须提防安南人或中国人的进攻，陆军和海军最高司令均应领导在我们所要占领的地区建立军事统治的作战行动。

"您务必使军事当局不扩大我们目前打算有所限制的军事行动范围。至于在三角洲作战所要执行的命令，我们兵力在各据点的组织与布置，则应由军事司令官在与您商量之后作出决定。如您不同意其意见，应立即向我请示。在紧急情况下，您可书面向他说明，由他对他认为必须采取的军事措施负责。但我希望不至于发生这种情况。您的谨慎、波滑将军的谨慎，你们对祖国和对所从事的事业同样的忠贞，可以排除发生纠纷的这种假设。你们将会同心同德，各自尽力保证迅速实现占领从而尽快地结束这种基本上属于军事行动的时期。"

这样便明确地确定了各自的作用，对作战行动的领导完全由军事司令官负责，而当与民政特派员有分歧时，按军事司令官的意见行事。

正是根据这些条件,民政总特派员于7月底与波滑将军(上述指示业已向他传达)和我驻东京湾海军司令孤拔会晤。

头几天用来安排从法国和新喀里多尼亚到达的援军的登陆、分配这些援军到内地、正确地研究事态、采取建立秩序和行政管理的措施。

7月30日,民政总特派员召集孤拔海军将军和波滑将军在海防举行军事会议讨论形势并制定行动计划。

会议首先决定,主力应向三角洲最重要的战略据点河内进发,以击溃盘据在位于底河和红河间的怀德府附近的强大阵地上的中国人和安南人、黑旗军匪帮。在南定,应局限于必要的军事行动以逐步扩大占领范围。

然后对另一问题进行了讨论,因为这时新近发生的一个事件要求人们予以注意。

安南国王暴卒以及选择继承人发生麻烦的消息刚刚传到海防。长期以来最精通该国事务的人便提出,只有对顺化进行干涉才能够解决东京问题,因为发生麻烦的主要根源必须在顺化寻找,要东京官员进行抵抗的命令、对黑旗军的资助和鼓励,正是从顺化发出的。难道不可以利用由于国王的去世和政权易手所发生的混乱,迅速出兵顺化河,夺取控制关隘的要塞,并从那里迫使他们接受我们的条件吗?这一行动的好处是一致公认的。至于行动的手段,会议作深入研究之后发现,可以在几天之内把兵力集结起来,只要舰队的兵力增加几门由远征军提供的大炮、装备以及从交趾支那借调一小支登陆部队便足够了。

所提出的计划完全有希望取得成功,因此不应延搁。政府批准了该计划。

集结的地点定在沱瀼,东京舰队和西贡派来的舰只应于8月15日在沱瀼会合。

8月18日,舰队出现于顺化河河口并开始炮击。21日,顺安要塞落于我军之手。今天我们都已了解了为我们的海军和陆军增光的那些日子的战斗细节。这场巧妙而果断的军事行动,我们只付出了几个伤员的代价。

我们给予的停战期限尚未结束,拥有全权的民政总特派员便前往顺化并驻跸于法国公使馆。他从公使馆向安南政府发出了最后通牒。最后通牒首先重申了许多我们必须提出的不满事实,然后提出了可以接受的和约所应具有的条件。

8月25日,经过长时间讨论之后,由他提出谈判基础的条约终于被接受并正式签了字。

仅仅几天功夫,条约文本便寄到了巴黎。该条约包含众多条款并且触及极其纷繁的内容。政府对这些条款进行了认真的研究,以便决定是按现有形式将条约提交议会审议还是有必要事先要求作某些修订。

不管怎样,只要作初步研究,人们便可看出这新的条约在有关我们与安南的关系方面对我们有确实的好处。1874年条约对这种关系的性质没有充分确定,而从今以后则是按保护国制度的一般规则来处理。由于规定了有效的担保,便保证了我们可以长期从迄今为止只是成为我们的负担的形势中得到利益。在安南,新开辟了一些口岸,这些口岸继续由他们管理,而我们不加干预。在东京,通过设立法国驻扎官的办法,我们将可以对当地政府实行领导或者监督,从而得以保证社会秩序和公用部门正常工作,开发当地的资源。该条约一个直接的成果将是便于绥靖东京,从而使我们的努力更快达到目的:因为安南朝廷保证召回它在东京的部队并使驻军重新处于平时状态;它还应下令官员们返回职守并协助我们努力使事态恢复正常。

这些条款的效果已经开始显示出来。条约签署几个星期之后,相当数量的官员决心与我们的东京当局建立联系。顺化朝廷甚至向该地区派出两名拥有全权的重要大臣,负责解散安南部队,并将拒不放下武器的将领和官员逮捕押回安南。

现在,我们有理由认为:在顺化所取得的成果是令人满意的,这说明我们所下的决心完全正确,而这些成果在很大程度上弥补了这一行动所必须付出的代价。

条约签订后,总特派员在顺化宫廷附近设立了官邸,然后急忙返回东京,那里,在同一星期中已经发生了战事。至于舰队则恢复了对海岸的严密监视,以便不让我们的敌人从海上进入,同时在需要时驶往受到威胁的据点。另外,政府通报各海洋国家,提醒他们注意长期以来在安南实行的禁止输入武器的禁令,并要求他们必须严格遵守。

在海防方面,我们的部队进展迅速。8月13日和20日,攻占海阳和广安。在这两处重要的地方,我们缴获了相当大量的作战物资和给养。

在海防举行军事会议之后,波滑将军返回河内,准备商定的军事行动的另一部分:打破包围圈并把黑旗军赶出怀德府。8月15日,波滑将军带着手下的全部兵力向敌人进攻,战斗持续了两天。曾一度占领怀德府的防御工事,一座经设防的宝塔则一直掌握在我们手中。敌人从其阵地撤退向山西流窜。但一场不期而至的洪水使我们无法追击,部队只好退回原来的阵线,预期的目的并未完全达到。除此之外,这也由于敌人众多、武器齐全而且据守着牢固的防御工事。

考虑到局势的艰难和敌人的兵力，波滑将军要求派去援军。政府立即采取措施满足这一请求。9月份，足够的援军和给养从法国和阿尔及利亚运出，并将很快到达东京，那时正是枯水期，将更加有利于进行决定性的战斗。

然而远征军司令很快便认为不必等到所宣布的援军到达便可以重新展开进攻。他急不可耐地要弥补初次不成功的尝试，于是于9月1日再次指挥突围，越过了8月15日夺取的怀德府，向山西公路上第二个设防阵地——底河进发。他身边有海军陆战队和安南土著步兵8个连，并得到在底河游弋的炮艇的支援。战斗同样十分激烈并持续到深夜。敌人顽强抵抗，我们部队有时不得不在没腰深的水中进行白刃战，敌人终于不支，向山西溃退。

这第二天的战斗使我们清除了直至底河的敌人并牢固地占领了控制底河的巴兰哨所。

此后部队暂时停止了军事行动以便让顺化条约产生效果，同时等候已宣布的援军的到达。

正是在这时，原先已请求派人接替的波滑将军带着民政总特派员的指示和一项特殊使命乘船返回法国。比硕上校被派作为他的继任者，但由孤拔司令担任陆海军总司令。

最近几周用于从事由于翘首以待的援军即将登陆和整顿各省份而必须做的准备工作。

总之，通过这简要的叙述，我们可以断定，5个月来，我们在东京的形势有了明显的改善。今年5月，我们只掌握东京的3个据点，我们受黑旗军、安南人和中国人的紧紧围困，而且处身于镇压百姓、敌视我们的官员之中。今天，我们在整个三角洲可以自由活动，我们掌握了三角洲的各个战略据点。官员们俯首贴耳，而那些仍在反抗的官员则将被顺化派来的钦差大臣撤换。安南军队即将被召回或者解散。民众恢复了信心。探报指出,黑旗军已向老街撤退;他们的队伍在8、9月份的战斗和瘟疫中死亡惨重,又发生了多起哗变。在最近一次深入到底河和天德江的侦察中,比硕上校未遇到一个敌人。根据10月16日的一份电报,部队健康状况良好。

所以,总的说来,事态令人满意。由此可以预计,9月份派出的援军可在短时间内完成绥靖之举,并且足以防止发生任何新的动乱,直至该地由于我们的关怀而有力量进行自卫,并发展它所含有的繁荣因素。

Ⅱ

现在谈谈我们与中国的谈判。

通过向参议院或众议院已经作出的说明,人们的意见集中于去年年底我国驻北京公使进行谈判的方式。你们知道这些谈判最初达成了一个协议草案;你们也了解之所以认为这一草案不可接受并召回宝海先生的原因。

我们可以期望,这样表明我们的观点可以预防中国方面再次企图插手只涉及法国与安南的关系的问题。但是,在5月9日的一次会谈中,中国驻巴黎公使公然要求法国提供在东京准备行动的情况。在阐明了我们不能与中国商谈安南事务的理由之后,外交部长认为为了表示其良好的意愿,不应拒不作任何说明。他声明,法国政府除了维护其在东京的地位和履行其恢复东京秩序这个应尽的义务之外,别无其他目的;他进一步指出,他准备或者在巴黎,或者在北京开始谈判,以解决可能存在于两个国家之间的贸易问题。

因此,如果这项建议得到接受,那就必须在中国有一个全权代表根据共和国政府的观点开展讨论。5 月 16 日宝海先生奉命返回法国。与此同时,电召脱利古先生作为特使前往中国,当时他离中国有几天的海程。他不久就到达上海,与行将就任华南 4 省中国部队总司令的直隶总督李鸿章会晤。

最初谈判进展令人满意。总督自称接到充分的指示与我们的全权代表商谈,同时他断言没有任何中国部队越过东京边境。根据脱利古的请求,他同意在广东省发表公告要求湖南省的民团返回故土,并向居民宣布他本人不到南方去。尽管他对宗主权问题有所保留,但他暗示中国不打算插手东京事务,并且不想妨碍我们实行保护国制度。

在同一时期,中国在巴黎的代表也采取了同样和解的态度。在 6 月 21 日与我总理、外交部长的一次会谈中,曾侯否认其政府应对在安南人队伍中出现中国人一事承担责任,他声称中国绝无以直接或间接的方式帮助安南反对我们的想法。他承认由于 5 月间的事件,我们的地位已经改变,中国无法反对法国政府以武力继续解决问题;他补充指出,他并不把我们在东京的行动视为外交破裂或战争状态。但他强调,为使应达成的协议具有稳定性,中国(它自视为安南的宗主国)不能一直对东京问题置之度外。中国的地位本身及其在安南的众多臣民的命运,使它不得不关注我们在东京的意图。注意到这些声明,法国部长答复说,我们由于情况所迫而不得不采取的行动,其性质并不会损害中国的利益,因为我们完全了解这些利益的价值。我们的和平意图仅仅在于维持秩序并肯定由于 1874 年条约而形成的态势,这丝毫也不妨碍我们之间取得谅解。在将宗主权与保护国制度等问题搁置一旁的同时,我们可以就开放云南以通过红河进行通商的办法,就中国在东京设置驻扎官的条件进行商议;我们甚至也不排除这种想法:与中国共同探讨是否对边界作某些更动,以便向中国提供它认为对其南方省份完全必须的保证。

曾侯这时似乎认为这些建议可以为协议奠定基础,因此他坚决要求电告脱利古先生,使之能够与拥有全权同我们的代表谈判的李鸿章商议此事。

但是,上海的局势很快发生了变化。由于受到如今可能已不必探究的影响,李鸿章及其周围的人的倾向发生了明显的变化。现在李鸿章声明他没有权力,并且进而表示中国不承认、也不可能承认1874年条约。几乎与此同时,在中国的报纸上发表了一种类似宣言的文章,陈述北京朝廷的责难,并且首次明确说明了它的企图。人们故意在天津和其他地方散布5月19日突围失利的消息,说这是法国部队的一次真正的惨败。最后则是不加掩饰地重整军备和进行备战。

从此时起,李鸿章显然企图把事情拖延下去。但脱利古并不气馁,继续进行讨论,而在若干次会谈之后,终于成功地使其对话者就事实进行谈判,而避开宗主权和保护国问题。甚至一度似乎已经有可能达成协议了,两个谈判者开始审查一份协议草案,下面我们将介绍其概要:

“脱利古先生从上海电报请示我们是否同意,由中国发表书面声明表示绝不妨碍我们在东京的进军与行动;反过来,我们同样书面表示我们丝毫没有征服安南的想法。中国将开放华南省份,尤其是开放云南省以通过红河与外国通商;另方面法国政府则宣布准备在时机成熟时与天朝缔结协议以解决贸易关系和保护中国在东京侨民的利益。两国政府必须各自采取措施,以保证两国边界的安宁。法国政府甚至同意与中国共同探讨是否对边界作某些更动以更好地保证中国的安全。

“巴黎认为谈判的这些基本原则是可以接受的。但强烈要求中国政府采取必要措施召回可能尚在安南领土的中国武装集团，并严肃制止企图进入安南的团伙。这正是恭亲王 1875 年 6 月 15 日关于修改 1874 年条约一事的复信中所声明的内容。另外，必须说清，由法国全权代表转交的声明丝毫不含有可能被认为意味着放弃上述 1874 年条约的想法。这份照会的措辞应保证该照会在任何情况下都不会被用来或者是反对执行由于事件所必须的军事措施，或者是反对实际行使我们的保护国制度。如果由安南豢养的匪帮继续抵抗或者我们在东京的整顿工作尚不足以使安南妥协，那么我们应随时有权前往顺化使其承认和认可我们的权利。但我们始终准备与中国谈判有关两国商业利益、红河航行章程、开放中国南部省份，以及如有可能，甚至有关修改边界的协议。”

但是，一个令人惊讶的消息在等待着我们，而上海会谈行将突然中断：7 月 5 日，李鸿章被北京朝廷召回，乘船前往天津。由于李的动身，我们必然只能得出这样的结论，即中国政府尚不准备商谈，而是企图争取时间。在我们方面，我们没有任何理由要去强求，要表现出急切的愿望，因为那样毫无好处可言。只要中国仍然接受我们的条款便可以了。因此，脱利古先生接到通知：只须在上海耐心等待重开谈判。

回到天津不久，李鸿章被撤掉南方各省司令衔而恢复其直隶总督职务。他离开上海标志着谈判的中断，而整个 7 月份都没有恢复。

8 月初，在巴黎，再次与曾侯交换意见。外交部长 8 月 3 日将此事电告脱利古先生，下面是电报内容，其中概述了双方在前两天会谈中所作的声明：

“本周我就东京问题与曾侯进行了两次会谈。我对他重申了我们无意征服东京的保证,但一再违反1874年条约的行为使我们有必要修改该条约。而且我们不可能接受中国的斡旋以达到此目的,我们必须首先制伏黑旗军。我注意到他关于黑旗军现属于安南国王的军队的声明,便趁此机会向他指出,如果如此,那么这些队伍的抵抗就有可能使我们决心对安南的另一地点进行军事行动。因此中国的态度不应鼓励嗣德帝采取敌对行为。——曾侯在强调要防止与我们的士兵发生遭遇的危险的同时,肯定地表示,出于自卫措施而可能集结于没有明确划定的东京边界的中国部队将不会置身于我们军队的作战范围之内。然后他提出停战的想法,以便其政府得以考虑采取其他手段而不是使用武力来解散黑旗军。这一建议由于两个原因而未被接受:我们不能中止一个旨在为我们的荣誉复仇的军事行动;同时,如果黑旗军的确听命于嗣德帝,那么嗣德帝就可以予以解散。另外,达成任何协议的必要的先决条件是中国明确声明它决心不对东京作任何干涉,不派部队到东京去,并召回可能在东京的部队。曾侯表示这一请求应由我们正式提出,因为中国没有理由采取主动。我反驳说:在了解对这样的行动会有什么样的反应之前,我们不可能这么做,因为如果请求遭到拒绝,或者实际行为与答复背道而驰,那么我们就将处于不得不坚决要求,甚至是强求的境地。　　1883年8月3日于巴黎"

在这两次会议中,中国公使所说的话表明,就他而言,是希望最后能进行比较严肃的谈判的。但是他不久从北京得到的答复(其内容他在8月8日的又一次会议上已口头告知),再次使谈判无法进行。中国政府只是表示,它将就所谓中国军队存在于东京一事进行调查,这一调查可能要相当长的时间;经过调查,在充分了解事实的情况下,它将决定究竟是应当把部队从其占领的地方召回,或者如果召回部队与其利益有抵触则让部队继续留在原地。——外交部长不得不指出,中国部队在东京的存在,不管出于何种动机,都是对我们所打击的那些人的一种鼓励和帮助。他请其对话者提请北京朝廷认真注意这一形势的后果会有引起法国与中国发生长期纠纷的危险,并随时可能使我们不得不采取决定性的措施。

直至此时为止,中国政府对它认为必须提出的要求和它企图得到的满足都未作过明确的说明。终于,曾侯收到了必要的指示以便跟我们商定这方面的问题。根据指示,他 8 月 18 日来函如下:

中国驻巴黎公使曾侯致外交部长先生

部长先生:

在我有幸与阁下进行的会谈中,阁下向我表示法国政府希望了解北京朝廷对东京问题的看法。我随即将此愿望报告了我国政府。现奉命将敝国政府拟与法国政府达成谅解的基本原则告知法国内阁如下:

(1)法国不得损害安南王国的政治地位,并且除已于 1862 年与 1867 年并吞或占领的南方 7 省外,不得并吞该国的任何领土;

(2)安南对中国的藩属关系一如既往;

(3)法国军队撤出其在东京目前所占领之领土和城市,根据协议向外国开放某些城市进行通商,并可按管理在中国口岸的外国商人的类似条件在这些城市设立领事馆;

(4)开放红河,外国船只可航行至位于红河左岸山西城对面的屯鹤关(Thouang - Hô - Khouan),该处可暂时视为外国船只航行的最终点,以及来自云南和下游沿河地方的产品的集散地;

(5)中国保证运用由于其地位而具有的影响以便利红河的通

戴高乐传

下册

〔法〕保尔-玛

商,并避免对黑旗军使用武力;

(6)法国与安南所达成的任何协议应取得中国的谅解。

中国政府真诚切望对东京问题达成谅解,故命我敦请法国政府对这些建议予以最严肃的注意,同时向法国政府表示希望这些建议能得到善意的评价,并以此为基础就中国政府深切关怀,愿意以友好的方式令人满意地予以解决的这个问题及时交换意见。顺致……

曾

1883年8月18日于巴黎

中国就是这样要求我们从东京撤退,而它则保留进行直接干预以平定东京的权利,同时开放红河,让外国船只航行至山西。对这一信件,外交部长答复如下:

外交部长致中国驻巴黎公使曾侯

侯爵先生:

本月18日来函承告中国政府希望以何种条件结束在东京的现存纠纷。我满意地看到中国政府终于认为应向我们表明其观点以答复我们在巴黎或在北京多次提出的强烈要求。如果在您负责向我递交的建议中,某些建议的性质使我们不排除这样的可能性,即就整体而言,可将其作为卓有成效地讨论的基础,那我将更为满意。

政府在众议院公开发表的声明以及最近我有幸与您进行的会谈,业已向您表明我们拟坚持的各种想法的次序。因此在我们看来,目前尚不适宜对您向我转交的建议作详尽的研究,对此,您可能不会感到惊奇。除了某些我们甚至不应考虑的设想之外,这一系列建议是基于一种我们无法苟同的看法而产生的,这种看法引起了普遍的反对。因为，根据这些建议而得出的结果似乎是我们现在必须与中国商讨我们在安南王国的地位和我们在东京所要求得到的权利。然而不管中国使用的是什么名义，这样一种做法我们是不能接受的。

安南政府于9年前，由于不必重述的事件，给了我们在红河流域的特权。当北京政府于1875年了解这一局面并获悉由此产生的后果时，它并不认为这一局面与中国的权利和利益相抵触。它尽管重申了中国与安南历史遥远的联系以及它对东京事件不能漠不关心的理由，但并无留难便接受了我驻北京外交人员负责向它提出的请求。它并不想对我们与安南订立的条约的有效性提出异议，而且急忙把中国部队从东京召回，从而承认了今后应由我们来维持该地的秩序。

当时所确立的这种只能有利于安南的局面之所以未能保持下来，其过错全在于安南官员的疏忽和背信弃义。因此我们今天应当像9年前那样，跟产生目前纠纷的责任者顺化朝廷交涉来解决东京问题。我们将向它要求以无损其领土完整的某些协议来取代它没有履行的条约，这些协议通过给我们以必要的方便来恢复和维持红河流域的秩序，从而在东京保持人身和贸易的安全。

从您的行动中，我应当注意到的，只有中国政府所表示的意愿——按来函的说法即：使这些建议成为就一个我们跟它一样力求和平解决的问题交换意见的出发点。我们不会不了解中国政府关心东京所发生之事的原因。共和国政府准备十分重视它所担心的问题，并且不会反对与中国政府共同研究有关保证中国边界安全（这种保证在它看来是完全必要的）、镇压盗匪以及保护在红河流域进行大规模贸易的中国商人等事宜。

详尽地研究这一问题可能已为时不远。中国已经知道，而且我们乐于在此重申,我们准备尊重中国从其尊严考虑认为应当维持的传统,尊重与我们在安南已经取得并要保持下去的地位并不抵触的联系。

沙梅拉库

1883年8月27日于巴黎

在拒绝了中国提出的基本原则之后,我们有必要提出在我们看来能够为协议提供基本要素的建议。这便是1883年9月15日交给中国驻巴黎公使馆的备忘录的目的,我们认为应提供备忘录的全文,因为该备忘录概述了以前谈判的情况和政府认为最终协议的条款应当包括的内容范围。

备忘录:致中国驻巴黎公使曾侯

1883年9月15日

(略)[①]

对这个文件中所提出的建议,中国并没有立即答复。但从曾侯根据以前的指示所作的口头声明中可以看出,几个月来中国提出的要求已大大增加,而这些要求已远远超出了我们备忘录所提出的范围。

9月18日的又一轮会谈中,中国驻巴黎公使宣布他拥有进行谈判的必要权力。但同时,他并不讳言,中立区的办法不太可能为北京所接受。他更希望修改边界,因为这样可以扩大中国的领土。至于开放中国领土让外国通过红河进行通商一事,可能只应局限于在要达成的协议中提出这一原则,而留待更有利的时机予以实行。另外,应由中国负责以它所拥有的手段来驱散黑旗军。

---

① 省略部分见本书第720件最后7个自然段。——编者

在9月28日的另一次会谈中，曾侯为了明确表达其思想，对他在上次会议中所暗示的修改边界作了说明。虽然他不想预料总理衙门会作出什么样的决定，但他有理由怀疑谣言所说的中国会建议或者接受把红河作为中国与被置于法国保护国制度下的各国之间的界线。根据他所得到的指示，这一界线还应往南推移直至广平省。不过继续允许法国人按照类似他们在上海租界的地位留在东京。

在这里不必重述对诸如此类的建议立即予以反驳的内容。不过还应补充指出，没几天之后，中国公使自动向外交部长声明他认为没有必要用书面提出这些意见，因为根据我们的初步评论，他断定我们是不可能接受的。他宁愿等待北京在中国大臣与脱利古会谈之后就我们的备忘录问题向他发出的指示。

我们知道，李鸿章动身之后，脱利古仍留在上海，从那时起没有向他提出任何建议。于是我们决定结束这么一个已经没有目的的外交使命，而共和国总统先生刚刚签署了一项在正常条件下恢复两国外交关系的法令，同时任命巴德诺为法国驻北京公使。正是在这个时候，广州外国租界发生了骚乱，令人不得不对这一欧洲人的殖民地的安全感到担忧。这一事件使脱利古决定前往北京，因为在那里他可以更有效地为了我们国民的利益行使其影响。与此同时，他还应在北京找到机会与总理衙门的成员直接进行联系，以便有可能促使应在法国备忘录的基础上进行的谈判得到成功的结果。9月23日，他在天津又会见了直隶总督，直隶总督对其接待极其友好，情绪极佳。但是他很快便看出，中国的愿望是能够修改边界，通过修改边界，打算将其政权扩大到半个东京，也可能是半个安南。在得到这个最新消息之时，脱利古正在北京，并对受到的接待感到满意；然而在他与恭亲王和总理衙门的其他成员的最初几次会晤中,并没有谈到东京问题。

中国大臣们的保留态度通过中国代表于本月16日送到我国外交部的一份最近的照会而得到说明。这是对我们备忘录的正式答复。在这一照会中,曾侯指出我们的建议与中国在安南的利益和中国对这个国家所要求的宗主国的各项权利相抵触。他以如下的措辞指出备忘录中应予取代的条款以及他的政府同意目前进行谈判所依据的基本原则:

"由于尚无一项可能保持安南王国1873年前所存在的政治现状和安南国王对任何国家——只有他的君主中国皇帝不在其内——完全独立的地位的协议,其他任何安排如果不让中国政府享有在红河行动的完全专有权利,则中国政府都只好拒绝接受。

"在前面提出的两个办法中,中国宁愿前者;因为尽管它没有任何野心,但它却会因为置身于准备侵犯两世纪来它一直尊重的属国领土上而感到遗憾。

"由于被迫处于不可避免地要进行占领以保护其权利和利益的局面,中国政府准备,但仅仅是在这种情况下,讨论法国政府有关建立中立区的建议,但该中立区应位于东京南部边界广平关(Kouang - Bing - Kouan)与北纬20°之间。中国政府同样也准备提出符合贸易需要的建议,开放红河供与中国有条约关系的一切国家航行。

"至于贸易地点,中国政府建议暂以位于山西对面的屯鹤关作为最远的贸易点,对此我过去业已提出过建议。随着贸易的发展,可与中国政府谈判,以便把贸易点往前推移。但在目前则不能同意开放蛮耗城和老街城进行通商。"

至此,已不可能存在任何怀疑:中国要求我们的,正是要我们放弃我们的各项条约并从东京撤退,而它自己则保留占领整个安南北部的权利。按照这样的代价,它可能对我们在南方省份定居采取视而不见的态度。

目前的情况便是这样。

根据本概述第一部分的说明,可以肯定,在东京,5个月来,我们的远征军已经能够应付局势的要求。他们所要克服的困难,他们所遇到的抵抗,的确比根据最初搜集的情报所猜想的更为严重。但是由于他们即将拥有足够的兵力,我们毫不怀疑他们会迅速完成他们如此英勇地开创的事业。

至于外交谈判,你们现在可以对它所遵循的方向作出判断。

从一开始,我们便明确表示,尽管我们不可能与中国商谈安南事务,但我们准备谈判一切有关两国睦邻关系的问题,甚至准备研究向中国提供一切保证的边界协定。我们的态度并没有改变。

如果根据其代表相继提出的建议来判断的话,北京朝廷的态度则不然。但我们仍然准备以最友好的精神继续与它进行谈判,因为我们希望已经完成的事件,尤其是当北京朝廷看到共和国的克制但是坚定的政策始终得到两院,因而也就是得到全国的赞同时,将会使它对形势能有更为正确的看法。

BB—4 1952 行动办公室第 561 号

799 东京小舰队 1883 年 10 月 1 日至 11 月 1 日活动情况

船舰名	型号	人数	活动情况	目的
“雎鸠”号	护卫舰	69	17 日从河内到南定,20 日在宁平,24 日到河内。	运送总特派员。
“豹子”号	炮船	72	9 日从南定出发,10 日到格索,14 日到宁平。	在底河和南定巡逻。
“突袭”号	炮舰	68	2 日抵河内,31 日往宁平。	

船舰名	型号	人数	活　动　情　况	目　的
“军乐”号	炮舰	72	在河内、巴兰巡逻。	
“飓风”号	护卫舰	45	驻河内和巴兰。	
“闪电”号	护卫舰	45	同上。	
“短枪”号	汽船	37	在□……巡逻。	
“大斧”号	汽舰	37	同上。	
“火炮”号	汽船	37	同上。	
“土耳其弯刀”号	汽船	37	同上。	
“马苏”号	汽船	27	驻海防。	

舰队司令　莫列波约中校

1883年11月1日于河内

BB—4　1950(原件未编页码)

800　驻华代办谢满禄致外交部长沙梅拉库

1883年11月1日于北京

部长先生：

我荣幸地报告阁下，脱利古先生已遵照部里的电报指示，于10月30日将共和国驻中国公使馆的领导职务移交给我。

特命使团是同月19日离开北京的。由于25日晚给我的电报说脱利古先生定于27日起程，我不得不匆忙赶赴天津。由于当时时间紧迫，未能派驿马，我是部分路程骑马、部分路程乘坐中国大车完成此次因洪水而造成的极其艰难的旅行的，这样才能在总督给脱利古先生送行之前到达领事馆；一见面，特使就把我作为法国驻北京的代办介绍给了李总督。

我感谢阁下对我的信任，指定我在此地、在困难的情况下担任重要的职务。我保证：自即日起，阁下可以信赖我最友好的合作和最真挚的忠诚。为解决目前的困难,我将利用我3年多来取得的有关中国的人和事的经验,并敢于奢望圆满地完成我的使命,不辜负共和国政府对我的期望。

谢满禄

C.P.中国第63卷第8—9页

801 外交部长致谢满禄

1883年11月2日于巴黎

先生:

法国驻广州的领事先生将9月10日在驻地城内发生的动乱报告我时说:他也和共和国驻北京的公使谈了此事。我已写信告诉林椿先生,我赞同他在此困难的情况下所持的态度,并嘱他与德国和英国的同行们采取共同行动,以便取得必要的赔偿。

但是,我们的要求似乎应提交到中央当权者那里,以便发挥其全部效力。您可以利用林椿先生所提供的情况,同总理衙门就广州动乱给我们的同胞们所造成的损失进行交涉。

您应表明:希望中国政府采取体面的措施,赔偿一切损失和严格保证以后不再发生类似事件。

请您把为此而努力的结果准确地告诉我。

沙梅拉库

C.P.中国第63卷第10页

802 何罗栏致海军及殖民地部长裴龙

1883年11月2日于河内

部长先生:

兹荣幸地向您证实我今天给您的一份密电,内容如下:

“我担心一直用红河三角洲这一说法会引起很多麻烦,放弃太平河三角洲与先安、海防、海阳和北宁的问题是不存在的,而是由于担心受中国人之骗。我提请政府注意这个问题。”

BB—4　1950 第 372 页

803　何罗榁致海军及殖民地部长

1883 年 11 月 2 日于河内

部长先生:

由于要组织保护国,我经常要往返各地。为此,我要用船舰和轮船,以装运陪同我的不少欧洲人和当地人。而且,由于我目前与军事当局的关系不洽,在一定时候,军事当局会拒绝向我提供交通工具。

我荣幸地请您正式派一艘炮舰或轻型船舰到东京来供我调用。同时下达必要的命令以便在船上准备好适当的装备。同时,我请求命令我的副官古安中尉为舰长。

最好批准我在市场上购买一艘式样和大小适宜的小船来用,这样可能会便宜些。这种办法可能更快些。如蒙批准,请电复。

BB—4　1950 第 373 页

804　海军及殖民地部长致何罗榁

1883 年 11 月 3 日于巴黎

您知道,政府认为不能同意您回国。议会已经采纳这一意见。

不过,我们知道,像您 10 月 16 日电报中所指出的那样,情况还不能让我们着手进行国家行政组织工作。我们还认为在新的命令下达之前,应该让军事当局自由行动。军事当局对它认为必要的行动有绝对指挥权,并应该承担责任。

您可以好好利用这个期限,或者把三角洲已平定部分的行政管理工作补上来,并把您行使保护权的计划交给我们的有关部门作好准备;或者请您移居顺化确保条约的履行。

波滑将军已到巴黎,我们看到您给他的指示,不免感到惊讶,特别是派遣援军和针对中国而提出的方案。毫无疑问,从8月15日的事件后,您没有接到有关我们派遣或将派遣援军去东京而采取的措施的通知。根据目前我们已掌握的情况,经过这样补充的远征军足以在我们要控制的范围内,把在东京业已进行的事业进行到底。因此,指挥部一定不会把它已经部署而未经充实的部队无分寸地投入战斗,就是说攻占了山西、北宁以后,我们仍应局限在有关条约内行动,使三角洲不致遭受任何袭击。这个限制计划使东京的军事行动限于局部,这样就不会与中国人中断关系。这个计划刚刚在众议院提出,现在已被大多数人确认,我们必须严格遵守。

BB—4 1946第202页

805 顺化驻扎官参哺致何罗栏

1883年11月4日于顺化

总特派员先生:

没有任何政治活动。我已有19天没有见到过任何安南官员。气候很恶劣,过河很困难,经常会遇到危险,这种情况使人感到难受。由于消息闭塞,黎文明(Le Van Minh,即户部尚书阮文祥)常来向我探询关于东京的消息、关于吏部尚书的使命以及关于您身边的商船大臣和批准条约的情况。

我总给他千篇一律的答复,使他慢慢地感到了失望。朝廷又像过去一样处于麻木不仁的状态。半个月来,人们让我处于绝对的宁静之中。拆除堤坝(常因风暴和突如其来的洪水而受阻碍),收回在解除据点的武装时被安南人非法弄去的几门大炮,几桩对土著水手和苦力提出的关于抢劫、侵犯寺庙等的诉讼案件,大部分是没有根据或夸大其辞的,这些就是商舶大臣和驻扎官之间通信的内容。人们总能使我感到满意。这一点,我应该承认。

协和陛下继续要求召见我,我仍以病后休假为借口加以推迟。事实上,在条约正式批准之前,我认为去会见国王是失策的。

此外,我在法国和外国的报刊上看到的消息使我对我们的条约感到不放心。一切都取决于法国政府同臭名昭著的曾侯之间的协议。我个人对此感到遗憾。我仍应重视此事,因为报纸是惟一的消息来源。我要在合情合理的范围内实施8月25日和平条约的条款。但在得到进一步指示前,我认为应当慎重,不要走得太远。

这种形势迫使我对朝廷要采取极大的保留态度(我相信您会赞同我的意见的),我将尽可能地避免同政府中有影响的人士进行会晤,因为在这种会晤中,他们经常会发动机智的攻势或提出棘手的问题,会把我置于理屈词穷的境地……

在这里,他们假装着好像一切事情都已解决,他们也完全明了我们在东京的处境。他们有时也向我提供一些消息,一般来说都是一些对我们最不利的消息。在同我谈到目前在上层的和平气氛的同时,黎文明毫不掩饰他对中国的干涉持保留态度。他仍然坚信这一点,肯定他是有道理的。但有人十分怀疑他同中国,当然不是北京,而是同广东和广西当局有着纯粹的私人的联系。

有必要掌握这种证据,但这是很困难的。因为我们在那里没有密探。如果说政治活动曾有间歇的话,那么阴谋诡计仍一如既往。我仍不断收到匿名信和非正式的意见,要我提防安南朝廷的背信弃义。

在这不断纠缠着我的一大堆荒谬而又互相矛盾的无稽之谈中,我要寻找这个国家对协和国王上台和发生革命的原因的真正看法究竟是什么。

所谓这个国家的看法,我指的是高级官员的不同看法。这些官员互相嫉妒,为不同利益而互相倾轧。一句话,我想弄清究竟有没有一个反对协和和阴谋把他推翻的政党(必须重视这一点)。肯定有一些高级官员想让嗣德国王收养的儿子中的一个来接位。他的儿子中年龄最大的是育德。

但是,我认为这些人虽想挑起一场革命,但又如此互相猜疑,看法又如此不同,因此,他们的阴谋就像亚洲其他国家所发生的一样,将很快被政府揭露和遭到惩处。我认为,考虑到这一点就会使坚决的反对派裹足不前。

在老百姓中没有反对派,至少可以不当回事。

在朝廷和城里,很显然,人们的眼睛都盯着大官员黄佐炎。他在东京采取什么样的态度呢?他同 9 月 22 日我给您派去的使团的关系又如何?他是否已经毫不犹豫地放下武器?他接受了协和登基和 8 月 25 日的条约吗?——我们通过该条约含蓄地承认了这个国王。对这些问题流传着十分矛盾的谣言,这也是阴谋的来源。

黄佐炎是东阁学士,4 个一品文官中最老的一个。他同嗣德家族结成的姻亲使他在王宫中获得巨大权势。他因有特权而十分骄傲,但此间人们对他的权势却不加理睬。在我们进行武装干涉后,他在东京的地位已大大削弱,也无法在顺化得到补偿。大官僚阮文祥和尊室说在国王身边占据了首要的位置。而国王是在黄佐炎没有参预的情况下由他俩扶上台的。

黄佐炎曾给机密院(Cómât)写过一封信,信中表明了他的不满。据说他并不反对协和,但抱怨没有同他商量就把后者扶上台。他曾对人们在48小时内就撕毁了嗣德的遗嘱这种轻率做法提出抗议。另外,既然顺化政府这样对待他,并同法国实现了和平,他将愿意解甲归田。人们认为他的抗议也就到此为止了。他不会通过造反来结束他的一生的。

为了获得黎文明没有向我们透露过的黄佐炎信函的抄本,我做了我能做的一切,但没有成功。

但是,黄佐炎的这种态度已在官员中传开了。他们根据黄的态度或多或少地质疑协和上台的合法性。我认为黄佐炎仍在东京。据说他仿效古代英雄在同文营地闭门不出,修身养性;还有人说他几乎是中国人的囚犯,中国人不让他回顺化。您也许能靠您的智慧了解到他的计划和他的愿望。黄佐炎肯定比他的政敌阮文祥和可怜的尊室说更有用处。我认为他的最大愿望是看到这两个人被推翻和能在协和身边代替他们。用一个王子替代嗣德指定的、但是不称职的继承人的做法,这并不是偶然的。对宫廷革命不应感到惊奇。在绍治帝逝世时,他在遗嘱中指定的继承人也不是嗣德,但是张登桂(Tru′o′ng dàng guî)以他自己的权威撕毁了这个遗嘱,宣布绍治帝的最小儿子嗣德继位。接着,他又把他的女儿嫁给嗣德。为了承认这个专断的继位,他还把王室卫队武装起来。据说在嗣德的亲属中被杀的约有40人。在每个国王逝世时,不发生这样的事情是很少见的。

协和与黄佐炎有着相同的看法,这一点我已向您说明。

他会让这种看法表露出来吗?有一位在我们炮轰时因逃进城里而被革职的地位很高的官员〔府尹(Phú Doâu)〕托人转告我,阮文祥和尊室说曾企图暗杀国王。因为这是一个心怀不满者,所以我对他的情报是很怀疑的。他还说这两个人准备了一支中国军队,要在顺化和顺安向您发动进攻(!)[①]。

不管怎样,这里的许多人都认为中国对安南王的册封是必不可少的。所以,只要中国皇帝不承认他即位,没有援予封号,协和就不会很稳固地坐在王位上。在批准条约时庄严地承认协和,这对我们来说将是很策略的。到那时必须举行隆重的仪式,包括登基和通过保护国条例等,这就要求预先作准备。我谨请您对此提出您的意见。我们现在是在亚洲,所以您不要忽视提高为确保我们的保护国所不可缺少的代理人的威信。

像我们在西贡时对待一名翻译或雇员那样去对待一位国王,据我看,是一个令人遗憾的错误,尤其对一位我们不承认受中国册封的有争议的国王更是如此。

总特派员先生,一句话,国王极其需要我们的帮助,不幸的是,只要能维持现状,我们就不会去帮助他。

总之,顺化的局势已逐步恢复到炮击前的样子,只要我们的统治不是强有力的,今后的局势就将一直是这样。我知道东京事件消耗着我们全部的资财,但我们也不应忘记导致我们占领顺安港的方针。也就是说,一切都取决于顺化,然后,一切又在顺化发生。

据说,这个由委员会推选、我们已同他打交道、事实上也被承认了的国王是有能力治理国家的。他希望在治国方面能得到我们的帮助。但他被许多人包围着,他能办到吗?现在他也和嗣德一样难以接近了。如果条约被批准,我将加速行动来搬开一切把我和国王分开的障碍,但条约现在如何了呢?自从条约的预备条款签字以来,我没有得到任何消息,我还是根据 8 月 30 日海军部的

---

① 括号及感叹号系原文所有。——编者

电报办事。我们能否冒着被迫后退的危险再向前迈进一步？如果我们想有一个事实上的保护国,那么,我们必须:

1.赶走国王周围的高级官员;

2.增加私下的会晤(把条约的预备条款作适当的补充,我们就能这样做);

3.在靠近王宫的城堡里,如果需要,甚至就在内堡里,派驻保护国代表;

4.把驻军增加到 300 人,都驻扎在城堡里,在城堡上空升起保护国的旗帜。

我再重复一遍,只要驻扎官署同国王之间被河流和不可逾越的城墙隔开,条约就将同 1874 年条约一样,成为一纸空文。这样,然后在短期内又要进行一场强有力的军事行动,这将是不幸的事。

我清楚地知道,这一切都是致命的,但我们又没有控制住形势,不管是由于我们迟迟不批准条约还是由于中国给我们制造障碍所造成的形势(我无意进行指责)。但我必须看到,我们事实上只会日益失去我们在顺安通过强有力的行动所取得的一部分地盘。安南人如同小孩,他们对我们给他们的教训十分健忘,对待他们必须永远不要放下鞭子。

诚然,随时都可以再拿起鞭子,而且在目前形势下,我没有发现对未来有任何危险。在紧要关头,只有一个敌人可能会威胁我们,这就是协和由于感到得不到我们对他的明显支持,同时由于厌倦其周围的人的阴谋活动而自行退位。正像我前几份信函中向您说明的那样,黎文明(阮文祥)本人很可能千方百计地致力于此,这个极狡滑的、野心勃勃的人是十分令人担心的。

我谨随函给您寄去人们经常给我寄来的事实陈述书中的一些可笑片断,它将让您看到育德的不太多的追随者们的希望。

这个人就是潘宗(Phan Tôn),潘清简(Phan Thauh Giang)的儿子。潘清简在这里地位十分脆弱。潘宗的夫人是自已的亲戚。这驱使他进行着并不太令人担心的抵抗,因为他是瞎子。我曾叫人转告他,建议他在社会和自然条件使他所处的不利情况下不要再吭声了。如果国王要审判他的话,我肯定将他交给国王,让国王去处置。

法国驻扎官 参哺

附件 潘宗的札记

驻扎官先生:

我们谨把以下札记送给您,供您研究:

安南已处在深重的灾难之中,为它服务的人的心都是冷漠的,他们的许多行动是违反法律和正义的。

嗣德统治安南36年,没有儿子来继承他的王位。根据东方人的习惯,他只好收养他兄弟的儿子,以便在将来把王位传给他们,让他们治理国家,祭祀祖先。他选择了Kiê'n Thoại亲王的儿子育德以及坚国公的两个儿子——Cháng Mông即(Mê Triú)和Duõng Thiêu(即Mệ Mê'n),他给这3个养子以王子的头衔,并颁布敕令予以确认,这是人所共知的事。

当嗣德病重和临危之时,他向朝廷大臣推荐并指定育德作为国王,继承他的王位。但他又担心这个过继过来的大儿子不熟悉国家事务,便指定陈践诚、阮文祥和尊室说3位高级官员作为育德的保护者,帮助他治理王国。可是,嗣德没有想到这3个人心怀鬼胎,互相勾结,竟利用新国王的细小缺点把他推翻了。他们让他们的亲信朗国公(Lãng quâi công)上台,大部分官员虽不同意,但因害怕这3个人的势力,仍违心地赞成了这一举动。

育德只做了两天国王,在这样短的时间里他能犯严重的错误吗?据说,这3个人在交给太后的一份报告中指出了育德在一些个人起居方面所犯的错误:例如他叫人制作象牙名牌分给佣人们佩戴;他不经3位保护人的许可就让佣人们出入王宫。这3个人认为这样做是蔑视了他们。像这些小错误,值得把国王赶下台吗?如果他犯的是严重错误,3位保护人为什么不加以阻止而是随他犯呢?这样的保护人有什么用处呢?

嗣德临死时留下3个儿子。如果说第一个儿子育德有罪,那么还有第二个儿子;如果他们不愿让第二个儿子登基,还可以选第三个儿子。为什么他们把所有3个儿子都排除在一边呢?如果他们认为国家正处在多事之秋,需要有一个成年的国王,也可以在前国王的弟弟中挑选一个来执政。嗣德有6个弟弟,其中嘉兴(Gia Hu′ng)年龄最大,文郎(Vǎn Lãng)最小。同其他亲王相比,嘉兴不仅最能干,而且品德最好。为什么不让他接位而把王位给了别人呢?如果人们对他们发布的公告好好想一想,就会发现这3位保护人依仗他们的强大势力,不遵守把王位传给王子的东方习惯,也不考虑去世国王嗣德的遗嘱。这些背信弃义的人,选择了他们的同党,满足了他们个人的欲望。他们一点也不忠于他们的政府。所以,大家都不同意他们选择的这个人。

黄佐炎一再控告这3个人,把他们看作是一个依仗自已强大势力给国家制造困难的背信弃义的集团。黄佐炎不赞成他们拥立的新国王,于是决定把军队开进首都来要揭发那些保护人的错误。同东方各国人民在历史上所做的相比,他的这种做法是非常合情合理的。

我们是嗣德的仆人,是大贵族的后代。我们对这些背信弃义者所干的无耻勾当感到十分气愤。但由于我们的威望不够,影响不大,我们无能为力去对付他们。因此,我们不得不把这个札记交给您,让您了解他们的情况,并请您把情况告诉西贡总督,再让他转告法国朝廷,以便法国能对一生都同法国保持和平关系的嗣德表示同情和对安南人民在这个时候遭到的沉重苦难表示怜悯,让嗣德的儿子育德恢复王位,取消那个人的王位,惩处那些背信弃义的保护人;或者在去世的国王的叔伯中,或者像中国朝廷在同治皇帝去世时所做的那样在有能力的官员中选择保护人来代替他们。

光绪 3 岁登基,为了确定保护人,人们在皇族和官员中进行了挑选。当然,这种挑选要得到大家的一致同意。

法国如能这样做,将会使安南国王和他的仆人们感到高兴和满意,他们会对法国表示感激。法国已表明了它的和平意愿,因此由法国挑选的国王将毫无困难地接受法国向他提出的保护国条件。黄佐炎也会不得不停止军事行动,同法国政府和好。我认为法国帮助挑选国王不仅对两国都有利,而且会得到其他国家的称赞。

在这次事件中,您已尽了最大努力,得到我国政府和我本人的赞扬。在我这方面,我也将尽力而为。我非常担心安南人民如不同意这个人当国王,就会不断起来造反,法国也就无法保持平静局势,因此,也就不可能获得很多好处。

我以上所说的一切都是合乎情理的。如果您同意的话,请您给我一个答复。我和我的兄弟希望能通过您得到法国的保护以及解决这事件,并希望能获得成功。

以前,嘉隆帝是在法国的帮助下才建立起这个王国的。今天,这个国家灾难重重,法国为它确立了保护国地位。因此,法国来关心嘉隆的后代是合适的,法国不仅要帮助王国的创建人,也要帮助它最近的一任国王。

M.D.亚洲第 42 卷第 334—344 页

806　海军及殖民地部长致外交部长沙梅拉库

1883年11月5日于巴黎

部长先生、亲爱的同事:

兹荣幸地随函寄上我刚收到的交趾支那总督先生及共和国政府驻东京总特派员先生发来的两份密码电报译文。

附件1　何罗桤致海军及殖民地部长电(略)[①]

附件2　交趾支那总督沁冲致海军及殖民地部长电

1883年11月5日凌晨1时于西贡

8月16日来信已经收到,东京及顺安的信使于11月2日抵达,未有何罗桤的信件,却有孤拔的大量政务信件。孤拔在10月25日被任命为总司令后,当即率领600名水兵前往河内,没有军事方面的消息。他们正等待援兵,为援兵准备营房。我已派我的副官德莱斯尚(Deleschamps)前往顺化,给参哺带去准备送给安南国王的勋章及礼品。

"东京"号于星期一抵达新加坡,星期二前往海防。

M.D.亚洲第42卷第206—208页

807　东京陆海军总司令孤拔致海军及殖民地部长

1883年11月5日于河内

部长先生:

我荣幸地向您汇报,我已于10月27日在河内接任东京陆海

---

① 见本书第785件所确认的密码电报,此处略。——编者

军总司令。在离开下龙湾之前，我交待了封锁地区的工作，将此项监视任务及领导工作交给帕莱荣舰长；我还下达了必要的命令，由分舰队负责将部队运往海防待命，我深信这一工作将尽快做好。由于我们拥有吃水浅的舰只不多，要考虑到从海防到河内可能耽搁较久。

我抵达这里以来，首先关心的是了解军事行动的真实情况。在最近几个月里，敌人在山西和北宁集结了大批防卫力量。在中国的支持下，防御工事、大炮、弹药、军员大大增加。现在不是寻找怎样才能反击的时候。且看事实：根据各种迹象，山西有 1000 名安南正规军，由黄统督指挥，此人一直不肯归顺；有 2000 名黑旗军，6000 名中国军人，总共 9000 人。环城有一条设防的城墙，只有一扇门可进。山西塔位于城中，红河岸口……筑有一个堡垒，有 20 门炮口……在堡垒与底河汇合处之间，底河右岸还有各种哨所，设有枪眼，没见到大炮。当一艘炮艇或一支小分队在离这些哨所不远处出现时，一名侦探就飞报山西，城内马上作好防卫准备，并密切监视动静。

关于北宁的情况，我们掌握不多。不过，据我们所知，除由中国军队和安南军队组成的驻军外，从龙江府(Phu－long giang)[①]到慈山府(Phu－tu－son)一系列有碉堡的村庄里，还有大量中国兵成梯队分别驻守。这就是从沧江到天德江 35 公里左右的地区，估计这支军队有 1 万多人。在天德江与红河左岸之间，还有好几批中国兵。杀害我巴塘哨兵的凶手就是其中的一批匪帮。天德江两岸各筑有一座堡垒，控制着该地与万贺(Van－ho)之间的公路。万贺位于志村(Chi)西边 2—3 浬处。关于北宁的防御工事及火力配

① 原文如此，疑为 Phu-lang-giang(谅江府)之误。——编者

备,我们没有任何可信的情报。我一谍报人员看见在试验鱼雷,其中10枚鱼雷是由3个负责操纵这些鱼雷的华人带来的。我们估计,如果布雷的话,就是布在大旁(Daï – bang)附近,该地最近城堡。在裘江上还有一条拦河坝,该坝在(Lag – Buaï)①附近。

至于我方,当得到增援后,按规定要求,可以投入战斗的海军陆战队将为1700人,阿尔及利亚土著士兵1100人,外籍兵团500人,海军步枪手600人,登陆连350人,安南土著士兵600人,总共4900人,4—5个炮连。使用炮兵完全取决于当地的情况。根据目前的道路状况,惟一担心的是远输问题。我们部队的人数肯定会更多,连炮手在内,将达7700人左右,但一部分人分散在各堡垒和据点里。我们可在开始时轻而易举地取得成功,但要保护成果,还要很多人。况且我们还有5%的减员,主要是腿伤和脚伤。

所以形势很不好,这是最轻的说法。一旦得到增援,我们就将进军。先打山西还是先打北宁?我还不清楚。对北宁采取行动,将更直接地触及中国;而对山西采取行动,则打击的是黑旗军和安南叛军。我将根据到那时所了解的情况,根据我炮艇能开到的地区水的深度来作出决定。大部分炮艇都没什么用处,往往会突然受损;它们贮备战争物资不多,有好几艘吃水很深,在目前季节根本无法航行;对我来说它们的支援是十分宝贵的,我要尽量设法有效地使用它们。不过,必须能够将它们驶到能打到目标的地方。

在等待开始军事行动的可喜日子到来时,我还要与总特派员有所争论。因不能担任总司令感到懊恼,加上因不能返回法国感到失望,使他不能正确处理问题。我已经不得不向他力争属于我的那些权限。他甚至向您要求,只有他才能在陆上与部里通信联

① 原文如此,疑为Lag-Buoï(拉保)之误。——编者

系。——了解他的这一企图,我不得不激烈地反驳他,我一定要使他深信,我决不会让人侵犯我的权限。

海军少将、东京陆海军司令　孤拔

附言:许多中国兵都装备有雷明顿枪、毛瑟枪(Mauser)和连发炮,他们也有用炮闩装弹的大炮。

孤拔

BB—4　1949 第 250—254 页

808　中国驻法使臣曾纪泽致法国外交部照会

光绪九年十月初六日(1883 年 11 月 5 日)于伦敦

大清钦差大臣承袭一等毅勇侯曾为照会事:前数日,贵国首相茹勒斐理宣诵贵国赴华公使脱利古之电报于议政院之中,本爵大臣虽知该电必有误会之处,然仍寄电于本国询问事之有因与否。缘法国如有疑惑中国不信其使臣之事,则将来必有大不便之处。现将本爵大臣所接本国复电知照贵部堂查阅。

查复电语云本衙门闻脱公使电报之语,深为诧异。本衙门与李相均无挽留脱使之事,本衙门与李相深信阁下能恪遵朝旨办事,且阁下前给法国外部各文牍,均与本衙门吩咐之意毫无参差。本衙门业于上年九月十三日咨明前驻京公使宝海查照矣等因。本爵大臣虽知脱使电报仅言李相责备本爵大臣,然本爵大臣不能不将本国国家深信使臣始终如一之意转达贵国知之。缘恐有不能详知情形者闻脱使言李相责备本爵大臣,遂疑中国国家真有不信本爵大臣之意,其事甚关紧要,必须说明也。相应照会贵部堂,请烦查照。须至照会者。

右照会大法国钦命总理外部事务大臣沙

C.P.中国第 63 卷第 13 页

809　何罗栏致海军及殖民地部长

1883年11月6日于河内

部长先生：

我荣幸地向您确认我今天通过我国驻香港领事发给您的密电，内容如下：

"海军将军将其使命看成是把总司令所有权力授予他，他要求掌管军事法庭，然而却拒绝掌管炮兵和工兵的行政部门。

"我深信，政府是暂时让将军准备和指挥军事行动的。

"我在各方面都作了让步，以免发生冲突。不过这种解释会造成许多麻烦，我请求政府予以解决。"

共和国总特派员　　何罗栏

BB—4　1950第375页

810　海军及殖民地部副部长致外交部长

1883年11月6日于巴黎

部长先生：

交趾支那总督先生在来信中附来安南国王两位特使8月26日给他的信的译文。此信说明平顺者只应在顺化条约正式换文后方让与法属交趾支那。

共和国驻东京总特派员先生与驻顺化代办参哺先生也已收到了这封信。现将该信译文抄件奉上，同时附上与平顺省毗邻的巴地行政长官报告的摘录一份。该报告是沁冲先生寄给我的。

海军及殖民地部副部长　□……

附件1 安南特使致交趾支那总督

嗣德三十六年七月二十四日(1883年8月26日)

安南国特命钦差大臣潘、副钦差大臣阮向法属交趾支那总督沁冲先生致意并通知如下：

由贵国全权代表何罗梐先生与我们共同订立的顺化条约第二条载明：平顺全省将合并于法属交趾支那。何罗梐先生据此请我国政府写信给该省总督，通知该省百姓从即日起应遵从法国在下交趾支那实行的同样的法律法规。

根据逻辑，我们认为在新条约未经双方正式批准前，合并不得实施。

和平条约草案最后一条规定：条约将在批准后实施。既然上述条约至今尚未经正式批准，我们认为不应急于将平顺省并入法属交趾支那，否则就违反该条约之精神。

为此，总督先生，我们荣幸地向您发去此信，请即知照并请转告贵国全权代表何罗梐先生，请他等到双方政府完成条约批准手续后，再着手将平顺省合并到所治理的国家。

附件2 巴地行政长官每月汇报(1883年8月份)节录

目前政治形势，已经没有任何困难。

我国政府在东京事件中所采取的坚决态度以及由此取得的成果，已使那些力图制造事端的不满分子保持缄默。

然而，以前为保证正常秩序而采取的严格措施，现在还不能立即取消。

安南各阶层民众的精神状态令人十分满意，平顺并入法属交趾支那在此产生了良好影响。富人庆幸从此可以免受外地人之敲榨;穷人盼望分到土地或准备移居外地去寻找发财的机会;大小商人则急切地盼望能够更加自由地从事经商活动的日子早日到来,届时他们将能自由地前往平顺购进本地区供应不足的马匹、水牛、鱼类及水果等商品。

不少人甚至作好了迁居新省份的准备。

以上情况是我在此间多次视察中亲自所见,并且还可从本地民团及密探的大量报告中得到证实。虽然局势已经平静,但是民团目前仍在各地巡逻。

……

M.D.亚洲第 42 卷第 209—211 页

811　海军及殖民地部长致外交部长

1883 年 11 月 6 日于巴黎

部长先生、亲爱的同事:

本月 3 日来信收悉。您在信中要求我向您介绍东京分舰队少将总司令先生为阻止敌人从海路得到增援与给养所采取的措施,现介绍如下:

我军占领顺安要塞、何罗槟先生与安南朝廷缔结条约之后,海军少将孤拔先生根据我 8 月 31 日的信和他本人的判断,已经取消了对沱瀼及顺化通道的封锁,而代之以对可疑船只进行检查。从现在起,到新的命令下达为止,他将维持对泥岛至北仑之间东京海岸线的封锁。

10 月 16 日,这位将军给我发来一份密电,内容如下:

“8 月 31 日来信收悉。我想撤消对沱瀼湾的封锁。我只给他们便宜行事之权,而尚未能取消封锁。如果取消封锁,会给检查带来困难。　10 月 16 日。”

收到此电后,我于10月21日致电海军少将孤拔先生,电文如下:

"封锁问题,由您根据情况自行决定。"

因此,海军少将孤拔先生有根据形势需要而采取行动的权力。

看来有必要让我国驻香港领事与东京分舰队少将总司令先生保持经常联系,以便领事正确而及时地了解海军在有关封锁问题上的行动。

海军中将、海军及殖民地部长 裴龙

M.D.亚洲第42卷第212—213页

812 驻华代办谢满禄致内阁总理兼外交部长

1883年11月7日于北京

外交部政治司1884年1月10日收到

部长先生:

在给政治司的第一份电报中,我已报告阁下,脱利古先生已于上月30日在天津把法国驻中国公使馆的公务和刚结束使命的特命使团的档案移交于我。

翌日晨,我便骑马以尽可能快的速度返回北京。我带回了密码,并嘱微席叶(Vissiere)先生把其余的档案带回,而且把陪同特使去的文书和部分随行人员领回公使馆。

我还允许微席叶先生留在领事馆一些时日,以便法兰亭先生有足够的时间去"凯旋"号装甲舰舰长那儿执行脱利古先生刚交给他的一项短期任务。该舰长从芝罘出发巡视旅顺、山海关的防御工事,并从而视察中国人的防御工程;同时,在这个可能是决定性的时刻,向北方的高级官员们炫示我们的国旗。

5 日凌晨,美国公使收到天津下述来电,他急忙转送于我,并立即告知在北京的欧洲和日本的侨民:

"北京昨日致总督的一份电报中说:10 月 30 日奉上谕:'法人既与越南立约,……现经总理各国事务衙门照会法使,告以……倘竟侵及我军驻扎之地,惟有开仗等语。……如果法人前来攻逼,即着督饬官军,竭力捍御,毋稍松劲。'"

末尾加有一个小注:天津和南方各港口之间电报来往频繁,正在做大量的军事准备;此外,这些准备与其说是进攻性的,倒不如说是防御性的;总之,十分活跃。

在不到 24 小时内,由于这个电报的出现,我接待了所有使团首领的来访,可以说几乎是居住在北京的全部欧洲人的来访,其中一些人急于知道我是否真的收到了这类性质的通知,而另一些人则急于了解我对电报中的威胁有何感想。

我总是回答大家说:我没有收到过任何这类性质的照会,况且,这类照会应该在巴黎而不应在北京接到;而我对于诸如此类的传闻是无动于衷的;如果中国政府向我发出这样的正式通告,法国政府当然会推敲它的措词,根据其内容与形式做出相应的决定;总之,法国政府已拿定主意,在必要时采取最强有力的措施,同样,也打定主意不拒绝同中国政府进行协商。

我最初的想法,也是我最后的想法是:北京朝廷之所以支持或挑起一场适时的冒险行动,是想通过这种办法来摸底,看看这个似乎已采取而又不明确承担任何责任的措施,对法国代表和其他外国代表能产生什么影响。

对于这样一个在我看来十分明显的手法,在对它所造成的公众舆论能做出评价之前,我认为不必电告阁下;但是,我认为应该告诉政治司,政治司不仅很想了解中国的外交所获得的结果,而且还想知道它为此采用何种手段。

谢满禄

C.P.中国第63卷第14—16页

813 孤拔将军1883年11月7日发自河内的信件概要

在该信中,孤拔将军提供了一些关于10月31日夜两名官员在离河内东南约8公里、红河左岸的巴塘村被杀的详细情况。

有一个海军陆战连驻守在该地,在两个设防的塔庙里扎营。夜里前沿一个哨所派出双哨值班,监视紧靠哨所的堤坝和海阳大路交叉处的动静。

几天来,一支从北宁来的200人的中国军队在这些哨所附近地区活动,企图进攻我左岸哨所。10月31日10时10分,这支部队中的一些士兵终于偷偷摸摸地靠近并出其不意地攻击两个哨兵,把他们杀死,还将他们的头割下来。听到哨兵的喊叫,哨所里的人都拿起了武器,但是他们没有上前援救其同伴,却立即撤至最近的塔庙。该塔庙派出一个排到出事地点,但发现两个哨兵已死,只好将其尸体抬回。

如果前沿哨所尽职的话,其中一个哨兵是可能得救的,因为其尸体是在离哨所15米处找到的。指挥哨所的士官即将送交军事法庭受审。

海盗越来越多,随着人数增加,胆子也越来越大,如果不动员很多人就很难占住我们能掌握的全部哨所。人们同意建筑几个哨所、一些炮台,其费用比塔庙和城堡要少得多。

在信末尾孤拔声称,他已增强海阳驻军,以防该地遭到中国军队的攻击。

随函附件有:

(1)一份河内及其周围的地图;

(2)海军陆战队营长谢瓦利埃关于巴塘事件的报告抄件[①]。

BB—4　1949第255页

814　海军及殖民地部长致孤拔

1883年11月8日于巴黎

少将先生:

谨通知您,根据何罗枨先生的建议,我决定在海防设立一个港口调度处。

被任命担任主任的海军上尉保尔·贝热维阿(Paul Bergevia)将于11月20日乘"美萩"号从土伦出发。

您打算如何规定这位军官的权限,以便确保海防军港各个部门的职能在最佳条件下运作,请告诉我。同时请提出您的看法,使我能确定归这位调度处主任调动的人员和物资。

BB—4　1946第93页

815　海军及殖民地部长致孤拔

1883年11月9日于巴黎

海军少将先生:

您9月间的来信(第67、71、72、76和81号)均已收阅。现通知您,我已把有关老虎岛(Iledu Tigre)的资料转给了图册保管室总管先生。

我还收到您11月4日经香港发来的电报。您在电报中说您已就任东京陆海军总司令。

---

① 附件原档阙如。——编者

收到了您通过第67号函转来的您所委托的委员会在“野猫”号搁浅水域调查的报告。

关于这一事故,我同意您的看法。和您的看法一样,我认为如果海军上尉布鲁埃(Bluët)仔细地查看航海图,他就不会听从海军中尉西蒙的建议了,这样也就不会搁浅了。

我一直认为,您若拥有一支骑兵,可能对您指挥作战有利。为此我已与陆军部长谈妥,向您派遣半个非洲轻骑兵连。该部队由以下人员组成:军官3名(上尉1名,中尉或少尉2名),骑兵60名,马50匹(包括军官的坐骑)。

康珀农(Campenon)①将军告诉我,这支部队是经过精心挑选、由具有诚意的军官和士兵组成的。

“美萩”号将于11月20日从土伦驶往交趾支那和东京,这已通知过您了。该舰将在阿尔及利亚的一个港口接运这支部队,并装运够马匹食用50天的干草。

附言:1.现通知:被任命接替海军少将梅依任中国海及日本海分舰队总司令之职的利士比海军少将,将在“拉加利桑呢亚”号(La Galissonnière)舰上升起他的帅旗。该舰将于11月25日到洛里昂港进行装备。

2.另外,您9月21日、22日、24日和26日的报告(第82、83、90和91号)均已收阅。我已将您的第82号报告秘密转给外长。

您转来的调查“巴斯瓦尔”号两次搁浅原因的委员会的报告认为,原因是缺少航海图。我同意这一看法。您可以派您部队里的河海测量工程师查核一下航海图。

何罗椗先生请我送一些东京地图给他。我将让“美萩”号给您

① 《正编》曾译“甘伯龙”,差异太大,兹改译。——编者

送去100份地图。我同时通知了何罗梿先生。

随函附上我给沁冲先生的电报的抄件。

部长亲笔字:我认为,如果您需要马匹,可以去日本购买。总特派员何罗梿先生说炮兵需要马匹,我就是这样答复他的。

BB—4 1946第94—95页

816 海军及殖民地部长致交趾支那总督电

1883年11月9日于巴黎

4000支卡宾枪由邮船载运,于28日起程。士兵的装备由"美萩"号运走。请把这些物资发给何罗梿。将一只备用锅炉运往东京,给"马苏"号使用。如您办不成,请即告知。

BB—4 1946第291页

817 海军及殖民地部长致交趾支那总督

1883年11月9日于巴黎

总督先生:

9月19日的720号来信、"云雀"号舰长同日的一份报告以及11月5日、7日关于东京事件和"边和"号作战情况的来电均已收悉。

海军少将利士比已被指定去接替海军少将梅依的中国海及日本海分舰队总司令职务。他将在装甲舰"拉加利桑呢亚"号上升起他的帅旗。该舰于11月25日进入洛里昂军港进行装备。

附言:"美萩"号于11月20日离开土伦,它将带半个非洲轻骑兵连(即军官3名,士兵60名,马50匹)驶往东京。

附上我给您的电报副本一份①。

BB—4 1946第292页

---

① 原档缺此电报副本。——编者

818　法国派往东京军队兵种一览

1883年11月9日

	军官	士兵	总数	备注
海军陆战队	18	600	618	
	16	566	582	
	28	700	728	
	20	598	618	1883年8月12日派去10位军官
	3	162	165	
	18	492	510	
	6	300	306	
	6	200	206	
小计	115	3618	3733	

	军官	士兵	总数	备注
非洲轻装兵	3	60	63	
海军炮兵				
事件前从法国运去	1	22	23	
1.1883年5月30日及31日乘“安南人”号及“美萩”号，于7月12日及14日到达东京	17	360	377	
2.1883年7月10日及20日乘“阿威龙”号及“桑罗克”号，于8月22日及23日抵达西贡	6	218	224	
3.1883年8月2日乘“姑类兹”号去东京	3	109	112	
4.1883年9月20日乘“美萩”号		78	78	
小计	27	787	814	

	军官	士兵	总数	备注
安南土著步兵部队 1883年6月自交趾支那去东京	16	1200	1216	
全体海军部队 1883年8月乘“姑类兹”号去东京	12	600	612	
登陆连	12	600	612	
小　　计	24	1200	1224	
非洲部队行军团 1883年7月25日乘“边和”号去东京	58	1800	1858	
合　　计	243	8665	8908	

摘要重述

	军官	士兵	总数
海军陆战队	115	3618	3733
海军炮兵	27	787	814
安南土著步兵	16	1200	1216
全体海军部队	24	1200	1224
非洲军队	58	1800	1858
非洲轻装兵	3	60	63
合计	243	8665	8908

BB—4　1947(原件未编页码)

819 海军及殖民地部长致何罗栏

1883年11月9日于巴黎

总特派员先生：

按照您的提名，我已决定在海防建立一个政府的领导部门。这项职权指定由海军上尉保尔·贝热维阿行使。他将于11月20日乘“美萩”号离开土伦。

我请海军少将孤拔告知我，他打算怎样来确定这位军官的权限。

我连续收到您7月8日、10日、11日、14日及18日的来信，以及您10月22日的电报。

特通知您，“美萩”号这次由古安上尉带给孤拔少将100份布面东京地图。

这艘运输舰还运往东京半个骑兵连。

现通知您，海军少将利士比接替海军少将梅依，担任驻中国海及日本海分舰队总司令职务。他将于本月25日在“拉加利桑呢亚”号舰上挂起帅旗，启航前往洛里昂军港。

我的信内附寄交趾支那总督电报副本一份①。

BB—4 1946第203页

820 海军及殖民地部关于派遣骑兵赴东京的通知(急件)②

1883年11月9日于巴黎

人事处长、军队装备处长、行政部门领导等：

---

① 电报副本原档缺。——编者

② 原件无标题，此系编者拟加。

兹通知你们,部长与陆军部长商妥后,决定把半个非洲轻骑兵连派往东京,其中包括:

3位军官(1名上尉及2名中尉或少尉),

60名骑兵,

50匹马(包括军官的马)。

“美萩”号将于11月20日由土伦启程开往交趾支那及东京。它将去阿尔及利亚的一个港口把该半连士兵装载上船,同时它还要装好供牲畜50天用的粮食。各部门的领导要考虑这半个连的给养费用,申请1884年东京远征的额外拨款。

当然,要采用一切具体措施,做好这半连的运输。这些措施应与阿尔及利亚土著步兵和外籍军团出征时的办法相同(参阅7月8日发给陆军部的函件)。

骑兵连将同武器一起装船。

这些规定已通知陆军部长。

BB—4 1947第242号

821 海军及殖民地部总参谋部致中国海及日本海分舰队总司令梅依

1883年11月10日于巴黎

海军少将先生:

目前,我们同天朝的外交状况是:

虽然我们认为并没有什么战争威胁,而且还相信战争可以避免,但我们还是要从一开始就准备打击敌人。

因此,您始终要留一手,以便在我们认为最容易下手的海岸集中我们的舰艇。

从6月初起,必须阻止中国沿海的贸易。不封锁条约规定开放的港口,否则会引起纠纷,使我们失去绝大的好处。我们保留检查权,阻止武器弹药进口。

您在10月3日的信中曾提到占领厦门的利弊,您指出的手段比您过去使用过的更为完备,但目前不可能提供给您。不过,对这个据点实行突袭,可能使中国政府非常敏感。

您还向我提出破坏福州兵工厂。我认为,假如由“伏尔过”号侦察的通往兵工厂的闽江防御工事力量没有变动,进攻就有很大的胜利机会;我建议您不妨研究一下。最后,破坏旅顺港口的防御工事,也会产生好的效果。

海军少将先生,这说明对于我们所了解的沿海情况,您还有所补充或更正。但是,我特别在这一点上提请您注意,就是在战争期间海军分舰队的煤炭供应问题上,您可能会遇到困难。因此,在任何时候,都必须将煤贮足。虽然,我们可以相信日本也许会同意我们的军舰在它的港口补充燃料,重要的是必须事先确有保证。根据我们的要求,部长可能会暗中探询政府的意图。

我要求您对本信保密。

部长亲笔字:这封信只是写给您个人的。

BB—4 1946第324—325页

822 驻香港领事先基维克斯致脱利古密电

1883年11月11日晚12时50分

您在10月29日的电报中说:李鸿章竭力挽留您,而且不赞同曾侯。后者自称正式受命对此两点予以驳斥。请将您在电文中引证的有关总督的活动和讲话的详细情况转来。

C.P.中国第63卷第18页

823　孤拔致海军及殖民地部长电

1883年11月13日下午1时45分于香港

河内,11月1日。总特派员认为仅他一个人有权与部长直接联系。请求部长允许我保有此项权利。我已毫不犹豫地接受了负责改变此间不利形势的任务。我要求保留总司令的全部权力。

河内,11月1日。昨晚我方两名哨兵遇害,在巴塘土坑中发现他们的头颅。

河内,11月2日。日前报告在巴塘被杀的两人皆系我军士兵:安保尔(Imbault),14898号;马约·布来斯特(Maillaus Brest),14327号。

M.D.亚洲第42卷第218页

824　海军及殖民地部长致内阁总理兼代理外交部长茹费理(机密)

1883年11月13日于巴黎

内阁总理先生、亲爱的同事:

我荣幸地将刚刚收到的共和国驻东京总特派员先生的密电译文呈送阁下。

借此机会我认为应向您指出,孤拔将军作为东京分舰队总司令,有权与作为海军部长的我直接通信联系。我不能因他担任远征军总司令职务而取消他的这种权利。

其次,我也不明白,为何何罗恾先生据此就可以今后不再向我转报他所能得到的有关军事行动的消息。

海军中将、海军及殖民地部长　裴龙

附件 何罗栏致海军及殖民地部长电

1883年11月13日上午10时于香港

河内,11月1日。兹答复10月23日来电如下:如果我回国会给政府增添麻烦,我就继续留在东京;但对事先未通知而改变指示我深表遗憾。坚持仅我一人有权和您直接联系,否则今后远征军的一切消息将不再由我上报而改由孤拔将军承担。

何罗栏

M.D.亚洲第42卷第216—217页

825 顺化驻扎官参哺致何罗栏

1883年11月14日于顺化

总特派员先生:

谨向您报告,我已收到共和国政府运送来准备赠送给协和帝陛下的礼物,并将它们交给了礼宾处。这些礼物由交趾支那总督的副官德莱斯尚先生和政治办公室专员德拉韦尔(Delavelle)先生送来顺化。礼物中包括日内瓦(Genève)钟表、贵重的猎枪、里昂丝绸、塞夫勒(Sèvres)花瓶等。同时,我还收到珠宝盒和荣誉勋位证书,分赠如下:

协和帝陛下——大十字勋章

陈廷肃——二级荣誉勋位

阮仲合——二级荣誉勋位

卡斯巴尔(Caspar)大主教——骑士勋章

这些物品已庄严地交给公使馆和机密院指定的接收委员会。在赠送仪式问题上却发生过一些争吵。机密院向我们提的建议是不能接受的,我们拒绝了这些建议。但在目前情况下,我认为在这个问题上我不应表现得过于苛刻。我已决定由我把这些礼物简简单单地交给公使馆和国王指定的一个委员会。这件事就这样办了。

至于我们提出的由我们庄严地护送这批礼物到王宫的建议，国王是同意的，但遭到各亲王(尤其是各亲王夫人)的强烈反对。他们说如果让欧洲人跨过王宫的门槛，他们就不站在国王一边了。

这是一个特殊的情况，其原因是：我们做得越过分，安南就越认为同他们签订的条约是骗人的，我们是在伺机再次发动战争和占领全国。为了宣传这种看法，他们不惜一切地写了许多标语和有意无意地散布这些谣言。

某些官员对散布谣言特别有兴趣，因为他们反对协和帝，反对支持国王的法国人。这些人就是觊觎王位的王侄的支持者，即昙花一现的国王育德的支持者，或大名鼎鼎的户部尚书的亲戚 Mê Mên 的支持者。

有人甚至把匿名信扔在协和帝的脚下。在信中，他们向国王说有好几千名中国人正在进军，要前来干掉他和消灭法国人，安南人民将支持中国人，等等。

对于我本人，则是另一个主题：我将会遭到安南朝廷的攻击；安南人已在招兵买马，村民们已应征入伍；还有人威胁我说有成千上万名中国人，等等。

散布这些谣言的唯一目的是恫吓我们，使政府讨厌协和帝，让我们不要支持他。散布谣言的阴谋分子将乘机把他们的国王候选人捧上王位。

所有这些阴谋都是十分可悲的，也易于揭露。然而，这些阴谋使国王感到不安。我一直担心这些阴谋会使国王灰心丧气。我曾在最近一封信中谈了我的忧虑，也曾扼要地向您提也为了粉碎这些还处在萌芽状态的各不相同而又互相敌对的阴谋所必须采取的措施(一旦我们能确保在东京的地位时)。

为了彻底粉碎这些旨在争权夺利的阴谋,必须采取强有力的措施。为了使协和帝放心,礼物(尤其是援助)已送去。这是通向批准条约的道路,是通向未来的希望。昨天晚上,他秘密地把他的敌人都告诉了我,并向我保证他相信只有我们能维护他的王位。他说,如果我们把他抛弃,他将一天也呆不住;并说如果不是在全国,至少在顺化将爆发内战。我已答复他,他可以依靠我们。我们要想悄悄地占领安南,就必须提高国王的威信和巩固他的地位。如果育德(目前已被软禁)或任何一个觊觎王位者企图阻挠我们的政策,就把他们抓起来,把他们关在法国或我们任何一个殖民地,对诸亲王或可疑的官员也可以采取同样的强制措施。

我要求雷贾尔先生派"标枪"号军舰在城堡前停泊几个星期,这将会使那些人清醒一下头脑。我知道国王对此会感到高兴的。

总特派员先生,我再向您重复一遍,我对我们在顺化的安全绝不担忧。我这样说是因为我自认为很了解情况,但我也不愿向您隐瞒,为了对付意外的政治事件,我们需要有威信和有力的措施,因为我们还没有达到足够强大,我坚持我在上一封信中所得出的结论,我们以后可能会对我们缺乏远见感到后悔。

法国驻扎官　参晡

M.D.亚洲第42卷第345—347页

826　海军及殖民地部长致阿尔及尔军区司令

1883年11月14日于巴黎

海军少将先生:

我荣幸地通知您,根据我的要求,陆军部长先生已选定两个非洲骑兵小分队去东京服役。

这些小分队来自卜利达(Blidal),由3名军官、60名士兵和50匹马组成,将于11月28日在阿尔及尔由"美萩"号装运。该舰20日从土伦开出。这些马匹都备有50天行程所需的饲料。

装运部队完毕后,这艘运输舰将从阿尔及尔起程,经过苏伊士去东京。

海军少将先生,请您和军事当局协商应采取的有关措施,以保证调动工作的顺利进行。

BB—4 1947第46号

827 关于1883年对安南各港口实行封锁情况的报告

1883年11月16日

1883年8月,法国政府发现某些国家的船只向安南叛军运送武器弹药,为此政府决定加以制止。8月9日我们向各海上大国发出通告,正式宣布法国军舰将对东京湾水域实行严格监视;法国军舰已接到命令将对一切驶往安南港口的可疑船只实行检查;各国船只得知形势后仍试图在安南港口卸货或破坏封锁者将概予扣留。我们采取这个措施是根据1874年签订的法国安南条约禁止安南对外开放港口进行武器贸易这一条款中的有关规定,但这不是对安南沿海地区实行全面封锁。8月9日的照会中之所以采用了"封锁"这一字眼,那只是为了可以给孤拔将军以更大的行动自由以确保禁止武器贸易措施能够得到严格执行而已。事实上我们也不想禁止一切外国船只与安南各港口之间的交通,我们只是阻止外国船只运送武器给安南反叛者,用以反对我们。为了达到目的,我们检查外国船只的范围只限在东京湾海域内,只对那些可疑的外国船只进行检查,以防止它们运送武器至任何一个安南港口。根据外交部得到的材料来看,尚无法知道外国船只在安南领海之外是否也受到过检查。

关于禁止一切贸易的全面封锁,那只是孤拔司令认定有必要时,才在某些安南口岸实行而已。

8月9日的照会未遭到各国的抗议,而得到了认可。只有英国要求作某些补充解释。对此法国政府于9月29日已答复英国,指出8月份采取的措施只是前已存在的禁令的认可行为,我国军官据巴黎条约的规定,认为有必要实行封锁,就是说这些措施得以维持就因为有足够的有效力量,认真阻止外国船只进入被封锁的港口。英国政府接此信后没有再次表示异议,尽管香港商人很有怨言,但他们的意图未能得到伦敦内阁的支持。

把法国政府在目前形势下采取的措施与1874年我国对西班牙所持的态度作一番比较是不无益处的。当时为了阻止船只运送武器到被卡洛斯派(Carliste)占领的港口去,西班牙政府采取了封锁政策,授权西班牙军舰指挥官在本国领海上检查外国船,如发现有重大嫌疑的外国船只,即使是在领海之外,也可实行检查。当时,法国政府并未就西班牙政府是否有权宣布该项封锁政策提出异议,而只是对马德里(Madrid)内阁不满足于禁止输入武器表示了遗憾,对西班牙任意将检查权扩展到领土管辖权之外的区域这一点提出了抗议。英国比我们走得更远,它指出只有在卡洛斯分子被确认为交战之一方时,西班牙才能有权宣布封锁。由于英国的反对,西班牙没有把封锁维持下去。

附件 外交部致各海上大国驻法使节照会(略)①

M.D.亚洲第42卷第220—225页

① 见《正编》第7册第173—174页,此处略。——编者

828　中国驻法使臣曾纪泽与日意格会谈纪要

1883年11月16日

日意格先生再次就前一天曾侯向他谈到的问题提出看法。

在对11月5日照会的答复中,政府已通知曾侯:在东京的部队已接到进军的命令,夺取必须占领的各据点,尤其是山西、兴化和北宁。这一通知旨在防止中国对法国的意图有所怀疑和不要让北京以为法国政府可能在考虑对中国领土采取某种行动。为避免对此发生误会,允许在东京彼此相距最近的法中两军指挥官直接进行磋商,并授予他们缔结边境协议的必要权力或许是有益的。如果中国政府同意这一办法,法国政府方面准备如此办理。但是,在此种情况下,彼此发出适当的指示是刻不容缓的,因为法国部队现在正在前进中。

曾侯向日意格先生重申了他前一天的声明,并说这正是他所考虑的办法,类似的建议定会受到北京的欢迎,并被看作是法国政府和解的诚意。这一建议将使主和派——这一派最坚定的成员中包括摄政皇太后——重占优势,东山再起。

日意格先生着重问了曾侯是否知道法国政府的目的是要夺取北宁。

"我很清楚,"曾侯回答:"这是黄金之乡。"

日意格先生答辩说:法国人坚持要占领北宁,只是出于战略上的考虑,因为北宁封锁着中国通向东京的大路。

最后,曾侯指出:边境协议是容易达成的,因为东京北面是大山,这就是极好的天然界线。

C.P.中国第63卷第20—21页

829 驻华特使脱利古致外交部密电

1883年11月17日下午4时40分于××①

18日下午7时收到

这是我从天津出发之前，李鸿章对我讲的话。他是到领事馆来找我的。福禄诺舰长、谢满禄先生和公使馆所有的翻译都参加了会见。总督坚持要挽留我，我只好谢绝说：我的健康状况迫使我不得不离开。李说："对此我深感遗憾，可是，您不能打电报给贵国政府要求另派一位公使来吗？"我回答说：此事由驻巴黎的中国政府代表曾侯来交涉更为合适。那天，李鸿章公开责备总理衙门和曾侯。他指责说最近的建议太过分了。在申述这些意见时，他情不自禁地嚷道："总理衙门生活在月球上②。"另外，他还说曾侯在鼓励产生各种幻想。当阁下知道目前受到总理衙门和曾侯攻击的李已经变成了他们的敌人时就不会为这些话而感到惊讶了。还应该补充的是：他是中国惟一在必要时能发号施令的政界人物。在结束会谈时，总督问我能否致电何罗栏先生，不让我们的远征军进攻可能在东京相遇的中国部队。我回答说：我们同中国是和睦相处的，但我们无法区分黑旗军和匪帮，不管它们是否穿有正规军的制服；另外，曾侯3个月以前就明确地向共和国声明过，无论是在我们的活动范围内还是在我们的作战阵地上，我们都不会碰到正规部队。"那么说，您是不想帮我们任何忙了？"李鸿章开玩笑地对我说："如果您绕道河内，请不要忘记以前没收招商局所运的大米

---

① 此电发出地原作"上海"，后被删去，并在其上方重新写上一个字迹潦草、无法辩认的地名。——编者

② 着重号为原文所有。——编者

应向我方赔款的事。”

我笑着对他说:“我一定不忘记,我为此将特地绕道河内。”

脱利古

C.P.中国第 63 卷第 22—23 页

830　驻华代办谢满禄致外交部密电

1883 年 11 月 17 日晚 12 时 45 分于上海

17 日下午 2 时 30 分收到①

今天,我刚刚受到恭亲王和总理衙门全体成员的接见。我向他们递交了外交部关于取得信任票的原文。

我强调了我们在东京的存在不可改变以及维持原条约的必要性。

我补充说:法国政府一直准备接受在 9 月 15 日备忘录的基础上达成的协议,但会谈只应在巴黎继续进行。我拒绝了关于安南事件的任何讨论。

恭亲王在回答时再次重申了中国对该国的宗主权,他对我说:既然法国已表明了自己的意图,中国方面将在给驻巴黎的曾大臣和法国驻北京代办的相同内容的照会中明确阐述其观点。

这个照会将作为一个声明并同时送给在北京的所有外国代表。

恭亲王强调了这一照会的和平性:“然而”,他对我说:“如果照会暗示有可能出现中国所不希望的破裂的话,望贵方勿以为怪。”

一俟收到这个文件,我就立刻用电报将其内容报告阁下。

谢满禄

C.P.中国第 63 卷第 24—25 页

① 此电收发时间原文如此,疑其中之一有误。——编者

831 东京军事行动纪要

1883年11月17日于巴黎

波滑将军于6月7日接管了军队及小舰队的指挥权。从李维业在怀德府失败以来，总的局势曾一度受到影响，但现在形势已有所好转。我们不必担心敌军的进攻。我们要利用6月和7月初的时间保障部队的食物供应，充实部队的辅助部门，完成防御工事，为部队及病员创办医院，建造空气流通的卫生营房。

6月26日，巴当上校从南定出发，击溃了有安南部队参加的敌军，并缴获了4门大炮。

7月4—5日，敌军向海防发动小规模进攻，但一无所获。

7月19日，巴当上校向南定前面的嘉桥敌军据点发动进攻。敌军狼狈逃窜，遗尸800具左右，缴获7门大炮。

7月30日，军事会议决定第一个进攻目标是顺化及其防御要塞。

这次作战因海上情况而延迟了数天。我们在8月18—20日受阻于顺安。经过一天的炮击后，孤拔司令的分舰队拔除了顺化河的全部堡垒。这次行动非常成功，使民政总特派员重新北上至顺化。敌人因军事惨败而惶惶不安，民政总特派员便对嗣德帝的继承人施加压力，使之接受8月25日的条约。该条约签订后能保证我们对安南和东京实行保护国制度，割让下交趾支那邻近的平顺省给我们，并使我们得以接管海关及解除安南军队的武装。当这一重大行动在安南首都实现的同时，在红河三角洲也发动了进攻。

8月13日，布里翁瓦尔上校攻下设防城市海阳。

8月20日，上校又占领了广安。这是一个重要据点，从而使我们掌握了通往中国的一条公路的钥匙。

8月14日,波滑将军准备朝山西方向大举进攻。

8月15日,出击分3路进行:

右路由比硕上校率领,在舰队支援下,在沿江一带活动。

中路由科罗纳领导,与左路配合,夺取怀德府,随后向内村挺进。

左路在布里翁瓦尔上校领导下,夺取怀德府后,由山西公路扑向望村。

敌军占据的防线从河旁的四柱庙开始,经过内村,一直延伸到望村。

出击的目的主要是驱走这些阵地上的敌军,把他们赶到Nin－ghrang一线的后面,强迫他们重新渡过底河,再在那里用炮舰切断其退路。

整个战线延伸在一块8公里长、被水淹没的稻田地区上,使纵队之间的相互联系变得很难。

右路经过一场激烈的战斗后,占领了四柱庙及邻近的工事,炮舰协助他们取得这次出击的成功。

中路在夺取怀德府之后,立即进攻内村,继而进攻安造(Yen－taô)。

左路发现望村敌军的阵地稳固,而自已的兵力十分薄弱,故不能攻击该阵地。部队就地扎营。

夜间可怕的山洪暴发,迫使四柱庙的部分驻军登上炮舰。

第二天,在天气恶劣,路面损坏的情况下,在四柱庙留下一支驻军后,其余部队即返回河内。

这次激战是在十分不利的条件下进行的。敌人顽强作战,组织严密。在战场上发现中国正规军尸体,说明我们应考虑到中国军队已进行了不可告人的军事干涉。

将军和民政总特派员汇报了怀德府和四柱庙的战事，要求立即派兵增援。

然而，天气已略有好转，我们决定在9月1日作一次新的进攻。由于8月15日的激战和伴随而出现的空前洪水，敌人已撤到底河。他们驻扎在河背后的丰村、后村、拉村战线上。

通过侦察阵地并在四柱庙集中后，从水陆两路来的两个营在遭到短暂的抵抗后占领了巴兰。

8月31日，炮舰重新驶至底河。

9月1日，部队开始朝丰村方向前进，3艘炮舰驶入底河。敌军众多，在丰村前面和右面固守。

伯治（Berge）司令命令士兵冲锋，拔除了敌军的三斤（Cang-Tam）阵地。这是一个辉煌的成就，因为这次战士们在很不利的地形上作战，洪水齐胸，而对面的敌人却隐蔽得很好。这次行动对第2团第26连和第4团第26连是一个很大的荣誉。

1—2日的夜晚是在阵地上过的。2日，我们发现敌军已撤退。因倾盆大雨，稻田积水甚深，甚至堤上也不能通行，我们无法追赶敌人。

3日，部队回到宿营地，留在底河口的巴兰阵地上。

9月1—2日的战斗进一步证实了8月15日事件中得到的情况。

从9月27日起，非洲援军启程去东京。10月15日以后，又派1营海军陆战队前往。

波滑将军即在这时（9月初）动身。与此同时，看到顺化条约开始生效，安南部队逐渐摆脱了黑旗军和中国非正规军。9月14日，一个使团离开顺化去东京执行8月25日条约。几天后，总特派员来电说下三角洲开始平定。

目前,军事形势业已缓和。大军的主力在河内、下三角洲的几个城市只有几支部队。在河内的前面,我们占领了该地和巴兰的前哨。

代替波滑将军而被提升为总司令的海军少将孤拔准备在山西和北宁向前推进,山西和北宁是要当三角洲主人需要攻占的最后据点。

因为等待援军到来,我们推迟了作战。另外,我们也不想在雨季时节在被淹没的稻田内仅靠2—3米的小堤作为惟一的交通工具进行战斗。

如上所述,顺化条约开始生效。9月15日,黑旗军一直退到山西。17日,比硕上校侦察了他们撤出的阵地,并找到了李维业司令及其战友的尸体。

最近的电报报道孤拔将军于10月27日率领600名海军援军到达河内。他想在援军抵达之后立即采取攻势。

自8月15日至9月1日的战斗以来,运给运征军的援军出发日期顺序如下:

9月10日	1个营的海军陆战队	618人
	2个海军炮兵连	224人
9月20日	1个连的海军	150人
9月27日	3个非洲营	1850人
10月15日	3个连的海军	450人
	1个炮兵连	112人

这批3354名[①]的援军加上孤拔将军的600名海军,使运征军

① 原文如此,上述人数之和与此有出入。——编者

人数增加了一倍。士兵们的一般健康状况都很好。主治医师雷先生最近的报告令人满意。

10月初,交趾支那总督派遣了300名海军陆战队及200名土著步兵的援军。这样,派去的人数计4000人。

现从布卡(Buka)运来了一些暂时离队的军人,以代替远征军中的病员和伤员,其人数已超过8000人,不包括布卡的700人在内。

BB—4　1947(原件未编页码)

832　参哺致何罗杧

1883年11月19日于顺化

总特派员先生:

谨寄去法国外交部长致安南吏部尚书阮仲合阁下的一封信[①],通知他荣获法国二级荣誉勋位。

我谨请您告诉这位高级官员,珠宝盒和授勋位证书都在我手里。当他完成任务后,我将把这些东西交给他。

法国驻扎官　参哺

M.D.亚洲第42卷第348页

833　内阁总理茹费理致中国驻法使臣曾纪泽

1883年11月19日

侯爵先生:

本月17日您通知我说:前些时候派到东京的中国军队目前可能正处在给我们的远征军所指定的作战区的附近。

---

① 原档复印件缺该信。——编者

同一天,我在给您的信中(这封信正好和您的信错过了)告诉您:我们的部队可能已经开始行动,以夺取红河三角洲我们始终认为必须占领的各据点。与此同时,我还表示了这样一个设想:允许两军的指挥官直接进行磋商,以便在各自的阵地划定界线,可能是有益的。

您指出中国部队已靠近我军,这就更加说明了我们的建议是非常及时的。我们的建议看来是防止两国部队发生冲突危险的最可靠的方法。从那时起,我就高兴地想:由于情况紧急,您会立即将此建议转告中国政府,我请您将贵国政府的答复立刻转告我。

茹费理

C.P.中国第63卷第44页

834 谢满禄致外交部长沙梅拉库

1883年11月19日于北京

外交部政治司1884年1月10日收到

部长先生:

微席叶先生已于本月11日,即我从上海收到阁下用海军密码发给我的电报抄本的第二天回到公使馆。该电报通知我,内阁于10月30日获得信任票,并明确指示我在北京应持的行动准则。

我认为应该立即要求恭亲王接见。他在15日3时接见了我。亲王和总理衙门所有的大臣都在场。尽管按照一般的惯例,在第一次访问时仅限于互相寒暄、说些客套话,但大臣们此次都表露出急于要打破这种惯例,而把话题引到他们无疑在一个时期以来一直想和我谈的公事上来,但是,他们没有认为能把话题引出来,因为我按着第一次见面的惯例避而不谈。

由于听到了近几天以来的传闻,会谈一开始我就知道他们要说些什么了。因此,我的第一个考虑,正如阁下将通过我附在信中的会谈纪要所了解到的那样,就是使衙门知道议院的决议给了现政府以很大的支持;内阁所采取的决定是不能改变的;法国决心不惜一切代价维护其刚同安南缔结的新条约;如果中国政府像它所声明的那样有和平诚意,那么,它首先应该相信除了在 9 月 15 日备忘录中向曾侯提出的基本原则外,法国是不会同意讨论任何和解方案的;因此,假如中国政府想维持和平,它第一件事就是不要发表会引起轰动的公开声明,以免把事情弄糟,因为这些声明将使友好协定更加难以实现,且可能立即挑起冲突。

大臣们对我的话很感兴趣,但是,他们告诉我:他们也有他们的权利要维护;他们想让所有的人都了解中国的观点,就像法国通过其部长们在议会上说的话让全世界都了解自已的观点一样,为此,衙门已准备了一份照会,不久就可能交给我,并用电报寄给曾侯,照会的语气可能是极其温和的。

这份照会于 16 日晚以公文的形式送到我手中,同时也送给在北京的所有公使馆。现随函附上该照会的译文。我认为应该用电报将此照会中最令人感兴趣的部份告知阁下。我相信,我有必要使阁下能够根据我寄去的准确的译文立刻核对由曾侯——相信他会这样做的——在巴黎转交给阁下的这一文件的原文和译文。

此外,恭亲王明确地表示希望我这样做。他不信任他在巴黎的代表吗? 听了我们在这次会谈时他对我说的话之后,我并不这样认为。更可能是他想给您提供一个机会,让您最终看到迄今为止他是信守诺言的,并使您相信他以后的话。

如果说在中国政治家之间果真存在着矛盾而应予以重视,如果说曾侯和直隶总督真的彼此对立的话,那无疑是前者的政策目前占了上风,后者则只是想置身事外,而将日后可能出现的一切责任推卸给总理衙门和它在巴黎的代表。

不管这些纠纷怎样,声明最终还是发表了。

正如我在上次的报告中告诉阁下的那样,声明的正式发表是由于所谓天津的泄密。几天之后,大臣们认为可以向若干外国代表交底了;而我则等待拜会总理衙门的结果,以便比较可靠地向您预告即将寄出一个文件,以及这个文件的确切的意思。

我认真读了这个文件之后——乍看起来,这个文件具有某种最后通牒和挑战书似的性质,几乎是威胁性的,而且出真能吓唬住那些不太了解中国习俗的人——就不难相信中国政府所采取的态度实质上是十分温和的。该政府是希望和平、害怕战争的,而且毫不掩饰。尤其是15日我在衙门和恭亲王会谈时他们向我作出明确的保证之后,我对此就更深信无疑了。

在炮制这个准备已久的声明和在执行一项我想是和曾侯长期以来就商定好的计划中,总理衙门根本不想挑起战争,而只想对欧洲的公众舆论施加一点影响,并企图通过这一声明的发表给法国政府制造一些麻烦来阻挠巴黎一个时期以来就决心坚持的强硬政策的实施。这就说明了为什么一方面它要让各国政府和法国驻北京的代表知道它厌恶武装斗争和期望和平——这些声明最主要的是用来掩盖世人耳目,并暂时阻止冲突的发生——同时它却对照会本身大肆宣扬,其目的就在于让人们知道法国军队入侵东京北部将是谈判破裂的信号。此外,总理衙门企图通过这种比较强硬的措词取得朝廷的满意,而归根结底,它考虑我们在备忘录中向它提出的要求正是中国绝对无力做到的;如果真的被逼到了这种极端地步,那时还来得及做大大的让步,因为按着它的观点,已经没有什么可以丧失的了。

遵嘱将11月15日我给阁下的电报的抄本、总理衙门照会的译文以及我在被接见当天晚上用电报向您发出的摘要附在此函中寄上。

谢满禄

附件1 谢满禄与恭亲王等会谈纪要

出席人:谢满禄子爵先生和微席叶先生;恭亲王阁下以及李鸿藻、景廉、麟书、陈兰彬、周家楣和吴廷芬阁下。

在通常的寒暄之后,

恭:脱利古先生在天津已停留了几天,他是否直接回日本?

谢满禄:脱利古先生先到烟台,随后就立刻去日本向日本政府告辞并辞去他的职务;而后,他就返回法国。

恭:那么,是您留在北京当法国的代办了。对此我很高兴。我们之间有很多事情要磋商。

谢满禄:法国政府在任命我为这里的代办时,授予了我所有与我的职务有关的权力。但是,法国政府指示我不得同中国政府进行有关安南的任何谈判。此外,它还让我告诉您:法国政府准备同曾侯在巴黎进行商谈,以便在9月15日递交给曾侯的包括两个条款的备忘录的基础上达成一个协定;但是,在任何情况下,这方面的谈判只能在巴黎进行。

恭:很好。可是,在给我们驻巴黎的代表写信的同时,我们也将和您谈谈我们的意图,因为谈判即使在巴黎举行,您在此了解其进展情况也还是必要的。

李鸿藻:您说谈判只应在巴黎通过曾侯来进行。自然,我们认为曾侯是很有才智、很能干的。我们批准了他涉及这个问题的所有做法,中国朝廷完全信任他。因此,我们坚信他会很好地完成他的重任。谈判将在巴黎进行,我们也还是可以在这里谈谈,以便双方都有所了解。

谢满禄:我事先拒绝一切有关的谈判。

恭:可是,假如我们向您递交有关安南的公文,您不会拒绝接受并向巴黎转达其内容吧?

谢满禄:如果公文是送交法国驻北京代办的,我不能拒收,我将根据其内容而酌情处理。假如你们的公文是送交法国外交部长的,那么只能由曾侯负责转达,这是外交惯例。

恭:公文将送交您,同时我们也将寄给在巴黎的曾侯。从您这方面来说,您可用电报或书信通知贵国政府。

谢满禄:外交部长在给我的指示电中,委托我告诉您:法国议会最近通过了一项议案,这一议案表明了法国有关东京和有关刚同安南签订的条约的不可改变的意向。

(10月30日议案的中文译文:"议院同意政府为捍卫法国的利益、权利和荣誉所采取的措施,相信它对实施现有条约的坚定性和慎重性,因此通过本议案。"译文交给了亲王,所有在场的大臣都看了。)

恭:这是法国政府的意见,中国政府对于这个问题也有自己的看法,中国政府有义务明确地阐述自己的观点。我们在给您和曾侯的函件中就打算这样做。

李鸿藻:是的。有很多事实中国不能置若罔闻,出不应置若罔闻。安南在历史上曾为中国领土不可分割的一部分;200多年来,它一直是中国的属国,其君主不但接受我国皇帝的册封,而且还定期朝贡。因此,谁能否认安南附属于中国呢?这一点,您是很清楚的,所有其他国家也都知道。此外,在同治时期,中国曾派兵到东京剿除了吴亚终匪徒的骚扰。不久,在东京又剿除了黄崇英匪徒。而后是李扬才——您很了解——也被我们的部队剿平了;最后,去年为镇压陆之平匪徒的掠夺,中国士兵又从云南和广西出击。您看,在东京是一直有中国部队的。16 年来,中国部队始终驻扎在那里。现在在那里的中国军队并非派去打法国人的,而是为了防止来自我国境外的掠夺。我们的强烈愿望是和法国和平协商——长期以来,我们一直同法国保持着友好关系——并通过友好协定来结束我们的争端。如果因为安南之事而引起我们两国的冲突,那该是多么遗憾啊!这就是我们在我们的公文中要说的话,因为应该让法国人清楚地了解中国的权利及其和解的愿望。

谢满禄:在发这个照会之前,重要的是中国政府应该深入理解我刚才交给贵方的信任投票的重要性,因为它向你们表明了不仅是议院而且也是政府的不可改变的主张。在东京所做的事已获批准,我们决心要坚持下去,并使我们的条约能得到严格执行。希望贵衙门能三思而后发表声明。

恭:对此事件,中国政府也有自己既定的观点,中国政府希望同法国和平,但必须以其尊严不受损害为前提。中国政府将在照会中阐述自已的观点,这个照会将表明我们愿意以和平方式解决这个问题。再者,即使提到可能发生破裂,发生战争,这也不是我们想要立即跟法国发生战争,我们的愿望是和平。如中法发生战争,两国不能继续和平相处,我们将会感到非常遗憾!然而,我们不得不指出:一场武装冲突可能会由于法国人不承认我们的权利而发生。

谢满禄:既然法国政府准备在 9 月 15 日备忘录的基础上同曾侯进行谈判,这就表明了法国政府的和解愿望。你们想送交给我的那个照会是仅仅给曾侯和我,还是也送给其他人呢?

李鸿藻:对于那些前来询问此事并向我们谈及贵国与我国之间可能发生一场战争的各国外交官,我们不可能对此事避而不谈。日本人本身就知道这些消息,我们不能拒绝向他们说明事情发展到什么程度。

谢满禄:请告诉我,这个照会是否也送给在北京的其他公使馆,送还是不送?

李鸿藻:无疑,我们将不得不同时写信告诉他们同样的内容,使各国都知道中国的意图和权利。

谢满禄:既然让全世界都知道,那就是说这是一个完全特殊并具有异常严重性的照会了。

李鸿藻:我们并不认为有那么特殊,但是无疑是个重要的照会。

周家楣等:我们这样做是出于和解的愿望,并非为了向法国挑起争端。我们是为了寻求和平解决。

恭:因为担心会发生令我们两国都感遗憾的破裂,我们应该阐明中国的权利,并坚持这些权利。但是,我希望和平解决。

谢满禄:法国政府的方针已定,是不会改变的。重要的是,在寄照会给我之前,请你们深思熟虑。你们应在巴黎寻求一项和平的协议。

代理首席翻译　微席叶

附件 2　谢满禄致外交部长电

1883 年 11 月 15 日于北京

今日(15 日),我刚受到恭亲王和总理衙门全体大臣的接见。我向他们递交了部里得到的信任票文件。我强调了我们在东京存在的不可改变性和维护现有条约的必要性。我补充说:法国政府一直准备接受在 9 月 15 日备忘录的基础上达成一项协议,但是,谈判只应在巴黎继续进行。我拒绝了有关安南问题的任何讨论。

总理衙门再次重申了中国对安南的宗主权,并说:既然法国已经表明了其意图,中国方面将在交给驻巴黎的曾侯和法国驻北京代办的同样内容的照会中明确阐述自己的观点。

这个照会将是一个声明,将同时送交在北京的所有外国代表。恭亲王强调了这一照会的和平性。然而,他说:"如果照会提到破裂的可能性,你们也不应感到惊讶。但是,中国并不希望破裂。"

我一收到此文件时,就立即用电报将其内容转告于您。

谢满禄

附件3 曾纪泽致茹费理照会(略)①

C.P.中国第63卷第31—40页

835 何罗柅致外交部长

1883年11月20日于河内

部长先生:

海军部长先生在9月27日的信中通知我,他已要求交趾支那总督先生采取一切必要手段,尽快将我国政府准备在顺化条约正式签字时送给安南国王陛下及朝廷大臣的4箱礼物,交到我国驻顺化代办参哺先生手中。

交趾支那总督先生也已来信通知我:为贯彻海军部长的上述指示,他已在10月31日派出他的副官德莱斯尚海军上尉先生前往顺化将上面提到的4箱礼物交到参哺先生手中。

阁下该还记得我在10月9日的信中再次向您提过:海军部长先生企图用他自已的权威限制我受委托的外交权的性质和范围。我对他选择在参哺先生近处的交趾支那总督作为顺化朝廷的联系人一事深表遗憾。这使我不得不再次提请阁下注意,此间的情况

① 此照会已辑入本书第1册第788—789页,此处略。——编者

实在已发展到了极不明确的地步,因为这种情况极可能导致歧异而又武断的解释。我无需向您说,部长先生,在这种情况下,像在其他情况下一样,我只得起而捍卫我的已受到侵犯的特权——尽管我是个始终不渝地以我所代表的国家及政府的总体利益为重的人,我是愿意为了国家及政府的利益甘心牺牲个人尊严的人。

我希望阁下能够同意我的看法。撇开个人问题,绝对重要的是,政府应该考虑到我们在印度支那执行的政策的真正利益,毫不拖延地就我们在安南国的外交关系中的领导权作出明确的决定,使我们外交上的领导权能受到各方面的尊重,不给别人有意或无意发生误解的任何机会。部长先生,我认为当前的形势已越来越紧迫,需要用您的崇高威望主动采取措施促使海军部变化无常的决议固定下来。正是出于这一原因,我才特别向阁下指出,目前这种情况若再拖延下去,必将会给我们在东京及安南的事业带来危险的后果。或是指定东京总特派员或是指定交趾支那总督来负责领导我国在印度支那的外交工作,两人之中定一个。总之,最重要的是:不是这个就是那个,尽早做出决定。最糟糕的是把赋有外交性质的任务放在两人之中,一会儿交给这个,一会儿交给那个。这是需要竭力避免的错误。我对海军部长先生未能预见到这种由权力的二重性造成的严重弊端感到吃惊。如果这种权力双重性的现象不予制止,那么完全可以预料到安南人将会利用这种局面来摆脱那位要他们严格遵守8月25日条约的人的权威,从而怂恿西贡方面的种种企图,其后果必然是鼓励那些继续顽抗的人坚持下去。这种不经事先协商各行其事的双重领导,势必引起种种纠纷。再说,河内与西贡之间的交通如此困难,即使想要协商以期取得一致意见,事实上也是难以做到的,更何况当前的环境无论在东京还是在顺化都只有总特派员一人对形势最了解,对采取何种措施最有发言权。因此,今后凡发往法国政府、交趾支那政府及欧洲其他各国的信件、公文一律由我转递,这一点我曾口头上对顺化朝廷的全权代表强调过。我以顺化条约做根据说明如下一点:法国驻顺化代办完全在我总特派员的领导下进行工作。海军部长先生的出人意外的决定,以及交趾支那总督先生急急忙忙地找机会恢复他已被政府取消了的特权,只能给我们造成极为不利的后果,再一次暴露出我们犹豫不决的态度。安南人对外界发生的事态一无所知,故把一些细小的现象视作重大的问题——而这些问题在我们欧洲人看来,本是不值得一提的小事。最后还是我在另外一封信中向您提起的一个问题:当已经有人剥夺了我在东京地区应该拥有的全部权威之时,当我只能在军方权威面前扮演一个令人发笑的哑巴配角之时,如果再削减我在安南政府中的威望,这种做法确是太不够谨慎了。

我把我的想法提请阁下判断,我希望我提供的情况能导致符合我国总体利益的一个新决定。

何罗栏

M.D.亚洲第42卷第226—228页

836　法国驻扎越南及中国沿海部队统计[①]

1883年11月20日

东京部队编制人数

海军陆战队	第一团	3个连…480人	3743人
	第二团	9个连…1384人	
	第三团	6个连…938人	
	第四团	6个连…941人	

① 原件无标题,此系编者所加。

安南土著步兵部队	1216人
海军炮兵	814人—110人
海军陆战营	600人—450人 560人
登陆连	600人
非洲步兵团	1858人
总数	8831人—8271人

派往顺化的部队:

海军步兵团2个连	507人	730人
安南土著步兵部队	103人	
海军炮兵$1\frac{1}{2}$连	120人	

陆军总数9561人

海　　军

东京海岸

“巴雅”号	450人	1850人
“阿达朗德”号	317人	
“雷诺堡”号	208人	
“凯圣”号	157人	
“巴斯瓦尔”号	116人	
“斗拉克”号	107人	
“野猫”号	77人	
“蝮蛇”号	77人	
“阿米林”号	157人	
“梭尼”号	107人	
“益士弼”号	77人	

东　　京

舰名	人数	合计
“雎鸠”号	40人	
“土耳其弯刀”号	26人	
“大斧”号	26人	
“豹子”号	62人	
“突袭”号	62人	
“军乐”号	62人	442人
“马苏”号	26人	
“短枪”号	26人	
“飓风”号	30人	
“闪电”号	30人	
“马枪”号	26人	
“标枪”号	26人	

总数……………………2292人

□……　　　　　　　　600人

余数……………………1692人

中国海分舰队

舰名	人数	合计
“胜利”号	373人	
“凯旋”号	373人	
“都尔威”号	555人	1799人
“维拉”号	264人	
“伏尔达”号	157人	
“鲁汀”号	77人	

交趾支那

“云雀”号	40人	118人
“弗拉梅”号	26人	
“喇叭口火枪”号	26人	
“大刀”号	26人	

运　输　船

“桑罗克”号	312人	1430人
“姑类兹”号	220人	
“阿威龙”号	220人	
“维也纳”号	54人	
“东京”号	312人	
“边和”号	312人	

BB—4　1947(原件未编页码)

837　红河河内至山西段及山西前面一段概况

1883年11月20日

河内至山西的水路距离约为24浬,两地间的红河段有5个大湾,每个大湾处的宽阔河面形成的沙滩和流沙常使航道无法通航。从11月中旬起,吃水深度超过1.5米的船只就别再指望在这一段航行。

在河岸陡峭的航段航行很困难,必须改走另一侧。11月,河水下降,河岸变高,平均高度达5—6米,这时河内航行的船只桅杆都超不出河岸的高度。

7月1日至10月1日之间,河水丰满,有时漫出堤外,所以,许多地方筑有二三道堤坝。航行困难的河段在底河至河内之间的Nhat Chiay、计村和巴兰等处。

从底河至山西上游5浬左右的河段,水深达8—10米。山西前面的河面宽达500—600米。但河岸陡峭,至少有7米高,而左侧水较深,可以泊船和装卸货物。

在山西一侧,水最深达15米,只是河岸陡峭,周围土质松软,找不到一块鹅卵石。山西周围沼泽地多,种植水稻,城堡建在一个不太高的小山上。

乘船经过山西,如果是在下游,几乎看不到城堡的塔楼,它被城堡与河流间的村舍所遮挡;而如果在村庄的上游,映入眼帘的则是一片荒芜景象,只见田野间几处堤坝上的庙宇,也能看清塔楼。每当涨水时,在船上还可看到城堡的屋顶及城堡的城墙上的胸墙。所有的村庄都掩映在密竹林中,在外面很难观察到村内情况。村庄大都建在堤坝上,堤不宽,却很长。

在城堡所处有小山侧可以清楚地看到并列插在土墙上的竹栅栏,其作用是外层防御设施。去年,战舰溯河而上开往明江,途经这里时就见到一些安南人和中国人立即进入这些栅栏后的阵地里。我们捣毁这种外围工事的最好办法就是纵射,也可以从后面进攻。

附河内——山西的红河草图。

BB—4 1947(原件未编页码)

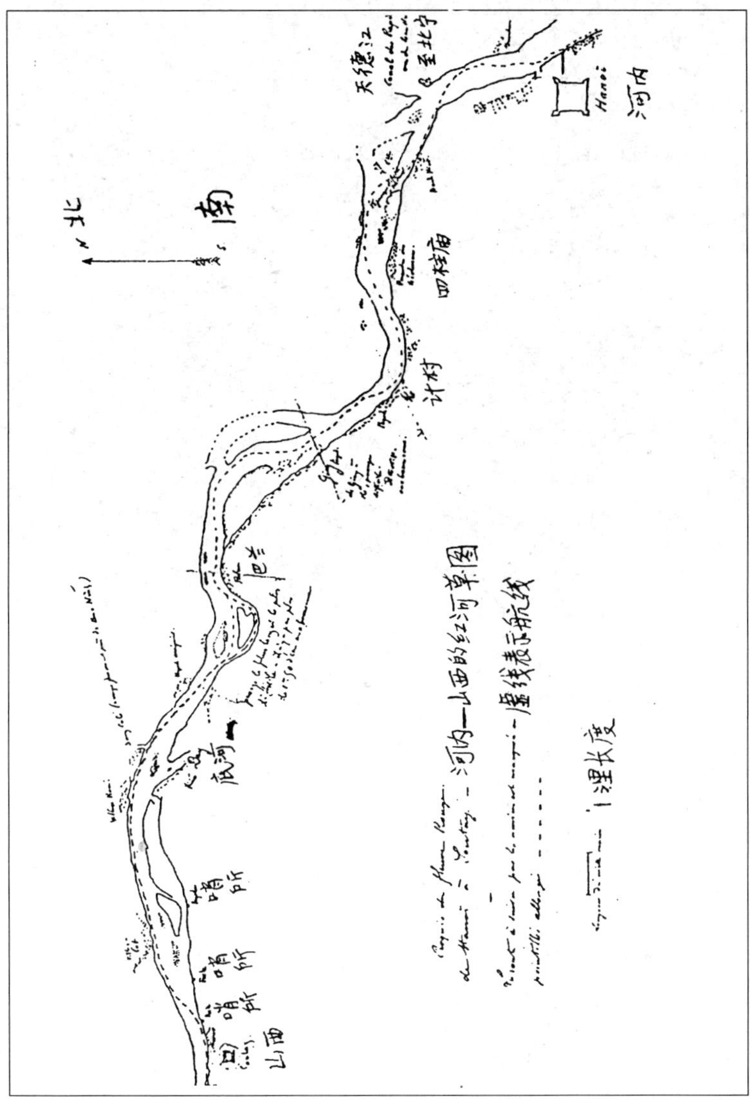
北
南
河内
Hanoi
天德江
四柱庙
许村
山西
哨所
河内—山西的红河草图
虚线表示航线
1里长度

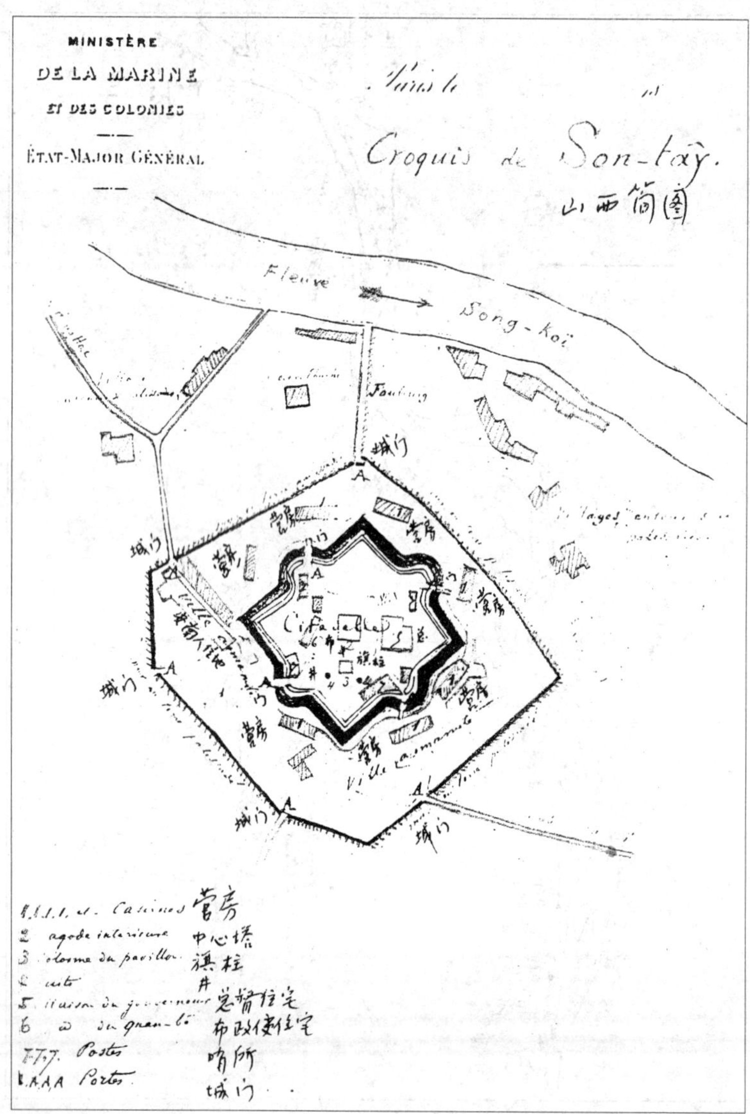
MINISTÈRE
DE LA MARINE
ET DES COLONIES
ÉTAT-MAJOR GÉNÉRAL
Croquis de Son-tay.
山西简图
Fleuve
Song-koi
Faubourg
城门
营房
Citadelle
旗柱
井
Ville annamite
营房
中心塔
旗柱
井
总督住宅
布政使住宅
哨所
城门
Postes
Portes

838　山西、北宁和兴化概况①

1883年11月20日于巴黎

山　西

山西城位于山西省北部,是省会所在地。它控制河流的上游,是黑旗军占了10年、一直没有忽视过的重要据点。

山西距河内约35公里。底河穿过一条连结这两座城市并一直延伸到兴化的公路。

一座不高的土墙围绕着山西。城堡就设立在这些土墙中央。土墙又有十分密集的竹子加固。

这座城堡以砖砌的棱形围墙构成,周边1800米—2000米。在城堡与环绕城堡的土墙之间有一座安南城,从河内到兴化的公路横贯其中。

外层围墙离河800米。它通过一段长长的市郊与该河相连。该郊区约有1.5万人口,郊区本身与城外若干村庄相连。村庄都有很茂密的防护篱笆。

山西的城堡内有库房、监狱、总督住宅、司令的住房。棱形围墙各边的边长500米左右。

简而言之,山西要塞是一座有两道同中心的围墙、外面有许多筑着栅栏的村子作为支援的设防城市。

北　宁

北宁位于一片开垦得很好的平原中的一块起伏不平的土地

① 原文用"海军及殖民地部总参谋部"信笺书写,上方有"呈部长(的报告)摘要"(Note au Ministre)。原文山西、北宁、兴化独立成篇,此合而为一,标题系编者拟加。

上。从平原上隆起的那些圆山头,山顶上一般都建有庙宇。离城市 800 及 1500 米处有两座树木不多的小山。可以很容易地在那里安置炮位,从而使该城牢不可破。

河流在距城墙 4—5 公里处经过。

该城由一座设防的围墙或城堡和一个人口稠密的市郊组成。市郊沿着从河内到谅山(Langson)并延伸到中国的大路。

城堡有 6 个棱堡面,每面约 300 米。城堡四周围有城壕,可从固定的桥上进入城内。

北宁是一个十分重要的军事基地。它处在通往中国大路的交叉点上,是三角洲北部的要冲。这些大路常有隘道交叉,越接近高原,隘道也越多。这些大路上有大量的碉堡。在最近几次勘察时看到,这些碉堡已破损不堪。主要隘道是三叠(Tam – Diep)隘道。

中国军队很久以来便已占领高平和谅山,防御系统很可能已有了改进。1881 年,已有 600 名中国士兵在谅山防守。当时,欧洲的武器和弹药就已送往北宁了。

在北宁至谅山公路靠近中国边界处,建起了一条长约几古法里①,有枪眼的防御墙。

从河内到北宁有 33 公里,行人只要 10 小时就能走完这段路。

城里有 200—300 个基督教徒。有时,一些西班牙传教士去拜访他们。许多住房用石头砌成,这是三角洲其他城市所没有的。

自从开战以来,由河内通往北宁的大路已筑有很多土工事。从红河连到太平的天德江情况亦然。

① 1 古法里约合 4 公里。——译者

兴　化

这是必须占领的第3个据点。

城堡距河边300—400米,周边有600米,四周环绕着高约10—12法尺的砖墙和一条不太深的城壕。1881年,城墙上已有24门不太好的大炮布防。另外,城墙外还布有一些铁蒺藜。

BB—4　1947(原件未编页码)

839　东京远征军申请拨款备忘录

1883年11月20日

参谋部及军舰船员

在讨论通过1883年5月28日法令期间,用于占领东京湾的海军分舰队由10艘军舰组成,其中有两艘是运输舰,每艘只进行一次航行(往返)。就是说它们处于战备状态的时间大约只有4个月。

这些舰上的人员共1149人,其武器装备所需的费用估计为40万法郎,分述如下:

"阿达朗德"号	324人	154,984法郎
"野猫"号	77人	22,699法郎
"短枪"号	26人	18,929法郎
"马苏"号	26人	18,929法郎
"土耳其弯刀"号	26人	18,929法郎
"大斧"号	26人	18,929法郎
"安南人"号	313人	64,991法郎
"美萩"号	313人	64,991法郎
第45号鱼雷艇	9人	8,742法郎

第 46 号鱼雷艇 ………………………… 9 人 8,742 法郎

1149 人 400,865 法郎

即整数 40 万法郎

但是,拨款不敷使用,因为我们成立了一个人数为 614 名的海军营,为维持此部队的装备一年需要经费 ………… 184,091 法郎

4 个月内维持两艘运输舰的费用以及为运输援军和设备需增添的费用共 …………………………………… 389,949 法郎

合计:574,000 法郎

因些,为应付支出及保证 1883 年度的战役,有必要在法令第 4 节补足 57.4 万法郎的拨款。

海军部队

1883 年 5 月东京海军部队编制人数为 1800 人。为了维持海军炮兵及步兵,5 月 28 日的法令同意拨款 75 万法郎。

此后,部队经陆续增派,达到 7139 人。海军炮兵和步兵及陆军部的非洲部队 1883 年度的总支出达 233 万法郎。

这样就短缺了 160 万法郎,分列如下:

1.海军炮兵和步兵的 6 个月军饷 50 万法郎

2.海军炮兵和步兵的 3 个月军饷 25 万法郎

3.陆军部 3 个月内提供的 1858 名法国和殖民地士兵的军饷差额,包括战时津贴在内 ………………………………… 10 万法郎

4.海军士兵的住宿及宿营地,包括购买马匹和马具的费用…………………………………………………………… 55 万法郎

5.陆军部队住宿费用 ………………………………… 5 万法郎

6.陆军部及海军部部队的蚊帐及盔帽 …………… 9 万法郎

7.2500名额外新兵在法国两个月的给养 …………………………………………………………… 6万法郎

总数:160万法郎

医院和粮食

像军饷一样,包括在第一次拨款申请之内的粮食和药物拨款显然是不够的。另一方面,海军部门对部队在军舰上应该提供给养、伙食和住院的兵额已远远超过原来规定的编制人数。再说,不断被派遣来的新增援部队也使支出有较大增加,这样,经费便增加了。

粮食 …………………………………………… 40万法郎

医院 …………………………………………… 20万法郎

所需增加的款项看来是必不可少的。

旅费、过境费、苏伊士地峡的通过费、领港费及设营费

频繁的调动及部队开往东京的铁路运送,人员的过境费及按规定付给陆上执勤的军官、海军士官的居住津贴,苏伊士地峡的通过费和领港费,尤其是我们的庞大运输舰,其过境费不会低于3万或4万法郎,每个来回要付6万或8万法郎。我们认为需要增加拨款 …………………………………………… 77万法郎

各种支出

这些支出中包括电报费、为支付海军士兵军饷而换取外汇时的贴现损失、通信邮资、票据贴现以及性质无法事先确定的一些开支的增加。最后还有杂项开支,估计将达 …… 12万法郎

总计　367万法郎

BB—4　1947(原件未编页码)

840 东京陆海军总司令孤拔致海军及殖民地部长裴龙

1883年11月20日于河内

部长先生:

您10月6日来电通知我送一份东京政治军事形势报告给我驻华公使巴德诺。我遵命给他写了一封信,现将此信抄件呈送给您。另将我11月10日给民政总特派员信的抄件附上,此信简要地介绍了该地目前的形势。

海军少将、东京陆海军总司令 孤拔

附件1 孤拔致驻东京总特派员何罗杧

1883年11月10日于河内

总特派员先生:

武装匪徒在海阳省盘踞,我哨兵最近被杀,马特里埃先生告急,以及各种情报,使我得以看清该地的现状。

我们占据的某些城堡,因为是一些省份的首府,就使我们产生已控制了这些省份的假象,而各地驻扎官的设立更增加了错觉。安南官员都已被法国当局废弃,他们再也无法让人民服从自己,因此,我们就有责任维护安宁,保护人民免遭海盗抢掠和其他侵犯行为。我曾荣幸地通知您,我已给各分遣队长官发出指示,以弥补这一点。糟糕的是,我要不断地向各省首府增派驻军以支援他们,这就会失去我们的主要目标。我们征服的地方不断增加,结果面临今天所遇到的困难。远征军将不遗余力,以克服困难。但我要再次指出,我只能依靠现有驻军的力量而已。

孤拔

附件2　孤拔致驻华公使巴德诺

1883年11月9日于河内

公使先生:

海军及殖民地部长通知我将有关我们在东京的形势的情报,在您11月20日经过香港时送给您。此信就是按此指示写的。当您收到此信时,我估计情况与今天不会有什么不同。此外,由于香港和海防之间没有定期的邮政业务,所以及时地将信寄出方为稳妥。

顺化条约将在东京作战的安南部队清除了一些,但远远未能如我们心意,一些违抗国王命令的反叛官员依然带领正规军或非正规军与我们作战。在山西周围,黄统督指挥的军队有2000人。另一些人数较少的匪徒在三角洲其他地点出没;有一些人与北宁守军汇合。

北宁守军主要是由中国军队组成;估计有1万至1.5万人,分散在全省,驻扎在各要道附近设防的村庄里。据说,这支军队指挥良好,装备不错,拥有扳扣枪,甚至还有大炮。

山西驻军除黄统督的安南军外,还有2000—3000名黑旗军和几千中国军队。

总之,我们要对付1.5万至2万人的中国正规军,2000—3000名黑旗军,1000—2000名安南正规军,这还不包括在各地威胁着我们的单独活动的匪帮以及在农村劫掠的海盗。由于海上封锁加紧,不到6周时间就将海盗从海上赶上岸来,结果使强盗大增。

当增援部队抵达时,我们就可以有4500—5000各种步兵投入战斗,包括海军步兵、海军陆战队、阿尔及利亚土著部队、安南土著部队、外籍兵团,加上5—6个炮连。炮连在被雨水冲坏的泥泞道路上行动甚难。我军人数增至8000人,但是还要除去我们几个月来占据的各重要地点的驻军。轻而易举的征城夺地,使我们产生已经控制该地的假象,使我们可以在该地建立行政机构,这其实却大大地削弱了我们。从防卫的观点看,这种征城夺地的作用是值得怀疑的。但是,既然我们在那里设立行政官员,我们就必须保护它们免遭任何侵犯,结果我们就要承担昂贵的义务,就要维持我们占据了其首府的那些省份内部的安宁。

公使先生,您可看到我们在地面上的处境十分困难,这点是最轻的说法。迅速脱离这些困境的最可靠的办法是向公然与我们为敌的中国宣战;只要集中梅依将军和我所指挥的海军,不用几天,我们就能焚烧其港口,摧毁其海军。我有理由相信,法国政府决不会走这一极端,您肯定比我更了解政府不得不采取克制态度的原因。

孤拔

BB—4 1949 第 273—277 页

841 孤拔致海军及殖民地部长

1883 年 11 月 21 日于河内

部长先生:

在 11 月 5 日第 113 号密信中,我曾向您陈述东京的军事形势,现在谨作补充说明。

我们在三角洲占领着 6 个主要据点,即海防、广安、海阳、河内、南定和宁平。后面 4 个据点过去有巨大的城堡,现在仍然存在,防卫这些城堡需要大量驻军。

河内城堡用来驻扎我们要在最近出征而集中的部队;对城堡未作任何加固以对付一场猛烈的进攻,既没有修理堡垒,也没有修补城墙缺口。直至最近几天都未对周围进行清理。总之,似乎从未考虑到可能发生侵犯之事。当我们要向山西或北宁进军时,我们将不得不留下最少2营步兵、2营炮兵,这样我们也只不过是应付前哨攻击而已,必须时刻作好派遣增援部队的准备,这对我们出征可能产生严重的损害。

在海阳,在太平河右岸筑起了一个坚固的堡垒,能以少量驻军作长期的抵抗。然而该堡垒被城堡的一个棱堡所控制,在棱堡里尚待筑起一个好炮楼,使城堡免遭突然袭击。除非在堡垒中驻扎一支强大军队,否则,因离城堡近而十分危险。这就是为什么当我获悉11月17日攻击时感到无可奈何,我还担心会遭到更多军队的进攻。结果要从人数已很有限的机动部队中抽调增援部队。

在南定,城堡北角被一堵墙封死以便在那里修筑一个能以少数部队防卫的内堡,但是这堵墙有3米高,而内堡以外的壁垒的其他部分有4米高,其墙有4.5米。因此内堡防卫人员会被占领城堡其他部位的敌人所控制。

在宁平,哨所建在一块岩石上,该岩石居高临下控制着大河和城堡,25人的驻军就能在那里长时间抵挡来自两边的进攻。不过,我在考虑保留这座城堡有什么意义。

有人说,安南人会来到这些代表他们军事力量的旧地。我不能同意这一看法。不过,我更希望将所有这些对我们无用可又有危险的防御工事全都夷平。

一些主要据点对我们来说已成为次要的,但巴塘、巴兰等据点都有一些可以节省开支的设施,那里可容纳我们很多人。我们因为寺庙有很多宽敞的房子而驻扎在里面,却没有注意它们抵挡进攻的能力。这些寺庙只是用竹栅栏铁蒺藜简单地设防。建一座完善的炮台花费肯定要多,但它只须驻一排步兵和一门4厘米大炮就可以比今天用一个半连的兵力更好地保证其安全和进行监视。

根据我们目前这样要从如此有限的兵力中抽调而又很难补员的情况,我们尤其要爱惜兵力。

注意到这种情况是我的责任所在。我要说,特派员对我向他提出的一切建议都表示赞成,但是从同意计划到实行计划,在此地比在其他任何地方都有着更大的距离。

为了补充一些据点的驻军,我们不得不从其他据点抽调1900名士兵,再加上我们开始进军时,要给河内城堡留下1100名,结果使不能参战的兵员高达3000人之多。

必须承受这种严酷的事实,这是我们自已造成的。我们夺占了好几个省省会的城堡,这样,我们像是控制了这些省份;我们在这里设置驻扎官,这样,我们好像是实行了行政管理。这些过早的措施,使我们被迫承担各种昂贵的义务:防守这些地方,保护我们的权力机关,维持各省的秩序。要维持治安秩序,安南官员们的协助是必不可少的。但其中许多人因看来不符合8月25日条约第14条而被我行政长官裁汰。而这些人则因不愿意接受新的职务而不愿过问公共安全的问题。他们甚至很可能怂恿劫掠行为,为向我们进攻的敌人通风报信。总而言之,他们以其全部的影响来支持对我们有组织的反抗。最善意的人看到没有他们我们就无法维持治安,也都拍手称快。只要我们对中国军队和黑旗军未取得决定性的彻底胜利,只要我们的军队还没有排除公开的和隐蔽的敌人给我们的保护国所制造的障碍,他们就会依然如故。我深信,我们先是急于征城夺地,接着好像是在实行行政管理,这就造成我们现在要应付内部的部分麻烦,从而使我们无法动员一部分军队投入战斗。

海军少将、东京陆海军司令 孤拔

BB—4 1949第278—281页

842　何罗栏致外交部长沙梅拉库

1883年11月21日于河内

部长先生:

我荣幸地将奉我之命前往法国驻东京各省驻扎官公署检查工作的民政秘书长巴霍先生刚刚寄来的报告转呈阁下,并随函附上我给他的指示。

众多迹象及明显的证据都表明,海军部对我的行动的评价极不公平。为此,我不得不再次上书阁下,请阁下明断是否有必要将此信转呈海军部长先生①。

巴霍先生的报告将使您了解此间总的形势,这种形势对我们越来越不利。只有在那些因我们长期无所作为而变得胆大妄为的中国人受到一次应有的惩罚之后,形势才会有所好转。对秘书长先生报告中指出的这种现实我只能表示遗憾,并拒绝承担任何责任,因为我已被迫完全放弃过问军事行动的权力,被迫向各省驻扎官发出正式命令,以免在孤拔将军先生已经抵达此间的新形势下,在权力分配这一紧迫问题上发生纠纷。我不参与镇压匪帮、减少各地民兵的人数及装备、停止招募当地兵勇等等。

关于占领南定、海阳、宁平及广安一事,我收到了孤拔海军少将先生的一封来信,此信我也一并呈送阁下。他在来信中只有寥寥几笔提到这些事,显然他认为没有必要向我提供更多的情况。他在信中对我完全出于无奈而不得不实行的制度加以毫不隐讳的批评。我不知道将军的这封信在形式上是否合适②。我请最高当局加以评判。但就内容而言,我本人不能不说一说我与这位将军

①② 着重号为原文所有。——编者

完全相反的意见。我认为他没有了解我们之所以这样做的政治上的必要性和我们应负的道义上的责任。问题并不在我们对形势有什么幻想——就像少将司令先生信中所暗示的那样，他这样说流露出极其不公正的态度[①]——我们应该占领尽可能多的省会，以防止这些地方落入中国人之手，而通过树立我们新的权力来强迫当地民众尊重顺化条约的规定，并使这些规定得以顺利地实施。而海军少将孤拔先生却只看到一个目标，只想占领山西及北宁[②]，一鸣惊人。他很少想到该国的全局。在这种情况下，我不想进一步指出其中有什么预先策划好的东西，这只是一种策略，用来在无法预测的一段很长的时间内使军方保持其优势，从而削弱并最终完全取消文职官员的作用，达到把东京置于海军控制下这一目的[③]。我不这样说，但这里的许多文职官员都持有此种看法。

至于南定，其实并不是由我下令占领该城的。我早就说过，如果一切由我做主的话，那么应该首先攻占宁平为好。

至于海阳，我也曾明确表示过，至今仍保留这一观点：如果布里翁瓦尔中校当时不去夺取该城，那么要不了几天，富平省（Phu Binh，préfecture）、文庙和该省会城堡本身就会落到中国人手中，成为中国人反对我们的坚强而危险的中心。海阳是一个至关重要的军事据点。我感到十分遗憾的是，当我多次向军方提出应牢固地占领该城的建议时，军方像一贯没有诚意地对待我的建议一样[④]，不是拒不采纳便是勉强派出一支毫无战斗力的部队去做做样子。我一直认为，取得该城便有了向北宁采取行动的良好基地，它比河内城更有用。而且占有该城对保证我们与海上的交通联系以及保证我们在海防的设施安全都是绝对必要的。不幸在我写给比硕上

①②③④ 着重号为原文所有。——编者

校的信中,由于一时疏忽,来就这些作专门的论述。但从这些讨论形势的来往信件中您还是可以看到某些痕迹。这批信件亦随函奉上。这位校官在我视察海阳归来后,于10月11日发来的信件中曾答应我,将派3个营进驻该城。后来海军少将孤拔先生只同意派800名士兵,最后总算增加到1500名——但只是留在纸面上的空头许诺而已。事实上,直至今日,当地根本就没有作好任何迎接驻军抵达的准备工作。然而今天,他们不得不匆匆忙忙向海阳派去了600名士兵——这一点到底证明了我的观点还是正确的——可是,当这些士兵抵达时却发现没有营房可住。总之,我对此是于心无愧的。

关于宁平[①],当他们答应我去占领该城时,准备工作正在积极地进行着,这就再清楚不过地证明占领该城只是时间问题。今天虽然可以认为该省爆发了几乎公开的反抗行动,但我们现在只需要20来名士兵便能控制住局势,确保该城的平静无虞。不妨设想一下,如果我们当时迟迟不采取行动,而让该城落到中国人手中,那么到了今天,为了夺取这个可以确保清化与顺化之间交通畅通的阵地,我军将会遇到何等重大的困难!

关于广安[②],它是个易守的城池,装甲舰可以沿南潮口(Cuanamtrieu)直达该城城门。它位于海防附近。占领了该城就会使该省的中国军队在运动中遇到很多困难。它也是我们选定的未来保护国的建都之地。总之,我们应该控制尽可能多的位于三角洲及太平省的军事据点[③](这样的考虑我认为应该优先于其他考虑,特别是因为英国人传来消息说中国人有占领该地的企图,我们更应如此)。这样至少可以使我们以实占地区的资格与北京朝廷

①②③　着重号为原文所有。——编者

打交道。

此外,我坚持认为,既然在军事行动方面我的干预权已被剥夺殆尽,我的威望几乎已荡然无存[①],我对此间发生的一切事情就概不负责。我甚至只有遗憾了。我可以自负地说:如果我的地位明确的话,授予我全权,使我能按照我对该国实际形势和需要的理解去采取行动,那么我们的情形就会比今日的实际情况要好得多。因此,在这场战争中,毅力与明智远比战略知识更有用。

毋庸讳言,自从海军少将孤拔先生来到之后,我对任何一次军事行动都比过去更少发表意见。我甚至只愿听凭阁下来判断:这种与政府给我的共同的指示完全背道而驰的行事方法是否正确?直到现在,我没有一次机会与总司令就任何一次军事行动在事先共同协商。我还需补充一点,迄今为止,在大多数情况下我对部队的到达、侦察部队或作战部队的调防等等都一无所知。即使偶尔得到一些消息,也全是别人的传说而已。我的处境已使我不得不采用一种我深感惭愧的伪装手段,在我的下属官员及安南当局面前掩饰我这种被人故意造成的无知状态。

我希望阁下能够理解我反复要求调回法国的请求,并原谅我纯属为了想尽早结束这种尴尬局面而表达的坚决态度。

何罗栏

附件 1 民政事务秘书长巴霍致何罗栏

1883 年 11 月 17 日于河内

总特派员先生:

您授命我去各地巡视的任务已告结束,现荣幸地将我这次视

---

① 着重号为原文所有。——编者

察的情况向您报告。

我在10月24日离开河内,25日抵达海防。27日在马尔基先生和希勒漠(Schillemaus)先生陪同下前往广安,委派希勒漠先生为我方驻广安的驻扎官。28日抵达海阳,在海阳逗留到11月6日,然后返回海防。7日去南定,停留了36小时。9日去宁平,11日去兴安,12日再去海阳,13日晚间回到河内。

海阳省颇为混乱,盗匪猖獗,居民深感安全没有保障,即使在有我军驻守的中心地区也不例外。盗匪势力之所以在短时期内能够如此猖獗,是因为这些盗匪实际上已经成为安南人对付我们的一种新的力量。他们不断袭击我们,迫使我们分散兵力,并用各种可能的方法帮助中国军队的行动取得成功。据我在旅途中的所见所闻,我们驻守海阳的民兵处境很困难。海阳省的情况与其他各省一样,给我留下了深刻的印象。

海阳有3股武装匪徒割据了全省的土地:一股活动在离海防不远的象山(montagne de l'Eléphant)周围,他们不时出动,向海防附近各村射击。我军曾多次出城追击,但收效甚微。第二股匪徒以该省东北部的南策府(phu de Nam Sach)为根据地,这一股名叫Bahô Ba和doi Tho。最近,这股武装匪徒已与第三股匪帮合并,并同中国军队结成一伙。第三股匪帮人数最多,最可怕的Tang Thua是其首领,此人原为黄继炎(Hoang Khé Viem)[①]手下的一名副官。这支武装是最近才在该省出现的,他们其实是北宁驻军派出的先遣队。这支部队对海阳构成威胁,听说最近他们在人员方面得到中国的几个小分队的增援,很可能在这几天对海阳发起进攻。上述3支武装,尤其是后两股,都在北宁得到了武器供应,而且装备

① 即黄佐炎。"继炎"系其原名,"佐炎"为嗣德帝赐名。——编者

日益充足。他们随意强迫招募兵员，征收税捐，占领乡村。他们的所作所为与签订和约前的顺化军队完全一模一样。

不管怎么说，结果是一样，只是形式上有所变化。

在我逗留海阳期间，该省的地方官员表现得极其顺从听话，表示愿意执行我们的意志。当谈到这些武装匪徒及其暴行时，他们显得非常害怕。他们对这些土匪无能为力，自己深表内疚，他们说匪徒们夺走了他们手中的一切：枪支、大炮、标枪、大刀及炸药等等。他们甚至装出十分恐惧的样子，说自己的生死已经掌握在这帮匪徒的手中。但事实上这全都是在做戏。诚然，他们手中的武器所存不多，但事实令人相信他们是自愿将武器送给这些所谓海盗的。他们其实并不是过于担心这些匪徒的骚扰；如果他们真心与我们合作，如果他们真的想清除地面上的匪徒，那么，照这些土匪们的做法，这些官员中的不少人早就该落到土匪手中受到惩罚了。事实上他们双方早有默契，互相之间谁也不去妨害谁。

自从国王钦差抵达东京以来，该省提督的态度充分证明了我的看法。提督是朝廷派驻各省的军事长官，可是没有一名提督露过面；只有几个文职官员，以总督为首，包括一名领兵、几名副领兵以及若干名士兵根据条约规定前来迎接我们，做个样子，而军事首脑却带着众多的部属置身事外，希望我们能把他们的存在暂时忘记，以便将来东山再起。这种伎俩由于我们采取了强硬措施而无法得逞。于是提督便弃官外逃，把部队转到另一名军官手中。海阳提督就是这样逃到北宁去的，他的部队也就摇身变成为我上面提到的那些匪帮。南定提督最近也受到追捕，如果他是被迫外逃的话，他手下的士兵肯定会接受几个伪装成土匪的军官的指挥继续与我们为敌。河内堤督据说(?)[①]在与歹徒交战中被杀。不管此事是真是假,总之他从未前来见过我们,从未宣布过向我军投降,他采用的策略在其他地方也是一样的。

综合以上事实,我毫不怀疑这种情况完全是根据某一项命令有意造成的,这条来自顺化当局的秘密命令的内容大致可以归结为:"各省官员应该回到各自的住所,但军队首脑属于例外,他们应尽量保存实力以等待事态的发展。"

海阳省老百姓面对这些阴谋并由此产生的贫苦,生活态度十分消沉,他们遭受经久不断的恐怖感的折磨,但对我们并无敌意。他们承受着他们的官员以卑鄙的伎俩造成的种种苦难。这些官员们想藉此把他们推向绝路,以便引起他们对我国的怨恨,好把一切罪过归咎于我们。安南百姓在遭受抢掠、敲诈,他们付出了一切代价。尽管如此,他们仍然未能摆脱一种逆来顺受的麻木状态。这是值得我们庆幸的。因为,如果底层百姓真的起来反对我们,那么肯定会给我们的治理带来巨大的麻烦;而现在,我相信只要给他们一点安全与安静的感觉,我们就会很快取得他们的好感。

我逗留在海阳期间,上述匪帮已发展成对该城的一个巨大的威胁,人们担心城内已无安全可言。中国的先遣支队已经抵达离该城3里路程处并与那些匪帮会合,先遣队的人数尚不清楚。我军占领的据点只有60名士兵,他们无力阻止匪徒们夜间对该城的攻击,也无力阻挡中国人前来放火和夺取城中设防的地区。一旦中国人进入城内,再要把他们赶出去就很难办了。每天白天都在谣传说当晚中国人会来攻城。危险的局面一直存在,居民们自然惊恐不安,纷纷逃离该城;许多中国人已离开该城,有的居民夜间

① 问号及括号系原文所有。——编者

不敢留宿家中，而逃到船上过夜；即使在白天，大多数商店也都关上大门。

在这种不正常的情况下，加上这些惊惶不定的居民，总特派员先生，您能很容易理解，要想顺利地完成您委托我的各项任务，困难该有多大啊。

关于鸦片税承包问题，我原以为这个问题不会太费周折就能获得解决。在我到达后的第三天，就有一个中国商人来申请承包，他提出的税额是可以接受的。不久又来了一个中国商人，这个人是去年的包税人，他也申请承包，他的投标额与前者相差无几。但过了几天，敌人开始进行威胁，第一个中国商人前来撤回了他的申请；第二个声称他原来找的保证人已经离开该城了，他提议到河内去找保证金，在河内与我们签订合同，他说他的兄弟就在河内做买卖。我觉得他不像是在说谎。他同意承包该省的鸦片两个月，第一个月付税金800皮阿斯特，第二个月付税金1200皮阿斯特。他要求行政当局准予在同样条件下逐月延长合同。他还向我表示，如果我们攻下北宁城，他愿意把海阳省的鸦片税翻一番。在安南官员治下有一个特殊情况：所有东京的鸦片都是从Cuá Ca□……运入的，海阳的承包商有权从总输入量中提取15—20贯钱。由此看来，其他各地鸦片商就是向他进贡的人。

这也说明了为什么该省的鸦片税收比其他各省远为丰厚的道理。如果今后各地鸦片商坚持改由西贡进货，那么海阳商人的这种特权就无存在的理由。但不管怎样，我个人觉得最好还是取消海阳的这种特权。

营业税问题。现在就建立这样一套正常制度，时机尚未成熟。设想一下，目前商人们正忙于逃命的时候，怎么可能叫他们接受支付营业税呢？我甚至连提也不应该提，免得增加商人的恐惧心理。

我只是叫他们给我开了一份中国商人和安南商人的名单来,转交给了罗什(Roche)先生,请他在认为合适的时候设立这种税收。

赌博税问题。关于赌博业,有人提出来的税金如此微不足道,我们如果接受,只能是弊多利少。这点收入不足以弥补由此引起的社会混乱和中国人外流的银子。还没有一个人提出每月超过100皮阿斯特的税额,再说这里的局面与其他各地一样,还说不上安全哩。

治安问题。我已着手建立本城警察队伍,但目前还处于萌芽阶段。人数总共35人,其中1/3是天主教徒,这是为了使该城的这一部分重要居民也能在警察部队中拥有自己的代表。警察目前还只能白天在岗哨上值勤,夜间的秩序仍得由居民们自己来维持。

我驻扎官公署问题。选择驻扎官公署的地点一直是我最操心的问题之一。这个公署必须选在城墙内,而这样做,在目前情况下如无一支足够强大的警卫力量来保卫它则是不够慎重的。但我们又不能设想将官署设到安南地方官员们聚居的地区去,而且那里也没有像样点的房屋和可以关闭的住所。我们总不能把驻扎官的办公室设在敞开的厅里人人都看得见,因为安南人都是一些密探。我们原有的住宅离我军营房1500米,就认为远了些。

今天,这个问题总算解决了。因为全城已被我军占领了,这一来,派驻该城的副驻扎官就可以住到城里,而这样还能增强我方的守备力量。

海防驻扎官公署。海防如我在前面提到的那样,有一股人数众多的土匪武装占据着附近的象山高地。他们不断骚扰海防,不时出来抢掠四周的村庄。我国驻该地的驻扎官先生已经批准一个安南首领招募志愿兵以抗击土匪。志愿兵人数到目前为止已经达到500名,已与土匪交锋过几次,表现还算不错。我已告诉马尔基先生,在军方提出要求时,可将这支部队连同其他民兵一并交由军方调遣。

海防的军事与民事当局之间的协调一致尚远未解决。我已尽了最大努力来促成双方的谅解,我不敢自吹已经取得了成效,但相信已经使驻扎官明白,在当前我方处于十分困难的环境下,应该尽可能地忍让,以达到与军方的一致。暂时主动将民事部门降至次要地位,等总的局势改善之后,再来解决这一矛盾。

我在海防视察了正在兴建的海关大楼,在视察时指示:除了那两座已经动工的楼房之外,其他不经特许不准开工。

南定建筑驻扎官公署问题。我觉得南定省是我军占领的各省中秩序最为平静的一个。该省提督已经率领他的大部分军队流窜到太平府,我军一支快速部队最近对他进行了一次追击,目前提督似乎已经失踪,也许他已投靠活跃在海阳周围的匪帮了。总之,他已交了官印,但他的士兵都仍在反对我们。我方的这支快速部队还以人不知鬼不觉的快速行动攻击了驻守在广安省的安南军队,据说已迫使其向顺化溃逃。南定总督已经答应尽快任命一位军官来代理该省提督之职,他同时还向我们开列了该省拥有的武器、弹药给养的清单,交给我驻扎官。

现在正在全力建立当地的管理机构。

我军还成功地袭击了图班(Tu Ban),并开始把南定官府储存在那里的物资全部运回南定。为了尽快运出这批物资,已在图班与南定之间建立了专门运输线。

安南人要求我们归还王庙,城防司令已表示愿意搬出,同军队一起住进堡垒。看来事前没有考虑到为城防司令准备住所。所以最好立即为他建一所住宅,或者住到堡垒内。总之,不能让驻守该城的城防司令官住在城外。

安南官员主张拆除城墙以取得建房所需的材料,我非常同意这一主张,这样一来可给我们的部队节约很大一笔开支。

关于宁平的情况。我在宁平把主要精力用于了解我国驻该地副驻扎官与安南地方当局的关系上。下面是我了解的一些情况:马特里埃先生态度显然过于生硬,不善于克制自己暴躁的脾气;但也必须承认当地巡抚也实在是个刁顽之徒,处处不愿合作。他对副驻扎官所说和要求的一切,老是答复说,他不了解顺化条约的内容,他必须请示河内。陪我同往宁平的安南钦差随行官帮了我的大忙,指出巡抚这种做法实在是不允许的,会给他本人及政府带来各种麻烦。看来他已经明白了道理,我嘱咐安南钦差的随行官与我国驻扎官好好商量。

富梅的清仓工作大概在我离开宁平的当日可以结束。一共运回5万贯钱、500支步枪、1200条长矛以及其他物资。巡抚不得已已将该省现存物资的清单呈交了我们。在我抵达宁平的前两日,传教士曾向我报告说有一支人数众多的偘族(Mumgs)武装正向富梅进发;又说该军已向南定增援。但我没有遇见偘族民兵,警卫队已于四、五天前重回宁平。

马特里埃先生已在城内贴出告示,宣布不久将开征营业税。我觉得这一步骤走得太早了些。我嘱咐他,在未得到新的命令之前,不要太惊动居民。

巡抚已经雇用苦力将从本城转移到富梅的存粮运回交到副驻扎官手中。这些粮食可用以支付建造我国驻扎官公署的费用,这将给我们节省一大笔开支。

兴安形势。我最后前往兴安视察。该城官员也像各地一样,为了免遭我方炮轰,曾把本城的给养、物资和铜钱转移到别处。我来此地是很想了解一下上述这些物资是否已经运回来。可惜,我是晚间抵达的，由于时间紧迫，不能留到次日天明，因而未能亲自检查落实情况。但当地巡抚向我保证已经办好此事，他提出种种证据来支持他的说法。

我命令他尽快将该城现有的给养及物资列出清单并立即向您呈报。我又警告他说如果他胆敢不按照您给他的各项指示办事，那么用不了多久，他将会看到他的城市被我军占领。

巴霍

附件2 何罗栏致巴霍

1883年10月31日于河内

秘书长先生：

根据您的要求，我将波那尔先生的副官、海军陆战队中尉罗什先生调往您处。我有理由相信这位您十分了解、忠于职守的军官能够——至少暂时能够——圆满地完成他复杂的任务。

在我们的突击队使我国的威望深入该省内地乡镇之前，罗什先生应着力在省会牢固地建立起我国的权威。他将通过尽量少去伤害本地官员和中国富商们的利益来达到这个目的。尤其是中国富商，他们将会成为我们的合作者——如果我们善于利用他们的弱点和优点的话。罗什先生将会得到您为他准备好的一切条件，我深信他会根据您的指示办事的。

关于建立住所问题，您可以就地自行决定何时有可能让助理驻扎官回到该城恢复当地的各工作机构。不管怎样，您都可以最严厉地谴责当地安南当局未能按照事先商量好的办法准备好合适的官邸。

在离开海阳之后，您不必急于直接赶回河内。您可绕道去南定及宁平两省看看，就该两省形势向我作个报告。在南定您将能遇见安南钦差手下的一名随行官员,他是被派往省会去说服该省提督早日回来的。这位提督至今仍拒绝执行顺化条约,在海边某一个县统领着来自北宁及山西方向的1200名士兵。

我曾责备该省总督,说他应对他下属官员的抗命行动负责。他答应我在一周内把提督叫回南定城来。我命令那维尔先生:如果这个承诺未见实现,就把总督扣留起来。事情正是这样办了,安南钦差派了商舶大臣的参办前去,我命令那维尔先生释放了总督。但这位安南高级官员在今后相当长的一段时期内仍会对我们保持怀疑态度,因此我请您帮助那维尔先生研究一下他的倾向,设法让他明白:继续保持对我国不友好的态度,只会给他治下的省及他的国家带来最大的不幸。

您可以指示那维尔先生了解清楚是否有可能把贮存在该省内地许多设防的府州,特别是贮存于务版的大批给养物资运回南定来。我希望法军驻该省司令拉封(Lafont)先生能够陪同那维尔先生去务版一次,那维尔负责登记库房内储存的物资,拉封先生则可利用时机对该城的防御工事实地视察一番。

那维尔先生无疑已经收到我寄给各驻扎官的关于城市管理条例的那份材料。这份材料是波那尔草拟的,我把该条例给他们是为征求他们的看法,并让他们就他们管辖地区的特殊情况提出必要的修改意见。这样,结合这些驻扎官的意见,我们就可以正式制定出一份适合于东京各城市的有效管理方案。

您当然也可以要求那维尔先生向我提出一份关于如何组织民兵的方案。不过民兵的人数应该减少,现在各地民兵的人数实在过多了些。应该耐心等待军事阶段逐步结束后,才可以做到民兵部队的人数不致过多。南定的民兵目前只应当作一支劳务队、城内巡逻队以及承担驻扎官的仪仗队,驻扎官出城时还是不带他们为好。

拉封司令在离开河内前向我辞行时,我就把这层意思向他说了。这位军官现在急于想率领一支他认为人数足够的部队打出南定去。他现时只是等待该省的驻扎官给他提供一些情报以便判断何时采取这一行动更为有利。请您向我报告目前河内——兴安——宁平之间通讯联络方面的情况。

接着您还可去宁平一趟,但不要暴露您是奉命去调查马特里埃先生如何执行他的新职务的。您要十分仔细地了解他与当地安南高级官员之间的关系。国王钦差每天都来我处告状,向我转诉宁平的官员们对马特里埃的抱怨,说马特里埃待人粗暴,滥用权力;当然我知道他们的话是夸张了,我尤其不相信马特里埃先生竟会因苦力们走路太慢而贸然下令枪毙。宁平的官员肯定对我们怀有二心,因此对待他们态度可以尽量严厉些,只要这种严厉不超出吓得他们弃官逃跑、公开投奔敌人这一限度就成。但是我认为做法上还得使他们在安南居民面前保持权威的形象。宁平驻扎官应该尽量避免由他直接发布文告的做法,尤其是有关税收方面的布告。他还应该尽快将该省转移到富梅的库银运回宁平。但是这些银钱在新的命令到达之前应早封存,任何人都不能动用。

您一定有兴趣视察一下宁平的。我觉得宁平虽小,却极其重要。它在我们今后大兴土木时将能向我们提供丰富的木材及石料。您要嘱咐马特里埃先生利用驿站[①]与河内及南定保持经常的联系。您可以非正式地向各地警卫队和分遣队指挥官提出这个要求。这些军官的报告可以先交给各省驻扎官,驻扎官将负责与当地安南官府达成协议,把这些信件送达收信人的手中。

---

① 着重号为原文所有。——编者

在回河内途中,您最好还能去巡视一下兴安,我在不久前曾去该地视察过,我在那里发现的情况几乎同各地一样:地处主要河道附近的城内的大部分给养品已被运走一空。地方官员答应我立即将大部分的武器及银钱弄回来。如果他们没有履行这一承诺,您走时可以警告他们,我将向该城派一名军官及一支特遣部队去监视他们。我不知道您是否可能找到一只汽艇载您去兴安。我们手中的运输工具现在全部投到了接运部队来河内的紧急任务上。如能遇到顺路船只,您可以在兴安上岸,从兴安走陆路到竹林哨所(poste des Bambous);回来时到了竹林村,您就很容易找到驶往河内的船只了。

何罗柈

附件3　何罗柈致巴霍

1883年10月23日于河内

我最近的海阳之行使我确信,我们在海阳设立民政机构一事不宜拖延过久,海阳过去是、将来也仍是东京的一个重要商业中心。当地的安南官员已经全部回到他们的衙门,现在必须向他们阐明顺化条约赋予我们的权力,我们不能放手让这些安南官员自行其是,他们不可能考虑我们的利益。

因此,我决定派您去海阳安置该地的副驻扎官。为此,我命令您准备一所合适的住房。您抵达海阳后可与工兵部队副指挥官商量。如您认为需增添一些其他附属建筑,请他给您提供一些工人。

我想您逗留海阳的时间不必超过12天,我希望这12天对您筹建官署已经足够了。随后即向该地派出一名新的行政长官,他将在马尔基先生的直接领导下担当起该地副驻扎官的职务

您可以在您认为可以离开的时候,选择最合适的时机动身前

往海阳。

您可以先去海防,在那里与马尔基先生研究一下:他管的事太多,我们想请他今后把精力集中到处理海防及其郊区的事务上(所谓郊区是指一个或数个区),并在找到合适人选后在广安增设一名受他监督的副驻扎官。这一设想是否会对工作带来更多的方便?

我个人认为这个办法会有很多好处,而对马尔基先生也毫无轻视之意。海阳与海防之间的交通目前还不方便,这实际上已使马尔基先生很难顾及海阳的事务。

到海阳后,请您重点解决以下问题:建立警察、实行营业税、分配专卖权等等。总之,要为我们开辟一些收入来源。

我们采取这些措施的理由完全充足,因为我们的进驻已给中国商人带来了安全的环境。

何罗栏

附件4 何罗栏致河内工兵指挥官

1883年10月11日于河内

亲爱的上尉:

上校司令官先生想在有利条件具备时派兵进驻海阳,人数为1000—1200人。

因此,我荣幸地请您向我提供一份关于该地城内可供利用的仓库情况的调查报告,以便我们的士兵抵达后能有个住宿的地方。

自然,若能将仓库改建成为营房,就无需大兴土木了。

此外,该省当局很快就要回到海阳城。因此,还要在城内给他们留下足够的地盘。根据他们的愿望,这一地盘也包括王庙的废墟在内。

我路过海阳时曾向工兵副指挥官卡普龙先生提出,应在安南官员聚居区与法军驻地之间竖一道竹篱隔墙。

请您向他再发一道命令,要他们立即动手竖起这道竹墙。

何罗栏

附件5　何罗栏致孤拔

1883年10月29日于河内

将军:

您今天第3号信要我注意登陆部队即将开到河内,河内的营房将不敷使用,以前研究的计划没有考虑到他们的住处,等等。

前不久,比硕上校与我商量过一个方案,把部队暂时放在海阳,以便下一步向北宁发起进攻。为此,我发信通知工兵指挥官制定一个将队伍安顿在海阳城内的计划。就在今天,他回信说只需做些简单的工程,该城即可接待3个营的士兵。

在我向他发出或在河内、或在海阳扩充营房的命令之前,我需要知道您是否打算把大批部队派往海阳。

一旦接到您对这一问题的明确答复,并得知此次抵达东京的法国士兵的准确人数,我即下令或在河内扩充营房,或在海阳兴建新营房。

何罗栏

附件6　孤拔致何罗栏

1883年10月31日于河内

总特派员先生:

为答复您第587号来信,我荣幸地通知您:海阳的占领只能是计划以外的临时措施……

孤拔

附件7 何罗榁致河内工兵指挥官

1883年11月3日于河内

亲爱的上尉：

您10月29日发来的第79号函关于在海阳安置3个营陆军的详细计划已经收到。

海军少将司令先生通知我，他只打算派出1200名(即两个营)官兵驻守该城。

为此，我荣幸地将您送来的计划退还给您，请您对此作出必要的修改，以适应海军少将司令先生所作的安排。

何罗榁

附件8 孤拔致何罗榁

1883年11月10日于河内

总特派员先生：

海阳省出现盗匪，我国官员最近在巴塘被杀害，马特里埃先生向您报告存在的各种危险，以及各个方面来的情报，使我看清了安南目前的形势。

我军已占据了相当数量的作为各省省会的军事要冲，这就造成了我们已经控制各省全省局势的一种假象。接着在各省相继成立法国驻扎官公署，这就更加加强了这种假象。为此，我们不得不承担起维持地方治安，保护居民不受土匪及其他坏分子抢掠的责任，因为当地的官员在我们权威面前已经失去了控制地方上居民的能力。

我荣幸地通知先生，我已给各地分遣队长官下令，要他们代理(当地官员)职责。可不幸的是，我却不得不不断地向各省省会派兵去支持他们,而这样做就会放弃我的主要目标。我们不断地增加占领地,这是使我们面临目前困难的原因。为此,我必须重申一遍,根据我们目前仅有的兵力,远征军必须立即停止这样的增加占领区。

孤拔

M.D.亚洲第42卷第229—251页

843　原东京驻军最高指挥官波滑致海军及殖民地部长

1883年11月21日于巴黎

部长先生:

我一处理毕冗务,便着手起草所附的这一报告。

部长先生,我首先要向您报告,您19日的来信业已收悉。您在信中责备我犯错误是由于无知,而不是由于目无纪律;我认为(我有意使用"公文式"的词句),这是由于委员会要求您在我出席委员会作证前责备我的,不然的话,我就不至于受到这种责备了。

我刚到东京时,尽管已从西贡派来一营军队,但从到海防时起,情绪就一片低落。我下令制定防卫计划,并马上开始修建防御工事。我尽量减少守备部队,大炮一运来并安装好后,就将3个连减少到2个连,另外一切与防御工事有关的文件均已送给您。我所以谈这些,不过是为了备忘,况且,这也是这次报告必要的内容。

我于6月15日到达河内。在此之前曾经过南定,在那里我留下指令。可以说,我所看到的河内是一个弃城,每天都有人纵火,首领是当地的保安头头。我令人将他吊死。大菩萨庙的黑旗军也每天来犯。总之,我要逐步地清除河内所受到的这些威胁,扩大我们的范围,准备住地,建筑防御工事,运送物资和人员,以简易的办法保护这些物资和人员。还要考虑到,该地根本不是一块殖民地,一切都尚未就绪,百废待兴。由于所有军官的忠贞——这一点我已向您提到——所有的工作都迅速完成。河内可以免遭突然袭击,它最多只需4个连就可以保卫,而且还可以防卫离城堡2公里的租界。最近一批援军抵达后,我准备发动进攻。尽管天气酷热,我还是决定于8月15日采取行动。总的计划是孤拔将军、民政总特派员和我在河内制定的。

8月15日,我开始行动,结果怎样,您已了解。由于洪水泛滥,我不得不等到9月1日才继续行动,直指山西。我先派炮舰进行侦察,以了解是否有炮台阻截江河,以便在攻城前先夺取下来。顺便提一下,8月15日和9月1日的行动是曲折的,但是,这些行动证明,我采取各种预防措施是有理由的。他们也使我认识到,为什么李维业司令既藐视敌人,又要求援兵,黑旗军并非是□……的中国军队,而现在的中国军队不再是1860年的中国军队,他们是有指挥的。因此,很自然,他们即便不是唯命是从,也是听人摆布的。我认为,要作这样的估价,以免在发生严重袭击事件时,我们大吃一惊。

我启程时,总特派员交给我并由我呈送给您的信说明了当时的形势,在所有观点上大致都是正确的。谈到中国时他可能言过其实了。那时的军事形势如下:

如我在上面所述,河内、南定和海防可以免遭任何突然袭击。河内直至底河已畅通无阻,我令比硕上校在这一带进行了一次强有力的侦察活动。由于安南人封住了我们在河的另一侧的出口,从而将南边包括南定在内J点的所有村庄进一步包围了起来。

必须由"红河"号对红河直至山西处进行一次像"雎鸠"号所曾进行的那样的侦察。部队一登陆,就将4—6门12厘米大炮安在炮台上,从陆地上和河中(距离2400米远)炮轰城堡。靠我所辖的部队,我不能在陆上冒险,我感到我军还不够强,可能会被截断。不过,在炮轰的同时,我依靠河流设法绕过山西,占领兴化公路,如我所做过的那样,水陆两路并进,坚持不懈、大胆勇敢地进军。

我们新买到一艘炮舰,我派它去侦察天德江。它遭到了扫射,据该船少尉指挥官的报告,中国军队刚占领北宁到河内公路。总特派员和我都得悉,山西被中国军队和安南军队(此外还有黑旗军)占领。中国军队有4000人,已夺取了2号粮仓;他们以重兵占领北宁,并与山西相连,一些部队部署在谅山公路(中国公路);寒冷的季节便于他们通过广西高山过来(据报告在北宁发现克虏伯大炮)。在云南一边,亲王……① 欧洲人——他是原广西巡抚②、现任直隶总督 Li – yung – chan 的朋友——正在该地边境部署部队。据人们向我报告,另一名欧洲亲王 Léoss 对东京边境(广西方面)进行了侦察,可能想了解在严寒季节可以翻越大山的道路。

在获悉这些情报之后,我下令进行一次侦察,以在河内对面建立一个桥头堡,用两门大炮装备起来,一门是12厘米山炮,另一门是4厘米山炮,以防敌人突然入侵,监视北宁大路。还对巴塘进行另一次侦察,该地是左岸很富庶的村庄,其陡峭的河岸控制着过往船只,船道从该村边流过。最后我还要保证我们的交通联络,或者是通过占领 Hong – han③,或者是占领竹河上的某地。因此,要派一些增援部队来。我确实担心中国军队从北宁下来,担心中国部队从广西开到海阳(该地我已派重兵镇守),图谋占领该地将我们截断,并将竹河堵住,因为河内到海防有120浬,即约200公里左右的距离。我7月28日和24日的报告,总特派员的信以及我与

①② 原文如此。——编者

③ 疑为 Hung – Yen(兴安)之笔误。——编者

委员会主任的谈话可以补充我可能遗漏的东西。此时,我与总特派员何罗栏先生意见不合,他先是过于自信,后是过于担心。最后一封威胁信迫使我退出无谓的争吵。我含泪启程,但我深信我已经做了应做的一切。

波滑

BB—4　1950 第 377—379 页

844　交趾支那总督沁冲致海军及殖民地部长电

1883 年 11 月 21 日于西贡

东京方面没有重要消息。所有增援部队携带给养和物资在海防登陆后立即开往河内,孤拔和何罗栏宣布立即对北宁采取战斗行动;"野猫"号半下桅杆,也奉令溯北江而上,尽量在北宁附近停泊。应孤拔的要求,我暂派马尼雍(Mannion)上校到东京,邮船"沃尔加"号(Volga)已抵达(11 月□……日);"西贡"号 13 日启航前往东京;运输舰"桑罗克"号 14 日抵达东京,明天开往土伦;护卫舰"益士弼"号昨天开往东京;运输舰"维也纳"号 18 日抵达西贡,锅炉损坏;运输舰"姑类兹"号今天直接从新加坡开往东京。"阿米林"号于 16 日抵达西贡大修。孤拔将运输舰"阿威龙"号留在东京。

BB—4　1951 第 272 页

845　孤拔致海军及殖民地部长

1883 年 11 月 22 日于河内

部长先生:

我荣幸地向您报告,最近以来,"阿米林"号几次搁浅,我已将它送到西贡泊地修理,此事在我给您的上一封信中已经谈到,该舰龙骨某些部位剩下薄薄一层,急需换掉。蒙您准许,我暂时留下"阿威龙"号归我指挥。我还利用它运送占领顺安部队和分舰队的给养,它比大运输船更为灵巧,能顶着季风航行;而大运输船我还需要用来从下龙湾将物资运到海防维持封锁,进行水文测量。由于"阿米林"号不能服役,"野猫"号要在内河航行,所以"阿威龙"号对我十分有用。4艘10米长的汽船来内河已好几天了,我不得不从运输船上抽调一些人员给它们,并且尽量起用一些辞退的人员来代替。这些汽船属"船队"管,它们对交通运输是十分宝贵的支持。

"桑罗克"号、"边和"号和"东京"号只是在需要运送人员和物资的有限时间内才停在下龙湾。11月11日,"桑罗克"号驶离下龙,"东京"号于19日启航,紧接着的是"边和"号。这些船最近出发的报告我还未收到。"沃尔加"号邮轮于11月18日在涂山停泊。

从下龙湾运送部队到海防的工作正加快进行。从下龙湾到河内的运送工作要慢得多,目前这项工作还未完全结束。这两地的运输工具根本不够。

封锁所产生的结果一如往常,我船舰在海盗和中国人经常出没的航道上巡航,使他们几乎完全消失。我认为还要维持这种状态。分舰队曾捕获或摧毁好几艘木船,它们肯定是海盗船,不然就是为三角洲河道的匪盗供应弹药、武器的。

我很感激您写信命梅依将军将"伏尔达"号派给我。必要时,我将根据您的批准令请求他将此船派来。

根据您指示规定的条件,水文工程师已来到"巴雅"号舰上,我交给他的任务是:先探测下龙湾,寻找一条理想航道,使能够驶入的船舰吃水尽可能深些;在吉婆岛从北到南寻找只有一个出口的泊地，以便为船舰提供一个比目前下龙泊地更可靠地加以保护的泊地；寻找一条穿过下龙群岛，通过计宝、河桧和富才门(Fou taï-moon)的内航道；探测富才门湾和河桧附近的水深，以及校正地图上大海里的群岛，尤其是在北河门(Pak'ha-moon)和险门(Shieng-Moon)之间的水深，这里最近发现一些小洼地。

雷诺(Renaud)先生和罗列得利先生目前正在以舰队所有的手段测绘鸿基平面图。

一旦杜普拉·拉依特(Duplaa Lahitte)助理工程师先生抵达，我们所掌握的修理人员和物资便归他调遣。目前这些工作由海防港务局局长、"马苏"号舰长先生领导。我已在"雎鸠号附舰"的名下造册，将从事这项工作的人员列入名册中。我还将杜飞若(Dufayot)海军上尉先生的连队派去，一旦拉盖尔先生指挥的营抵达，便去完成在"东京号附舰"的名下造册，将该连的人员列入名册中。我认为"雎鸠号附舰"造册对于接纳派遣人员、对于在天气多变的情况下乘用大艇或小汽艇的人员是必不可少的。

海军少将、东京陆海军司令　孤拔

BB—4　1949 第 282—284 页

846　内阁总理茹费理致中国驻法使臣曾纪泽

1883 年 11 月 22 日于巴黎

侯爵先生：

我已相当专心地拜读了您本月 19 日送来贵国政府有关东京事件的紧急公函译文。公函先提醒注意总理衙门提出中国政府对安南享有合法权利，安南历来受到中国政府的保护等等，接着抱怨法国军队进入红河流域，并对我国最近同安南国王进行谈判提出抗议。总之，贵国最高外事部门在表示愿意通过友好协商来解决目前的纠纷的同时,预见法中两国部队有发生冲突的可能性,竭力要将责任推到我们身上。

您所收到的我部最近的照会似乎已预先回答了总理衙门备忘录中所涉及的大部分问题。中国政府知道我们始终在考虑由于我们的军队进入中国的毗邻地区给中国带来的忧虑,也知道我们是尊重中越之间所保持的传统联系的,只要这些联系不和我们的保护权的实施相违背。1874 年法越条约所形成的状况似乎在这方面满足了两国的愿望。在签署这个条约之后,中国甚至同意了按照我方的要求把它驻在东京的部队撤走。但是,事态表明这种体制不适合于保证这个国家的安全。在许多地方不久就重新发生了骚乱,海盗行径又重新出现。为恢复秩序所采取的措施亦未足以建立一个稳固的和平。过去曾导致总理衙门派出军队越过边境的各种原因,又迫使我们去年增加了 1874 年条约允许我们在若干城市所保持的警备力量。为了保证我们士兵的安全,为了我们得以继续进行绥靖工作,我们不得不占领一些新的据点。至于法国总特派员和安南大臣们今年 8 月在顺化商定的条约,其目的是调整法国和安南之间由于没有坚持履行嗣德帝 9 年前所应承的义务而造成的局势。对于中国来说,这一新的条约并没有带来新问题。保护国制度已经通过 1874 年的条约而建立。今天,只是如何巩固这一制度并通过有效的措施来确保其实施而已。

此外,几个月来双方所交换的意见,清楚地表明了我们愿意友好地结束中法两国之间由东京事件所产生的分歧。

我们同你们进行过多次会谈,我的前任和我本人始终努力把最有和解精神的建议放在首位。沙梅拉库先生 8 月 27 日的信,9 月 15 日的备忘录,均证明了我们是一直准备讨论能使两国都体面地解决纠纷的一切办法的。最后,我本月 19 日的信是个最好的证明,我们竭力避免北京对我军的行动有所误解,同时我们一直在寻求防止一切冲突的办法。如果中国真正有像您转给我们文件中所说的和平愿望,那么我认为它就很难拒绝我们最后提出的意见。

最后,请允许我提醒您注意来函中的一句话:法国政府似乎放弃了荣誉感和正义感。无疑这应归咎于翻译上的错误,这种说法我们是不能接受的,而且,在我们驻北京的代办用电报转来的文本中并没有这句话。

C.P.中国第63卷第61—67页

847 海军及殖民地部长致孤拔(机密)

1883年11月23日于巴黎

少将先生:

您11月4日来电说您已接任总指挥之职,自那以后我就没有收到过有关军事行动的消息。既然您花了时间去了解情况,我想您现在已感到有力量去完成赋予您的使命了。除非迫不得已,我不会再给您援兵了。

因此,我希望您接到此信时,您已控制了山西、北宁,或许还有兴化这些作为您努力夺取的目标。正是出于这一想法才发出这些指示。

正如您所知,政府的意图仅仅是占领两条河的三角洲以及沿岸直至北仑岬的重要地点。因此,请您勿将行动扩大到上述城镇之外。

我希望知道一些有关您的部队的组织详情以及部队驻扎地点。请告诉我,要牢固地占领,是需要海军的舰队还是需要陆军部队?

由于这种局面很可能要延续下去,所以我知道这点就尤为重要,政府也应该知道在这个地区要作出多少牺牲。因此,我提请您注意这一点。

至于您,请您采取一切措施确保永久的占领。您的占领地位的安全得到确保后,您的首要目标是恢复东京的秩序。一些函电告诉我们,曾发生了无数次抢劫案。应迅速采取最严厉的措施。

我曾在一封信中准许您自由采取封锁措施,我仅要求您将您的决定电告我。防止军火进口,搜查船只,这些措施在今天是否就足够呢?这是我提出的一个问题,请您回答。在不影响军事形势的前提下,有必要为恢复贸易提供方便。

您需要人力物力时,务请电告。我一定尽力而为。注意,您提要求时要考虑我们在欧洲的处境,不可过分。

海军少将梅依先生说,即使同中国作战,您也可以在香港轻而易举地补充煤和粮食等。请您同他就此事交换意见,必要时请电告。

我建议您留用运输舰的时间尽量短些。"阿威龙"号不需用时,请速遣返。

为了加速通迅的速度,请准许下龙湾的高级军官用电报报告舰只的动态。

利用一切机会,将能坚持长途航行的伤病员运回法国。

少将先生,在结束本函之前顺便告诉您,议会已批准了我提出的补充授勋要求,不久我就能奖赏您手下的海陆军部队。

我刚接到西贡发来的一份电报,向我报告了您为进攻北宁所做的部署。

附言:我在本信中没有仔细考虑同中国作战的可能性,因为我们有一切理由相信,中国会承认既成事实。这方面不会出现任何纠纷。

不过,万一遇到中国军队的攻击,你们击退他们就行了,范围不要超出东京。要用军舰在中国沿海进行活动,必须接到新的命令后才能实施。

部长亲笔字:利用一切机会将东京发生的一切电告我。公众渴望知道消息,甚至您认为一点都不重要的消息。

BB—4 1946 第 99—102 页

848 何罗栏致外交部长

1883 年 11 月 23 日于河内

部长先生:

根据来电提出的要求,我荣幸地将我对顺化条约各条款的想法和评论向阁下简单汇报。因时间有限,我的论述无法充分展开。即使这份材料不够完整,至少已十分清楚地阐明了我对我国在东京地区和整个安南实行的新政策将会造成的必然后果所作的分析,兹恭敬地呈上这些分析,请您作出正确的判断。相信阁下会从我对印度支那各国人民所做的大量工作和积极研究的成果中,看到我对国家和共和国政府所表现的绝对忠诚之情,我是怀着这种激情写完这几页信纸的。从现在起,法国在整个远东的前景将更光辉灿烂。对此,我把我的一切希望都倾注在这几页信纸上了。

部长先生,我请求您提醒被派到顺化的全权代表们,要他们当心安南同事们的无理纠缠,他们对条约从第一条到最后一条,都会提出疑问。但是,安南人在这方面越坚持他们那些吹毛求疵的多变政策,我们就越应该以我们坚定不移的要求向他们表明,在我们的外交关系中,我们不会听任他们接连不断地要求改变。换句话说,就是要一面把不能进行讨价还价的顺化条约强加给他们,另一方面要执行不可改变的既定计划。重要的是要使他们相信,我们

8月25日向他们提出的无可争辩的苛刻条件同我们曾使他们恐惧的炮轰顺安一事之间是毫无关系的,也同他们在内政上遇到的困境没有关系。我们的苛刻条件同其他无关紧要的情况也丝毫没有关系,但这些无关紧要的情况能有助于加速、而不能迫使他们接受这些条件。

我们的全权代表首先要注意的是,应利用掌握的情报迫使安南的同事们根据外交惯例,在不经任何修改的情况下就批准条约的第一稿。我已把条约的第一稿寄给部里了。只要在初稿上签字,就能接近协和帝,能随时同他磋商。我觉得在进行任何讨论之前,他们就应随时准备批准8月25日条约,因为除了几个非常小的不会引起改变条约精神的改动之外,不会有修改了。

要得到我们想要得到的东西,就应该慎重,我坚持这一点。同时请政府注意,在谈判的时候,可以故意公开地加强在顺安的驻军和做出要向首都进军的姿态。我们知道安南提出的条款是不好的,因此应采用我们提出的条文。

我再一次请求阁下,为确保谈判的成功,从一开始就要利用我们的一切优势,以最正式的方式表明共和国政府不可改变的意图,在任何基本点上都不作让步。这样就可以一下子攻破顺化朝廷的顽抗和它那难以置信的幻想。钦差大臣11月10日和15日的信早已表明了这一点,我在本函中就会提到。

在8月25日的条约里,我虽然没有再把1874年条约中有关传教士的条款写进去,但当我们的使者到达顺化时,我们在顺化的大主教就已感到放心了。很明显,传教士们对他们的生命和宗教自由非常担心。所以,考虑到安南人的反复无常,应在条约中专门写入对扰乱传教士的人进行惩罚和基督徒有权要求赔偿的条款。加进这样的条款似乎是合适的,也许是必不可少的。

我现将补充条款附于本函内。该补充条款一般地确定了把平顺交给交趾支那总督的条件。

共和国总特派员 何罗梽

附件1 安南钦差大臣致何罗梽

嗣德三十六年十月十一日(1883年11月10日)

安南大臣阮、陈、黄谨向大法兰西王国①全权代表先生恭敬地作如下的解释:

今年七月,法国舰队到达顺安港,炮轰结束后〈两国〉缔结了条约,这个条约规定了十分苛刻的条件和其他一些不很明确的事情。

当时,安南王国还在为刚去世的国王的葬礼作准备;另一方面,全权代表先生也还没有相信安南政府的诚意,所以,政府认为讨论条约的条款是不合时宜的。但是,政府一直打算当全权代表先生获得两国友好的证据时,再讨论条约问题。

法国是欧洲最富有、最强大的国家,在世界上享有保护弱国的名声。因此,它怎么会让安南承受如此屈辱的条件呢?

一边是一个如此强大的国家,一边是一个如此弱小的国家,这是多么不相称啊!

因此,为了讨论安南能接受的这个条约的条款,安南期待着法国对它的同情。到目前为止,我们还没有看到哪一个国家接受像这次要我们接受的条约。

根据法国驻顺化驻扎官(参哺先生)的意见,国王派我们3个人来同全权代表会商一切事务。

现在,安南的军队已遣散,官员们已复职,法国在南定、海阳、

---

① 王国(Royaume),原文如此。——编者

河内和宁平的驻扎官都已到任,所以这一切不是证明了我们的诚意以及我们的坦率吗?

全权代表先生经常对我们说:法国是宽宏大量的,它不想占领越南,维护安南的利益才是它唯一的目的。他也经常对我们说,我们可以向他提出我们的愿望。对他说的这些好话,我们表示诚挚的谢意。

在两国缔结条约时,应仔细考虑到为了让条约长期存在,双方应有公正地确定条款的意愿,这是很自然的事情。

在安南王国,所有的人都认为:条约中的一些条款对他们是一个沉重的负担,担心实现不了;另外一些条款规定得不很明确。我们将在下面再谈这些。

全权代表先生主持公道,向我们作出让步,全国人民对此将感到满意。事情将会很快解决,两国今后将容易持久地执行条约的条款。另外,我们也似乎可以少受到人民的责备,少遭受其他国家的嘲笑。

条约还没有批准,当我们刚到达东京,全权代表先生就对条约的条款作了研究。在到处笼罩着恐惧的气氛,在和平还没有恢复的情况下,我们的义务是向他表明我们对此感到严重不安。所以,我们冒昧地请全权代表先生好好考虑这些,将他对这个问题的想法告诉我们。

至于其他细节问题,全权代表先生对我们说过,他以后将同我们谈。

现在是十月,正是小春时节①,我们在这美好的时刻谨向全权代表先生表示最美好的祝愿。

---

① 原文为 époque petit printemps。——编者

(引条约的第1条全文)

根据这一条,我们懂得了所谓保护,就是要控制我们同其他国家的关系。迄今为止,安南一直是一个独立的王国,这是各国公认的事实。如果现在接受"保护"(Bảo hộ)这两个字,安南将会被看作像柬埔寨一样。这两个字将使全体人民感到悲痛。他们是不会相信法国会这样对待安南王国的。因此,我们请求全权代表先生考虑是否将这一条修改成这样:未经法国的同意,安南王国不得同其他国家发生任何联系。法国主持安南〈同外国举行〉的一切会议。至于国家的其他行政事务,仍像过去一样,只有国王才有权力处理。

根据以上所说的,未经法国的同意,安南不得同外国发生任何联系。法国主持安南〈同外国举行〉的一切会议。根据这条新的足够明确的条款,我们建议取消"保护"两字。

(引条约第11条全文)

今天,我们两国融洽相处,同时有必要相互让步。从我们这方面来说,我们是不会不这样做的。我们已谈过了关于安南的声誉和"保护"问题。

法国已在东京派驻了全权代表和任命了所有行政和公用事业部门的长官。

在顺化,国家的全部行政事务都由安南王国处理。因此,我们要求在顺化只派一名享有和过去一样特权的代办,而不必把权力交给他。

我们要求把第11条修改成:法国在顺化派驻一位代办,他主持同外国举行的一切会议,但不参与安南内部的一切事务。如果有些事务需要同国王进行磋商,在这样的场合国王陛下将同意接见代办,但代办应同安南官员一样遵守礼仪。

(引第3条全文、引第6条除与海关和公共工程有关以外的文字)

关于两条条款(第3条和第6条)我们要求注意如下问题:

从横山(Dèo Ngang)起,河静省、乂安省和清化省属于安南,与东京是完全不同的。在黎朝以前,这3个省通称“寨”(Trai),到了黎朝才改称“右圻”(Hu ̉nkỳ)。从宁平起才是东京。清化省是现王朝的发祥地。乂安省和河静省的士人和居民非常固执,很难使他们屈服。这两个省都收入菲薄,清化省虽能自给自足,但也很勉强。那里有曲折的河流,但都不深。那里的居民很少经商,他们仅用自己的产品到东京换取大米。

现在若将这3个省并入东京,恐怕那些有着古老习俗的居民会十分不满,而且还要耗费开支与精力,终将毫无所得。

因此,为了不割断安南王朝的历史,我们请求东京的地界从宁平开始。至于清化、乂安和河静等省,应与广平(Quâng binh)、广治(Quâng Tri)一样,沿袭过去的办法由当地官员治理。如果法国要在边界上建立据点,那么,在宁平有一座婆对山(Bà Dôi montagne de)(这里有非常秀丽的风景胜地),从那里可以很容易地监视直至宁平和南定运河的一切贸易往来。

我们也请求不要在横山修建任何据点,在乂安省,清化省和河静省不要派遣驻扎官。

另外,顺安港是首都的主要门户,只允许国家租用的和为国家服务的船只出入这个港口,其他任何商船都不准出入。这一点,驻顺化的代办先生是十分清楚的。

在顺化已有一位法国驻扎官同我国政府保持联系。所有的要塞、障碍物和堤坝都已拆除,我们相互之间已没有任何对抗之处。既然两国已和好无间,我们请求恢复到以往的状况(有要塞、障碍物和堤坝等),因为,大门(顺安)仍被监视着,按照国际法这是不应该的。

至于边界,很久以来,右圻、左圻(Tà Kỳ)、南圻(Nam Kỳ)和北圻(Bac Kỳ)就属于安南。现在,南圻已属于法国,法国又正在对北圻加以改组,因此,我们只有首都顺化以及平顺到清化的右圻和左圻这块不大的地方了。

法国由于并不想占领我国的领土,将会十分慷慨地把上面提到的地方还给我们。如果这样的话,法国的这种宽厚慷慨将广泛地流传于世。

(引第2条和第26条全文)

我们非常明白这两个条款的内容。我们已写信给平顺省的官员,了解他们对把这个省并入下交趾支那的想法。

平顺省有许多产品供应首都,有稻米供养清化的军民。如果我们失去了这个省,我们将不知道如何生活。

因此,我们请求全权代表先生能修改这两个条款,告诉与下交趾支那相接壤的平顺驻扎官,不要为偿还安南欠法国的债务就把这个省并入下交趾支那。同清化省接壤的宁顺府(Ninh Thuân,Phu de)可以并入清化省,以便首都能得到这个地方的产品。这就全靠全权代表先生的宽宏大量了。

第12条是有关建立驻扎官公署的。我们十分清楚,由于海关的关系,尽早在海阳和河内派驻驻扎官是必要的。至于大的省份,我们请求在全权代表举行会议之前,就由全权代表先生在那里代劳;在其他一些小的省份里,如果需要的话,可以派遣驻扎官,但是,不要同时到处都派驻。

(引有关司法和治安的第16条和第17条)

第14条规定驻扎官不应插手内政事务。各级官员仍和过去一样继续管理内政,但要在驻扎官的监督下进行。如果从现在起在各省都派驻驻扎官,如果他们同税务官一起管理税收,向居民、乡镇、县和府下命令,这就不好办了,就会由于习惯的不同而发生困难。我们请求全权代表先生好好研究这些事情,并使之恢复原状。

(引第27条引至"安南的份额不少于200万法郎")

我们很明白这一条的内容,这条看来是很清楚的。税收只涉及关税、土地出租税和营业税。至于人头税和土地税,这一条没有提到。这些税收应和过去一样仍归安南所有。其他条款也没有土地税问题。我们曾请传教士把法文本的这一条翻译出来。他们的译文都是与原文一致的。

现在我们看到各驻扎官先生向府、县以及乡镇当局发布命令,要他们建立人头税和土地税册。我们无法理解这种做法,因为这会在居民中造成混乱。

第18条规定驻扎官应同税务官员协调一致来监督税收以及各项收支。这是因为宽宏大量的法国政府要查核由税务官员管理的收支情况,以及要赢得人民的敬仰和信任,这样做是必要的。根据我们的理解,驻扎官先生只应要求各省的官员提供各项税收登记册的副本,他们就可以查核各项收入以及对首都、军队和人民的开支情况。如有贪污舞弊,官员们也隐瞒不了。

我们坚请全权代表先生就我们上面谈到的方面向各位驻扎官发出指示,要他们不要迫使官吏和当局建造税收册。这样做可以防止居民们逃离家乡,使居民放心。

至于土地出租税和营业税,我们请全权代表先生把他的看法告诉我们,以便我们能及时地给各省发去指示。

附件2 何罗栏致安南钦差大臣

1883年11月16日于河内

今天,我收到了你们11月10日写来的关于要求修改条约的信和你们11月15日写来的有关顺府(Thuan Phu)、海阳和参边亭(Tham bien Dinh)的信。

对于第一封信,我只能把它转交给法兰西共和国外交部长阁下。我再重复一遍,我无权对已签订的条约改动一个字。你们的建议没有别的意思,只是想重新签订一个与第一个条约完全不同的条约。

你们对我本人和我的政府有着一个奇异的想法,你们自以为我们会轻易撕毁这个意义重大的文件。我请你们不要再和我谈这些问题了,否则,我只好不予答复。我冒昧地提请你们注意,你们怀有很大的幻想,其结果只会带来失望,对你们和你们崇敬的朝廷只会造成巨大的烦恼。

总特派员、法兰西共和国全权代表　何罗栏

附件3 关于占领平顺的补充条款

驻东京和安南的总特派员请商舶大臣作为交趾支那总督驻平顺的特使(根据顺化条约第2条,为了占有这个并入法属交趾支那的省份),命令平顺总督在接到第一道限令时交出他们的城堡,并通知所有府县从此以后要服从政府的法律和规章制度。武器、弹药、各种军需品仍归安南王国所有。不能立即带走的物资都造册登记,由王国的代表支配。

M.D.亚洲第42卷第252—261页

849 海军及殖民地部长致何罗栏

1883年11月23日于巴黎

总特派员先生:

发此信时,我深信您13日电报上提出的观点分歧业已结束了。在您和海军少将孤拔之间,应该有我们军队中不可缺少的全面谅解。

像我以前的通信向您表达的那样,由于军事行动有了意想不到的发展,政府认为有必要把统一指挥权委托给一位总司令。海军少将孤拔就是担任这个海、陆两军的总司令。再说,您知道这项措施是我被一个特别严重的情况所迫使而决定的,因而是临时性的。能像您在18日的电报中所说的那样,我很感谢您的良好态度,在细节上能让步。

在我高兴地提起您这些新的忠诚表现时,我对未来充满了信心。总特派员先生,可以肯定,我在吁请您的随和心情及爱国热忱时没有白白工作。

BB—4 1946第204页

850 交趾支那总督致海军及殖民地部长电

1883年11月23日于西贡

在12月10日前,赶紧运送供9000人4个月的给养:面粉、酒、塔菲亚酒、稻米、咖啡、糖、茶叶、盐等必需品,饼干、香烟除外,确保他们2、3、4、5月的给养。

BB—4 1951第273页

851 何罗栏致海军及殖民地部长

1883年11月23日于河内

部长先生：

您11月13日密电已收悉，它是由我驻香港领事于昨天(22日)转给我的。

遵照您的通知，我赶紧将各军事部门的最高指挥权移交给孤拔少将，同时给他一封信，该信的抄件随此函附上。

值此机会，我也要报告，您10月12日的来函已经收到。我坚持认为，我们必须采取军事行动，不仅要尽快占领 Vioung Kluia，而且要尽快占领顺安省、义安省和河定省。

在我通过同一邮轮呈送给外交部长的关于顺化条约的说明中，我陈述了在我看来是刻不容缓地占领这些地方的理由。

事件的发展可能很快会使我们对推迟实行在我看来是8月25日条约中最重要的一项条款感到后悔。

在上述信函中，您嘱咐我不要向任何新地方调兵，您似乎授予我从未拥有的权力，惟有军事当局才有这些权力，我从来也不想与他争。值此机会，我明确地表明，对于所犯的错误我不承担任何责任。

共和国总特派员 何罗栏

附件 何罗栏致孤拔

1883年11月22日于河内

将军：

在11月6日给海军部长先生的电报中，我已报告部长，我应您的请求，将军事法院的权力移交给您。按照逻辑推论，我也希望您同时执掌为确保远征军各种需要的各部门的最高领导权。

部里满足我的请求,在一份信函中(我将此信摘要随函附上[①]),通知我将军事部门以及军事行政部门都移交您掌管。

将军,我以很满意的心情将与军事各部门有关的事务,即炮兵、工兵、电话兵、行政部门、卫生处、财务处等等都移交给您。总之,我只保留与特派员署民政和政治事务有关的部门。

从今天起,我将上述各军事部门送给我的所有信函都寄给您。

此后,与这些部门有关的经费不再由我拨给,因为我不再管这些部门,它们的事我不再负责任,我很高兴部里能够理解这一点。

何罗栏

BB—4　1950 第 383—385 页

852　孤拔致海军及殖民地部长

1883 年 11 月 23 日于河内

部长先生:

我荣幸地向您报告,遵照您 11 月 13 日来电的命令,民政总特派员于 22 日将所有军事行政部门的领导权都移交给了我。在通知我此事的来信中并未附有这些部门的财务状况表,尤其是拨给这些部门的经费状况表,我立即要求提供这些不可少的文件。

部长先生,我毫不隐瞒地对您说,在来此地就任陆海军司令时,我曾设想我的使命主要是指挥军事行动。自然,我有权与您联系。我向民政特派员要求的只是非战斗军官以及军事法庭部门的任命权,这是司令官的直接权限。他却将所有行政部门都推给我。我拒绝了这一职责。根据他的请求,您决定我应接任,我服从您的

---

① 原档缺此摘要。——编者

命令。不过,我已电告您,这些部门十分重要,需要认真管理。而由于准备并即将开始的军事行动,我无暇顾及,因此,我无法保证能很好地加以管理。

海军少将、东京陆海军司令 孤拔

BB—4 1949 第285—286页

853 孤拔致海军及殖民地部长电

1883年11月24日11时40分于香港

河内,11月17日。13日晚10时,海阳遭突然袭击,海盗和中国军队洗劫了该城,攻击城堡的企图被挫败,7名中国士兵被击毙,35人受伤,我方两名非战斗人员被杀,估计会发动新的进攻,可确保据点和城堡的防卫。今天从这一方向传来枪声,我估计是我驻军出击。在信使启程之前,无法得到别的消息。海防也有大量海盗,西班牙天主教徒住的一个村庄被焚。

由于要将部队集中在河内以便出征,无法增强其他地方驻军,这些驻军远不足以消灭盗匪。我深信,被法国官员革职的安南官员支持这些盗匪的行动。

孤拔

BB—4 1949 第287页

854 海军及殖民地部长致中国海及日本海分舰队总司令梅依

1883年11月24日于巴黎

海军少将先生:

我确信在您收到此信时,我们会在东京得到我们所需的结果,中国政府将接受既成的事实。

可是,为了谨慎起见,我不得不预计到万一中国以武力反对我们占领东京,如果现在的暗斗变成公开的战争,情况将变成怎样呢?

政府还没有作出最后的决定来防止这种可能发生的情况,而我对今后要做的,也只能提供一个简略的意见。

首先,我们可以接受局限于东京的战争,在中国沿海不必炫耀我们的海上优势。这样能使我们在外国人面前不致使事情复杂化。

在这个假定上,中国不可能主动向你们开战,而你们仅仅要做好戒备工作而已。

反之,如果政府终于决定在中国沿海动手,跟具备一定兵力的对手较量,您首先就是要尽力摧毁敌军兵力,不惜为此牺牲一切;其次,您要考虑攻击沿海的一个或几个设防据点。

正像您在一封信中建议的那样,派军队进攻福州,目的是要烧毁兵工厂,捕获敌舰;但是,我们要立即撤离,不能占领。

南京也可运用同样的军事行动。

这两座兵工厂破坏后,海军分舰队即可在上海行动,控制扬子江流域。控制了这样大的一条江河航道,我们就可以截断天朝的南北水上交通。所以,您要使用一切力量来进攻扬子江。对天津的进攻不必考虑,因为它只属于对北京的进军问题,而我们对这种可能性尚待研究,因为我们目前的资源还不允许我们这样做。中国港口不宜封锁,否则会引起外商的抗议。这种行动对一个港口被强制开放的国家来说,效果不大。

可是,您应该追击中国商船,反对军火弹药输入。在天朝的领海内,您可以运用搜查权,查明装载物的种类和国籍。

为了获得各类资源,您可以广泛对中国人采取征用的方法。

特别是在煤炭的供应方面,需要很大的数量。但是,尽管在您的信中曾表示了你们的希望,我们还得考虑到英国、甚至日本会拒绝对我们供应燃料。

请您先研究一下,在类似的情况下,能否采取些措施,并向我提出些建议。您尤其要考虑,基隆煤矿能否供应您所需的煤。

这就是我暂时能向您提出的一些指示。

请您自己考虑本国侨民及外国侨民的保护措施。但是,您在这个问题上总应该同我国的外交人员进行商讨。

这里我也没有必要提醒您,除非您自己受到了攻击而不得不以武力进行反击,否则,在任何情况下,您在没有收到上级电令之前,切不可开战。

BB—4　1946 第 326—328 页

855　海军及殖民地部长致孤拔电

1883 年 11 月 24 日于巴黎

您 17 日来电和 20 日寄给哈瓦斯通讯社(Agence Havas)的一封电报,我均收到。后一封电报证实海阳受到攻击的消息,您听到了炮声。请尽早把军事情况告诉我。您能否朝北宁进军,能否以您所率的军队和舰队(包括"益士弼"号和"姑类兹"号运给您的海军和炮兵部队)维持三角洲的平静?

BB—4　1946 第 103 页

856　内阁总理茹费理致驻华代办谢满禄密电

1883 年 11 月 24 日下午 1 时 30 分

中国公使将您 21 日电报中所提到的声明交给了我。我昨天回答说:我们一直准备考虑我军靠近中国所引起的它的不安,考虑中国同安南的传统联系,只要这些联系不妨害我们保护国制度的行使;我们在东京的行动是由于条约赋予我们的权利长期受到践踏,由于替一位英雄的将领复仇和恢复不断受到干扰的秩序而不得不进行的;在顺化达成的协议对中国来说,形势丝毫没有改变,因为这项条约的目的是巩固和保证由1874年条约所建立的保护国制度;我们想友好地结束争端的愿望已为我们历次提出的和解建议所证实。最后我说:如果中国真有和平的意愿,就应该接受我们最近提出的建议,以证明这一意愿。

现在允许法国和中国部队的指挥官直接进行磋商,在各自的阵地之间划出界线。

我们在提出建议的同时,上星期还指出:我们的部队已经接到夺取山西、兴化和北宁的命令,也就是说:根据曾侯最近的声明,在很可能和中国部队相遇的地区前进。您可以向中国政府提出这些建议,并强调其紧急性。

茹费理

C.P.中国第63卷第77页

857　驻东京总特派员何罗栏致顺化驻扎官参哺

1883年11月26日于河内

驻扎官先生:

增援部队(其组成您已了解)已经到达,但还没有投入行动,所以东京的形势远不是令人满意的。

我们有确凿的证据证明,三角洲各省的几乎所有官员以及顺化朝廷都同山西和北宁的中国和安南的头领相勾结。为了让您了解情况,我随函寄去我们的谍报人员截获的兴安省巡抚寄给机密院的一封信的抄本①。我读完这封信后就同军事当局一起收缴了

① 原档缺此抄本。——编者

这个省金库中的一切,并逮捕了一批官员。我们将对宁平省当局采取同样的行动(我已查封其财产),然后对三角洲的另两个省城也采取行动。

用不着我强调这些事实的严重性,也不需要强调这对顺化朝廷造成的处境。朝廷仍像过去一样继续欺骗我们。这证明了那些说朝廷绝对没有善意和诚意的人是多么正确!另外,我了解到清化正在集结军队,企图在我们进军山西和北宁遭到失败时向我们发动进攻。

尽管我们一再要求,政府仍不想占领乂安、河静和清化3省,也不愿占领横山山脉。我强烈希望政府不会因不采取行动而懊悔,但我一直对这种做法感到遗憾。

驻扎官先生,根据我向您提供的情况,您要研究我们对顺化朝廷该采取的态度。我对您的行动还没有足够的了解,所以不可能给您制订一个明确的计划。但无论如何,如果您认为我们的影响已强大到足以使我们的意愿被接受的话,那您就立即撤换掉已被证实对我们犯有背叛罪的大部分东京大臣和各省当局。只要东京当局不履行其最紧要的义务,我们当然可以保留立即惩罚这些人的权利。

请您尽快把在签订最后条约时我们可能会遇到的困难告诉我。我要对您说,王国的钦差大臣向我提出修改〈条约〉的要求,是一种无法想像的幻想,我将拒绝答复。我已向政府提出,我认为我们的谈判应使我们的所有合法要求得到满足。我还指出,让我们的军队向顺化进军,这是非常必要的,这可以在恐怖的影响下迫使安南政府签署最后的条约。

驻扎官先生,您知道,我从来就不太相信对一个其社会政治像安南这样的国家能实行保护国制度。正由于这个理由,我才如此热情地欢迎您在顺化秘密地向我提出的关于完全征服东京北部的建议。安南人愿意以东京北部来替代对旧东京各省——但不包括宁平省——的保护。这最后一条是不能接受的,因为宁平省是惟一能使我们与中部安南分开的一条边界。您要机智地去试探和您有联系的大臣们,并了解类似的建议是否有可能成功,这是很有好处的。但不要使共和国政府卷进去。今天,我比任何时候都确信,最有效的保护国制度也无法使我们在憎恨我们的安南官员和以不是同情的目光看待我们的人民面前具有足够的威力,以便使这一制度正常运行。因此,我认为,不管我们如何小心翼翼地行事,这种保护国制度最后总要变成一种征服。据我个人的看法,最策略的做法是,我们应该果断地从我们最终将不得不采取的步骤下手,同时要避免一场长期的战争,因为长期战争的后果只能是废墟、仇恨和无组织状态。今天,顺化朝廷也许会明智地认识到,完全牺牲东京三角洲,把它让给我们直接治理,是维护它长期生存的最可靠的办法。

我坚持这个看法,请您把这些看法看作完全是我个人之见。在政府作出决定之前,您可以赞同,也可以拒绝,随您的便。如果您从这个国家的人民和政府所得到的经验使您得出同我相同的看法,那么,您就不能以最大的保留态度来行动。

至于我个人,我希望政府能满足我一再重复的要求,把我立即召回。由于对我的指示的改变和军事当局对我的态度,我认为我必须提出这个要求。我将利用我回国的机会来阐明我前面对您说的最有利的解决办法。我再简述如下:

(1)修改中国和东京的边界;

(2)征服东京,由法国直接治理这个国家;

(3)实行对中部安南的保护(永远军事占领顺化河和横山)。

外交关系方面要十分严厉，在其他方面可以比较宽容些。

共和国总特派员 何罗栏

M.D.亚洲第42卷第330—333页

858 海军及殖民地部长致土伦军区司令

1883年11月26日于巴黎

海军中将先生：

我9月19日的指令曾要求您请驶往交趾支那和东京的运输舰长先生们，如条件许可，最好是到新加坡补充煤。

为了改善我们在印度支那燃料库的储备，运输舰最好在新加坡载满煤，然后在西贡或东京将它们支配的煤量卸下，只要不麻烦和不耽搁时间。当然，运输舰上要保持必要的煤供应，以保证舰只回程能到达新加坡。

方便时，请发出相应的命令。

BB—4 1947第609号

859 孤拔致海军及殖民地部长

1883年11月27日于河内

部长先生：

在11月17日和20日的电报中，我曾向您报告海阳据点两次遭到攻击。第一次在12—13日夜里，第二次在11月17日白天。

海阳据点建在一坚固堡垒里，位于太平河畔该河与沿该城南边流过的一条小河汇合处。该堡垒在城堡东南1000米左右，城堡和堡垒被该城分开了。城堡东南面有一棱堡，居高临下，控制着该堡垒。该据点指挥官是贝坦上尉。他担心这一危险的近邻，又无法将河内派来的部队驻扎于该堡垒内，便派兵占领了棱堡，并按原先的指示开始修筑临时工事;至于修砖石炮台,则留待以后。工程正在进行,尚未竣工,海阳驻军就要抵挡两次进攻。

第一次攻击发生在 12 日晚 10 时,其目标是城堡棱堡中刚刚动工的内堡。内堡里驻守着 100 名东京后备军。这支年轻部队勇敢地击退了连续 4 次进攻。敌人还企图夺取堡垒,遭到密集火力的打击而被迫逃窜。在第一次攻击中,敌人洗劫了该城,城内居民早已弃城而逃。据计莫(kémot)的西班牙主教提供的情报,进攻者和抢掠者有中国军队和安南军队,人数有 2000—3000 人。发现有 7—8 人被击毙。人们还看见抬走 50 多名伤员。我方只有一名安南人被击毙。

在第一次进攻之后,位于东南棱堡附近的内堡防御工事加紧施工;由于居民逃离,该城遭洗劫,失去了大多数劳力和工具,所以工事尚未修好。17 日凌晨 4 时 30 分,又遭到大批中国正规部队的攻击。但我军已有戒备,前沿哨所一边开枪告警,一边后撤;全体小分队都拿起武器。敌人无疑想进行突然袭击,结果遭到严重打击。海军陆战队军士热斯万(Geschvvind)指挥的分遣队,由一个排的海军陆战队、一个排东京后备军和一个排交趾支那土著步兵组成。中国军队部署在城堡内所有我军未加驻守的地方,隐蔽在未清除的围桩和陡坡后面,开始猛烈地扫射。谁要是从掩体中露头,马上就会被打中;堡垒里有 40 多支枪,部署在城堡的各个地方,不断射击。子弹穿过内堡的围桩。经过几个小时的有力还击,防守内堡的士兵开始弹药不足。

拂晓,贝坦上尉十分担心内堡形势,命令出击,在蒙提诺(Montignaut)①先生的指挥下,出动一支 60 人的纵队与城堡联络。

---

① 原文如此,疑系 Montignault 之笔误。——编者

在离堡垒250米处,纵队被中国军队当夜建筑的街垒挡住,遭到了猛烈的枪击,因而被迫撤退。

"短枪"号于前一天晚上到达海防。从听到第一声枪声响起,舰长博埃(Bauer)上尉就到堡垒去与贝坦上尉商议。在第一次出击失败之后,他返回舰上,立即开到堡垒附近,停泊在沿城南而流的运河入口处,从那里配合堡垒中的12厘米大炮向敌人隐蔽的砖屋炮击,然而却无法打哑其火力。而内堡由于弹药缺乏,枪声越来越稀,守军的形势显然十分危急。贝坦上尉和"短枪"号舰长商议发动第二次出击。炮艇沿城河开驶,支援部队挺进。8时左右,纵队果真扑向堡垒外,而"短枪"号沿着砖屋在河里前进。砖屋里的敌人顶着炮火迎击炮艇。尽管我军猛烈进攻,但是遭到可怕火力的回击,被迫后退。那时"短枪"号处于十分危险的境地,它停在河中,遭到20米处看不见的敌人的枪击,只能靠其14厘米的大炮还击。而大炮又笨重,又难操纵(因为其尾部的4厘米火炮处于完全暴露的位置,无法守住)。很快就有8人中弹,其中一发还打到轮机上。博埃舰长决定后退,放松其缆绳,把船开回到入河口原来的位置,那时是上午10时。内堡完全没有枪响,其形势越来越令人担心。贝坦上尉决心不顾一切代价打开通路,用火焚烧敌人占领的城区来开辟通路。在"短枪"号船员的支援下,堡垒里的驻军开始采取行动,火势迅速地蔓延。

这时"野猫"号来到。该炮舰在海阳北面的太平,听到炮声赶来,于10时45分在城堡北面1700米处停泊。城堡的城墙上遍插着敌人的旌旗。由于不知我军阵地,布鲁埃上尉开始时小心翼翼地开炮,担心会伤及我军。但是1时左右,他派到堡垒去的军官将战场平面图带回,炮舰开到一个不致伤及内堡的地方停下,于1时40分开炮,立即见效,几分钟内敌人的旗帜就不见了。2时,敌人从城堡撤出,在“野猫”号炮火的追击下,向附近的村镇狼狈逃窜。与此同时,堡垒里的驻军穿过中国军队已经撤离的燃烧着熊熊大火的城堡,终于与内堡联系上。内堡满目疮痍,从众多敌人占领的堡垒射来的子弹把栅栏打得千疮百孔,4 个人被打死。在这里已无法防卫,贝坦上尉下令撤出内堡,将守军和物资都带回堡垒。

第二天我得知这些情况,并获悉敌人仍在离海阳几小时路程的地方重新组织部队,准备发动第三次攻击,决心不顾一切夺占城堡。对此,除占领整个城堡,再也没有别的办法。因为计划修筑的炮台未能这么快修好,我只好向该地派出大批增援部队。这些部队由罗蒙海军中校指挥。从此海阳就能对付全部中国军队。然而,我们本来已十分有限的机动部队,又少了 600 人和一个炮连。

在第二次攻击中,我军大概与 2000 名中国军队和 1500 名安南军队开战;据谍报人员报告,敌人大概有 200 人被击毙,受伤的人数不明。

我方有 4 名东京后备军被打死,有 24 人受伤,其中有 11 个海军陆战队员,8 个“短枪”号士兵,2 名安南土著步兵,3 名东京后备军。

本报告附上我在海阳保卫战中所发布的命令。我将于最近把伤员名单以及嘉奖官兵的提名寄上。在这次战役中,许多官兵表现都十分突出。

海军少将、东京陆海军司令　孤拔

附件　通令(第 7 号)

海军少将司令十分高兴地向全体远征军将士通报海阳城堡和堡垒保卫战中驻军的英勇行为。

8天以来,由热斯万军士指挥的一个海军陆战排、佩纳

(Pennas)士官指挥的50名东京后备军以及一个班的安南土著士兵[①]驻守在堡垒和城堡的内堡及东门据点,这些工事是临时用栅栏和泥砖墙筑成的。

贝坦上尉与连队剩下的一个安南土著步兵排、一个炮兵排和50名后备军驻守在河边的堡垒里,那里装备有3门大炮。

11月17日凌晨4时30分左右,2000名中国和安南军人侵犯城堡和该城,猛烈攻击内堡和城堡,我军猛烈回击。敌人靠黑夜掩护,占领了堡垒和城堡之间的地带。6时,贝坦上尉下令出击,以便与瞭望台联系,但被击退。8时,在"短枪"号的支持下,我军发动第二次进攻,仍未成功。"野猫"号听到炮声后从计莫赶来,抵达该地立即投入战斗。最后通过焚烧敌占区,终于在下午2时得以发动第三次攻击,进入城堡,解救内堡守军。敌人伤亡惨重。"野猫"号从背后进攻敌人,迫使敌人撤退。这一胜利应归功于内堡守军的顽强抵抗和"野猫"号、"短枪"号的有力支援。

全体参战人员表现卓著,炮舰舰长博埃先生和布鲁埃先生、贝坦上尉先生和热斯万军士表现突出。"维拉"号诸排长和勒费弗尔(Lefebvre)排长、勒塔孔(Le Taccon)下士以及拉莫尔(Lamolle)上士尽管负伤,仍坚持战斗。还有克洛斯(Clause)士官、佩纳士官以及安南士官黄文静(Huynh van im)和阮文云(Nguyen van vin)也表现很突出。

东京后备军小分队的英勇行为再次证明了这支部队的重要作用。

海军少将、总司令参谋长 巴当奉命代签

BB—4 1949 第288—295页

① 原文如此,与主件所述有异。——编者

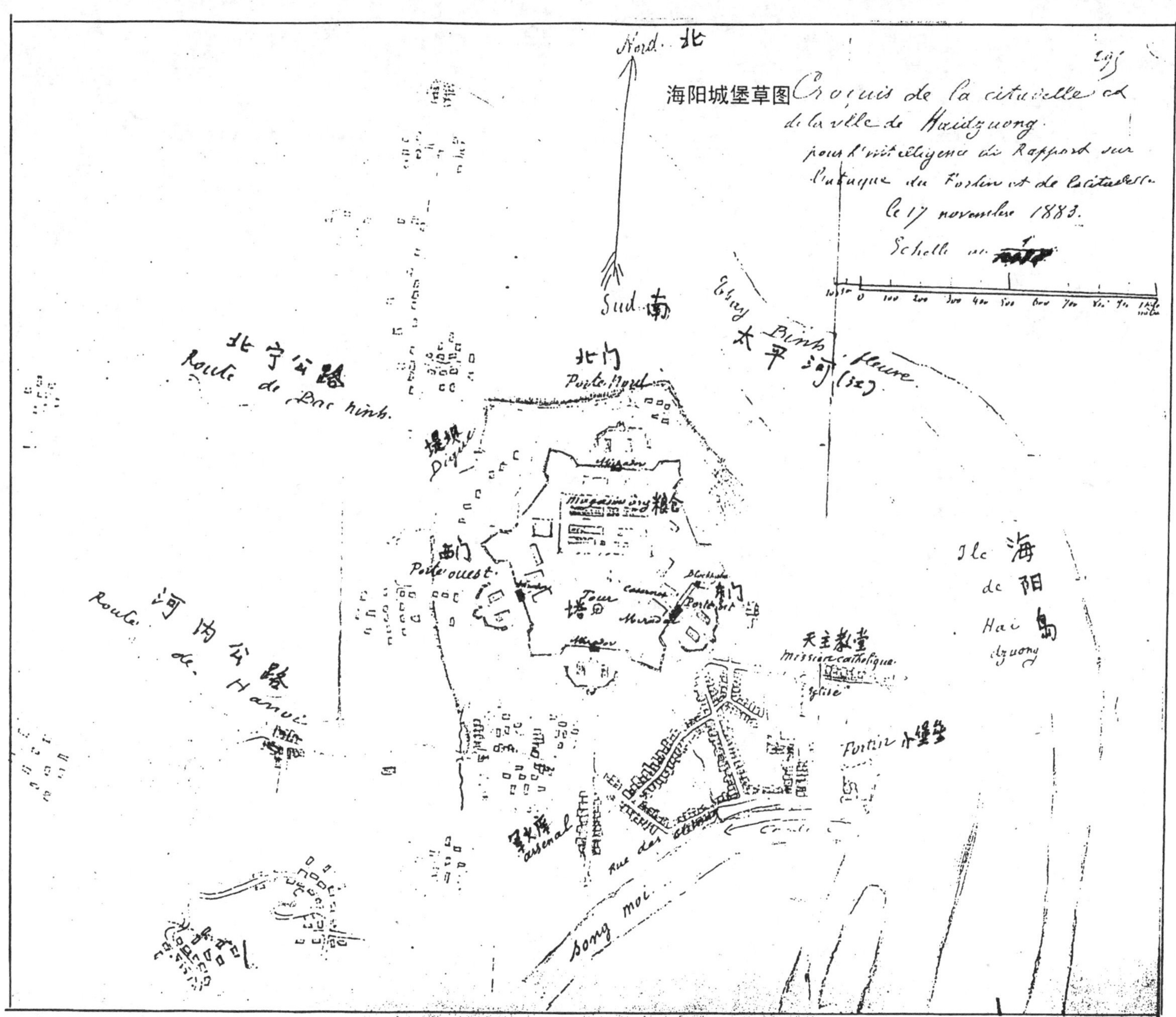
海阳城堡草图
Croquis de la citadelle et de la ville de Haidzuong pour l'intelligence du Rapport sur l'attaque du Fortin et de la citadelle le 17 novembre 1883.
Nord 北
Sud 南
北门
Porte Nord
Porte ouest
Porte Est
塔
Tour
天主教堂
Mission catholique
Fortin 小堡垒
Ile de Hai dzuong
海阳岛
北宁公路
Route de Bac ninh
河内公路
Route de Hanoi
Digue
Arsenal
Song moi
太平河
Rue des

860　何罗栏致外交部长

1883 年 11 月 27 日于河内

部长先生:

现谨把我刚发给法国驻顺化驻扎官参哺先生关于东京的一般形势和在我军事当局不采取行动,至少是表面上不采取行动的情况下安南官员敌对态度日益明朗化的信件副本转呈给您[①]。

(我也荣幸地把参哺先生最近的书信转呈阁下[②]。很久以来,我就一直同他通信。一部分信件是由陆路寄送的,可能已被人截获。)

自从李维业司令逝世以来,事实上,我们没有做什么事。我们同敌人的战斗是不利于我们的。在这个幅员辽阔的国家里,居民稠密,消息传播得特别快。尽管增援部队已到,但我们没有采取新的行动,这也说明了我们周围发生的叛乱的程度。

顺化条约产生的影响,今天已基本上消失了。所以,在批准顺化条约的时候,我们将会遇到巨大的困难。如果我们在 8 月底或 9 月上半月攻下山西或北宁的话(我们获得的报告证明,要这样做并不是办不到的),那么,到今天就差不多把东京征服了。目前,我们只能说我们所取得的进展比任何时候都小。

至于我,我已完全无能为力,已完全失去了同安南当局打交道所不可缺少的威望。我不得不在一个极其敌视的而在冲突中从来都善于赢得支持的军事当局的权力和态度面前销声匿迹。我只能为这种状况表示遗憾,并作为一个可怜而又无能为力的观众来观

---

① 原档缺此副本,参见本书第 857 件。——编者

② 参哺致何罗栏函原档阙如。——编者

察这一切。我必须离开舞台了,也许很久以来,我在这个舞台已经没有任何用处了。

现在,各省当局同敌人相互勾结,这是众所周知的事;顺化朝廷与敌人串通一气也是可以肯定的。国王本人所犯的罪行并不比他周围的人小。这是我们驻顺化的驻扎官参哺先生的看法。现在重要的是,要尽可能快地对顺化以及山西和北宁同时给以有力的打击。尽快攻下这最后两个堡垒可以使所有策划造反的人有所收敛。必须承认,我们迟缓的行动不会使东京认为我们强大。现在应采取适当的措施防范抵抗分子。在顺安,我们要有一支力量足够向首都进攻的军队。

另外,我完全赞同参哺先生的建议,就是说把宫廷同最敌视我们的官员隔离开来,使馆可能要推迟开馆,但要把它迁进城里去,使馆的警卫应有300人左右。

我再一次坚持要永远占领横山山脊和两山之间的通道。

何罗栏

附言:我接到了参哺先生寄给阮仲合阁下的信。在信中,参哺向阮仲合宣布阮已荣获法国二级荣誉勋章。我将乘机通知他,并把信扣留到形势更加有利的时候。我感到遗憾的是,参哺先生已把由交趾支那总督赠送的礼物和勋章交给阮了。

M.D.亚洲第42卷第328—329页

861　内阁总理茹费理致中国驻法使臣曾纪泽

1883年11月29日

侯爵先生:

您在11月24日和26日两封来信中向我谈了您对我同月17日和19日两封信的看法。您的注意力首先放在我国政府给部队下达的必须占领山西、兴化和向北宁进军的命令上,所以,您就把这件事和我10月31日在众议院说的一段话进行了对照。我在众议院指出:占有东京始终是我的前任们奋斗的目标。您在思考:这个声明是否标志着我们的政策有了变化?是否同圣提莲先生在1881年所许下的诺言——"共和国政府打算遵循1874年条约的规定,并履行所有的义务"——背道而驰?

关于第一点,我很高兴立即就能消除一切误会。我们的步骤3年来一直没有变化,我们的政策一直是基于1874年法越条约的原则。我们严格地履行这一条约所赋予我们的义务;我们只是为了保证条约所规定的有关权利能得到尊重,并在用尽一切能达到这一目的的和平方法之后,才进行干涉的。从那时起接连发生的所有事件——我们遭到的抵抗,我们现在仍须继续进行的斗争——均未改变我们的决心。今天和3年前一样,我们没有任何征服的企图,我们的目的仅仅是想通过巩固1874年条约承认的保护国制度来保证我们在红河的自由航行权和在东京发展贸易关系的必要安全。

正是本着这种精神,我在10月31日的讲话中指出"和平征服[①]"这一地区和"占有东京[②]"是我们政策的目标。也是本着这一精神,我同时还重新提到欧洲各国早已同意的一致看法:"征服中国[③],征服它的4亿消费者,应该通过欧洲的产品和生产者来完成。"因此,对我的意思的发挥不会引起任何误会。我希望经我这样解释之后,您在思想上不再有任何怀疑。

我们抱着极力避免一切冲突,同时又能取得我们希望的成果这一真诚愿望,向中国政府建议双方委托各自的指挥官彼此协商,

---

①②③ 着重号为原文所有。——编者

在各自的阵地之间划定一条界线。由于这些建议在您看来似乎和东京的现状不相容,您便重新提出您在8月1日口头向我的前任提出过的建议,即:“在驻扎在河内和兴化的部队之间划定上述界线”。请允许我提醒您,在8月1日这次会谈时,您声明在东京没有中国的部队,或者说,即使有的话,这些部队也只是驻在两国尚未划定边界的地区。因此,目前根本不存在通过兴化和河内、尔后沿红河流域延伸的界线问题。所以,沙梅拉库先生指出:不必考虑发生冲突的危险,因为我们的远征军不会到东京的北部去;但是,如果中国的部队再靠近要塞——这些要塞是我们的目标,那就是另外一回事了,在这种情况下,这些部队将有可能被当作安南人的辅助部队来对待。从那时起,形势并没有由于我们而变化;我们的作战计划没有变动,而且也不至于变动。因此,两国部队冲突的责任不应由我们承担。此外,我们希望这种可能性不会发生,希望中国的部队将在适当的时候接到撤回到他们8月间的阵地上去的命令,不致给我们为了共同的利益而进行的和平事业设置障碍。

茹费理

C.P.中国第63卷第98—101页

862 何罗栏致海军及殖民地部长电

1883年11月30日下午6时35分于香港

河内,23日。——我正忙于把全部军政事务移交给孤拔将军,有关开支和一切问题将由他处理。

我仅有的一点权力都被剥夺了,这样,把我召回国就变得很明显和必要了。我不能再去顺化,因为在东京目前的这种严重形势下,我去那里只能是有弊无利。现有证据证实:顺化朝廷同北宁的官员是互相勾结的。

因知之甚少,我不能对正发生的一切提供新的情况。

何罗栏

M.D.亚洲第 42 卷第 351 页

863　海军及殖民地部长致内阁总理兼外交部长

1883 年 11 月 30 日于巴黎

内阁总理先生、亲爱的同事:

我谨随函附上一份密码电报的副本。这份电报是统帅东京陆海军的海军少将刚发给我的。

附件　孤拔致海军及殖民地部长密电

1883 年 11 月 30 日下午 5 时 25 分于香港

河内,11 月 23 日。根据您的命令,总特派员已把整个战时行政机构的领导权移交给我。因远征在即,我不能用更多的时间去整顿行政工作。

孤拔

M.D.亚洲第 42 卷第 352—353 页

864　孤拔致海军及殖民地部长电

1883 年 11 月 30 日下午 6 时 29 分于香港

河内,20 日。17 日凌晨 4 时,海阳遭到 2000 名中国军人的攻击。我守军在"短枪"号和"野猫"号的支援下,进行坚决抵抗。敌人于下午 3 时撤退。据情报人员报告,有 200 名中国士兵被击毙。我们有 17 名海军陆战队员伤亡,其中 2 名土著士兵,3 名后备军,8 名"短枪"号士兵。4 名后备军被击毙。名单不久将寄去。大批中国军队陈兵在海阳周围,我不得不增拨许多驻军。

孤拔

BB—4 1949第298页

865 海军及殖民地部长致梅依电

1883年11月30日于巴黎

我们在下龙湾是否设有煤栈?煤的供应渠道如何?数量多少?是否需从法国运去?孤拔有消息否?

BB—4 1946第329页

866 何罗恾致海军及殖民地部长

1883年11月30日于河内

部长先生:

在8月28日的信中,我荣幸地请求您任命一些水文工程师来探测清化省、乂安省和河静省沿岸及入口处。

我去电向您提出请求的目的是想尽早派考察团来,以便在开会批准顺化条约之前,该考察团能在有关海岸找到一个建筑该地货物出口港的最优越地点。

11月11日,水文工程师雷诺先生和罗列得利先生抵达河内;您9月14日来信告诉我(殖民地第一局指示),我去电请派的考察团将于月底出发,因此,我有理由认为,您是把雷诺和罗列得利派来给我调用的。

因此,我十分惊讶,在他们抵达两天之后,孤拔少将先生未与我商量竟将他们派去下龙湾,并给这两位工程师下达了专门的命令。

我认为将此事向您报告并提请您注意,类似这种做法,事先根本不打招呼,将部里交我使用的人调走,使我无法行动,这样我就无法完成政府根据议会的表决所交给我的使命。

共和国总特派员　何罗栏

BB—4　1950 第 395—396 页

867　何罗栏致外交部长电

1883 年 11 月 30 日下午 6 时 50 分于香港

关于顺化条约的详细说明将由邮船带回。我仍请求政府把我召回或给我另一个职务。民政部门被撤消已久,形势已变得不能容忍。

何罗栏

M.D.亚洲第 42 卷第 350 页

868　海军及殖民地部关于申请拨款的说明

1883 年 11 月①

在 11 月 8 日送交众议院的东京追加拨款法律草案第 4 页的注释中写有:

“尽管船舶及炮械制造部门向东京远征军发运的器材达300万法郎左右,但在本法律草案中没有申请额外的拨款,因为雇人代替应征制度还没有实现,更没有列入 1883 年度开支中。这笔拨款应作为 1884 年度的预算。”

已支付的费用和已规定的支出高达下列数字:

船舶制造部门的供应	1,430,880 法郎
炮兵部门的供应	1,915,037 法郎
合计	3,345,917 法郎

① 原件无标题及日期,此系编者所加。

船舶制造

由船舶制造部门承担的开支如下：

发往东京的2400吨煤(包括水脚在内) ……… 185,950法郎

待运的2400吨煤 ……………………………… 271,145法郎

由“边和”号运送的食物 ……………………… 53,285法郎

由“伏尔达”号运送的食物(包括运费在内) …… 29,500法郎

小舰队及巡逻艇的食物补给 ………………… 110,000法郎

由开往东京的船只购进的煤 ………………… 156,000法郎

785,880法郎

在外面采购的材料及燃料(预计费用) ……… 400,000法郎

在香港购买的小艇 …………………………… 200,000法郎

派遣4艘白色小艇 …………………………… 45,000法郎

合计:1,430,880法郎

在1883年5月28日法令通过的拨款分配中,船舶制造供应部门的预算是 ………………………………………… 495,000法郎

预算达…………………………………………… 1,430,880法郎

在1884年要求的增补差额是 ………………… 935,880法郎

即整数 940,000法郎

炮　兵

根据5月28日的法令,在950万法郎的拨款中,给予该部门的有 ……………………………………………… 50,000法郎

直至目前,由炮兵军械库送往东京的军火有：

44门4厘米口径山炮、4门榴弹炮、2门12厘米口径大炮、6门6.5厘米口径大炮、6门8厘米口径大炮、1门10厘米口径大炮、2门14厘米口径大炮、1门19厘米口径大炮、1门24厘米口径

大炮 ……………………………………………… 203,581法郎

13门旋转炮 ………………………………………… 92,840法郎

48座6.5厘米口径大炮炮架、4—6座8厘米口径大炮炮架、16座山炮炮架、8座舰用炮架 ………………………… 147,580法郎

山炮煅造炉及各种工具 …………………………… 34,585法郎

炮弹 ………………………………………………… 425,885法郎

弹药筒、起爆管、信管等 ………………………… 140,509法郎

套马具 ……………………………………………… 9,200法郎

862支1878型步枪、9000支1874型马枪、593支1878型步枪 …………………………………………………… 444,745法郎

手提武器的弹药 …………………………………… 416,730法郎

水雷的火棉火药 …………………………………… 5,782法郎

合计:1,915,037法郎①

从拨款中减少 ……………………………………… 50,000法郎

1884年余下要申请的部分 ………………………… 1,865,037法郎

摘　记

1884年再申请:

船舶制造方面 ……………………………………… 940,000法郎

炮兵方面 …………………………………………… 1,865,037法郎

合计:2,805,037法郎

意外费用的补充数 194,963法郎

(从现在至1月1日)总数 3,000,000法郎

BB—4　1947(原件未编页码)

---

① 原文如此,此数与以上各数之和不符。——编者

869 为东京远征军申请额外拨款的说明

1883年11月①

申请拨款数为5,330,000法郎,即:

1.民事处 …………………………………………… 50,000法郎
2.兵役处…………………………………………… 972,000法郎
3.旅费……………………………………………… 100,000法郎
4.医药和粮食………………………………… 1,877,000法郎
5.民用及军用器材…………………………… 1,375,000法郎
6.各种意外支出……………………………… 956,000法郎

合计:5,330,000法郎

申请拨款的理由:

1.民政特派员公署——额外费用约计 ………… 50,000法郎

2.兵役——在原来的预测中必需补充:

216名遣往东京的安南人的饷银 …………… 54,500法郎
10名派往东京的宪兵的军饷 ………………… 17,500法郎
土著部队的装备……………………………… 600,000法郎
内地部队的运输费…………………………… 300,000法郎

972,000法郎

1,022,000法郎

3.旅费——殖民地人员,在4月的预计数2.5万人是不足的,这方面考虑的额外津贴为……………… 100,000法郎

4.医药和粮食——1883年5月28日法律规定的去东京部队人数为1200人,即:

---

① 原件无日期,此据前后文拟加。——编者

1882年的卫戍部队人数……618人

1882年12月29日由"姑类兹"号运去的人数……582人

上述法令,为支付欧洲部队1500人和安南部队1000人的给养发放了一笔款。1883年5月30日及31日,"安南人"号及"美萩"号运去1097名士兵。加上623名从交趾支那运去、206名从新喀里多尼亚运去的,总数为1926人。就是说,运去的426人是编外人数,在180天中的开支费用相当于 …………… 383,400法郎

从该时期以来,由交趾支那派遣驻扎在顺化的步兵为509名,140天开支 …………………………………………… 356,300法郎

85名炮兵 …………………………………………… 24,500法郎

9月10日和26日,由"阿威龙"号及"桑罗克"号运去的618名士兵在70天中的开支相当于 ……………………… 216,300法郎

224名炮兵 ………………………………………… 78,400法郎

9月25日及26日,"边和"号及"东京"号运去的1858名非洲步兵,在95天中的开支相当于……………………… 782,550法郎

8月12日由"姑类兹"号运去的112名炮兵,在45天中的开支相当于 ………………………………………………… 25,200法郎

最后,10名宪兵在210天的开支,相当于 ……… 10,500法郎

1,877,150法郎

即整数 1,877,000法郎

5.民用及军用器材

综上所述,有关木板屋和船舶的建造,最初是按2500人计算的。由于部队编制人数增加,必须把派往交趾支那的宗主国部队人数按比例提高到2782人。因此,必须为此考虑一笔额外支出………………………………………………… 1,575,000法郎

6.各种意外支出

在这样远的地方作战,必须提防万一可能发生的事,故加上一笔意外支出 …………………………………………… 956,000 法郎

总计:5,330,000 法郎

BB—4 1947(原件未编页码)

870 东京舰队 1883 年 11 月 1 日至 12 月 1 日活动情况

船舰名	型号	人数	活动情况	目 的
"雎鸠"号	护卫舰	75	在河内和红河。	在河内、巴塘和□……巡逻。
"军乐"号	炮舰	70		在巴兰河巡逻,到山西。
"豹子"号	炮舰	70	在河内、海防、海阳。	在太平巡逻。
"突袭"号	炮舰	68	在河内、南定、宁平。	在底河巡逻,在□……
"飓风"号	护卫舰	45	在红河。	执行各种任务,运送军队。
"闪电"号	护卫舰	40	在红河。	同上。
"短枪"号	汽船	39	在海防、海阳。	在红河巡逻。
"大斧"号	汽船	34	在河内、巴兰。	在红河巡逻。
"土耳其弯刀"号	汽船	34	在河内、府里。	同上。
"火枪"号	汽船	34	在河内、府里。	在红河巡逻。
"马苏"号	汽船	29	在下龙湾。	保卫该地。

舰队司令 莫列波约中校

1883 年 12 月 1 日于河内岸上

BB—4 1950(原件未编页码)

871　驻华代办谢满禄致沙梅拉库(机密)

1883年12月1日于北京

部长先生:

上月19日写给阁下的关于中国政府的态度的最后一份报告中,我对阁下说总理衙门的成员们对和平解决同法国的纠纷抱有强烈愿望。对于这个看法,在北京的各使团领导都表示同意:当时衙门似乎想通过行动和比平常更加和解的做法来证实他们的良好的愿望。这里只举一例加以证明:衙门自动向与最近的广东事件有关的4个国家建议,让两名委员——一名中国人,另一名是欧洲人——由他们协商选出一名仲裁人来估计应给予最近骚乱中受害者的赔偿数额。

但是,从11月23日起,即我们的信使走后刚刚4天,衙门改变了它的良好的愿望,它通知英、德、美、法的代表说:它坚持原来的决定,决心只有在英国政府满足中国的要求,只有对凶手们重新审判以确定各方的责任大小之后,才和我们解决这件事。

这个通知足以向我们表明中国政府的态度已有所变化,北京又重新采取了敌视外国人的政策。在我能够比较可靠地得知其原因和解释之前,我自然而然地认为欧洲对中国16日声明的答复可能是这一突变的原因;因此,我在27日,也就是收到阁下电报的第二天,就毫不犹豫地前往衙门。阁下这封电报将您答复曾侯的主要内容告诉了我,指出了阁下向中国公使提出的建议的精神,准许我在此依据这些建议强调事态的紧迫性。

现将这次会议的记录以及密码电报的抄本按顺序附上,我已经把这次会议的内容摘要用密码报告给您了。

衙门的答复和中国大臣们所采取的态度将向阁下说明我为什

么要立即用电报报告阁下的原因——我希望阁下同意我电报中的意见,并和我一样从中得出结论:今后不会再进行谈判,中国尽管措词强硬,却不能提出任何明确的要求;中国随着需要,天天在扩大10多年以来一直看作是由它的军队所占领的地盘,而且它只是按着其对抗者的态度来衡量其要求,既不考虑其真正的利益,也不考虑自己的力量;当我们好像后退的时候,它就前进,而在受到武装力量的逼迫时,它就不得不后退。

任何了解中国政治生活需要的人,都不会对中国朝廷大臣们的这种态度感到吃惊,因为,只有坚持这种态度,才不会有任何风险。他们只能在武力面前退让,以及,如果他们不想在结束恐惧的那一天,为那种被看成是懦弱或起码是妥协的行为付出惨重代价的话,他们就必须竭尽全力维护皇权。

如果总理衙门大臣不经争战就接受被认为是屈辱的和平,那么,只有侵略中国领土造成的严重威胁以及外夷对北京发起新的远征造成的恐惧,才能消除他们对承担责任和招致惩罚而产生的畏惧。

攻克山西、北宁和兴化当然只是行动的开始。这一行动是不会使朝廷无动于衷的。如果这个行动在中国的声明之前就采取的话,那么,主战派的好斗热情早就平息了。但是如今,中国已经深深卷入,因此,这样一个战役未必能使抵抗立即终止。把中国的部队一直追逐到广东省边境,无疑会产生更大的效果;但广东省距京都相当远,断定通过这样一个轻而易举的进军就能获得和平,未免太轻率了。而我并不这样期望。

中国政府为它的傲慢和愚昧无知所蒙蔽,它所收到的南方的报告都很乐观,把形势说成对中国一片大好,把总督们看作伟大的军事将领,把修筑的街垒说成坚不可摧的强大阵地,把买来的武器说成先进利器,把匆忙集结起来的队伍说成是英勇善战的部队,把地方居民说成是仇视我们的力量,把我们少量部队的处境描绘成十分危险。中国政府尤其是被曾侯的情报所欺骗,曾安慰他们说:法国内部意见分歧,同时外部又受邻国的威胁。他写道,我们没有可能认真对付中国。他一再用肯定的语气来打消北京政府的各种忧虑。

在这种情况下,我再重复一遍,试图进行任何谈判,看来都是要失败的。然而,时间紧迫,决定行动的时刻已经到来。而且,既然中国在东京阻遏我们已是众所周知的事,那么我们就应该毫不犹豫地接受挑战。假如我们在南方的努力不能成功,我们就应该打击进行这种抵抗的心脏——北京。他们的抵抗在日益降低我们的威信,不久就会威胁到我们在这些遥远地区的安全。

当我把27日的电报译成密码时,我得到各种秘密报告说:中国政府正在最积极地支持东京的黑旗军,向他们提供武器弹药。许多报告不断地寄给皇帝,指出中国应采取的措施和在东京已经取得的成果。

叛军头目刘永福将接到加紧进攻的命令,在我们部队占领区内进行一次真正的总动员,并和中国的指挥官联合行动。招募来的士兵已被武装起来,这些新兵虽然没有抵抗我们士兵进攻的能力,但似乎足以进行侦察,劫掠地方,制造不安和损害我们的影响,把我军的行动详尽地告诉我们的敌方。

发出的告诫是:为了行动,万万不要失去耐心,要等待我们的部队出动打击他们的防御据点;等待洪水撤退之后留下更合适的活动战场;等待广东和广西部队的纵队首领穿过山间隘路。看来,这样的有利时刻已不远了。那时,一声令下,发起总攻,全国都应拿起武器。那时我们所有的阵地就要同时受到攻击。来帮助实现这个大阴谋的伪装了的中国军官已经被派到我们的阵地来了。

尽管我不愿意把我收到的秘密文件全部当真，但我还是认为应该给予某种程度的相信，并就此通知了孤拔将军先生。在我看来这还是真实的，我没有更多地停顿在这些阴谋的准确性上。不管怎样，它无可否认地证实了北京朝廷对南方军事行动最小的细节都十分感兴趣，因为我有证据说明，北京朝廷同指挥这些军事行动的人保持着密切的电报联系。

谢满禄

附件1　1883年11月27日在总理衙门举行的会谈记录

出席人：谢满禄、微席叶；

陈兰彬、周家楣、吴廷芬。

谢满禄：我已收到诸位阁下给我和驻北京所有公使馆有关安南事件的照会。我想这份照会已经由曾侯提交给了巴黎的外交部长，而诸位阁下也已经收到曾侯关于法国政府对此声明的态度的汇报。

周：没有。曾侯还没有给我们电报，我们什么也不知道。

谢满禄：我用电报给我国政府发去了这个声明的摘要，我国政府昨天通过电报回答了我。我的翻译官马上向你们宣读这份答复。（微席叶先生读了1883年11月24日部里电报的主要部分的中文译文。）

周：我们高兴地看到法国政府始终怀有良好的愿望，我们原则上不反对两国的军事指挥官在他们各自的阵地之间划定界线。但是，你们说巴黎已经下达了夺取山西、北宁和兴化三城的命令。然而，在这三座城市有我们中国的部队，如果你们向这三座城市进军的话，必然要打击我们的部队，因为我们的部队是不能撤出这三座城市的。

谢满禄:我想曾侯会把这些事实告诉巴黎的外交部长。

周:毫无疑问。再者,我们部队10年以来就驻扎在这三座城市。他们事实上是为中国保护安南而长期驻扎这些地方的。如果法国部队到那里去,那将是侵略。

谢满禄:所有这些意见都可以通过曾侯向巴黎提出,如果他认为合适的话。我今天到这里来不是为了同诸位阁下进行谈判,而只是奉法国政府之命把答复曾侯的照会内容转告给诸位阁下,以便你们能够把我刚才给你们的译文和你们驻法使臣的文件进行对照,从而很好地了解法国政府的想法。

周:很好,通过我们刚听到的,我们将能核对曾侯的报告。

谢满禄:我刚给你们宣读的文件,有两点我认为是应该强调的:第一,由我们各自在东京的指挥官在他们各自的阵地划定界线的建议;第二,对于中国来说,采取一切必要措施避免两国军队发生冲突的紧迫性。考虑到法国部队已决心攻打北宁、山西和兴化三城,你们要采取紧急措施,避免危及未来。

周:10多年以来,我们的士兵一直合法地驻扎在这三座城市;你们不应该企图征服这三座城市和向我们进攻。

谢满禄:命令已经下达,现在应由你们阻止发生过于严重的后果,因为命令马上就要执行了。

周:我们只关心我们在这些地方的存在和对于我们来说留在这些地方的必要性……

据说你们的外交部长已经换了,您知道吗?

谢满禄:发到上海的一封电报确实已宣布茹费理先生接替了沙梅拉库先生。

周:茹费理先生当了多少年部长?

谢满禄:茹费理先生担任内阁总理已很久,所以他从未中断关心东京的事情;外交部对这一问题的政策是早已确定了的。

代理首席翻译 微席叶

附件 2 谢满禄致外交部密电(略)[①]

C.P.中国第 63 卷第 102—110 页

872 谢满禄致外交部长密电

1883 年 12 月 1 日于北京[②]

27 日来电收悉。当天,我和总理衙门会谈时,中国的大臣们明确地向我们表示:除非您 24 日电报中所指的三座城市仍留在中国手中——他们今天声称,10 多年来,中国在那里一直保持有部队——否则,阁下在巴黎提出的建议是不能接受的。

我们越让步,中国就越得寸进尺。只有立即夺取此三城,采取极其强硬的措词,才能使我们得到和平的机会。

谢满禄

C.P.中国第 63 卷第 111 页

873 外交部长致何罗桤电

1883 年 12 月 1 日于巴黎

根据您的一再请求,政府批准您把一切事务都交给孤拔将军后回国休假。

M.D.亚洲第 42 卷第 356 页

① 此附件见《正编》第 7 册第 200 页第 146 件,此处略。——编者

② 据该档第 112 页,此电于 12 月 3 日 10 时 30 分自上海发出。——编者

874　原交趾支那总督卢眉致内阁总理

1883年12月2日于巴黎

内阁总理先生：

东京委员会的工作变成了调查参加印度支那事件的所有人员，这种做法对不对，这不应该由我来判断。对政府和议会的决定，我只有恭敬地服从。但如果是公正的调查，那么，其结论就可能会是矛盾的。委员会并没有要求我提供口头的或书面的解释。

内阁总理先生，在这样的情况下，委员会的报告人由于不了解事实而犯了判断上的错误，这并不会叫人感到惊奇。

所以，利安·雷诺(Lian Renault)先生说："刚到河内租界驻下的海军分舰队司令遭到威胁。如果他服从禁止使用一切武力的命令，他很快就得在毁灭与安全之间进行抉择，而只有他采取强有力的行动才能获得安全。"

您知道，内阁总理先生，这是不正确的。在这个时期，海军分舰队司令并没有受到严重威胁。只要他在河内，就足以让我们获得想要获得的结果。

在1882年5月6日的电报中，司令自己也承认："在此期间曾命令□……总督，把城堡的秩序恢复到原来的状态，并命令各省省长不要有反对我们的企图。"如果需要的话，我还能引证其他不可辩驳的证据。

事实本身就被歪曲了，被派到河内的不是450人，而是233人；时间也不是1882年2月，而是3月26日。由于气候的原因，弄错日期是有重要意义的。

我还可以补充一些事例。

当我遭到不公正的攻击时，根据您明智的建议，我没有予以反击。但今天,当批评已带有官方的性质时,您也会像我一样,认为我有权利和义务来澄清事实。在这个报告面前,我仍可以得到您给我的指示的保护。但我要向他们提出挑战,我不会在自己的责任面前后退。

因此,内阁总理先生,我谨请求您组成一个调查委员会,对我的行为进行调查。

卢眉

M.D.亚洲第42卷第357—358页

875 海军及殖民地部长致东京陆海军总司令孤拔电(由香港领事馆转)

1883年12月3日于巴黎

批准何罗栏回法国度假,他的权力将移交给您。因此,您被授予外交、民政、军事权力;政府充分信任您。

您有什么要求,请及时告知,并请及时通报消息。

BB—4 1946第104页

876 海军及殖民地部长致孤拔电(由西贡转发)

1883年12月3日于巴黎

请在12月底接管由“美萩”号送来的:

军官和海军陆战队 181名,

军官和海军炮兵 84名,

非洲骑兵 63名,马50匹,

旅客 40名,

子弹、65弹药、被服用品。

任命德鲁安为海军中校,可留在您处。

BB—4 1946第105页

877　内阁总理兼外交部长茹费理致谢满禄电

1883年12月4日12时35分

11月30日我交给曾侯的一份重要照会中提醒他:8月间,曾侯正式声明在东京、在我们要攻击的城市附近没有中国部队。因此,如果发生冲突,其责任将不在我们,因为中国部队只应夺回他们以前的阵地。

请您查明这份照会是否已经转给了总理衙门。

茹费理

C.P.中国第63卷第113页

878　何罗桤致外交部长

1883年12月4日于河内

部长先生:

10月12日来电已收到。该电谈及我们的阿尔及利亚步兵由于教会团体的活动可以与回民武装集团之间建立联系一事。

关于侵入毗邻东京的老挝东北边境的移民的真正血统和成分,我们还远没有确定。我认为这是一伙中国人和没有宗教信仰的半野蛮人。他们大多数来自云南省,大概是一个土著部族的混合体,分散在云南南部。

另外,傜族(Muong Hô)是老挝人对云南省的人的普通叫法。

我的电报和我在曼谷的前任之一加尼埃(Garnier,B.)先生(大约在1873—1874年)的电报都曾向部里汇报过这些问题的细节。这些电报说明回族在今天只能看作是一般的土匪集团。不管他们的目的和使用的手段如何,人们在上寮(Haut - laos)一般是指非老挝人组成的所有武装土匪集团。

在缅甸称作穆斯林难民，在欧洲叫作Panthay，在中国则以回回(Houeï－Houeï)或回子(Houeï tsu)为名的回族人，我并不认为是这帮土匪的主体。在东京目前的形势下，我看不到他们会有帮助我们的可能性。我们被安南人、黑旗军和北宁的中国人封锁在我们占领的城市和阵地里，从地理条件说，我们同回族相隔几百公里，回族居住的地方完全不被人们所了解。从17世纪以来，还没有一个欧洲旅行家能成功地经过这块地方。此外，我们接到海军部长的命令，为了去进攻山西和北宁，要求我们停止一切可能会减少(即使是减少一点儿的)军事人员的军事行动和限制一切新的行动。我们了解这一切，而且遇到了不可克服的物质困难，所以，我将不可能采取必要的措施来解决我们的非洲士兵的宗教问题。

此外，在我到达这里时，我在军队中没有一点威信，总司令对我采取的措施，使我不可能把阁下在信中提出的建议告诉他。

何罗栏

M.D.亚洲第42卷第360—361页

879 海军及殖民地部长致土伦军区司令(机密)

1883年12月4日于巴黎

海军中将先生：

兹就11月30日来信作复，并荣幸地通知您：向东京运送援军时，“永隆”号将于阿尔及利亚运走一个800人的营(4个连，每连200人)和一个连，共计1000余人(包括军官)。同样，“欧洲人”号(Européen)也将在阿尔及利亚运走外籍军团中600名暂时离队的军人和阿尔及利亚土著步兵。这些人员将使现驻东京部队3个营的实有人数从600名补充到800名。

目前必须装运上船的有：(1)供全体船员100天用的食物；(2)保

证乘客55天伙食的食物(部长手书:"命令一到即装船");(3)75天用的下列食物:饼干、腌酸菜、醋、干酪、咸肥肉、achards[①]、牛肉罐头、诺曼底油脂、油浸沙丁鱼、油、干菜豆、芥菜、青豆、胡椒、蔬菜干。

供上述乘客用的这些食物,当乘客抵达目的地时应同时卸下。

马赛港的两艘商轮可能同样分配担任运输部队至东京的任务,此事谅您已知。如果确是如此,这两艘船在前赴阿尔及利亚载运1400人前,将在土伦各携带其编制人员两个半月的食物,其清单已在上面提供。这些食物应和部队一起在抵达目的地时卸下。乘客的伙食应由轮船公司在船上供应。

请您采取措施以应需要。

BB—4 1947第623号

880 海军及殖民地部部长办公室关于租船运输军用物资往东京的紧急通知[②]

1883年12月5日于巴黎

(送:人事处、军备处、总会计室、中央监督部门的领导)

中央行政部门的首长们:

兹通知你们,部长已于12月3日批准租用"梅斯城"号(Ville de Metz)轮船。该船将于本月12日由利物浦(Liverpool)启航赴土伦。

根据已订的租约,"梅斯城"号应在土伦装运粮食、器材、煤等2800吨及乘客30名(海军军官、水兵及民政人员)。

行政领导部门将在该船上装运1770容积吨的粮食。另一部门还预定了27个乘客座位。

---

① 疑为achars(印度洋岛国的糖醋泡菜)之笔误。——编者

② 原件无标题,此系编者所加。

由于船的租费是按旅程而定，所以还是应该以物资、燃煤来装舱，而让 3 个座位空下来。

因此，请中央行政部的领导先生们把“梅斯城”号的装载申请书立即送来，以便装载。

海军上校、参谋长兼办公室主任　□……

附言：“梅斯城”号直接驶往东京，中途不在西贡停泊。

然而，这艘船上可以装载交趾支那所需的装备。以后待有机会时，就可以把这些物资从东京转运西贡。

BB—4　1947(原件未编页码)

881　中国海及日本海分舰队总司令梅依致海军及殖民地部长裴龙电

1883 年 12 月 6 日下午 5 时 48 分于香港

10 月 26 日来信收悉，我在此恭候脱利古。因气候恶劣，他乘的“伏尔达”号军舰还未抵此。今天从海防开抵的“维拉”号没有带来有关孤拔的任何消息。孤拔已征用所有的汽船出征去了。

广州群情激愤，北京来的一位钦差大臣在煽动人民和军队起来反对法国人，甚至反对所有外国人。

“维拉”号是得到命令来香港找我的。

M.D.亚洲第 42 卷第 367 页

882　海军及殖民地部长致东京陆海军总司令孤拔

1883 年 12 月 6 日于巴黎

海军少将先生：

在阅读您的函件时，我高兴地看到海阳驻军在“野猫”号和“短枪”号的支援下，于 11 月 17 日击退了为数众多的中国军队的进攻。请您向参加作战的陆海官兵传达我的嘉奖。

我对您采取的作战措施表示同意,这些措施配合得很绝妙。然而,我还须提请您注意我11月23日信的第7段,为了商业利益,如您认为可能,在目前的有关规定中,也许可增补些折中办法。

再次请您注意,我们的紧急任务是尽早恢复东京内部秩序,用最有效的办法制止海盗抢劫。

您释放Shun－on号汽艇的友好姿态,对安南朝廷应当产生良好的印象,我对您在这种情况下采取的断然措施表示赞许。

我对您在9月29日的海防会议上采取的立场也表示同意,您这样做符合部长的命令。

我收到何罗栏先生许多来信,都列到所附清单上了。我高兴地阅读了巴当先生关于8月8日南定周围展开激战的报告。请代向他及他的英勇部属转达我的祝贺。我在上次晋升荣誉勋位时,对他们的功勋给予了最高的评价。

您在发现李维业和5月19日事件的受害者的头颅后所采取的措施是适宜的。盛大的哀悼仪式对死者是一种恰当的敬意。

通过10月11日第79号来信,何罗栏先生向我转达了海军中校莫列波约先生的报告,其中提及东京小舰队的情况和对某些舰只的不满。您也许知道,我们已预订了许多派往东京使用的浅水船只。此外,我已下令修复现在法国港口的全部小船,以便将一部分于明春派给您使用。

您的舰船的煤如何供应?您的燃料库设在何处?您采取什么办法来维持供应?请告。

运输舰舰长都奉命尽量在新加坡补充燃料,为了改善我们燃料库的库存,日后必须在不影响航行的情况下,将部分燃料留在东京或西贡。

现通知您:今后驻东京远征军的食物供应由海军部服务处(第三指挥部行政服务处)集中办理,其费用继续列入"东京特别经费"内。

由海军及殖民地部租赁的"梅斯城"号轮船,将在月底前后从土伦起航,它将运送您的食物和物资以及海防港口需要的27名水手。该船直接驶往东京,请您将运往西贡的物资交给它装运。

装载半连非洲骑兵的"美萩"号已于11月28日抵达塞得港。

挂着海军少将利士比旗帜的"拉加利桑呢亚"号将于1月2日前后从洛里昂军港驶往中国海。

BB—4 1946第107—109页

883 驻华代办谢满禄致外交部电

1883年12月6日下午4时55分于上海

6日6时收到

在宁波,官员们逮捕了琉球群岛的船员,日本人要这些船员,中国拒绝归还,说他们是中国的臣民。在朝鲜,日本人和中国人发生了互殴。日本驻北京使臣向中国政府提出申诉,说中国官员对日本使臣的态度不恭敬,日本政府深为不满,命令他离开北京以示冷淡,他将于本月11日离开。我收到的所有报告都说有〈中国〉部队被派往南方。中国似乎特别希望欧洲出现纠纷。3日的一道谕旨任命以敌视外国人而著称的李鸿章政敌张佩纶为总理衙门大臣。

谢满禄

C.P.中国第63卷第118页

884 "伏尔达"号舰长福禄诺致海军及殖民地部长

1883年12月6日于长崎

将军:

根据您的指示,我随同我国特使脱利古先生访问了中国,兹向您汇报中国之行的情况。根据特使的要求,我参加了他同李鸿章总督的多次会谈。每次会谈时间都很长,约有两三个小时,我不得不在报告中删去那些无关要紧的内容,但我将尽量用原话表达出当时的气氛和会谈的情况。

将军,我认为我有责任向您报告我对目前我们在中国海和日本海的形势的看法,我将坦率地谈出我的意见。

海军中校、"伏尔达"号舰长　福禄诺

附件　脱利古访华及中国的军事形势[①]

Ⅰ.脱利古先生在上海

脱利古先生到达上海时,见到李鸿章在军事仪仗队前呼后拥下,大谈特谈他将任中国南方军队的统帅率军南下问题。

这位在人民中间享有崇高威望的内阁大学士来到人民中间,他在军队中的威信,以及他领兵南下时对中国土匪的鼓舞,必将使我国在红河已经不稳定的形势更加恶化。

特使明白这一点,为了制止李的行动,他从第一次会谈就用强硬的语言威慑李鸿章,使之明白特使带来了法国政府的最后通牒。

特使以立即断交而由李鸿章对此承担责任来威胁,总督害怕了,几乎要接受脱利古先生提出的协议原则。但是,由于我们不可原谅的疏忽[②],李鸿章很快发现他们害怕的外交手段并不掌握在特使手里,于是他立刻又高傲而自信起来。

---

① 此标题系编者所加。原件分段较粗,为方便阅读,编者按文意增分了部分段落。

② 着重号为原文所有。——编者

但是,我国全权特使的强有力的态度终于产生了效果。李鸿章考虑到如果由于他咄咄逼人的做法而迫使法国向东京运送大批武器和增派援军,天朝将会面临危险,于是他向朝廷提出了谨慎的建议,自己也发表了一个比较温和的声明。

不久,他被召回天津,皇帝又命他担任原来的职务。就这样,他放弃了这条有可能影响他在天朝的地位以及他那也许是并不牢固的军功声望的危险道路。

脱利古先生由于想给新的谈判留下自由的活动余地,要求结束他的使命。但是,法国政府要求他发挥忠诚报国之心,坚守岗位,并在将来再作宝贵的贡献。同时告诉他,政府打算在巴黎直接同曾侯谈判。

脱利古先生从 7 月 5 日至 9 月 13 日一直留在上海,但同中国没有保持任何外交联系。在此期间,他不断通过电报促使法国政府向东京派出增援部队,直接对顺化采取军事行动和封锁安南海岸,他保证中国绝不敢对我们宣战,因为中国意识到没有后备军队是不能支持这场战争的。

脱利古先生一再说,天朝只有当它在东京所支持的反对我们的中国土匪——黑旗军彻底失败之后,才会妥协,因此应当不顾曾侯的抗议和威胁,毫不犹豫地派出 1 万名军人。这样,软弱无能的中国将会接受既成事实,尽管它不肯承认这些事实。

将军,我奉您的命令到达上海时,发现脱利古先生无精打采,抱怨无所事事。他对政府的做法不满意,因为他没有说服政府放弃徒劳的计划。尽管中国公使利用外国报纸和法国大部分报纸反对政府,但政府仍坚持同中国公使谈判。

几天后,我们得到了关于骚乱的消息,广州外国租界成了骚乱的场所。我国公民的利益和安全受到了严重威胁。因此应当马上向中国政府施加压力,要它赔偿损失,镇压骚乱和恢复秩序。同时,这对脱利古先生来说,倒是一个意外的机会可以摆脱孤立并前往北京,而人们也不会指责他迎合李鸿章把新的谈判送上门去。我们的特使立即抓住这个机会,给巴黎发电报说,在我们的租界受到威胁的情况下,他的最急迫的任务是到北京去。将军,他是乘您临时交给他使用的“伏尔达”号前往的。

在脱利古先生登上“伏尔达”号离开上海时,我自己做主,鸣礼炮欢送,我认为这样做是恰当的,它可以向中国当局和中国人民有力地表明法国特使到北京去的目的。

“伏尔达”号行驶得并不快,9月13日傍晚6时离开上海,9月16日傍晚7时在大沽附近抛锚;特使和我立即登上在渤海等着我们的一艘拖轮,在摩铁先生的指挥下,由一艘小艇护送,第二天早晨我们就到了天津。脱利古先生认为他到天津后肯定还要同李鸿章进行会谈,而且要经常涉及到我们在东京的军事形势、中国军队的装备情况以及关于调整边界这个战略问题和我国在这个问题上能做多大让步,因此他要求我同他一起到天津去,以便协助他工作。另外,由于我过去同李鸿章的关系不错和我在中国海域战斗过,对中国情况比较了解,我同他一起到天津对他的工作也有好处。

同时,他给巴黎和香港发了电报,希望得到海军部长您的同意。

Ⅱ.脱利古先生第一次到天津
与李鸿章的个人会晤

我们到达天津当天下午4时,李鸿章就非常友好地接见了我。我装做是来看他的,表示我没有忘记以前他对我的热情接待,因为这位总督管辖着“伏尔达”号所在的水域。我国驻天津领事狄隆先生自愿给我当翻译。李鸿章仍然由他的幕僚们陪同,他一开口就说到了谈判。他对我说,他很想同脱利古先生交谈。我向他肯定我们的特使这次路过此地一定会来向他表示敬意,而且一定很高兴能借此机会跟他会谈。

李接着用讥讽的口气说:“好吧!你们在东京的事情现在怎么样了?”我回答说:“一帆风顺,我们进入了好季节,水退了,我们终于可以得到和用上我们所期待的法国增援部队了。阁下,到那时,当我们把黑旗军赶到中国南方省份时,您可能就会后悔把他们武装得这么好了。南方省份是秘密会社经常活动的地方,而且他们时刻想造反。”

他回答说:“那么,我就砍他们的头[①],过去我曾镇压了50万太平军。另外,你们也消灭不了黑旗军,因为他们直到现在还在抗击你们,他们的首领是个出色的将领,他们的队伍正在日益壮大。”

我反驳说:“我看阁下对东京军事形势的看法同我的看法完全不同。尽管他们在人数上占优势,但是我们在每次相遇时,总是击退中国土匪。只有一次例外,那是因为李维业司令冒冒失失地袭击了一支300人的先头部队之后,才发现有7000名全副武装的伏军。应当指出,尽管如此,敌人还是遭到了重大损失。他们根本不敢阻挠我们撤退。当时我们撤退,是因为时逢雨季,道路泥泞,兵员减少了,我们不能再发动猛烈进攻了。尽管照中国、英国特别是美国报纸的说法,我们遭到了重大失败,但是在这样坏的环境下,我们还是扩大了活动范围和加强了东京三角洲的防御。实际上我们耐心地等待着冬季,以便能在天气好的情况下增派援军和发动

① 着重号为原文所有。——编者

进攻。阁下,我可以保证,我们的军队将在11月末发动进攻,直到取得最后胜利。”我在谈到这里时说:“请问阁下,在非正规军失败之后,如果在东京的中国军队同我们的部队相遇,中国军队将持什么态度呢?”

他很尴尬地对我说:“他们在东京不是为了打仗,而且也从未参战。”

“他们从来没有接到阻挡我国军队前进的命令和撤退的命令吗?”我接着说:“这是一个很重要的问题,因为我不能对阁下隐瞒,法国必定把中国军队的武装抵抗看作是开战的理由。”

总督重复说:“中国军队不会攻击你们的部队,但是如果那些军队受到攻击并被消灭,那他们是活该,难道我们应当为此而处于战争状态吗?”(这种纯粹中国式的回答用不着再加说明已经很明确了)李鸿章接着说:由于安南国王多次要求,我们向那里派了一些部队,这些部队是为了镇压扰乱安南的土匪,正是我们的部队阻止了中国叛将李扬才夺取东京的部分地区。另外,中国自古以来是安南的宗主国,因此在它的利益受到威胁时,它有权在它的属国保持部分军队。

我说,阁下忘了安南新国王已经放弃了同天朝的一切藩属关系,最近在顺化同法国签订的条约已承认了法国的保护权。因此如果中国政府不明智地在我国军队到达之前将军队召回,我们今天有义务在必要时同中国军队交战来保护领土。

“哦!”总督冷笑着叫了一声:“同中国军队打仗,那你们是要花很多钱和花费很大力量的,因为我们可以派出很多部队。另外,你们首先要战胜黑旗军,而目前这一点你们还没做到。最后,如果你们的内阁敢向议会建议同中国交战的话，那它肯定要垮台[①]。"他激动地说："沙梅拉库先生为什么不接受宝海先生提出并经杜克列先生同意的协议呢？难道一个政府的新部长可以撕毁他的前任同一个外国达成的协议吗？因此我感到我对总理衙门很不好交代，我是相信了宝海先生的保证和法国政府的诚意，才要求总理衙门同意从东京撤军的。我们的驻军刚撤走，你们就急忙加强你们的占领军，沙梅拉库先生撕毁了宝海先生的协议草案，并召回了这位失势的公使。难道这是一个严肃的政府的政策吗？"

我回答说："我无权同阁下讨论为什么撕毁宝海先生的协议草案的问题，但是有一点我可以肯定，这就是在曾侯的压力下，你们匆忙地要我们的公使签订这样一个临时协议，这个协议相当笼统，从而给你们留有自由活动的余地；然而它至少在形式上相当诱人，从而给法国政府阻止远征军出征提供了一个体面的借口。当时游列居伯利将军已准备好出征了，如果当时出征的话，肯定能从中国手中全部夺回东京的。我没有忘记您为了使宝海先生签字所使用的手段。您对他说，所有中国人都拿起了武器，准备把我们从东京赶出去。可惜，我们的公使不了解情况，他还以为他的做法制住了中国大批军队，从而使他的国家避免了一场灾难。时间已经过去了，我们利用那个时间，在没有受到损失和引起中国宣战的情况下，重创了中国对安南的宗主权，今天使那些最不清醒的人也看清了您在一年前是如何巧妙地把我们的公使引入圈套的。"

李鸿章默然不作声地听我讲话，他显然对我提到的事情感到侷促不安。他打断我的话说：事情恰恰相反，是宝海先生骗了他，使他相信宝海的建议会得到政府的批准。他说正是这个问题使他

① 着重号为原文所有。——编者

最为烦恼。谈到这里,我马上改变了话题,我恭维了他几句后,就告辞了。他再次表示了对我的友谊,并说这种友谊应当经得起各种事件的考验,并表示希望能尽快同脱利古先生会面。

脱利古先生同李鸿章的第一次会晤

9月18日下午4时,脱利古先生在微席叶、法兰亭和我的陪同下会见了总督,微席叶和法兰亭给脱利古先生当翻译。脱利古先生受到了总督的热情接待,在互相问候之后,李鸿章首先提出了东京问题。特使回顾了一下过去,友好地指出,自从他们在上海分手后发生了一系列重大事件。脱利古先生说,由于中国政府回避签署在当时还是合理的协议,才迫使法国决定封锁安南,炮击顺安港和强迫新国王承认法国的保护权。

李鸿章回答说,让中国放弃它对安南的宗主权是不可能的,这是历史确认的,但是他希望寻求一个能使双方满意的解决办法。另外,总理衙门也委托他同脱利古先生商讨这个问题。

特使先生回答说:"我也一样,准备同阁下共同研究关于保证边界安全,保护中国贸易和镇压土匪的问题。"

李鸿章说:"镇压土匪的问题,在沙梅拉库先生交给曾侯的草案中已经排除了,另外您应当知道我国公使最近提出的6条方案。"

脱利古先生回答说:"我不知道,但是我们的领事正在翻译外交部刚发来的一封电报,大概外交部会把巴黎谈判的情况告诉我。"

总督请公使尽快把电报内容转告他,然后就随便谈起来。总督主要谈东京问题,在谈话中他别有用心地突出我们要在(安南)这个国家站住脚所遇到的各种困难,如黑旗军对我们的抵抗越来越大,土匪也越来越多。

脱利古先生说:"这些困难吓不倒我们,我们将战胜一切困难。在我们消灭黑旗军之后,我们能保证这个国家的安全和繁荣。"

李鸿章说:"没有中国的帮助,你们很难完成这个任务,你们打败了黑旗军之后,他们还会出现,他们很灵活,他们可以暂时逃到老挝,然后再从那里进攻你们。"

特使说:"我们在东京的军事行动是否要限制在一个很小的范围内,并不取决于我们,是中国迫使我们扩大军事行动和加强军队的,因为中国至今拒绝一项体面的协议,而且暗地里支持中国土匪和黑旗军反对我们的军队。另外,消灭黑旗军对我们两国都有利,黑旗军从前是中国的土匪,如果他们退到中国领土上,他们可能抢劫和制造暴乱。"

总督接着说:"黑旗军的人并不都是土匪。"

脱利古先生说:"我们知道。但是,平心而论,我们还能否认黑旗军受到了中国军队的支持吗?形势非常严重,今天在法国同安南和解的情况下,黑旗军不再受新国王雇佣了。"

李鸿章尴尬地问:"你们确实看到黑旗军里有中国军队吗?"

脱利古先生回答说:"是的,根据我从东京获得的消息,今天不能再怀疑了。"

总督马上回答说:"那是一些逃兵,因为我们的军队没有助战。我们的军队确实很久以前就在红河一带,他们是应软弱的顺化朝廷的邀请,去那里维持治安的。另外,中国是宗主国,因此谁也不能阻挡它向它的属国派军队。"

脱利古先生反驳说:"正因为如此,我们进入了恶性循环,因为自从1874年条约——安南新国王接受了协议,最近又加以确认——以来,应由法国而不是中国来绥靖东京和在全国各省恢复其真正君主受到削弱的权力。这对我们来说当然是个沉重的负担,但是我们会做出一切必要的牺牲来向它提供援助。"

总督说:"为了减轻你们的负担,所以我们应当共同承担这个任务。"这样一来,总督完全暴露了他的真实思想,就是说,中国政府仍坚持对安南的宗主权,并想同法国共同保护这个国家。但是脱利古先生说:"正如外交部长在议会指出的那样,无论从哪方面来说,共同保护这个国家是不可能的,因为这样做会在法国和中国之间建立起某种二元关系,从而在两国之间存在彼此不信任而永远无法取得长期的一致。既然在东京某些地区有你们的军队,那么当前中国政府应当使中国军队避免同法国远征军相遇,因为任何冲突都会引起严重后果。我们的军队已经接到对黑旗军和黑旗军中的中国兵不加任何区别的命令。"

总督回答说:"我希望不要发生这种意外情况。但是如果中国士兵和你们的军队发生了冲突,也不一定会正式引起战争。"总督字斟句酌地说:"确切地说这些士兵不属于中国的,而是受南方各省总督领导的[①]。"我们从他的解释判断,中国实际上不想处于公开、正规的战争状态,因为中国知道,如果发生战争,可能是中国内部动乱的开始,它有可能导致鞑靼王朝的覆灭。

我们回到领事馆之后,脱利古先生把刚译出来的电报给我看。电报简要地说曾侯为了照顾中国元老派的成见,建议我们只宣布开放云南的原则,把具体实施推迟到适当的时候。中国公使在建立由安南当局管理的中立区和调整边界、扩大中国领土两者之间,似乎倾向于第二种解决办法。脱利古先生被授权就此两点进行谈判。电报还指出,曾侯在同外交部长谈判时没有再提宗主权的问

---

① 着重号为原文所有。——编者

题，而多次提到我们对安南的保护权。

特使考虑到进行这种性质的谈判可能遇到的危险和想了解划分新边界或确定中立区应从什么战略考虑出发，请我给他介绍这方面的情况。下面是我向他提出的一些意见：

东京三角洲在云南、广西和广东一侧被两条天然界线保护着，这两条天然界线几乎是平行线，中间相隔25古法里。

最靠近三角洲的天然界线是由从广安到宣光的高地和水流组成的，直接保护着北宁、河内和山西；另一条天然界线是从先安至老街，中间经过谅山和高平，其中包括可以控制中国方面某些城市的阵地。

只要牢固地占领边界地区，就能控制中国到东京的所有通道，这样我们就可以用少量兵力保护这个地区，阻止中国土匪的任何侵犯。

因此，在谈判中，我们应当把第一条界线的走向作为法国可以向中国让步的最大限度，这样做既不影响法国在东京的殖民机构，也不影响法国防御体系的布局。我还提醒特使，中国外交官肯定会给我们设置圈套，建议我们在它目前边界的外侧沿边界走向让出一条一定宽度的地带，因为尽管这条地带只有四、五古法里，从表面上看我们让步不大，但这条地带包括了第一条防线的所有地方，那样一来，我们的前沿阵地就得后撤25古法里，一直退到三角洲的第二条界线的防御阵地上。实际上，从战略角度来看，我们就失去了东京的一半地区。脱利古先生立即把这些情况电告了外交部长。

李鸿章到法国领事馆拜访脱利古先生

在脱利古到天津后的第三天，李鸿章由军事仪仗队簇拥着，在他的幕僚和天津道台的陪同下,到法国驻天津领事馆拜访脱利古先生。他表示非常希望知道上次谈到的外交部长发来的电报内容。但是,我们的特使想使这次来访成为一次友好的礼节性拜访,回答说他将去拜访总督,并同他交谈这个问题,特使再次向李鸿章表示了和解的愿望。

晚上李鸿章举行盛大宴会,许多中外官员出席,我和英国公使巴夏礼以及包文(Bowen,George)爵士也出席了宴会。脱利古先生坐在首席,他祝贺李鸿章健康长寿,英国公使、香港总督也表示同样的祝贺。

脱利古先生同李鸿章第三次会晤

第二天下午4时,脱利古先生及其随行人员拜会李鸿章。在互相问候之后,总督把我们请到他的书房里,一开始就谈起了正题:“怎么样,你们知道沙梅拉库先生的电报内容了吗?”

脱利古先生对他说:“是的,我希望我们能够从中得到谈判的重要内容,因为曾侯对外交部长的谈话缓和多了,他不再反对我国的保护权,你们的公使不再强调宗主权问题。”

李鸿章情不自禁地显出吃惊的样子,他大声说:“但是我不明白!然而政府曾命令曾侯强调宗主权,这种说法同我国公使说他在巴黎说的话完全相反,他已经简要地向总理衙门作了汇报。另外,我已收到曾侯的一封简短的电报,这封电报从文字到内容上同你们在同一天收到的电报有本质的不同。”(这充分暴露了这位外交官的手法。)李鸿章接着说:“茹费理先生确实建议建立一个中立区或调整边界,曾侯表示他倾向于第二种解决办法;我们认为中立区是不可能中立的,因为这个区是由中国保护的安南当局管辖的。”

脱利古先生回答说："好吧！我们谈谈调整边界问题，既然你们更喜欢谈这个问题。"

李鸿章无疑想试探一下脱利古先生的口气，便泛泛地谈了一些看法而回避提出任何建议和明确说明边界线划在什么地方，他多次想引诱我们特使说出自己的建议来。因为特使也只是一般地谈，李鸿章就边开着玩笑对特使说："您一再说是我的朋友，愿意同我签订一个条约，但是您又不肯说出边界线划在什么地方。"

脱利古先生回答说："我也等待着阁下使我了解中国政府的意见，我准备同阁下认真地讨论这个问题。"

总督在退无可退的情况下，用手指在桌子上划了一条纬线，说河内以上的地方都归中国。因为特使明确表示不可能以此作为谈判基础，因为这根本无法取得任何协议，李鸿章为难地问道："您说您是我的朋友，那么您个人有什么建议呢？"

脱利古先生笑着说，在目前的边界上射一炮所达到的地方，不过是一门能射 10 公里的炮。

总督吃惊地说："啊！您开玩笑吧？"

"因为阁下提出这样过分的要求，也是在开玩笑。"脱利古先生接着说："好吧，我们认真讨论这个问题吧，阁下是否有汉斯地图呢？"

总督回答说有，便拿出了地图。他在考虑了几分钟之后，犹豫不决地用手指在图上画了一条从广安到河内的直线，同他在桌上画的线差不多。

脱利古先生说："您把整个东京地区都拿去，把其他地方留给我们。"总督用手指着地图上的安南和老挝说："给你们留下了这么一大片领土。"

脱利古先生指出，这样谈判是不会有结果的，巴黎政府永远也不可能接受一个有失尊严的协议。如果中国要保存面子的话,那么法国也要维护它的荣誉,法国既然对安南做了保证,就应当严格履行自己的诺言。总之我们愿作合理的让步,但是我们拒绝向安南当局提出分割它的王国的建议。

李鸿章说:“那么您自己认为,中国在东京的边界应划在离目前边界多远的地方呢?”

脱利古先生回答说:“我认为,这条线应当是同目前的边界平行的一条线,因为除了中国人长期定居的地方之外,再让其他地方是不合理的。”

李鸿章回答说:“中国无意扩大自己的领土。”他接着说,这个问题是法国和中国划分保护区的问题,至于线画在什么地方以后再商定。因为特使说要马上到北京去,李鸿章请特使回来之后,向他提出一个天朝能够接受的方案。

有必要指出,当李鸿章在我们面前看地图时,公使馆翻译微席叶看见北宁和山西旁边有小红标签,上面写着在这些地方指挥部队的中国将领的名字。我看到谅山和高平旁边也有类似的标签[①]。

会谈结束后,总督问脱利古先生对曾侯有何看法。脱利古先生回答说:“曾侯作为一个外交官,对新闻界发表谈话太多了,这样制造舆论对谈判没有好处。”

李鸿章回答说:“确实如此。”

当天晚上,李鸿章让他的亲信马建忠来告诉脱利古先生不要对总理衙门掩盖曾侯的不谨慎和无助于谈判的行为。马建忠接着

① 着重号为原文所有。有着重号的这段文字左边有“十分重要”字样,似为裴龙读后所记。——编者

说,他的上司认为,是曾侯鼓励朝廷抵抗,经常说法国内阁将要垮台。很明显,曾侯实际上为了阻止法国增兵,玩弄了两面手法,他一方面在巴黎装出调和的样子,另一方面幻想内阁倒台。

我忘了指出,总督到最后一分钟还留脱利古先生在天津,无疑是为了争取时间;脱利古先生对李说,在离开中国之前出于礼节应当到北京向恭亲王致意,而这正是他此行的惟一目的。

李鸿章强调说:“您一定要说明形势的真相和坦率地说出您对曾侯的看法。”脱利古先生回答说:“如果恭亲王和总理衙门愿意谈的话,我当然要谈。”

我跟李鸿章开玩笑说:“您为什么不亲自到北京呢?”他说:“我还是尽可能少去,因为韃靼人太多了。”我们对他的讲话感到吃惊。尽管李鸿章是汉族人,这个意见出自天朝一位内阁大学士之口并不是没有意义的。

Ⅲ[①].北京之行

特使一到北京就马上要求会见恭亲王和总理衙门,恭亲王和总理衙门立即接见了他。会见是在友好的气氛中进行的。脱利古先生对恭亲王和总理衙门说,他不愿意不向亲王问候就离开中国。亲王殿下回答说非常感谢,并请特使用了点心。

特使问亲王是否得到了广东的消息,亲王回答说:“是的,一切都结束了。”

但是,脱利古先生强调指出:我得到的消息并不是这样,两广总督已经无法控制那些暴民了。

亲王坚定地说他必须控制住这些人。他是负责人,朝廷刚给

---

① 此处以下原无章节号,此为编者所加,以统一上下文格式。——编者

他下了谕旨。

脱利古先生提请恭亲王注意法国国民受到的损失。恭亲王向特使保证,在一定的时候受到损失的人将得到精神和物质赔偿。然后随便谈了起来。

特使对恭亲王说,他打算次日参观长城。恭亲王问特使:“打算住几天?”脱利古先生回答说:“四、五天左右。”他这样说是想表明丝毫不担心他出乎意外的北京之行会滋长北京朝廷的非分之想。恭亲王对特使说,因为特使要参观长城,他对不能立即回访表示遗憾,但是亲王请特使回到北京后及时通知他,以便能同总理衙门大臣一起尽早到法国公使馆去拜访。亲王带着一点尴尬的神情又说,他希望在拜访那天能同特使谈谈公务。特使欠身回答说:“好极了。”

5天后,公使回到了北京,并通知了恭亲王和总理衙门。因为在此期间恭亲王的第二夫人突然病死,他不能前来,便派总理衙门的官员来公使馆。看来并不是恭亲王找借口不来,因为他对英国女王的香港总督包文和女王特使巴夏礼爵士也是这样对待的。

总理衙门的大臣都来了,公使馆请他们吃了些糕点。他们只是谈北京的天气和道路泥泞等。中国的大臣似乎是等着脱利古先生首先谈安南问题,但是我们的特使很巧妙地回避谈这个问题;这时总理衙门的官员互相递了一下眼色,其中一人手在桌子底下从袖子里抽出一张纸,然后看了一下其他中国官员,问脱利古先生打算什么时候离开北京。脱利古先生回答说:“三、四天后离京。”总理衙门的官员又偷偷地交换了一下眼色,这位拿纸的官员又把纸放进了袖子里。他们又谈了几分钟就离开了。

脱利古先生在这种场合之所以这样小心谨慎,是根据政府给他的一般性指示而行事的。另一方面,他还不知道巴黎的谈判有何进展。脱利古先生确实不知道在天津收到外交部10月23日的电报之后,巴黎谈判有何进展。特使在北京期间,巴夏礼爵士私下告诉他,自己将在德国特使扎普(Zappe)先生的陪同下去朝鲜。他们去朝鲜是为了修改去年签订的英国条约和德国条约,要在条约中写进两国在贸易方面的要求,尤其是关于治外法权和税率问题。巴夏礼批评他的前任威妥玛爵士在同汉城朝廷谈判时利用李鸿章作中间人,或许是渴望显示自己。巴夏礼说,他要同朝鲜政府直接谈判,不通过中国,这就避开了中国的宗主权问题。脱利古先生马上把这个重要情况报告了法国政府。

Ⅳ.回天津第一次拜会李鸿章

脱利古先生10月21日回到天津后,还没有收到巴黎关于曾侯活动的情况,他在第三天拜访了李鸿章。李鸿章一开口就说:"很遗憾,您在北京期间没有同恭亲王和总理衙门谈东京问题。"脱利古先生回答说:"恭亲王家里有丧事,总理衙门也没有提出这个问题,我不能主动提出这个问题。正如我对您说的,我到北京纯属礼节性的。"

总督又问:"您对总理衙门有什么看法吗?"脱利古先生说:"我对他们谈吐平庸、不了解欧洲情况和猜疑的样子感到吃惊,他们经常你看我,我看你,交换眼色。他们不抓紧时间进行谈判。另外在仆人进进出出,轿夫在门口和窗户旁的情况下,怎么能讨论如此重要的问题?天朝只有一个人可以同我们进行认真的谈判,这就是阁下。可惜,似乎北京目前很少听取您的明智建议,朝廷似乎相信曾侯的危险建议。"

总督也无可奈何地叹了一口气,他非常友好地对脱利古先生说:"那么,您为什么不向总理衙门指出曾侯的行为呢?我向您提出过要求[①]。"脱利古先生回答说:"我之所以不提出东京问题,主要是担心朝廷误解,把我们都认为是正确的批评说成是个人成见;但是我和阁下都认为中国公使在新闻界制造的舆论只能使问题恶化,我们本来可以在互相谅解的情况下,通过谈判解决这些问题的。"特使接着说:"请回忆一下我们6月份在上海的谈判,那时我们比今天进展得还要快,当阁下被总理衙门召回时,我们几乎要达成协议了。从那以后,曾侯掌管了这件事,后果怎么样呢?您比我更清楚,关系更坏了。中国公使向北京指责您温和,他用诡计中断了您的工作,并把自己打扮成殊死抵抗的英雄。"

李鸿章激动地回答说:"我对此实在太了解了,因此我决定不管安南事务,而让曾侯和总理衙门负责这件事。但是作为朋友,我可以告诉您,中国的政治家不会愿意在丢面子的情况下,现在签订一个公开放弃宗主权的协议。"他的话和面部表情流露出他当时明显的气馁。

特使对他说:"您知道巴夏礼爵士到汉城去的事吗?"他回答说:"知道,今天早晨他来谈了这件事。如果他只谈关税的事,我们将不会阻挠;但是如果他想破坏我们对这个半岛的宗主权,那么他怎么去的还要怎么回来。"李鸿章自豪地挺直身子拍着胸膛说:"这是我处理的问题。人们称我是朝鲜国王,一点也不错。如果汉城朝廷企图摆脱我们的话,我将毫不犹豫地派中国军队占领这个半岛。如果有必要的话,我将自己担任国王。另外我给国王写了信,并让我国驻汉城的统帅向汉城国王提出了警告。"

总督在24日回访了脱利古先生,并表现出特别友好的样子,但是在谈话中,他避免谈安南问题。在李鸿章离开时,特使对李

① 着重号为原文所有。——编者

说,第二天去向他告辞。

第二次拜访

25日,特使果真去李的官邸。动身之前他收到了外交部发来的一封电报,里面简要地谈了曾侯最近提出的建议。李鸿章像往常一样友好地接待了脱利古先生。在寒暄之后,李鸿章说:"听说宝海先生被撤职了,是真的吗?"

脱利古先生回答说:"听说是这么回事。"

"但是,为什么呢?"

脱利古先生接着说:"您肯定知道原因,沙梅拉库先生在演说中已详尽地说明了这件事,阁下不会不知道他失势的原因吧?"

"这是怎么回事呢?"

脱利古先生说:"法国政府一定认为我的前任过于轻信您说的战斗部署和有大量武器了。而对于这一切,说实话,我根本无法看到任何踪迹。"

总督听了这些话,笑了起来。之后,他又改变了话题,他说:"因为您是我的朋友,请问您为什么不愿留在北京呢?"

脱利古先生说他的身体不好。他说:"我留在北京有什么用呢?我既然不能同阁下商谈,那就更谈不上同总理衙门谈判了。时间是伟大的主人和最好的谈判者,我希望它能使天朝的敏感平静下来。"

李鸿章问:"为什么巴德诺先生不再来呢?这不是中断谈判吗?"

脱利古先生回答说:"当然不是,因为让我把工作移交给谢满禄先生,谢满禄先生的任务是同总理衙门保持最良好的关系。我听说巴德诺准备带着最好方案动身时,曾侯提出了我们难以接受的条件,所以他的访问推迟了。"

李鸿章强调指出:"您是否认为沙梅拉库还会担任外交部长呢?"

脱利古先生回答说:"听说他身体不好,有可能辞职。但不管他担任不担任外交部长,法国政府的政策是不会改变的。无论发生什么事情,我们一定要行使我们在东京的权利。我希望中国政府要正确地估计形势,能够完全明白恢复红河地区的秩序对中国来说比任何一个国家都有利,它只能加强中国边界的安全。另外,中国人民可以从开放云南边界和我们将对东京的各种改革中得到新的好处。"

总督说:"但是,迄今为止,你们在东京的行动影响了中国的贸易,使中国受到极大损失,比如你们禁止中国商行向海防的商店运货物和大米。"

脱利古回答说:"法国政府在必要时,肯定会赔偿你们的损失。"

从总督的表情看,他似乎对这个问题很感兴趣,因为他问脱利古先生用什么方式赔偿损失。脱利古先生说:"不难找到一个使双方都满意的解决办法的。总督在这一点上可以相信法国政府的诚意。"

无疑,他意识到自己过分关注纯属私人的事情了,便笑着说:"我们这些中国人太爱钱了!"

脱利古先生也开玩笑地说:"因此法国政府也错了,没有要求你们赔偿中国干涉安南给它造成的损失。"

李鸿章说:"这是我们的宗主权。"

脱利古先生回答说:"你们的宗主权,请放在您的帽子下吧,不要再提了。"李鸿章拿起帽子看了看,昂头大笑走了。他的随从也都跟着他笑了。李鸿章走时对特使说他还要来给特使送行。

当晚9时,马建忠受总督委托来见特使,说李鸿章让他来请脱利古先生要何罗椗先生多多关照中国军队,万一中国军队同我们的远征军在东京相遇的话。

他说:"对于总理衙门的固执,总督比你们还要遗憾。你们知道吗,在把那封使法国不满的电报发给曾侯时,总督非常生气,当时他把手一挥说:这些人在白日做梦!他把军机处比作老太婆,想在北京统治全世界。曾侯目前在玩弄着既可悲又危险的手法,他原来是总督的亲信,现在反对起总督来了[①],他想使太后不信任总督而信任他,但是他不会得逞而只会垮台的。

应当指出,李鸿章确实同他的亲信不太合拍,如两广总督张先生,也是李鸿章的亲信,但是这位张总督受他的儿子任意摆布,他儿子是一个狂人,一个疯子,最近广东发生的骚乱就是他煽动起来的。李鸿章过去曾经处罚过张的儿子,把他赶出了天津,并曾告诉张不要重用儿子。可是张没有听李鸿章的话。等到发生事情后,张才不得不又请求李鸿章出面解决本来可以避免发生的事情。

李鸿章给脱利古先生送行

李鸿章果然在第二天来给脱利古先生送行。李鸿章平时的风度都是悠闲而高傲,而今天却显得十分沮丧[②]。他对脱利古先生说:"那么您不想留下跟我们在一起?"脱利古先生说:"阁下知道我的身体不允许我继续留在这里,但是良好的关系使我能够与中国惟一的政治家进行交谈,对于这种美好的回忆我将铭记在心。"

李鸿章说:"我本人深感遗憾,因为我们两人能谈到一起。今

---

①② 着重号为原文所有。——编者

天我可以告诉您,当朝廷命令我任南方部队统帅时①,正是由于您的强硬语言使我留在了上海。您对我说,我领兵南征将被看作是一种威胁。为了和平,我才回到了天津②。"李鸿章说的确是真话,但是他也没有说出全部真情。在公使制止他的南征时,他并没有不高兴,因为并不是他情愿南下的,他是在主战派,特别是他的对手——两江总督左宗棠逼迫下南下的。他南下的目的,主要是想向左宗棠表明,他10年来并没有白花国家的钱。李鸿章是个爱表现自己的人,他想让人知道他是个最能干的统帅。但他比谁都清楚,平息太平军主要是依靠法英军队取得的胜利。我对他说:"总督是个明白人,不想在一场不堪设想的冲突中失去威望。"

他完全明白我的话,因为4年前中俄战争时他就对我说过,中国早已不是西方的对手了。他明白这一点,因此在谈到他的对手左宗棠时,他笑着对脱利古先生说:"我已给左宗棠写了信,我在信中说既然您是常胜将军,那就请您来指挥南方的军队吧。您知道他是怎么回答我的,他说:'我在南京等着法国军队。'"

总督接着又谈到我国来中国的代表问题,他要求脱利古先生给巴黎发一封电报,促使巴黎尽快派一名新代表来中国。脱利古先生回答说:"这样做不妥当,这应是曾侯的事。"

李鸿章接着说:"曾侯目前两边受气,他既受到北京方面的批评,也引起巴黎的不满③。再说我承认最近的建议太过分了。但是,目前在北京还有幻想和曾侯不断使朝廷产生这种幻想时,您叫我怎么办呢?难道您不能替我办点事吗?"李鸿章又提出了马建忠前天提出的要求,就是给何罗杧先生打电报要他在两国军队相遇时多多关照。

---

①②③　着重号为原文所有。——编者

脱利古先生回答说:“避免相遇并不难,如果你们在东京有军队的话,您可以把军队调回来。再说我们已经同安南和好,我们不可能区分正规军和黑旗军。如果我没有记错的话,曾侯在3个月前对法国政府说过,中国军队没有在我们的战场里。”李鸿章说他不知道有这个讲话,他有点尴尬地问脱利古先生,外交部是否把曾侯的讲话作了记录。脱利古先生故意说:“因为曾侯有出尔反尔的习惯,我们当然把他的讲话作了笔录。”

李鸿章拉着特使的手说:“这么说您不愿给我帮忙了。朋友,我们谈到的招商局怎么办呢?您是否关心这件事呢?您对何罗栏先生说了吗?”

特使回答说:“我要特地到河内去一次,但是,您估计你们有多大损失呢?”

李鸿章回答说,招商局的账本在上海,他将让人统计损失的数额,以后在香港告诉特使。

由于我参加了脱利古先生同李鸿章的各次谈判,我发现总督对脱利古先生的谈话是非常满意的。

第二天,脱利古先生乘将军交给他使用的“伏尔达”号前往横滨(Yokohama)。他绕道横滨也是出于政治原因,他知道左宗棠准备打仗,而且主战派催左赶快行动。主战派的势力超过了那些只是摆出南下样子的人的力量。左宗棠在上海等着公使,希望他留下来,像说服李鸿章那样也来劝说自己。但是脱利古先生直接去了日本,左在解决了丝绸事务方面的某些问题之后,又回南京去了。

在经过日本时,公使发现,我本人也能发现东京朝廷的态度发生了明显变化。东京朝廷不像以前那样希望同法国接近了,而似乎想摆脱某种可能给它造成麻烦的牵连[①]。这种变化是否像有些人说的那样,是日本受了德国的压力或同北京朝廷事先秘密接触的结果呢?我们没有时间来证实这一点。但是日本天皇的大臣的活动很谨慎,他避免让天朝在东京的代表不快。另外,天朝的代表和德国公使同日本官员进行了频繁的接触。

在这种新形势下,我们有必要考虑我们在东京继续接待日本军官是否妥当,如果他们不当军官了,他们很可能成为最危险的间谍。总之,接待他们是有害的,因为他们可以随时向他们的政府透露我们令人遗憾的踌躇,日本朝廷将把这些看作是软弱。在返回横滨经过长崎时,特使得到可靠消息说巴夏礼爵士和德国公使在访问中只要求汉城朝廷在司法权方面对他们作出一些保证和减少英、德的贸易关税。但是巴夏礼爵士在离开北京时却声称要对中国宗主权问题提出异议,这显然是吓唬一下中国政府,使之对他们作出某些让步。

Ⅴ.中国的军事形势(曾侯的作用)

将军,我在这个报告中,不能不向您汇报中国和日本之行所给我的痛苦的印象。我认为我们在远东海域的威信下降了,但愿这只是暂时现象。在我们进入北京、征服下交趾支那和炮击下关(Simonosaki)仅仅几年之后,为什么会发生这种惊人的变化呢?我认为这完全是由于我们的软弱和我们在东京军事行动迟缓造成的,也是由于我国政府同曾侯无休止又毫无结果的谈判造成的。两年来曾侯靠着大吹大擂,使法国被中国的阴影所吓倒了。目前,我国的确正被天朝使节玩弄于股掌之上。他用中国来威胁我们,

① 着重号为原文所有。——编者

而中国的实际情况与他所说的毫无共同之处。他在法国和外国报纸上就东京问题制造舆论，其目的是掩盖中国在军事上的虚弱，恫吓我们是为了达成一个有利于中国的外交协议①。为此，中国通过《泰晤士报》刊登由北京海关总税务司赫德出了一大笔钱并授意金登干(Campbell)写的一些文章来鼓动一贯怀有嫉妒心的英国新闻界精心策划一场我国进入东京的十字军。至于美国新闻界，如果人们不知道是美国驻北京公使杨约翰先生向它提供的文章的话，那么人们就不可能了解美国为什么对这件与它没有直接关系的事一直抱着敌对的态度。这是因为脱利古挫败了美国的调解，这一失败深深伤害了美国驻北京公使的外交尊严和他的商业利益②，因为正是这位可尊敬的实业家向白宫建议让巴黎请美国出面调解的，他想向他的朋友李鸿章显一显身手从而捞取某些巨大的好处。这就是曾侯正用来牵动外国新闻界作表演的两根主要的绳子。我就不谈曾侯在法国报纸的某些编辑部活动的细节了。当然他在德国和意大利的新闻界中也做了大量工作。至于中国报纸和在中国出版的英文报，中国政府用招商局的钱使它们破坏我们国家威望和我们殖民利益的热情经久不衰，而招商局还十分公开地进行了过多与这个公司的商业目标无关的活动，最终彻底囊空如洗了。很难想像中国报纸上散布了多少关于我们在东京的军事形势的谣言以及其性质恶劣到了何等程度。照中国报纸的说法，法国倾其所有军队也不足以填补黑旗军给我们队伍造成的损失。北京邸报刊登了圣旨，命令向南方派出几位天朝人人皆知的名将，以便鼓舞那些不关心这件事的百姓参军。但是，公众并没有被这些空谈所感动，人们看到邸报上大吹大擂地相继任命的两个统

①② 着重号为原文所有。——编者

帅——内阁大学士李鸿章和他的对手左宗棠,一个若无其事地留在天津,竭尽全力挽回招商局的财政损失,因为他是招商局的董事长,也是招商局的主要股东;另一个仍在南京,他同样只是专心致志地弥补由于他在丝绸投机中的失败所造成的亏空。

由于曾侯在报刊上煽动的文章使法国人民每天都处于精神紧张状态,所以法国人不可能相信中国人对东京问题是多么不关心,当然中国南方几个城市除外,因为那里的秘密会社以此为口实来煽动人心。

当我们对上海的大批发商说中国公使促使中国对法国宣战时,他们说公使是疯子;在他们看来,没有任何理由这样做。这些大批发商和天朝两亿劳动者——手工业者、商人和农民,对发生在他们边界之外的事件一点也不感兴趣。李鸿章本人最近也说:"东京问题即使不是臆造的,至少也是曾侯想借此来抬高自己的地位。"

总之,曾侯对法国政府做出的不切时宜的保证,既不是根据中国人民的感情——因为中国人民从本质和从兴趣上来说是和平的,也不是建立在中国军事实力的基础之上的。对此我将试图加以指出。曾侯搞的是危险的外交,脱离中国的实际情况。李鸿章完全明白这一点,他不是不知道我们在欧洲的处境,他们的公使根据德国报纸对我国攻击的升级,想在这上面做文章。但是小心谨慎和明智的李鸿章也知道德国不会马上对我国宣战。万一不交战,那么法国在这段时间壮大了自己的军队,就可以转过头来征服东京。所以李鸿章不同意曾侯的冒险政策,他公开批评这位冒险的外交家把天朝推向不得不用其不足的兵力同法国交战的境地,使中国在全世界面前丢脸。

特别是在估计天朝的军事力量时,应当提防产生幻觉。我们从来没有见到过的一年前李鸿章用来威胁宝海先生的那些天朝军队,加上从中国开始干涉东京就越过云南、广西和广东边界的1.5万人,今天中国政府用来阻止我军进入安南一个省的人力和物力要比几年前抵抗外国人攻北京和镇压太平军时花费的人力和物力多得多。

我记得中国为阻挡英法联军进攻北京,整整用了一年的时间训练军队。但是在我们占领了大沽口和北塘炮台向北京进军时,我们在中途也只遇到了6万骑兵。经过激烈的交锋后,这些骑兵作鸟兽散,没有对我们的4000名步兵形成威胁。因此,中华帝国都城外的所有防御力量就表现在八里桥一战。八旗军编制早就存在了,并且一直没有变化。另外,军事活动舞台恰好转移到了华北省份。据官方统计,八旗兵有100多万人,大部分部署在华北省份。大家知道,中国军队是在欧洲将军和法、英军队的帮助下消灭太平军的。可是许多中国高级官员,特别是李鸿章借此机会提高了自己的威望。

因此,在经过详细分析之后,我们应当重新估计中国的军事力量,不要相信北京和外国报纸宣传的官方数字。显然,公布这个数字是想威胁我们。

中国军队是由截然不同的两部分人组成的,一部分是由鞑靼将领直接指挥的保卫本土的八旗兵,另一部分是由各省总督和巡抚指挥的由各种人组成的地方军队。

八旗兵由满族人组成,满人是义务兵役制;地方军是从各社会阶层招募来的人,直接受总督管辖,它们的主要任务是维持省内治安和安全。

实际上,我在上面提到的历史情况已明确表明了,中国政府在保卫本土上对八旗兵也没有抱多大希望。另外,八旗兵在军事装备和训练方面,今天同1860年一样,也没有受到重视。

这实际上是军事官员升官发财的一个机会,他们尽量少招兵买马,但上报的数字都很大,这样他们就可以领到全部军饷。尽管中国政府不能利用这些由小商人、由家庭父兄们组成、每年只须服役有限时间的正规军到边界之外打仗,我还是想在这里提醒一下。

除满族人必须服兵役外,中国只能招募那些自愿从军的人,这就是中国战斗力不强的原因。因为城市和农村的劳动人民对军队没有好感,所以他们只要能维持生活,就不愿当兵。因此,当兵的都是些流氓、土匪和失去社会地位的人。因此,只有在南方省份征兵,因为那里时常有叛乱者和秘密会社。如李鸿章在直隶的军队几乎都是由南方人组成的,他们不懂北方话,在北方他们只是住在与外界隔绝的兵营里,老百姓讨厌他们,又害怕他们。这支部队的核心是由被朝廷大赦的太平军组成的,虽然他们被编入了总督的民团,但仍改不了叛乱时的生活方式。

各总督可以扩充军队,以便保卫各省的安全。由于各省要养活各省的军队,所以他们又不愿意招兵太多,因此军队的实有数字要比官方公布的数字少得多。他们虚报数字的手法很多,没有必要再重复提及。可以肯定的是,没有一个总督或巡抚有钱不捞,而去招募地痞流氓。这种地方分权的军事制度必然造成地方军在装备和训练方面有很大不同。地方军的强弱,要看各总督的热情和爱好。地方军使用的是欧洲提供的武器,主要是步枪,这些武器大都质量不好;另外,地方军也没有得到很好的训练。总之,八旗兵必须保卫本土,而地方军根本不能保卫他们的省,因此在真正打仗时,不可能有任何军队可以到边界之外打仗。

但是,中国政府不能向某些省份课以与其收入不成比例的税,必须把从其他省收来的税交给这些总督,这些总督得到好处之后,在战时就更能同敌人直接对抗。这种地方正规军的部署由两支各有两万人的正规部队组成,第一支保卫着北方的江河、道路和首都,另一支保卫着南方沿海的军事和商务设施。第一支部队的统帅是直隶总督李鸿章,第二支部队的统帅是两江总督左宗棠。另外,1873 年东京事件使中国政府在中国这个省[①]建立了一支 1.2 万人的占领军。南北两支军队的训练和装备都比较完备,这两支部队还有欧洲教官,尽管为数不多;另外还有一些野战炮,控制海面的防御工事,部分是由阿姆斯特龙(Armstrong)船厂造的具有相当威力的大炮组成的,但是炮兵的人数要应付最紧迫的防御是不够的。拿李鸿章的部队为例,尽管他的部队人数最多,装备较好,但是李鸿章不可能派哪怕是一个营的部队到中国边界之外去打仗。

李鸿章在直隶的正规军防守着渤海盆地,部署在从海边至天津的阵地上。

天津	6 个步兵营		3000 人
	炮兵		500 人
天津至上海沿大运河防线的兵力部署	静海兵营	步兵	4800 人
		骑兵	1200 人
	马厂兵营	步兵	2000 人
		骑兵	500 人
大沽炮台	步兵、骑兵、炮兵		4500 人
北塘炮台	兵力不详,约计		3000 人
	总数		19500 人

① 原文如此(dans cette province chinoise)。——编者

按整数算共有兵力2万人。

因此要防守这么长的防线,这点兵力显然不足,另外也缺少一支机动部队在必要时增援受敌威胁最大的阵地。如果战争爆发,应当立即填补这个空白。在这种情况下,朝廷不可能派兵去东京。李鸿章是坚决反对出兵东京的,所以他没有这样做,他的部队没有一人离开天津。即使在他被任命为南方部队的统帅时,也没有调兵。他到上海后,从南方部队里调了3000人到他在上海的指挥部,但是在他离开上海后,这6个营的部队又乘船返回了广东。

左宗棠的部队也是如此,他的部队在数量上比北方部队少,装备也比北方部队差,因此不足以防守从南京至广东的800古法里防线,况且在这条防线上有像上海、宁波、定海、舟山、福州和厦门这样直接暴露在敌人面前的大贸易中心。

鉴于这支部队要支援在东京边界上的部队和在战时要镇压省里的叛匪,它怎么能抽出兵力到东京呢?

另外,我详细地察看了厦门、福州、上海的防御工事,发现兵力都不足。

归根结底,在东京作战的中国匪帮所能得到的比较牢靠的支持只有很久以前就在那里的由附近边界省份的总督派出的几个营的兵力1.2万名占领军[①],我将在下面谈到这个问题。

总之,中国如果宣战,对它并不利,其结果,中国必然要从东京撤出部队去保卫被我海军袭击的海岸线上的城市。

但是有一个精神原因在最后时刻会起作用,使中国政府不能按曾侯的意见办事。天朝的整个机构,从最小的军士到统帅,从最小的文官到钦差大臣甚至亲王,都能在和平时期得到大量好处,朝

① 着重号为原文所有。——编者

廷每年都要按官职的大小发给他们俸禄，省里每年也要给他们一笔巨款。这是公开的秘密，这些钱都是不义之财，是由省里的总督、巡抚和高级官员送的，其中一部分就是从军饷中来的，恭亲王本人和总理衙门每年就收入不少。只有在个别情况下，如确实引起公愤，政府才严厉处分。如最近在曾侯用宣战威胁法国时，他的叔父，也就是两广总督被召回北京，回答新总督指责他贪污筹建几个派赴东京的营的所有饷银问题。他怎么处理这件事呢？他一方面借口得了重病，另一方面赶忙给北京送了约700万法郎的钱，这个案子很快就平息了下来。怎么能设想一个同政府勾结在一起依靠国家的津贴，特别是军饷生活的官僚机构不渴望和平呢？如果发生战争，他们不仅要对国家和朝廷负责，而且还会断绝财源和不得不拿出他们积蓄的成百万的钱。因此，我完全有理由说曾侯在巴黎搞的是危险外交，完全不符合中国的实际情况。在中国所有的人——士兵、文武官员、商人、手工业者、农民、贵族、巡抚、总督和大臣都不希望战争打乱他们的公开的或地下的工业和国家的贸易及金融业。中国人非常喜欢钱，这是李鸿章总督亲口对我们说的。至于天朝，实际上可以说钱是和平的动力。

确实如此，几年前的一天，一位皇后听了恭亲王和李鸿章的明智建议，她想阻止一场同俄国的战争，便给主战的大臣和亲王写信说："既然你们主张交战，那好吧！但是人民太贫困了，不能再收他们的钱来支持这场战争。亲王和官员都很富，我就请你们拿出必要的钱来！"这么几句话就给内阁泼了一瓢冷水，那些主张打仗的亲王和将领们的主战热情立即消失了。

总之，政府对其驻法公使所取得的意外成功感到惊讶，因为公使的不断指责使法国紧张万分，所以政府就听任公使这样做了。但是，当天朝发现要丢面子和被迫对我国宣战时，将毫不犹豫地把公使召回来①。天朝在进退两难的情况下,为了摆脱困境,有可能做出像不久前处理从圣彼得堡召回的崇厚那样的决定。总之,在中国,除了欧洲那种合乎逻辑的公正做法之外,一切都是可能的。

Ⅵ.中国在东京的军事形势

〈红河〉三角洲北部的天然屏障有从广安东部海岸到北宁北部的山地和裘江、红河、黑河。在这第一道防线上有好几条道路可以从河内和北宁到中国的云南、广东和广西。在这道防线和广东、广西之间有一片平均 30 古法里宽的地带,我们对那里一点也不熟悉。据说那里是穷乡僻壤,人烟稀少。另外我们在天朝关于中国军队征服东京的编年史上看到了一些情况,这些记载充分说明,如果中国军队进入三角洲后找不到足够的给养,是不可能通过中国边界供应军需的。

下面简要谈一下法国驻北京公使馆头等翻译微席叶先生提供的一些情况。

从广西到河内的路线:

中国军队是从 1052 年通过广西到东京的,安南人在同一年也是通过这条道路入侵广西和广东的。

可以通过三个不同的地方越过边界:

1.凭祥州和镇南关………………有 1 条道路

2.宁明……………………………有 3 条道路

3.龙州……………………………有 2 条道路

尽管到河内有 6 条道路,但是都必须经过离北宁不远的安越(An Viet)镇,因此这个镇就成了特别重要的战略要地。

---

① 着重号为原文所有。——编者

凭祥州至镇南关南部是绿草丛生的高地，离凭祥州240里的地方是高山峭壁和深谷，再往南走100里，道路开始平坦，再往前走200里，就是富良江了。

凭祥州属于太平府，在太平府西南230里处，离宁明府100里。

1537年，一支中国军队就是沿着这条路线出镇南关的。

1788年，通过这条道路进入东京地区的部队是由步兵和骑兵组成的，这支部队仅有1万人，其中有2000人留在谅山，8000人在沧江和红河一带活动。为了在从中国边界直到河内的每一站供应这支部队，需要不少于10万人①。

1803年嘉隆帝登基前的动乱期间，中国政府在镇南关驻扎了一支观察部队。

安南使臣也是通过镇南关和凭祥州到北京去的。

1873年，安邺在东京活动期间，中国观察部队应两广总督的要求占领了谅山、高平、太原和北宁，其费用无疑是由安南政府支出的。与此同时中国政府给法国驻北京公使写信，要求他提醒法国远征军司令注意可能有某些人滥用中国名义和旗号。1879年中国政府从叛将李扬才手中夺回东京后，再次驻兵东京，从那时起，中国在东京一直驻有军队。

下面详细介绍从广西和云南公路进入东京的路线。

两年前，一支由1.2万人组成的中国占领军分散驻守在袭江东岸、北宁和红河附近，并在后方的太原、谅山和高平驻有支援部队②。

因为这里是穷乡僻壤，人口稀少，大部队不好找到给养，所以中国部队才不得不分散驻扎。

---

①② 着重号为原文所有。——编者。

当中国决定更有力地支持黑旗军时,中国占领军不得不把军队集中在北宁和山西附近的大本营,以便保住这两个重要的战略要地。他们依靠太平河和裘江之间的三角洲和锦江与底河汇合处的平原的资源供养部队。但是自从我军在波滑将军的指挥下把敌人全部赶出这后一地区之后,**中国土匪退到了北宁和山西附近三角洲上非常狭小的地方,由于连续战争和多年驻军,那里的大部分土地已经荒芜。在这种情况下,2.5万名中国军队不可能集中在一起,因为他们既不能从我们的占领区得到粮食,也无法从中国边界运来粮食**[①]。

这些部队的部署情况:

北宁及北宁周围:
- 8000名中国常规军
- 8000名中国土匪和安南人

山西:
- 4000名中国正规军
- 5000名中国非正规军和安南人

很明显,根据这个国家的自然状况,一旦中国军队被赶出这两个地方,他们将不得不通过沿途人烟稀少、几乎不能通行的道路,分散向边界撤退,否则便有饿死的危险。溃逃的中国军队只有在一边离谅山25古法里,另一边离太原15古法里处,在一条穿越森林和悬崖的危险公路后边,才能找到一个支援点,可以在防守这些地方的小驻军的保护下补充给养。

中国军队是乌合之众,军纪荡然,士兵在这些地方可以开小差而用不着担心以后被发现逮住;了解这一点的人都会毫不怀疑这些中国部队一定会四散在这个地方,而我国军队在追赶的路上,直到谅山和高平将不会遇到反抗。由此看来,我们在第二阶段的行

---

① 着重号为原文所有。——编者

动中,非常需要一支骑兵。

我最近同日本驻北京公使榎本武扬将军和他的武官上校参谋福岛安正(Fukushima)经常接触,他们十分正式地告诉了我一些情况,这些情况肯定是他们从秘密派去观察中国部队的日本军官那里得到的。他们断定中国在广东和广西边界仅有 1.3 万人的部队,在东京的兵力为数就更少了。根据我了解的情况,中国占领军部署如下:

先头部队:

广西至北宁 …………………………………… 8000 名正规军

云南到山西 …………………………………… 4000 名正规军

这些部队后边有中国和安南的非正规军支援,中国和安南的非正规军约有 1.2 万人。

增援部队:

在广西各公路上:
- 相距约 15 古法里的太原……2000 名正规军
- 相距约 25 古法里的谅山……3000 名正规军
- 相距约 25 古法里的高平……3000 名正规军

但有必要注意这两支[①]援军没有联络工具彼此联系或在必要时互相支援。

最后防线:

在边界外 30 古法里有 1.3 万名正规军把守广东、广西、云南的要道。

这些兵力加起来是:24 营原有的占领军,13 营奉两广布政使之命前来增援的部队,26 营我所知道状态尚佳的边境卫兵。

总之,我们在北宁城和山西城将有一场恶战,但是我认为我们

① 原文如此。——编者

应当不惜一切代价拿下中国军队进入东京惟一通道上的这两个战略要地。

C.P.中国第63卷119—155页

885　谢满禄致内阁总理兼外交部长茹费理

1883年12月7日于北京

内阁总理先生：

在我上月27日给前任内阁总理的电报中，我认为应当向他指出我目前的处境，因为中国大臣们都问我巴黎内阁有何变化。从27日早晨上海发来的一封电报中我已得知这个情况，电报只是说您被任命为外交部长。像对待各通讯社的消息一样，我认为完全没有必要主动把沙梅拉库先生辞职的消息告诉总理衙门。我只说从今天起由您处理安南问题，实际上您早就在处理安南事务了，巴黎的任何变化都不可能改变法国政府对东京问题的决定和议会批准的决议。我借此机会向中国大臣重申了我外交部11月1日电报指示的精神。

我认为有必要使中国政府了解，即使沙梅拉库先生的辞职像中国大臣们所认为的那样是由于他11月15日的讲话造成的，他的辞职也不会改变我们在东京问题上对中国所一贯采取的总的行动准则。

我非常感谢阁下如此迅速地在本月1日给我发来两封电报。阁下可以完全相信我的诚意和对法国利益的忠诚。

谢满禄

C.P.中国第63卷第159—160页

886 何罗榁致外交部长

1883年12月7日于河内

部长先生：

谨随函寄去一份石印的河内北部和西北部战场图。这是在海军少将孤拔先生的参谋部的关怀下，由远征军的军官绘制的。

应该指出，图中大部分是根据情报绘制的，不可能十分精确。尽管这些地图很不完善，但我认为它能使我们很好地了解孤拔少将不久将对山西和北宁发动进攻的情况。我认为应该让您了解我们至今所掌握的一切。

何罗榁

M.D.亚洲第42卷第368页

887 海军及殖民地部长致孤拔

1883年12月7日于巴黎

海军少将先生：

我在12月1日的电报中已通知您：我同意何罗榁先生回国度假，他的权力移交给您，您将行使一切外交、民政和军事权力，仍担任东京陆海军总司令之职。

何罗榁先生在向您移交权力时，也将向您移交政府的指示，我请您遵照执行，但也要考虑到顺化条约造成的新形势。不过，您仅能同我部通讯。

至于东京海军分舰队临时指挥的人员配备，只要您认为适宜，完全由您做主，因为您在接管新的职务时，行使新的职权比较困难。

我再次向您表示，共和国政府之所以授予您如此广泛的职权，就是因为它信任您。我相信您一定会非常令人满意地完成您的各项任务。

BB—4　1946 第 110 页

888　外交部致谢满禄电

1883 年 12 月 7 日

德国政府为防止发生新的骚乱,向广东派去了一艘炮艇,并建议我们统一指挥各国为保护侨民而向该水域派去的军舰。

德国还向英国和其他国家提出了类似建议。您可把这些情况通报总理衙门。

政治司司长　毕乐代部长签发

C.P.中国第 63 卷第 158 页

889　孤拔致海军及殖民地部长

1883 年 12 月 8 日于河内

部长先生:

我曾荣幸地向您报告,"边和"号运输船于 11 月 21 日、"东京"号于 11 月 20 日启航。我还电告过您,"姑类兹"号于 11 月 29 日抵达下龙湾,该舰接收海防的病人和回国人员后将马上驶离东京。

由于下龙湾和海防之间通过水路能够运送必要的部队、给养和物资,东京分舰队的船舰继续参加了封锁。后因其他一些事故,参加封锁的舰只有所减少。"野猫"号成功地参加了三角洲的军事行动,我曾就此向您报告过。最近以来,人们进一步强烈担心海防和广安的安全问题。在海防,由于有粮仓和煤库,更要进行严密的看守。我在该地保留了一艘舰艇,我甚至还令一直在太平河上巡逻的"野猫"号暂时开到这里来。

广安驻军尽管得到海防的补充而有所增强,但因该要塞扼住中国军队的一条主要通道,中国军队企图占有该要塞,故我驻军明显不足。最近还要派一艘船舰到该地附近去。

“益士弼”号于12月2日抵达海防。该炮艇给我带来了11月29日它从顺安启航时获悉的关于顺化突然爆发了一场政变的消息。我所获悉的消息虽然简单,但我可以猜想那只是一场宫廷政变而已。不过,驻扎官和传教士住地会受到威胁。这件事大约发生于11月中旬一位要人乘坐悬挂德国旗的“阿尔文”号(Alvvine)抵达顺化时。这位中国籍或安南籍要人直接前往顺化。无论情况如何,我随即命令“益士弼”号舰长马上开往顺安,归“阿达朗德”号舰长调遣。该炮艇应保证电报联系或其他紧急联络。

在目前情况下,我认为“凯圣”号应推迟一段时间返回法国。因为如果必须留一艘舰只在海防,另一艘留在广安,那么,至少对内地采取军事行动期间,分舰队就只剩下“巴雅”号和“雷诺堡”号,靠两艘运输船中的一艘以及“巴斯瓦尔”号或“凯圣”号可以用来维持封锁。45号鱼雷艇不计在内,因为其锅炉受损,这在我11月27日的信中曾提到。我将在另一封信中向您呈送“巴雅”号机械师检查该锅炉的报告抄件。

“阿米林”号于11月20日在西贡浮动船坞搁浅,鲁斯唐(Roustan)舰长刚向我报告。尽管极力抢修,加班加点,放弃休息,但是修理龙骨、brion和船首破浪器材等需要一个月左右的时间。

海军少将、东京陆海军司令 孤拔

BB—4 1949第302—303页

890 孤拔致海军及殖民地部长

1883年12月8日于河内

部长先生:

我荣幸地将 11 月 28 日以来东京发生的战斗情况向您作简要汇报。

在 11 月 28 日第 143 号信中,我曾向您详细地报告海阳城堡两次遭到中国军队进攻的情况。在信末尾,我曾向您报告,我将立即派罗蒙海军中校到海阳担任最高指挥官,指挥东京分舰队登陆部队、水兵营第一连、"豹子"号、"野猫"号和"火炮"号。罗蒙一到,就占领了城堡,并加紧修筑防御工事。此外,他还进行各种水陆侦察以了解敌人的阵地。11 月 29 日,敌人在计莫河以南 2 公里处的菲村(Phi)和平关村(Binh - Quan)建立了坚固的阵地。敌人在这两村修筑了一些小堡,派出纵队四处进行抢劫和勒索。

"野猫"号派出一只小船对计莫河进行探测,确信大炮舰可以开入。11 月 29 日,罗蒙海军中校派出一支由两个登陆连队组成的分队,由 Ca……[①]海军上尉指挥,在"豹子"号和"野猫"号的支援下,侦察平关村阵地。部队乘两艘炮艇在计莫河离平关村约 3 公里左右的地方靠岸,在炮舰炮火的支援下,从那里开始侦察,一直推进到富禄(Phu Loc)村,并加以占领。这样,侦察队离平关村就 1 公里,与敌人狙击部队相距只 600—700 米。这些狙击兵都驻守在工事的前沿据点里,彼此未进行交火,敌人只是向我炮艇还击了几炮。据侦察到的情报表明,平关村据点和附近村庄有 4000—5000 名中国军人或安南军人驻守,工事十分坚固。纵队于当晚回到海阳。几天之后,我们获悉,敌人被我们炮艇炮火打死 15 人,已撤退到北边 5 公里处,以远离我炮火射程。

12 月 1 日,一支 40 人的分队在安德烈(André)海军陆战队中尉的指挥下,从巴兰据点出发去找牛,在计村与一群匪徒遭遇,打

---

① Ca 后的字母原档复印件未印出。——编者

死他们10人,俘虏了两人。

此外,在获悉底河周围有匪徒出没之后,12月1日下午我命令贝杰率领由三连海军陆战队和一连安南土著士兵组成的侦察队前往侦察。该纵队从富威(Phu - oaï)和望村向北挺进,目的是击溃四柱庙一边的盗匪。12月2日早还要从河内出发,沿河堤坝前进,对那里进行第二次侦察,以切断盗匪的退路。

贝杰在侦察时,确实在望村那边遇到了盗匪,便将其割成两部分,分头进行追捕。纵队尚未接近,匪徒已四散逃跑,便从500—1000米处打了几阵炮,结果如何还无法估计。第二个侦察队由一营阿尔及利亚土著士兵和一连安南土著士兵组成。在列提利埃(Letellier)舰长指挥下,于12月2日上午出发,沿着大湖和红河之间的堤坝开往四柱庙,11时30分抵达。在占村,侦察队发现匪徒的船队。匪徒们一看见我军,就泅水逃命。其中一名匪徒被击毙,12人被俘虏并就地枪决。在休息时,两名阿尔及利亚土著士兵突然发现躲藏着的两名匪徒拼命向河的方向逃跑;他们起而追赶,到岸边时,那两名中国兵跳向水中,土著兵阿里本—穆罕默德(Aliben - Mohamed,番号:5190)试图抓住其中一名,结果一起滚到河里,不幸溺死;另一名中国兵被一枪打死。

1时,贝杰舰长抵达四柱庙,两路侦察部队返回河内。

12月2—3日夜里,我们在河内被从左岸射来的枪声惊醒。一群安南兵从北宁附近出发,趁黑夜向河内对面河左岸的一个炮楼摸来,向砖石工事茅草顶发射了一枚燃烧弹。东边工事的茅草顶着火,但对工事其他部分未造成损失。驻军被迫暂时离开顶层,退到底层,冷静准确地向敌人开火。尽管漆黑一片,仍击毙敌3人,打伤20多人。第二天一早,马上进行侦察行动,一直推进到炮楼附近,但未遇到任何敌人。

12月3日,河内西边3公里处的水洞村遭到一群匪徒的洗劫。

12月2日下午,海防驻军司令派贝坦上尉率一支分队出去侦察。据"野猫"号报告,在6—7公里处发现一支武装部队。侦察队果然遇到了敌人,击毙其中20多人。这帮匪徒由安南人组成,武器很差。

最后,在12月1日下午,有一艘木船载运物资从海阳返回海防,中途被6艘海盗小船截住,每艘小船上有20多人。盗匪未发现押送队,这些人因雨被困在茅舍里。指挥那艘木船的军士向攻击者开了几枪,那些人都跳进水里逃跑了。

海军少将、东京陆海军司令　孤拔

BB—4　1949第304—307页

891　海军及殖民地部长致内阁总理

1883年12月8日于巴黎

内阁总理先生、亲爱的同事:

谨随函转去交趾支那总督先生刚发来的何罗栏的一份电报,上面附有总督的判断性注解。这份电报似乎证实了何罗栏先生在把军队移交给孤拔将军时所表露出的气恼。

海军中将、海军及殖民地部长　裴龙

附件　交趾支那总督沁冲致海军及殖民地部长电

1883年12月8日上午10时45分于西贡

现将何罗栏的一份电报转发给您,是从香港拍发的。根据编号,它应是11月28日从河内发出的。这份特别重要的电报同何罗栏自己两个月来所发的所有电报和提供的情报似乎是完全矛盾的。电报全文如下:

“该地区状况令人伤脑筋,所有官员都是中国人的同谋,处决了好几个巡抚。只有占领山西和北宁才能制止全面的骚乱。据报告,海防遭到严重威胁。已宣布战争状态。对〈孤拔〉将军的计划不太清楚。他似乎应先攻山西。我以前不知道同中国谈判的情况,您能向我提供有关情况吗?根据海军部长的命令,我已把全部军务移交给将军了,请您以后同他联系。我不再有任何职权,这是一种不正常的、十分尴尬的处境。然而,部里至今仍拒不召我回国。您能把这份电报转给部长吗?”

M.D.亚洲第42卷第374—375页

892 孤拔致海军及殖民地部长电

1883年12月8日晚7时30分于香港

河内,2日。24日电报已收到。在整个三角洲,由官员或强盗指挥的中国兵和安南兵到处放火、抢劫、征税,甚至威胁着我们的阵地。这种形势日益严重。为了保卫城市和仓库的安全,我不得不让军舰停泊在海防和广安。尽管“姑类兹”号和“益士弼”号增加了人员,但要维持平静、保卫阵地和向北宁发动进攻,人力还是不足。

河水水位大大下降,大型炮艇的行动就成了问题。

大量兵员的驻防使机动部队大大减少了。虽然兵员不足,我还是要把军队集中到河内去进攻山西。尽管把握不大,我仍希望取得胜利。

“姑类兹”号29日已到达。一旦这里的人数增加,我就立即发动进攻。

M.D.亚洲第42卷第377页

893　交趾支那总督致海军及殖民地部长电

1883 年 12 月 8 日于西贡

自 10 月 18 日以来,在西贡和海防间双月邮政服务开始营业。运输舰“东京”号和“边和”号于 12 月 3—4 日间开往土伦。我被任命为荣誉军团军官,万分感激。

BB—4　1951 第 274 页

894　交趾支那总督致海军及殖民地部长电

1883 年 12 月 8 日上午 7 时 30 分于西贡

据到 11 月 27 日为止的东京消息,布里翁瓦尔中校和雷维龙中校深入距北宁 4 公里处侦察。他们虽遭到炮击,但海军将军下令不准还击。孤拔也亲自往山西 2 公里附近侦察;北宁严密设防,5 道围墙护卫着城堡,城堡里面有 1.5 万名中国军人;山西有 1—1.2 万人。罗蒙海军中校统率 600 名水兵占领了海阳城堡。11 月 23 日在海防扣住一艘帆船,船上载有引燃物品;船由 4 个华人和 3 个安南人驾驶,他们负责在城内放火作为信号,由一群威胁海防的华人和安南人攻城。明天这 7 个人将被斩首示众。何罗栏将海阳省副巡抚交给我监管,此人口是心非,私通敌人。海军将军宣布在东京实行戒严,何罗栏可能还会提出辞职。在 11 月 2 日的私人信件中,孤拔对我说:“战斗快要打响,因为今晚至明天增援后备军会抵达。您可以想见我们是否已经加快了行动步伐。”

沁冲

BB—4　1951 第 275 页

895 驻华代办谢满禄致外交部长电

1883年12月8日12时30分于上海

8日晚8时30分收到

我在本月6日拜会了总理衙门,转交了外交部4日给总理衙门的电报译文。

中国大臣们说,曾侯不可能在8月间说过在我军奉命占领的城市里没有中国军队;如果他确实说了此话,那是他错了,他并没有事先同政府商量过;曾侯至今还没有把外交部11月30日给总理衙门的重要电报转呈总理衙门。

总理衙门认为,它和曾侯的口头讲话都不能作为正式依据,只有书面文件才是正式文件。

请您看一看作为1882年10月21日北京政治公函第109号附件的总理衙门的一封信。

谢满禄

C.P.中国第63卷第161页

896 交趾支那总督致外交部长电

1883年12月9日晨3时45分于西贡

昨天和今天上午,海防的信使和中国的邮船带来了官方的、或具有真实性的最新消息以及何罗槟的一份电报。兹将这些消息和电报[①]转发给您。

在西贡以及所有的英文和中文报纸上都流传着许多互相矛盾的谣言:中国人已从北宁撤退了;孤拔在北宁;我军攻下了山西;广

① 原档缺这些消息和电报。——编者

东正在作大规模的军事准备;两广总督指挥的大批中国军队结集在东京的边界上;北宁被占领后中国立即宣战。

这些谣言只有得到证实后才能相信。

一俟获得可信的和有根据的消息,我将立即告诉您。现给您发去一份关于顺化政治形势的重要电报①。

M.D.亚洲第42卷第379页

897 内阁总理兼外交部长茹费理致海军及殖民地部长裴龙

1883年12月上旬②

您告诉我说海军少将利士比先生新近被任命接替海军少将梅依先生担任驻中国海及日本海分舰队司令职务。同时,您希望了解我部将对这位将军在完成任务方面有什么嘱咐。

在目前情况下,很难给我们的海军分舰队确切地规定在远东海域要发挥的作用。因此,我认为新任总司令在目前应继续执行其前任的行动路线。但是,您应根据我给您的指示,向他强调必须认真处理好同我驻中国和日本的外交代表的关系,以便在必要时可把我们的军队派到需要加强的据点去保卫阵地和我国侨民。

茹费理

M.D.亚洲第42卷第373页

① 该电原档阙如。——编者

② 此件发文时间原档复印件未完全印出,据其在该档中的位置估计为1883年12月上旬。——编者

898 外交部致谢满禄电

1883年12月10日8时30分于巴黎

10日晚8时35分收到

经过3天的辩论,众议院以381票对146票通过了政府提出的给东京拨款900万法郎的提案。

众议院还以319票对206票的多数通过了如下的议案:

“众议院深信政府会以最大毅力坚持法国利益和荣誉之所要求,兹通过本议案。”

C.P.中国第63卷第162页

899 内阁总理兼外交部长致谢满禄电

1883年12月10日晚7时45分

我在昨天给您的电报中已经告诉您,众议院以压倒多数通过了议案,确认了我们对东京的政策,授权外交部“采取一切必要措施保护法国的利益和荣誉”。您必须使中国政府注意到,我们因此有义务把我们的计划坚决执行到底。但是,我在讲话中故意反复强调我们一贯的和解态度和宣布法国准备讨论一切可以接受的建议。我们的意图仍然是只占领一些必要的地方,以便保卫红河三角洲的安全。据曾侯说中国军队8月1日和2日占领了一些边缘阵地,如果中国军队不离开这些阵地的话,总理衙门9日照会中所说的冲突是不会发生的。

茹费理

C.P.中国第63卷第166页

900　谢满禄致外交部电

1883年12月11日下午4时5分于上海

11日下午2时10分收到

昨晚9时,我收到总理衙门的一封照会,里面重申了该衙门本月4日与我谈话的精神,说中国很早以来就在东京16个省[①]驻有军队,因此中国有权驻兵。总理衙门说东京发生的任何冲突都应由我们负责。

谢满禄

C.P.中国第63卷第167页

901　海军及殖民地部长致内阁总理兼外交部长

1883年12月11日于巴黎

内阁总理先生、亲爱的同事:

随函附上交趾支那总督刚发给我的一份密码电报的译文。

海军中将、海军及殖民地部长

附件　交趾支那总督致海军及殖民地部长电

1883年12月10日晚7时于西贡

11日下午2时30分收到

顺化驻扎官告诉我,我们在安南的过渡性地位后果极为不好。顺化朝廷把没有及时批准8月25日条约归咎于我们的外交纠纷,它认为这种纠纷使法国政府的行动完全瘫痪了。持敌对态度的亲王及其拥护者、王国中一些得到文人们支持的大臣和达官贵人又

① 着重号为原文所有。——编者

恢复了勇气,进行阴谋活动,散布关于东京事务的谣言,反对国王同驻扎官之间建立直接的联系。他们把一切希望都寄托在法国同中国爆发战争上。协和对这种情况感到很难过。他在任何情况下都是同情法国人的,但他日益害怕会发生宫廷革命。最近,他秘密派他的叔父——王朝的一位元老,也是一位很有影响的人物——向驻扎官询问如果发生危险,国王能否依靠法国政府的支持。参哺对他作了肯定的答复,竭力鼓励国王要顶住他周围的人的压力,并向他宣布了条约即将批准。

这次拜访使朝廷感到惊讶,朝廷竭力想了解会谈的内容,但没有成功。参哺告诉我,他作出的保证仅是表面的。他不知道他个人的地位究竟如何,他既没有得到确切的指示,也没有任何情报。他担心可能有另一个阴谋,企图推翻现国王,以便把一个不承认8月25日条约、同法国不共戴天的敌人扶上安南王位。

我的首席副官也带回同样的印象,他送交了勋章和礼物,但他在顺化城外只是受到特别代表,包括兵部尚书和工部尚书的接待。他们宣布以后将给共和国驻扎官和交趾支那总督赠送礼物。协和秘密告诉参哺,说他得到这些礼物感到十分高兴,并把它看作是法兰西共和国驻扎官对他个人的友谊和我们对他支持的一个保证。

应该采取刻不容缓的措施,我将在下次电报中提出建议。

M.D.亚洲第42卷第380—382页

902 海军及殖民地部致中国海及日本海分舰队总司令梅依电

1883年12月12日于巴黎

公使可能乘"维拉"号去东京,在人员调动后将和您见面,盼能将公使送回。

BB—4 1946第330页

903 海军及殖民地部长致内阁总理兼外交部长

1883年12月12日于巴黎

内阁总理先生、亲爱的同事：

谨随函寄去交趾支那总督和海军少将梅依先生发来的两份密码电报①。这是我刚收到的。

海军中将、海军及殖民地部长

附件 交趾支那总督致海军及殖民地部长电

1883年12月11日晚8时50分于西贡

12日上午7时45分收到

若召回何罗榁的消息属实，那么，除个人担心不谈，从整体和爱国的意义上讲，我建议采取以下措施，以挽回局势：

为防止再发生矛盾和像您所了解的那种困境，不用再派人来接替总特派员的工作，让总司令在东京有完全的行动自由，领导一切机构。

一名土著事务行政主管可由孤拔将军领导，并受他直接指挥。行政主管对派驻当地的纯行政事务性质的官员享有权威，负责汇总他们搜集的情报。您可任命西尔维斯特(Silvestre)，他是土著事务行政主管兼海军陆战队的营长。

把对安南来说有限的权力交给交趾支那总督，因为他经历了全部事件，而且，从传统势力的角度看，他不仅对安南，而且对印度

① 梅依的电报原档阙如。——编者

支那,都有着同他的前任同样的精神影响,他具有法国政策的真正代表的资格。他来以后,始终同〈孤拔〉将军保持着良好的关系,因此,我认为这种组合对他来说是合适的。

我们派往顺化的驻扎官在交趾支那时曾是我的得力助手,赢得了我的全部信任。我曾对他说,重新在我的领导下工作会很愉快,因为我们可以经常地、便利地同巴黎、东京和中国取得联系,在任何情况下都会得到明确的指示和有效、及时的支持。而且,在某种情况下,这种支持对他来说是必要的。今天,重要的是要回到现实中来,把安南从中国的影响中解脱出来,保住远征顺安和 8 月 25 日条约所获得的有利成果。

〈孤拔〉将军离这里太远,并且整天忙于指挥军事行动,而参啸既无领导,又太孤立,以致这一使命很难完成。

M.D.亚洲第 42 卷第 383—385 页

904 梅依致海军及殖民地部长电

1883 年 12 月 12 日晚 12 时 15 分于香港

昨天收到您关于与脱利古在一起的"伏尔达"号的电报。

我一定派"维拉"号护送公使去东京。

我已写信给昨天随"伏尔达"号到达的驻广州领事;德国舰队司令已去内河①,英国舰队司令昨天亦已到达,我尚未知道他的意图。

广州没有任何令人不安的消息。

C.P.中国第 63 卷第 168 页

① 指珠江。——编者

905　海军及殖民地部长致内阁总理兼外交部长

1883年12月13日于巴黎

内阁总理先生、亲爱的同事：

谨送上交趾支那总督发来的一份电报抄件。总督宣布协和帝已死，顺化发生革命。我希望我们的驻扎官和他的卫队能在现场。根据顺化和东京所发生的事，现在比任何时候都更迫切需要派去至少3000名增援部队。

裴龙

附件　交趾支那总督致海军及殖民地部长电

1883年12月12日下午4时40分于西贡

我收到一份《旗帜报》记者发往伦敦的电讯，电头是"12月5日河内电"。它是12月7日由一艘从海防启航的英国商船带到西贡电报局的。电文如下：

"顺化革命，国王被毒死。安南在中国的煽动下向法国宣战。"

我把这份电报扣发了48小时。

我没有从何罗栏或孤拔那里得到关于这个事件的任何情报。孤拔乘"伊利苏"号邮船去海防，他路过沱瀼时，可能就知道了这个消息。

我是通过私人通信获悉安南国王被毒死的消息的。顺化一片混乱，官员们企图煽动人民起来反对法国人。这些信还说到12月7日东京的现状，说有一些分遣队已向广安进军，广安巡抚已被逮捕并被押送到河内。

M.D.亚洲第42卷第386—387页

906 海军及殖民地部长致内阁总理兼外交部长

1883年12月13日于巴黎

内阁总理先生、亲爱的同事：

谨随函送上交趾支那总督刚给我发来的一份密码电报。

我认为沁冲先生在这个时候不应离开总督府，请告诉我怎样才能恰当地答复他，我将不胜感激。

海军中将、海军及殖民地部长 裴龙

附件 交趾支那总督致海军及殖民地部长密电

1883年12月13日下午4时20分于西贡

即使顺化发生了动乱，法国公使团和卫队也不会受到威胁，因为驻在顺安的少校无疑采取了预防措施。目前顺安有700名军人。总特派员虽已被政府宣布召回国，但他仍将去顺化。我将通过香港电报局或通过下周返回的“伊利苏”号了解情况。鉴于时间紧迫，如果您认为有利的话，请用电报给我明确的指示。为了确切了解形势和采取各种必要的措施，我将立即乘“阿米林”号去顺化。交趾支那的局势是绝对平静的，军队最高统帅暂代总督职务。我在8—10天后才回西贡。我相信安南不会宣战，但相信协和帝已暴死，还相信也许会废除8月25日的条约。我们要不要承认新国王的问题已经提出。但无论如何，必须用正式占领顺化的威胁来要求国王和他的大臣们亲自签订条约；同时要严正地答复中国，因为发生最近事件的阴谋是它策划的。

如果需要占领的话，我肯定能动用400名海军陆战队，100名安南土著士兵和一个海军炮兵中队，他们很快将被您派来的人数相等的部队所接替。运输舰“维也纳”号以及“阿米林”号和“云雀”

号现停泊在西贡。这两艘护卫舰能通过顺化港港口的浅滩。

M.D.亚洲第42卷第388—390页

907　海军及殖民地部长致土伦军区司令

1883年12月13日于巴黎

海军中将先生:

我很荣幸地随函附上今晨发给马赛海军事务局局长先生的电报文本。

“请按我规定的条件和期限租船运送1400人去东京。”

请参照以前我发出的有关应装运的食物、卧具和理发用品的指示。可能第二批3000人的陆军部队也将于1月内派往东京。运送这些部队的船上应装两个半月的食物,以备抵达目的地登陆后食用。

这些食物与国家轮船在航程中应向约1000人的队伍提供的口粮是两回事。

BB—4　1947第646号

908　海军及殖民地部长致土伦军区司令(机密)

1883年12月13日于巴黎

海军中将先生:

兹证实我今天发出的电报,我很荣幸地告知已决定派遣援军去东京,援军的数目达到了我12月4日信中提到的3000人。

这次任务将由“永隆”号、“欧洲人”号以及两艘商船执行。这4艘轮船将在土伦装载海军部提供的全部物资,包括食物、军火等,然后驶往阿尔及利亚港口。这些港口将在以后接运指定的部队。运输轮上人员分布的准确名单将尽早送上,一般与12月4日电报中规定的指示相符。这些人员包括：

登上“永隆”号的将有一名陆军中将和两名陆军少将。机枪炮兵连（人员和物资）按照您今天来电的建议将一起登上同一艘运输轮。

请加紧督促“欧洲人”号加班工作。

现证实我的加急电报规定把12月4日急件所说乘客用75天的食物装上两艘运输轮，对此，您应该等待以后的命令。

现请告知“永隆”号和“欧洲人”号除本函所通知的范围外尚可装载的人员和物资数量。

我曾指令海军中将若雷派遣“德赛克斯”号（Desaix）或“燕子”号（Hirondelle）去比雷埃夫斯（Pirée，Le）海军少将孔特先生麾下，以便临时替代即将奉命开赴中国海域的“杜居土路因”号。我曾请您将这艘巡洋舰所需的航海图及水上资料以领事的名义送达塞得港。

我曾请您加紧武装的“赛涅莱”号（Seignelay）一旦准备就绪，就应去替代地中海东岸地区分舰队的“杜居土路因”号，这样就可将暂时离队的护卫舰归还舰队。

随信附上将乘坐“梅斯城”号的人员和物资一览表。

附言：兹急送上经与陆军部商定的各运输舰运送部队清单。

附件1 “梅斯城”号运送的人员和物资清单（略）[①]

附件2 首批增援部队清单

1883年12月13日于巴黎

经与陆军部直接协议，第一批派遣部队安排如下：

① 原档复印件字迹模糊不清，无法译出。——编者

(1)“永隆”号

此舰将于23日由土伦起程,开往阿尔及尔。在土伦装运如下人员:

A.师参谋部	米乐(Millot)陆军中将	
	中校参谋长	1名
	副官	1名
	参谋勤务官	3名
	参谋部秘书	4名
	勤务兵	7名
	鞍子马	7匹
B.旅参谋部	波里也(Brière de l'Isle)陆军少将	
	副官	1名
	校级参谋长	1名
	参谋部秘书	2名
	勤务兵	4名
	鞍子马	4匹

“永隆”号将于25日在阿尔及尔装运:

C.旅参谋部	尼格里(Négrier)陆军少将	
	副官	1名
	参谋长	1名
	参谋部秘书	2名
	勤务兵	4名
	鞍子马	4匹

D.部队——非洲轻步兵第2营,组成如下:

校级军官	1名
军官	16名

士官	38名
下士	49名
士兵	705名
勤务兵	8名
鞍子马	8匹

E.东京第1土著步兵团的增援部队,组成如下:

士官	8名
下士	16名
士兵	176名

合计:

将官	3名
校级军官	2名
军官	24名
士官	46名
下士	65名
士兵	912名
	人员1052人和马23匹

(2)"欧洲人"号

"欧洲人"号将于23日由土伦起程开往奥兰,25日在该港装运:

A.外籍军团第1连,由下列人员组成:

校级军官	1名
军官	3名
士官	9名
下士	12名
士兵	176名
勤务兵	2名

鞍子马 2匹

B.东京外籍军团增援部队由下列人员组成:

士官 8名

下士 16名

士兵 176名

此船将于26日开往菲利普维尔(Philippeville),并将就地装运:

C.东京第3土著步兵团增援部队,由下列人员组成:

士官 8名

下士 16名

士兵 176名

合计:

军官 3名

士官 25名

下士 44名

士兵 530名

人员602人和马3匹

(3)在马赛租用的第一艘轮船"堤岸"号

该船将于23日由土伦起程,开往奥兰,25日就地装运下列部队:

A.外籍军团第2、3、4连,由下列人员组成:

校级军官 1名

军官 13名

士官 29名

下士 37名

士兵 529名

勤务兵	6名
鞍子马	6匹
	合计:人员615人和马6匹

(4)在马赛租用的第二艘轮船“科莫兰”号(Comorin)

该船将于23日由土伦起程,开往菲利普维尔,并将于25日就地装运下列部队:

A.第3土著步兵团所属的营,由下列人员组成:

校级军官	2名,其中1名医生
军官	15名
士官	38名
下士	49名
士兵	705名
勤务兵	8名
鞍子马	8匹
	合计:人员817人和马8匹

BB—4　1947第649号

909　驻华代办谢满禄致外交部电

1883年12月13日4时30分于上海

13日晚8时30分收到

我得到了曾侯给总理衙门的一封密电,密电说:“英、德、俄、美秘密商量共同阻止法国封锁和进攻中国港口。”

广东的骚乱已减轻,那里集中了2万名中国军队。

我已致函总理衙门,通知它已达成协议保护外国侨民。

谢满禄

C.P.中国第63卷第169页

910　内阁总理兼外交部长茹费理致驻华特使脱利古电

1883 年 12 月 14 日上午 10 时 30 分于巴黎

见到孤拔将军并准确地了解他的处境及意图后,请给我来电。然后您尽快动身前往顺化,因为顺化国王遇刺,给我们带来新的危险。驻扎官计划通过您采取一切可能的办法,甚至以占领相威胁,迫使新王接受条约。只要他同意条约就足够了,因为我们打算回到具体问题上来,缓和紧张局势。请注意所发生的事件,在必要时提出意见并通知我。

茹费理

C.P.中国第 63 卷第 170 页

911　海军及殖民地部长致阿尔及尔军区司令

1883 年 12 月 14 日于巴黎

海军少将先生:

我很荣幸地告诉您,政府已决定派遣约 3000 名援军赴东京。部队将由"永隆"号、"欧洲人"号以及两艘在马赛租用的商船运送。今随信附上与陆军部协商确定的 4 艘船的航程和部队在船上的分布情况清单一份①。

这 4 艘船在离开土伦赴阿尔及利亚装运部队前,将接运海军部提供的一切物资如食物、军火等,它们在阿尔及利亚按上次船队的条件装运部队和武器、辎重、马匹以及饲料等。

被任命为东京远征军总司令的陆军中将,将自由选择乘坐"永隆"号或 12 月 23 日驶离马赛的中国航线客轮。

① 原档缺此清单。——编者

希望您与阿尔及利亚有关当局取得联系，以保证从您一方面完成本函件所提出的措施的执行。

BB—4 1947第51号

912 海军及殖民地部长致交趾支那总督

1883年12月14日于巴黎

11日、12日及13日来电均悉。

何罗桤将不调换。将西尔维斯特派到孤拔手下，作为行政主管。

我不相信顺化少不了您，那里的最高指挥官会采取措施的。您可以派遣一些援军给他，如那里不需要，就等待法国数天内派去大量援军，然后再把援军派往东京。

要让参哺正确地把顺化发生的情况告诉您，然后由您转告我。在顺化这种局势下，要调整您的处境还不是时候。参哺应在孤拔的领导下工作，而何罗桤已把权力移交给他。

可是，您得把政府的命令转交给参哺。该项命令要求一定要用一切可能的办法，甚至用威胁手段使新国王承认条约。其实，他同意基本原则就够了，因为我们要等待修改细节的机会，在某些要点上我们应该表现得随和一些。我会通知孤拔的。

万一我们需要在安南进行军事干涉，我认为应该把指挥权交给司令官。当关系缓和时，我不会不接受您的组织建议。

脱利古奉命从东京去顺化了解情况，并向政府汇报。

BB—4 1946第295页

913 海军及殖民地部长致孤拔电（由香港领事转交）

1883年12月14日于巴黎

我将下列指示由西贡转达参哺：

要求新国王承认条约,我们只要求他同意基本原则。因为有的细节我们还要修改,在某些问题上可以随和一些。

请脱利古同您联系,了解您的意图后,他将留在顺化观察形势,向政府汇报。

BB—4　1946第111页

914　外交部长致脱利古电

1883年12月14日晚7时50分于巴黎

获悉您已见到孤拔将军,在您确切了解他的情况和意图后,请给我来电。

然后,您尽快去顺化,因为国王的去世可能会给我们带来新的危险。驻扎官已接到指示,要他采取一切可能的手段,甚至以占领作为威胁,迫使新国王接受条约。只要同意条约的基本精神就够了,因为我们还打算对条约的细节进行修改,使它更严谨。

看看还要干点什么,如需要,请提建议。请您向我提供情况。

M.D.亚洲第42卷第391页

915　海军及殖民地部关于研究顺安火力配备的通知

1883年12月14日于巴黎

很有必要请主管委员会紧急研究关于顺安要塞火力配备方案这一附件。

在制定这一方案时,曾研究了两种假设:一是遭到外国海军的攻击;另一是遭到当地军队的攻击。

尤其要考虑到第二种假设。有必要马上去电批准在顺安建筑炮台、医院和弹药库的要求,即缩小的方案中最必要的部分。

参谋长　□……

附件 顺安的火力配备

1883年10月20日,孤拔少将向部里呈送了交趾支那工兵营长的一份报告,同时附上他个人的看法以及关于顺安要塞未来火力配备的一次会议的纪要。

根据这些文件研究的结果,为确保顺化河外部防卫,使我们占领的地方免遭当地军队可能的进攻,有必要只建筑如下工事,以免耗资过大:

(1)在顺化河入口处西北端建筑第2号堡垒,火力配备如下:

左面:2门14厘米大炮;

前面:6门14厘米大炮;

右面:3门14厘米大炮或两门24厘米大炮。

活动大炮:4门80毫米大炮或2门旋转炮。

(2)普兰岛(Ile Planc):2门14厘米大炮。

所有其他建筑物都要铲平。

这一工事配备信号弹兵和180名炮手轮换值班。

因为一个炮连不得不要求步兵提供90名助手。

步兵要有两个人数各为125人的连队。

少将还坚持认为,为应付气候恶劣的季节,必须立即修建一个医院和一个弹药库。

最后少将还指出,为确保顺安堡垒(第2号)的安全,有必要在顺安丘陵前沿修筑一个据点。

这些工事估计耗资27.1万法郎。

附件(1) 交趾支那工兵营长索莱尔关于在顺安修筑防御工事的报告(略)

附件(2)　顺安火力配备会议记录(略)

BB—4　1949第208—243页

916　海军及殖民地部长致土伦军区司令[1]

1883年12月16日

海军中将先生：

我荣幸地请您在您认为适当时将“夏卡尔”号(Chacal)加以武装,以便能于1月20日在土伦起程,开往印度。

请告知您决定武装该船的日期。

我希望尽早派出“美洲豹”号(Jaguar)和“旗帜”号(Etendard)去东京。请告知武装它们的日期,以便该两炮舰得以驶往目的地。

附言:兹寄上第二次运送部队的清单。此次将由“安南人”号和租船于1月8日左右运送。前述16日驶离塞得港的“桑罗克”号将承担1月20日的航行任务,故等它返回时,请让该轮处于可以随时使用的状态,至感。

很有可能自1月20日起,每月都有一艘船从事定期航行。

续附言:12月16日向土伦发出的电报稿上应补充的第二个段落:

顷接来信,得悉向海运公司租用的“堤岸”号和“科莫兰”号两船的租借契约刚刚签订。契约副本将送上。第一艘将于20日、第二艘将于23日到土伦。“科莫兰”号比“堤岸”号大,而且可以接运3连多的部队,所以我认为有必要改变已寄给您的运输分配清单。“堤岸”号应准备好,于25日启程赴奥兰,由它接运的全体人员均

---

① 原件无标题,此系编者所加。

在该处。至于"科莫兰"号,我推测不可能于25日前起程,因运往东京的医院物资和药品要在24日才能抵达土伦。这两艘轮现时均在东京,将不在西贡停泊,而是在卸货后,即退租。"梅斯城"号则相反要停靠西贡;这些指示对于这些船只的装载可能有用。

附件 第二批增援部队清单

(人员和物资全部在法国装运)

1882年①12月16日于巴黎

(1)人员

参谋部——校级军官	2名		
尉级军官	9名		
士官	4名		
下士	4名		
士兵	16名	马	8匹
步兵——校级军官	3名		
军官	47名		
士官	114名		
下士	147名		
士兵	2115名		
勤务兵	25名	马	25匹
炮兵——尉级军官	6名		
士官	20名		
下士	24名		
士兵	356名	马	6匹
工兵——尉级军官	2名		

① 原文如此,应为1883年。——编者

士官	7名
下士	8名
士兵	65名
野战医院——校级军官	1名
军官	19名
士官	8名
下士	8名
士兵	68名
勤务兵	14名　马　10匹
辎重队——军官	3名
士官	10名
下士	12名
士兵	108名　马　3匹
合计:校级军官	6名
军官	80名
士官	163名
下士	203名
士兵	2767名
人员	3219人和马52匹

(2)物资

军官用睡袋、枪支和行李约以每1000名士兵150吨计算即 450立方米

财务器材和军邮设备		4立方米
两组80毫米山战排炮	(35000公斤)	50立方米
一组80毫米野战炮	(21000公斤)	60立方米
工兵车辆总数	(2000公斤)	6立方米

52 匹马的饲料	（10000 公斤）	50 立方米
野战医院	（14000 公斤）	45 立方米
服装储备	（1000 公斤）	5 立方米
100 个大帐篷	（6000 公斤）	5 立方米
		675 立方米

另加部队每人随带 70 发子弹以及与部队一起卸船的供 75 天的食物。

BB—4　1947 第 661 号

917　谢满禄致外交部长电

1883 年 12 月 16 日晚 7 时 20 分于上海

16 日晚 8 时收到

遵照阁下的指示，今天我拜会了总理衙门，并根据您 13 日电报的指示同该衙门的大臣们进行了会谈。我发现中国政府的官员越来越傲慢，因为曾侯利用了我们众议院某些议员的发言，把我国在欧洲的地位说成是二等的，说我们不敢动武。这样一来，朝廷的不安被消除了，在这种情况下的谈判，对双方来说都是用来争取时间而已。如果我们不想被别人抢先的话，就应当从今天起就进行战争准备。当我谈到如果中国提出合理建议，法国准备在巴黎讨论这些建议时，总理衙门的大臣们很生气地回答说，这不是由中国提出建议的问题，中国是宗主国，它占领这个国家；如果法国希望和平，就应当撤走驻在那里的军队：这就是中国今天可以接受的建议[①]。

另一方面，大臣们说，曾侯来信称，他在 8 月 8 日同您的前任

① 着重号为原文所有。——编者

说过,在东京我国想进攻的地区驻有中国军队。

谢满禄

C.P.中国第63卷第174页

918　孤拔致海军及殖民地部长电①

1883年12月17日上午10时46分于香港

河内,12月10日。今天收到您12月1日的电报。我们明天向山西进军。总特派员将在我回来后把权力移交给我,届时我将能比现在更好地提出我的要求。顺化发生的造反事件证明,必须派增援部队去占领该地和沱瀼。

孤拔

M.D.亚洲第42卷第411页

919　海军及殖民地部长致东京远征军总司令米乐

1883年12月17日于巴黎

亲爱的将军:

(1)根据我12月16日的提议而颁布的法令,共和国总统任命您为东京远征军总司令。

(2)凭这个职务,您被授权在东京及安南王国行使军政权力。

(3)行政主管西尔维斯特先生将管理交趾支那当地的事务,他还担任我们所占领城市的驻扎官和我们驻顺化代表的民事联系工作。

(4)目前,驻东京的各军兵种及在三角洲的海军小舰队军舰、军事指挥权都由您掌握。

---

① 原件无标题,此系编者所加。

(5)除了与您同时去的,或短期内跟您去的军队外,您在战场上分布的兵力如下:

甲、陆军

海军陆战队　第1团:25、28、29连

海军陆战队　第2团:21、22、23、24、26、27、29、31、35连

海军陆战队　第3团:21、22、23、24、34、36连

海军陆战队　第4团:25、26、27、29、30、31连

安南土著步兵　第1营

海军炮兵　第1、2、3、4、5、6连

海军炮兵　第23连小分队

海军陆战队　仓库小分队

水手　1个营

非洲部队　1个步兵军团

骑兵　非洲轻骑兵小分队

在顺安及顺化要塞的部队:
- 海军陆战队第1团第27、31连
- 半连安南土著步兵
- 第22炮兵连
- 第23连小分队

部队的编制人数如下:

海军陆战队	军官115人	士兵3618人
安南土著步兵	16	1200
水手	12	600
非洲步兵	58	1800
非洲轻骑兵	3	60
顺安及顺化小分队	18	712
海军炮兵	27	787

总数:军官249名　士兵8777名

法国派去的援军人数为160名军官和6200名士兵,使远征军的人数增至1.5万名左右陆军。

乙、东京小舰队

目前集合在三角洲,由莫列波约中校指挥。其军舰如下:

护卫舰　　“雎鸠”号

炮　舰　　“军乐”号

炮　舰　　“豹子”号

炮　舰　　“突袭”号

炮　舰　　“标枪”号

炮　舰　　“短枪”号

炮　舰　　“马苏”号

炮　舰　　“土耳其弯刀”号

炮　舰　　“大斧”号

炮　舰　　“火枪”号

炮　舰　　“闪电”号

炮　舰　　“飓风”号

上述军舰上共有440人及25门大炮,这个舰队在短期内可能被增强。

丙、辅助部队

辅助部队在三角洲的居民中招募,均配备有速射枪。

(6)您认为需要组建部队时有权这样做。第1旅应纯粹由陆军部队组成,第2旅由海军及陆军部队组成。您还可以组建第3旅,由海军部队组成,与第2旅的编制无关。

(7)我们将向您寄送您的部队的详细名单。

(8)您到达河内后,海军少将孤拔便把指挥权移交给您,他将重新担任东京分舰队司令之职。

(9)目前我们在东京的部队和军舰占领以下据点:河内、海防、海阳、广安、南定、宁平、顺安(在顺化还派有保护我们驻扎官的警卫队)。

(10)政府的意图是:占领三角洲,但战争范围不能扩展至三角洲以外;占领附近的北仑海角、沿海的主要据点,以保证三角洲的安宁;切断经过先安的公路,使它不能联通中国。除先安公路这个最后目标外,目前还要夺取山西、北宁及兴化等城。您应全力以赴,以期达到目的。

(11)您应注意:三角洲一片混乱,您要尽力恢复秩序,保持安定,严厉镇压危害地方的抢劫、掠夺行为。

(12)正如我曾跟您说过的那样,海军少将孤拔将重新担任东京分舰队司令。他的职责是监视安南海岸及东京湾。他必须严防沿岸海域,不使这些海域遭受中国军舰的威胁。他还要防止军火走私,保证远征军不受一切外来的侵害。他应该保证交通运输,同中国海及日本海分舰队司令保持经常的联系,以便两个分舰队能在必要时互相支持和协作。

(13)当战争需要您的军队和分舰队协作时,您应与孤拔将军商量。我即将这一措施通知孤拔。

(14)如您需要分舰队协助在安南领海及东京湾的所有海上行动,指挥权当然仍由该分舰队的司令行使。

(15)海军分舰队的登陆连及一定数量的器材都卸在陆地上。这种情况基本上是临时性的。长此以往,将会在军舰中引起混乱。因此,等〈孤拔〉将军重新掌握指挥权时,您必须立即让登陆连再回到舰上。

(16)您应与海军部长通信。同时,在涉及外交部的事情时,也要和外交部长通信。

(17)您要立即把您组织中的一切详细情况、整个调动情况及全部重大事件告知我。

(18)您要尽量不断给我来电,可以了解情况的详细报导不能忽略。

(19)您要利用一切机会把病员和伤员遣返回国。所有去西贡的运输船都要去东京。

(20)在热带地区,需要绝对采取最细心的卫生预防措施。我认为在这一点上,您一定要在部队士兵的健康和福利方面作出贡献,绝对不能稍有忽视。

最后,亲爱的将军,我向您重述一下,共和国政府委托您维护国家利益,表明它对您充满信心。

附言:请把本指示的副本转送给海军少将孤拔。这里我同样寄给他一份。

BB—4　1946第206—210页

920　海军及殖民地部长致米乐

1883年12月17日于巴黎

亲爱的将军:

除了军事权力外,共和国政府还委托您掌管东京政府的民政事务。在战争期间以及一直到战争结束,我们准确地认识了我们最终占领的区域及占领这个区域的情况。建议您要在严格限制的范围内,维持严密的民政组织。保存在东京政府的档案里的一些书信会使您理解部里为何不得不数次阻止总特派员何罗杧先生打算加速发展这类组织的工作。因此,目前您只能缩小范围而不能扩大范围去发展民政组织。

现附上1883年5月26日法令副本一份。此法令奠定了在东京建立行政机构的基础，规定了设立一定数量的驻扎官的职务，由交趾支那外事处的行政官员担任；还规定了从我们的这个殖民地的内务处抽调的官员、职员、办事人员的范围。这些人员有的分给总特派员，有的分到各驻扎官公署。

您到达东京后，就会在河内、海防及南定的驻扎官公署处发现很能干的人员，他们是您完成工作的宝贵助手。这些辅助人员又补充了一些当地雇员，由一名主要的行政官员集中领导。应该让这位主要行政官员及其手下的人员帮助您完成您在这个地区的工作，这也是这位官员的主要职责。

一个直到现在还担任邮务的财务机构也在东京开展工作。它的双重职权造成了某些弊病，引起了人们的指责，因此，有必要立即指派专门人员担任东京的邮政工作。

最近时期，对远征军实行了邮资免付，邮政业务有了蓬勃发展。我希望您能尽早把有关这一方面的建议送来。

部里已派遣一批电报报务员，保证国内电报通讯。另外，您也知道，为了安装东京至交趾支那的海底电缆，我们已同一家英国商行签订了合同。我们要把我们新的属地和宗主国连接起来。该合同已提交议会审查，希望尽快得到批准。这项事业应当交法方代理人经营，人员的挑选已定，将尽快派出。关于这个问题，您以后将会收到补充指示。

此外，您认为需要交趾支那政府帮助时，应毫不犹豫地去向它求助。它一定会帮您的忙，就像对东京民政机关那样，既殷勤又忠诚。

我还要向您建议，在承办的工作中要留有余地。还有，我不得不制止总特派员将钱绝对化的做法。因为我们手中的资源有限，工作不能没有分寸。这个问题只能在战后,在我们正式到那里定居时才能适当地考虑和解决。

您在军事指挥方面的权限,我不会干涉,也不会干涉您的对敌态度。我只想提请您注意一点,即有必要确定东京各村庄里的绅士的责任,他们应当承担对抗我们的军队所导致的后果。

实际上,安南的社区是由社区内德高望重的人来管理的。一切事务由一些负责任的绅士及一些助手来加以处理。

镇压当地重罪犯人自然是军事法庭的事。在我刚向您提到的社区组织中,您会发现有一切机会用行政的方法去审判居民违法的事。实际上,从我们事业发展的观点来看,我们最好不要采取什么集体性的镇压行动而失去人心,进而会使那些走投无路的人投入敌人的怀抱。

在这点上,您会看到在东京执行1881年5月25日法令中有关以惩罚方式镇压交趾支那土著人犯罪的条款及执行1882年10月5日法令能达到什么程度。后一个法令允许交趾支那总督对那些周围易于发生犯罪行为的村庄征收特别税,以保证政府能采取行动镇压骚乱,并采取措施预防反复。

根据第一个法令,在西贡法院之外,各驻扎官可以拥有各土著事务行政主管官员所拥有的同等权限。根据第二个法令,目前发挥职能作用的各村社组织可能会让各位绅士对发生的犯罪行为负责(这样不破坏财产,不损害庄稼,这些组织的存在也会避免对居民随意征调。)

这方面的问题请您关怀一下。同时,我得向您指出有关编造预算的一些复杂问题,以及在必要时应保证关税和捐税的征收以抵偿由于我们占领而造成的支出。

曾数次要何罗梽先生做这项工作。因此,您一到东京就要根据一切可能做好这项工作,此后请立即将情况向部里汇报,部里很需要。

为了战争的胜利,请您考虑一下,看是否有必要建立处于绅士们领导之下的一些民兵连。给民兵提供军饷(多少不论)和头衔(这比钱还吃香),这倒是把老百姓吸引到我们一边来的一个机会。总而言之,我们不应该放弃这样的机会,要把更多的老百姓争取到我们一边来,而不要把他们推到我们的敌人一边去。

这样组织起来的民兵,在战争时显然不能打仗,但在我们袭击一般的非正规军时还是有很重要的作用:他们能切断敌人的交通线,袭击孤立的分队,消灭联络人员。以上只不过是我向您提出的一般指示,仅供参考。至于我们能否充分信任所说的那些人,在刚述及的那些条件下要求他们给予帮助,这还得靠您研究后决定。

附件　法兰西共和国总统根据海军及殖民地部长报告作出的决定

1883年5月26日于巴黎

根据1854年5月3日元老院法令第18条,根据1873年2月10日、1876年6月2日、1881年5月4日、1882年10月7日有关交趾支那当地事务部门组织的法令,兹决定:

第一条　目前,派驻东京的驻扎官有两个,一在海防,一在河内。此外,新近又在共和国民政总特派员指定的地点派去了5个驻扎官。

驻扎官将由交趾支那外事处的法籍行政官员担任。另给东京普通事务处派去一位行政官员。

第二条　总特派员殖民地办公室人员计有:□……

第三条　这些人员□……军饷和津贴□……预算□……。

第四条 □……

第五条 像法国国内那样,可以以直接任命方式去补充普通办事人员的空缺。应招者应具备1881年5月4日法令中规定的条件,即具有文科或理科学士文凭,或高等学校毕业证书,年20—30岁,且应符合职员招聘法规定的条件。

第六条 1881年5月4日法令第32条(休假)适用于东京的行政人员。

第七条 官员及职员犯有严重错误时,当予以停职或革职。对犯有错误的拥有主任级别的办事人员,由共和国总特派员宣布停职,期限由海军及殖民地部长决定。

对犯错误的一般工作人员,停职处分由共和国总特派员宣布。

行政官、驻扎官的撤职问题,须根据法令宣布。至于主任级办事人员的撤职,须根据共和国总特派员的报告进行调查后,由海军及殖民地部长作出决定。其他职员或人员由共和国总特派员在调查后宣布。

第八条 本决定将刊登在法律公报及海军官报上,由海军及殖民地部长负责实施。

格里微

BB—4 1946 第211—214页

921 海军及殖民地部长致内阁总理兼外交部长①

内阁总理先生、亲爱的同事:

兹寄上沁冲来电一份。该电证实协和帝已死,并要我们对我们驻扎官的处境放心。孤拔派"巴雅"号去西贡拖在那里的"云雀"

① 原件无发文时间,标题系编者所加。

号。萨尔塞昂(Sarsayen)司令将率两艘军舰去顺化,与我们在那里的军队汇合。那里的困难并不像我们想像的那样大。

我认为我们应在今晚公布这份电报。

裴龙

附件 交趾支那总督沁冲致海军及殖民地部长电

1883年12月17日下午5时17分于西贡

"巴雅"号已抵西贡,孤拔要我让"云雀"号给顺安提供补给,需要"云雀"号这艘护卫舰才能办到,而"阿米林"号已在西贡取代这艘护卫舰。"巴雅"号舰长帕莱荣将于星期三拖着"云雀"号启航。他曾在沱瀼停泊,现带来了证实国王暴死的消息。顺化没有任何动乱,公使团未遇到危险。参哺中断了同安南政府的官方联系,但同新的内阁进行了非正式的联系。何罗栏没有动身去顺化。海军将军已于12月11日去山西。

M.D.亚洲第42卷第409—410页

922 ×××[①]致米乐

1883年12月18日于巴黎

将军先生:

根据政府一再向议会和全国所作的声明,您可以决定您在东京行动的性质和范围。您完全了解,一系列事件证明了安南政府不可能、也不愿意履行它在1874年签订的条约,即确保我们在东京的贸易安全和在红河上的航行自由。因此,我们要加强9年来一直驻守在河内和海防的军队。在攻占河内后,我们发现依靠顺

① 原件缺发文人,似为海军及殖民地部长。——编者

化朝廷的官员是不可能的;为了恢复局势的平静,我们不得不把他们全部都撤换。李维业司令的去世给我们提出了新的任务:我们的占领军司令被杀,我们对此不能不进行报复,不能不管。中国也许是出于自己的主动,也许是响应安南朝廷的求援,竟鼓励黑旗军反对我们,并把自己的军队派到东京的北部地区。

因此,我们才被迫不断派增援部队到红河流域;今年8月,我们甚至不得不对顺安港进行远征。不管今天如何去评价这支远征军的意义,我们的意图是不会改变的。这支远征军的指挥权将交给您。您要达到的目标,是确保红河三角洲的安全。因此,您应占领必须占领的所有据点。

根据共和国政府所接到的报告,我们已占领的地方中如果再加上山西、北宁和兴化,我们的目标似乎就可以算是实现了。但这是远离现场所作的估价,还需要进行核对。只有对现场进行研究后,您才能对技术问题作出判断。在任何情况下,您都应避免把军事行动扩大到三角洲以外的地方去。如果要扩大到其他地方,除非是绝对的必要,或者是向政府请示后才能这样做。

您现在有3个对手:黑旗军、最近和黑旗军联合起来的安南叛乱分子、中国正规军。

在对付黑旗军和安南叛乱分子时,您应根据通常的战争法。在这一点上,我不用向您提任何特别的建议。至于中国正规军,您应该知道,到目前为止,他们仍处在第二线,我们既没有遇到过他们,更没有同他们打过仗。这种状况没有变化,至少没有被我们的军事行动所改变。因此,在您到达东京时,如果中国还没有向我们正式宣战,如果您遇到中国军队,那么,您应该在开战之前设法正式通知他们,说我们的行动不是针对他们的,而是他们驻扎在三角洲以内妨碍了我们的绥靖活动,我们把他们的出现看作是对黑旗军和对扰乱这块地方的土匪的一种直接支持。过去几个月中不断发生的事件和我们得到的报告,都让人想到中国正规军仍驻扎在离我们要占领的据点不远的地方。

11月底,我曾向中国政府建议,为防止两国军队的冲突,最好的办法是授权两国军队的指挥官在他们各自的阵地之间划一条界线。我认为中国是不会感到为难的,是会利用这个建议让我们占领三角洲的一些地方的。但北京也不会赞成这种做法,因为这还不是既成事实。但当您已占领了您认为需要而足够的地方时,它也许会接受这种做法的。

无论如何,您应为这种安排作出努力。至于谈判,您的努力也只应限于这些方面。事实上,您的权力只限于国际法授予军事长官的权力。因此,您有权同外国军队的指挥官谈判所有的军事行动,以及在您控制下的军队和人民的命运问题。至于政治谈判,当时机成熟时,您可以把您认为优先的建议呈交我们,但您既不应同安南人也不应同中国人进行任何这类性质的谈判。如果用一种新政权代替根据1874年条约在东京建立的、其结局已证明是不能胜任的政权,关于这个问题,共和国政府保留其谈判的权利。

我相信您会及时向我们报告当地的形势和军事行动的。不久将在西贡和海防之间建立电报线路,这将使您得以同政府保持经常的联系。

M.D.亚洲第42卷第412—415页

923 海军及殖民地部长致土伦军区司令

1883年12月18日于巴黎

海军中将先生:

我荣幸地告诉您,我同意您12月15日和16日来信中有关

"永隆"号和"欧洲人"号的装运建议。

正如您所提议的,请从25日起把"夏卡尔"号和"安南人"号加以武装。

"堤岸"号和"科莫兰"号两艘租船将直驶东京,并于卸货后退租。我曾在今天的电报中请您不必将供应交趾支那的可能剩余的25.3万公升酒交它们装运。您可使用"梅斯城"号装运。

总之,我要嘱咐您的是,当租船到达土伦时,必须确保一切对部队运输不可缺少的设备完好无损;需要时您可请海军兵工厂以偿还为条件给以补充,对带走毯子的士兵,您不要再发给他们。

获悉"科莫兰"号正在接运一个整营。如果情况属实,请您在该船抵达土伦时查实一下,您可以重新参阅已寄上的第一次部队分配名单。在此情况下,"永隆"号就只能接运1000多人了。供远征军总参谋部使用的地图将由海军部海图和规划保管室通过您寄送给米乐将军先生,使这些海图于22日、至迟23日上午送达土伦。请您关照一定将它交给"永隆"号运送。同时,还请将两箱约50公斤供海军少将孤拔用的罐头食品委托该船运送。这些罐头食品将由巴黎 Prevert et Cie 公司的代表马里于斯·奥利维埃(Marius Ollivies)先生送达港口。

米乐将军总参谋部的随员克雷坦(Crétin)营长先生明天将赴土伦,请您对这位远征军司令派去执行任务的高级军官的乘船问题提供方便。

附言:我已批准"梅斯城"号或由您选择的其他船只装运:

(1)28只箱子和1只标有T.K.N5556号的圆柱筒,内装药品和医疗器皿。它们已于12月11日从巴黎运出。

(2)50吨左右的医疗器材,这些器材将于19日在贝里(Berry)泊船站交货,由P.L.M公司负责在72小时内运到土伦。这批物资供东京使用。

BB—4 1947第662号

924 内阁总理兼外交部长茹费理致驻华代办谢满禄电

1883年12月18日

众议院最近以312票对190票通过了增加2000万法郎军费的提案,以便向东京增派部队。但是这一表决并不意味着我们改变了对中国政府的和解态度,而只是给了我们绥靖红河三角洲的手段而已。援军将于下星期启程。

茹费理

更正:昨天我给您的电报应改为:众议院以327票对154票通过……

C.P.中国第63卷第175—176页

925 海军及殖民地部长致孤拔电(由西贡转)

1883年12月19日于巴黎

政府已决定派两个船队向东京运送约6300名军人。第一批12月25日出发,非洲步兵、中将师长米乐、波里也将军和尼格里将军乘坐"永隆"号,共1050人,23匹马;"欧洲人"号装运600人,2匹马;"堤岸"号装运610人,6匹马;"科莫兰"号装运820人,8匹马。第二批1月10日出发。法国步兵、炮兵、工兵、野战医护人员和辎重乘坐"安南人"号,另外租船运送其他人员,总共3200人和52匹马。

速为登陆、住宿、仓库等方面作准备。

此外,租用的"梅斯城"号将于12月底出发,运去3000吨食物。

除了“梅斯城”号将经西贡,“杜居土路因”号将于 12 月 17 日加入中国海分舰队之外,其他一切舰只均直接驶往东京。请将空火药箱送回。

BB—4　1946 第 112 页

926　海军及殖民地部长致土伦军区司令电

1883 年 12 月 19 日于巴黎

“永隆”号将比分配一览表多增加 200 人。“欧洲人”号装运人数无变动,此船是否可接受炮兵连的 10 毫米左轮手枪计划? 特此奉告。

BB—4　1947 第 655 号

927　海军及殖民地部长致东京陆海军总司令孤拔

1883 年 12 月 20 日于巴黎

海军少将先生:

现向您证实我今天给您发出的电报。我在电报中,请您将政府对您的部队的赞赏转达他们,并通知您,授予您本人二级荣誉勋位。

您能获得这一崇高的荣誉,我感到十分高兴。这一切归功于您在指挥东京远征军时所取得的光辉战绩和表现出的冷静沉着、才能、毅力。

少将先生,请代我向您提到的那些勇敢的官兵们表示热烈地祝贺。转告他们,特别要转告众多的伤员,我们会不断地照顾他们、关怀他们的。

BB—4　1946 第 114 页

928 海军及殖民地部长致孤拔

1883年12月20日于巴黎

海军少将先生：

我12月19日的电报通知您，政府决定分两批运送6300名援兵赴东京。

内附的两份清单说明全部实施细节。

请提前采取必要的措施确保部队的迅速登陆，派人准备住房和仓库。

米乐陆军中将已被任命为东京远征军总司令。您不应该把这一措施看作是对您的不信任，我不需要向您作什么保证。政府给您的评价是很高的。因为远征军的大部分由陆军部长提供的部队组成，所以总指挥必须由一位陆军中将来担任。

尽管我认为我们与中国的关系不可能导致战争，但是我又认为，如果考虑这种可能性，就有必要让您重新担任分舰队的指挥，更何况在这种情况下要保证指挥与行动的统一，我已决定把中国、东京两个分舰队合二为一，由一位资深的将军指挥。

米乐将军到达东京后，请您把陆军的指挥权和您的权力移交给他，您重新担任东京海域海军分舰队总司令。目前，分舰队所有登陆的人员应该回到各舰上去，除非有绝对的必要性。此事由您决定。

正如您所知，根据12月17日转给米乐将军的指示，也就是我现在转告您的指示，这位将军将行使军政大权，各军兵种和东京小舰队的所有舰只将归他统领。

这些指示规定，如果远征军总司令为了进行一次联合行动而需要分舰队的支援，自然由您指挥在安南和东京海域的海上行动。

如上所述,如果爆发了与中国的战争,中国和东京两个分舰队将合二为一,名为中国海分舰队,由一名资深的将军指挥。

因此,如果战争在梅依将军离开前爆发,您就听他指挥;他离开时就将指挥权交给您。

如果战争在利士比将军接替他之后爆发,您立即担任指挥,但是您要在接到我的命令后才能开战,除非您受到攻击或电讯中断,而且您对战争状态已深信不疑。

随函附上以下抄件:12月17日给海军少将利士比下达的秘密指示,这些指示可能使他听令于您;11月24日给梅依将军的指示,里面考虑到了与中国发生战争的情况;我同函给他的指示①。

这些指示在您看来不过是些泛泛的指示。所以,我请您仔细研究这个问题,请把您对以您所拥有的海军力量与中国战斗的看法告诉我。

还请您告诉我,在这种可能性下,您认为能以什么方法确保您的舰队的补给。请您向我确定给您运去的各种补给的集中存放地点。

为此,请您仔细汇报,并事先通知我,以便我能保证及时满足您的需要。

我想我可以相信您的经验和您的爱国精神。如果发生战争,我会完全放心地把我们在远东的海军力量交给您指挥。

附言:我将把这些指示的抄件给米乐将军。

你来电要求的军火后天由"永隆"号装运。政府决定尽一切可能避免与中国公开交战。

① 以上抄件原档阙如。"同函"前疑有漏字。——编者

附上我今天给海军少将梅依的指示抄件[①]。

BB—4 1946第115—118页

929 孤拔致海军及殖民地部长电

1883年12月20日下午6时26分于香港

下午6时18分收到

山西,12月16日。11日从河内出发的远征军已占领了浮沙(Phusa)据点和所有位于红河岸上同山西并排的工事。海军陆战队和阿尔及利亚籍步兵在舰队炮火的有效配合下发动了进攻,装备精良的敌人进行了顽强的抵抗。我们遭到了巨大的损失:死亡和失踪70人,受伤180人。其中2名上尉和1名中尉被打死,10名军官受伤。

我军训练有素,士气很高,今天开始向山西进军。

孤拔

被打死的军官是步兵上尉戈迪聂(Godinet)和两个阿尔及利亚人:海军陆战队上尉杜列(Doulet)、中尉克拉韦(Clavet)。

M.D.亚洲第42卷第429页

930 孤拔致海军及殖民地部长电

1883年12月21日[②]晚7时40分于香港

晚7时40分收到

山西,12月17日。山西被我攻下。16日晚6时,我们攻下外

---

① 原档缺此抄件。——编者

② 原档复印件未印出电报发出的年、月、日,据上件所示12月16日从山西发出的电文20日达香港,耗时4天。此件17日从山西发出,抵达香港时间估计为21日。——编者

城墙。进攻始于上午11时。外籍军团和海军陆战队发动了猛烈攻势。舰队以炮击配合。守军夜里撤出城堡。现在尚不清楚黑旗军、安南叛乱分子及中国人撤到哪里去了。所以,无法知道他们的损失。

我们方面有15人被杀,其中只有1名军官,即外籍军团的梅尔(Mehl)上尉。60人受伤,其中有5名军官。

我将很快把在浮沙和山西死伤人员的名单给您寄去。

请运来1000发90毫米炮弹和昨天所要的军火。

孤拔

M.D.亚洲第42卷第431页

931 孤拔致海军及殖民地部长

1883年12月21日于河内

部长先生:

我荣幸地向您报告顺化发生宫廷政变后我在顺化和顺安所采取的军事措施。在这次政变中,协和帝被毒死,Me-Men登基,定年号为建福(kien-Phuc)。

雷贾尔海军中校从顺安接连派出两支分队到法国驻扎官住处,一支有64人,装备有两门4厘米大炮;另一支由50名安南土著士兵组成。这样,到12月1日,驻扎官的卫队总数就增到164人。“标枪”号在2号岛北端停泊。“蝮蛇”号在河下游第一条拦河坝附近停泊,这样,该船便可以把对军事行动无用的部分物资卸到木船上驶过拦河坝。

鉴于顺安驻军减少,雷贾尔舰长叫人筑起一道栅栏,把大堡垒与米仓之间的空地围起来。

据最新消息,12月4日,形势一直十分动荡不安,但顺化方面似乎还在等待北方的消息。

我一获悉安南首都发生的事件，就下令刚抵达海防的“益士弼”号开往顺安或沱灢，归“阿达朗德”号调遣，以便在必要时开进顺化河，并在需要时与我或者与香港或西贡联络，因为那里有电报局。这艘炮艇还要协助拖运为远征军运送给养的木船。

几周来，我完全操心于保证将食物运进顺化河。如果我船只不足，“阿达朗德”号上的一部分食物应由加拉什(Galache)舰长负责用木船运到顺安。从沱灢到环礁湖，根本无法通过陆上运送，因为无法从 Tua Moi 口进入，会有危险。据从河内一家香港商行代办所了解到的情况，在香港也租不到一艘吃水浅的海轮能在这个季节里穿过顺安沙洲。而这期间，顺安的食物已接近于耗尽，因此我决定请求交趾支那总督派“云雀”号支援。“阿威龙”号被派到西贡去载运必要的补给食物，当天气适合航行时，它肯定能拖带“云雀”号。由于担心季风猛烈，使它无法拖带，我派“巴雅”号到沱灢去接它，如果它无法拖带，“巴雅”号舰长将不得不赶到西贡去拖“云雀”号。不过，我有理由希望，根据目前有利的情况，“阿达朗德”号能开始用木船运送给养。

我曾荣幸地向您汇报“阿米林”号和“维也纳”号的损伤情况。如果这两艘船还未到下龙湾，它们大概即将到达了。

最近，用于封锁的东京分舰队船舰不多。停泊于海防的“斗拉克”号刚刚被派往香港，将关于夺占山西的消息带去。“凯圣”号一直在广安，还需要它留在该地。“巴雅”号出航期间，“雷诺堡”号一直留在下龙湾；“野猫”号在海阳；目前只有“梭尼”号和“巴斯瓦尔”号分担封锁行动。

部长先生，关于封锁，我没有特殊情况要向您汇报。在三角洲周围直到北仑地区，由于负责清剿的指挥官们的积极努力，海盗已被肃清。

遵照您的指示,"维拉"号已从香港来到下龙湾,以更换其参谋部和船员。脱利古乘该船前来。我今天已向我驻中国公使提供交通工具,前往视察山西。

一旦所等待的信件送达,何罗杧便要离开河内,脱利古将去接他,乘"维拉"号返海防。

将军少将、东京陆海军司令　孤拔

BB—4　1949第308—310页

932　海军及殖民地部长致中国海及日本海分舰队总司令梅依

1883年12月21日于巴黎

将军先生:

(1)我曾荣幸地告诉您,政府决定派遣大量援军去东京,陆军中将米乐被提升为远征军总司令。

(2)对米乐将军授予民政和军事权力,目前在东京和安南的所有军兵种均由他指挥。他同时还指挥东京小舰队。命令规定,在联合作战时,他可得到海军分舰队的协助,并向〈孤拔〉海军少将授予东京及安南海域作战指挥权。

(3)一旦与中国开战,为保证指挥和行动的统一,我决定把中国和东京两个分舰队集中起来,由资历较深的将军领导,组成一个中国海分舰队。

(4)如果在您动身回法国前发生了战争,海军少将孤拔在把指挥权交给米乐将军后,应处在您麾下。这样,您将掌握远东舰队的全部指挥权,而您的任务不仅要遵照我11月24日的命令对天朝继续作战,还要通过海上途径,使交趾支那、安南及东京的海岸以及我们在这个海域的机构设施不受攻击。

(5)显然,战争只有得到我的正式命令后才能开始。但在我们的军舰遭到攻击时、在电讯中断时或在形势肯定是属于战争状态时,则当别论。

(6)海军少将利士比特于1月2日离开洛里昂(Lorient)军港,乘"拉加利桑呢亚"号去香港。在他到达时,根据当时同中国相处的情况——和平或战争,把您的指挥权移交给这位将军或海军少将孤拔。

(7)您的继承人,在必要时有权把"胜利"号保留下来。此时,您可乘邮船返回法国;不然,也可乘您的军舰回来。

(8)我把"德斯丹"号装备起来,它将在1月初离开布雷斯特。这艘军舰去接替"都尔威"号。除了绝对紧急的情况外,"都尔威"号将驶回法国。在此情况下,如果"胜利"号必须留在中国,全体海军士兵的换船工作,包括舰长、军官在内,将在这两船之间进行。

"胜利"号及"都尔威"号的返航港口,第一艘将在瑟堡,第二艘在布雷斯特。

(9)通过我12月11日的电报,请您在同我们的领事商讨后,将"伏尔达"号留下来,并将它派往广州。发出这些命令,是由于从茹费理先生的通知中了解到,在目前的形势下,为了保护我国侨民,必须留一艘军舰在这个港口内。

(10)用于加强中国海分舰队的"杜居土路因"号已于12月20日从塞得港启程去香港,海军上校帕尼亚克(Pagnac)由您指挥。

BB—4 1946第331—332页

933 海军及殖民地部长致交趾支那总督

1883年12月21日于巴黎

总督先生:

12 月 19 日的电报已通知您,政府决定派遣两艘运兵船装运约 6300 名援军开往东京。

陆军中将米乐已被任命为远征军总司令。在中将抵达时,海军少将孤拔将把陆军指挥权移交给他,而孤拔则恢复东京海域分舰队总司令之职。

米乐将军被授予军事及民政权。目前在东京和安南的全部军队以及东京小舰队均由米乐将军掌管。

1 月 20 日,“桑罗克”号将驶往土伦。从此以后,印度支那的定期航行将为每月一次,启航时间为 2 月 20 日、3 月 20 日、4 月 20 日。

“堤岸”号和“科莫兰”号两艘租船在几天内就要从土伦启航去阿尔及利亚和东京,但不经过西贡,卸货后即回下龙湾。“梅斯城”号将在月底前后离开土伦,在它的去程途中在西贡停泊。

□……

BB—4　1946 第 296 页

934　交趾支那总督致海军及殖民地部长电

1883 年 12 月 21 日下午 2 时 40 分于西贡

今天上午,收到您给孤拔的贺电。鉴于自己毫无消息,我向法国驻香港领事了解有关情况,他复电如下:

本月 16 日,孤拔将军已占领山西周围敌人的所有工事,开始攻打山西。

BB—4　1951 第 276 页

935　交趾支那总督致海军及殖民地部长电

1883 年 12 月 21 日晚 8 时 30 分于西贡

晚 7 时 30 分到达

何罗栏让我把下面的电报转发给您:

河内,12月10日——在我回国途经顺化时了解到您无疑已知道的情况:协和帝已被毒药毒死,15岁的建福王太子继承了王位。他受到那些对法国采取敌视和不愿和解态度的官员们的影响。

没有更确切的消息,因为邮船同陆上没有联系。

海军将军向山西进军有结果后,我就离开东京。 何罗榁

M.D.亚洲第42卷第432页

936 驻广州领事林椿致外交部长沙梅拉库①

1883年12月22日于广州

部长先生:

我曾多次向阁下表达过我为居住在内地的传教士们担心。整个中国南部都处于激动状态中。虽然经我多次交涉,总督向我保证对我国传教士和他们的住处采取保护措施,但是,我所担忧的事竟不幸发生了。

首先,在广西贵县发生了骚乱。300多名闻名当地的盗匪侵入传教士住地,抢劫一空,并砸毁了不能带走的一切。盗匪们把佩尔内(Pernet)修道院院长及孤儿院孩子们的衣服剥掉后,将他们带到各地。佩尔内院长在被捕后第8天才获释。

在离广州仅20公里的Shenlong村同样发生了骚乱,那儿的传教士住地也遭抢劫,基督教徒受到虐待,格里莫(Grimaud)修道院院长声称,他能死里逃生完全是个奇迹。不过,后一件事的详情我还不甚清楚。因此我向总督只能通告广西发生的事件,我给他发了快信(副本随函附上),信中在要求中方给予合理的赔偿后,特别提醒总督,那些地方当局似乎没有为预防暴乱或镇压暴行采取任

① 原文如此,此时外长已由茹费理兼任。——编者

何措施,他们不闻不问无异于是间接的同谋者。张树声阁下给我回信说,他已得知那令人遗憾的事件。同时也获悉佩尔内院长和教徒们获释的消息。他还告知我他已命浔州知府前往现场进行仔细调查,逮捕和惩处罪犯,给整个事件以公正而迅速的解决。

总督的答复措辞几乎总是这样,表面看来,这些答复是令人满意的。然而,如果说命令下达到地方当局还是相对比较容易做到的话,地方当局却表现出一种消极态度,即解决问题则是很难办到的。

林椿

附件　林椿致两广总督张树声

1883年12月22日

总督先生:

我刚收到广西富于道主教的来信。他告诉我发生在他驻地的令人最遗憾的事情,我不得不吁请阁下对此事予以严重关注。

下面是发生的事件:

本月6日,一伙为数300多名的歹徒强占了贵县所辖的三板桥教士住地,他们掳走了佩尔内修道院院长和许多基督教徒、孤儿院院长和一些孩子。这些恶棍在洗劫了住宅及教堂后,捣毁了一切乃至建筑物料。在我写这封信时,歹徒们已将教徒们及一部分孩子的衣服剥掉后释放了。佩尔内院长和孤儿院院长和其他人有一些仍被扣未释。

另有一位,拉奥斯特(Laoest)修道院院长在住地也遭袭击,在Cha-long被捉走。据最近消息,无人知晓他的处境。

贵县知事得知骚乱后并未采取任何措施逮捕罪犯,因此暴徒们胆子更大,竟肆无忌惮地重返三板桥掠夺头天未带走的东西。地方当局这样的做法应斥之为不是无能就是合谋。我们不能容忍地方当局对条约条文的一无所知,条约第13条清楚地说明,所有的传教使团的成员都享受人身、财产安全保障,他们有进行宗教活动的自由,对到内地和平从事宗教活动的传教士予以有效的保护。

我请求阁下收到信后立即发布命令,以便使佩尔内、拉奥斯特两位院长及与其一道被捕的教徒立即获释。

此外,我要求阁下对三板桥发生的暴行给予合理的赔偿。

要求召回和撤换不懂得或者不愿意让人遵守条约的贵县知事。

要求逮捕罪犯严加惩处;

要求根据损害程度付给传教团赔偿费;

要求令所有罪犯给遭劫和受虐待的教徒以赔偿。

最后,要求广西政府在发生骚乱的地方张贴布告,谕知众人对罪犯的惩处,重申条约条款。

总督先生,我冒昧地期望您能认识到这些要求的合理性并使上述要求得到满足。

林椿

C.P.C.中国第4卷第110—114页

937 交趾支那总督致海军及殖民地部长电

1883年12月22日正午于西贡

我刚从法国驻香港领事的电报中获悉:17日山西遭到攻击。

BB—4 1951第279页

938 交趾支那总督致海军及殖民地部长电

1883年12月22日下午2时于西贡

"伊利苏"号从东京和顺化带来了消息。我只收到孤拔和何罗栏行政方面的信件,毫无军事方面的消息。收到参哺12月9日来信,摘要如下:他转来一份摄政院急件,向共和国总统和交趾支那总督通报协和让位于其侄 Meinen[①],新国王现年15岁,12月2日登基,改元建福(Kien Phuoc)。建福之姊的公公、一直是我们的死对头的户部尚书任机密首席大臣。危机持续了好几个钟头,城门紧闭,顺化实行戒严;当城门重开时,人们宣告协和服毒自杀。整个地区陷入一片动荡之中,武装匪帮占领顺化各个村镇,威胁公使馆和教会。政府采取的措施软弱无力,不能驱散集结起来的民众。参哺通知:如果在适当的期限内未能恢复秩序,他将根据条约亲自出马恢复。布政使问驻扎官是否已向新国王写贺信。参哺回答说:只有共和国认定有必要承认新政府时,他才会和新政府恢复外交关系。他正在等待何罗栏或总督指示。卫队增加了由拉地介上尉带去的100人、两门山炮,由装备有两门大炮和一挺哈乞开斯重机关枪的"标枪"号运去。因此参哺说:"我在公使馆内完全能对付任何安南军队的威胁。"他还说:"形势甚好,我希望和平解决危机,而不用对摄政院施加巨大压力。"

"姑类兹"号于12月14日经过顺安,它接到顺化附近基督教徒遭到屠杀的报告,并于昨天启航前往东京。"维也纳"号今天开往沱瀼和海防。

BB—4　1951 第280页

939　驻华代办谢满禄致外交部长急电

1883年12月22日下午6时13分于上海

22日下午6时收到

我得到的一些情报说李鸿章对事态的发展非常不安。他认为

---

① 原文如此,疑为 Me-Men 之笔误。——编者

战争不可避免地将在春天爆发，一旦发生战争，中国的秘密会社就要推翻鞑靼王朝，而且从现在就着手准备。李鸿章总督很可能正是他们的候选人；他可能让人同我们进行间接接触，以便使我们知道他准备同我们和解；这也许关系到与他共同策划一场真正的政变。

初听到这些传说，我没有表态。您是否允许我继续探听类似的建议和在必要时进行煽动？

谢满禄

C.P.中国第63卷第177页

940　谢满禄致内阁总理兼外交部长茹费理

1883年12月22日于北京

部长办公室1884年2月16日收到

政治司1884年2月18日收到

内阁总理先生：

我在12月1日给您的前任的报告中，说明了中国政府对广东骚乱的受害者如何赔偿的做法，并告诉他总理衙门先是建议美国、德国、英国和法国代表将所有赔偿要求提交由3人——驻北京使团1人、总理衙门1人、中立人士1人组成的法庭审理，但接着便后悔采取这样和解的方针，甚至连省政府负有责任这个原则也不承认了。我荣幸地给您寄去如下附件：

1.总理衙门第一封信的抄件；

2.总理衙门关于此事最后通知的抄件；

3.4国代表的答复抄件（在答复中4国代表提出了抗议，并宣布他们要恢复行动的自由）。

我给我国驻广州领事的电报也给您寄去[①]。

我几乎同时收到3封信,这就是:林椿先生12月7日的一封信,信中说:"因惊慌的谣言而引起大骚乱"、"形势严重"、"传教士非常不安";日本公使馆的一封信,信中说:那天,骚乱者冲进了法国驻广州领事馆;您7日的来信,信中说德国政府为预防再发生骚乱向广州派出一艘炮舰,并建议我们统一指挥各国为保护它们的国民而向这一水域派出的军舰,我国接受了这个也向英国和其他国家提出的建议。您让我马上通知总理衙门。我立即到有关公使馆问他们是否也收到该国的类似指示,但是只有德国公使馆代办知道此事。他是从海军分舰队司令给他的电报中得知此事的,这位司令得到了柏林的指示,要他同在中国这一海域的其他国家的舰队司令合作,以便保护在中国开放港口居住的外国侨民。我把我收到的广州来信内容告诉了他,并对他说,看来情况严重,我打算立即给总理衙门写一封信,把我们这些国家所达成的协议通知它。我希望他能大力同我合作,向中央政府施加压力,以避免发生像夏末在这个城市里发生的骚乱。谭敦邦答应也给中国大臣写一封信,向大臣们指出如果发生骚乱,外国政府必将共同行动和采取有效措施。

随信附上我12月10日给总理衙门信的抄件(附件5)和总理衙门答复译文(附件6)[②],我在12月15日给您的电报就是关于这个内容的。

阁下,中国大臣可能召见过一些国家的代表,这些代表可能说不知道关于达成协议的事。因此,我最关心的是打听关于德国代

---

① 以上附件原档复印件阙如。——编者

② 这两个附件原档复印件阙如。——编者

办的活动情况。原来德国代办考虑了写信的利弊之后,采取了谨慎的作法,没有写信。尽管12月11日他拜会了总理衙门,但是他一点也没有对广州人民的情绪表示不安。在我们的谈话中,我还得知阁下提到的德国炮舰又开走了。德国海军司令对中国的防务非常害怕,他怕万一中法开战,中国封锁海口。谭敦邦晚上又来到我这里说,他收到了总理衙门的书面保证,说很快会赔偿在火烧沙面时德国侨民受到的损失,这是总理衙门对他上次的威胁的答复。

这是我迄今为止对此事所能做的说明。我认为我对此事还不完全清楚,如果得到进一步的情况,我将立即电告您。

等待着您的指示。

谢满禄

C.P.中国第63卷第178—181页

941 谢满禄致内阁总理兼外交部长

1883年12月22日于北京

部长办公室1884年2月27日收到

政治司1884年2月28日收到

内阁总理先生:

本月5、10、11、18和19日来电均收悉。在6日和10日给您的电报中我已经回答了您5日来电提出的问题,15日的回电回答了您10日和11日的来电提出的问题。现将我在本月6日和15日同总理衙门的会谈纪要以及中国大臣9日给我的信件的译文一并呈报。

附件1 1883年12月6日法国代办同总理衙门大臣会谈纪要

法国公使馆参加会谈的有:谢满禄和微席叶

总理衙门参加会谈的有:陈兰彬、周家楣和吴廷芬

谢满禄:先生们是否收到了广州的消息?听说人们担心再发生暴动。

陈兰彬:不必担心,一切都很正常。

谢:总理衙门是否收到了有关宝海先生的消息?

陈:没有。我们没有收到关于宝海先生的任何消息。

谢:昨天,我收到我国政府的一封电报,法国政府要我问你们,曾侯是否把一件重要的公文转给了你们?这件公文是我国外交部长在 11 月 30 日请曾侯转交总理衙门的。你们是否从中国驻法国代表给你们的报告中知道了这件事呢?

陈:不知道。我们不知道有这么一件公文。曾侯好久没有给我们电报了。

谢:我国外交部长在 7 天前通过文件正式向曾侯追述了他在 8 月间的讲话。

曾侯在那次讲话中说,在我们打算占领的东京城市里没有中国驻军。他还说如果发生冲突,责任也不在中国;并说为了避免冲突,中国军队仍在原来的驻地。

这是我昨天刚收到的电报,请你们看看,里面有巴黎给曾侯的公函的内容。我认为曾侯不久会发回这份公函,你们可以对照一下。

陈:我国驻巴黎使臣不可能说在你们要占领的城市里没有中国军队,因为 10 多年来,我们在那些地方一直驻有军队。安南是中国的属国,我们有权在那些地方驻军。

谢:可是曾侯确实是这样说的。

陈:我认为他不可能这样说,如果他真是这样说的话,那他讲错了。因为他完全知道,很久以来我们就在那些地方驻有军队,这

是我们在东京的权利；而且他从未告诉我们他讲过这些话。

谢：巴黎有他的谈话记录，当然中国公使不能否认，否则以后我们怎么能相信他的讲话呢？

陈：你们怎么如此重视曾侯在几个月前的讲话呢？一个人的谈话不能作为依据，只有电报和信件才是正式文件；我们给你们和给曾侯的电报都说安南是中国的属国，我们在你们所说的城市里驻有军队。如果你们真想同中国保持友好关系的话，法国军队就不该到那些地方去。

谢：既然曾侯在 8 月间说过那些地方没有中国军队，我们当然就认为没有了。如果你们想避免中国军队受到法国军队的打击的话，只有把那些地方的中国军队撤走，仍回到原来的阵地。

周家楣：我们不能撤走军队，因为我们有权在那些地方驻军。相反，撤走的应是你们，因为你们侵占了东京。法国政府有我们的正式声明，这些声明都写在我们的电报中，只能以书面的资料为依据。

谢：我把我国外交部的电报交给阁下，如果你们真想避免冲突的话，那就请你们很好地研究一下这封电报的内容吧。

以上是根据翻译记录整理的

翻译　微席叶

附件 2　1883 年 12 月 14 日[①]法国代办同总理衙门大臣会谈纪要

法国参加会谈的有：法国驻北京公使馆临时代办谢满禄、翻译微席叶

---

① 原文如此，与主件所云 15 日有异。——编者

总理衙门参加会谈的有:陈兰彬、周家楣和吴廷芬

谢满禄:阁下,您收到曾公使的电报了吗?

周家楣:是的,但是电报很短,没有什么内容。

谢:他没有谈到众议院最近辩论的情况和外交部长关于东京问题的讲话吗?

周:没有,只谈到他同外交部长继续进行了会谈,还没有达成协议。

谢:我收到了我国政府的电报,说众议院以 380 票对 140 票通过了对东京军事行动的拨款,众议院同意积极执行目前的政策。另外,外交部长在发言中说,他非常希望同中国和平解决争端,如果中国能提出不损害法国荣誉的建议,他随时准备接受这种建议。在中国提出建议之前,外交部不得不按照众议院的决定对东京采取军事行动,也就是占领曾侯 8 月 1 日至 2 日说的没有中国驻军的城市。因为曾侯曾说北宁、山西和兴化 3 城没有中国军队,所以我军占领这些地方,不会同中国军队发生冲突。

周:我们从未听说曾侯讲过这些话;况且,我们在给你们的电报中已说明所有这些地方都有中国军队。你们应当以我们的电报为准,而不是以曾侯的讲话为准。

谢:正是由于曾侯发表了这样的讲话,法国政府才在众议院发表声明的。法国政府也是在曾侯讲话之后执行现在推行的政策的,我们不能不相信曾侯的讲话。我们只能把他的讲话当作权威,因为我们在巴黎直接打交道的是曾侯,而不是总理衙门。

周:我们的电报实际是中国政府的正式声明,其他东西不能作为根据。

吴:另外,我们翻阅了曾侯发来的电报和寄来的文件,看到了曾侯 8 月 8 日(阴历七月初六日)在巴黎的讲话,里面有中国在东

京驻有军队的记述。

谢:这是写在电报上的,还是口头说的呢?

吴:他是在一次谈话中说的;况且谁不知道安南是我国的属国,我们有权在任何地方派兵呢?法国进攻安南是无视现实,至于中国,它没有做损害你们的事。我们对法国没有什么建议可提,我们是根据我们的权利在东京驻军的。你们应当撤走无理派去的军队。否则,悉听尊便,看你们是否能随心所欲。

谢:我是来向你们转达众议院作出的决定的。另外,你们知道我国军队已经奉命向山西和北宁进军了。尽管如此,外交部长没有拒绝同你们谈判。现在是你们做出抉择的时候了。

不管我国政府的态度多么好,只要你们不寻求友好解决的办法,就无法解决问题。

吴:我们没有建议可提,目前我们也没有让曾侯提任何建议……①

谈话就此结束,最后又说了几句关于宝海的情况(中国大臣说,他们没有得到关于宝海的任何情况)和广东的情况(他们说广州很平静,地方当局能维持秩序,不必担心)。

翻译 微席叶

附件3 恭亲王致谢满禄

1883年12月9日于北京

本衙门在光绪九年阴历十月十七日(1883年11月16日)就安南是中国的属国和中国在东京一些城市驻有官兵一事函告过代办先生。与此同时,曾侯也给你们的外交部长去过同样内容的照会。

① 省略号为原文所有。——编者

这些都可在档案中查到。

此后,您在阴历十一月七日(1883年12月6日)要求到总理衙门会见我们,转交法国外交部的一封电报,内称曾侯曾说在东京一些城市里没有中国军队,因此如果两国军队在上述城市相遇后发生冲突,法国将不承担任何责任。我们已向您口头表示过,总理衙门从未听说曾侯讲过这些话。

再说,安南作为中国的属国已有二百多年的历史,所以中国可以把整个安南视为中国的属地。因为一些土匪过去经常骚扰东京地区(属于安南),中国才派了一些官兵到那里消灭这些土匪和保护这个国家。因此,十多年来,中国在以下省份一直驻有军队:谅山、高平、广安、海阳、兴安、宁平、乂安、河静、清化、宣光、太原、兴化、山西、北宁、河内、南定。中国今天在它认为是重要的一些城市驻军,并不是为了给法国制造困难。

因为我们没有从河内、南安和其他地方撤军,那么谁攻击驻有中国军队的城市,谁就应负冲突的责任。

这一点是至关重要的,过去我们同代办先生谈过此事,但是我们应当正式通知您。这就是我写这封信的目的,希望您把这封信的内容电告法国外长阁下。

翻译　微席叶

C.P.中国第63卷第194—235页

942　内阁总理兼外交部长致谢满禄电

1883年12月23日晚12时30分

您千万不要介入您22日电报中谈到的阴谋,只要密切注视事态发展就行了。

我军已于17日攻克山西。

参议院在20日以215票对6票通过了2000万法郎的拨款案。

茹费理

C.P.中国第63卷第206页

943 关于在东京和中国之间划分界线的笔记

1883年12月23日于巴黎

我们同中国这样的大国相邻,从军事观点上看,要求我们十分小心地在东京划分好共同的边界线。

如果我们不能控制中国向南的所有出路,也就是说,如果我们不能以几个位置适中、可以抑制中国前进的要塞来切断其入侵的所有道路和完全确保三角洲平原的安全、避免中国的武装进攻和它的敌对影响的话,我们在离我们的作战基地3000古法里,并与一个幅员广大、一切都同我们敌对的中国相邻的东京所设置的机构,总是会处在危险的境地。

另外,为了保障供给,我们必须控制住一个安全可靠的港口。

今天,要中国作出更多的让步,这是缺乏远见的。为了永久地消除边境争端,我们必须利用在军事上获得的胜利,并从现在起继续乘胜前进。

这个国家总的情况适合于我们的商业活动。因此,在不使我们的贸易遭受很大损害的情况下,可在领土方面作某些让步。东京与中国之间的山地很穷,居民很少,我们可在这里作很大让步。但是必须坚决占领能控制所有出路的重要战略据点。

在辽阔的红河及其支流流域的北面有山脉同中国的云南省相联接。这些山脉覆盖着东京的宣光、太原、谅山和广安等省的大部分地方。许多河流都发源于这些山脉里。在山西附近同红河汇合。随着地势向东南方倾斜,红河的支流越来越多,这些河流流经广阔的三角洲后都注入中国海。在北纬 20—21 度之间,即从大门(Cuã Daï)到广安有着许多河口。

主要的道路是自然地随着河谷修筑的,但在平原地区道路的情况就不是这样了。

从西到东有下列河流和道路:

三江(Song-Ba),即黑水河

红河

明江

这 3 条河流发源于老挝和云南,在山西附近与红河相汇合。

裘江上游

红河

陆南江(Loch-nam, Rivière de)

这 3 条河发源于谅山和高平省,在北宁以东地区相汇合。

陆路主要道路有:

黑水河河谷的道路。它就在黑水河流域,并延伸到兴化。

炭山(Than-Sõn)——兴化的道路。它修筑在把黑水河和红河流域分开的山脉里。

沿着裘江和明江的道路。它经过宣光,在端雄府(Phu-Doan-Huong)相接,向下再伸展到山西。

太原的道路。它从高平开始,沿着裘江上游向北宁省北部延伸。在这里还有许多道路伸向各方,最后同北宁城相接。

文原(Van-Nyen)的道路。它沿着红河河岸修建,与北宁相连。

中国——谅山的道路。它经过谅山、府谅(Phu-Lang)与北宁相通。

广安山脉的道路。它越过广安山脉,通到广安城,其支路与北宁相接。

最后的一条是沿海的道路。它从广东省到东京，途经先安和广安。

在不断地研究了从山区到三角洲的不同道路后，我们从各不同角度提出必须坚持要占领的重要地方。

这条连接这些不同据点的边界线是经过现场详细勘定的。在这条界线以内，我们必须不惜一切代价加以保护。

在1883年9月10日的电报中，脱利古提出了另一条由福禄诺海军中校标定的三角洲的分界线，这条线还要向北推移很远。这当然对我们是有利的。但在目前形势下，我们似乎很难实现。这条线把十几年来一直被中国军队占领着的谅山和高平都划到我们这一边。令人提心的是要想得到三角洲，我们将要在人力和钱财上付出巨大的代价。在本建议所附的地图上已标明了上述的界线。

(1)黑水河和沿着这条河谷通到红河的道路。

从贸易上看，黑水河具有重大的价值。在将来，它可有利于深入到湄公河流域。黑水河流域同湄公河流域仅被一座不太高的山脉隔开。但黑水河上有许多急流，终年都不能通航。

必须占领到偹太村(Muong-Taï, village de)为止的黑水河河段。再向上游有一条由北面流来的小河，在偹太村的上游注入黑水河。边界线的走向将沿着河的右岸，然后走向我们将要占领的新山据点及其周围的西面。

与第一部分不同的划法，是从黑水河上的平宁起，沿着河谷到红河上的旬关(Tuan-quan)。

(2)炭山到红河的道路。

这条把炭山要塞同三角洲的入口联接起来的道路，是经过兴化沿着红河的一条支流修筑的。必须占领炭山要塞，才能确保控制住这个出口。从这个据点起,界线将沿着向红河的一个小山谷延伸到端雄府。

(3)红河——明江以及这两条河的河谷道路。

在已标明的边界线上的旬关村位于山嘴的斜坡上。这个山嘴把红河同锦江流域分开。旬关在红河的头几个急流的上游,在那里可以修筑据点。如不占领宣光城,边界线就只能划在这个河谷和端雄府之间。端雄府处于通向锦江和明江这两个河谷的道路的交叉点上。

从这个交叉点起,就可沿着省的分界线来划。省的分界线位于把明江河谷同锦江上游的河谷分开的山脉的山脊上。因此,我们可以控制位于山西省和北宁省以北的横向道路。

(4)裘江上游。

从中国起,经过高平的道路是沿着这条河谷修筑的。它在太原同一条从谅山来的道路相接。从谅山起有一条最好的道路通向中国。

因此,必须占领太原。边界线应从分水岭的东山坡下来,再从这个据点以北经过。

(5)红河和陆南江流域。

有两条重要的道路在这两条河谷附近经过。

文安(Van-Yen)路的第一段从谅山到北宁,又同中国的大路相连接。

边界线可从太原起,沿着裘江上游的左岸一直到富平(Phu-Binh),再经过重要的据点陆岸的北面,从那里走向山脉的山脊。这些山脉在广安省的北面和裘江下游流域形成一条界线。必须把北黎(Bac-le)据点让给我们。这条边界线可把越过广安山脉的道路都切断,但一般来说,这都是些羊肠小道。

(6)沿海和经过先安及广安的中国道路。

必须占领这条同广东相接的最重要的道路。中国向三角洲派兵和他们所需的几乎全部军需品都是通过这条道路。另外,也完全必要控制住从下龙湾到 Cuá-shce-moon 锚地的许多码头。因此,边界线应沿着广安高原的山脊,再同新江(rivière Tan)相连。要把先安城划给我们。从先安城起,边界线向东一直到大海为止。

再重复一遍:我们刚标明的边界线(红线)仅代表我们为确保悄悄地占领三角洲而提出的最低限度的要求。脱利古先生和福禄诺海军中校标示的边界线(1883 年 9 月 10 日电)是更可取的,在地图上是用黑线划的。

按此线,老街这个中国与东京之间进行贸易的地方归我方,而且能使我们控制高平、室溪、谅山等要地。此外,我们的军事地位与商业利益均有保障。

〰〰〰〰〰〰

我认为,不论采取什么方式来定界,不能让中国占据红河右岸的任何一个地方。我不愿接受这条红线,除非自太原起便符合在北塘(Back Tang)以黑线标明的界线。

海军部长 裴龙

M.D.亚洲第 42 卷第 442—447 页

944 海军及殖民地部长致东京远征军总司令米乐电

1883 年 12 月 23 日于巴黎

按照陆军部长的意见,已赴东京的团由两个阿尔及利亚土著步兵营及一个外籍军营组成,称第一步兵团。和你们一起出发的团由一个阿尔及利亚土著步兵营、一个外籍军营及一个非洲轻步兵营组成,称第二步兵团。跟在你们后面的团由第 23、111 及 143

步兵营这 3 个预备役部队组成,称第三步兵团。

BB—4　1946 第 216 页

945　谢满禄致外交部长(机密)

1883 年 12 月 24 日于北京

部长先生:

我在本月给阁下的电报中如实汇报了总理衙门官员的情绪和他们下定了同我们在东京对抗的决心。在同中国大臣的多次谈话中,我感觉到中国政府已经制定了一个完整的计划,并正在北京、欧洲和中国南方靠近边界的省份积极推行。

这个行动计划是通过 11 月 16 日的声明公开化的。阁下看了总理衙门给曾公使的指示就可以知道从那天起大局已经定了,法国的和解已经不可能了。

从那天起,我在北京所看到、听到的以及从我国官员和消息灵通人士收到的信件,都使我更加相信北京朝廷不听直隶总督的劝告和建议。朝廷不仅想通过有计划地抵抗获得体面协议,而且还幻想在东京取得军事胜利。

我得到了一些非常有价值的文件,证明中国高级官员在上安南[①]问题上起了积极作用。

我在这里简单列举其中两个文件,请您把这封信当作**完全绝密的信件**[②]。

其一是广西巡抚徐延旭 11 月 22 日写的信。我在第 8 号报告中第一次谈到了这个人,但没有指出他的名字。他说他选择 12 月

---

① 即越南北圻。——编者

② 着重号为原文所有。——编者

2日开始第一次行动。他已经给黑旗军首领刘〈永福〉的部队下达收复怀德府和丹凤(Dang-fung)的命令;让另一位将领攻打海阳,占领顺城(Thuan-Thanh)和成山(Thang-Son),命令他们抵抗进攻中国阵地的法国军队。

第二个文件更有参考价值,因为这个文件是李鸿章的亲信写的,这个人同李鸿章一样是主和派,所以他代表了那些不抱任何幻想的人:大约在本月8日,两广总督给直隶总督发了一封电报,里面简要地说:既然中国的尊严要求中国今后保卫东京,既然总理衙门发表了声明,严重的时候到了,我们看一看战争是否爆发;法国不可能撤军;法国进退两难;法国不断增兵和向山西和北宁逼近,“就像潮水一样”。他最后说:“这就是战争![①]”

然后他公正地分析了军事上存在的问题。

他对刘永福的部队没有抱多大幻想,刘永福的部队还没同我国陆军进行过任何接触,这就是他们初获成功的原因。

他在电报中透露广西部队驻守在北宁,但是在他发出该电时,广西部队一点也不强大,因为一个叫王德榜的还没有到达,这位将军等着从欧洲运给前线部队的大批军火[②]。

在山西,由云南部队增援刘永福。但是,大部分部队还在边界上。他认为离得太远,不能在必要的时候增援黑旗军。他说:云南部队帮不了任何忙。

他建议选择一位能干的人统一指挥所有部队。

他认为至少不能长期地把法国军队赶出它们占领的河内和沿海阵地并把这些地方保持在手中;如果中国人必须占领这些地方,他们将会付出重大的代价和遇到极大的困难。

---

①② 着重号为原文所有。——编者

他主张坚守山西、北宁以及从这两个城市到中国边界的要道，在这些阵地上等待我们的进攻。

因为他认为这场战争会持续很长时间，他要求不断输送欧洲武器弹药。但是，他特别关心架设两条电报线，这两条线都从广州通向东京边界，一条经过广东省龙门；一条经过广西省梧州，后一条部分将由中国招商局敷设。为此在短时间内就要耗资 10 万两银子，而总督正设法筹款。

随函附上《京报》的译文[①]，阁下会发现〈中国〉朝廷为提供总督所要求的款项而正在采用的办法。

谢满禄

C.P.中国第 63 卷第 207—210 页

946　海军及殖民地部长致孤拔电(由交趾支那总督转交)

1883 年 12 月 27 日于巴黎

"永隆"号前天启航，米乐将军乘该舰。"欧洲人"号和"堤岸"号也已出发。

根据外交部接到的情报，中国正规军可能不会参加北宁的保卫战。

BB—4　1946 第 122 页

947　谢满禄致外交部电

1883 年 12 月 27 日下午 4 时 30 分于上海

27 日晚 7 时 30 分收到

看来我们占领山西后，中国政府并没有改变决心。朝廷认为北京不会受到威胁。李鸿章正在准备保卫北方。两广总督奉命率

① 报纸译文原档复印件阙如。——编者

军到边界,已经派出 1500 人。为了打长期战争,他想架设从广州到东京的两条电报线。第一条线打算让英国架设,目前正在同英国谈判;第二条线将由中国招商局架设。

中国政府力图从汇丰银行[①](HongKong et Shanghai banque)得到一笔新贷款,汇丰银行最近已经给了广州一笔 1400 万法郎的贷款,中国招商局也要向汇丰银行借同样数目的钱。英国向中国提供大量贷款从而获得了提出苛刻要求的机会,否则它将会进行干预。

如果同中国的战争不可避免,应当尽快向北京进军。今年的特大水灾将影响李鸿章在天津和大沽部队的行动,将有利于我们的军队在山海关登陆作战。

谢满禄

C.P.中国第 63 卷第 224 页

948 谢满禄致内阁总理兼外交部长

1883 年 12 月 27 日于北京

内阁总理先生:

我在本月 3 日的电报中已告诉外交部,年轻的御史张佩纶被任命为北京总理衙门负责外交事务的成员。张佩纶是一个有名的反对外国人的官员,他反对传播我们的文明。他给皇帝上了许多奏折,有些奏折引起了极大反响:1877 年荒年时,他指责官员管理不善;1878 年指责恭亲王,本月 25 日我已作为第 72 号政治公函的附件寄给了外交部。

张佩纶被看作是最反对崇厚的人。3 年前,他坚决反对修建

① 着重号为原文所有。——编者

直隶总督支持修建的铁路。去年王文韶被迫离开总理衙门与他的揭发有很大关系,因为王文韶与一件不正当的事有牵连。但是王文韶是总理衙门最熟悉情况的大臣,可以说只有同他谈判才能解决问题;他同李鸿章总督在许多问题上观点一致,由于他同李鸿章关系好,所以中国政府同外国代表之间的问题容易解决。据翻译团资深的成员说,王文韶离开总理衙门后,讨论重要问题就别想再有成果了。正是这个张佩纶最近写文章指责李鸿章的亲信马建忠,还企图控告署两广总督曾国荃,指责曾国荃今年初不积极在边界做战争准备以对付法国在东京的部队。

张佩纶约36岁,仪表堂堂,他在1871年入翰林院,是一个杰出的成员。

张佩纶原籍直隶丰润县,但是他童年几乎是在南方度过的,因为他父亲在南方做官。他周游过大半个中国,知识渊博,因此他同大部分北京的高级官员不同,他们许多人连天津也没有去过。正因为如此,张佩纶有些骄傲。我认为他说话有些夸张,他说他非常了解欧洲和其他国家,因为他读了翻译成中文的所有欧洲书籍和外国书籍。

月初,总理衙门正式通知他被皇帝任命的消息。按照惯例,新任命的成员应在通知后两、三天到驻北京各公使馆致意。但是,他并没有来拜访我。我注意到了这种打破常规的变化,特别是他的名片同关于我国战舰到广州的函件一起送给我,我怀疑该函是他起草的。因此我认为有必要询问总理衙门为什么要打破惯例,本月15日同大臣们会谈时,这个问题帮助我改变了话题。

大臣们对我说,这个问题纯属形式问题,总理衙门正等待俄国公使馆对衙门给它的信件的回复。

我认为有必要把这个暗示友好地转告给博白傅(Popoff)先生,

它却成了中国大臣同沙皇代表论战的缘由：俄国代表说他的前任从来没有回答过这样的信件，中国大臣认为收到信不回答是不礼貌的。

尽管中俄发生了口角，但由于张佩纶拜会了博白傅先生，取得了博白傅的谅解，争论也就解决了。新大臣宣布，17 日到欧洲各国公使馆拜访，只有俄国使馆除外。

法国公使馆位于最东边，所以这位大臣首先到法国公使馆。他停留的时间不长，没有谈及任何事情。他讲话很有礼貌，谈的只是些无关紧要的事情。

在我书面通知总理衙门说我想作为法国新任驻北京公使馆代办拜会总理衙门之后，总理衙门和恭亲王在 11 月 15 日接见了我。从那天起，我就耐心地等着恭亲王和衙门大臣来看望我。在欧洲，像这类礼节应当在 48 小时之内完成；但是在中国这类外交活动还没有一个章法。看了 16 日的声明，使我觉得总理衙门的大臣们并不急于来公使馆，他们在等待，他们或许认为我本人已经接到了巴黎针对他们的声明所产生的效果而发给我的明确指示；起初我对他们的沉着并不吃惊。不久，我看他们没有来，心想最好还是不要操之过急，避免法中之间本已存在的极为紧张的形势进一步恶化。

我认为我可以利用这个机会表明我并不是对中国政府的不礼貌无动于衷，便间接而有分寸地抗议中国政府对我的态度。

阁下可以看到我给总理衙门写的信，我在信中向大臣们表示，当我接待总理衙门大臣时，我非常愿意向他们介绍我的任务。

谢满禄

附件 谢满禄致总理衙门大臣张佩纶

1883年12月21日于北京

总理衙门大臣张佩纶阁下:

12月18日您同陈大臣来法国公使馆看望我,我对此深表感谢。为了感谢您的关怀,我应当到总理衙门看望您并表示谢意。

因此,我特地给您写信说明,一旦恭亲王和总理衙门大臣回访我之后,我就去看望阁下。

谢满禄

C.P中国第63卷第225—229页

949 谢满禄致内阁总理兼外交部长电

1883年12月28日下午4时15分于上海

28日凌晨1时15分收到

16日给阁下发了一封关于广州事件的电报,至今没有收到任何答复。我认为作一答复是必要的,因为总理衙门要求作出答复。

谢满禄

C.P.中国第63卷第230页

950 内阁总理兼外交部长致谢满禄电

1883年12月28日上午7时30分

我没有收到您16日发的关于广州问题的电报。

茹费理

C.P.中国第63卷第231页

951 谢满禄致内阁总理兼外交部长

1883年12月28日于北京

内阁总理先生：

自夏初以来北京城遭受了各种灾难，北京人和居住在北京的外国人的处境都非常困难，我认为今天应当向您汇报这个问题。我尽量把这个报告缩短，以使外交部读起来不感疲劳。我在这里只谈两种灾难：罕见的暴雨和霍乱；下一次我将给你们说明造成这些灾难的原因和5个月来中国财政困难的后果。我应当提醒阁下特别注意财政困难这一点。

从7月22日至29日，滂沱大雨整整下了8天8夜，特别是29日，雨下得最大，北京城和郊区成了汪洋一片。一天之内就下3场暴雨，下雨时没有一点风，雨下来就像泼水似的。雨水穿过屋顶，损坏了天花板、墙和各种衣物。当我坐在桌旁吃饭时，饭厅里的天花板有一平方米大的一块因水浸湿掉了下来。接待室里到处漏水，我把所有的容器都用上了也不够用。

29日早晨，菜园子里的水有蔬菜那么高（约有975—1300毫米深）。我们急忙雇了一名工人，让他设法把水排出去，如果水排不出去，围墙可能倒塌，因为有些地方已经出现了裂缝。暖房后墙同围墙连着，墙倒了暖房也就会倒塌，情况是非常危险的。幸亏这时雨小了，排水沟也很快挖好了，水位慢慢地降了下来。

3天之后，我才好不容易骑着马在公使馆附近转了转。街道成了泥小河，街道两旁的房屋倒塌了很多。

数百家中国居民的房屋倒塌了，有些居民被压在房下，大部分房屋只是墙倒了，房顶和木柱子还在，约有1万人无家可归。北京城城墙虽有20米厚，但有两段也倒塌了50米。

城外也是汪洋一片,在雨停了一个月之后,也只能把大路比作河流。北京和天津之间的邮班停了8天之后又恢复了,但是在很长一段时间内,一个星期只有两个邮班,而且每次总要晚到24、36甚至48小时。

10月24日,我到天津向脱利古先生请示时,才真正看到这次大雨造成的巨大灾害。当时,也就是下大雨3个月以后,从海边到天津之间的平原,从天津至北京之间的土地,运河两岸,白河与山海关之间被称为滦东的整个地区,水深有好几英尺,只能看到树木,大帆船可以在田野上航行,地里不仅今年一无收获,而且明年也将受到影响。

田野的水都结了冰,只有过4个月以后春天到来时水才能流动。受灾的农民一无所有,只能背井离乡,四处逃难,有的到城市里去,有的到北方去,成群结队到长城外没有受灾的地方去谋生。但是,当局担心北京周围的人都逃到外地,就派了军队阻拦农民外逃,并且把他们赶到城市里来。皇帝在城市里贴出告示,保证向难民提供必要的粮食,但是这些救济粮根本到不了难民的手中,大部分被下级官员贪污了。

8月间和9月上旬霍乱流行,这是由于下雨后城市里大街小巷长期积水和40多度的高温造成的。北京早就有这种病,每年总有几个人因患这种病死亡,但是从来没有发展成霍乱病流行。

阁下从附件①中可以看到我们当时是多么不安,有些附件是我们给在上海的特使的报告的抄件。在当时困难的条件下,只有我们在没有药品的情况下继续留在公使馆,其他外国公使馆都迁到了北京郊区的高地上。

---

① 原档复印件缺附件。——编者

本公使馆只死了两名佣人，第一个是在病了36小时之后，于8月18日死的；第二个人是在29日病了8小时之后死的。另外，公使馆墙外死了许多人。

据中国人说，在这段时间内死了约5万人(我估计至少死3万人)。因为发病时间短，得病后很快就死去，来不及送往医院；有的人在路上得了病，送到家就死了。

中国人用针刺疗法治疗这种病，如果治得及时，大部分病人能治好。得病后马上看医生，效果更为显著。如果血流不出来，就没有救了。阁下从附件中可以看到，相对来说基督教徒要比其他人死得少；因为他们听了传教士的劝告，采取了非常谨慎的措施。

谢满禄

C.P.中国第63卷第232—236页

952　天津领事馆代理馆务法兰亭致谢满禄

1883年12月28日于天津

我在11月26日接待了一位接近李鸿章总督的人士，他要求我不要披露他的姓名，只有这样他才肯给我谈情况。

我满口答应了他的要求。下面就是他给我谈的情况，他说：

“不管是中国对法国宣战，还是法国对中国宣战，鞑靼王朝肯定都会灭亡，而且很快灭亡。因为只要法国军队一登上中国领土，明朝的拥护者——目前还有一些人，就会搞叛乱，这些叛乱的领导者将是中国官员们。”

李鸿章在北京受到指责和冷遇，人们把他说成是胆小鬼、卖国贼，说他是法国走狗。

追随清朝，李鸿章就完蛋了，李鸿章不会再有威望和影响。相反，如恢复明朝，他将能使中国有一个新的和牢固的政府。为此，秘密会社的成员等待着适当的时机行动和让李鸿章做他们的首领。他们认为李鸿章对此将坚持反对,直至北京朝廷垮台;但是一旦成为既成事实(他们对此毫不怀疑),李鸿章肯定会当他们的首领,改变目前的现状。

他接着说:“你们不要不重视我的话,如果成功了,对法国和对李鸿章都有利,因此对法国来说,这是在中国登陆的一个好机会。”

法兰亭

注:根据后来的情况,英国人似乎是预料到了一些事情,看来戈登(Gordon)上校可能劝告总督使他的国家摆脱当今王朝的统治。

我认为,只有在叛乱形成的时候,才能指望李鸿章;而只有外国军队在中国登陆,才会有叛乱。在南方,许多人加入了秘密会社。秘密会社在广州的信徒占男性的70%左右。

谢满禄

C.P.中国第63卷第222—223页

953　海军及殖民地部长致内阁总理兼外交部长

1883年12月29日于巴黎

内阁总理先生、亲爱的同事:

谨随函转去交趾支那总督刚发给我的一份密码电报。

海军中将、海军及殖民地部长

附件　交趾支那总督致海军及殖民地部长电

1883年12月24日晚10时10分于西贡

我收到副官拉地介的来信,信中详细谈及有关顺化的新情况。

宫廷革命发生于11月29日,公使馆没有任何直接的危险。但传教士住地受到安南士兵的威胁。顺安司令已命令拉地介率领50名海军陆战队士兵、50名安南土著步兵,带上炮兵和两门大炮,下午乘“标枪”号去顺化。

参啸曾得到国王 28 日私下接见的许诺,接见时官员不参加。夜里,户部尚书派人围住王宫,领来了新国王,迫使协和帝同意让位。让位后是蹲牢房还是□……[①]协和帝选择了服大剂量的鸦片自杀。他的尸体交还给了他的亲属。

拉地介当天晚上解救了传教士。卡斯巴尔主教和教士们都集中到了公使馆。

12 月 7 日恢复了平静。

户部尚书是真正的国王。摄政院和宫廷都担心顺化会被占领。拉地介认为有 150 人进行自卫已足够了,但要在必要时发动重大的进攻则显得太弱。

“美萩”号已到达新加坡,22 日直接去东京。

M.D.亚洲第 42 卷第 448—449 页

954 海军及殖民地部长致内阁总理兼外交部长

1883 年 12 月 29 日于巴黎

内阁总理先生:

谨送上孤拔海军少将刚发给我的一份密码电报。请您就此事向新闻界吹吹风,由您来吹风是合适的。

附件 孤拔致海军及殖民地部长电

1883 年 12 月 29 日下午 1 时 56 分于香港

河内,12 月20 日。我已返回河内。今天接任了总特派员的职务。守卫山西的中国人、安南人和黑旗军已逃向拔不(Batbue)[②]、

---

① 这个词看不清。——原注

② 原文如此,疑为 Bat-Bac(不拔)之笔误。——编者

同文(Dongvang)、兴化、富兰(Phulan)甚至更远的地方。我想立即向兴化进军。但由于河水下降,"飓风"号和"闪电"号都不能上溯至明江河口。

因此,这次远征只好推迟到明年6月份了。

比硕上校曾率一部分远征军到过山西附近,甚至到了底河、裘江、黑河(Rivière Noire)和边和一些山区,然后又返回河内。

为了守卫山西和加强沿海的据点以防止敌人的反扑,让3个营的兵力驻扎在那里。

我将立即动手修筑必要的工事以便减少驻防的队伍。但这项工程至少要花6个星期的时间。

我可能只向北宁进军。

与此同时,我将暂时加强各地驻防的部队,将尽一切努力赶走叛乱分子和强盗。

我收到了您13日发来的电报。

M.D.亚洲第42卷第450—451页

955 海军及殖民地部长致土伦军区司令

1883年12月29日于巴黎

海军中将先生:

在我12月28日所附的第二批派赴东京部队分配清单上出现了几个错误。

现随函附寄修正清单以代替第一份清单,请查收。

附件 第二批运兵船运送赴东京的部队清单

1883年12月28日于巴黎

"南安人"号

		校级军官		军官		士官和士兵		马	备注
			已装运		已装运		已装运		
步兵	3个连	1	1	10	12	600	603	5	
炮兵	少校(参谋部)	1	1			1	1	1	
	上尉(参谋部)			1	1	1	1	1	
	上尉,仓库主任			1	1	1	1	1	
	山地炮排			3	3	200	200	3	
行政部门	副军需官	1	2			1	2	1	
	一级助理			1		1		1	
	行政官			2	3				
	助理行政官			1					
	抄写职员					6	6		
卫生部门	二级主治医生	1	1			1	1	1	
	一级军医	1	1			1	1	1	
	二级军医			1	1	1	1	1	
	助理医生			8	8	8	8	4	
	药剂师			2	2	2			
	行政官			4	4				
	护士					84	84		
海军陆战队				2	2		1		
海军下士箍桶匠						2	2		
祭礼	随军神甫			1(B)		1			(B)□……
	人员合计	5	6	37	37	911	912	20	

42　43

912

955

另加　2　□……

957

装备:

来自克莱蒙(Clerment)的80毫米山炮连包括:

大炮	6尊
炮架	7个
锻炉	1只
已填充的军火	130箱
运输箱	12箱,其中工具箱8件
白色双层食物箱	243箱
野战医院设备	

"萨尔特"号

在土伦	校级军官	军官		士官和士兵		马	备注
			已装运		已装运		
辎重队 军官		3	3	130	131	3	
辎重队 兽医		1	1			1	
工兵连　军官		3(C)	3	80	80	1	(C)其中上尉1名,在工兵参谋部
电讯人员 电台台长			1	1			
电讯人员 报务员				3	3		
电讯人员 班长				1	1		
电讯人员 工人				5	5		
在拉古莱特(La Goulette)①:参谋部秘书				10	10	220	骡
合计		7	8	230	230 8	225	

238

① 拉古莱特系突尼斯港口名。——编者

装备①:

在土伦　　光学电讯器材

工兵仓库

"萨尔特"号还能装运若干暂时离队军人。

"圣日耳曼"号(St Germain)

	校级军官	已装运	军官	已装运	士官和士兵	已装运	马	备注
步兵 中校	1	1					1	
步兵 1个营	2(1)	2	15	15	800	800	8	(1)其中医生1名
步兵 2个连			9		400		4	
炮兵 1个连			3	3	200	200	3	
行政部门			1	1	50	50		
□……								
祭礼 随军神甫		1	1	(E)				(E)□……
合计	3	4	29	19	1450	1050	16	

19
1050
1073②

装备:

100顶大帐篷

服装供应□……

1个80毫米口径的山地炮组,还有炮兵器材,由海军少将克朗兹(Krantz)指定。

① 原文缺装备数额。——编者

② 原文如此。——编者

"普瓦图"号(Poitou)

	校级军官	已装运	军官	已装运	士官和士兵	已装运	马	备注
步兵　3 个连	1	1	13	13	600	600	7	其中含医生
海军炮兵(保卫仓库)	2	2	3	3	46	46	1	
泊岸处			2	2	36	36		
财务和邮政部门 □……			1	1				
□……			1	1				
□……				1	1			校级军官 3
司法部门 □……				1	2	1		军官 23
宪兵队			1	1	12	12	2	士官 695
								721
合计	3	3	21	23	697	695	10	

□……

BB—4　1947 第 689 号

956　交趾支那总督致海军及殖民地部长

1883 年 12 月 30 日于西贡

我得到消息说,居住在金边和柬埔寨境内的大批中国人——法国的公开敌人,在柬埔寨散布我们在东京的局势岌岌可危的谣言。我曾多次向您报告过这些中国人的活动,并提出过要对他们采取监视的措施。

我已给驻该保护国的代表发去如下电文:

"我刚获悉,金边和柬埔寨各省的法国敌人这几天在散布关于东京刚发生的军事事件的毫无根据的谣言,请您把这份电报同时用法文、柬文和中文张贴出来,通过这份电报,我再次告诉您,12 月 16 日东京陆海军总司令孤拔将军控制了山西周围所有的敌人工事,17日法国军队攻占了这个地方。据12月22日发来的电报,海军及殖民地部长先生受共和国总统和政府的委托,曾致电总司令以及全军,对他们取得的辉煌战功表示最热烈的祝贺。海军将军孤拔先生已被授予法国二级荣誉勋位。”

我要求代表先生把这个电文通知诺罗敦陛下,告诉他尽管他了解这次军事行动,却没有采取任何措施来制止这些假消息在他的王国流传。

我谨把驻该被保护国的代表先生刚发给我的下面这份电报转给您:

“我收到国王的一封信,他请我转告您,他得悉山西被攻下,您的军队取得胜利和孤拔将军荣获法国二级荣誉勋位,感到十分高兴。”

对诺罗敦陛下的这个表示,我觉得其诚意是值得怀疑的。我在7月30日的报告中曾向您谈过我的印象,现在我重提这一印象,并不认为就会犯错误,如果您能回忆起那份报告的话,我将十分感激。

事实上,自从宣布协和帝暴死以来,柬埔寨国王对交趾支那总督的态度发生了明显的改变。

9月10日条约签字的第二天,国王曾给我一封信,此信的抄件已转给您了。国王在信中向我表示他对共和国同柬埔寨结成朕盟感到满意,并要使这种联盟永久化。但现在,他企图反悔,对许过的诺言好像不想承认。

国王周围的几个亲信敌视法国的势力,国王本人忠于传统的亚洲政治。因此,他企图采取拖延的办法,其明显的目的,如果不是阻止——这似乎不可能——至少可以限制我们的行动。

为了预防困难和确保全面执行新的条约,我将向您报告我要制订的措施。

M.D.亚洲第42卷第453—454页

957　顺化户部大臣[①]简介

1883年12月30日

此人签订了1874年的条约,他的这次东京使命的成功使他获得很高的声誉(安邺所占的地方全部交出了),让他担任了刑部尚书,同时负责外交。他千方百计地回避他所签订的这个条约的所有条款,都成功地做到了。

由于他忠心耿耿,他捞到了户部尚书的职务。但他把这个岗位变成了他图利的工具。他从事假货币的投机活动,从而发了大财。在这种投机活动中,制造假货币的中国人却付出了最昂贵的代价。我花了最大的努力来反对这种使国家破产的罪恶勾当。我对国王本人讲过这件事,并在一份备忘录中向他解释了这种还在流行的做法的危害。尽管朝廷里有一部分人有同样的看法,但我的努力还是失败了。户部尚书虽遭到斥责,但最后还是获得了胜利。假货币仍保持着合法的地位,即等于合法价值的25%。这种假货币是中国人带来的。他们用来购买当地产品或换取真货币。户部尚书接受了这些中国人的贿赂,因此在某种程度上他是中国人的合伙人。

他在政治上的影响不亚于在财政上的影响。去回顾在他授意和领导下政府所干的罪恶勾当,太费笔墨,也无必要。这一切从他要践踏条约、逃避条约所规定的义务的种种企图中就可看得出来。与他来往的函件,尤其在我们的公使馆建立后同他持续进行的口

---

① 指阮文祥。——编者

头谈判,都说明这个人对我们一贯抱着敌对和仇恨的态度。

1881年初他同参喃先生发生争执后,不得不脱离外交事务,但仍保留户部尚书之职和机密院副职(该院负责外务,其大臣仅是个传声筒,没有职权,没有威信,没有权力,是外国人手中的一个木偶。安排这样一个人是为了转移外国人的注意力,使他们的活动减少)。正职是一个怕羞的人。他虽不同意户部尚书的意见,但也不敢背离户部尚书所确定的路线。户部尚书放弃外交事务对他是有好处的,这样,他就可以不再直接听到我们的责备和抗议了。这个变化对我们是不利的;因为我们的敌人保住了他的权力,他可以躲在幕后继续领导着一切。把国家推入中国怀抱的也是他。我早就预言过,他和他的一伙宁愿把安南变成中国的一个省,也不愿成为受我们保护的王国。贸易开始使中国和安南互相接近,李鸿章任董事长的招商局获得了东京到顺安(顺化)运输大米的垄断权。招商局的一些代表已到顺化。

1882年1月9日,在招商局代理人的陪同下,两名中国人到了顺化。他们住在属于该局的房子里。其中一个人是著名的马氏的侄子。马氏是曾在朝鲜起过重要作用的骗子大王。这两个中国人同户部尚书举行了好几次秘密会谈。我曾千方百计了解会谈的内容,但都失败了,因为他们的防范措施做得很好,会谈是在没有见证人、没有翻译的情况下进行的。也听不到对话者说的话,因为会谈用的是笔谈的方式(大家都知道,安南人是用汉字写文章的,这些汉字保留着中文原义,但发音有所不同)。这些中国人在顺化停留很短一段时间就回中国去了,阮述(Nguyem Thal)[1]和河内被占后曾送信给两广总督的那名密使陪同他们到广东。阮述1880年

[1] 疑为 Nguyem Thuật 之误。——编者

曾出使北京,得到中国给予支持的保证,可望是富有成效的支持。从1882年年初起,这种支持使顺化朝廷更胆大了,竟采取了挑衅的态度。

我完全认为协和帝是户部尚书搞掉的,我在前面已讲了种种理由,尤其是个人的原因和政治偏见驱使户部尚书把Men太子扶上王位。

如果是另一个什么人即位的话,他也会担心遭到同协和帝一样的命运的。如果协和帝的接班人不是Men太子的话,我们就得向他建议要小心,并帮助他去同他自己的敌人和我们的敌人进行斗争,保卫自己的统治。还有一个办法,就是对他施加影响,让他靠近我们。

顺安要塞被占时,如果我在顺化谈判,就会要求把户部尚书驱逐出政府,把他流放到很远而我们又能对他的行动进行监视的某个地方去。这是对他在假货币问题上所采取的恶劣措施的一个惩罚。这个人对我们来说是一个危险的敌人,他总是不断地企图反对我们。他同意签订条约,这是因为他认为可以把条约搁置一边,就像他对1874年条约所采取的态度一样。

我并不是说我们可望在安南能找到一个忠实履行所签订的条约的人,也不是说户部尚书就是我们惟一的敌人,相反,我们的敌人远不只他一个。但他是我们最危险的敌人,因为凡执行他的政策的人都是最狡猾的人。

不管怎么样,我们可以肯定,安南的统治者总是企图摆脱我们,企图向我们作尽可能少的让步。他们从来就认为多一事不如少一事。为了确保条款能基本执行,我们必须坚持要他们作出保证,并找到一个既可以做到又不费力的办法来使安南统治者履行条约。

注意监视统治者的行动,保持警惕,不限于软弱无力的抗议,这些是可以做到的。作为抵押,我们必须永远把顺安控制住,免受任何进攻;在东京及其通道上的主要据点里,必须驻扎军队。据我看,在这个地区派驻行政官员是一个错误,这样做,可能会迫使我们从简简单单的保护转入全面的占领。我在前面已说过,在安南和东京,我们只应派一两个政治官员和几支部队充当驻军。

在结束这个已经太长的说明之前,我还要说,把平顺省并入我们的殖民地,这是一个错误,我不知道为什么要把这一条款写入顺化条约中,我也不知道谈判者是怎样想的。这样扩大领土只会给我们带来很小的好处。如果领土扩大了,我们的边界就会离西贡太远,接近到非常难以进入的地区。这就可能给我们造成严重的不便。

一旦需要,边和、隆庆(Long Khanh)和巴地便成为一个保卫边界的非常好的军事行动基地,这些地方通过内河,极易同西贡联系,而要保卫新的边界将是十分困难的。

如果我们控制了平顺,我们就寻找机会把它归还给安南,这样做对我们是有好处的。如果想把平顺并入我们的殖民地,我认为是不好的,也是没有益处的。

黎那

M.D.亚洲第42卷第455—457页

958 海军及殖民地部长致内阁总理兼外交部长茹费理

1883年12月31日于巴黎

内阁总理先生、亲爱的同事:

谨随函寄去我刚给孤拔将军拍发的一份电报的抄件,该电的内容是我们一致商定的。

附件　海军及殖民地部长致孤拔电(经驻香港领事转)

1883年12月31日于巴黎

巴黎,12月31日。20日来电收悉。政府完全赞同您的做法,请观察北宁形势,核实我们认为中国正规军撤退的情况。

M.D.亚洲第42卷第458—459页

959　驻华代办谢满禄致内阁总理兼外交部长电

1883年12月31日12时41分于上海

31日下午3时45分收到

16日我给阁下发了如下电报:

昨天,即15日,总理衙门来函,抱怨在各外国政府就保护其国民的问题达成协议时,根本没有考虑在北京将所做的决定通报它的首脑。总理衙门接着说:"如果仅仅是法国一家采取此措施的话,我们可以告诉你们,我们得到的情况是,安南事件的悬而未决和法国军舰进入广州引起了人民的忧虑和怀疑,我们担心出现新的困难。因此,你们应当撤走你们的军舰,以便缓和人民的不满情绪和表示你们的和解诚意。"

如何回答?请指示。

我估计总理衙门召见了一些外国代表,他们可能说不知道这件事。德国公使曾对我表示过,他也要给总理衙门写一封信,同我配合;但他后来没有写信。不仅如此,他在前天对我说,总理衙门给他做了书面保证,答应了他提出的条件,同意赔偿德国在广州的损失。

谢满禄

C.P.中国第63卷第257页

960 海军及殖民地部长致搭乘×号商船的部队的指挥官[1]

（初步计划，未定）

1883年12月×日于巴黎

(1)先生，因为您的军阶，所以要求您去行使对搭乘×号商船前往东京的部队的指挥权。我已任命您为该船上的海军部的代表。

(2)兹随函附上以下文件：

a、租船契约副本一份；

b、船上定量食品分发规章一份；

c、登船人员名单一式两份[2]；

d、上船物资一览表，一式两份[3]；

e、1852年3月26日有关商船法令的副本一份；

f、海军现行有关乘船部队的内务安排和时间安排的规定副本一份[4]。您可依此规定行事，但没有必要对所有的细节都生搬硬套，例如如何安排船上队伍的最小单位（第2条和第4条），就不必过于死板，但不能背离其精神。

(3)关于船只的航向和航行情况，在任何情况下，您都不应该作任何干涉。不过，您要监督租船契约中的所有条款得到全面执行的情况，特别对全体人员（所有官兵）的伙食及睡眠条件要加倍注意。

(4)1852年3月26日有关商船的法令，明确地规定了船长和

① 此件为文件草稿，留有数处待填的空白，译文均用"×"符号代之。——编者

② 此两份文件上船时即交付。——原注

③ 此两份文件上船时即交付。——原注

④ 以上各项文件除f项外，其余原档均阙如。——编者

乘船官员的义务。对该法令的各项条款,您应该加以透彻地理解。特别要请您注意该法令的以下各条款:7、52、58、60、63、72、79、82、83、93、94、95、96、97、98和99条。

(5)当船长提出书面或口头要求时,如果您认为必要,可以要求您的部队满足其要求。

(6)您要指定军官轮流值班,负责安全保卫工作,必要时要保管好开封的武器。

(7)就餐的时间由您与船长商量确定,尽量能符合规定(f条)。

(8)出发前,您要力促您的官兵们带上洗衣的肥皂。这个措施对于长途航行中保持清洁卫生是必不可少的。

(9)备好记录本,您向船长提出的所有要求都应记录在本子上。船只抵达目的地后,要把记录本交给您的团首长,再由他转交总司令。

(10)任何军官、士官和士兵都不得直接向船上的官员或船长提出任何要求。一切要求都应由您提出。

(11)乘船士官和士兵不得进入后艏楼,这是保留给军官专用的。

(12)只有军官的侍从才能进入房舱和船舱。

(13)若因拥挤,一些人不得不睡到甲板上时,您要和船长商量,指定一处专用地,并安设帐蓬,若帐蓬危及航行则须拆除。

(14)对于时间安排和内务的安排,您也应尽可能遵守现行针对海军的有关规定(f条)。

(15)您每天要去看望生病的士兵,要让他们得到应有的治疗。

(16)船长在船上起着户籍官的职责,所以对于死亡人员,他要出具死亡证明。这种证明应一式三份,其中您拿两份。

(17)清点死者的财物时应有证人在场,并要登记,其物品要封存。

(18)动物、日用品、物资丢失时,要由船长出具笔录验证。船长对船上装载的一切物品都负有责任。

(19)抵达目的地时,您应向您的团首长交送一份报告。这份报告最后由总司令转交给我。您应该报告航行的航程、日程及执行规定的一切情况。

(20)抵达东京登陆时,分遣队应随身带上帽盔及在航行过程中使用过的床垫、长枕。

最后我要提醒您,无论如何,您都应该尽可能保证商船船员与乘客之间的良好关系。

附件 乘坐商船的军人乘客的内务安排和时间安排的规定

第一条 分遣队的行李,要在人员登船规定时间前一天装船。由一名军官和两名士官负责该项工作。乘船过程中留在身边使用的行李,在登船时自行携带。

第二条 分遣队人员上船时,要在码头上点名。运输船启航后,即应在船上进行一次总点名。在航程中每天点名一次。

第三条 登船完毕后,立即为每人指定一个住处、日用品存放处、就餐室。分遣队在航程中分住两个船舷,每个船舷分为两个区。船舷有左右名称之别,各区以序号区别。各区编号如下:

右舷{第一区、第三区} 左舷{第二区、第四区}

每个区分为若干组(Série),各组自成一个单位。

每个组由10人组成,包括1名下士担任组长。组长指挥该组的一切活动,包括点名等。组长监督本组人员的举止,检查船上设施的运行情况。组长患病时,组里指定一人代替之。

各组用序号区别如下:

第一区——1、11、21、31、41

第二区——2、12、22、32、42

第三区——3、13、23、33、43

第四区——4、14、24、34、44

一个组的单位数字,即该组所属单位的号码。

最后一组可能少于10人。

每个区由一位中士来指挥。

上士和其他3名中士、4名下士将被指定专门行使部队上尉、中士和下士之职责。

他们全面监督规章制度和命令的执行情况,通过日夜频繁的巡查来稳定治安和保证命令的执行。

右舷值勤人员在甲板上值班时,第一组在前部,第三组在后部。左舷值勤人员在甲板上值班时,第二组在前部,第四组在后部。

第四条　中士们组成一个基本单位。每个组就是一个基本单位。

每个小组要有一名送餐员,按规定每天取餐盘送到食品贮藏室或厨房,再送到各组的供餐室。

就餐后,洗刷餐盘再放进贮藏室。

就餐后,各区的中士应迅速检查餐盘是否在送回贮藏室前已洗刷干净。

就餐后,各船舷的最下层甲板应由每天指派的专职人员打扫洗刷。

每个组要指定一个特别值勤组到最底层甲板上就餐。

右舷值勤人员安置在右舷。

左舷值勤人员安置在左舷。

一个由一名中士、一名下士和一名士兵组成的委员会每天要来协助分发食物。

该委员会成员应被告知到达食物分发处的时间,每天早晨由警卫队士官在起床前叫醒。

第五条　每个组分配一个住所。

右舷值勤人员睡在右舷:第一组在前面,第三组在后面。左舷值勤人员睡在左舷:第二组在前面,第四组在后面。

每天早上起床后,中士要检查床上用品是否收拾好,是否送到日用品白天存放处。

每晚就餐后,中士要巡视以确定所有人员都使用分配到的住处。绝不允许夜间睡在甲板上。不准以任何借口将就寝用品搬到甲板上。

中士和执勤人员应在夜间巡视,以确保本规定的严格执行。

每周一次选择适当的时间将就寝用品搬到甲板上,摊开透透空气。

第六条　船上勤务规定如下:

星期二、三、四、六

6点	起床
6点15分至7点25分	在船舷上用早餐
7点25分至9点	整洁轮船,洗澡
9点至9点40分	在船舷上着装
10点	人员着装检查
10点30分至11点15分	训练、理论学习等
11点30分至1点30分	在船舷上用午餐

2点至3点30分	操练、理论学习;在未值班的舷侧底层甲板上洗刷和修补衣物
4点30分至6点	在船舷上用晚餐
6点30分	就寝

星期一、五

6点	起床
6点15分至7点25分	在船舷上用早餐
7点25分至9点	洗涤衣着用品
9点至10点30分	整洁轮船、洗澡
10点25分至11点15分	在船舷上着装

余下的日间勤务与星期二同

星期日

6点	起床
6点15分至7点25分	在船舷上用早餐
7点25分至9点	整洁轮船、洗澡
9点至9点40分	在船舷上着装
10点	检查
11点30分至1点30分	在船舷上用午餐
4点30分至6点	在船舷上用晚餐
6点30分	就寝

士兵夜间不值班;白天值两次,每次30分钟,一次安排在早晨起床至中午,另一次安排在中午12点30分至晚上就寝。

就餐和换装时,两班值勤人员在甲板上交接班。

值第二班的值勤人员,翌日值第一班,以便交替轮换。

甲板上的值勤人员应协助船上操作。

甲板上的值勤人员和在最下层甲板的非值勤人员应就地协助

轮船的清洁工作。

天气不好时,如值勤人员没有必要留在甲板上协助工作,可到最下层甲板去。

每天要指派一些人担任警卫工作,组成警卫班。

警卫人员要日夜集中在指定的岗位上。

警卫班要派两组警卫士兵去甲板,两组去最底层甲板。

警卫人员不携带武器,要日夜把他们布置在甲板和最底层甲板的最适宜地方,以维持秩序和监督命令的执行情况。这些警卫人员配有明显的标志(如一个臂章)。警卫班也要按规定的时间日夜安排卫兵在甲板和最底层甲板进行巡罗。

中士负责警卫队员、哨兵、食物委员会、送餐员等一切人员的选派。

中士监督发放肥皂和烟叶。

在甲板底层留出地方作为病员的治疗处。医生在每天上午 7 点 30 分查病房。

每天点名两次:一次在上午检阅时,另一次在晚上就寝时。

第七条 指挥分遣队的军官应监督所有的勤务工作,并经常注意人员的纪律及其应得的享受。忽视了这些规定,他将对此负全部责任。

其他军官交替轮换,监视海上。

在任何一个停泊地,总要保持有其中的一位军官留在船上,而士兵们应全部留在船上。分遣队的上尉可让几位值得其充分信任的士官上岸。

第八条 士兵都要接受如下的训练:为士兵和军士开设的训练,读专供个人阅读的书籍,学习纯军事问题的理论,参加体育锻炼、个人游戏和集体文娱活动。

除星期日外,训练每天都进行,安排如下:

上　午

第一船舷——上课、阅读、书法、算术等

第二船舷——理论学习、各场所内务等

注意:军士中只有一半人被聘用去给士兵当教官。未被聘用的另一半人将在军官的领导下从事下列活动:

军事理论和背诵

地理讲座

天文学和实用航海学(最常用和最简易部分)

其他有教育意义的科目:算术,各种法则——最基本的几何;少量的法国历史。

军士中被请去参加军官领导下活动的这一半人次日将被聘为士兵的教官。反之亦然。

下　午

第一船舷——剑术、体操、木剑、棍棒、舞蹈、拳击、唱歌

第二船舷——个人阅读、各种游戏

晚　餐　后

可让军官们发挥主动性的集体文娱活动(唱歌)

第九条　对军人乘船实施的纪律处分应尽可能做到符合1870年6月24日法令第×编关于军舰内勤处分的规定。

上船军人的纪律当然属于分遣队的军官管辖。但船长仍完整行使属于他的职权,如船上的指挥和治安。

部长希望船长和分遣队司令要想法避免只会有损于他们各自承担的任务之胜利完成的任何争端。

BB—4　1947(原件未编页码)

961　东京陆海军总司令孤拔致海军及殖民地部长裴龙电

1883 年 12 月 24 日于河内

1884 年 1 月 1 日晚发

总特派员于今晨离开河内,拟赴顺化。脱利古先生在接到您 12 月 14 日电报后亦已启程赴顺化,他可能在海防与总特派员相会。请将这一消息转达外交部。

请为这里的炮兵调派 1 名少校、1 名武器监督和 1 名受国家委派的技工监督。

孤拔

BB—4　1958 第 2 页

962　茹费理致驻华代办谢满禄密电

1884 年 1 月 2 日晚 7 时 15 分于巴黎

可以不用书面答复,而以口头提示对方:列强之间的协同行动并不含有任何目前应予通报的决定,因为协同行动只是当居住中国的外国人的安全受到威胁时所采取的一种预防性措施。鉴于广州人心状况,目前还谈不到撤回派去保护我国侨民的舰只一事。希您坚持,同您的德国同行一样,争取就法国的要求索得书面保证。您已被任命为一等秘书。

C.P.中国第 64 卷第 8 页

963　孤拔致海军及殖民地部长电

1883 年 12 月 27 日于河内

1884 年 1 月 3 日发

10 月 31 日密电敬悉。我已派“斗拉克”号驶往西贡运取物资以补偿炮兵仓库失火所造成的损失。

具体损失如下:40毫米山炮弹药24箱,马拉火炮牵引车4辆,炮架2座,炮轮6个,80毫米炮弹580发,65毫米炮弹120发,药筒200个。

海军少将、陆海军总司令　孤拔

BB—4　1958第3页

964　海军及殖民地部长致内阁总理兼外交部长

1884年1月4日于巴黎

内阁总理先生、亲爱的同事:

我荣幸地给您寄去交趾支那总督先生去年11月29日的一封信的原件。信中还附有海军上尉德莱斯尚先生的报告。德莱斯尚先生负责把共和国总统的勋章和礼物送给安南国王协和帝陛下及顺化朝廷的大臣们。

您看完这些文件后,请将它们退给我。

裴龙

附件1　交趾支那总督沁冲致海军及殖民地部长

1883年11月29日于西贡

我荣幸地随信向您转送海军上尉德莱斯尚寄给我的一份报告的副本。在我给您的电报中已报告过,德莱斯尚是我的第一副官,我委托他将法兰西共和国总统先生的勋章和礼品送给安南国王协和帝及顺化朝廷的大臣们。

附件2 海军上尉德莱斯尚致交趾支那总督

1883年11月20日于西贡

根据您的命令,我在政府秘书德拉韦尔先生的陪同下,于10月31日搭乘“伊利苏”号客轮前往东京。

送给安南国王的礼品虽已装船,但航运公司只同意帮我们送到沱瀼,因与顺安的联系已随着季节风的到来而中断了。由于海上气候恶劣,逆风猛吹,航行十分困难,我不得不在Hon - ro和Sunday停泊两天,于11月4日早晨到达归仁,……[①]海运公司的代理人费内奥尔(Fenéol)先生目前是住在归仁的惟一法国人,他为了以上的问题(物资被盗)已向巡抚告了几次状。巡抚由于对我们抱敌对态度,对物资被盗既不作任何调查,也不下令采取任何预防措施。我认为应该请费内奥尔先生给您写一份有关这方面情况的报告。我已通知参哺先生,他答应采取必要的措施,以维持租界的安全,因为我们为了建立租界花费了很多钱。

我们于15日晚5时到达沱瀼,第二天早晨我到“阿达朗德”号船长家,向他说明我此行的任务,请他将此事转告巡抚。我告诉他,“伊利苏”号上有我们60个人的小分队,准备先去顺安,然后去海防,但缺乏交通工具。船长对我们说,他不能用“阿达朗德”号送我们,因为那里的沙滩很难通过,不知何时才向顺安开航。……他要求沱瀼的官员保证将我们由镇公路送到顺化。……

第二天早上,……我们于8时到达Nan - Thuon,不幸的是,在那里仅剩下少量搬运工,大部分人从沱瀼来时逃跑了。我不得不给当地的官员写信请求援助。我们住在一座庙里,白等一天。

---

① 原文冗长繁琐,酌予删节。下同。——编者

……第二天也没有人来,我发了几封急信,我们小分队的食物吃完了。这时我叫来 Woy,对他说,我要到沱灢去控告,……他立即建议我围村征夫,……这样我们招来40多个搬运工,……大约在次日清晨3时,我们终于到沱灢对面的一个小村庄。……我们雇用小帆船,经过2小时航行便通过了环礁。……

勒诺尔芒先生及"标枪"号船长奉命来接应我们,并让他的炮艇听候我的指挥,……我们便驶向港口。……

有几个礼宾司的官员在那里等候我们,还带来国王的问候。……

参哺先生立即通知安南商舶大臣:荣誉勋章及礼品已运到。一位高级官员率领数人于第二天早晨来与我们商议,说国王将正式接见我们,请我们赴宴。参哺先生予以拒绝,因为这一仪式安排在城堡外面举行,我们的代表不接受这种条件。

从我掌握的情况和与参哺先生的交谈中得知,安南国王的处境十分困难。很多官员反对他。他希望进行一些必要的改革,把国家治理得更好些;他想召见我们的驻扎官,当面商谈;但他的朝廷大臣被商舶大臣操纵,这个大臣是我们的大敌。他反对改革,并以内部政变来威胁国王。然而,他们十分害怕法国,他们以条约未批准作挡箭牌,说等条约正式批准后便开放顺化城堡,可以会见国王。

在这种情况下,参哺先生保持沉默,他说没有得到巴黎的任何指令,也没有得到何罗桤先生的任何指示,为了避免发生意外,他拒绝会见任何人。……我从绣(Theu)神甫处获悉,这些勋章和礼品很受国王欢迎,因为从中证明他不会被法国抛弃。他极力寻求得到法国帮助,他现在孤苦伶仃地生活在充满敌意、动荡不定的皇宫里。

第二天,国王特使及兵部尚书等非常隆重地接收了由参哺先生交给他们的礼品。他们也带来了国王送给我们的礼品。他们还告诉我,另外还给共和国总统及西贡总督准备了礼物。

13日早上,我们去拜访卡斯巴尔主教,并给他送去荣誉骑士徽章。

我们的使命结束了,……在国王的亲信绣神甫的安排下,乘王宫的小艇和轿子,于13日晚离开顺化,……20日早到达西贡,……

M.D.亚洲第43卷第26—33页

965 外交部政治司司长毕乐致海军及殖民地部长

1884年1月5日于巴黎

尊敬的将军先生、亲爱的同事:

我收到驻河内驻扎官的3份报告,在第3份报告的附件中,有一份关于协和帝登基情况的汇报。我赶紧将这些文件的原件呈送给您①,这些文件一旦对您无用,请寄回。

毕乐

BB—4 1954行动办公室收文第9号

966 海军及殖民地部长裴龙致内阁总理兼外交部长茹费理

1884年1月7日于巴黎

内阁总理先生、亲爱的同事:

我十分高兴地转送孤拔少将先生的两份密件副本给您。

一份是11月20日的第127号报告,附有孤拔将军寄给何罗

---

① 原档缺此附件。——编者

栏先生及巴德诺先生两封信的副本。

另一份是11月21日的第130号报告,汇报东京的形势。

我想您会很有兴趣读这些信,因此急忙转给您。

裴龙

附件1　东京陆海军总司令孤拔致海军及殖民地部长(机密)(略)[①]

附件2　孤拔致海军及殖民地部长(机密)

1883年11月20日于河内

部长先生:

您在10月6日的电报中曾嘱咐我给驻中国公使巴德诺先生寄一份有关东京政治和军事形势的报告。为执行这一指示,我给巴德诺先生写了一封信,现将该信副本寄上。我还在该信中附寄了我于11月10日写给民政特派员先生关于该国目前形势概况的一封信的副本。

海军少将、东京陆海军总司令　孤拔

附件3　孤拔致驻中国公使巴德诺

1883年11月9日于河内

公使先生:

海军部长先生嘱咐我在您11月20日经过香港时,给您寄一些有关东京形势的消息。这封信就是为执行他的指示而发出的。当您收到这封信时,我猜想,事情将和现在一样,没有什么变化。

① 此附件即第841件,此处略。——编者

此外,在香港和海防之间,由于没有定期的邮班,我只能抓紧时间,以免耽搁发信。

顺化条约使我们稍微摆脱了在东京作战的安南部队的困扰,但距我的期望还差得很远。一些正规的或非正规的部队在叛乱官员的指挥下,不听从皇帝的命令,继续跟我们作战。我们在山西附近就遇到了1000—2000人的部队,他们受黄将军指挥。另一些部队人数不多,在三角洲的其他地区出现,有一些则与北宁的守城部队连在一起。

这批人主要是由中国军队的士兵组成,估计有1—1.5万人,分散在全省各地,驻扎在交通要道旁的设防村庄内。他们武装得很好,据说他们有后膛枪,还有后膛炮。

山西的驻军除了黄将军的安南人部队外,还包括2000—3000名黑旗军及几千名中国士兵。

总之,我们要对付1—2万中国正规部队,2000—3000名黑旗军,1000—2000安南正规部队,各省内威胁我们的分散帮伙和骚扰农村的海盗还未计在内。我们在不到6个星期的时间内,严密封锁了海面,赶走了所有海盗。他们最后投入了这些军队,扩大了这些人的队伍。

当已宣布的援军到达之后,我们就可以把4500—5000名各式步兵,其中包括陆军、海军陆战队士兵、阿尔及利亚步兵、安南土著步兵、外籍军团,再加上5—6个炮兵中队——大炮在泥泞不堪的滑粘土上很难搬运及使用——投入战场,围剿山西和北宁。现在我们部队的编制人数达8000人,但是应该从这一数字中减去我们几个月来占领各要塞后留下的大量驻军。这种轻率的征服给了我们一个统治这个国家的外表,使我们能建立一种表面的管理,殊不知却大大地削弱了我们的力量。从防御观点来看,它的作用是值得讨论的。但当我们在那里为他们安置了官员后,便应该保护他们,不使他们受到任何侵犯,这样便增加了我们一项极为繁重的义务:在我们控制省会的这些省内维持安宁。

公使先生,您也知道,我们陆上的形势说得轻一点是糟得很。迅速摆脱困境的最可靠方法是以受梅依将军指挥的军队和我的军队向已对我们公开作战的中国宣战。我们能够在短短的几天内烧毁他们的港口,消灭它的海军。我有理由相信法国政府是永不会下决心作出这种过激的决定的,毫无疑问,您肯定比我更了解它谨慎行事的理由。

孤拔

附件4　孤拔致东京总特派员何罗栏

1883年11月10日于河内

特派员先生:

在海阳省出现的武装集团,最近我们的哨兵在巴塘的被害,马特利埃先生提醒您注意的威胁及其他种种情况,都使我了解了这个国家的现状。

我们占领了若干要塞,这给我们造成一种表面现象,好像我们已通过这些要塞,也就是说通过这些省的省会控制了这些省。驻扎官的任命,使这个错觉显得更加严重。结果我们有义务维持安定,保护民众,使他们免遭抢劫或别的侵犯,因为被法国当局撤掉的官员们已无力令人服从他们。我十分高兴地将命令各分队指挥官取代这些官员的指示通知您,可惜我不能忽视我们的主要目标而增加各省会的驻军来支持他们。随着攻克地方的增多,我们遇到的困难也会增加。为了克服这些困难,远征军将不惜全力以赴。但我这里不得不重申一遍,目前我们能调动的惟一力量是驻军。

孤拔

M.D.亚洲第43卷第35—41页

967 海军及殖民地部长致内阁总理兼外交部长茹费理

1884年1月8日于巴黎

1884年1月21日收到

内阁总理先生、亲爱的同事：

我十分高兴给您送去我刚收到的交趾支那总督先生电报的副本。

由于8月25日的条约未被共和国政府批准，我认为很难应允沁冲的要求去占领平顺省。

这个问题应该在议会上解决，对此，您可能会和我的想法一样。不管怎样，在答复交趾总督电报之前，我先听听您的意见。

裴龙

附件1 交趾支那总督沁冲致海军及殖民地部长裴龙电

1884年1月8日下午2时45分于西贡

为了更好地显示条约已经正式得到承认，在共和国政府批准条约之前，最好迫使顺化新朝廷立即同意法国占领平顺省，以作为履行条约的保证。为了实现这个行动计划，我作了一切准备，如果政府来电同意照办，如果参哺在他的谈判中获得成功，这个行动将在2月初实行。

附件2 交趾支那总督致海军及殖民地部长电

1884年1月9日下午3时于西贡

昨天召开的殖民委员会通过了拨款50万法郎的议案①,用于本年度占领平顺省的军事及其行政机构的开支。

M.D.亚洲第43卷第44页

968 交趾支那总督致茹费理

1884年1月9日于西贡

1884年1月12日发于香港

内阁总理先生:

现向您确认我今年1月6日转送的全权公使、法兰西共和国向安南国王派出的特使脱利古先生的下列电报。

"益士弼"号炮舰已到达西贡,带来脱利古1月1日从顺化寄给您的电报,电文如下:"顺化新朝廷应我的要求,刚交来一份由我口授内容的书面声明,我高兴地看到它表现出热情和敬意。

下面就是这份声明的原文:'本声明由顺化朝廷交给全权公使、法兰西共和国向安南国王派出的特使脱利古先生。

安南国王和他的政府在本声明中郑重宣布,完全同意1883年8月25日条约,并相信法兰西共和国政府在以后的和平局势中的诚意和公正。

条约以法文本为准。

1884年1月1日于顺化王宫。

本声明加盖玉玺。'

---

① 原文如此,文中的殖民委员会似为交趾支那总督的一个下属机构。——编者

如阁下所看到的那样，我们的保护国制度是非常完整的，1883年8月25日的条约已被新政府正式承认。刚刚完成的宫廷政变不会妨害我们行使我们的权利。

我用'益士弼'号炮舰，把电报送到西贡。明天我将受到国王的公开接见，他由摄政大臣作陪，这样的礼节在我看来是必不可少的，在签订条约时没有举行过这样的仪式。

在这种关键情况下，我们的驻扎官参哺先生表现得很机智、很有才能，我在此不单是称赞他的勇气。我请求授予他法兰西荣誉十字勋章。

隆重的接见后，我将离开顺化，去河内与孤拔少将商谈。接着，我将乘第一班客轮返回法国。脱利古"

内阁总理先生，我尽快通过最近的邮班给您寄去脱利古先生托我转给您的信件。我在今天的电报里曾告诉您，信里有由顺化新朝廷1月1日交给我们公使的关于公开并且无条件地承认1883年8月25日条约的声明原文。

交趾支那总督　沁冲

M.D.亚洲第43卷第46—47页

969　东京陆海军总司令孤拔致海军及殖民地部长电

1884年1月9日下午6时30分发于香港

1884年1月9日晚12时29分收到

河内，12月27日。今日炮兵仓库失火，原因未明。房屋损失不大；弹药和火炮的损失也有限，惟部分弹药的爆炸击伤了3名炮手。西贡可望在两周内补充被毁的弹药和军械。

我将在12月31日派出"阿威龙"号去运载上述物资。据17日以来所得的消息，敌人有400人死亡，600人受伤：刘永福及其副手负伤;多名中国官吏被杀。我方伤员健康状况良好,因为此间气温适宜,有利于养伤。敌人在逃跑时丢弃了50门青铜炮(其中7门膛线炮)、39门铸铁炮、400公斤炸药和15万发雷明顿与温彻斯特枪弹。

1月1日电:东京湾分舰队紧缺小型舰只。"伏尔达"号吃水太深;如"鲁汀"号暂时无需停驻中国,我觉得使用该舰更为方便。

孤拔

BB—4　1958第5页

970　孤拔致海军及殖民地部长

1884年1月9日于河内

部长先生:

兹随函寄上我1月9日发出并在第186号函中确认的1份密电的译文如下:

东京少将致巴黎海军部长:12月31日来电及10月31日急件均已收悉。自从攻克山西以后,河内、海阳、海防3地附近的海盗已减少。但南定省仍不断受多股叛匪和海盗的骚扰;由布里翁瓦尔所率之各路纵队正在进行追剿;黑河左岸虽然我们已派出队伍巡逻侦察,但仍有数座村庄被黑旗军纵火焚毁;山西周围一带平安无事。乂安与清化两省有4名神甫和分属不同传教会的23名安南教民被官军所杀。顺化朝廷对此或曾直接指使,或者姑息纵容。我已告知脱利古先生并调派1艘舰艇去附近海岸游弋,悬挂法国国旗,以保护难民。我在此待命,准备随时派出军队至(红河)三角洲以外。

海军少将、东京陆海军总司令　孤拔

BB—4　1958第8页

971 孤拔致海军及殖民地部长

1884年1月10日于河内

2月18日收到

部长先生:

在1月9日电报中,我曾扼要地向您报告发生在清化和义安两省的屠杀神甫和教徒事件。此次屠杀不仅有安南官吏参与策划,从种种迹象可以判断还是在顺化朝廷秘密指使下进行的。随函附上蒲真尼主教先生就此惨案所作的记录抄件,请察阅。看来,这是一起有多人参与的谋杀大案,其目的仍然是想杀尽一切被怀疑为亲法国的教民。在寄给我上述情报以后,蒲真尼主教先生获悉,又有两名神甫被抓,清化省牧山(Muc - son)、继槟(Ké - Ben)、继堆(Ké - Dua)等教民村被洗劫一空。他还得悉,克洛克主教先生已派出教士向我报告,在义安亦有类似事件发生。

我立即将上述情况函告脱利古先生,希望他能对顺化政府施加强大的影响。另外,我已命帕雷(Parrag)司令派"雷诺堡"号及1艘运输护卫舰去清化及义安沿海海面。发给上述两舰舰长的训令如下:

用军舰压境的方式来向安南当局施加压力,以制止和杜绝一切残害教民的暴行;保护一切前来寻求法国国旗庇护的难民;除安南军队主动向我方舰艇进攻的情况外,不得与这些军队发生任何军事行动或交战。

我还叮嘱他们,目前东北季风正袭击这一带海域,因而在那里游弋时务必倍加小心。

此外,我还派出"火枪"号去底河下游的佛面(Fat Dien),对沿江两岸各村执行类似的任务;该舰还应随时向我报告清化省的动态。

我发出的这些训令规定了我军不得在三角洲以外实施军事行动,当时我亦未曾想到要向义安等地派兵。更何况从我们所拥有的兵力来看,我们的作战范围本已显得过大,若再要把战线拉长,势必陷于严重的困境。

在这些令人不快的消息以外,我从蒲真尼主教那里满意地获悉,最近派往南定省的征剿队在布里翁瓦尔上校的统率下,业已挫败了以屠杀宁平教民并在全省掀起反对我们的骚乱为宗旨的阴谋计划。

孤拔

附件　蒲真尼主教的报告[①]

一、关于清化事件的确实消息:两名神甫和多名教民被杀;教民村被焚。

1 个负责在清化省山区守防的官员"山防镇守使"(Chunh Su Son phong hô)于今年 1 月 1 日捉拿了 1 个姓郝(Hoc)的安南神甫,他是广化府(Quang - hoa - Phu,地图上称广府)马江沿岸仁炉(Nhân - Lô)堂区的本堂神甫。该神甫接到祸事迫在眉睫的通报,正准备与他的 7 名布道教友或门徒登船脱逃时被他们抓获,7 名教友也一起被捕。驾船的两名教徒在船上当场被杀,神甫被解送上岸后即被押赴广化府斩首示众。我不知他们对神甫一家是如何处置的。以后镇守使又命人放火烧毁了整个仁炉堂区,对于凡是能拿获的教民一律格杀勿论。遇害人数未详。

同一天,在清化省官府当差的丐毛(Caï mao),率领大队山防土著步兵,携枪前往仁炉东北的几个教民村,抓获正在浪清(Lang

① 原件无标题,此为编者所加。

thanh)村布道的该堂区姓平(Binh)的本地神甫,并将其斩首。然后,他又放火烧毁了雷村(Loi)、仲村(Trom)和班隆村(Bon - long)3座教民村。

就是这个丐毛,在前一天就已洗劫过边隆教民村并杀害了8位教民。

1月2日,广化府知府及山防镇守使派兵包围了分堂区教士住地——继槟(又名边林村)。至于这些兵丁是否曾在该村作恶尚不得而知。

另有1名在清化省官府当差的杜秀(Dõc tu),亦带领大队山防土著兵蹂躏了马江沿岸1个叫做左柱(Cho - cot)的小教民村,杀死6名教徒。接着,此人又率队前往山区县城真浪镇(Chân - Lang - Chunh),那里有3名法国传教士向当地野蛮部落和老挝部落传教。

毫无疑问,屠杀神甫和教民以及放火焚烧教民村等暴行均是安南官吏及其军队所为。

二、非官方消息:这些消息的可靠性虽有待证实,但由于问题相当严重故应立即报告。

新登基的国王据说已授命前兵部尚书、现任吏部尚书尊室说完成两项任务,即首先诛杀教民,然后再与法国人开战。

三、我已确知并敢于明确断定,黑旗军首领已接到中国政府之令,命其诛杀教民。该命令系某省巡抚所发。在山西攻克以前,〈刘〉曾为此事派出一个密使,至少向该省数名抚宪大员作了请示。

主教兼宗座代牧主教蒲真尼

BB—4 1958 第10—12页

972　海军及殖民地部长致孤拔(由香港领事转)

1884年1月10日于巴黎

27日电报收到。

不必电告阿拉伯人的名字。“鲁汀”号不可缺少。广州在加速建造炮台。端尼埃(Donnier)营长已提升。赞同您恢复秩序的努力。第二批援军有:两营半、两个80人的炮兵连及器材,一支包括仓库、卫生、宪兵、汽艇等的小分队,总共2750人及40匹马,明日乘“安南人”号、“圣日耳曼”号和“普瓦图”号驶离土伦。一个辎重队、一个工兵连、一个电讯排总共237人,将于17日登上“萨尔特”号,该船还将在突尼斯载运220头骡子。前后两连人和其他各分队(详情后告)将于20日乘“桑洛克”号出发。米乐将军到达时请转告。

BB—4　1953(孤)第4号①

973　孤拔致海军及殖民地部长

1884年1月11日于河内

部长先生:

兹寄去我1月11日发出并曾在第192号函中确认的密电译文1件。

密电译文

东京海军少将致巴黎海军部长(1月11日于河内):在攻克北

① “BB—4　1953”册内辑有海军及殖民地部长与东京分舰队司令孤拔、东京远征军总司令米乐及其继任者波里也等人的通讯三部分,各部分单独编号。据此,我们在“1953”之后分别标出(孤)、(米)、(波)等字样。下同。——编者

宁以后，占领(红河)三角洲地带的一定范围需要8000名法国兵和1.2万名东京非正规土著兵员，12艘吃水量不大的炮舰(每舰均附有1艘汽艇)。以上人员和船只必须维持到地方绥靖、海盗肃清时为止。海军分舰队则需1艘“维拉”型巡洋舰、两艘“巴斯瓦尔”型护卫舰、3艘“益士弼”型炮舰和1艘“斗拉克”型运输船。

海面封锁当然始终有其必要，但对非走私船只的通行条件已放宽，这种封锁也相应放松。

到6月1日以前，煤炭供应必须始终得到保证。

海军少将、东京陆海军总司令　孤拔

BB—4　1958第15页

974　孤拔致海军及殖民地部长裴龙电

1884年1月12日于香港

脱利古先生嘱我电告您：“何罗栏已改变主意并已直接去法国，我将单独前往顺化。请转告外交部。”

BB—4　1958第16页

975　孤拔致海军及殖民地部长

1884年1月12日于河内

兹随函寄上我1月11日所发、并在1月12日第194号函中确认的密电译文。

密电译文

东京司令致巴黎海军部长：30日来电敬悉。北宁运河[①]北

① 即急流河，又名滩河、天德江、北江、竹河、竹运河。——编者。

岸、河内至北宁公路及北宁城郊均被中国官军或杂牌军所占。他们监视我军的一举一动,并正在加固北宁城防和裘江的河坝。贝兰上校派出的侦察队今日发现了他们在北宁运河北岸的阵地并且与他们互射了几发枪弹。

海军少将、东京陆海军总司令　孤拔

BB—4　1958第23页

976　孤拔致海军及殖民地部长电

1884年1月12日于香港

今日收到您12月19日有关调拨援军的电报,我将立即作出相应的安排以接收人员及装备。

请告诉我,在中将抵达以后,对我的地位将如何安排。

孤拔

BB—4　1958第24页

977　海军及殖民地部长裴龙致孤拔电(由香港法领事转)

1884年1月12日于巴黎

5日来电收悉。

米乐将军到达后,将远征军的领导权移交给他;您仍按以前的职务领导分舰队。

12月23日邮轮将给您带去明确的指示。

这一措施丝毫不表明政府不支持您;政府完全赞同您的行为并高度评价您的服务价值。

BB—4　1953(孤)第5页

978 海军及殖民地部长致内阁总理兼外交部长茹费理

1884年1月12日于巴黎

内阁总理先生、亲爱的同事：

我有幸将去年12月3日海军少将梅依关于英国海军分舰队加意监视列强在中国的行动的报告摘要送交给您，我认为这类情报定会引起外交部门的关心。

附件 海军少将、中国海及日本海分舰队司令梅依致海军及殖民地部长裴龙（摘要）

1883年12月3日于"胜利"号香港停泊地

部长先生：

我认为应向您汇报最近发生的一件事，它似乎提供了英国在我国与中国的纠纷中将取何种态度的某些迹象。我上次谈到，"维拉"号必须将上级指令交给泊在黄浦江外的"凯旋"号；威利斯将军无疑为此十分恼火，便电令泊于日本长崎港的铁甲舰"大胆"(Audacious)号立即离开船坞直接驶向舟山群岛待命。很久以来，我与威利斯将军以及他的同胞们交谈中知道英国一直对放弃舟山群岛感到遗憾，因为一旦与中国交战，此阵地便对英国具有十分重要的意义；我们自己在1861年也曾使用过这一阵地。无独有偶，威利斯将军最近的所做所为，在1879年或1880年就已经发生过：当时中俄之间几近开战，一艘俄舰从长崎开到舟山群岛，不料一艘英国战舰以修整英国占领期间葬于该处的英人坟墓为由，早已在那里等待好几天了。……

C.P.中国第64卷第14—15页

979 海军少将梅依致海军及殖民地部长电

1884年1月12日晚12时30分于香港

从驻江户公使处得到消息,我们不能指望日本方面采取友好态度;英国报纸亦在宣扬,法中一旦发生冲突,英国应守中立。

能否就此向我提供情报?

本星期我在海上"胜利"号舰上度过,该舰现急需进船坞整修,其航速差不多已减慢3浬。也许可乘涨潮驶入阿伯丁(Aberdeen)船坞,3天后驶出。

将派遣"伏尔达"号去福州。

梅依

C.P.中国第64卷第16页

980 东京陆海军总司令孤拔致海军及殖民地部长裴龙

1884年1月13日于河内

部长先生:

您去年11月23日询问有关东京地区作战情况的信已敬悉,现即就信中所提的几个问题答复如下:

在实施封锁方面,您曾同意我可以便宜行事。我认为,在〈红河〉三角洲一带的战事结束以前,封锁必须一直实施下去。因为这是阻止〈敌人〉经由海路运入武器弹药,打击沿海一带海盗并防止其窜入内河进而在东京下游地区大肆抢劫掳掠的惟一有效办法。此外,不论顺化新朝廷向脱利古先生作出何种承诺,我们必须得到他们在行动上的保证以使我们相信他们是重视8月25日条约的。再者,我们是有节制地实施封锁,因而不会妨碍合法的通商贸易。

部长先生,我曾向您呈送关于奖赏海军分舰队以及陆、海两军的建议，承蒙您对此表示关切和重视，我深表感激。您对我长期不断的照拂以及议会已批准您的请求，这一切都使我深信，对于我建议中所提的请求，您虽然尚未表示同意，但也一定会表示支持并作出答复的。您对我个人的厚爱和优遇，使我铭诸肺腑。

您命我采取措施以便永久占领这一地区并严厉镇压扰乱地方治安的匪徒和海盗行径，我在12月2日的电报中业已向您报告，以占领军的现有兵力是无法在对盗匪实行镇压的同时又对北宁发起军事行动的。

我已调动一些特遣队利用军事行动的间隙追剿海盗和叛匪。在目前的情况下，这样的行动也只限于在局部范围内进行。总之，只有用重兵同时在各地展开全面清剿才能使地方得到绥靖和安宁。目前，我们至多只能做到使危害不至于进一步加剧和发展。此间的多数村庄已成为盗匪的防守和藏身之地，而这些村庄的地势和布局却成了迅速、全面清剿海盗的严重障碍。

在研究和判断了军情以后，我之所以没有再向您请求增派援军，是因为我当时意识到增派援军已不可能。我还认为我可以向山西进军并指望取得成功后能一举改变敌人的部署；最后，我还打算请求梅依将军派出其分舰队中的登陆部队，并请求沁冲先生派出数个增援连供我向北宁进军之用。否则，我当然会毫不犹豫地请您增派2000—3000人的援兵到此，即使只是为了使我们的胜利更迅速地取得显著成效，我也会这样做。以上这些设想，现在看来已无实际意义，因为您已明确通知我，将派1000人的兵力来此，而且还有一位中将和两位少将近期内亦将抵达此间。

海军少将、东京陆海军总司令　孤拔

BB—4　1958第25页

981　孤拔致海军及殖民地部长

1884 年 1 月 14 日于河内

部长先生:

兹随函寄上我 1 月 14 日所发并在同日第 202 号信中确认的密电。

密电译文

东京少将致海军部长:在山西发现了黑旗军首领的一些书信,对这些书信的翻译业已开始。有许多封信件证实,云贵与两广总督曾奉中国皇帝谕旨向黑旗军首领提供军饷、武器、弹药;译出的信件将交各次邮班陆续运去。

贝兰所率之纵队 11 日与之遭遇的中国兵确属官军无疑。

西尔维斯特已抵达此间,并被任命为民事与政务主任。

请即运来饲料车一辆、仓库运货车两辆(车辆配套马具亦请同时运来。)

孤拔

BB—4　1958 第 35 页

982　孤拔致海军及殖民地部长

1884 年 1 月 14 日于河内

部长先生:

在 1 月 14 日电报中,我曾向您报告,我军在山西截获了黑旗军首领刘永福的部分公函,情报处主任马斯先生目前正忙于将这些公函译出。这些公函披露了许多有关中国政府在东京所作所为的重要情况。现将中国封疆大吏们所发的 6 封公函的原文及译文寄上。这些公函中多数均注有日期，日期一般均注在信末。译文上端所注的日期系马斯先生将译文转送给我的日期；所标号码亦系指译文转送给我的序号①。

孤拔

BB—4　1958 第 36 页

附件 1　×××②致越南三宣提督刘永福

光绪九年五月初三日（1883 年 6 月 7 日）

渊翁元戎执事：

倾得惠书，具聆壹是。阁下为一方保障，当此军情孔棘之时，自未可远离营次，足征雄才伟略，洞晓兵机，甚喜甚喜。

鄙人现商之左右路两统领，先派劲勇一哨驰赴贵处，以资调遣，嗣后再行酌增。惟此举务须机密，勿使他族闻知，方可源源接济。

一切情形，业与李贡生③面详，自能代述也。泐此奉复，即颂捷安，尚希英照不既。

名另具

M. D. 中国第 20 卷第 77—78 页

附件 2　广西布政使徐延旭批复越南三宣提督刘永福

光绪九年六月初七日（1883 年 7 月 10 日）

钦命筹办边防广西布政使司布政使敢勇巴图鲁徐批：

---

①　原档此处无附件，而孤拔送海军及殖民地部的中文刘永福公函，分别编在外交部档案 M. D. 中国第 20 卷，为了方便查考，现集中附在这里。——编者

②　此件发函人不详，法军在山西缴获此件后，认为是徐延旭所发。——编者

③　即刘永福部属李唐。——编者

据禀匪船驶至左凤江面一带,经该职选派营队分投夹击,炮毙匪党数人,具见深谋胜算,迅赴戎机,曷胜嘉慰!现在凶锋业已大挫,如照拟设法断其粮道,亦未尝非攻坚之一策,仰即妥为办理。此〈缴〉。

M.D.中国第 20 卷第 83 页

附件 3　广西布政使徐延旭批复越南三宣提督刘永福

光绪九年六月十五日(1883 年 7 月 18 日)

钦命筹办边防广西布政使司布政使敢勇巴图鲁徐批:

据禀预筹剿匪,一切甚合机宜。至如何因而应之,是在临时运用之妙。该职勇往素著,尤当激励士卒,奋迅图功。果能一鼓作气,虽有大敌,不足畏也。

现有快枪五百杆,俟日内到龙州,即发给该职应用,以期早日成功。

近日匪踪是何情形?并望随时具报。此缴。

M.D.中国第 20 卷第 85 页

附件 4　广西布政使徐延旭批复越南三宣提督刘永福

光绪九年六月二十七日(1883 年 7 月 30 日)

钦命筹办边防广西布政使司布政使敢勇巴图鲁徐批:

据禀已悉。近来匪踪虽传闻不一,大抵皆恫疑虚喝之词。该职已著先声,此时但当养我威棱,益严儆备,纵大敌当前,自不难收功于一战也。勉之,望之。此缴。

M.D.中国第 20 卷第 158 页

附件5 广西提督黄桂兰致越南三宣提督刘永福

光绪九年六月二十九日(1883年8月1日)于北宁

六月三十日到

径启者:

现在枪械业已解到,拟先拨付尊处枪二百枝、子一万出,特此飞告台端,希即派弁派伕前来安朗迎接,以免迟误。

专此顺颂勋安。即呈渊亭仁弟英览。

昨日专差回宁,承荷两函,已皆收到。并以附闻。

名另具

M.D.中国第20卷第136—137页

附件6 广西提督黄桂兰致越南三宣提督刘永福

光绪九年七月初七日(1883年8月9日)

七月初九日午刻到

渊亭仁弟麾下:

昨晚接展复函并印领等件,均已收存。所云逼码枪子,尚系曾经选过而后解至贵营,乃亦受潮甚重,殊为可惜!现惟请饬妥人挖一土坑,以火烧热,稍留炭子,再用木架逼码,放在坑面,将草掩盖,使其热气烘逼,尚可用得。

随后敝处如有好者解来,亦当酌量拨给,以期适用而免误事也。

近日彼族消息如何?此间传说该族已经祭旗,不日将有战事。望为加意探听而备御之为要。

手此。顺请勋安不一。

名心具

M.D.中国第20卷第87—88页

附件7 广西布政使徐延旭批复越南三宣提督刘永福

光绪九年七月初十日(1883年8月12日)

钦命筹办边防广西布政使司布政使敢勇巴图鲁徐批:

据禀已悉。所有武炜营津贴银两,仍随时支领可也。此缴。

M.D.中国第20卷第92页

附件8 广西候补道员赵沃致刘永福

光绪九年七月初十日(1883年8月12日)戌刻于北宁行营

七月十三日到怀德军营

发来印牍,藉知彼族于初五早出队扑营,潜过桥纸[①],觇知贵军有备,遁去。又于初七早出队来攻,先经贵军设伏,在于桥纸对仗,互施枪炮,伤其数人,立被击退。叠听捷音,可见调度有方,钦佩之至。

查彼族两次尝试,却将客、教当前,洋卒在后,实已心胆早怯,无足畏之。今阁下屡胜,务请鼓励各营,多方设伏,击其惰归,避其锋锐;即获大胜,万勿穷追,先须侦其果无后劲,方可相机追之,仍派□……[②]早驰抵。滇省添拨二营前到山西,我军即可驰赴尊处助剿。

现在军务吃紧,文报最宜迅速。如件件用禀帖写小楷,则一件事报五六处,岂不端写玩时?欲求恭敬,转误军情。况军中顷刻千变,专赖神速应因。嗣后请阁下于军务要件,径用八行信笺,洒洒落落,畅所欲言,即连真带草,亦不要紧。如以不用印牍恐无凭信,

① 原文如此,似为纸桥之误。下同。——编者

② 此处上下文不连贯,疑原文脱漏一整页。下文及以下各附件凡遇此种情况,均用"□……"标注。——编者

则不妨于八行信笺合页处骑页钤印，以中号信封封口，以有印大封驰发。□……阁下先说明白，均请照此办理。至嘱，至嘱！

快枪子码宜于烈日中常晒，或用炭火加以微灰烘之，自然响发。知念附及。此颂勋祺不次。

名另具

再，探闻四月十三日[①]倖而败生之鬼兵三百十余名，此次点名，不肯上仗，情愿回国，照例入监，充当苦差四年，复为良民，不愿当兵等语，足见其心胆俱裂。老兵尚且如此畏惧，今新来之兵尚敢言战，其畏惧已可概见，其进兵之势甚难甚难，亦可知其底蕴矣。彼虽然如此，而我军亦不可轻视养骄，必当谨慎小心，方可万全也。手此。再请捷安不备。名再，顿首。

M.D.中国第20卷第94—98页

附件9 吏部候补主事唐景崧致越南三宣提督刘永福

光绪九年七月二十九日(1883年8月31日)于山西省行营

八月初三日到

渊亭仁兄乡台阁下：

昨夜接到手书，藉悉一是。并悉十八日狂风横浪，沉没轮船一只，不胜欣慰。想彼族如此行为，天怒人怨，在所不容。倘其尚不知悔，一俟义师怒发，势必尽歼渠魁，不留遗种，可为预决。

闻尚浅搁轮船一只于瑞香社河干，未知是否？亦望查明。□……

分派武炜营朱、练、叶、刘四哨各十杆，余十杆即交于何有龙一哨。因此营枪炮稀少，故先给之，以付急用。其逼码因由龙州解

① 即5月19日纸桥之战。——编者

出,不卜有无受潮。祈饬各哨领到后,有好天色概行晒过为嘱。

日前赏给卉帅[1]之差弁及亲兵银两,兹只准其收十元,余十六元属为璧谢,并属此后差弁来往,□……兹将此银付还,祈为察收。

专此。祗请勋安。

乡愚弟　崧顿首

东省之枪尚未解到,此枪系由关内各营拨来,因见武炜营枪少,故先付来急用也。又及。

M.D.中国第20卷第101—104页

附件10　云南记名提督周万顺致越南三宣提督刘永福

光绪九年八月初十日(1883年9月10日)收到[2]

渊亭仁兄大人麾下:

顷奉宪谕,接尊处来禀,并专黄守备到营请领铸炮铜斤。查此项炮铜,前于吾兄来禀时,宪台即筹备一万斤,连铸炮工匠并到山西,阁下自行铸造。嗣奉宫保函商,以铸炮工匠系多年养着,恐到山西不服水土,且虑为法人侦知,致开衅端,不若即在滇省铸成千余斤之炮十余尊,送至山西应用。嗣又接唐薇卿主政来信称,安设炮位,尚在商酌,是以延迟。且江宽船快,即筑炮台设万斤大炮,亦不过于轮船到时开一炮而已,再则无及也,何益?不如退守山西为千妥万当之策。若退守山西,则不须用此大炮。前存保胜之二十四尊已足敷用,并非宪台吝惜此二千余金之费,将来资助之处尚多。黄守备称要赴省买货,已经宪台给与护牌去省矣。

现在宪台拟将我军张、林二营撤回,驻扎大滩,另由兄处自行

---

① 指黄桂兰(字卉亭)。——编者

② 此件发函时间不详。——编者

添募三营,军火饷银,由滇省发给,按月拨济银五千两,俾得厚集兵力,固守山西。已函知陈委员面告。此是极好机会,务望遵照办理,是为至要。

宪台已升授滇抚,如能遵照宪谕退守山西,将来不惟一切军饷,随后富贵正未可量也。千万勿违宪意为祷!

特此恭请勋安不备。

愚弟名另具

M.D.中国第20卷第60—62页

附件11 越南官员范玉焜致三宣提督刘永福

嗣德三十六年八月二十一日(1883年9月21日)

敬禀者:

将略高声,余威远播,凡在闻知,无不歆慕,况仆久列趋承之下乎?惟自大人回山,仆无所倚,现于莅辖大姥社避住,以保辖民。每忆临行之语,不胜铭感之至。谨达寸笺,希祈电鉴。秋风送爽,恭祝金安。

八月中秋后七日

××[①]拙守 仆范玉焜顿奉三宣提督

义良勇刘大人辕次

M.D.中国第20卷第139—140页

附件12 广西候补道员赵沃致越南三宣提督刘永福

光绪九年九月初三日(1883年10月3日)于北宁军营

渊亭大兄大人阁下:

---

① 此二字无法辨认。——编者

菊月三日接展来函,藉悉河督阮有度随同法人修路筑垒,惟省抚、布、按等不从;并论及目下越法情势,明白简达,敬佩之至!

但今越法之和能否真和,尚在未定。即使果真和成,不过越与法和耳,并未与阁下和也。盖其尚要驱逐阁下,每每以黑旗为言。阁下虽能俯首听命,而势不两立,在阁下能甘心束手听其驱逐否?即拟退回保胜一席之地,又能势与之抗否?今为阁下计,当知越法不和,黑旗固宜剿法;即使真和,黑旗更要剿法,此光明正大之理,人人所共知也。况阁下高明卓达,尚昧于此乎?与其养精蓄锐,建立炮台,布置周密,群来驱逐,莫若乘天兵全驻山、北,势壮力厚,为阁下助,即为越南助,尤为阁下护持。况现黄统督、梁参赞等接济饷糈,滇、粤亦为帮费,事事可为。当今之际,阁下尚有何虑乎?亟宜及早为之立定主意,自开门面,大张旗鼓,不必以和、不和为疑,亦不限定以越国为名,自行自计,即行纠合山、北忠义之士,规复失地,明战暗袭,然后断其归路,誓不与法两立,一雪国耻,一复私仇,则阁下不徒自保,且忠义照耀千古,功勋满著人寰矣,又何乐而不为乎?能举此事,则日后不立足于越南而必卓立于天朝也。时乎,时乎,机不可失!凡事亦时也、机也。尚祈思之,自当努力为之。如果多疑不决,委靡不振,后患难免,悔之何及?

顷奉倪中丞手谕,仰揣宪意,似亦属望阁下甚殷,自举义旗,以为霜清水落,轮船不能深入,正是阁下立功之秋。宪意如此高厚,则阁下进退有据,将来回到中国,尚何忧及无高官为哉?如不振作,乘时立功,是自弃矣。

弟忝属同乡,现领兵事,朋友有劝励之义,既蒙询问,敢竭诚告,祈明决勿疑为望。

至滇中周军门传唐中丞请以添招三营,自系为镇山西根本起见。而阁下以无军装为虑,亦属实情,即当具禀请发。禀内不妨直言枪炮饷项无出,请迅发解若干,即可成军,详细言之,禀复周军门,或自己耑差径禀岑宫保、唐中丞候批遵行,必能妥当,定有著落,断不令阁下为难也。此皆切实之言,尚冀勿以河汉,有厚望焉。

匆匆肃复,耑请捷安,诸惟勋照不尽。

名另具

再,如蒙许可,一切军事再当商酌办理,必然有济也。又及。

北省民间多有义举者,仍可为山省同心,又奚忧不灭此不法之徒?尚祈勉之!又及。

M.D.中国第20卷第106—113页

附件13 广西布政使徐延旭批复越南三宣提督刘永福

光绪九年九月十九日(1883年10月19日)

钦命筹办边防广西布政使司布政使敢勇巴图鲁徐批:

据禀已悉。所请借银五百两,准即如数给交来弁李唐收领可也。另禀法夷焚掠情形,种种肆虐,民何以堪?仰该职即便激励将士,克期进剿,迅荡妖氛为要。此缴。

M.D.中国第20卷第116页

附件14 徐延旭致刘永福

光绪九年九月十九日(1883年10月19日)午时于龙州行营

渊亭大兄麾下:

闻云识时务者为俊杰,能立功者为英雄。麾下四月之捷,斩将搴旗,令彼族不敢正视,中外闻风,亦既以俊杰英雄属之麾下,况复名动天听,优荷褒嘉,大丈夫至此可谓荣矣。凡有血气,宜何如感激图报。

今者天子霁颜以望,海内拭目以观,以为彼虏转瞬可歼,河内指日可复。兹既数月,战事未闻,不知者窃有所疑,或谓始强中弱。鄙人则知麾下待时而动,断不肯虎头蛇尾,贻笑千秋。或因勇稀,或因饷缺,或因天时未就,或因军械未齐,均不能不慎始图终,以期万全胜算。

今值冬令水涸,闻麾下新勇渐次募就,将有事于宁平,特饬委员黄汝乾、张镇良领解饷银至北宁两统领处投缴,即先解交麾下三千两,以为稿〔犒〕军之需,到日祈为查收。此后源源接济,缺乏可以无虞。近日军火陆续抵龙,亦复取之不竭。

昨接岑宫保来信,将亲领大军来驻山西。又况四处义民蜂拥而起,皆有奋勉图功之意。麾下正宜趁此机会激励将士,谋取河内,无令他人捷足先登,致失前此威名,是为至要!

倘河内骤难得手,则分兵以扰南定、宁平,或步步为营,以图河内。兵法或正或变,或用疑兵以疲敌,或出奇兵以制胜。彼族虽船坚炮利,我可见景生情,以谋济勇;或更与义勇及各军联络声势,使其接应不暇,一遇有懈可击,则痛加剿洗,务夺坚巢。想麾下当自有权衡,无俟鄙人赘论矣。

兹于月之初二日由龙起程出关,初四日安抵谅山驻扎,消息更易相通。立盼捷音,勉之,勉之!毋负鄙人厚望也。

专泐预贺,并请勋安,诸惟英照不备。

名另具

M.D.中国第 20 卷第 119—125 页

附件 15　越南官员范诚等致三宣提督刘永福

嗣德三十六年十月初六日(1883 年 11 月 5 日)

三宣军次提督义良男刘大人阁下,敬启者:忝列赘守边城,愧无殊状。惟幸辖下粗安,足堪告慰耳。前闻贵道屡立战功,法匪畏之如虎，可敬可贺！

曩者，彼族乘丧迫我顺汛，我国允和，想亦权宜焉耳。兹统督大臣大人在外调度山、北，诸贵列各拥重兵在高，明者量力而行，相辰而动，天兵我勇，协力同仇，谅此妖氛亦必随潮消遁矣，忝省引领以望捷音。

兹元旦近期，谨具龙茶一斤顿上，希惟吡纳。

再，四月前故副领兵杨贵职纸桥之战，忝省路远，未及致吊，兹派属敬递赙仪并叙备悉。

梅风送爽，遥祷捷安，诸惟爱照不备。

高平忝列范城、严春芳顿

M.D.中国第20卷第149页

附件16　越南该总阮文顺致刘永福

嗣德三十六年十月初八日（1883年11月7日）

山西省广威府不拔县修武总粹古社该总阮文顺叩禀，为乞招募事：缘卑总地分接夹多歧，不逞之徒辰常出入，且兹西洋扰掠，该等不无觅望。为此，卑乞招募勇敢之清蛮汉士四百名，枪械精足，束成十队。何日立清，先将头目并名策〔册〕向辕候办，俟领文凭事简，派回保卫家乡，系临辰有事，承札开差，引将原算向辕随派，乞支粮饷。辄敢冒昧，伏乞三宣提督军务大人阁下斗照恤及卑情，批付给回招募，并咨次省知照，俾卑得便承行，万赖、万赖。今叩禀。

该总　阮文顺

M.D.中国第20卷第142页

附件17　广西巡抚徐延旭批复越南三宣提督刘永福

光绪九年十月十六日（1883年11月15日）

新授广西巡抚部院敢勇巴图鲁徐批：

据禀已悉。该职部勇所向克捷,业已成效昭然。兹复挑选劲旅,以备折冲,具见忠愤之忱,深堪嘉尚!仰即声严纪律,督饬操防,会合义旗,克期大举,以冀早奏肤功。本部院不日出关,自当优加奖励。此缴。册存。

M.D.中国第 20 卷第 128 页

附件 18　云南巡抚唐炯批复越南三宣提督刘永福

光绪九年十月三十日(1883 年 11 月 29 日)于蒙自县新安所行营

十一月十三日未刻到

兵部侍郎、云南巡抚部院唐批:

据禀已悉。所有异常出力及打仗阵亡各将弁勇丁,仰候分别从优奏请奖恤,以示鼓励。〈此〉缴。清折二扣存。

M.D.中国第 20 卷第 65—66 页

附件 19　云南记名提督周万顺致刘永福

光绪九年十一月初一日(1883 年 11 月 30 日)于蒙自县新安所

十一月十三日到

渊亭仁兄军门大人麾下:

初一日黎明,业将接奉宪台函谕转达阁下,赶急割据山西,号召十洲三猛,先立根本,滇、粤助以军器、饷糈,出力报效,为自全之计。续又有函赐弟,再劝阁下振刷精神,遵照办理。并已会同密奏,请将唐主政留在贵营帮同照拂。至黄佐炎之才能如何,虽未深知,然现为北圻统督,众望所归,可藉以号召北圻各省之人。范鹤亭亦不日派遣来营等因。弟思此是极大好机会,特再将阁下今日进退利害剀切言之。

闻越王被其胁和,条约各省安设洋官,彼收钱粮十分之九,越王只收十分之一。又有一条驱逐阁下出北圻地界。此时越王虽生犹死,越国已全归彼族,阁下若不奋发大举,趁此时割据山西,号召北圻各省以为根本站脚之地,若山西不守,退回兴化、保胜,则部下将弁士卒众心涣散,大势一去,不须彼族用兵,但逼越王下诏一纸,或要挟中国追究,则后悔无及矣。阁下定计自强自立,则彼族有所畏忌,越王尚可暂延残喘,越地尚可图存,否则君国臣民土地与阁下俱为灰烬也。

为阁下今日计,有进无退,建功立业,大富大贵,为王为霸,在此一举。若拘迂疑畏,所见不大不远,或听越王被胁之令,弃地罢兵,以为忠心于越,则早晚同死于彼族之手耳。阁下趁此占踞山西,约黄佐炎、梁参赞同兴义旅,择立黎、阮后嗣,兼有北圻各省,收其钱粮佐军,籍其丁壮入伍,文武官绅有才能从服我者重用之,否则另自安设。旧日政令,有不便于民者改之。抚之以恩,镇之以威,查其背叛不从而又从教者除灭之。广收人才,固结民心,训练队伍,厚待士卒,与共甘苦。根基已定,然后战守攻取,相机而动,外为越南兴复报仇,内可为天朝屏蔽。

中国地广兵多,并非畏彼不与交战。因通商之国甚多,尚在筹补库饷,各海口造轮船、炮台、机器、快枪、电报,俟各项齐备,不难一举而逐彼族也。现奉密谕,饬令滇、粤暗助军饷器械,联络声势,以便阁下出力报效。所有屡次战胜情形,早邀圣明洞鉴,懋功懋赏,惟俟阁下能始终扼守北圻也。

如虑兵单力弱,粮饷不济,则贵军数营,俱百战精悍之士,滇、粤现驻兵山西、大滩等处为援,兼又按月助饷添募,且北圻各省亦可就地取材也。如虑人才不齐,则现在将弁如李、韩、黄、吴诸君,皆具文武才略,可供臂助,再加义旗一举,当有闻风而来者。现在奏留之唐主政,为粤西大族,翰苑贵官,雄才大略,不避嫌疑艰险,帷幄运筹,可得此公之助。如虑势孤,则有旨饬令滇、粤暗助,只当前敌一面,后顾无虞,不啻泰山之靠矣。如虑彼族势强,则我军已屡战屡胜,彼不过于大海中恃其轮船耳;南圻尽在海边,且不与争,北圻陆地,则我所长、彼所短也。古来以匹夫起于草莽,率一旅之师建立大业者甚多。如汉高祖、宋刘裕、朱太祖创国数百年;又如曹操拥百万之兵篡夺汉朝,而刘皇叔、孙权独霸四川、江南;朱温灭唐而藩镇各霸一方,鼎足并立。再如米利坚花旗国为地方周围二万余里,为英国恃强吞噬二百余年,乾隆四十九年,花旗国有华盛顿者,心怀忿怒,据地起兵,其时军饷、子药俱无,仓卒之间,徒以忠义激励众人,攻败英国,收复故地,英国大惧,求和罢兵,至今不敢相犯,天下万国慕其为英雄豪杰。可知事在人为,有志者事竟成也。

弟为阁下思之,倡举大义,名正言顺;通盘筹画,机不可失,不但为目前自全之计,且可兼顾越南与中国大局为远久之计。宪台厚恩,谆谆相嘱,务望速即遵照办理,与李伯陶、韩伯铭、黄、吴诸兄会商,晓谕阖营将士,决计施行,切勿迟误!定局若何,仍希立即回示,俾便转禀,以副各大宪之望。

至于养兵一事,尤须不吝银钱,庶可久得其力,为我效用。宪台奉旨接济饷银,万不使阁下掣肘。如有不敷之处,尽可直禀商量,或函知弟处,代为转陈亦可。宪台做事,有始有终;弟与阁下,事同一家,交非泛泛,故不惮烦琐,缕悉陈之。

再,以后文信,请随笔草书函知,切勿拘于形迹,屡赐谦光,一则简便快当,免致耽延;一则不作客气,益见彼此真交也。

草此布达,即请勋安,统维心照不具。

李伯陶、韩伯铭、黄君、吴君诸兄处祈代弟问安,恕未另函。

愚弟名正具

M.D.中国第20卷第55—56页

附件 20 广西提督黄桂兰致刘永福

光绪九年十月①(1883 年 11 月)

渊亭仁弟麾下:

数日未读手书,想戎务叶宜,定如臆颂。薇翁初六日由此起程,计当早已接晤。北宁义勇已开往海阳,我处亦派有二三营督率前进,均次第在此动身。

今日又据探报,河内彼族已先驶火船三艘,满载兵粮,赴海阳守御,河城鬼卒无多,甚为空怯。谅贵处侦探不绝,必已得悉。如果属实,即祈麾下简率精锐,乘虚直捣河城,以图恢复。此间亦当分途并举,为贵部遥助声援,使彼不遑兼顾,则得手必矣。惟吾弟及早图之,至为至盼。手此,顺请

捷安!

知名不具

M.D.中国第 20 卷第 155—156 页

附件 21 桂军总兵陈德朝致刘永福

光绪九年十一月初九日②(1883 年 12 月 8 日)

渊亭仁兄大人扐下:

日昨曾达两函,谅已早登青览。即维貔营笃祜,虎帐扬庥为颂。

---

① 原件无发函人及时间,据文中称谓及字迹推断为黄桂兰,据其内容当写于光绪九年十月。——编者

② 原件仅有“初九日”而缺年、月,而法军缴获此件译成法文时作“十月十四日(即 1883 年 11 月 13 日)”,误。据文中内容推断,此函应写于山西之役爆发前夕的光绪九年十一月。——编者

顷闻初六早,彼族驶轮船五艘直上山西,另有步兵千余由陆路前进,冀图合兵窥伺,水陆夹攻,未知真否?

想阁下兵威素著,即或有警,定然权操必胜,不难一鼓歼除。但弟处相离较远,耳目难周,请祈将有无开仗及如何情形迅赐捷音,俾知颠末,是所盼祷!

兹弟先奉派前赴慈山一带相地扼扎,虽于初七日率带亲兵及哨勇亲历新河一带查看地势,继为闻山西紧急,故尔中止。现在仍暂住北宁,听候调度。一俟如何派扎,或派扎何要,再为续布可也。知关远念,并以附闻。敬请捷安,诸惟心照不具。

愚弟　陈德朝顿首

M.D.中国第20卷第144—146页

附件22　黑旗军奖赏文告

嗣德三十六年十一月十二日(1883年12月11日)

三宣提督军务义良男刘,兹将在阵斩获匪党首级每一颗赏银分别开列于后:

一、在阵斩获正法匪首级,每一颗赏银一百两正,有画者每一画加赏银二十两正(其画数宜取衫袖呈验,画多者照画数算赏)。

一、在阵斩获金边及阿利加各国等匪首级,每一颗赏银五十两正。

一、在阵斩获嘉定鬼首级,每一颗赏银四十两正。

一、在阵斩获左民首级,每一颗赏银十两正。

M.D.中国第20卷第133页

附件23　广西候补道员赵沃致刘永福

光绪九年十一月①(1883年12月)

渊亭仁兄军门大人麾次：

适接手函，具悉种切。现查彼族蚕食郡邑，绵亘日宽，急宜预为布置，以遏其无厌之念。故不能不迅调各营；以资分扼。即如山西之下丹凤一带，麾下退后，该处已为彼窃踞，进兵较前更难。

现在尊处添募各勇，当即迅速拨饷接济，令其赶紧成营，以图进取。凡举事在速在果，须以先发制人，幸勿迟延，致为敌制。如誓师有期，再行函知酌调，藉资助剿，未为晚也。

现唐大人已带二营助守，高明之见，以为何如？手此致复，即颂勋安。附完大柬，统希心照不备。

赵沃顿首

M.D.中国第20卷第152—153页

983　海军少将、中国海及日本海分舰队司令梅依致海军及殖民地部长裴龙

1884年1月14日于"胜利"号香港泊地

谨将本月12日发出的电文向您确认如下：

从驻江户公使处得到消息，我们不能指望日本方面采取友好态度；英国报纸亦在宣扬，法中一旦发生冲突，英国应守中立。能

---

① 原件无收发时间。据唐景崧《请缨日记》载，唐于光绪九年十月初带贾文贵半营、李应章半营兵员赴山西，是为一营；十一月李应章又带两哨人马至山西，合成一营。至此，唐手中共掌握两营兵力。从此函中"现唐大人已带二营助守"一语及此函在山西之役中被法军缴获的情况看，其发函时间应为光绪九年十一月，即1883年12月中旬以前。——编者

否就此向我提供情报？本星期我在海上(“胜利”号舰上)度过。该舰现急需进船坞整修,其航速差不多已减慢3浬。也许可乘涨潮驶入阿伯丁船坞,3天后驶出。将派遣“伏尔达”号赴福州。1月12日复电已收到。

进船坞越早越好。现无任何有关英国战时立场的情报。

我们尽全力不耽搁“胜利”号驶入船坞,但该舰仅能到下次新月大潮时驶入,即约在本月24或25日。此电发出之际,进阿伯丁船坞已错过了满月时机。虽然我们进行了潜水作业以清除污垢,该舰仍大大降低了航速。只有进船坞才能排除停泊下龙湾以来长满船身的绿苔。

我3天前乘“维拉”号返回舰队。舰上载有“美萩”号带给分舰队的部件,派往福州的“伏尔达”号途经厦门,可将部件带给“凯旋”号。

我已命福禄诺舰长就闽江方面的动向做出详细汇报。中国人已派5000—6000人,加紧装备要塞,修筑新的炮台。我还下令,让福禄诺舰长设法了解,在非常时期能否找到几个欧洲或美国领航员来我舰服务,以应付河口处或沿海的战事。

中国目前正在对可能遭到进攻的各据点加固工事,到处征夫修建炮台,配置新式大炮。一位英国人比特(Betts)先生此时正在广州水道布雷。另一位来自英国的哈威(Hawey)少校受南京左总督之托,也在长江水道布下了水雷。这些由经验丰富的人指导的工程将给攻取港口的计划造成很大困难。若战争爆发,则抵抗的激烈程度定将非过去远征中国沿海时所能相比。另外,对中国人在军事上的进步,我一年以来一直予以密切注意:我仍认为进攻可能遇到相当大的困难。

我国驻东京公使先生寄来一封密信,促使我就能否指望日本政府采取友好态度一事向阁下发出了电报。现将此信抄件附上[①]。信是先基维克斯先生对我收到您去年11月10日的机密指示后与他接触的回复。英国中立[②]。我电文中关于英国态度的看法是由伦敦各报文章所引起的,尤其是《蓓尔美尔报》(Pall Mall Gazette)。这些报纸的文章,上海、香港各报均有转载,虽然可以认为此类文章均由有关人士散布,但的确反映了某些人的看法。如果真的一丝不差地照文章的意见去做,那么我方必将遇到极大的麻烦。亚丁、锡兰、新加坡如严守所谓中立,这便意味着我方战斗舰与运输舰无法在上述地方获得燃料供应,从而难以坚持对华战事!这类禁令若延伸到香港,加上日本立场未明而造成的复杂形势,则我方在中国海域的军事行动势必受阻或流产,因为我方在中国漫长的海岸线上将找不到一处必要的军事补给基地。可以肯定的是,我方虽然能够不时地在预定地点以高价收购若干煤炭,但必须看到,这是纯属偶然的机遇。在一个办事处、商行、船舶以及私商中都渗有中国人的国度中,要保守机密真是难之又难!考虑到与中国冲突的后果,我认为有必要将我的想法向阁下汇报。

我驻广州领事发来总督布告,宣布在黄埔上方,以常州(Danes I.)为分水岭的两股河道之一已予以封锁。封锁的是北河道,那里已布了雷。南段水道虽未封锁,却只保留70英尺作航道,还在江面架起一座竹桥。我认为航道太窄,威利斯将军已请求展宽至100英尺。竹桥的作用是,一旦遭到攻击,部队可以很容易地从江的一边调动到另一边。

昨日广州开出3艘运兵船,装载约2000名士兵赴海南。据巴

---

① 原件缺此抄件。——编者

② 着重号为原文所有。——编者

黎某些报纸文章,法国企图攻占海南岛。这些文章的摘要已用电报发至广州,引起了两广总督的极大焦虑。他甚至就此消息试探我方领事。一旦情况许可,他好像还会从2000人增兵至6000人。我已对您说过,集结在广东的一大部分军队已取道西江进发,到南宁府后从陆地开入东京境内。上述调动已由北海的一位传教士通知了"雷诺堡"号。我前几封信中已向您汇报过这些部队的成分和素质,然而,我估计部队一定在广州更新了装备。据我方领事报告,赴海南的士兵装备有毛瑟、施奈德和雷明顿等式步枪。这些士兵是钦差大臣彭玉麟从扬子江带来的。

仍不知道由广州至边境的电讯工程是否开始,然而最近又新到一批数量可观的电讯器材,包括电线和绝缘瓷瓶等。

明天有一艘军舰驶往海防,我将借此机会将军队开赴海南的情报通知孤拔将军。向东京运动的部队调运情况早已通知孤拔将军,这种调动自本月初山西陷落的消息传来之后便已经开始了。

近日我已将"鲁汀"号从广州调回,以接受"美萩"号和"维拉"号带来的物资补给。如有必要,我将重新派遣此舰前往广州。但是我认为需要请您注意:此时派遣炮舰开往广州城,没有任何实际效用,反倒会造成严重后果。我们不能把小舰只孤零零地留在上海、广州等地,一旦发生意料不到的事变而与中国政府发生冲突,这样做便会冒极大风险。法国政府也许不向中国宣战,即使宣战,我们也会及时得到通知。若不将舰只调回,那么我方军舰便直接暴露在一个相当狡猾的敌人面前。把一艘像"凯旋"号那样的大舰留在厦门,我是放心的,我敢肯定这艘铁甲战舰不会受到突然攻击;即便受到袭击,它也能较好地压制敌人,在合适时机退出厦门港。

中国北方继续闹饥荒,甚至在北京郊区也有饥民聚众闹事。

上海报界就此刊出上谕，从中可以肯定，假若保卫京城的部队被饥民冲垮，朝廷便朝不保夕了。

分舰队官兵健康状况良好。

附言：还要等些时候才能下令对“维拉”号进行必要的维修。用来加固船身中间的铁板必须更换，但须等“杜居土路因”号驶回后才能进行。刚刚收到您昨日的来电。利用外国报纸及□……时需多加小心。

C.P.中国第64卷第129—135页

984　海军及殖民地部长致茹费理

1884年1月15日于巴黎

内阁总理先生、亲爱的同事：

昨晚您将脱利古先生的密码电报转给我，我已将电文译好，现将电报奉还。

附件　脱利古致外交部长电

1884年1月14日下午2点25分于香港

1月15日收到

顺化，1月5日。今天我觐见了年幼的国王，他由辅政大臣作陪。这种前所未有的接见仪式由于东方的仪仗而更显得隆重。在例行的问候后，陛下亲切地叫我走近他，并托我向共和国政府转致他的完全忠诚的敬意。他遵守这项条约，但希望我们能够缓和条约某些严厉的措辞。我向他保证我们的善意和同情。

新国王15岁，是嗣德帝的侄儿，也是他第三个养子，帝号建福。目前掌权的辅政大臣为户部尚书，是他发动了最近的革命。他好像准备听从我们的意见。

我认为 8 月的条约存在很多缺陷,条文规定得不是过多就是不足,是并吞和保护两个不同概念的混合物。然而,我认为我们应该坚持实行切实的保护国制度。这种制度经过妥善地组织,使我们将来可以不费吹灰之力并吞整个安南。

脱利古

M.D.亚洲第 43 卷第 53—54 页

985　海军及殖民地部长致孤拔电(由驻香港领事转)

1884 年 1 月 15 日于巴黎

8 日来电收悉。

政府认为目前不应将部队分散到三角洲之外。部队人数不足以在北宁进行军事行动。

脱利古在顺化受到良好的接待,他可以对安南政府施加影响以维持秩序。

舰长已提升。

米乐已于 1 月 11 日离开亚丁。

BB—4　1953(孤)第 6 号

986　茹费理致中国驻巴黎代办庆常

1884 年 1 月 15 日

先生:

某些报纸发表了本月 8 日由曾侯先生从福克斯通(Folkestone)交给《德意志评论》(Deutsche Revue)的信件,请费神尽快通知驻共和国的中国公使先生,问他是否确实了解此信作者。不胜感谢。

茹费理

C.P.中国第 64 卷第 17 页

987 孤拔致海军及殖民地部长裴龙(机密)

1884年1月16日于河内

部长先生：

何罗栏先生出发时忘记交给我法国驻顺化驻扎官参哺先生给他的一封电报。这位官员提出了辞呈。

当我知道参哺先生辞职的理由依据时，我就对这种显然故意的遗忘不再感到惊讶了。因为这些理由恰好是对我们在东京遇到、在顺化由于脱利古先生的巧妙调解而解决了的困境的指摘。

部长先生，我坚持将这件事告诉您，同意您所作的任何决定。

孤拔

M.D.亚洲第43卷第139—140页

988 海军及殖民地部长致茹费理

1884年1月16日于巴黎

内阁总理先生、亲爱的同事：

随函奉上交趾支那总督先生刚寄来的密码电报。

附件 交趾支那总督致海军及殖民地部长密电

1884年1月16日晨1时30分于西贡

海军部长先生：

1月7日由“美萩”号带来的顺化消息表明，目前的形势已经完全好转。我们的保护国制度已被新国王在隆重召开的会议上郑重承认，然后是秘密接见，这种事例在安南的历史上是绝无仅有的。

占领城堡一事，原则上已经同意，条约批准后，即可轻而易举地实现。居住地点已选定。

在各乡村窜扰并在朱眉(Chaumay)及蓬三(Boungtam)杀了大约100名基督教徒的游击队已经溃散,其首领是王室的3个亲属。主要的罪犯已被判死刑立即斩首,2个副首领被贬黜,其他带头者被判无期徒刑、流放或劳役。应驻扎官的要求,同时为了避免政府方面做出相反的反应,其余犯人将随着乡村的平定而逐步处决。

东京无特殊情况可汇报。

M.D.亚洲第43卷第55—56页

989　海军及殖民地部长致孤拔电(由香港梅依将军转)

1884年1月17日于巴黎

不久将给您运去6艘拆装的炮艇,两个入水1.3米、重109吨的螺旋桨,18支炮管(最大的8吨)。运至何地接收?请将"凯圣"号遣回。米乐于11日离开亚丁。

BB—4　1953(孤)第7页

990　海军及殖民地部长裴龙致米乐

1884年1月17日于巴黎

(V.F.德·马赛尔于1月18日由巴黎发出)

亲爱的将军:

谨随函转去康珀农将军关于陆军部各部门给东京远征军信件寄送方式的公文副本。

请您按类似手续寄出您所有与陆军部有关的信件、公文。这种性质的函件应用双重信封寄来给我,第二个信封开口,写以下的地址:

"东京远征军总司令将军　呈请

海军及殖民地部长负责代转

陆军部长先生收"

我已将您关于动物在"萨尔特"号船上的畜舍问题的嘱托通知海军中将克朗茨(Krantz)先生,请他注意此事。因此马匹和骡子在该船将会得到尽可能好的安置。

根据您的请求,我已下令装运部队的运输船在经过亚丁和亚丁以远的其他停泊港口时给您拍电报,告诉您可能于何日到达东京。另外,我将用电报通知您这些船只离开法国的日期以及船上载运的东西。

第二批运兵船队运去的部队按我1月4日信内所附表格的说明,由"安南人"号、"萨尔特"号、"圣日耳曼"号和"普瓦图"号运送。然而,由于原定由"圣日耳曼"号运载的全部人员对该船的居住条件不大满意,我现将以1月20日从土伦启航的"桑罗克"号载运那两个独立连。此船将于3月初到达下龙湾。

随函附上印度支那运输船运行表。"母狮"号(Lionne)将于2月间在瑟堡装配武器,一俟完工便派给孤拔海军少将调遣。

悬挂海军少将利士比将旗的"拉加利桑呢亚"号于1月12日从阿尔及尔前往苏伊士。

关于我们与中国关系的政治形势,我没有任何新的情报向您提供,政府坚持认为这种形势不可能导致公开断交。我向您进一步肯定在您开始执行此项任务时向您发出的一般性指示。

在您收到此信时,西贡与海防间的电报局将已开始工作,我便可以迅速告诉您形势的发展。

附言:行政书记官贝加里埃(Begaries)先生和副书记官谢鲁兹(Cheyrouse)已于1月10日乘客轮"普瓦图"号动身。虽然东京的军事法庭只隶属于海军军事法庭,但您却可以很容易得到这两位书记官的帮助。派出这两位书记官的决定由于某种差错而没有及时撤消,但陆军部长希望您将会把他们留下来。

BB—4　1953(米)第6页

991　海军及殖民地部长致米乐

1884年1月18日于巴黎

亲爱的将军:

我荣幸地对即将从法国派出编入东京海域舰队的船只作说明如下:

炮艇“美洲豹”号和“旗帜”号将于5月间、轮式护卫舰“信天翁”号(Albatros)将于6月初运去给您。

小炮艇“机枪”号(Mitrailleuse)和“手枪”号(Revolver)将于2月20日由运输船运去并于3月底到达您处。

我们在布雷斯特港利用浮坞装备“阿杜尔”号(Adour)。该船派驻海防,将于6月初到达。

在南特还为东京建造6艘可拆装的双螺旋桨钢骨炮艇:“火枪”号(Arguebuse)、“雪崩”号(Avalanche)、“警报”号(Alerte)、“曼丁”号(Mantine)、“暴风”号(Bourrasgue)、“阵风”号(Rafale)。随函寄去与公司签订的合同两份。这些炮艇将拆装后随同船员由运输船运去,于4月中至5月底到达东京。请派人在海防卸货并重新组装。将再订购6艘这一型号的炮艇,在合同签订后100天交货。这6艘炮艇名为:“刺刀”号(Bayonnette)、“棍棒”号(Casse – téte)、“大炮”号(Caronade)、“大刀”号(Cimeterre)、“剑尖”号(Estoc)和“盾牌”号(Bouclier)。

另外,已向克拉帕雷德公司(Claparéde)订购了4艘后部带轮的炮艇,取名为“亨利·李维业”号(Henry Rèvière)、“箭”号

(Carreau)、“安邺”号(Garnier)、“韦鹭”号(Villers)。这些船将全部组装好在海防交货。前两艘交货日期为7月15日左右,后两艘为8月1日和5日。去年12月8日已将与克拉帕雷德公司签订的合同5份样本寄给海军少将孤拔先生。

最后,通过附加合同,又向克拉帕雷德公司订购了两艘“李维业”型炮艇,名为“雅关”号(Jacquin)和“茂隆”号(Moulun)。这两艘炮艇将于10月13日在海防交货,全部组装完毕。

掌握了这些手段将有助于您进行军事行动,并使您可以保证三角洲许多河流的治安和安全。

海军中校莫列波约先生负责整个内河航运管理:港务、船坞和煤栈。请您立即向他发布命令,以便保证小舰队船只的维修和属于他管辖的各个设施的维护工作。

至于在下龙湾或沿海其他地方为海军分舰队所需要的现有的或者可能不得不建立的设施,应当仍由分舰队司令海军少将先生负责组织和监督工作,因为他更能判断其必要性。

我已将此意告知孤拔海军少将。

BB—4 1953(米)第11页

992 海军及殖民地部长致孤拔

1884年1月18日于巴黎

海军少将先生:

我很感兴趣地阅读了您关于东京政治军事形势的第129、130号报告,已将报告送内阁总理先生。

我赞同您为继续水道测量工程所采取的措施。有必要利用有利时期寻找位于海南岛西南方尚未勘察清楚的暗礁,“达利斯曼”号(Talisman)1877年几乎在该处搁浅。当时发给分舰队司令海军少将先生的报告并没有转到部里。出于同一考虑,为便于航行,从现在起应研究我们将要建立的灯塔、航标及其他岸边助航标记等问题,请您一有可能就向我提出有关这方面的建议。

关于在下龙湾或邻近的某一港湾有必要建立什么设施以便于海军分舰队的行动,以及建立最必不可少的防御工事,亦请加以研究。

我在今日的信中已告诉米乐将军,海军中校莫列波约已受命统一管理三角洲内河的航运工作:小舰队、港务、工场和煤栈;但是关于在下龙湾或沿海其他地方需要为海军分舰队服务的现有的或可能有必要建立的设施,则由海军少将先生您负责进行组织和监督管理。

最近将从法国运出一定数量吃水浅的舰只以加强东京的小舰队。随函寄去为此而制订措施的意见书①。

随函还转去一份建造"火枪"型可拆卸的小炮艇的合同,作为情况通报。去年12月8日我还给您寄去5份盖有"物资"印戳的供应"亨利·李维业"型带轮小艇的协议书,请您把这些协议书交给米乐将军。

我于1月17日电报中催促您遣回"凯圣"号以便该船能利用东北季风结束之时航行。

"母狮号"在瑟堡装备了新的锅炉,将于2月间服役,一俟准备就绪即派去供您调遣。

"拉加利桑呢亚"号已于1月12日从阿尔及尔驶往苏伊士运河。

我已将您关于提升4名阿尔及利亚部队军官的推荐书附上极

---

① 原档缺此意见书。——编者

其有利的批语转送陆军部长先生。随函附去康珀农将军1月5日的答复[①]。

一份运输船只航行单(参阅同时致米乐将军信)也随函寄去。

关于我们与中国关系的政治形势,我没有任何新的消息向您提供。政府坚持认为这种形势不可能导致公开断交。然而我请您注意(正如我在最近的信中所提出的)研究并准备在战争情况下以您为总司令的全部海军力量所必须进行的军事行动。

在您收到此信时,西贡与海防之间的电报局将已开始工作,我便可以迅速告诉您形势的发展。

有关东京小舰队的说明

"美洲豹"号、"旗帜"号:5月间前往东京。

"信天翁"号:6月初到达东京。

"机枪"号、"手枪"号:2月20日通过运输船从土伦运出。

"阿杜尔"号:现在浮坞上,6月初到达海防并驻在该地。

"火枪"号、"雪崩"号、"警报"号、"曼丁"号、"暴风"号、"阵风"号:可拆装的双螺旋桨钢骨炮艇。目前正在南特建造。将拆装运出,与其船员一道于4月中至5月底之间到达东京。

---

① 原档缺此附件。——编者

“刺刀”号
“棍棒”号
“大炮”号
“大刀”号
“剑尖”号
“盾牌”号
} “火枪”型炮艇。将订购并在签订合同100天后在法国交货。

“李维业”号
“箭”号
“安邺”号
“韦鹭”号
} 后部带轮的炮艇,已向克拉帕雷德公司订购。前两艘将于7月15日、其余两艘在8月1日和5日在海防组装好交货。

“雅关”号
“茂隆”号
} “亨利·李维业”型炮艇,已向克拉帕雷德公司订购,10月13日在海防完全组装好交货。

BB—4　1953(孤)第8页

993　东京陆海军总司令孤拔致海军及殖民地部长

1884年1月18日于河内

部长先生:

12月20日曾电告我拟在山西构筑防御工事和加固各防区所必需的期限,已派出数支机动纵队向被叛匪与海盗所蹂躏的各省发起进攻。

现将从那时以来所发生的战事向您作一简报。由于我手头兵力不足,无法切断逃敌的退路,因此,我首先想到的是调“闪电”号去黑河,调“飓风”号去底河以弥补上述缺陷。虽然这两艘炮舰的吃水仅为80厘米,但遇到了无法越过的滨河沙垅——“飓风”号就在底河入口、“闪电”号则在黑河汇流处遇到了这些沙垅。此时,我已不指望能立即向兴化进军,亦决定不准备离开红河水路来部署远征，因为红河水路这一作战基地对我来说实属必不可少：这不仅是由于我们的补给困难，而主要是因为小舰队的140毫米和90毫米火炮是我们进行轰击的最有力武器。有关方面并不按我们的要求送来80毫米山炮，却调来一组80毫米野战炮，这些火炮的机动性太差，不适用于这里常年阴雨、道路泥泞的自然条件。

最近，河内最高水位上涨了20厘米，这使我一度认为，吃水不深的炮舰也许能溯流而上直达兴化。于是我立即派“闪电”号载1营兵力去增援山西驻军，然后溯红河而上。但该舰于12月17日在同一地点又再次受阻。在这种万分无奈的情况下，只有等到5月间才能发起远征。

但是，我至少应当通过侦察，以确信红河右岸自山西至黑河地段已经绥靖，并向曾被黑旗军吓得心惊胆战至今仍心有余悸的当地百姓显示我们的实力。

从12月20日起，比硕上校统率4个步兵营和3个炮连沿兴化公路进军，直达黑河畔；沿途所得的消息表明，黑旗军已全线溃退，携带了大批伤兵逃跑。他们在逃跑途中对许多乡村大肆掳掠后还放火焚烧。当地百姓在我军即将到达时还战战兢兢，但随即放下心来并派出僧侣和绅士来向我们表示归顺。这一带长期以来虽深受黑旗军横征暴敛、抢劫掳掠之苦，但依然不失为人口密集，物产富饶之地。比硕上校于次日晚返抵山西。

在1月初前后，又有1支特遣队在莫西翁(de Maussion)上校的率领下在同一地区作了第二次侦察。该特遣队由3个步兵营组成，没有配备炮兵，这样便于利用各种道路行军。特遣队于1月2

日从山西出发,经内地向不拔(Bat – Bac)[①]进发。以前,比硕上校曾因路面条件恶劣,火炮不能通行而无法到达那里。该特遣队抵达不拔后随即沿红河与黑河右岸折回,于1月5日晚返抵山西,沿途未遇任何敌人。

在此次侦察途中,莫西翁上校搜集到有关这一带地形和黑旗军所作所为的大量资料。黑旗军撤离黑河右岸后即驻扎至黑河左岸的兴化、同文、富林(Phu – Lam)以及不拔对岸的沙府(Sa – Phu)。此后,他们便从那里出发,多次进犯黑河右岸,对右岸各村蹂躏骚扰并纵火焚烧。对敢于与他们对抗的人一律格杀,同时还劫走大批男人、妇女和儿童。在我军逼近时他们就迅即遁去。

现在看来,只有等我们在这一带建立威信相当长时间之后,取得百姓的协助时,才能完全杜绝这类骚扰。为此,山西驻军司令每天派出暂由他指挥的数支队伍至附近各地进行侦察,于是百姓逐渐倒向我们。但他们在确信自己不会遭到黑旗军报复以前,还不敢公开向我们靠拢。

在山西省东部,情况就大不相同,那里似乎已完全恢复平静,而且我们最近建立的遵笃(Ton – Doc)县政府已开始被人们所承认。

在山西,修筑碉堡工程因我们所招募的部分东京瓦匠开小差而推迟了进度。当然,安南的春节也是造成上述工程停工的又一原因。因此,我已无法从目前的山西驻军中抽出兵力用于其他活动。现在我甚至可以断言,最初所定的6周最短限期势必要顺延两周;好在此事现在已无关紧要,因为1月底前后可望有援军赶到。

---

① Bat – Bac应译巴北,"不拔"越文为Bāt Bat。但BB—4 1958第116—134页之附图2中将"不拔"译为Bat—Bac。为求统一地名,改译"不拔"。——编者

我在1月16日曾电告您，一名中国要员最近率援军赶到北宁，现在正大力修建防御工事。

从我们这方面而言，我们在太平省拥有“雎鸠”号及“豹子”号两艘炮舰，承担着配合内河侦察队部署向北宁发动军事进攻的任务。由于水位低落，使我未能派“军乐”号去该省；今后挥戈远征时，我也将不得不把该舰留作保卫河内之用。在红河三角洲各地均属必不可少的其余各艘炮舰，只有到最后时刻才能陆续派出；如果过早地集中我们的兵力，就会把敌人的注意力吸引到这一方向，其结果将是有害无益的。

敌人已在河内对岸部署完毕并始终保持着戒备状态。这是贝兰上校率领一支由一营阿尔及利亚土著步兵和一排炮兵组成的特遣队最近在红河左岸一带进行侦察后给我们提供的情报。侦察队在1月10日上午登陆后即进驻左岸碉堡，并在白天对北宁公路东北各村进行了搜查。在沿北江右岸河堤前进了数公里以后，侦察队即行返回，在河堤内侧（该段河堤在红河与北江之间将北宁公路截断）附近的嘉卦村（Gia - Quai）宿营。11日晨，贝兰上校率队再次出发执行任务时，发现由中国官军组成的步兵已在夜间越过北江，在右岸的沿江河堤后面安营扎寨。他们还连夜用围桩筑起了圆柱形滩头阵地。在与敌人互射了几发枪炮以后，侦察特遣队就在晚间回到河内。侦察的目的已经达到，侦察结果表明，敌人已侵占了北江左岸的大片土地并且已严密布防。我们就在那里将敌人拦住是大有必要的，因为从河内至北宁虽然有直路可达，但是为了使我们所有装备都能发挥作用，必须绕道从另一面发起进攻。为此，我已作出了相应的部署。

除了这些对付外部敌人的军事行动外，我还部署了其他一些专门制止暴乱和掳掠活动的行动方案，因为目前在我们所已占领的部分地区,暴乱和抢劫活动仍时有发生。

我在1月9日曾发出电报,1月10日还向您寄上第188号函,并附上从蒲真尼主教那里得到的一些情报,这些函电向您报告了12月下旬发生在乂安与清化两省的屠杀教民事件。这些可能是在顺化朝廷秘密指使下策动起来的屠杀事件,看来是要激起全境暴乱以反对我们的总体计划的一次暴露。这一计划在南平省刚一实施,就因布里翁瓦尔上校所率的追剿队在那里围剿而被挫败,现在这种征剿还在继续进行。

12月29日晨,布里翁瓦尔上校率一营海军陆战队(营长为塔高昂)、一排炮兵和300名东京土著步兵(由队长约瑟夫指挥),在底河"突袭"号炮舰的支持下,从南定出发,沿着离宁平城北数浬、通向底河的大道进军。29日下午,布里翁瓦尔上校占领了由4000人和3门大口径火炮防守的丰社(Phong - Xa)与安衢(yen - Cu)两个叛乱村。在将一部分叛军追击到底河以后,上校于31日晨折回,开始攻击在安衢村之北的安和村(Yen - Hoa),那里盘踞着叛军的残部。未几,安和村即被攻克。1月2日,追剿队返抵南定,归途中曾绕经宁平城外。

1月6日,布里翁瓦尔上校从南定出发,前往攻击富建城,前南定省提督在该城四周集结了大量叛军并在城中坚固设防守卫。富建位于茶里河(Traly)右岸。上校统率塔高昂所部陆战队营、1个炮兵排和由队长约瑟夫指挥的490名土著步兵前往攻城。下午4时,追剿队在红河左岸离南定城南数浬的大安城北登陆,在离富建城约12公里的平安村(Binh - Yen)扎营。追剿队在击退敌人两次夜袭并使之受到重创后,于7日晨向富建进发。敌人炮兵在相距1800米远处首先开火,从而打响了战斗;与此同时,大批敌军又由城中一涌而出,从两侧来骚扰追剿队。

虽然〈敌人〉进行了相当顽强的抵抗,但城堡终于在上午10时半被攻占。敌人死亡90人,战场上尸体狼藉,还丢弃6门青铜炮和成捆绳索,这些装备都落入我军之手。提督在亲自动手装填主炮时受了重伤。敌人的兵力估计有5000人之多,东京土著步兵将其赶出茶里河以外并将其驱散。这些土著步兵以后又截获了两艘装有粮食和弹药的帆船。海军陆战队则向南进发,前去惩罚曾经支持敌兵并为其提供给养的古宁(Co Ninh)、同场(Tong Truong)两村。

追剿队于1月10日返抵南定。我军仅有两人负伤:1名叫多拉贡·欧仁(Dorragon Eugène),号码为A13664,系海军陆战队第4团第26连士兵,小腿肚被火枪散弹击伤;另1名系东京土著步兵,膝盖被散弹击碎,不得不截肢。

14日,布里翁瓦尔上校赴宁平省执行巡逻,因为一场骚乱即将在该省发生。上校出发征讨至今尚未返回。

总之,布里翁瓦尔上校在南定省进行讨伐的结果可能是:在该省全面暴乱一开始就将其彻底扑灭;那里的暴乱系由安南官吏所组织,并与清化省的屠杀教民及宁平省的匪众骚动相互策应。我们还有理由相信,在反复考虑了由于攻克山西和脱利古先生所执行的使命似乎已对顺化朝廷有所触动这一情况以后,对宁平省发起的讨伐目前虽仍在进行中,但其结果将不仅使红河三角洲地区恢复平静,而且必将一举荡平我们的军事行动尚未能顾及的清化与乂安两个邻省。我在第188号函中曾向您呈报过,我已从分舰队中派出两艘舰艇前往这一带海面游弋。

现将一份重要文件的原文及其译文随函附上,请察阅。此文件可以证明,中国官员及顺化朝廷是与南定省骚乱配合默契,相互勾结的。该文件系广西省赵布政官(Quan bo Chanh Trien)[①]给南定提督的训令,是提督逃遁后在富建的碉堡中发现的。

除战争本身以外,另有一些情况亦有必要向您呈报。这些情况已拟成特别军情通报,现将其中一卷附上备阅。

我曾在1月5日的电报中向您报告过,直至5日那天我才收到您12月19日发来的关于派遣援军来我处的电报,援军所需之营房仓库等的筹建工作因此而被延误。尽管如此,当增援部队抵达时,一切仍当准备就绪。

此信正要封寄时,我又接得红河上游敌军情况的一些重要消息。

刘永福现率300名黑旗军与1000名中国人驻于兴化。

黄守忠、韩伯[②](刘永福之左三将官)已北上直抵宣光以防守河江(Ha-Giang)。老街被中国军队占领后已不容刘永福涉足。在黑河畔罗浮(La Pha)小堡的守军仅为40—50名中国兵。黄继炎现在富林附近的高梅村(Cao-moï),吴提督在山施(Son-Thi),这两位将领统率着800名安南兵。

从以上消息可以看出,敌营中不仅军心动摇,士气低落,而且相互勾心斗角,内部矛盾重重。此外,中国官军已完全凌驾于刘永福部众之上。

孤拔

① 原文如此,似指道员赵沃。——编者

② 原文为Ba ham,音译伯函或函伯。查刘永福得力部将有韩伯铭,字再勋,似指此人。——编者

附件1 广西省黄提督及赵布政官给越南提督谢现训令

光绪九年十月十九日(1883年11月18日)

鉴于安南王国近年战祸连绵,举国上下不堪其苦,故中国应安南国王之请,派将率兵前来援助,一批文武官员已统率大军抵达谅山边境。

自同治五年以来,中国曾耗费巨款维持边境驻军进而确保安南王国之安宁。

北圻一带久已兵连祸结,战乱不绝,各省文绅均应奋起保卫疆土。

提督谢现忠心报国,且在文武官员中才识超群。其才略堪与统率高平、谅山两省华人部队之总兵梁俊秀媲美。

谢现为国建勋,身经百战,战无不胜。功劳卓著,堪为众人效法之楷模。

有鉴于此,我等命提督谢现立即策励远近各村之文绅,举兵出战。各军所需之饷银粮草,该提督可循常例供给。

盗贼海匪等不论何人,胆敢与该提督相抗者,一律处以极刑,并在奉到提督之令后处决。该提督须将其行动随时向中国官员禀报,并不得欺压教士。

对于违抗谢现号令之安南官员,该提督有权拿问并解送至中国公堂,由中国公堂研究其情节后立即转报安南国王。

各军统领、领班及其他一切官吏均应服从谢现提督所发之号令。

我等前已发出此令交北宁提督执行并授其木印一枚。

附件2 特别命令(第28号)

1883年12月29日于河内

海军少将、陆海军总司令命令将下列军情通告各部队:

一连海军陆战队在山西司令官指挥下于12月26日开赴红河左岸的永村(Vinh),拂晓时对一批非正规军发起攻击,经一小时激战,毙敌约30人,夺得战象1匹,于1883年12月29日运至河内。特此通报。

参谋长 巴当

附件3 特别命令(第31号)

1884年1月6日于河内

海军少将、陆海军总司令命令将下列军情通告各部队:

1883年12月28日上午11时30分,一支约2000人的海盗部队在距离约300米处向竹林村哨所发动袭击,他们来到时曾被天主教会的一位安南神甫发觉。经过3小时激战,敌人在我军将士及派来增援的天主教民防团勇的追击下,逃出竹林村4公里之外。此次战斗中,敌人死伤各约50人,其中3具尸首和1名伤兵落入我军之手。

总司令少将先生谨向竹林村哨所指挥拉勒芒(Lallemand)中士及其所指挥的海军陆战队全体士兵和游击战士以及派来增援的天主教民防团勇致以热烈祝贺。特此通报。

参谋长 巴当

附件 4 特别命令(第 34 号)

1884 年 1 月 11 日于河内

海军少将、陆海军总司令命令将下列军情通告各部队:

大约 600—700 名盗匪洗劫了怀德府境内的罗浮、罗溪(La Khé)、大磨(Dai - Mô)、梅智(Mé - Tri)各村。这群盗匪在 1 月 5 日遭到怀德府知府派来的西就(Tay - Tũu)村村民和其他土著乡民的袭击、包围,共有 96 名盗匪被斩(其中 1 名盗首);另有 12 名盗匪和 1 名盗魁被俘并已押解至河内。

1 月 7 日,河内省按察使奉命率游击士兵和土著乡丁追击盗匪,在呈远(Trinh - Vieu)、杨罗(Duong - La)、河顿(Hâ - Thou)、富德(Phu - Duc)等村一带向大约 200 名盗匪发起进攻,杀死盗匪 15 名、生擒 25 名、斩首 17 名并放火焚烧了他们所盘踞的上述 4 村,又将其余盗匪驱散。

上述两项战事,已由河内总督呈报在案。特此通报。

参谋长 巴当

附件 5 特别命令(第 38 号)

1884 年 1 月 16 日于河内

海军少将、陆海军总司令命令将下列军情通告各部队及舰队各战舰:

1883 年 12 月的最后几天,“豹子”号在京泰河巡逻侦察时,在南策府近郊遇上了两艘武装帆船,船上载有 1 批海盗和为数众多的宝伯(Bã Bao)匪帮的悍匪。

“豹子”号随即将该两船截获,并派员登船杀死其 6 名船员、杀伤 4 名;15 名武装匪徒在行将上岸时亦被杀。

本通报应张贴于各舰船员的舱室中。

参谋长　巴当

BB—4　1958 第 39—53 页

994　驻华代办谢满禄致内阁总理兼外交部长茹费理

1884年1月18日于北京

内阁总理先生:

巴夏礼爵士自朝鲜回来后丝毫没有休息,英国公使馆内亦气氛紧张。这位公使一星期去总理衙门两三次,每次都呆很长时间;近一个多月来,秘书和译员不分昼夜,工作不辍。

起初我以为一定是公使不在期间积下了许多公务,而且朝鲜、广州和东京事件也一定会使英国公使与伦敦、中国政府之间联系频繁;如此想法亦很自然。但经调查后发现,这种猛增的工作量实另有原因。现在得悉,巴夏礼先生已奉英国政府之命,重提多年来毫无成效的所有谈判要求,企图乘我们将中国政府置于困境之时,对一切悬而未决或结果不甚满意的谈判争执谋取有利于英方的最后解决方案。与此同时,各通讯社均报导了900名士兵开赴香港的消息,并暗示英国政府将在欧洲调解东京的争端。

据悉,巴夏礼先生对总理衙门使用了极其强硬的言辞,但至今其交涉仍无成效。他是位活跃而又聪敏的外交家,非常了解中国和中国人。在其他场合,他的手腕定会大获成功。而英国一旦得到所追求的目标,便会满足于既得利益,同时还会或多或少就其友好中立立场向我们索取报酬。只是由于总理衙门诸大臣那种几乎不可理解的狂热,直到现在他什么也没有捞到。衙门官员嘲弄了他使用的威胁口吻,他那极少收效的奔走交涉使中国人得出今日法英不会再联合对华的印象,他们认为这两个强国中的任何一个已无法单靠自己的武装力量迫使中国就范。

长时间以来,我对英国公使一直保持最谨慎的态度。我觉得他本来并不准备与我互换情报,亦不十分愿意告诉我他在威利斯将军签署第一个汉城条约时加上的改动具有何等意义。然而他现在却找上门来:一接触我便表明,他与衙门的交涉并不像期望的那样顺利。他宣称要向我说明以下几点:即如果法国首战东京后不迅速扩大战果,如果法国不派出足够的军队,如果北宁迟迟不能攻下,如果攻占后部队在南方行动迟缓,那么不管是在东京,在广州,还是在海南或其他任何中方领地,法国就要处于危险境地。他力图说服我,北宁一旦攻克,便应立即进军北京,而且要快,如此方可避免严重的麻烦。

他向我提出询问:是否准备在秋天封锁或轰击中国各港口?我的回答是:无法确切了解法国政府的意图,但就我个人说来,并未想到建议采取此类非常措施;另外,中国一旦与我方开战,我方将坚决攻占广州、福州,也许还将占据烟台;然而我从未得悉是否下达过明确指令。他还对我说了"攻击海港毫无实效,而且困难重重"等诸如此类的话。我本人向来亦持有类似看法。

最后他终于明确说出要谈的内容,即:若我方立即进军北京,将不会遇到无论是来自中国军队方面或外国政府方面的任何严重障碍;若坐失良机,让1884年的前几个月白白流逝,则困难必将随时间的推移而增加,一年后远征计划便要落空,由此造成的不安全感会使外国势力感到厌倦不堪,贸易往来将大受其害,列强因惟恐王朝崩溃,惧怕太平天国或新的叛乱,势必被迫出面干预,届时我们扮演的角色便会变得困难而又危险。

我有责任向阁下转达巴夏礼先生几天以前与我会晤的内容要点。阁下自会辨明其中哪些纯粹与不列颠利益有关,并根据在巴黎和伦敦收到的情报,判断出英国政府对其驻京代表的意见赞同到何种程度。

C.P.中国第64卷第32—35页

995　谢满禄致内阁总理兼外交部长

1884年1月19日于北京

内阁总理先生:

自12月26日以来,我一直在考虑向阁下汇报攻占山西后中国国内的反响;然而中国的防卫部署至今并未发生变动,而其中最重要的布置情况早已向部里报告过:内有关于广东和广西二省的防务情报。此二省属两广总督管辖,还有一位钦差大臣名彭玉麟,12月初专程赶到,会同张树声掌握南方军务大权。两广总督似乎以前接到过北京指令,要他亲自率部开往东京边境,以遏止法国军队的入侵;或越过广西山口,从东京领土上发动攻势。不管此令内容如何,张总督目前尚未离开广州。

其他防卫措施主要是为了保护中国首都及直隶省。那里由李总督负责。为此他立即下令在旅顺海面、威海卫、山海关沿海一带布置水雷,派遣吴大澂将军率众5000往烟台建筑工事,以防我军深入并占领烟台海口。已将此最新情报送至我海军少将梅依处,而核对情报非他不可,因为商船早在一个多月前便已停止北直隶湾航运了。北京总理衙门态度毫无变化,似正竭力向所有使团挑战,各使团首脑无不对其言辞或手法叫苦连天。只有用盲目自大才能解释这种态度。这里目前最普遍的看法是,总理衙门见大势已去,又无可奈何,便下决心不顾一切,进行危险的拼死反击。也许上苍会赐予意想不到的拯救之法,从而摆脱困境。衙门各成员总是那么不信任他人,认为对他们最常见的建议也包藏有坑害他们的祸心。他们甚至在最无关紧要的问题上也毫不掩饰他们的恼怒。

事情糟就糟在朝廷不相信北京会有危险。这里收到的法国报纸已过60天以上,目前尚不清楚两个月来法国国内发表了什么言论;然而,可以肯定,出使欧洲的中国官员向衙门提出的报告(说服衙门相信法国近期不会进攻北京)大大地有助于将事态推进到今天这种地步。

我个人的意见非常明确,所有驻北京的人员现在均已赞同——我以为他们的态度最有权威;我们认为,我军攻占山西及北宁后,中国政府如果不准备与我方谈判,不准备以严肃郑重的条约来实施理应实施的和平与各项保证,我方便应不惜任何代价①,在尽可能短的期限②内迫使其就范。为了达此目的,只有一种行动最为有效,即立即进军北京③。所有在别处进军的尝试均不会有任何效益而只会增加军费,分散军力,或与其他列强发生纠纷,并丧失宝贵的时间。中国政府只希望一件事,就是我军滞留在南方,从而使他们赢得时间,给我方在其他地区制造某些棘手的麻烦。中国的惟一愿望就是争取时间。我不敢肯定北方战役势在必行,虽然我还在渴望这场战争;但我总觉得迟早要打。因此现在必须有所预见,并不失时机地着手准备。决心下得越早,行动便越迅速,我们便越容易取胜。正如我有幸向阁下汇报的那样,我不认为主持军机处的大人们决心宣战;但可以较有把握地说,他们无意在和平条约上签字,除非我们以武力强迫他们这么做。这是这个国家政治风气的直接产物。当一代幼主的统治行将结束之时,更不容易找到有信心、敢于负责的大臣,以皇帝名义削减皇权,或通过

①②③ 着重号均为原文所有。——编者

一项官方声明来促成使君主与全民族都受益匪浅的和平措施。

谢满禄

再,据天津最新情报,吴将军似未能执行去烟台的命令,而滞留于新城(Sin Tcheng),等阴历年以后最合适的时机再动身。

随信附上中国一件密谕的译文。该密谕是脱利古先生在天津与李鸿章交谈时发现的。中国沿海防御似都是据此布置的。

又,后来上海《字林西报》又于12月14日和15日刊出了几件机密文件的译文,有上谕及奏折等等。现为您寄去一份,但不能保证其真实性。

谢满禄

附件1 加强沿海防务抵御法军骚扰密谕[①]

八月二十三日(1883年9月23日)军机处

奉旨,内开:

法越构兵一事,法人自攻占顺化河岸炮台后,胁迫越南议约十三条,该国情势危急。□□□□[②]现乘兵船来津,并有以大队兵船至广东寻衅之说,恫吓要求,诡计叵测。南北洋防务均关紧要,亟需全力筹办,以期有备无患。广东兵力单薄,守御尚虚,著派彭玉麟酌带旧部20营(每营约500人),迅速前往广东会同张树声、裕宽妥筹布置。该尚书接奉此旨后,即行部署起程,毋稍延缓。

南洋海防,著责成左宗棠悉心规划,妥慎办理。长江防务,著责成左宗棠、李成谋督饬各营,认真筹备,均不得稍有疏懈。北洋防务著李鸿章懔遵本月十九日(1883年9月19日)谕旨,迅即筹议

① 据法文翻译。——编者

② 此处中文空缺,似指脱利古,他于1883年9月17日抵达北京。——原注

复奏。前据吴大澂奏,吉林所练防军,堪以抽拨民勇 3000 人听候征调等语,著该京卿即行统率此项勇丁,航海来津,以备调遣。现在事机吃紧,该大臣等务当全力经营,妥速办理,以裨大局。钦此。

此谕着以 600 里(约 60 古法里)密送至以上各员。

附件 2、3 (略)。

C.P.中国第 64 卷第 40—45 页

996 谢满禄致内阁总理兼外交部长

1884 年 1 月 19 日于北京

内阁总理先生:

12 月 26 日电报中曾向阁下提出如对华战争不可避免,我方应立即进军北京的意见。还提到去年夏天的特大洪灾,并专门就此向部里写了报告(政治司第 16 号,1883 年 12 月 28 日)。这次特大洪水可能阻止在天津、大沽附近布防的李鸿章部队的调动,从而有利于我军在山海关登陆。目前中国北方的军事部署大致如此。布置在北直隶湾沿线装备精良、素质尚算精锐的部队有:

(1)汉城(séoul)地区 3000 人,号称 5000 兵勇。

(2)另有 3000 人扼守新港口。目前已完成旅顺港口工事,汉纳根(Hanneken)先生和瑞乃尔先生正在修正他们的防御工事。

(3)约留有 5000 士兵保卫吉林、奉天和满洲。另外 5000 人已随吴大澂将军调入内地。

(4)吴大澂将军来自吉林的 5000 兵丁,现已被派至烟台,并奉命在附近构筑工事,不惜一切代价守住海口。

(5)少数部队(人数不详)在为保卫威海卫港口修建炮台,并在海面布雷。

(6)极少数部队扼守牛庄和山海关。

当法兰亭先生于秋季随同"凯旋"号舰长参观上述最后一个据点时,发现工事极端破旧,武器配备极差。他认为,这个军事重镇在装甲战舰支援下并不难攻破,我亦所见略同。约一个月以前,总督曾下令在长城起点处的海面上布下了数目不详的水雷。已将此通知海军少将梅依先生。

(7)李鸿章在大沽、北塘、新城(新要塞之意)、天津以及在上述各地附近兵营驻扎的部队。估计总督的兵员目前不会超出2500或3000人。

除此以外,中国政府掌握的所有精锐部队均已开赴南方。在北方一年一度的解冻之前,北京因水面结冰而不至受到我军打击;然而一旦解冻,在经过周密准备的进攻下,便无法防守。到那时,政府非考虑怎样保护自己不可。这样它将不得不从南方召回全部或一部先前愚蠢地派去的兵团。同样,只有那时它才会记起要认真装备烟台及北直隶湾其他各港口,利用派在旅顺的德国军官回来的机会构筑山海关后方必要的工事,以保护北京的通道。不过将为时晚矣。

如果我们想利用中国人备战方面的迟缓,在春天由此地发起攻击,那时从天津附近伸至海边的大片土地还都淹在洪水之中,无法进行任何军事行动;我认为,我军可以利用起自山海关据点(仅有的可以登陆而无危险)的两条公路,沿山麓直插北京。这两条大道不会被洪水淹没。我军可以占据有利地势向前推进,居高临下,俯瞰平原,右翼倚靠一无设防、亦不可能设防的长城,左翼直至京城附近亦无受到攻击的危险。而李的士兵却由于地形所阻,对我军无法采取任何军事攻势,他们将被困在几乎孤立无援的阵地内,也不能及时出动来阻击我军行动,或有效地对我军构成威胁。

我看 20 天,至多 30 天,就可以在上述条件下进逼城门。北京城内现只有约 5000 人守备,配备有多少可以使用的旧式欧洲火器;此外还有一些按中国古代方式装备的兵卒,但无力做出真正的抵抗。

很可能直至 6 月,在目前遭灾的地区均不能对我军组织任何攻势。若春天雨水多,暴雨快,估计到今年入秋以前情况都不会发生变化。但现在应该提醒一句,即假若 7 月末北京大雨不断,白河水位持续上涨,则我军将遇到极大困难:道路之糟将使炮车几乎无法通行,相当时期内只能靠牲畜运输,给养军需的供应均会十分艰难。

C.P.中国第 64 卷第 46—49 页

997 谢满禄致茹费理

1884 年 1 月 19 日于北京

内阁总理先生:

12 月下旬,攻占山西的消息传到北京后,所有欧洲人皆喜形于色。俄国人、西班牙人和日本人立即赶来向法国代办贺喜,表示希望此捷之后即可攻下北宁。占领这两条中国通向东京的要道就会结束战争。他们之所以如此庆贺,是因为北京宫廷的态度触动了在远东有利害关系的列强。这种恳切表态令我十分欣慰,大家都认为值得热烈祝贺。

但在分享上安南恢复和平、法中之间恢复诚挚友谊的喜悦时,很遗憾我丝毫不存在敌对行动会瞬间消失的幻想。我的愿望与我的同僚一样,我赞同他们以下看法,即:面临巴黎似已强硬的态度和议院对政府的投票支持,中国政府别无他法,只有放弃毫无意义的要求;若依然坚持,结果只能使清王朝面临崩溃。

新年与外交使节互访时,我再次受到所有使团首脑的祝贺。我好奇地注意总理衙门官员在这种场合中的表现:中国大臣在我的众多同僚就最近东京事态提问时十分窘迫,只是搪塞一通了事。在这种场合观察中国政府对法国公使馆会采取什么态度,确乎异常重要。

中国政府十分谨慎。我和其他外国驻京代表一样,在7日受到了恭亲王、总理衙门诸大臣以及中国40位显贵的拜访。

我向亲王和大臣们转达了法国政府全体成员以及我本人的良好祝愿,祝中国安宁繁荣,祝两国之间从此永远友好下去。亲王及诸大臣还礼时显得对我的诚意深信不疑,但多少怀疑这一愿望是否能够得以实现。不常来欧洲使馆的高级官员品尝着糕点和法国酒,滑稽地用长指甲抓取包着银纸的糖果,手忙脚乱地在丰盛的果品堆中四处摸索。双方都很礼貌、很和蔼,合乎社交要求。招待工作自上午11时至下午1时,无特别事件发生。

本月28日是中国旧历新年,我将按照这里的习俗乘轿庄严地前往总理衙门,与各国使节一样作礼节性回访,答谢他们在欧洲新年时对我们的拜访。所有曾来拜望的高级官员届时必将在场。这是中国政府为满足巴兰德先生的要求所找出的最适宜、最有效的措施:巴兰德先生曾主动提出希望看到外国使节与朝廷显贵关系友好和睦。

恭亲王取消了11月15日的来访,所以,接到新命令以前我亦不准备会见原本要见的新任大臣张佩纶阁下。只要中国的那位亲王殿下愿遵守严格的官场礼节,我还是随时可以拜访他的。

C.P.中国第64卷第50—52页

998 孤拔致海军及殖民地部长

1884年1月19日于河内

部长先生：

兹将攻克神圣不可侵犯[①]的山西省城的全部战斗过程向您作一报告。

12月11日晨，远征兵团分两路纵队离开河内。第一纵队（左路纵队）由贝兰上校统率，取陆路向富威和丰村进发，并拟在上述地点过夜。该纵队包括：

茹诺（Jouneau）与勒泰里埃（Le Tellier）所部两个营（阿尔及利亚土著步兵营）、端尼埃所部一个营（外籍军团），上述各营组成第19步兵团；

鲁所率一个营海军陆战队；

贝夺所率领的800名东京非正规兵；

两个畜拉40毫米山炮连和一个畜拉65毫米火炮连（舰炮）；

两个电报报务班和一支野战救护队。

在渡过底河以后，该纵队拟于次日与搭乘小型舰队由水路进发的远征兵团第二纵队相会合。

第二纵队（右路纵队）由比硕上校统率，并由下列队伍组成：

谢瓦利埃、杜里厄（Dulieu）及雷加斯所部各营（海军陆战队），统一由莫西翁上校节制；

由拉盖尔指挥的海军陆战兵营；

3个炮兵连（40毫米山炮）；

分舰队陆战部队的65毫米炮兵连；

① 着重号为原文所有。——编者

两个报务班和一支野战救护队。

每个海军陆战队营又补入一连交趾支那土著步兵,另有1连安南土著步兵补入19步兵团。

小型舰队由下列舰船组成:

"雎鸠"号、"飓风"号、"闪电"号3舰共搭载兵员约1500名;

小型炮舰"大斧"号、"马枪"号及"土耳其弯刀"号担负警戒和护卫任务;

"军乐"号久已锚泊于巴兰之北,承担着清扫江面上游之敌的任务;

3艘汽艇负责通讯联络;

此外,还有大量拖船及帆船,承载其余兵员以及一切器材装备。

80毫米野战炮连作为后备队登上"禁门"号驳船。

"突袭"号留驻河内,以保卫该城和沿江下游地区。

我登上"雎鸠"号并升起我的舰旗。

我之所以指派部分远征兵团由红河水路进发,并不单是为了加快行进速度。我们所选择的登陆点是敌人决不会预料到的,因此,我指望,若抢渡底河时一旦出现冲突,则第二纵队可在此时给第一纵队以有力的支援。在两小时的行军时间内,该纵队可以从后面袭击一切敢于对抗的敌军。

小型舰队沿红河溯流而上,沿途并未发生重大事件,只是在巴兰近郊、河的左岸1座庙宇旁,有人发现了几杆白色旗帜后即用哈乞开斯重机关枪朝这些远处的白旗射了几发。

在接近底河口[①]时,载着分舰队参谋长的"马枪"号赶到整个

---

① 底河的上游又名喝江,故又名喝江口,因附近有喝门而得名。——编者

舰队前面,以便指示登陆地点并核实以前所作出的探测是否正确,几天前,即是根据这些探测结果选定登陆点的。

3时30分,我离开“雎鸠”号,与比硕上校、巴当上校、雷维龙上校及我的总参谋部成员一起登上“闪电”号炮艇。

该炮艇随即前往在底河口以上500米的河滩处靠岸。在“马枪”号舰长的指挥下,部队开始登陆。随着载有兵员的各条舰船逐一靠岸,部队也陆续不断地登上河岸。在此期间,“雎鸠”号及几艘小型炮艇保护着登陆的安全,而在登陆过程中并未受到敌人的任何干扰。晚6时,步兵、炮兵、马匹和行装全部安全上岸。

各营奉命朝着与红河垂直的方向往前推进,直至抵达离后方两三公里处的大堤为止,并分队在沿线各村宿营。

我将司令部设置在靠近河岸口,以便能与小型舰队及巴兰灯光通讯哨所随时取得联系。当天晚上,该哨所即向我发来有关左路纵队的消息。原来贝兰上校已抵达底河河畔,一路平安无事,在河畔找到了用于架桥的几艘帆船,他打算在夜间架桥并于次日清晨渡河。

12日上午,我与比硕上校及参谋长一起巡视了各个阵地,并对这一地区勘察了一番。这里土地平旷,一年之中的这个季节里,气候相当干燥,树木掩映着村庄,村庄四周通常都筑有厚密的竹篱,因而每座庄子就构成一座小小的堡垒。村与村之间均隔有大片错落有致的水稻田与甘蔗地。

12日下午,整个第二(右路)纵队率先抵达目的地,并在从红河至大堤之间、与河岸相垂直的长达两公里的距离内扎营,中间经过川云(Xuyen – Van)村,司令部即驻于此。

各营是按下列顺序自右至左布阵的:

谢瓦利埃营,紧靠红河;

拉杰尔海军陆战队营布于司令部近旁;其左侧是雷加斯营;

最左首紧靠大堤者为杜里厄营;

由雷维龙上校节制的炮兵连则驻扎在司令部后面不远处。

然而,第一(左路)纵队在横渡底河时却遇到极大的困难。由于连夜架起的小桥崩坍,贝兰上校不得不改用帆船来回摆渡,因而在运送火炮和马匹时相当费事。这次渡河虽未遇到敌人的任何阻挡,却耗去了12日整整1天时间,当全部人马驻定宿营时已值深夜。直至13日中午,贝兰上校才抵达大堤与第二纵队会合,并在远征兵团的左侧驻扎下来。由于第一纵队各营已疲惫不堪,而离山西城前哨防御工事尚有5—6公里之遥,我决定延至次日再完成这段路程。

14日晨6时30分,远征兵团仍分两路纵队进军。左路纵队由贝兰上校率领,沿大堤内侧前进;右路纵队则在比硕上校统率下,沿着红河边的公路前进;而小型舰队则低速行驶,始终与全军同步前进。

9时30分,右路纵队的先头部队到达大堤与河岸的交会点天禄(Tien – Loc)[①]庙停歇,一刻钟以后,左路纵队即与之会合。离此不远,即是敌人的前方哨所。

在叙述攻取山西城的战斗过程以前,有必要对敌人在这座城市四郊筑起的大批防御工事作一详尽描述,这些工事使山西城变成了一座军事要塞。

山西城离红河约2公里,是一座四周均长300米、高5米的城墙构成的四方城郭。城墙上插满交叉相系的竹桩,这些竹桩向外

---

① 此处原文为Tien – Loc,应译仙禄庙。但本文以下数处均为Thien – Loc,疑此处为笔误,故统一译天禄。——编者

斜出约两米,因而是登城的严重障碍。城墙上部筑有10米宽的女墙,上面架设着一座座炮台并筑有守军的掩体。在女墙脊下方80厘米处伸展着1条通道。城郭四面中间各有1座直径为30米的半圆形箭楼,其右侧开有1扇拱门。1座砖砌大桥横跨在1条护城壕上并通向半圆形箭楼的正中。大桥入口处有1扇竹制大门把关,另有1扇木制大门通入半圆形箭楼和城郭。城郭东门已用砖封闭。

城堡四周围有一条宽约20米、深3米(灌有泥水约1米深)的护城河,河与城堡之间又有1条8米宽的坡径或土道,名曰"象道"。护城河坡面极其陡峭并且用砖石砌成。

在城郭内,有1座高达18米的塔楼耸立其中,俯瞰着远处的景物。此外,城中官府、米行随时可见;从外面望去,林立的大厦清晰可辨;另外还有不少公共建筑杂于其间。

城郭四周即是城厢,由4排砖房或竹泥土房构成。这些房屋坐落在通往外城4门的道路两旁,外城四座城门全用大块砖石砌成,东西两门均已用泥土封闭,南北两门则可开启。城门之间的外面还有一道防御工事相沟通,此工事由一堵高4—5米的土砌女墙构成,墙上有炮眼或雉堞,其上用木块或竹排覆盖,使守军可以在开枪或放炮时不致被外面的敌人发现。女墙外围开有1条宽5米的壕沟,沟中注满从附近小河流入的河水。壕沟上布满未经修剪的干茅竹构成的鹿砦。在壕沟与女墙之间,还有一道3—4米宽的坡径,其上密密麻麻覆盖着高达8—10米的青竹,把整座城市完全掩盖起来,使外人无法窥见其面貌。这层竹篱在密集的火力下构成了一道难以逾越的障碍。

外城的西门已被封死,但在该门南40米处,却从竹篱丛中开出一条1米宽的通道,从这条通道进去可抵达城堡脚下,进而可向城墙攀登。但通道入口处筑有一道圆柱形围桩,围桩本身亦用一道木门关闭。城外有一条大路通向西门,并且绕过壕沟直达围桩的木门,因此,首先必须穿过这道木门才能经过从竹篱丛中辟出的小径单行进入外城。

北门、南门与东门均筑有圆柱形围桩来保护,各城门的四周及顶上均布满防御设施以及木桩、铁蒺藜和竹篱。

在城外,到处都是村庄和庙宇,村与庙前都用竹篱和土墙防护,土墙上还开有枪眼,护卫着外城的四周。主要村落及庙宇为:南有梅齐(Mai - Chay)、义富(Nghia - Phu)、清池(Thanh - Tri)、万嘉(Van - Gia);东北有仙勋(Thien① - Huan)与福寿(Phuc - To②);西北有富儿(Phu - Nhi)、万缅(Van - Mien)等村落、集市及庙宇;西南有一条小河沿外城流过,河宽30米,河上有一座竹桥,桥身的一部分已经坍落,由西门经此竹桥可达社婆(Xa - Ba)庙。

另有一条街道从北门通达富儿滩头,敌人认为该滩头一定是我军的登陆点,因而早已在此坚固设防。

从底河畔筑起的河堤逐渐向红河伸展,并与天禄庙的河岸相接,然后又从这里逐渐岔开向前延伸并再次在内村与河岸相连。富儿滩头就在河堤所围成的半圆形地段中间,河堤高出这一地段约5米许,因而居高临下地控制着该地段。

天禄与浮沙之间的一段河堤有两处被河水侵蚀,故在南端又筑起一段新堤,新堤穿过灵寺(Linh - Chien)③在浮沙与老堤相接。

这两段河堤,我们称为浮沙支堤,堤前均筑起一段土障,与天

① 附图为Tien,此处译文从附图。——编者

② 附图为Tho,此处译文从附图。——编者

③ 原档第63页及附图均为Linh - Chien,第66页及67页为Ling - Chien。疑Ling为笔误,今从前者。——编者

春(Thien - Xuan)村地势相平。在两堤交会点以东100米处,又用土筑起一段工事,并配有1门大炮,大炮装在掩体内,由此可朝东对河堤进行纵射。与这两个筑有掩体的工事齐高的是连接这两段支堤的土工事,从这段土工事上可对两堤之间直至天禄庙附近的空旷地带轰击。

在这段工事与两支堤交会点之间的北堤上,已修筑有炮台。每门火炮均筑有掩体,火炮的掩体之间还筑起枪眼。该炮台俯视着红河以及红河与大堤之间直至码头的这一部分空旷地段。另有一竹楼瞭望哨,凭楼可向四方远眺。

南段支堤上也已建筑炮台,由此可向福寿、天春甚至外城东北部附近的地带轰击。这一工事的拐角处开有一暗门,与伸向灵寺的大堤其余地段相通。两条支堤及几段土工事连为一体,构成一个封闭的防御工事。

在南侧的浮沙村周围亦筑起一段开有枪眼的土工事与南段支堤相接,并从四面护卫着该段支堤。浮沙村及其附近的平地低于堤6—7米。在靠近村庄的那段南堤顶部及边坡上均插满竹桩及鹿砦。沿着北侧的堤基处,开有一道灌满水的沟堑,上面还布满竹制鹿砦。

浮沙村的大炮可向红河作横向轰击,而架在岸边同等高度处的大炮则可向红河作纵向轰击。这门大炮由一道护墙和数道横墙保护。

以上所述,就是统称为"浮沙堡"的全部防御工事,由此构成了指向红河的防御工事东据点。

从浮沙村起向西伸展至内村的那段河堤上已建成一座巨型炮台:炮台中的各门火炮均有掩体保护;此外,还有多道横墙掩护着守军及火炮免受放炮纵射的轰击。从红河畔,还筑起一堵高1.5

米、厚2米的土墙将堤顶围住,河堤顶宽达8—10米,从而形成了一条垒道。在堤顶的另一边上,则筑有一排供守军居住的草房,这排房屋既作住房又作背墙。在浮沙支堤上也有这种布局,这样就无法从一条支堤上看清另一支堤上的守军。

离浮沙村100米有一道坚固的护墙将该段河堤围住,护墙上还加有一条用土垒成便于排枪齐射的女墙并筑有一个掩体,掩体内架着1门火炮。在这段防御工事上可以轰击浮沙堡,由此构成对河堤大炮台提供火力支援的第2个据点。这一工事的转角处亦开有一道极其隐蔽的暗门。

在从码头大路转往城郭的岔道上,用土和围桩筑起一道圆柱形壁障(壁障内设低矮掩体)遮蔽着那道暗门并从侧面掩护着堤的沟堑,沟堑绕经壁障伸展。这道圆柱形壁障构成了一个名副其实的堡垒。在壁障之西,沟堑变宽,成池塘形,一直伸向内村。通往码头的街道在河堤与城厢之间的那一地段已被架有一门大炮的街垒封锁,街垒上的大炮可向河堤轰击。

在内村的一座炮台可朝西向河堤纵射。另有一段护墙将这一炮台与万缅村的防御工事连接,护墙上开有一道门,与内村西头相通。

最后,在码头西面的红河畔,一座围有竹篱的野外防御工事刚竣工。这座工事可与富沙堡的那尊大炮配合向红河纵射,但尚未配备武器。

城郭外围工事的武器是100多门火炮,其中约半数为小口径炮,可以随时从一座炮台运往另一座炮台。

有鉴于防御工事的这种布置方式,我们必须凭借红河作为可靠的作战基地,特别是用炮舰支援时更应如此。这样做还可以避免粮食弹药补给方面发生各种困难。外城的西北门是攻城的预定目标，由红河到此门最为近便。

我在抵达天禄并察看了阵地以后，就立即命杜里厄海军陆战队营向南段支堤进发。该营所属的安南土著步兵连在杜赛(Doucet)上尉率领下走在前面，一个东京非正规兵连从灵寺村旁的原野上侧面支援海军陆战队营。架在大堤上的两门40毫米火炮同时从原野上向敌人各前沿哨所轰击。未几，这些哨所即被轰坍，该纵队的先头部队即迅速抵达灵寺村。雷加斯营紧跟在杜里厄营后面向南段推进。与此同时，架在大堤以西至浮沙支堤东端间的一组火炮向该村大庙射击，各炮舰亦向该庙轰击。

将近10时半，鲁营及随后不久又有谢瓦利埃营(海军陆战队)经北段支堤向前推进，与早已到达南段支堤对应高地的杜里厄营一起占领了村庄及大庙；这样，我军离浮沙防御工事就约有500—600米远，这些工事的火力虽然密集，但射速已经减慢。

此时，在灵寺村以西两段支堤之间已架好一组40毫米火炮，在村口南段支堤近旁亦架起两门40毫米火炮。午后1时许，这些火炮从侧面击毁了浮沙堡的各座掩体并直接向南段支堤上敌人的4门火炮发起轰击。

此时小型舰队即开始与浮沙堡及停泊在码头边的架有火炮的武装帆船交火。只有"军乐"号紧靠左岸，对浮沙工事一览无余，在猛攻开始前一直对着这些工事轰击。炮轰是在1500—2000米的范围内进行的。

敌人顽强反击。敌军炮弹落在我方舰船中间。其中1发炮弹击中了"军乐"号，但被装在该舰外层的链接防护装甲板所档住；另1发则落在"闪电"号舰上，穿透了顶舱，但落入淡水柜后已成强弩之末，威力骤减。我军炮弹的破坏力极大，击沉了不少帆船，摧毁了多门火炮并迫使敌人多处炮台停止射击。

但山西守军仍企图从左翼钳制我军。人数甚众的一支敌军从城厢东面的哨所涌出后,在浮沙堡火炮和要塞炮的支援下,在一直伸到福寿村的那片原野上展开阵势。我即派出杜里厄营一部与雷加斯营,下午两时许又增派端尼埃所部的外籍军团营,在原野上的3门火炮和架设在南段支堤的一组火炮的支援下共同前去迎战,而勒泰里埃营则对福寿周围各村及大堤四周进行搜索,将敌人牵制在大堤以南。整整一天,这个战场成了双方胜负难决的拉锯战区,而主要战役却在浮沙进行。

2时30分,原驻在天禄作为后备力量的茹诺营(阿尔及利亚土著步兵)奉命向前推进,该营在一组40毫米火炮及小型舰队火力的支援下,来到北段支堤与红河之间离浮沙约400米的一片竹篱后面占住阵地。在其左翼,则有谢瓦利埃营和鲁营之一部,在两组40毫米火炮的支援下,在两段支堤之间的空间内展开队形,并与杜里厄营相接。杜里厄营所属的两个连在两门40毫米炮的支援下,已成为向南堤挺进的纵队先头部队。

贝兰上校主要指挥北段支堤方向的战斗,他得到南段支堤莫西翁上校的协助。4时许,贝兰上校发现敌人火力显著减弱,就主动请求发起突袭。此时舰队奉命停火,我军士兵在接到贝兰上校的信号以后,即以无比迅猛之势向前冲去。茹诺营及戈迪聂连朝北段支堤以内的敌军掩体和掩体后面的方向一个接一个地猛冲,而谢瓦利埃营及鲁营则步履艰难地在筑有雉堞的工事前面的沼泽地上前进。在南段支堤,杜里厄营卡尼(Cang)连(海军陆战队)与杜赛连(安南土著步兵)在雷加斯营一部的配合下,用拼刺刀的方式攻下了阻碍通行的炮台,杜赛上尉在这次进攻中光荣捐躯。这两个连随即赶到两支堤的交会点,在那里与不久前占领该处的茹诺营会合。但是被击退的敌人还在负隅顽抗;他们盘踞在离交会点100米处横立在街心的街垒后面，或埋伏在我们左侧的南段支堤旁的村庄中，向我军凶猛开火；戈迪聂连在卡尼连的配合下，曾发动两次冲锋企图攻入街垒，但在这个无法攻克的障碍前面，两次冲锋都失败了，戈迪聂上尉及其副官阵亡，茹诺营长的大腿中了1弹，卡尼上尉的臂部受伤，接替他的克拉韦中尉随后不久也饮弹身亡。敌人对周围房屋放起的大火又构成了新的障碍。此时夜色已浓，贝兰上校与莫西翁上校急于要继续推进以保住已攻取的阵地，故命人在两堤交会点前挖沟堑。我命令我军固守浮沙村转角处，将那里已开挖的沟堑继续挖完，拆毁挡住沟堑的房屋，并向那里运去4门40毫米火炮；还命令完全占领南段支堤，并命勒泰里埃营在天禄村以南展开阵势以护卫我们的后方，而把海军陆战兵营留作后备。远征兵团就是以这样坚固的阵势等待天亮，并不时与虽被击退但并未完全战败，因而指望利用黑夜来进行反扑的敌人交战。

14日夜至15日拂晓前，战斗连续不断地打了一夜。

因战败而变得穷凶极恶的黑旗军，趁着黑夜，一次又一次地骚扰我军阵线，气势汹汹地朝浮沙发起进攻并使我军遭致惨重损失；但是他们始终无法突破我军阵地。当凌晨4时许他们发起的最后一次全线进攻也像前几次一样被击退以后，他们只得利用黎明前的最后时刻从红河畔的工事撤出并躲入山西外城。

多次夜袭的失败决定了敌人彻底溃败的命运，从而使我们无需经过鏖战即取得了一批阵地，而如果投入有生力量来攻取这批阵地，则很可能遭到重大伤亡。我方阿尔及利亚土著步兵及海军陆战队，在浮沙攻坚战中表现了顽强斗志，很快又恢复了这支久经沙场的部队一往无前的英雄气概，在四周一片漆黑的长时间战斗中，依然镇定自若骁勇无比，斗志旺盛，锐气不减其辉煌的当年。

15日晨7时许,我返回浮沙,那里已完全恢复平静。我从那座可怕的街垒中间一跃而过,但在前一天,我们曾投入了如此巨大的力量,依然对它无可奈何。在这座街垒旁,我们找到我军勇士们多具四肢已残缺不全的遗体以及敌人在逃跑时遗弃的许多中国人尸体。

我于是发令向前进军,并占领敌人已撤出的阵地。外籍军团营在行军中走在最前列。由于河堤极窄,加之到处是街垒和横墙,堵塞着前进的通道,进军速度极其缓慢,致使队伍的行军耗去了15日下午整整半天的时间。入夜,远征军团按下列次序沿河堤布开阵势:

最左侧,驻在浮沙堡中的有雷加斯营及东京非正规军和两个炮兵连;紧接在西侧的是谢瓦利埃营;在通往外城北门的大街对面,为海军陆战队营;陆战队营后面,即在从河堤开始直伸至红河畔的那座村庄中驻扎的有鲁营、炮兵余部及司令部;在海军陆战队西面靠河堤边驻扎的有杜里厄营、勒泰里埃营以及外籍军团营;该营驻在最西侧、占据着林木葱茏的富儿村外河堤边的一座工事,从这座工事中极目远眺,自山西以西一直到河堤内侧山岗边的开阔原野尽收眼底。在司令部以西的陶村(Poteries)(该村一直伸展至红河岸边)中驻扎的队伍是茹诺营。

在部队行军时一直在一旁护送的小型舰队和船队此时已紧靠在司令部旁边锚泊,战舰在可以望见城郭塔楼的上游处停靠,拖船及货船则在近旁的下游处泊定。

夜间,我外籍军团与埋伏在从河堤一直伸向山西外城的富儿村中的敌军土著步兵互射了几枪。

16日白天,外籍军团前往富儿村搜索,因那里盘据着数百名黑旗军。在抵达南面村界时,外籍军团与村中守军对射了几枪,旋即返回堤边的驻地。勒泰里埃营晨6时奉命出发侦察，一路平安无事地到达了离守卫外城西门的炮台500米，离回族庙（Mieu－Hoï－Dong）右侧约300米处；回族庙已坚固设防并为敌人所占据。勒泰里埃营抵达那里后即遭到密集的排枪袭击，从此揭开了当天战斗的序幕。

10时许，在远处山脚下，敌人一支人数众多的纵队从城中冲出，向西袭来，试图朝我军右翼作迂回运动。该纵队的几名步兵当时已抵达堤边并推进到河岸旁。在主攻中已由外籍军团接替的勒泰里埃营此时负责监视敌人在这一带的迂回活动，茹诺营亦向这边调来一连兵力，驻在堤上的一个炮兵连还从远处射来几发炮弹，给敌人造成极大混乱。我一早出发去察看地形，此时已返回那里并作出进攻的部署。

杜里厄营在位于下寨（Ha－Trai）村与富儿村拐角之间的一座庙宇四周占好阵地，茹诺营则作为后备力量沿富儿村西面村界驻定。这几支部队均得到河堤上炮兵连的火力支援。谢瓦利埃营在一个炮兵连和雷加斯营的支援下，冲入通往北门的大街，而鲁营则前往浮沙接替雷加斯营。最后这几个军事行动的目的在于向敌人以最强兵力加以防守的北门发起佯攻，将其注意力吸引到这边来，而主攻方向却是在西门。西门虽由配备4门炮的炮台把守，却为进攻提供了特别有利的条件。西门位于城楼及其狭长的凸角尽头，城墙正面中间开有一条30米宽的斜面缺口。通向西门的西南、西北两面很容易被驻在社稷坛（Dan－Xa－Trac）[①]、山川坛（Dan－Son－Xugen）、回族庙等庙宇内及富儿村集市中准备攻城的士兵一攻而入。射向沟堑的炮弹集中在城郭西区爆炸，使那里的

① Dan疑为Đan，译“坛”。Trac，附图上为Tac，译“稷”。——编者

守军无法藏身。此外,攻城士兵的右翼又受到一条小河的掩蔽,沿河一带的庙宇已构成我们的滩头阵地。

最后,这一带的地形是:小河及河堤附近比较低洼,在河堤四周甚至完全是沼泽地,但向着西门逐渐升高。附近的庙宇均建在小山岗上。在路旁,离西门150米处还有一座孤零零的小山丘。在这座山丘与平地之间开有一层层平整的梯田,储存着种稻用的水;稻田间的田塍与攻城士兵的行进方向相垂直,田塍高达60—80厘米,构成了海军陆战队和炮兵的天然护墙,使他们可以隐蔽在其后面射击而无需事先再构筑工事。

下午2时起,河堤上的炮兵连开始向回族庙轰击并迫使敌人很快撤出该庙。约3时半,该庙即由原杜赛连的嘉内瓦尔中尉率领的一连安南土著步兵和博什(Bauche)连长率领的海军陆战连(以上两连均属杜里厄营)以及一连炮兵所占。几乎是在同一时刻,外籍军团在下寨村前距西门约300米的几座房屋内和横卧在原野中间的一堆堆土坡后面占住阵地,从那里向正用枪炮顽强抵抗的一座堡垒连续开火。我在比硕上校、贝兰上校、巴当上校及雷维龙上校等人陪同下前去察看了与土著步兵各行列齐高的那块阵地。此时,敌人从碉堡中射出一阵密集的火力。

3个炮兵连中,有两个连驻在下寨村左边,一个连驻在村右,与外城相距约400米;另有一个海军陆战队营在左侧炮兵连后面不远处靠着一座山岗隐蔽下来,作为后备部队集结在那里。蓦然间,在已封闭的城门上竖起3面写着白字的大黑旗,摆动良久后,即插于女墙顶上。4时许,登陆部队的65毫米炮连来到外籍兵团防线后不远处,在与驻扎总参谋部的小山岗相齐的地方占领阵地。在此期间,阿尔及利亚土著步兵与“雎鸠”号的哈乞开斯重机关枪已毫不费力地制止了敌人对我军右翼的迂回运动。“闪电”号及

“飓风”号则朝内城塔楼缓慢而准确地发起轰击。不久,塔楼基座及四周已被打得弹痕累累。这样的炮击虽然在战斗过程中只起着间接的作用,但因为敌人败退时惟一可以栖身隐蔽的地方经过轰击后再也无法保住,因而大大瓦解了敌兵士气。

谢瓦利埃营在北门遭到顽强的抵抗,但仍然勇猛地坚持战斗,当然推进的速度也不大。

但是,在外籍军团率领下的我主力大军却分秒不停地向前推进,逐步争得地盘;5 时许,土著步兵前列距沟堑仅 100 米。被我猛烈的炮火瓦解了斗志的敌人,还击的火力已经不强,此时,夕阳西下,发起冲锋的时刻来到了。

炮兵已停止射击,我下令冲锋,冲锋号随即吹响,我军勇士们在“法兰西万岁!”的呼声中一个接一个地向前冲去。外籍军团在端尼埃营长的率领下冲向被封闭的城门;由拉盖尔营长所率的海军陆战队营则向右侧暗门奔去,杜里厄营的博什连此时亦已冲到那里。被指定留作后备力量的部队这时亦急不可耐地要与他们的战友一起冲锋陷阵,比硕上校好不容易才将他们制止住。敌人向我勇士们射来一阵密集的火力,有多名士卒中弹阵亡,但根本无法阻挡他们的勇猛挺进。外籍军团的先头部队因那道已封死的城门无法通行,就沿着碉堡向右奔去,最后终于在敌人守军所堆起的乱竹丛和其他各种障碍物中辟出一条通道。副营长梅尔上尉中弹后牺牲在他的一群士兵中间。在一部分陆战兵清除暗门处障碍物的同时,其他人则直接与登陆部队一起跨过沟堑并在堡垒的外侧斜坡旁与外籍军团会合;那些被路障拦在外面的士兵则用炮火轰击女墙。在经过艰苦的努力以后,竹篱终于被突破,外籍军团列兵米纳埃尔(Minnaert)、海军陆战队下士勒吉里泽克(Le Guirizec)及步兵队下士穆里奥(Mouriaux)率先进入防城内,紧接着大批人马亦一拥而入。被堵死的城门上的炮台,不仅炮口已经转向并已被完全占领。城上大黑旗已经倒下,取而代之的是法国国旗。敌人向内城狼狈溃逃,我军穿街进巷,紧追不舍。5时45分,我在总参谋部全体成员陪同下进入外城。这时,夜色匆匆降临,掩蔽了敌人的退却;而在一片漆黑之中深入一个陌生的城市紧追穷寇未免失之轻率,因此在取得这辉煌胜利以后,必须中途收兵并做好对付一切反扑的准备。比硕上校立即负责为防城供应弹药和粮食;拉盖尔司令已被任命为高级指挥官,莫西翁上校请求当他的副手。3个营与3个炮兵连将在外城过夜。海军陆战队营将据守自西门至北门一段的外城;外籍军团据守北门和通向内城的大街,杜里厄营则据守直伸至西门南面的一部分外城。这天夜间,全军将通宵达旦地严阵以待。当务之急是必须使北门与西门能够通行无阻并且在通往内城的各条大街上设置街垒,我们将于次日晨向内城发起攻击。

在看到第一批装载粮食和弹药的船队抵达以后,我即于当晚8时返抵总司令部。这一夜就在一片宁静之中过去。

黎明时分,拉盖尔司令与莫西翁上校在小心翼翼地前去对内城四周察看了一番以后,发现敌人早已撤出,于是他们不发一枪一弹即轻而易举地进入内城。

上午9时,我在比硕上校与总参谋部一批官员的陪同下,在我军勇士们一片欢呼声中进驻内城。用敌人3块旗布制成的1面3色旗在山西城楼高高飘扬。胜利的喜悦从未像今天这样激荡着一个法国人的心。

至此,大家才知道,原来在我们攻入西门后,敌人就已弃城四下溃逃。从一切迹象来看,敌人在逃跑时非常匆忙。守城敌兵已把一切都弃之不顾——大炮、钱财、弹药、粮食、衣服等等,甚至还包括具具尸体,虽然黑旗军自己经常标榜他们对牺牲在敌人炮火下的阵亡将士是敬若神灵的。

当初如果我手头有再多两千人的兵力，那该多好！敌人已溃不成军，黑旗军将永远被我们所驱散。

因为无法切断黑旗军的退路，我命“闪电”号即时启航以阻止他们渡黑河逃跑。虽然这艘炮艇的吃水至多不过80—90厘米，但由于河水水位的下降，使它无法抵达黑河的汇流点。这样就只能听任刘永福残部朝兴化方向逃去，并推迟至5月份才能向该城发起讨伐。“飓风”号由于遇到了一处难于驶越的滨湖沙垅，只能停在底河河口而不能前进。但是，这一意外变故所造成的后果并不严重，因为朝这一方向逃跑的敌人为数极少。

根据我们迄今为止所收到的情报来看，敌人损失惨重：死900人，伤者更多；刘永福及其副手亦已负伤，另有多名中国官员被杀。

我方在14日死68人，伤14人；16日死15人，伤70人。在上述死伤人数中，军官有4名阵亡，22人负伤。

无论损失如何惨重，14、16两日仍然应当永志不忘。浮沙与山西两地在我们今后回首当年的壮烈业绩时将占有显著的地位。东京远征兵团虽然由多个兵种组成，但是万众一心，终于完成了一系列光辉业绩。此外，要克服设置了多年的种种障碍物，要战胜久经沙场，数量上占有优势，武器精良，固守在工事后面的顽敌，没有强烈的爱国热忱也是难以设想的。法兰西应为有这样的儿女而自豪。它的军功勋章只能授予这些无与伦比的英勇将士。

部长先生，承蒙您的厚爱，将我置于统率他们的地位，我深以为荣；今后我若能在攻克北宁的战斗中再次指挥他们，则将是我莫大的幸事，我仅此一点企求，别无其他奢望。

海军少将、陆海军总司令　孤拔

附录:在山西城内缴获的贵重物品及武器清单

金银与钱币

6262 枚安南银元
5 枚金币
66 块大银锭
1381 根银条
264 支小银条
7 块小银锭
8000 串铜钱
2 只装满账册票据的箱子

其他物品

200 件无艺术价值的铜制品如香炉、高脚杯、烛台等
350 件茶杯、茶托、烛台等锡制品
两口精制大钟
262 块铅锭
18 块锡板
100 块铸铁板
1 个中国烧瓷花瓶
两张描金漆安南桌子
1 张床

生活必需品

650 万公升稻谷
6 万升大米

1 万升粗盐

10 筐炭

武 器

7 门青铜膛线炮

2 门青铜滑膛大炮

7 门 12 厘米青铜滑膛炮

1 门 8 厘米青铜滑膛炮

46 门青铜小炮

39 门大口径铸铁炮

88 支守城用枪或轻型长炮

371 支步枪

弹 药

15 万发雷明顿枪弹

1 万发温彻斯特连珠枪弹

2700 发供 1867 年式步枪用枪弹

2000 发 1866 年式步枪用枪弹

1500 发左轮手枪弹

1500 公斤安南火药

两箱英制狩猎用火药

10 万枚雷管

BB—4 1958 第 54—88 页

999　内阁总理兼外交部长茹费理致裴龙

1884年1月19日

将军先生、亲爱的同事：

现随函附上瓦定敦先生的1封电报[①]。他在电报中向我汇报了他昨天和英国葛兰维尔勋爵就中国政府想封锁广州及黄埔港口以防止我们进攻所进行的会谈情况。在该电中,您也可以看到我通过电报给我们驻伦敦使馆的答复,同意他把我们的安排正式通知英国大臣。正如您将看到的那样,我同时还宣布,我们在中国海域的海军分舰队司令将获准将他提出的抗议加在其同行的抗议书内。请您赶快按此意给梅依下达指令,并将内容转告我。

茹费理

M.D.亚洲第43卷第60页

1000　海军及殖民地部长致内阁总理兼外交部长

1884年1月19日于巴黎

内阁总理先生、亲爱的同事：

收到您19日的信,我十分高兴。现给您附上一份寄给香港梅依少将的电文稿,其中提及11月24日的指令。您如能立即告诉我,您是否认为电文有修改的必要,我将十分感谢。因为,我拟今天就把它发出。

裴龙

① 原档缺此附件。——编者

附件 海军及殖民地部长裴龙致梅依电(节录)

1883年11月24日

我不需要再提醒您注意:在没有接到电令之前,您绝不能开战。但在您受到攻击时或电讯中断,而情况使您对战争状态不容置疑时,则当别论。

M.D.亚洲第43卷第62—63页

1001 海军及殖民地部长致内阁总理

1884年1月21日于巴黎

内阁总理先生、亲爱的同事:

我刚收到海军少将梅依去年12月11日的信,信中汇报了中国人心的现状,尤其是广州的骚动。我认为此类情报外交部门会感兴趣,现奉上该函的摘录。

附件 海军少将、中国海分舰队司令致海军及殖民地部长

1883年12月11日于香港"胜利"号舰上

部长先生:

谨荣幸地通知您,来信已经收到。

10月30日:行政事务、军饷、军服以及对我12月6日给您的电报的答复。

我已向您汇报了广州的骚动情况。北京来广州的一位钦差大臣名叫彭玉麟,是他煽动了民众和部队的情绪。尽管英国人竭力告诉中国人目前只有法国与中国发生冲突,但仍很难使中国平民弄清洋人之间有何区别,就连政府官员本身亦不很清楚,或是假装不很清楚。广州的口号为"驱逐外夷",不管其国籍如何,挂什么国

旗。这种古怪形势在中国仍将持续相当长时间。欧洲人的敌人是文人与平民。至于商人,他们无论如何也不会对同胞们的态度满意,因为这些人的过激行为引起了金融危机,其主要受害者又是中国的银行。12月6日白天,一座美国卫理会礼拜堂被广州平民砸毁,然而天主教会直至现在竟仍未受到威胁。广州民众的好战情绪因钦差最近从扬子江乘船带来的军队的到达而更加激昂。他最近确实运了3000—4000名士兵抵达此地,但据"鲁汀"号舰长函告,这些士兵大部分只配备军旗(?)①、长矛、铁戟及一些旧式步枪(?)②。不清楚广东总督究竟可以提供多少速射火器,但我怀疑他是否真能有效地武装中国政府在帝国最混乱的城市附近如此不慎重地集结的这一大群民众。目前我坚信,只要我军在东京取得决定性胜利,中华帝国南部省份——广西、广东、云南以及江西,便将成为暴动之乡,像太平天国或云南回民起义那样,创出宏伟的业绩。李鸿章似已预见到了这一点,因此他力图说服中国政府克制并收敛好战情绪。这位直隶总督心中明白,只有和平才能使中华帝国达到它向往的扩张目的。建设一支军队是需要时间的。然而在李鸿章聪慧头脑指导下的军队建设,一开始便有被中国南方事态破坏无遗的危险:集结的民众不可能有领导、有组织,一旦与我军正面作战的正规军核心被击破,这些乌合之众便会构成对中国的真正威胁。

C.P.中国第64卷第53—55页

①② 原文如此。——编者

1002　驻华代办谢满禄致茹费理

1884年1月22日于北京

内阁总理先生：

外交部11月9日来函及阁下1月4日就广州事态发来的电报均已收到，我深感荣幸。阁下想必收到了我12月23日的信，得悉我方要求已直接递交两广总督并通知了总理衙门。在12月6日与中国大臣会晤时，我另外还请他们发函给张总督，令其就赔偿一事与林椿先生友好商谈。林椿先生长于调停，诸大臣十分了解他的和解精神，为此我特地委托他妥办此事。我还补充说法国政府希望立即得到赔偿，只有这样方可证明中国政府对我声明的那种善意；若这样的正当要求都不能迅速得到满足，法国政府将不得不认为中国当局明显地不怀好意。

这样做理由如下：第一，这种做法最符合中国习惯，也最符合我们的条约规定；第二，这种做法通情达理，因为年前我并未收到我国同胞要求赔偿的书面申请。11月15日我得以查阅特使留下的档案，然而并未找出要求赔偿的确切数目、赔偿原因及性质等，甚至连大概数字也没有。只是在接到12月23日电报后才得悉确切数字。手中缺少必要资料，所以我不能有效地向总理衙门提出正式要求；第三条原因便是，鉴于总理衙门的具体情况，我认为应在次要问题上避免与它冲突。该衙门目前并不否认我方要求赔偿的权利，但若理不出双方责任的大小与性质，诸大臣便会竭力将此案拖下去。我是不会任其牵着鼻子走的。我说过的话不容反驳。我决心尽全力避开议而不决的冗长谈判。这类谈判只能使中国大臣得到机会用他们孤傲自大的态度来肆无忌惮地对我们无礼攻击。

德国代办没有这样做。他开门见山,不兜圈子,交涉之际笔墨口舌均浪费不少,结果11月中旬仍未获任何满意的答复;现在则急于摆脱这种处境,于是只得到一纸书面诺言便欣喜若狂了。我并未落入这种危险的圈套。我早已明白,这纸空文不像谭敦邦伯爵想像得那样有利。它只是在广州判明赔偿要求是否合理并确定确切损失数字之后才保证支付款项。中国的这类推委等于拖延时间,还很难说拖多久。

阁下由此可以明白,我在接到几乎同时到达的11月9日来函和1月4日电报时颇有些为难:一方面要执行外交部的指示,另一方面又不能在广州林椿先生交涉结果还不清楚时突然采取新步骤。所以我立即给他发去了如下的电报:

"巴黎指示:要我就广东事件(其细节我也是刚从您的来函中得知)向总理衙门提出赔偿要求,并坚持取得衙门有关赔偿的书面保证。鉴于衙门的敌意,我担心在北京的干预会妨碍您目前的交涉。

能否在当地立即取得一笔赔款?至少也要弄到那两项数目最小的款子。请电告。"

1月18日收到如下回电:

"总督已受理三项赔偿要求。"

如此只能等一下再向总理衙门交涉,至少应等到电报局送来我国领事不误时机的情报;我只能在真正领会阁下指示精神实质、弄清我方应取何种态度之后方可采取行动。

至于我国舰只停泊广州及列强为保护侨民协同行动之事,我至今仍未能找到机会向中国政府做出解释。另外我也根本不想做出解释。前不久获悉,12月10日我写给总理衙门的信产生了极其强烈的印象,因此我深信这封信一定会有极大的效果。最初,大臣们想向各公使馆发一封通告,抗议这种在他们看来是冒犯他们的态度;至少有两国使节——美国公使和德国代办成功地使他们放弃了这种做法,美国公使似乎否认了列强的协同行动,或至少对此提出了怀疑,认为此事前所未闻。但恰恰是他本人现在担任而且那时也担任着外交使团团长的职务。

至于德国代办,则好像十分尴尬,因为德国的伎俩未能瞒过中国人而被揭露无遗。他只想息事宁人。其实他本应肯定我最近所采取的步骤的合法性,申明用不着寄出这第二个宣言,因为,根据条约,军舰有权在广州停泊;依据人权,列强有权保护受到威胁的本国侨民。对此,中国人是没有任何可以抱怨的。然而为了哄骗中国大臣,他宣布已下令德国炮舰驶离广州水域,以此表示其和平诚意。做出这样一个事实上的、如果说不是原则性的让步以后,他才有指望就屡次提出的赔偿德国人损失一事得到比较满意的答复。

只要总理衙门不再提此事,我看在我与大臣们的谈话中就用不着接触这个问题。若他们要求我给予答复,我将亲口毫无困难地向他们阐明我方所采取的态度是完全合适的。我将根据阁下电报中的指示行事。

衷心感谢阁下将我提为一秘并特意发电通知我。鉴于目前形势,这一宠遇对我来说更显得优渥有加,促使我继续勤奋工作。

C.P.中国第64卷56—60页

1003 中国驻法公使馆代办致茹费理

1884年1月22日于巴黎

部长先生:

阁下1月15日来函询问新近发表于各报的可能是曾侯本月8

日自福克斯通寄给《德意志评论》主编先生弗莱施尔(Fleischer)的信是否真为中国驻法公使所拟,本人奉我国公使大人之命,答复阁下如下:

"《德意志评论》主编先生多次致函曾侯,要求提供东京事件的情况,曾侯乃命其一名书记写了茹费理阁下来信所提到的事件。曾侯固可对信中所表述的一般观点负责,但与主编先生将该信公诸报端无涉。盖此信纯属寻常咨询之件,并无任何其他意义。中国公使从未料及该信会被发表,亦从未有借此诋毁外国要人之意,因此,公使绝未料到法报会把此信说成是对法国的侮辱。

中国公使严格执行本国政府政策,从未有失检点;公众场合温良知礼而不失身份,更不会中伤其驻在的国家。"

C.P.中国第64卷第61—62页

1004　海军及殖民地部长致东京海运局陆军少将

1884年1月23日于巴黎

亲爱的将军:

洛夫尔(Lovre)造船公司根据1883年9月24日合同,应向海军部交付6艘炮艇,我在今年1月18日盖有"办公室—调运"印戳的信中已通知您将要给您运去这些船只。现再通知您,为把这6艘拆散的炮艇从圣纳泽尔(St Nazaire)运往(东京)海防,我已制定了如下安排:

第1艘炮艇将装在"伊塞尔"(Isère)号上。该船已奉命于2月5日停在圣纳泽尔。

第2艘将装在"瓦兹"(Oise)号上。该船于2月15日停在同一个港口圣纳泽尔。

第3艘和第4艘将于2月25日至29日停泊于圣纳泽尔,已向南泰兹(Nantaise)汽轮公司租用“圣纳泽尔城”(Ville de St Nazaire)号轮船将它们运至海防港。

第5和第6艘将于3月10日至20日在同一港口装在向同一公司租用的“南特—波尔多斯”(Nantes - Bordeause)号轮船上。

我最近将给您寄去为租用这两艘轮船(船名见上)而与上述公司签订的租船合同;这两艘船除各自装运两艘炮艇外,每船还要运送这两艘炮艇的船员,即:两名海军上尉、4名海军士官和50名海军下士和水兵。

这两艘轮船以及那两艘国家的运输船一俟装载了上述拆卸好的炮艇及其船员之后,便前往土伦,由海军第五军区司令在各船上再装上用来装备各艘炮艇的大炮、锅炉沸腾器、冷却器等,并在装舱时留下的空隙处和租用的轮船上可以利用的空间,装载一切可以安放的器材和军需品。

您应做好安排以保证国家运输船和租用的轮船的卸货工作能够最细心、最迅速地进行。为此,事先应准备好为卸下各艘炮艇的零件箱所必需的数目的驳船、小船等等。随函附上零件清单,内包括尺寸和不可拆分的零件的最大重量。

您还应准备好垫木,以便卸货工作容易进行。

在卸货工作中,您辖下的管理局将得到这些炮艇的军官和船员(他们也将参加装运工作)以及工头托马斯(Thomas)和布热(Bougé)的帮助。托马和布热将在助理工程师拉伊特(Lahitte)先生指挥下,在海防领导炮艇的重新组装,这我已在元月22日盖有“物资—造船”印戳的信中通知了您。

另外,如您认为有必要,还可以请求海军少将、东京分舰队司令先生就他所拥有的人力和器材给予支援。

商轮的装货和卸货应由海军出资并负责领导,但在租用这些轮船的合同中规定,各船船员及绞车应交给管理局支配以进行这些作业。

另外,合同规定轮船公司应准备好用来加速卸货作业的一切装置并将这些装置运到船上;为此,该公司应备好绞辘和杠杆,由海军部在海防接收并付给代价。这些装置将留在海防以便用来重新组装炮艇。

这些装置的价钱由中央海运管理局在巴黎偿付,但偿付率要根据写明购价的发票来确定,由卸货港口的海运管理局签证。

各轮船船长将交给您一个密封信袋,内装有写着每件物品购价的清单,您应尽快分两次给我寄来一份估价单(内写明在海防收到的物品)和由会计员确定的费用。

在圣纳泽尔和土伦的装货和在东京的卸货,规定期限为 25 天,因此,最重要的是要迅速卸货,以避免支付滞留费。

各轮船船长将把写有在圣纳泽尔和土伦开始装船和结束装船日期的证书交给您辖下的海运管理局。

至于您,则应以最迅速的方式将海防卸货开始和结束的日期以及海军在圣纳泽尔、土伦和海防所用的装卸货日数一式两份开个证明给我。

搭乘商轮的军官、海军士官和水兵,军官的卧具由南泰兹公司供应,士官和水兵则由海军部供应他们所需的卧具(全副吊床带床具以及被子)。以借用的名义发给公司的器材,公司应在东京交回。

南泰兹公司负责乘客的伙食,其费用按租船合同第 10 款所规定的价钱在法国偿还。您辖下的海运管理局应向我报告该公司停止领取每日补助金的日期。

管理局还应尽可能迅速地给我转来每艘船的盖有付讫印章的

提货单,以便能够进行结算和付给租船费。

商船船长可能会提出要求在海防预付给每条船规定的租船费14万法郎的1/4,即3.5万法郎;如果船长提出这一要求,您应通知我,并把所付款的收据(应有领款方的签字)分别用内封不同的信寄给我。

您收到此信后请复信。

BB—4 1953(米)第10—13页

1005 谢满禄致外交部长电

1884年1月24日下午2时于上海

24日12时30分收到

英、美使节就和平时期广州水域航道设置船障一事提出抗议。总理衙门答复已下令允许船只驶至广州。

林椿先生电告,总督正在处理我方提出的赔偿要求。

北京形势无变化。仍在静候攻占北宁的消息。

C.P.中国第64卷第64页

1006 孤拔致海军及殖民地部长电

1884年1月24日晚6时30分发于香港

1.河内,11日。攻克北宁后,为了对三角洲进行有限占领,需要8000名东京辅助士兵,12艘吃水浅的炮舰,每舰都要配有小汽艇,直到绥靖这个地区,歼灭海盗为止。海军分舰队现有1艘"维拉"号型巡洋舰,2艘"巴斯瓦尔"号型护卫舰,3艘"益士弼"号型炮舰,1艘"斗拉克"号型运输船。

封锁总是要实行的,我们对除走私外的贸易可以大大放宽。

煤的供应可以一直维持到6月初。

2.河内,11日。收到您31日(1883年10月)的电报。现在北江的北岸、从河内至北宁的公路及北宁周围,全部被中国正规部队或非正规军所占领。他们在注视着我们的行动并在加强北宁的工事及谅山的障碍物。贝兰上校的一支侦察队今天侦察了他们在北江北岸的阵地并和对方互相用枪炮射击了一阵。

3.河内,14日。在山西发现黑旗军首领的信件,信已着手翻译。有好几封信均表明,云南、广西、广东的总督奉皇帝之命,向黑旗军首领提供了武器、弹药和经费。每封信现都附上译文。

11日贝兰纵队遇到的中国人,肯定属于正规部队。

西尔维斯特已到达——他是海军陆战队营长,交趾支那前任土著事务监察,现被任命为民政官员。

请派来1辆饲料车,2辆设备齐全的车。

4.河内,16日根据最近的消息,在山西击毙了900多名黑旗军,"美萩"号11日起航,正规军及辅助部队对叛乱分子及海盗进行的讨伐都很顺利。

中国高级官员到达北宁,大大加紧了防御工作。

清化及乂安没有消息。

5.河内,19日。参哺由于健康原因不能继续在顺化工作,请求立即派人接替。我派海军陆战队连长、交趾支那前任一等行政事务官巴霍前往接替,他在各方面都能胜任。

6.河内,19日。清化方面传来了好消息,那里似乎已恢复安定;有了舰队,基督教徒们安心了。

据兴化最近的消息,中国军队和黑旗军之间有分歧,Lnocay①可能被中国军队占领,其入口处被黑旗军首领占领。

---

① Douteux(可疑)。——原注。可能是Laocay(老街)之误。——编者

山西附近无动静。

有关山西的报告今天发出。

M.D.亚洲第43卷第66—67页

1007 孤拔致海军及殖民地部长电

1884年1月25日于河内

现有人将1883年8—9月租赁"红河"号小艇以及有关该船杂项开支的一宗单据(共计13950.12法郎)报来我处审批,然后即可发付款通知。我在认为有必要批准这项开支以前,必须将巴当中校经手租赁"红河"号的有关文件过目。我曾在东京向总特派员先生索取过这些文件,但这位官员在离开河内时已将它们带走。因此,我恳请您向何罗桤先生索取有关文件,转寄我处,以便我能掌握内情并据以对此事作出相应的决定。

BB—4 1958第92页

1008 外交部政治司司长毕乐致海军及殖民地部长裴龙

1884年1月26日于巴黎

将军先生、亲爱的同事:

我驻开罗公使于本月8日电告我,有两名外籍兵团士兵逃跑,他们都是奥地利人,我驻塞得港领事下令刚将他们逮捕。在载运他们的法国船舰启航之后,他们为免作囚犯而以自己的国籍抗辩。只要他们能证明是奥地利人,奥地利领事就答应马上为他们争辩。布里也(Briere)要我作出紧急指示。从严格的法律上看,问题并非很复杂,因为被逮捕人应由法国军事法庭审判,他们又是在附属国家里逃跑。然而我认为,在目前情况下,避免纠纷有很大好处。因此我电告布里也,鉴于他们的过激行动,如果他们得到其领事的恳求,我驻塞得港领事就不必坚持抓住这两名逃兵不放;否则就要考虑用最近的运输船将他们送回部队,或者将他们遣返法国。

遵照您的指示,两名逃兵已交由奥地利领事安排。我认为有必要使您了解这一决定,它避免了奥匈驻巴黎大使一接到此事件的消息就来提抗议。

毕乐

BB—4 1954(收文第56号)

1009 法国战争伤员救济协会致海军及殖民地部长

1884年1月26日于巴黎

部长阁下:

去年6月我曾将关于给东京野战医院捐赠物品的计划呈送给您。蒙您告知,您将命令海军第五军区司令将这些包裹装上政府运输船,并将要求交趾支那总督与我驻西贡代表莫坎·唐多尔(Moquin Tendore)商量,以保证妥善地分配我们的捐赠物品。

鉴于目前情况的变化,运输船的航行经常变动;另一方面,法国当局也已在东京立足,所以救济协会迄今为止所采取的发送办法可以大大简化,包裹还将送到土伦海军司令部处,但不是在西贡卸船,而是直接运往东京(按随函所附的标签)交分舰队司令孤拔将军收。

如果您同意这种改变,请您部长先生,如同以往向交趾支那总督分送救济协会物品那样,向孤拔将军分送这些物品,然后由孤拔将军指定机构来负责接收和分配我们的捐赠物品。

如有可能,请能尽快答复,俾便我们在最近一班运输船启航时,能及时给我外省的协会下达指示。

协会副主席

BB—4 1954(原件未编页码)

1010　东京陆海军总司令孤拔致海军及殖民地部长裴龙(机密)

1884年1月29日于河内

部长先生:

今将我1月19日的两封密电(我在第213号函中已予以确认)的电文奉上,请察阅。

密　电　一

东京少将致巴黎部长:清化传来佳音,那里似乎已恢复平静。由于兵舰驶至河内,故教民感到放心。

从兴化传来的最新消息得知,中国官军与黑旗军之间发生摩擦。

老街可能已为中国官军所占,不许黑旗军首领涉足。

山西城郊业已平静。

关于山西的报告已于今日寄出。

孤拔

密　电　二

东京少将致巴黎部长:参哺因健康状况不佳而不能再继续留驻顺化担任其职务,请求立即派人接替。我已派巴霍接替,此人担任此职极为适宜。顺化一切如常。

BB—4　1958第90—91页

1011　孤拔致海军及殖民地部长裴龙(机密)

1884年1月29日于河内

部长先生:

兹随函寄上我在1月29日第216号函中所确认的1月25日、26日两天发出的密电译文。

电　报　一

1884年1月25日于河内

东京海军将军致巴黎海军部长:几周以来,数艘挂有德国国旗的汽船满载货物从香港来归仁,随后又空船离开。这些汽船大概是在夜间将火炮和军火箱运来并卸于此地。从外形来看,军火箱中装有步枪和弹药。我已要求驻香港领事证实此项消息。消息一旦得到证实,我要求在援军抵达以后,批准我占领归仁并宣布对该地实行封锁,这是制止运载违章军火的惟一有效办法。

我在22日已收到您1月2日、3日、10日、11日、12日、15日发来的历次电报。

蒙您允准授予军衔,我不胜感激。

我将把有关受伤军官详情的报告及早寄上。居尼(Cuny)上尉因手术后引起并发症而死亡。其他伤员伤势已好转,正在逐步痊愈之中。热安尼(Jéhenne)已康复,将乘下一班运输船离开此间。

山西、河内、海阳、南定、宁平、海防各省正在逐步恢复平静。

清化、乂安均无任何消息。

我们曾沿北宁运河直抵志村,沿裘江直抵富敏(Phu Mai),对接近中国军队前哨阵地一带作了侦察。侦察结果使我相信,整个炮舰舰队将有用武之地。据获得的情报称,红河上的拦河大坝非常坚固。目前正在制备鱼雷以便将其摧毁。

孤拔

电 报 二

(密电部分译文)

……①

杜邦(Dupont)左肘骨折,伤势严重。情况尚好,但未脱离危险②。

努瓦洛(Noirot)右腿腓骨损伤,情况不佳,眼下尚无危险③。

……

洛格多尔(Logdor)左大腿皮下贯穿性创伤,并有间歇热,情况不佳④。

……

电 报 三

1884年1月26日于河内

东京海军将军致巴黎海军部长:承蒙政府对我的工作给予好评,不胜欣喜。我原以为自己能担负将这场远征指挥到底的重任,事实却出乎意料。所作出的安排会使人怀疑我的军事才能。

孤拔

法国海军部档案 BB—4 1958 第94—96页

① 此处及下两处省略号均系原档所有。——编者

②③④ 着重号为原文所有。——编者

1012　孤拔致海军及殖民地部长(机密)

1884年1月30日于河内

部长先生:

我在1月25日的电文中向您报告过,我曾揣测那几艘挂德国旗的汽船已多次偷偷让一批形迹可疑的人在归仁下船登陆并在那里卸下大量火炮、武器和弹药,这些活动显然是受安南政府或官员的委托而进行的。我曾请求,俟此项消息得到证实后,批准我采取一定措施以制止这类行径。然而,我还需向您报告的是,虽然我们有理由相信我们与顺化朝廷的关系以及总的政治局势均大有改善,但我们仍须注意防范,因为从某些传闻中得知,安南政府已在义安与清化两省屯粮积货以便重开战衅。我亦知道对于这类谣传不能完全相信,然而有一点可以肯定,他们很可能依然要执行原定计划,这些计划似乎在攻克山西和脱利古先生前往顺化之前就已拟定。此外,安南朝廷曾打算将政府所在地和抵抗运动中心迁往清化。由于按此间惯例,从作出决定到付诸实施往往需要数周的时间,因此还可以推测所谓迁都云云只不过是在1月1日缔结协议以前根据当时形势而采取的一系列部署所可能导致的后果。然而,我们不能不注意到,安南国王除了当着脱利古先生的面以外,从未掩饰过他反对保护国制度的决心,因此,我绝不能放松警惕。

孤拔

BB—4　1958第97—98页

1013　特别命令(第52号)

1884年1月30日于河内

海军少将、陆海军总司令命令向各部队通报军情如下:

1月19日、20日,3支纵队由南定开拔,前去歼灭逃窜于红河、竹河与太平江一带的残匪。

左路纵队在布里翁瓦尔中校先生率领下,登上由“飞燕”号(Fy－yen)拖曳的Wampoa,1月20日下午5时在富宁涧(Phu－Ninh－Giạn)对岸登陆,扎营于竹河岸边。该纵队由第4团第29连和100名非正规兵组成。

中路纵队由3个连组成,在塔高昂少校率领下,于19日从陆上的竹林哨所挺进。20日于该地扎营。

右路纵队由120名南定驻军和150名非正规军组成,在拉封少校率领下于20日登上“突袭”号,在大燕(Dai－En)或渡寄(Do－Gui)码头登陆;随即向炭关(Than Quan)进发,下午5时到达并在此地扎营。21日,各路纵队汇聚,直捣太平府(Phu Thai Binh)。

左路纵队歼灭了袭击禄南(Loc Nan)村的15名海盗,枪决了该村村民抓获的34名盗匪之后于富德扎营。当晚,中路纵队到此地汇合。

22日,该纵队的一支分遣队袭击并焚毁竹河北面的布衣(Boy)村。同日,右路纵队屯驻富才。由于该纵队在这里派不上用场,于24日返回南定。

22日,左路纵队与中路纵队汇合,于下午5时,一并到达富西(Phu Tay)。23日,两路纵队均留驻于此地。20名左右的征兵队长被擒获,罪大恶极者予以枪决。

24日,纵队驻扎于真定(Chan Dinh),25日接收了附近归顺的村民。26日,该队分两路开赴边渡寄渡口,下午3时登上“突袭”号回南定。

参谋长 巴当

BB—4 1958第144页

1014　河内驻扎官波那尔致交趾支那总督沁冲

1884年1月30日于河内

总督先生:

将军①准备把家搬到"巴雅"号上,据说他定于2月5日离开河内。舆论对此变化十分关注,而且似乎对将军很有利。因为在山西战役中,由于他的勇敢善战或是由于他在政府中的威望,他赢得了许多军官的好感。这种威望之大,使他本人提出的褒奖建议都能顺利通过。文官们对一个曾多次想贬低我们所创造的局势,对一个使我们非常失望的人的离别,只是冷眼相待。然而,我们得承认,如果他对您的行为不很正确,那他对驻扎官的态度倒是很真诚的。

西尔维斯特先生顺利地接替了巴霍。至于我,我很高兴与这样一位长官打交道,他通情达理,不像有些人那样,莫名其妙、无动于衷地对待别人向他提出的最好论据。与西尔维斯特商讨,总是很有趣的。他头脑灵活而又狡猾;这种有趣的狡猾,农民们称之为"滑头"。但他有一个很怪的脾气,就是非常想知道行情,市场上的价格对他很有诱惑力;但这并不是他的个性,而是他一时的冲动。难道他想讨好将军或者以此来表明他是必不可少的吗?这是一个谜。总之,他请求回国而没有丝毫困难就获得了10个月的行政假期。但他好像对这个结果并不感到太高兴。我认为他干了一件蠢事,但我们没有能使他明白这一点。

罗贝尔(Robert)先生已被指定作为他的接班人。

堵布益,东京的探险家(如果他的名片上所说的是真的)终于在我们城里出现了。这位可笑的人物向我表示,像他那样有才干

---

① 指孤拔。——编者

的人在河内下船竟没有得到当局的欢迎，他感到非常惊讶。特别是作为驻扎官的我，并没有机智地按照高级官员的规格为他事先安排一处舒适的住处。

我感到万分惊愕，以致忘了把他从我的办公室内赶出去。我很后悔自己竟会这样感到大吃一惊。如果说我没有给他半点奉承，而相反说了些有分量的话，那是夸大了些。这时，他的心情转好了，他自告奋勇地向我提出保护，我当然拒绝了他。

堵布益买了些土地，有些是肥沃的，有些是贫瘠的，代价不同，以下就是他所持的理由：我在法国有很多朋友，他们都很关心东京的前途，这些老实人都会帮助我解决生活问题。我希望政府会决定无偿配给我一些煤矿、耕地等等的经营权，作为我损失的正确补偿(800万!!!)①。然而，我不能拒绝充当朋友的中间人——用他们的钱为他们购买价值日后就会昂贵的土地。他们珍藏的田契一定使他们过上美好的生活，发一笔大财。当他们看到了报纸上攻克北宁的消息，他们将比其他袖手旁观者更加高兴。……

2.说明②

"东京一定会变成一个美丽的国家。战争一旦结束，一些大的贸易公司将相继成立。我打算作为创办人参加这些企业，我的股金就是这些目前定不出价值而那时就会变得价高无比的土地。我准备出卖我的股份，别人让他们自己设法应付。等……"

米乐将军的增援部队即将到达，这个消息发表之后，就使将军不能像2月1日前他想像的那样去占领北宁。在远征部队还未到达之前，他认为这样重大的战役不应该冒昧尝试。由于他过分谨慎，从而失去了一个获得晋升资格的绝好机会。在前一段时间里，

①② 原文如此。——编者

有2000人就够了;一个半月后(现在我们不能在3月15日前进攻),可能要动员一切后备力量,而且损失也许比山西更重。为了将几天后应该到下龙湾的军队运往河内和海阳进行必要的休息,并使发放补给军需品的部门能开展工作,需要一个多月时间,不知米乐将军届时是否了解中国的情况来制定计划。一有耽搁就有损于我们的利益。在这期间,中国人可从容不迫地补充新兵、武器和弹药,并修建他们的防御工事。

北宁

多亏寿昌(Tho - Xu′o′ng)知县指挥的小纵队的奋勇及其在秋国(Thu′ - Guoc)方面的行动,河内省目前是平静的。

杜里厄中校接替了被召回西贡的伯多列威兰中校,黑旗军抢劫过山西后已向兴化逃窜,他在受尽摧残的山西有很多事情要做。

布里翁瓦尔上校已击败了南定巡抚,现在,那边一切都安宁。

波那尔

何罗栏先生前请代我问候。

M.D.亚洲第43卷第71—73页

1015 海军及殖民地部长致内阁总理兼外交部长

1884年1月31日于巴黎

内阁总理先生、亲爱的同事:

谨送回我们河内驻扎官的第8、9、10、12号报告。这些报告是您于本月5日转给我的。

借此机会,我不得不很遗憾地向您指出,何罗栏先生在他的意见中,对海军部长、政府成员以及他的直接领导都没有保持适当的分寸及应有的尊敬。……

M.D.亚洲第43卷第74页

1016 东京陆海军总司令孤拔致海军及殖民地部长裴龙

1884年2月1日于河内

部长先生：

我在将总司令职务移交给米乐中将之际，有幸将东京情况向您作一简要报告。

在河内省，大部分海盗或叛贼均已逃散躲藏，其中有几百人已被击毙，死时手中还握有武器；还有一些则被我军和总督的部队活捉后就地打死，或经过例行审讯后处决。曾经在乡村甚至河内城郊大肆骚扰的匪众残部，现在大都已退回底河右岸一带的山区，或并入北宁城的敌军，从而使敌军员额得以扩充。

正如我在上文顺便提及的那样，总督的军队在东京非正规军的配合下，给了我们一定的协助，原来受威胁的各个村庄，也得到各方面积极有效的帮助。这是我抵达东京地区以来首次感受到地方当局和当地民众对我们作出如此信赖的表示。尽管取得了这些进展，但在今后数月内，仍不能放松警惕，需要频繁征剿，以便显示我军的影响，永远肃清黑旗军及中国人的势力，防止已被驱散的海盗部众卷土重来。

最近一个时期，海阳与广安四周的民众已不再惶恐不安，然而这两省尚未摆脱盗匪的骚扰。几周以来，虽然尚无明显迹象说明盗匪还在这一带活动，但我们与他们相比，只取得了部分优势，尚无足以永保地方平静的任何决定性因素。在丘陵与宝塔附近一带，匪徒为数甚众，足可威胁邻近各村并干扰安南帆船和舢板的航行。

在海阳，分舰队的登陆部队已在这一地区方圆20—25公里的范围内作了侦察，那里已恢复平静，居民已陆续返回城内；在11月13日、17日的袭击中曾逃亡外地的地方官员亦已回城，拜会了最高司令官海军中校罗蒙,并已恢复办公。中国人以及安南叛众已完全放弃了向海阳城反攻的打算,11月28日由卡亚尔(Caillard)先生统率的两个海军陆战连在"野猫"号、"豹子"号两艘炮舰的配合下进行了侦察,把他们逐出平关村以后,他们即退据富顺(Phu-Thuân),至今在那里依然驻有为数甚多的部众。我们在向北宁发起进攻时,若能在经过北江时在炮舰的帮助下对这股敌人稍作钳制,或派遣一支突击队由志村进发,则敌人必将像撤出平顺(Binh-Thuan)和两要塞之间的其他中间阵地一样,立即从富顺撤离。

派出前往追击叛军提督的正规军与非正规军,最近又在1个月内将南定与宁平两省剿平。这位提督曾招募5000人建立起一支大军,除本省文人给予协助外,还有以豪绅为首的当地居民也千方百计给予支援;他们计划先从教民开刀,杀尽一切亲法人士,然后向南定及宁平进逼,对该两城发起攻击;若不能占领,也要纵火焚烧及洗劫。总之他们会组织有效的力量来抵抗我们保护国制度的建立。总督 Hoang Ké-Sang 与 Trien-Hue①代表中国皇帝授予这位叛军提督以招兵征税、延聘安南官吏、将抗命者送交中国官府审判的全权。经过几次成功的征剿,这位提督的军队受到重创以后被驱散。一部分叛军渡过竹河,归入北宁的中国军队;一些残部逃入丘陵与海盗为伍;提督本人则投奔北宁 Hoang Ké-Sung。现两省的秩序业已恢复,好像从此解除了一切威胁。当务之急是设法撤换那些曾经参与叛乱的官吏并任用一批敦厚善良的官员接替,这是一大难事。

山西情况甚佳。自从攻占山西城以来,我们四出进行了频繁的侦察,范围遍及山区和各条江河流域。我们严厉惩罚了各叛乱村,当场击毙400—500人,这些人死时手中都还握有武器。尽管

① 原文如此。似为 Hoang-Que-lan(黄桂兰)及 Triệu Vu(赵沃)之误。——编者

如此，黑河周围地区仍未能完全免遭蹂躏，大概只有等到我们攻占兴化，甚至在靠近红河河堤的尽头，即屯河（Truang-Ha）和槟会（Ben-Hoï）设置碉堡以后，才有希望使那一带长治久安。然而黑旗军已经放弃了可以更直接地威胁黑河右岸的原来据点罗夫（La Fu），并似乎已将其全部兵力集中在兴化近郊。据我们最近得到的情报得知，黑旗军与中国人之间发生纠纷，去老街的通道已被中国人占领，不许黑旗军涉足。

在山西、南定、宁平等省，尚缺许多安南官员。迄今为止，我们尚无法将那些曾经与敌人勾结并为敌人效劳以帮其逃跑的安南官吏一一撤换，另行起用一些比较可靠的官员。

我们的军事行动不能扩展到红河三角洲以外，对此，部长在前一次训令和最近的训令中都曾一再强调。因此，在最近发生的屠杀教民事件中，我只限于把战舰派往清化及乂安两省沿海海域（清化省曾是主要的肇事地点）。战舰在这一带海域的出现，暂时解除了传教士们的顾虑，使他们不再惶恐不安。山西攻克以后从顺化发出的命令以及安南新政府对 8 月 25 日条约的承认已经终止了这种杀戮行为。有人还说，主要肇事者业已判罪，其中一名已被处决。但这一消息有待证实，目前还不能完全相信。现在我们最大的希望是，目前的平静状态得以长期维持下去；虽然如此，北宁攻克以后必将使治安状况得以巩固，使那些因百姓的惶恐和轻信而得以在民间广为流传的种种谣言不攻自破。

在从清化传来的消息中，有一事盛传已久，而且关系重大，必须予以重视。早在协和帝驾崩和新帝接任以前，有人就指出，清化可能将成为由文绅组织的旨在反对我方保护国制度的抵抗运动中心。此后，传教士们曾反复向我们说，在清化已囤积各种军需品，一旦准备就绪，辅政大臣就将拥幼主迁往该城，使新帝免受法国攻克顺安后在顺化所施加的那种压力。这种种说法一时都难以驳倒。据说,辅政大臣的计划中还有更多的其他打算。参哺先生在最近来信说,安南政府准备派出两名全权大臣来河内向总司令表明心迹,他认为选派这两位大臣的意图在于证明顺化政府的诚意。此外,辅政大臣还命这两名全权大臣取道陆路来河内,以便沿途能向人们进一步证实那道圣旨的内容,并安抚清化及义安两省的教民。然而,辅政大臣的敌对情绪是众所周知的,只是在脱利古先生最近访问顺化时,这种敌对情绪才算完全敛迹,至少从外表看来是如此。因此,在我们取得新的胜利从而完全确立我们在安南的优势以前,对于这位辅政大臣应始终保持高度的警惕。

在此期间,我已发出命令,使8月25日条约能一丝不苟地得到遵行。我希望我已说服全体驻扎官,使他们意识到,必须彻底纠正由民政特派员首开先例并亲自带头的那种不好的做法。毫无疑问,我们目前所面临的种种内部困难,大部分是由这些不好的做法造成的,而废黜协和帝的那场"革命",其根源亦在此。

孤拔

BB—4　1958第98—102页

1017　海军及殖民地部长致孤拔

1884年2月1日于巴黎

海军少将先生:

感谢您通过电报和第143、155和156号报告告诉我远征军及东京分舰队的军事行动情况。

我以极大的兴趣看了有关海阳事件及以后根据罗蒙海军中校的命令所进行的侦察活动的说明。读了您的报告使我肯定了在收到您11月的电报时所得到的印象,我很高兴地再一次向您重申我去年12月6日信中第一段所作的评价。

我将令人记下您推荐的在这一事件中表现极其出色的军官、水手和士兵。

我将在适当时机考虑您1月11日电报中关于今后如何组织东京小舰队以及东京分舰队的说明。

您还提到在东京服役的炮艇的低艏楼妨碍船头大炮射击。既然“鬣狗”号(Hyène)的低艏楼已经改装,可以安装船艏炮,我认为最好将它而不是将“旗帜”号交给米乐将军使用,因为后者没有这种装置。因此,“旗帜”号将留在土伦,而“鬣狗”号将运往东京。我估计该舰和“美洲豹”号将于5月间到达海防。

“永隆”号的机器有些故障,米乐将军、波里也将军、尼格里将军率领总参谋部部分人员在科伦坡转乘邮轮“阿纳迪尔”号(Anadyr);而运输船则继续前往新加坡和西贡,并在那里修理。

根据我的命令,沁冲先生把“美萩”号派往新加坡,该船于29日到达,在那里等待“永隆”号,然后把“永隆”号的货物装在自己船上运到东京。

“姑类兹”号于1月30日到达东京。28日“欧洲人”号和“科莫兰”号已离开科伦坡。“堤岸”号机器发生故障,到2月7日左右才能从该港启航。我想尽可能把“堤岸”号上的绝大部分乘客转到“阿纳迪尔”号上去,其余的则由运送第二批增援部队的船只装载。为此我已立即电告米乐将军;但他到达科伦坡时,“阿纳迪尔”号已经启航,因为该船比原定的航期提前了两天。

25日,“安南人”号、“圣日耳曼”号和“普瓦图”号已从亚厂启航。“桑罗克”号和“萨尔特”号于29日、30日通过苏伊士运河。

我已决定派“边和”号于2月20日启航,“尼夫”号(Nive)3月20日启航。“边和”号将运载“机枪”号和“手枪”号炮艇。

现通知您,“拉加利桑呢亚”号已于1月27日从苏伊士出发。

附言:我得到报告,“圣日耳曼”号已于2月1日从科伦坡出发,“欧洲人”号同一日到达新加坡,2日离开。

BB—4　1953(孤)第10—11页

1018　海军及殖民地部长致内阁总理兼外交部长(机密)

1884年2月2日于巴黎

内阁总理先生,亲爱的同事:

我荣幸地将海军少将、中国及日本海域分舰队司令去年12月24日关于日本政府与天朝关系的密信抄本送给您。这一情报似将引起外交部门的兴趣,特转告阁下。

附件　中国及日本海分舰队司令致海军及殖民地部长

1883年12月24日于香港

部长先生:

您的密信已由法国信使于12月18日星期二我国邮船驶往马赛时送到,12月20日星期四收到通过英国快邮寄来的第2号译码表。我当即发函给我驻日本东京公使,旨在了解如与中国关系破裂,日本政府将采取何种态度。我从途经香港的脱利古先生那里得到的一点情报似乎表明,日本政府与中国关系有所接近,可能是由德国驻东京新任公使从中撮合所致。脱利古先生认为,中国使臣与日本外相井上馨(Inouyé)先生曾在德国公使馆内频繁会晤。若这一传闻属实(我恰恰十分担心这一点),则远征北方的计划便会因军舰补给困难而严重受阻。

日本政府的立场固然对我关系重大,英国的态度却更为关键。香港是个巨大的储煤仓,应确保购得燃料或食品,以便运往事先指定或商定的地点。由于香港的地位,它在法中之间严守中立对我十分不利:假如我方不封锁通商港口,不影响贸易,我方能否以此换来保持现状即香港市场不加区别地同时向交战国开放的局面?换句话说,如果我方在进行对敌行动时不封锁通商港口,作为交换,英国方面能否不发表任何中立声明?

关于军舰如何解决燃料问题,我一直按照您信中的指示行事,除"伏尔达"号因赴广州未能在日本添煤外,目前其余各舰均已补足燃料。"伏尔达"号一从广州驶回便将补充煤炭。在"维拉"号抵达东京时我也将向它下达同样的命令。

攻占山西在此间引起强烈反响。相信在北京亦如此。这一消息由"斗拉克"号 21 晚抵港时带来。孤拔将军一宣布清除山西外围工事,人们便预测到该要塞即将攻克。"斗拉克"号今天驶向下龙湾和海防。得悉孤拔将军曾要求您支援弹药,我们便交给"斗拉克"号 3000 发转轮弹。"都尔威"号提供了 2000 发,"胜利"号提供了 1000 发。我们无法满足——即使是少量地——孤拔将军对其他弹药如 65 毫米炮弹的要求,除非我们自己一点也不留。这种大炮的弹药供应向来就很有限。

您在信中跟我谈到用以应付与中国关系破裂后的事态的军事行动,长时间以来我一直在研究。我仍在等待有关闽江和福州的情报。我们在福州的情报员弗郎东(Frandon)先生一个月以前病得很重,不得不去上海医治,至今未归。我相信他一返回便可立即补充情报。中国人在厦门和福州的防御工事几年以来一直没有变动,目前似正在加固阵地,增强守备部队。威海卫和旅顺港口海面也布了水雷。舰只如没有充足的后勤供应,在冬天对上述军事要点发动进攻是非常困难的。因此,了解日本方面的立场是十分重要的。

据我国驻北京代办先生寄来的报告,中国轮船公司目前正在设法改挂国旗。尚不清楚此情报有多大价值。这家中国公司成立以来很不景气,恐怕它迫于形势最多只能再营业18个月。李鸿章是该公司大股东之一,他向公司董事会提议垫付一大笔资金,前提条件是将以前的债务一笔勾销。这等于彻底破产!我不清楚目前事情发展如何。由于董事会害怕轮船落入我方手中,在上述形势下很有可能试图将船卖掉,只是一时亦难卖出好价钱。英国在中国沿海做运输生意的公司维持困难,自顾不暇,我认为不会有买新船的能力。

据福禄诺中校报告,广州传说,总督已接到北京的命令,要他率广东和广西的部分兵力开往东京边界。传闻中可以看出,北京政府不听各方劝告,在东京一战丢掉山西以后,神经大为紧张。两广总督也好,他的部下也好,均无法带来任何胜利的希望,而只能使中国的混乱局面持续下去。

月底我将令"伏尔达"号驶离广州,可能派遣该舰沿北方海岸侦察调兵情况,然后通知孤拔将军。

C.P.中国第64卷第85—88页

1019　东京远征军总司令米乐致海军及殖民地部长

1884年2月2日于新加坡

部长先生:

我在抵达东京的前夕停泊于新加坡,衷心地向您表示深切的感谢。得到您和陆军部长的完全信任,委任我以远征军统帅的重任,我感到非常荣幸。

您对我的所有请求都予俯允,我谨表示谢忱。

我再没有别的请求,将以行动向您表示感激。希望在您的协助下取得成就。

我会通过电报陆续向您报告所有重要事件。但不再通过电报向您报告行动计划。

陆军中将 米乐

BB—4 1956 第 28 页

1020 东京远征军总司令米乐致海军及殖民地部长

1884 年 2 月 2 日于新加坡

部长先生:

谨向您报告,为了将从非洲调来的两个步兵团组建成最大的一支清一色部队,并便于指挥,我计划我一登陆就开始组建:

第一团:3 个阿尔及利亚步兵营,由陆军中校贝兰负责指挥。

第二团:外籍军团两个营及非洲转步兵第 2 营,由陆军中校迪歇纳(Duchesne)①指挥。

BB—4 1956 第 29 页

1021 驻顺化官员××致××公使②

1884 年 2 月 2 日于顺化

公使先生:

希望您收到此信时,身体很健康,在此之前您大概已有足够的时间来恢复由于艰苦工作及长途旅行而引起的疲劳。

这里目前一切平静,您曾目睹的骚乱完全平静下来了。公使先生,大家认为多亏了您才有这种令人高兴的局面变化。您可能想像不出您在这个国家里的作用多么有益。

在您离开沱瀼的次日,也就是 1 月 16 日,我来到了顺化。我

---

① 《正编》译杜深尼,与另一中校杜森尼(Dugenne)容易混淆,现改译迪歇纳(下同),以示区别。——编者

② 原档未署收发信人姓名,似为巴霍致脱利古。——编者

发现参哺先生正卧病在床,病得很厉害。此后,他的健康状况一直恶化。在医生的再三催促下,他不得不考虑作离开的打算。他于1月28日离开顺化,当天乘"云雀"号去西贡。他将驻扎官的职务委托我照料,可我还是希望孤拔将军在获悉参哺先生离开时会立即派比我更了解情况的西尔维斯特先生来接替他。

公使先生,参哺先生总是信任您的。他希望您能不久就派他去巴黎,参加即将召开的和约(即8月25日条约)讨论会。

公使先生,作为给您个人的情报同时应辅政大臣文明(Vǎn Minh)[①]先生的请求,现随函寄给您由安南政府提出并直接提给参哺先生的一些有关缓和条约措词的要求。您可以看出,虽然这些要求值得认真研究,但除了条约第27款上要求的修改外,是没有理由接受的。

我经常遇见文明先生,他每次见面时从不错过机会向我询问您的情况。他向我保证说,除了几个官员以外,其他官员都支持我们的政策;他的国家接受我们向它明确而坦率地提出的保护制度。为了永久维护秩序和安宁,辅政大臣仅要求一件事:我们不要使这些官员过分丢脸,要让他们在百姓面前表面上还保持着他们的威望。安南的官员也如中国的官员一样不愿失去面子,他们准备作出为水中的影子而抛弃口中的饵物的让步。

公使先生,如您所知,局势极好,如果我可以坦率发表我的意见,我可以说,从现在起,安南和东京的平定可视为一种既成的事实。只要我们稍微用一点政治策略就能维持这个可喜的局面。

我们首先应该对朝廷做些工作,只要我们能巧妙、坚决地对朝廷保持我们的权力,我们就能使它向管理国内事务的官员们传达

① 原文如此,即阮文祥。——编者

我们认为实行国内改革所必要的命令,就像这些命令是由国王本人颁发的一样。

因此,派到各省省会的驻扎官最好是政治人员而不是行政官员。这些政治官员们不要直接插手日常事务,而只是汇报他们驻扎的省份的局势,并提出应该在省内进行的改革。他们可以直接和驻扎在顺化的公使联系。最好将所有的行政部门都集中在首都,而各省省会则由一小队法国军队驻守。

我不想耽阁您太多时间,公使先生。但在结束这封信之前,请允许我向您说,我永远忘不了您对我的盛情。再次表示我对您真诚的感激和敬意。

我不想向您描绘我在离开您时所感到的深深的悲伤,您很了解我,您可以理解我的心情是多么痛苦。

签名[①]

M.D.亚洲第43卷第76—79页

1022 东京陆海军总司令孤拔致海军及殖民地部长

1884年2月3日于河内

部长先生:

现将我在2月3日第231号函中确认的2月1日密电的译文附上,请一阅。

电 文

东京少将致巴黎海军部长:

过年期间,因缺乏劳工,山西城防工程只得暂停。因此,此项

① 此处有签名,因字迹过于潦草而无法辨认。——编者

工程在 20 日以前无法结束。

南定叛军提督已负伤。

顺化朝廷已向东京总司令派来两名全权大臣以接替前任使节。参呐似乎对两位全权的人选深表满意。他们将经陆路来此，以便在沿途各省进一步申明圣旨中所表达的和平诚意并在清化与乂安两省安抚民心。

海军少将东京陆海军总司令　孤拔

BB—4　1958 第 104 页

1023　海军及殖民地部长致茹费理

1884 年 2 月 4 日于巴黎

内阁总理先生、亲爱的同事：

现向您转交一份刚由交趾总督发来的密码电报。

海军中将、海军及殖民地部长　裴龙

附件　交趾支那总督致海军及殖民地部长密电

1884 年 2 月 3 日下午 5 时于西贡

您在去年 12 月 20 日电报中提醒我注意的那位安南高级官员，自从顺化最近政变以来已成为首席辅政大臣和实际的国王。参呐完全信任他。在参呐前来西贡前，该辅政大臣对他说："我们听到您要走而感到十分遗憾。但您是了解我们的，我们很高兴您到法国能向共和国政府说明我们的情况，请他们相信我们的友谊是可靠的。我需要法国保护我们来抵抗中国，今天我们猜透了中国的意图，使它并吞东京、蚕食我们北方领土的企图未能得逞。我们将坚决、忠实地遵守条约和保护国制度，这点你们将来也会感到惊讶。"国王委托参呐先生向我转交了敕书和安南的圆形徽章。

最近，法军将在海南岛登陆的消息引起中国人强烈的不安。两广总督曾下令派遣4000人的部队赴海南岛，但接着又撤消了这项命令。

“科莫兰”号今天到达圣雅克角(头顿)，它将直接驶往东京。

药剂师盖兰(Guérin)当选为市长，代替正启程回法国的卡尔迪(Cardi)，其政治任务相同。

M.D.亚洲第43卷第80—81页

1024　海军及殖民地部人事局长致办公室主任

1884年2月5日于巴黎

通过2月1日的通知，军需局长告诉我，已从孟买轮船航运公司(Bombay Steam Navigation Company)购得“戈加”号(Gogah)和“纳戈特纳”号(Nagotna)两艘轮船；并称：这两艘将被派往东京服役的轮船应由该公司发送到西贡。

据军需局提供的资料，这两艘船系专门用于人员和物资运输的。从商业角度看，可配置25到28人的编制。

我荣幸地请海军少将、总参谋长兼办公室主任先生告诉我，从“戈加”号和“纳戈特纳”号两船的临时编制来看，人事局是否应该为两船提供相应的装备。

本月(2月)20日，这些临时人员即可搭乘运输船出发。

我还请圣提莲(S[t] Hilaire, de Blond de)海军少将先生告诉我，“戈加”号和“纳戈特纳”号将听命于米乐将军，还是东京分舰队海军少将司令；这两艘船是由一位责任船长指挥，还是仅仅作为附舰进行装备并从属于小舰队或东京分舰队某一艘军舰。

海军少将、人事局长①

① 此处有签名，因字迹过于潦草而无法辨认。——编者

附言:借此机会,还请圣提莲海军少将告诉我,“机枪”号和“手枪”号两艘无须注册船员的炮舰是附属于东京分舰队,还是“雎鸠”号。

BB—4　1954(行动办公室收文第110号)

1025　海军及殖民地部军需局长致办公室主任

1884年2月6日于巴黎

我曾荣幸地向海军少将参谋长兼部长办公室主任先生报告,“戈加”号和“纳戈特纳”号两艘轮船刚刚从孟买轮船公司那里买下来。

这两艘旨在东京湾服役的轮船,将在西贡交货。

这两艘船的主要情况如下:

	“戈加”号	“纳戈特纳”号
长度	56.39	48.77
宽度	6.40	6.78
舯舷高	2.24	2.34
桅杆类型	双桅	双桅
载重吃水	1.52	1.58
马力	100	80
机器数	1	2
机器种类	复式蒸汽机 单式蒸汽机	振动式蒸汽机
锅炉	2台移动式锅炉	
速度	13	11

军需局长①

BB—4　1954(行动办公室收文第121号)

① “军需局长”后有签名,因字迹过于潦草而无法辨认。——编者

1026 东京陆海军总司令孤拔致海军及殖民地部长

1884年2月5日于河内

部长先生：

1月11日曾去电向您报告自进攻北宁与兴化的战事结束至三角洲地区完全平静为止这段时间内远征军团及东京海域小舰队所应确定的建制。以下是我关于如何将这些部队在各军事重镇进行分配、再由各军事重镇派出兵力到各中间哨所，以及提供机动的特遣队用以追剿这一区域的海盗和叛贼等方面的一些构想。

地名	海军陆战连数	非正规兵连数	炮舰数
兴化	4	8	1(附汽艇1)
山西	6	8	1(附汽艇1)
北宁	6	8	2(附汽艇2)
河内	8	12	2(附汽艇2)
兴安	2	4	1(附汽艇1)
南定	4	8	1(附汽艇1)
宁平	1	4	1(附汽艇1)
海阳	4	8	1(附汽艇1)
广安	2	6	1(附汽艇1)
海防	4	6	1(附汽艇1)
合计	41	72	12 (12)

上表所列各连，其编制当然应为每连150人。

此外，上述72个非正规兵连中，有8个连应作为机动兵力以随时填补其他各连的空额，必要时扩充某些部队的兵员或作为训练新兵的骨干力量等等。

炮兵的建制情况应为：8个山炮连(4个畜拉炮连、4个人力拖运炮连)以护卫各特遣队;8个野战炮连或攻城炮连用于要塞设防,编制人数可达1696人(其中包括40名军官),外加196匹军马。随信附上详细清单一份,请参阅。

最后,在总数中应增加1连骑兵,由120人和100匹战马组成。

整个远征军的组成:

欧洲步兵	6150人
炮　兵	1696人
骑　兵	120人
合　计	7966人
东京非正规兵	12000人
军　马	296匹

12艘炮舰,每舰各附1艘汽艇。

东京海域小舰队为:

巡洋舰1艘,随小舰队总司令军阶(海军少将或海军上校)的不同,可以是“水神”号型巡洋舰,也可以是“维拉”号型巡洋舰;

2艘“巴斯瓦尔”号型警戒海域护卫舰;

3艘“益士弼”号型炮舰;

这些兵舰平时的布局应是沱瀼泊驻1艘警戒海域护卫舰;顺安驻1艘炮舰,其余各舰主要应在泥岛与帕克隆角(Cap PackLong)之间的海面游弋或停驻,以便弹压海匪的劫掠行径。

等这一地区平静以后,当然就可以大幅度地裁减欧洲军定员,同时以减少一名欧洲兵增加两名非正规兵的比例来扩充非正规兵员额。到那时,只有希望官吏们能依靠安南军队的帮助果断地出来维持治安。

海军少将、东京陆海军总司令　孤拔

附件 东京地区在平定之前需要保留的炮兵员额和装备清单

人员:8个山炮连必须保留(40毫米山炮、65毫米或80毫米山炮);4个连为畜拉炮连,另有4个炮连,则雇苦力或拉或扛,视情况而定。

每个畜拉炮连的编制为:

4名军官

2名军士

37名现役士兵

128名副炮手

60名驭手

共计:4名军官和227名士兵,这是战时山炮连所定的数字(据1875年3月13日和12月15日法案而定)。按条例规定,应配备128名驭手、60名炮手,但我们拟配备60名驭手,128名副炮手。这是因为各特遣队决不会离补给中心过远,而且每个炮连须派出定额兵员用于要塞防守。

人力拖运炮兵连:由苦力拖运火炮的山炮连应由下列人员组成:

4名军官

2名军士

37名现役士兵

128名副炮手

共计:4名军官、167名士兵,用于操纵6门火炮并为要塞防守提供分遣队。

炮兵仓库——炮兵仓库的编制为:

2名军官

30 名士兵

炮兵仓库中(必要时)还可补入若干安南人和 1 个由炮兵连调来的士兵组成的仓库排。但仓库排的定员最好为 50 人,以免造成炮兵连缺额过多,因为不久以后,炮兵连将因对敌作战或气候不适应造成伤亡损失而大量缺员。

军马——每个畜拉炮连应包括:

6 门火炮,每门配两匹军马,共计每连为 12 匹。

弹药箱牵引用马(每门火炮配 4 匹),共计为 24 匹。

拉载铁匠器材用马 1 匹

拉载木制工具用马 1 匹

拉载军需品用马 1 匹

备用马 6 匹

军官或排长坐骑 8 匹

共计 160 匹(马匹损耗数均考虑入内)

虽然按 1875 年 3 月 13 日及 12 月 15 日法令规定,应配 155 匹军马,但我们仍按每个畜拉炮连 60 匹军马的数目配备,因为我们设想,军需品可用苦力或船舶运至各特遣队后方不远处,而且特遣队驻地离补给中心决不会很远。

马匹可按如下方式分配:

各部队配备 160 匹

参谋部配备 16 匹

装备(火炮):必须保留 8 个山炮连(40 毫米、65 毫米或 80 毫米山炮)作为机动炮连。

8 个由 40 毫米野战炮、120 毫米攻城炮和 80 毫米炮组成的炮连,外加 12 门哈乞开斯机关炮,用于要塞防守。

在东京地区的要塞炮现有:120 毫米炮 12 门,40 毫米线膛野战炮8门和80毫米炮8门。

因此,尚需向该地区调拨120毫米攻城线膛炮10门、40毫米野战炮10门以及操纵这些火炮所需之炮架和索具。

上校、炮兵司令　雷维龙

BB—4　1958第107—111页

1027　河内驻扎官波那尔致交趾支那总督[①]

1884年2月5日于河内

总督先生:

在把权力移交给米乐将军之前,海军将军还要对您建立的制度作最后一击。最近的邮班带去了他给部长的一封信,要求即使不取消驻扎官的职务,至少也要在数量上缩减人员。他似乎认为驻扎官都是一些无用的人员,民政特派员先生想赋予他们一个重要的角色和很大的特权,他们的薪金很可观,还有交际费,这是不合理的。

目前的财务情况需要更节俭,驻扎官的薪金要设立三个级别:1.8万法郎、1.5万法郎和1.3万法郎;除了600法郎的办公费外,没有其他附加款。

目前在职的官员仍按目前的情况领取薪金。取消驻扎官是很容易的事,只要陆续把他们派回交趾支那去就行了。

巴霍先生已被解职,调往顺化。

薪金将随着下属人员的减少而相应减少。这封信的内容既刻薄又恶毒,大概将和您同时到达法国。由于它明确表示以军官来代替您所选的民政官员,可能会受到那冷酷无情的海军部的欢迎。

① 原件无标题,文末签名不清晰,似为波那尔(Bonard)。——编者

我相信,避免攻击的惟一方法在于把我们转入外事部门,转入后,总督先生,在我们落难呼救时就永远得救了。

B……[①]再次要求汇报工作。这次,他在辩白时将取得成功,不知道将来他的支持者会不会使他维持将军的军衔。这是他在工作中花了很多精力应得的回报。

运载米乐将军和载有第一批军队的"永隆"号因机器出了故障而推迟出发。从西贡出发的运输船前几天去寻找还没有到达下龙湾的部队。部队决定在3月15日重新作战,人们可抱乐观的态度。

堵布益走了,他对西尔维斯特大发雷霆,并且要使他受到攻击。

一块商业场地已买到手,或更确切地说,是由西尔维斯特先生的安南翻译□……用恫吓手段敲诈勒索来的。这块土地很宽阔,由于它位于受刑塔(Pagode du Supplices)湖畔,至少值500皮阿斯特。这位翻译以250皮阿斯特把它买下。堵布益也非常想以差不多的价格购置这块地,但翻译知道他的主子肯定会给他撑腰,即使有利可图他也拒绝出让他的土地。堵布益对西尔维斯特的翻译的行为提出了抗议,但西尔维斯特很不谨慎,他发表了这个意见:雇员完全有权利用他们的资金来添置商业财产;要阻止这种行为,他自己认为完全无能为力。堵布益把这些话牢牢记在心里,他是一个十分狠毒、记仇又下流的家伙,他一定要算这笔账的。

他打算参观加尔各答(Calcutta)的展览会,对此他要写一份详细的报告,东京他是忘不了的。我肯定他会说好话的。我已把我的产品目录表交给了他。

我正等着证实我被授予骑士勋章的好消息。法令应在12月

---

① 原文模糊,似为波滑(Bouët)。——编者

底发出,也许仅仅是一场空欢喜。

如您能通过您的副官中的一位把东京发生的情况告诉我,我将非常感谢。要是您不能回来,我请求您替我在别处找一个办事员的职位,因为我肯定不会留在这儿的。……

波那尔

M.D.亚洲第43卷第82—84页

1028 驻科伦坡领事基纳致海军及殖民地部长

1884年2月6日于科伦坡

部长阁下:

1月27日来电按时收到,嘱邀请米乐将军并尽可能使"堤岸"号所有乘员与他一起改乘邮轮"阿纳迪尔"号。但这一电报只是在28日晨3时才到我手,而"阿纳迪尔"号已于1月27日晚5时启航前往新加坡。我28日电报就是向您说明此点的。关于船舰开往东京,我发电给您报告"堤岸"号海损情况。第一次熔铸"堤岸"号汽缸没有成功,昨天重新熔铸,较前一次稍好。船长认为可于9日前作好准备,因此不是我先前发电给您所说的2月7日。总之,我会使您了解此舰的行踪。部长阁下,当该舰从科伦坡启航时,我将马上发电报给您。

虽然迟了两天,但我认为没有必要发电报向您报告。这是由于"弗拉瓦迪"号(Fraouaddy)邮船恰将在9日抵达,如"堤岸"号在预定的日期内不能启航,我将及时使"堤岸"号人员尽量乘坐这艘邮船。

部长阁下,无论如何我会注意,尽量使经过科伦坡前往东京的船舰不推迟其行程。

法国领事 基纳(Kinnat)

BB—4 1954(收文第71号)

1029 海军及殖民地部长致茹费理

1884年2月8日于巴黎

内阁总理先生、亲爱的同事:

现送上孤拔少将先生和交趾支那总督先生刚刚发来的密电。

裴龙

附件1 孤拔致海军及殖民地部长电

1884年2月8日中午于香港

海军部长先生:

第一次出征南定省已告结束,提督(叛军头目)手下的部队4000人,经过几次激战后已被击溃,损失重大,提督逃往北宁。在山西省进行的许多侦察中,我们曾与安南叛军和黑旗军相遇,击毙400—500人。在北宁的安南军队蠢蠢欲动,华军则要求将军饷增加一半。

朝廷在顺化采取的措施令人满意,几个残杀基督徒的肇事官员已被审讯、判刑,是否在清化和乂安处决,还未知。——虽然上星期屠杀已经停止,但是基督徒还放心不下。

"巴斯瓦尔"号烧毁了海盗在狗头群岛上的军火库。一些士兵在富财门登岸,打死打伤了一些中国海盗,把其他的人驱散了。

等登陆部队回到船上后,我将给您寄送比较完整的材料。

附件2 交趾支那总督致海军及殖民地部长电

1884年2月8日中午于西贡

应孤拔的要求,两位安南全权代表工部尚书和机密院侍郎由顺化朝廷派往孤拔处,以便加快东京的绥靖工作,并使孤拔确切了解安南政府的观点和意图。由嗣德帝派到北京的两位使臣原对中国的援助期望甚高,却非常失望地回到了顺化。在执行使命的整个期间,他们不得不留在天津,受到了漠然的冷遇和凌辱性的监视。尽管安南政府要求他们回来,却遭到中国方面的留难。

将军们[①]将在星期日到达海防。

M.D.亚洲第43卷第88—91页

1030 茹费理致谢满禄

1884年2月9日于巴黎

先生:

据去年12月22日法国驻广州领事来电,近期内在广东和广西内地发生了两起攻击法国传教士的事件。我荣幸地将电报抄件转去[②],并附上我方代表要求两广总督对上述事件之一的受害者给予赔偿的信。信中林椿指出,总督接到赔偿要求后没有采取什么有效措施;因此,我请求您立即根据以下文件[③]向总理衙门交涉。相信您定会尽力从总理衙门获得我方应得之赔损款项。

C.P.中国第64卷第89页

1031 东京陆海军总司令孤拔致海军及殖民地部长裴龙

1884年2月10日于河内

部长先生:

由于东京远征军团的扩充,海防港的船舶流动量与日俱增,因此,我认为有必要安排一名高级军官担任港口司令。我已指派您

① 指米乐、波里也、尼格里等人。——编者

②③ 原档未附。——编者

安排在分舰队中供我调用的德鲁安中校担任此职,他将同时兼任海防驻军最高司令之职。至于工资待遇,我已将这位校级军官作为离船出差的人员对待,发给他海上军饷,并按其军衔级别,额外发给一笔出差津贴。

他的这些津贴,我将维持到由您按照他目前的职位而规定的正式待遇下达为止。

海军少将、东京陆海军总司令　孤拔

BB—4　1958 第 114 页

1032　孤拔致海军及殖民地部长

1884 年 2 月 10 日于河内

部长先生:

兹随函寄上 7 幅山西附近地区图及标明自河内和海阳通往北宁的路线以及北宁防御工事、北宁附近地区图 11 幅[①]。

这些图是巴登上校先生部下的军官和参谋部绘制的。它们是根据越南地图、密探的报告及我们自己在侦察中所作的草图综合而成的。

海军少将、东京陆海军总司令　孤拔

BB—4　1958 第 116—134 页

1033　孤拔致海军及殖民地部长

1884 年 2 月 10 日于河内

部长先生:

---

① 原件将部分大图分成两份,实为 14 幅,按原来编序排列,现收录第 4、7、10、14 幅。——编者

兹寄上特别命令一卷,以便您了解历次征讨的情况,这些征讨多数不甚重要,故未发电报告。本卷通报是我1月21日第210号函附件的续篇,可以补入□……前所寄附件之中,以便构成一个卷宗。

我们现正在山西省北部进行大规模侦察,以便将入侵至黑河右岸的黑旗军部众清剿干净。随后将转向底河右岸富门(phu-cua)一带侦察,以剿灭曾一度在这一带抢劫掳掠、为非作歹,现已被我们陆续赶出河内省的盗匪。

海军少将、东京陆海军总司令　孤拔

附件1　特别命令(第41号)

1884年1月17日于河内

总司令命令将下列军情通告各部队:

1月6日上午10时,布里翁瓦尔上校统率一支特遣队乘"突袭"号、"旺浦"号(Vampoa)①前往南定,并在大安以下的红河左岸登陆。该特遣队包括岭平铺(Pho Lanh Binh)的350名非正规兵,由约瑟夫(Joseph)统率;第3团第21连、第2团第33连、第4团第26连、29连统一由塔科昂率领;1排炮兵和18副担架组成救护队。

这次出征的目的是袭击富建(Phu-Kien),因南定提督曾在那里集结了为数众多的部队。

特遣队于下午4时登陆,随即向前挺进,于5时抵达平演(Binh-Dyen)并在那里宿营。提督的军队发动了两次夜袭,一次是在晚上9时,另一次则在凌晨1时。两次袭击均被击退,敌军人数虽多,却受到重创。

1月7日晨6时,特遣队朝富建进发,8时15分,在距富建

① 原文如此。——编者

1800 米处受到该城大炮的轰击,特遣队的两门火炮立即在相距 1500 米处架炮向敌人碉堡及其 6 门火炮还击。与此同时,部分海军陆战连向城墙的女墙发起正面攻击,使敌军无法据守。此外,右翼连队和左翼连队迅速将威胁我军两侧的敌军拦住。经过一番激烈的攻坚战,我们终于攻占城堡,敌军向茶里河逃去,我军后备队 100 名侦察兵尾随追击。

在攻占城堡中我们受到如下损失:2 人受伤、一为陆战连士兵,一为游击兵。敌人有 90 具尸体遗弃于战场,提督受重伤。

次日,第 4 团第 29 连追击渡过茶里河后向莲(Sen)村方向逃跑的提督;该团第 26 连朝禄道(Loc-Dao)方向进发,又歼敌 12 人。

溃退的敌人放弃了筑于茶里河口的水坝,我特遣队即命当地村民将该坝拆毁。

1 月 9 日,第 4 团第 26、29 连,第 3 团第 21 连以及炮兵和救护队到达昆宁(Konnin)和同长(Dong-Truong)并放火将其烧毁。

1 月 10 日上午 8 时,特遣队离开富建返回南定。途经茶里河和□……、海同(Haï-Dong)、罗社(La-Xa)、同川社(Dong-Xyi-Xa)、蓬定罗(Bong-Din-La)等村,然后登上"突袭"号和"旺浦"号(Wampoa)①于当晚回到南定。

附件 2　特别命令(第 45 号)

1884 年 1 月 28 日于河内

总司令命令将下列军情通报各部队:

1 月 10 日晨 6 时 30 分,贝兰中校统率的一支特遣队在租界区登上"闪电"号、"禁门"号及一艘拖帆船,沿红河进发。8 时 15 分,

---

① 原文如此。——编者

特遣队在红河左岸、河内至北宁公路附近登陆。该特遣队的组成如下：

1连安南土著步兵，阿尔及利亚土著步兵第一营、半个65毫米海军炮连、卫生队和行装队。

抵达左岸的碉堡以后，特遣队随即离开北宁公路向河堤以北进发，到河堤与北宁公路交叉处，又取道公路直达炭安（Than-An）村。由于考虑到有敌人活动，采取了必要的保安措施，特遣队即在该村休整。正午，特遣队重新上路，抵达沿北江向北宁公路伸展并一直与官井（Quan Tinh）村相接的大堤边。

下午2时许，特遣队发现不少白旗、红旗正在向郎万（Lang Van）与建官（Kien-Quan）方向移动，认为应当后退，便折回加睢中（Gia-Thug-Truong）村扎营。从该村朝北江方向瞭望，一览无余。

1月11日上午7时，特遣队重新沿前一天走过的公路前进。先头部队在抵达离北江不到150米的树丛边时，敌人前沿哨兵突然射出一排火枪弹，先头部队立即停止前进。原来敌人占据着连夜在北宁公路与沿江大堤交会点赶筑起来的圆柱形围桩以及公路左右两侧的一段大堤。

特遣队立即布开战斗阵形，从上午8时半至11时，与同时占领了江后长约两公里多的大堤圆弧形地段的敌人展开了一场持久战。3时许，敌人撤走了成为我军65毫米大炮射击目标的几门大炮，但有一门已被击毁。

5时，特遣队司令命令返回河内。我炮兵再迫使敌军后撤。晚7时半，特遣队登上“闪电”号和由“鹈鹕”号拖带的两艘帆船返航。

参谋长　巴当

附件3　特别命令(第49号)

1884年1月28日于河内

海军少将、总司令命令向各部队通报军情如下：

1883年11月28日夜间，海军登陆队的第2、4连的各3个排、海军陆战队的2个排、13名安南土著步兵、29名交趾支那土著步兵和24名苦力登上了“豹子”号与“野猫”号战舰。

该部队执行如下任务：在海军上尉卡亚尔先生率领下，对菲村平关和富关(Phu Quan)附近敌人盘踞的阵地进行侦察。

29日早晨5时半，两舰拔锚起航；10时在继莫(Kéx Mot)河与富禄(Phu Loc)河的汇合处登陆完毕。

纵队穿过极其狭窄的河堤向富禄挺进，“野猫”号与“豹子”号进行炮击；11时30分该村被攻占。

菲村由敌人固守，他们向我军发射炮弹数发，遭到我炮舰迎头痛击。纵队在该村侦察之后，离开富禄返回继莫，于下午2时到达；随后踏上有侧翼掩护的行程。稍后，“豹子”号与“野猫”号两艘炮舰也抵达该地。

参谋长　巴当

附件4　特别命令(第51号)

1884年1月29日于河内

海军少将、总司令命令将下列军情通告各部队：

1883年12月14日，“豹子”号沿裘江侦察到扶朗，据守那里的中国分遣队岗哨被我军炮击后逃窜。我们摧毁了哨所的胸墙及附近的掩蔽所，将堡垒里的两门55毫米铸铁炮推入河中。

16日，“豹子”号于陆南捕获3艘帆船。陆南系来自谅山的中国部队必经之地，敌人曾在这里筑垒据守，我们已将这里的工事烧毁。

参谋长　巴当

附件5　特别命令（第61号）

1884年2月8日于河内

海军少将、总司令命令向各部队通报军情如下：

1月7日晨4时10分，一支侦察队从巴兰出发，7时15分到达海盗盘踞并筑有防御工事的福东（Phuc-Dong）村。当我军进逼时，敌人即惊惶逃走，我军立即用猛烈的炮火追击。

纵队在焚烧该村之后于下午2时回到巴兰，并押回40名俘虏，其中3名是村民捉到送来的。敌人伤亡250人。

参谋长　巴当

附件6　特别命令（第62号）

1884年2月7日于河内

海军少将、总司令命令将下列军情向各部队通报：

1月24日，一支由两个步兵连、一个安南土著步兵排和两个非正规兵连组成的纵队总计464人，由雷加斯营长率领离开山西，前往清剿盘踞底河附近村庄的盗贼，并将这些村庄一一烧毁。纵队驻在坭沧（Bun-Thuong），林知府率百余人手持竹矛来与他们汇合。

25日晨纵队抵达香艾（Huong Ngaï）村前，与大约700名凭垒固守的敌人接战，经半小时交锋，敌人败逃，阵地上弃尸百多具；香艾村被烧掉。

安村、章村（Chang-Thon）和达村（Tach-Thon）等连成一大片，似有敌人坚守。夜间纵队在北面400米处宿营,以堑壕作掩护。

26日拂晓,我军围攻这一片村落,敌人夺路逃窜。我军彻底清理战场后进驻,随后将这些村庄一一烧毁。敌人共约1500人,死亡约200人。

夜间,纵队在距这片着火的村庄西北1公里处宿营,27日晨开往山西,途经达达(Tach Tach)和头炀(Dau Dang)村。

参谋长　巴当

BB—4　1958第135—150页

1034　驻华代办谢满禄致外交部长电

1884年2月10日下午1时35分于上海

11日10时9分收到

整整一个月未往总理衙门,因为任何交涉均属徒劳。最近,我在5日中国新年时去过一次,今天又去一次,向大臣们解释中国在保护海底电缆协定上签字的好处。临行前,我重新向大臣们提起一天前给他们的一份公函中提出的事:一位持法国护照,名叫米泽(Miszer)[①]的德国传教士在山东被殴打致伤,不幸死亡。我用极其通情达理的一般性措辞,要求衙门与当地官府赔偿损失。新任大臣张佩纶立即横蛮地答话,宣称中国当局无法在传教士所到之处形影不离地提供保护。我向您汇报过他的为人,他根本不直接回答我刚彬彬有礼地提出的口头交涉。我不能任其以如此口吻与我讲话,然而亦无法止住他愈趋骄横的一派狂言。鉴于上述情况,我便双手按住桌子,质问道:"总理衙门是否拒绝处理此案?"不料张拍案而起,恶言相对,大叫大嚷,说我侮辱总理衙门。我提出了抗

① 原文如此,似即后文(第1036件)的安治泰(Anger)。——编者

议。张重新就座后对我说，我刚才的举止在中国便意味着侮辱对方。我立即驳道，按照欧洲人习俗，用这一手势加强语气毫无侮辱之意，相反比张先生讲话口气要礼貌些。于是，中国的这位大臣竟毫无道理地指责我的译员微席叶先生译得不准确。我在肯定总理衙门将会写信给山东后便起身告辞。

完全可以肯定，这场丑剧经过预先筹划。有人告诉我，张这个人毫无诚意。其表演足以证明，我无法在他在位期间继续与总理衙门交涉任何事务。等候阁下指示。

C.P.中国第64卷第90—91页

1035 谢满禄致外交部长电

1884年2月12日11时30分于上海

12日10时15分收到

今天(10日)我从英国公使那里得悉，他在总理衙门亦曾有过与我8日的争吵相同的经历。英国公使请示本国政府后向恭亲王递交了一封信，声明决不与参与衙门政务的那四位大臣保持关系。恭亲王在四位大臣不在场的情况下召见了巴夏礼先生。英公使已答应不计前嫌。但只要衙门里有一个骂人专家，就足以使交涉陷于僵局。

C.P.中国第64卷第93页

1036 谢满禄致茹费理

1884年2月13日于北京

内阁总理先生：

阁下从截至今日的函件中可以看出，我在拜访总理衙门时异常克制，并且只要没有非常的必要，我便尽量避免前往。北京得悉山西失陷之日,几乎正值新大臣张佩纶与其同僚执掌总理衙门之时。自那时起我再也没有去过那里。等北宁攻下后,我再去办最紧急的事情,那时大臣们态度必有所变化,而我也会了解到与之接触的办法。其实,新大臣张佩纶属于主要由于发表反对外国人的言论并不断鼓吹逞强好胜而在政治上得势的那种人。按这种人的说法,外国人都是夷狄,我们对他们太过客气了,便以为我们害怕他们,他们就气势汹汹说:让他去干吧!他会使洋人老实下来的。如果我恰如其分地对待,便会发现他们傲慢气概掩盖着的虚弱。

在此之前,中国政府一直掌握在谨慎而明智的人手中,他们一直小心避免让任何这些危险人物进入总理衙门,因为这些人惟一的愿望就是得到铁腕的名声,而根本不考虑他们的态度会给中国带来什么样的危险。政府有时甚至常常挑选一些公认为反对欧洲人的原则、反对欧洲人的自由思想、反对欧洲人引进变革的官员进入外交事务部门,然而这些官僚都上了年纪,较有经验,并且,应当承认他们一般说来都很彬彬有礼。他们之中有不少人很聪敏,有政治头脑,总之是在北京办事时最好商量的官员。他们一心只想步步为营地维护祖宗遗留的传统与谬误,他们特别注意的是在形式上尊重这一切。虽然他们打心底里蔑视我们,但是他们行为的一贯准则是极其小心谨慎,总是遇事三思而后行。

目前正相反,挑选张佩纶其人,标志着一个新的阶段。他是人们决意安插进衙门以便公开与欧洲人进行斗争的人,而且是衙门中首屈一指的心怀恶意者。这个人狂妄自大,自以为了解我们的体制和弊病,鼓吹不要害怕我们,不要尊重我们,一心想靠削弱我们的影响来升官发财。所以他才急切地要表现自己,抓住一切机会显示他的作用。

12月(19日)[1]至今,巴夏礼先生一直在为解决广州事件与衙门交涉。他不止一次对我说到他曾和总理衙门诸大臣激烈争吵,但从未谈及具体情节。据悉,双方唇枪舌剑,气氛异常紧张。之后,英国公使请示了伦敦。英国政府指示他对中国采取最强硬的立场。他谈论上述事件时令我设想到他不满的是衙门给他的答复的实质内容,而不在于他与衙门之间关系的形式和语气。他向我明确指出某些大臣无礼并充满敌意的态度,尤其是张佩纶。正是这几次会见之后,我在1884年1月18日第18号报告中认为有必要报告阁下,我对女王使节亲口透露的事实感到惊讶:中国在如此危急的时刻仍旧高傲地对待英国。我不了解争执的细节,但我从巴夏礼先生的谈话中留下了这样的印象,即我无论如何应该避免跟总理衙门进行任何争论,除非阁下给我下达明确指令,或有其他重要原因要我不得不这样做。

阁下从我上次公函中,可以了解为什么我认为没有必要设法向总理衙门当面解释欧洲列强在保护居留广州的侨民的问题上所取的立场,尽管1月4日部里来电允许我如此行事。

基于同样原因,我不跟中央政府讨论我国在广州的侨民提出的要求赔偿的问题。

同样,正是这个原因阻碍了我坚持提出要求,以致孔罗思(Conraux)神甫事件发生后,要提出这些要求就更是难上加难了。

2月5日为衙门规定的接见外国高级官员拜年的日子。接见外交使团是下午1时,赫德先生和海关官员是下午2时,德拉普拉斯先生是下午3时。

我们都是在一座大厅里受到接待的,大厅地上铺着欧式地毯,

---

① 括号为原文所有。——编者

四周桌上放满糕点与甜食。我有机会和恭亲王及诸位大臣谈了话,看到他们比以前和气了许多。我没有任何巴黎或南方的消息,所以我以为两国也许有可能接近一些。有一件事尤其使我印象深刻:恭亲王特意向各国使节介绍了曾侯的叔父、年老的曾国荃。他在广州任总督,从那里来到北京。这位大人物走来坐在诸大臣和亲王一桌,非常明确地表示了十分和平的意图,这似乎使亲王确实满意。既然对方在一年中最庄严的场合上表现出比较和睦的姿态,我认为我应该表现得特别通融,尤其是要显出平易近人的样子才是。我决定拜访一次总理衙门,我认为可以向大臣们递交一份关于保护海底电缆协定的照会,作为拜访的借口,我想口头补充照会中无法提供的某些情况,并利用谈到电报来往的机会来试探中国政府的意图。

另一方面,在这之前四五天,我曾收到几封山东来函,里面详细汇报了5月间一位传教士被害的情况。阁下可参阅我7日致衙门公文抄件中有关抗议上述暴行的部分;同时阁下可以看出,公文中我不得不提出的要求是十分克制的。传教士名安治泰(Anger),原为巴伐利亚人,但持法国护照。我认为没有必要推迟发出书面照会;相反,我立即着手交涉,理由有如下两条:一、我从答复的语气中看到有一定程度的善意,这是可以寄予希望的;二、美国使馆秘书何天爵(Holcombe)先生刚刚从山东首府归来,公使杨约翰先生今冬派他去那里解决耶稣会传教士提出的要求。据说他取得了完全令人满意的结果。因此我打算利用他此行成功的影响,乘机了结上述案件。

关于保护海底电缆的公函和我关于安治泰神甫事件的信均已译好并准备于7日上午发出,但我只把第二封寄给衙门,而把第一封信亲自带去。我书面通知各位大臣,第二天(8日,星期五)下午

2时前去拜见。

我准时到达了。不过也许太准时了,因为在第二进和第三进都没有任何官员前来迎候,而通常他们都是在那里迎候的。

我请求会见诸大臣。尔后双方的谈话细节我尽量在中国大臣的嘈杂声中笔录下来,现随函附上,阁下可参阅。

会见一开始时,诸大臣一听我谈电缆问题便显得不耐烦,这使我十分吃惊。张佩纶前一天读完我关于安治泰神甫事件的信后,24小时以来一定大力捏造了许多谎言,就我方提出的协议会使中国陷于困境挑起怨恨情绪。他准备好了一套胡言乱语,这套胡言乱语他多年来一直盼望能在法国公使面前发表,然而一直未能得到机会。我访问的主要目的是电缆协议问题,可是看到每当谈及此事,衙门大臣根本拒绝听我谈话,我想只好再花点时间继续跟他们谈一点哪怕是纯粹礼貌方面的话。所以我首先问诸大臣,是否收到了关于安治泰神甫事件的公文。我打算向他们表示希望此案得到顺利解决,然后跟他们谈何天爵之行,谈衙门与美国公使的良好关系等等。

但是,张大臣却不肯放过这次千载难逢的演讲机会,面带微笑讲了起来。我来此地时即已打定主意,决不与他争论,尽量友好相处,所以开始我错误估计了这一微笑的用意。但只几分钟,我便弄清了说话者的语气、手势、言词与表情中包含着蔑视和蛮横。我与之打交道的肯定不是一位想解决实际问题的大臣,我面对的是一个举止不当的执政官,一个丝毫不理会我此行的目的,而只是对他认为是强加于他的国家的不可忍受的逆境一味批评的辩论家。

这是我第一次出于偶然在衙门内遇到张先生,他企图换个花样来接待法国代办,这我实在无法容忍。我竭力忍耐,指出我不明白他所说的话,希望听到准确的翻译,而刚才译得不很明确;我提示道,这次拜访诸大臣绝不是来听取对条约的抨击的。我抱怨无法回话,并抗议说即使未能全部听懂对方的意思,但张的口气是非常不礼貌的。我用手势要求对方不要再说,可是我发现张根本不理睬我的抗议,继续高谈阔论。只是在这时,我才断然打断了他有损我方的夸夸其谈;我要他安静。我认为很明显,他的话尽是一派胡言,讽刺谩骂,我再也无法合乎体面地前往总理衙门去遭受这样的侮辱了。我想一回使馆就要写信给您,说明只要张受权在衙门接见我,我就不去会晤中国大臣。当时我心里琢磨,是否起身告辞。然而转念一想,觉得日后十分难以解释这种后果极为严重的举动,因为得不到确切译文,我无法十分准确地理解对方话语的意思。

三思之后,我便将徒劳地在空中挥舞大半圈的右手重重地按在桌子上,决心把我身不由己而卷入其中的争论拉回到正题上来,以得到对方干脆明确的答复,然后立即赶回公使馆,写信报告阁下:由于衙门有一个狂人负责接待我们,驻京各外国使节——尤其是我本人——的处境艰难。本函附件已将事件细节阐明,恕不重复。我抗议说,无论何时甚至就是中国人宣称我"拍桌子"的时候,我亦未曾有诋毁衙门之意。我只是希望得到应得的礼遇。而在他们保证将要求山东巡抚以最适宜的方法处理安治泰神甫事件之后,我便以最符合礼仪的方式离开了总理衙门。

回到使馆已是下午4时。下午6时关闭城门,这样一来我只有两小时的时间来草拟、编码并拍发电报,此电报是在会见结束后发出的。第二天即9日是星期六,张佩纶以极其肯定的语气答应送来的公文迟迟未到,使我空等一场。星期日即10日上午收到中国电报局通知,借口天津——上海电报线路中断,退还我发往天津的电报。

我看这次中断线路是中国政府的一个花招,我自然会设想其目的在于阻止我的电报,以便使他们准备的信件能赶在我的报告之前。我有充分的理由相信以上的推测,因为线路中断两星期后,在两天前已重新畅通了。大家一致认为,前次断线并不影响中国内部电讯来往,其目的是不让南方的坏消息在新年之际传来。令人惊奇的是,线路全面修复之后,偏偏在我的电报稿送至电报局时又坏了。

由于我无法事先计算我的电报稿被截留多长时间,而衙门内发生争吵的消息肯定会在全城不胫而走,于是,我在无法得到阁下指示的情况下只得在午后去见巴夏礼先生,请他详细谈谈他自己遇到的不愉快场面。我表示愿意跟他讲我的经历,作为交换。

12 月 19 日他在总理衙门与大臣的争执,当时留有笔录,他将笔录抄件给了我,现随报告附上①。阁下阅读了这个摘要之后定会了解巴夏礼先生向我叙述的主要内容。

我在他讲完以后立即简要复述了一下前天张挑起的事端。我在临行前表示,对不能马上发出电报十分担忧。

为了赶在关闭城门前写好一份比 8 日晚间发出的电报更全面、更具体的电报,我很早便告辞返回了。希望此电能赶在电报线路重新开放之前送至天津。同时我命令如此电报能及时到达,就取代第一封电报发出。但结果正相反,这份电报晚了两三个小时,所以我不得不为阁下拍出另一封电报,向阁下汇报刚刚了解到的巴夏礼先生异常重要的遭遇。

我在向阁下表示无法与张交涉任何事情时对此人的态度已经毫无怀疑,而现在更可以肯定上述看法了:因为这不是专门对我本

① 附件冗长庞杂未附。——编者

人,而是对所有使节都如此。此人不是心怀成见,就是绝顶放肆,因此跟他在衙门会晤,肯定是会自讨没趣的。

12 日晚接到部里来电,命我不要再去会见中国大臣,但在紧急情况下可与他们通信。感谢阁下发来同意我的明确要求的电令,我认为此电是完全符合我当前的处境的。

看完这封电报不久,我得悉美国公使也向巴夏礼先生诉说了张先生在总理衙门最近几次会晤中对他的刁难。他还抱怨,何天爵先生从山东完成任务后,特地向中国大臣表示感谢一路照顾时,张先生说的话无礼而粗鲁。我准备亲自去杨约翰先生——他现在是公使团首领——那里,告诉他本月 8 日所发生的严重事件。

事件发生三天前,我还以为中国大臣们态度极其友善,然而如今却受到了意想不到的对待,真叫我莫名其妙。我思考一下其中的原因,要么是我对中国人的真正意图完全搞错了,要么就是他们突然来了个 180 度转弯。直至 12 日收到 12 月 19 日会见笔录抄件后,我才找出令人满意的答案。

阁下将看到,在场六位大臣中确有两位对巴夏礼先生十分有礼。巴夏礼先生对我说,此两人举止与英国绅士①无异,他们就是上了年纪的宝鋆和景廉,都是鞑靼人②;另外四位汉人③都面露敌意。回忆起中国阴历新年的招待会上,主动和我谈话并且谦和知礼的,也是鞑靼人④。而 8 日接见我的大臣却正相反,是三位汉人⑤。我觉得这一发现十分有意义,立即向部里做了汇报。值得注意的是,会见时在座的三位衙门成员中,无一人具有英国条约第五款所规定的品级,我方有援引此款的必要,因为我国享有最惠国待遇。更有甚者,正是这位只有他一个人说话并且主持一切讨论

①②③④⑤　着重号为原文所有。——编者

的姓张的，不过是个头上只有蓝顶子、手中只有一纸对他有利且措辞特殊的诏书的人。

中国人想取消给予外国使节的优待、荣誉、礼仪、便利等特权的意图日甚一日。其实，与中国皇帝的使臣在欧洲受到的接待和待遇相比，应当说外国使节在北京受到的接待只能算作冷遇，中国从未向外国使节开放任何宫殿，哪怕只是邀请他们参观参观。我这里并不是指的某个皇家宫殿，我说的是高级官员鞑靼亲王、各部大臣的官邸。从来不允许外国使节参观庙宇和公共建筑，因为这些地方常常禁止进入；或者连保养很差的道路也禁止通行，而可行走的路段总是设有路障，修路官吏的借口是正在修整路面。可以举一个例子向阁下说明中国政府是怎样对待我们的。约两个月前，巴夏礼先生想和他的两个女儿到一处还算合适的地方散步，于是请求中国大臣在英国公使馆附近再开一下通过内城南墙的城门。这座城门原本是开放的，两年前被封闭，迫使许多想呼吸新鲜空气的欧洲人不得不绕道远行，从哈德门出城。巴夏礼先生提出请求的当晚，也许是第二天，总理衙门便急忙下令严禁出城；结果从这天起，再也没有哪位欧洲人能够到这惟一适合的地方散步了。用不着再多说，我想我们受到的“善意”待遇已不言而喻。

在10日电报中，我已向阁下汇报过，在接见巴夏礼先生的中国大臣中有四位汉人态度粗暴，他宣布不再与之交涉的就是这四位。这四位大臣中有三位曾于8日接见我，其中就有李鸿藻，他是衙门内最显赫的人物，其职位是大学士，几乎与李鸿章平起平坐。正是此人为张佩纶在后台撑腰，而张佩纶进入总理衙门也是他举荐的，目的是让张充当代言人。会晤中他一出场便使同僚们胆子放大了，平时他的同僚对我们还算克制，虽然并不热情。

巴夏礼已写信给恭亲王，宣布拒绝在衙门与这四位大臣见面。

很显然,事情已发展得十分棘手,因为这已牵连到也许是总理衙门最有影响的大人物。恭亲王首先解释说,诸大臣皆由皇帝任命,无法令其退出。但巴夏礼先生再次去信,宣称如此他便不再与衙门发生任何往来。于是,亲王便避开那些大臣召见了他。会晤中亲王用中国人的方式解决问题,为没有在场的人辩护,将令人遗憾的事件归结为一时冲动。最后他请巴夏礼先生看在个人交情的面子上,将此事抛诸脑后。

阁下知道,巴夏礼先生是1860年通州谋杀各国联军谈判代表的受害者之一,他得以留下性命,在很大程度上是由于恭亲王的出面。所以不难理解,他在恭亲王请求下便知恩报恩,做了人情。他接受了亲王的建议,由恭亲王召来诸大臣聚会,当场进行调解。至少巴夏礼先生在星期日上午是这样对我讲的。昨晚我见到了巴夏礼先生,得知在恭亲王进行调解过程中,英国公使所不满的衙门诸大臣只有三人来到总理衙门大厅,一个个低声下气;然而第四位却没有来,恰恰24小时以前张佩纶忽然动身去了天津,无人知晓他此行的目的。我对此十分迷惑不解,多次发函至我方领事,探询这次令人生疑的出行原因和结果。法兰亭先生复信和其他同僚调查的结果一样,都说张的目的在于向李鸿章请教,并视察了部队。张几乎马上便返回了北京,他被李说服,加入了主和派。为了不受他人耻笑,避免使大学士本人丢脸,他需要强有力的、秘密的靠山。传闻他与皇太后关系异常密切,仅此就足以说明这个人来头不小。

据说,恭亲王获悉8日总理衙门内的争吵之后,便立即责备李鸿藻处事越来越不成体统,对我方不应如此粗暴。亲王似乎曾对他指出,这种有失礼节的言行会影响社稷安危,是不容忽视的。李鸿藻及其同僚——吴〈廷芬〉和陈〈兰彬〉即会见张佩纶,然而张却视他们为懦夫,狠狠地训斥了他们一顿,表示坚决不改变自己的言行。

这次汇报冗长,望阁下见谅。我认为今后应向阁下汇报所有的情况,以便阁下准确判断我们与总理衙门关系的状况。

谢满禄

附言:

我刚刚见过杨约翰先生,他对张佩纶的态度也颇有反感。这位新任大臣对何天爵先生也十分无礼,非常粗野。更不可理解的是,何天爵先生是为了就旅途提供的方便向总理衙门表示感谢才去衙门的!何天爵先生震惊之余,愤然退出衙门。合众国公使现在担任外交使团团长,他对我说,张在总理衙门对各国使节形成的紧张压力不能容忍,他已要求恭亲王单独接见,进行一次面对面的谈话。他还补充说,若首次交涉未能使亲王做出可靠保证,他将联合所有使团首脑,进行一次集体请求。

我的答复是,这种情况下必须请示我国政府,我不能做出违反政府意图或行动的事。我将就杨约翰先生的决定及交涉结果发电报向阁下汇报。

昨晚收到总理衙门对我 7 日为安治泰神甫事件所送公函的回复。此函与其说是张大臣无礼谩骂的导火线,倒不如说给了他发泄的良好机会。

回复措词还算礼貌,译文随信附上,阁下可参阅。我一发出致诸大臣的公函,便预料到会有这样的回复。信件口气并不热情,但至少在目前完全满足了我方需要。并且,它本身足以证明,本月 8 日我是迫不得已才起而阻止对方无礼粗暴的发言的。

那次事件以后,恭亲王与我的关系十分不愉快。其表现之一便是,他并未对我 11 月 15 日的礼节性拜会进行回访,从而犯了一个实实在在的大错误,给自己引出了不少麻烦。我已在去年 12 月

26日第15号报告中向部里汇报了张佩纶被任命为衙门大臣的情况,也向阁下汇报了亲王的冷淡,并提到我曾就亲王的健忘或者说方式不好婉转地提出了抗议。

谢满禄

2月15日①

附件1　谢满禄致总理衙门诸大臣②

1884年2月7日于北京

诸位大臣阁下:

我谨向诸位通报,去年5月天主教传教士安治泰先生在山东曹州府被殴,构成了令人遗憾的事件。

据传教会主教及安治泰神甫本人来信,神甫在上述时间受当地天主教徒之邀,来到曹州城,却于大庭广众之下遭不怀善意之徒辱骂,受石块击打,并被驱逐;而当地官府却未采取任何保护措施。官府的姑息促使歹徒大胆妄为。歹徒将安治泰先生及同行三人拖出城外,剥去衣衫,饱以拳脚。他们误认传教士已死,便让天主教徒将他抬至附近一个名叫张家集(Tchang-Kia-tse)的村庄内。县知事得知发生殴打案件之后,便命人将安治泰先生抬到县衙,予以医治。

山东巡抚已下令调查这一事件,追缉凶手,但是很遗憾,此令至今仍未得到全力执行。因此特请诸位大臣费神令山东巡抚迅速而公正地了结此案,并保证天主教徒与非信徒之间和平相处,防止类似事件再次发生。

---

① 原文如此,即"附言"部分比正文晚两天写。——编者

② 此件当时的译文见台湾中央研究院近代史研究所编《教务教案档》第四辑(一)第283页。

另,据悉曹州和衮〔兖〕州境内贴有反天主教的传单。切望诸位大臣严厉禁止歹徒挑起反天主教徒的风潮,并以皇帝陛下宽容天主教徒的诏令以及条约中有关规定为准则,遍贴措词严厉的政府布告,以保证中国天主教徒平静地实现自己的愿望。

谢满禄

附件2 1884年2月8日总理衙门会谈记录

谢满禄子爵先生2时赴约,迎候他的是一名总理衙门章京。大臣们5分钟后方踱入大殿会客,陈兰彬、吴廷芬、张佩纶亦随后来到。陪同谢满禄先生的有译员微席叶先生。

谢:诸位阁下身体康健否?新年之际承蒙款待各国使节,我谨表示真挚的问候。

诸大臣:(相当冷淡地)哪里,哪里。

……

谢:今日拜访诸位阁下,是专为商谈签署国际保护海底电缆公约一事而来。特为诸位阁下带来一封致恭亲王的信,希望中国皇帝陛下授予驻巴黎公使曾侯大人以全权,代表中国政府在前述公约上签字。(信件及所附文书均送上过目,大家传阅。)诸位阁下可能不很了解电讯方面的事情,本人愿同诸位一起谈谈,并且乐意解答诸位可能提出的问题。

张(对吴,边看信边说):这件事不太清楚。

张、吴、陈:我们的确对此事不甚了解,需曾侯大人来函,并审阅贵方送来的文件之后,方能做出决定。

谢:诸位阁下尽可查阅。若曾侯大人仍未就此来函说明,务请多多催促;其他国家代表均已签署了公约。

张:这是否纯粹为法方的事?

谢:不。这是34国的协议。这些国家认识到电报通讯的重要性,试图以共同协定来保证电讯安全,使之畅通无阻。例如,规定维修电缆船只的特殊标志,禁止渔船在电缆附近抛锚,或以其他方式损坏电缆等。

张(对吴):我国渔船如此之多,只会因此束住手脚。为何要有这诸多麻烦?

陈:这个问题是否只涉及法方?

谢:不是。保护海底电缆;指的是保护全球各地的海底电缆,接至中国的电缆同样受到保护。

陈:待曾侯大人来电后,我们可以给予正式答复。不过还要同南北洋大臣商量。

吴:关于要授权曾侯大人,是否仅为这一件事而授以特别权力?

谢:不错,仅仅为在公约上签字而已。

陈:在收到曾侯大人来信之前,我们将无法作出任何决定。

(谈话中间,始终未上茶水点心,这是违反这里的常规的。)

……

谢:昨天,我曾向诸位阁下送上一封信,谈及山东一名天主教传教士被殴事件。……

张:(激烈地打断谈话):不错,我正琢磨着这位传教士为何会招来民众的怒骂与痛殴呢!是否他举止不妥?(不理会谢满禄先生的抗议。)不可能如贵方所称,是无故而遭殴打。而且,山东巡抚已着手处理此案了。你们的天主教徒各地都有,难道官府能够从南到北,寸步不离,一见他们受辱挨打,便突然蹦出来保护他们不成?(中国大臣说话如此迅速,以至于几乎来不及翻译过来。谢满禄先生指出,案件发生在光天化日之下,而且就在城内,但官吏丝毫未曾出面制止;然而张先生仍继续滔滔不绝,且嗓音越来越高。)我不是说贵国宗教不好,不过确有不少不好的天主教徒。所以最近几年来煽动天主教狂热的都十分不好。(谢满禄先生提醒,他仅仅要求就他所关心的这一具体案件进行公正的调查。但张继续讲话,嗓音更高。)传教士们还要求什么?当地官府发现他受伤之后马上将他抬入县衙进行医治,官府并无不合情理之处。……

谢:诸位总是抨击已签订的条约,我一分钟也不能忍受了。微席叶先生,问问衙门肯不肯接受处理此案!

张(不停地讲,不时转向中国章京们,好像意在期待听众的掌声):然而贵方来函却大放厥词,诡称官府袖手旁观,难道贵方果真要官府步步跟随教徒以处处提供保护不成?贵方提到的传教士遭全体民众反对——须知这里大有缘由——难道贵方还要当地官府弹压全城居民吗?

谢:总之,有人聚众破坏法律,那就必须全部捉拿归案,加以惩治,不管其人数多寡——20人、30人或者更多。

张(蔑视地):山东巡抚并非傻瓜,天主教徒应与其他中国人一样,他们不能受到特殊对待。并且,他们还到处给我们制造麻烦!我已向贵方提出过不知多少次了。

谢:我不能忍受对我使用这种声调讲话。总理衙门到底想不想听我说话?教徒们应该受到和其他中国人相同的保护,这是条约规定,也是地方官府的责任。

张:我地方官员不会不秉公处理。官府向来[1]是执法如山。如发生凶案,无不严惩罪犯。但是官府无法预先发现何人将于何时犯下罪行。(这位中国大臣口若悬河,一刻不停,一点不给予时

① 着重号为原文所有。——编者

间翻译,因此谢满禄先生只弄懂了其中一部分。他枉然地做手势以图阻止对方用这种口气说话。于是,在越来越激烈的舌战中,他用力将手拍在桌子边沿说。)

谢:够了,衙门是不是拒绝处理此案?是,还是不是?

张(谢话音未落,即一掌猛击在案上,愤然而起):您拍桌子是什么意思?这是对我们的莫大侮辱!有人竟敢无视衙门!您身在我国,理应讲究礼仪,遵守条约规定:谁不知道,两国正式交往,应该相互以礼相待!您对总理衙门缺少敬意。啊呀!竟敢拍桌子!外交官员应该具有外交官员的风度!

谢:与张先生口气相比,我的举动毫无特别之处。我不允许对我使用这种语气。

张见仅自己一人站起身,便又坐下。

谢:我在这里应当受到尊重。我没有任何贬低总理衙门的意思,刚才的举止在欧洲也没有任何不合礼仪之嫌,这一点陈先生是很明白的。

张(对吴):我们没法明白。

陈:您拍桌子确实是严重失礼了,此举确属无视本衙门!我们从来都为贵方做出周到的安排,而您却反倒大动肝火!我们去贵国时(吴忿然,目光炯炯地注视我们),我们从来没有拍过桌子。

谢:我并未曾用张先生对我讲话的口吻对诸位讲话。

陈、吴:中国驻外使臣谈判公务从不拍桌子。

谢:这是因为人家对他们谈话没有失敬之处。我在信中只是要求发函给山东巡抚,请他调查案情,获得公正的解决。信中有什么值得张先生发出如此激烈抨击的地方呢?如果张先生不发脾气,不出口伤人,我绝对不会去拍桌子。

张:你拍案激起众怒,是在我起身高声讲话之前。

谢:我抗议。我的用意决非侮辱总理衙门,而是请您安静下来。

张:您当代办不久,便已……

陈:我们正在考虑贵方的要求,准备往山东发函,而您却在拍桌子! 商谈公务之时,不是相互争斗的地方。

谢:诸位毫无合作的诚意。若诸位同意我提出的要求,我自然会十分感谢,丝毫没有其他意思。张先生用不着大发脾气。希望地方官府进行调查,公正地解决此案。……微席叶先生,告诉诸位阁下,我是怀着和平友好的情谊来和他们讨论一项具体问题的。我谈话非常心平气和。不能想像,一项这样简单的要求竟会引起如此反应。

张:微席叶先生,您的措辞过于僵硬。无疑,这是由于中文欠佳之故,然而不可忘掉仪礼。

微:要是说到我的中文程度不好,我只好因为我自己的水平太低而向您道歉,——既然您强调这一点。至于礼貌,我总是力图不能没有礼貌的。

张(面露得意之色,对章京们):好罢! 你们明天就写好一篇正式照会……

谢:随您写些什么。……好,这次来访诸位阁下主要有两件事:第一,商谈缔结保护海底电缆公约,诸位已经决定与曾侯商量后再答复。第二,是解决山东的宗教纠纷,诸位已表示就此致函山东巡抚。好吧,那我便向诸位阁下告辞了。

(中国大臣们均起身,送客至衙门大门。谢满禄先生请他们留步,于是引出了陈先生一句话)。

陈:这才算知礼嘛!

谢:可不是,您瞧,这种礼节两国相同。

张(对微席叶先生;微将话译出):如此说来,您也认为谢满禄先生失礼了。

微:我从没有说过这句话。

(除了张先生第一个退出外,所有大臣都按照礼节留在大门口,目送谢满禄先生乘车远去。会晤中未奉任何茶点。张先生表现恶劣,谈吐粗野,其同僚——陈和吴态度倒还好,尽管二人竭力支持他、有时也同样提高嗓门。)

微席叶

附件3　巴夏礼与总理衙门会谈记录摘要

1883年12月19日

一提到马嘉理事件,巴夏礼爵士突然从座位上站起来,用手掌拍着桌子加重语气抗议做这样一种对比。

他刚刚把“马嘉理事件”这几个字讲出口,张大人就大声喊道:“你拍桌子,是吗;我们也能拍。”说着就开始更厉害地模仿起巴夏礼爵士的动作。这似乎成了大爆发的一个信号,参加会谈的每一个大臣都拍着桌子用最大的声音叫嚷起来,军机大臣李大人情绪尤为激动,打翻了自己的杯子。周围一片喧哗之声,几乎听不清楚他们在说什么。喧闹持续了8到10分钟。在此期间,巴夏礼爵士静静地坐在椅子上,等待混乱局面结束。

张大人说,如果巴夏礼爵士认为他用威吓能够吓倒他们,那他就大错特错了;他们也能跟他一样威吓。他(巴夏礼爵士,张大人说的是“你巴夏礼”)早有狂暴无礼的恶名声。正是因为他,中国才与英国进行了前一次的战争。如果他认为他来这里是要挑起另一场对中国的战争,那就让他试一试。中国不怕他,也不怕他的恐吓。张大人还说了许多,意思都一样。

这时,坐在张大人旁边的吴大人已站起身来。他因激动而脸色涨得通红,猛拍着自己的胸脯,叫巴夏礼爵士掏出手枪来打死他。他还说,巴夏礼最好召来战舰,发动战争;他和他的同事们都有家庭,这么一来,他们的家人就会得到赔偿。

陈兰彬和军机大臣李鸿藻也操着同样的语调。在几分钟的时间里,衙门的接待室里充斥着也许从未被外国代表目睹过的恶言秽语和愤怒的手势。

当咒骂声有所回落时,巴夏礼爵士想发言,但一次又一次被新发作的抗议声和责骂声所打断。当接待室里最终局部地静下来时,巴夏礼爵士解释说,他拍桌子只是表示对他们把马嘉理事件与广州的暴行相提并论感到震惊,既不是想做恐吓姿态,也不是要侮辱在座的大臣们。

张大人再次插话,说那个动作极具侮辱性,用那样的说法赖掉是荒唐可笑的。在过去20年里,中国人与外国代表之间的关系一直是相待以礼。尽管在讨论问题时也经常发火儿,但巴夏礼爵士是采用这种新的无礼方式对待他们的第一个外国公使。他们是了解外国的一些礼仪的,他们想知道英国女王对她的代表的这一表演会说些什么。他们将严重关注的是:应该让英国女王注意到这件事(关于英国女王,张大人是以一种表示轻蔑的语调提到的,尽管他使用了正确的称号),应该请驻京外交团判定巴夏礼爵士的行为是否符合外交礼仪准则。

陈大人说,在他整个担任驻外公使期间,他从来没有看到过任何如此有失体面、粗鲁无礼的行为。试图把这样的粗鲁行为解释为仅仅是一种表示震惊的姿态,实属荒诞可笑。巴夏礼爵士邀请两位军机大臣——大清最高级别的官员——与他会谈,竟对他们大加侮辱。

李中堂和其他人对这些话表示赞成,并说关于广州事件的磋商必须搁置一旁,现在必须就大臣们遭受粗暴的伤害之事达成某种谅解。

会谈在这种愤怒的声浪中持续了约半个多小时,巴夏礼爵士每次想发言,都被人打断,最后说,如果大臣们想听他要说些什么,他必须请他们安静几分钟。他重申,他的举动只是在听到大臣们援引马嘉理事件作为为罗根和"汉口"号两起杀人事件中的受害者家属要求赔款的先例时表示震惊的一种姿态。一个案件是,两名中国人被(外国)平民无意中造成死亡;另一个案件则是一名有地位的英国军官在中国当局的特殊保护下旅行时被谋杀,同一场合中的其他英国军官只是在遭到进攻时奋起自卫,方得逃脱遇害的命运。大臣们一直把他的举动叫做粗野无礼,表示强烈抗议。他只能说,他的一个意在表示震惊而不是粗鲁无礼的动作,尽管他保证就是如此,却被大臣们当作粗野无礼,他对此深感遗憾。大臣们对他的所谓无礼行为表示非常愤慨,大谈特谈他们在与外国代表接触时总是彬彬有礼。但是,他想提醒他们,他们也拍了桌子,而且比他拍得更猛更响,还使用了最令人厌恶的语言。这些话他都听到了,但可以不放在心上,尽管这些话比他以前听到的任何话都强烈。与此同时,他的意愿一直是友好的,他仍然愿意本着友好的精神与大臣们商量事情,并忘掉所谈过的一切,如果大臣们愿意对他让一步的话。

至于他们威胁说要让女王知道他的行为,他们在这方面当然可随意自行采取措施。巴夏礼爵士已记下他们使用的语言,他也必须把这些报告女王陛下。

大臣们做出回应。有时是一个接一个讲,有时是两三个人同时讲。他们说,马嘉理事件是一个完全公平的对比。他们认为,谋杀一个无辜的孩子的罪行比一个无知野人杀死一个成年人的罪行要严重得多。不过,如果巴夏礼爵士要反对援引这个对比,他应该以一种有礼貌的方式提出来。他以上述理由为这一无礼貌的举动辩解是荒谬的。他所做的半拉子道歉也因他随后特别提到他们的行为而被彻底冲掉了。他们不可能对这种站不住脚的解释表示满意,他们需要得到更多的东西。当问他们还想要什么时,他们回答说,无论如何得正式承认侮辱了他们。

巴夏礼爵士表示他很抱歉,不能再多说什么。他已经解释过,他无意做无礼之举;他很抱歉他无意当中的一个手势竟惹得他们如此恼火;他还说过他愿意忘记大臣们的所有肆意谩骂,随时准备本着友好的精神与他们商议正事。这些应该足够了。但是,如果他们拒绝接受他的解释,拒绝让一步来接受他的友好表示,他只能感到遗憾,别无他法。

大臣们说,在目前情况下,再谈此事已毫无用处,最好的做法是结束此次会见,因为,在这个问题得到解决之前,他们不会继续讨论广州事件;而且,事实上,他们已经非常明确地就此事件陈述了自己的观点,已没有更多的话要说。

巴夏礼爵士起身告辞,像往常一样,全体大臣把他送到了衙门的大门口。

需要补充的是,在上述的喧嚣场面中,军机大臣宝鋆一直是个沉默的旁观者。他只是在最后才说了一些话,而且这些责难之言是以文明、平和的语调说出来的。景廉的态度也比其他四位大臣温和得多。

附件4 总理衙门致谢满禄

〈光绪十年〉正月十八日(1884年2月14日)

正月十一日(1884年2月7日)接代办大人来函,内称山东省境内传教神甫安治泰去年5月前赴曹州,途中忽遭侮骂殴打,山东官府已遣人追缉凶手,另请本衙门发函该省巡抚,以督促迅速给以公正解决。又称,大人获悉,曹、兖二州境内发现榜文,诽诋天主教徒,故请严令禁止,并张贴官府布告,重申上谕,遵循条约有关款项,普告天下,以保护教徒。

但本衙门至今尚未收到该省就此案及骚动情况的报告。仅据贵方来函,获悉知县命人将伤者抬入大堂,予以治疗,山东巡抚亦下令遣专人惩凶。如此,则当地官府已尽保护传教人士之责矣。

本衙门已将贵方来函转给山东巡抚,著其下令地方官员,就此案详细缉查,从速解决,公正办理,事后报本衙门,以备查考。匿名揭文一事本衙门一并著其处理,详细察询,若查明属实,即严加禁止,布告天下。

本衙门照复代办大人来函如右。

宝、黎、景、麟、陈、周、吴、张

C.P.中国第64卷第94—127页

1037 东京分舰队司令孤拔致海军及殖民地部长裴龙

1884年2月13日于河内

部长先生:

在我将指挥权移交给米乐将军的前一天,我向东京远征军发出一份《通令》,现将其抄件呈察。

海军少将、东京分舰队司令 孤拔

附件 通令(第24号)

1884年2月11日于河内

士兵们、海员们:

两个月前我们曾向山西进军。我本来准备率领你们进攻北宁,但这份荣誉我已无法享受了。明日我就将东京远征军总司令职务移交给米乐将军。

请接受我的辞别吧!离开你们,我痛苦难言。我永远不会忘记你们是如何英勇地高举法兰西旗帜的。我本想继续与你们共患难、同荣誉,但已属不可能了;我衷心地为你们获得新的战功而欢呼。

孤拔

BB—4 1958 第 151—152 页

1038 东京远征军总司令通令(第 26 号)

1884 年 2 月 14 日于河内总司令部

总司令获悉某些部队人员对待妇女和年轻姑娘犯有强暴行为。

这些和军纪极不相称的行为,应立即制止。如有胆敢再犯者,本司令坚决严惩不贷。

东京远征军总司令 米乐

BB—4 1956 第 228 页

1039 海军及殖民地部长致孤拔

1884 年 2 月 15 日于巴黎

海军少将先生:

我希望当您收到此信时,北宁已落入我们之手,而且夺取这一要冲并未与中国发生任何纠纷。

如情况与此相反,战争已在中国和我们之间发生,那么根据我的命令,您便应负责全面指挥我们在中国海域的所有海军力量。

在这种情况下,您应按照您动身时给您下达的一般性指示执行,最有力地进一步开展军事行动。

请向我准确地汇报所发生的一切重要的事情。

我再次向您确认我2月7日电报的内容:

"西贡总督转孤拔海军将军

(请看正面)……"①

关于封锁问题,我认为应向您重申,根据我以前的命令,您对此拥有一切权力,您只要向我电告您采取的措施即可。

请与沁冲先生商量(如您收到本信时尚未进行)把"戈加"号及"纳戈特纳"号从西贡派往东京,由您负责对其加以武装,然后把这两艘船交给米乐将军编入小舰队。

我决定这两艘船的编号为:

"戈加"号:551

"纳戈特纳"号:596

下面是与您有关的船只行动情况:

"伊塞尔"号于2月10日从圣纳泽尔启航前往土伦和东京,运去第一艘"火枪"号型炮艇;目前在圣纳泽尔的"瓦兹"号将运去第二艘;其他4艘您已知道,将由两艘租用的商船运去。

如有必要,请以您所拥有的一切手段,为重新组装和武装这些炮艇提供方便。这些炮艇将编入东京小舰队。为了重新组装和下水,也许有必要采用1870—1871年在里昂为一艘炮艇所使用过的方法。随函所附的说明概述了这一方法,供参考。另外,2月20日的运输船将运去这些炮艇的组装和下水所必需的材料。

"萨尔特"号2月4日离开亚丁,"堤岸"号9日离开科伦坡。

① 原文如此。原档案中无2月7日电报。——编者

“桑罗克”号13日经过〈锡兰〉加勒角(Point de Galles)而没有停泊。

“拉加利桑呢亚”号本月15日到达科伦坡。

我于2月13日电告海军少将梅依先生代我请您将“凯圣”号和“维也纳”号派回法国,并催促这些运输船尽快返回土伦。

“边和”号将于2月20日启航,运去饲料车、“机枪”号和“手枪”号炮艇及这两艘炮艇的船员、另外约70名用来轮换的水手(“戈加”号、“纳戈特纳”号等)以及大量武器弹药。

“尼夫”号将于3月20日启航。

附件 关于1870年用于一般炮艇的组装和下水的方法说明(略)

BB—4 1953第12—13页

1040 海军及殖民地部长致米乐

1884年2月15日于巴黎

亲爱的将军:

我已收到交趾支那总督关于您从西贡前往东京的通知。

我希望当您收到此信时,北宁已落入我们之手,而且夺取这一要冲并未与中国发生任何纠纷。至于今后的军事行动,请按照您动身时给您下达的一般性指示执行。

请向我准确地报告所发生的一切重要事情,为此,请充分地利用连接东京与西贡的电报线路所提供的方便。

海军少将孤拔先生曾向我报告,一些悬挂德国旗帜的轮船在归仁卸下武器。他又说,如果查明这些消息属实,他认为在援军到达之后,就必须占领归仁,并宣布封锁该地,以便阻止私运军火。

我于2月7日电复海军少将孤拔先生,批准他如有必要可以封锁归仁;我并要他与您商量,以便在必要时占领这个地方。

我还通知这位将军,两艘自孟买购买的轮船“戈加”号和“纳戈特纳”号不久将在西贡交货;我将为武装这两艘船而配备人员和器材,然后把船只交给您以编入东京小舰队。

我决定这两艘船的编号为:

“戈加”号,第551号

“纳戈特纳”号,第596号

“伊塞尔”号于2月10日从圣纳泽尔启航前往土伦和东京,运去第1艘“火枪”号型的炮艇;目前在圣纳泽尔的“瓦兹”号将运去第2艘;其余4艘,您已知道,将由两艘租用的商船运去。

我已请海军少将孤拔先生在必要时,以他所拥有的一切手段,为重新组装和武装这些炮艇提供方便,这些炮艇将编入东京小舰队,因此是在您的指挥之下。为了重新组装和下水,也许有必要采用1870—1871年在里昂为1艘炮艇所使用过的方法。随函所附的文件概述了这一方法,供参考。2月20日的运输船还将运去炮艇的组装和下水所必需的材料。

“萨尔特”号2月4日离开亚丁,“堤岸”号9日离开科伦坡。“桑罗克”号13日经过加勒角而没有在那里停泊。

悬挂海军少将利士比将旗的“拉加利桑呢亚”号本月15日到达科伦坡。

“边和”号将于2月20日启航,运去饲料车、“机枪”号和“手枪”号炮艇及这两艘炮艇的船员以及大量的军火。

“尼夫”号将于3月20日启航。

BB—4 1953(米)第16—17页

1041 东京分舰队司令孤拔致海军及殖民地部长

1884年2月16日于海防

我已于2月12日将指挥权移交与米乐将军,今日返回舰上。由于登陆连未曾参加进攻山西之战,米乐将军建议我留下这些部队以便进攻北宁,我已应允。您是否同意,或者如果对中国进行军事威胁需要他们立即返回舰上,务请电示。鉴于自2月20日起将把“益士弼”号与“野猫”号拨归米乐将军调用,故我请求留下“凯圣”号,直至这些部队返回时为止。

BB—4 1958 第153页

1042 孤拔致海军及殖民地部长

1884年2月16日于香港

殖民地部第一办公室12月20日来电称,对我国持极端敌对情绪的嗣德帝户部尚书现在竟担任辅政大臣。使我费解的是了解他的参啸先生竟然会相信他。我将特别告诫巴霍,我想,只要我们尚未与中国公开宣战,对他必须持极其慎重的态度。

BB—4 1958 第161页

1043 东京远征军总司令通令(第27号)

1884年2月16日于河内总司令部

东京远征军组织表[①]:

总司令:陆军中将 米乐

① 下表人名之后大部分有军衔或专业技术职称,因字太小,且复印件模糊不清,无法译出。——编者

副官:康斯(Camps)

芒让(Mangin)

参　谋　部

参谋长:甘内

参谋:克雷坦

德·拉克鲁瓦(de Lacroix)

凡克(Phinc)

德·维尼亚库(de Wignacourt)

奥特弗伊

炮兵司令:雷维龙

工兵司令:杜邦米埃

助理宪兵司令:塔松(Tasson)

行政处长:特罗吉埃(Trogier)

军需处长:德·拉格朗迪埃(de la Grandière)

卫生处长:德里乌(Drioux)

民政处长:西尔维斯特

邮电处长:特雷韦迪(Trévédy)

财务处长:马塞(Massez)

光学电信处长:赛雅(Saillard)

第　1　旅

将军司令:波里也

副官:克利普飞(Klipfel)

参谋长:勒当蒂(Le Dentu)

第1团团长:贝兰

第2团团长:德·莫西翁

第3团(海军陆战队)团长:布里翁瓦尔

安南辅助营营长:东诺(Tonnot)

第　2　旅

将军司令:尼格里

副官:居巴尔(Guibal)中尉

参谋长:弗尔图(Fortoul)炮兵连长

第1团团长:迪歇纳外籍兵团中校

(该团包括第1营、第2营及非洲轻步兵第2营)

第2团团长:德富瓦(Defoy)步兵中校

海军陆战营营长:拉盖尔

安南步兵营营长:贝杰[①]

骑　　兵

轻骑兵　半连　属第1旅

炮　　兵

第12炮兵团　第11连

第12炮兵团　第12连

海军炮兵第1、2、3、4、5、6连

登陆连

旋转炮连

① 只要在河内,海军陆战营和安南步兵营便受第1旅将军司令先生指挥。——原注

仓库

工　兵

一个工兵连

宪　兵

辎　重　队

第20辎重营第3连

东京小舰队

司令:莫列波约　(海军中校)

东京远征军总司令　米乐

注:炮兵上校司令助理皮昂贝尔(Puembert)上尉、海军陆战队第2团中尉□……先生、海军陆战队第3团中尉希勒漠暂在远征军参谋处工作。

BB—4　1956第229—230页

1044　东京远征军总司令通令(第28号)

1884年2月16日于河内总司令部

远征军属下包括来自舰队由海军军官指挥的全体炮兵,在炮兵技术上,都要听从雷维龙上校的命令。

东京远征军总司令　米乐

BB—4　1956第231页

1045　东京远征军总司令通令(第30号)

1884年2月17日于河内总司令部

由于我们卫戍部队中的某些人员对待城乡居民的态度异常蛮横,河内市场的供应出现了不正常现象:拿东西不付钱。我们的人员在购物时自行作价付钱,有的人干脆殴打索钱的居民。

此类作风绝对不能容忍,这是近乎强夺,更有甚者,有时还完全触犯了军事刑法。

为此,总司令晓谕三军,他已邀请当地官府对市场进行监督,对违犯者坚决严惩不贷。

本命令将连续在本司令部的三次集会上各宣读一遍。

东京远征军总司令　米乐

BB—4　1956第233页

1046　米乐总司令公告

1884年2月17日于河内①

承法国政府授予全权,现向安南官员及百姓发表文告如下:

一年以来,命运之神残酷地打击了王室之后,又殃及了年轻的国王,他是从已故嗣德陛下的几位继承人中选出来的。建福帝已不在世,朝廷的辅政者们又匆忙给他选了一位继承人,就是死者的兄弟。

这次挑选很匆促、很秘密,而且选出的这位年幼王子在嗣德帝的遗诏中没有提到;恰恰相反,我们在遗诏中却看到了他们的大哥(Chánh-Nhân②)的名字。

① 原件未署日期,此为编者依据原档案编排拟加。

② 应为膺禛,嗣德的大养子。——编者

我们关心安南百姓,希望消除任何误会。我们不赞成在皇宫的昏暗和幽僻角落里私下宣布新国王即位,而要在全国百姓面前宣布,光明磊落,既不搞阴谋也不要怕人家议论。

因此,我们尊重宫廷以传统的准则行使自己的职权,让它负责完成它的选择,我们接受王子……[①]登基,他排行……[②]

这既然是朝廷大臣们的愿望,我们希望在不久的将来就可以看见新的王朝。为了安南人民的幸福,我们殷切地期望和平、繁荣、友好。

米乐

M.D.亚洲第43卷第19页

1047 驻华代办谢满禄致外交部长电

1884年2月18日下午4时34分于上海

18日下午6时30分收到

8日会晤张〈佩纶〉以后,得到合众国公使对张亦有所不满的消息:他曾以使团代表的身份要求恭亲王接见,以求得到外国使节不再受类似待遇的保证。

14日,收到总理衙门对我7日公函的回复:两广总督将奉命尽力督办传教士案。

对我12月27日的报告需要补充:恭亲王从未对我11月15日的拜会做出过回访。他只是在新年之际到使馆来了一次,一如对其他使馆。因此我并未登门拜访张某。

C.P.中国第64卷第136页

---

①② 原文如此。——编者

1048 东京分舰队司令孤拔致海军及殖民地部长裴龙

1884年2月19日于下龙湾

部长先生:

由于海防与西贡间正在敷设海底电缆,我和您通过法国驻香港领事所进行的联络将大为减少。应向您指出的是,在我到达东京以来,代雅丹先生为我执行此项任务热情守时,法国领事先生同样热情地为我提供了我所需要的情报,而且有求必应。

孤拔

BB—4 1958第158页

1049 孤拔致海军及殖民地部长

1884年2月26日发于香港

昨日接到顺化最新消息,我不甚满意。辅政大臣声称,对我攻克山西后数日派往该地的总督的任命,他无法批准。参啸赞成辅政大臣的决定,似乎未提出任何异议。我等候全权代表们的到来,以期解决此事。

曾被认为进行敌对活动而被驱逐出境的顺化朝廷前任驻西贡领事业已恢复职务。

清化形势一直动荡不定。据说,25日又有一批教民惨遭杀害。

我认为参啸过分相信至今一直对法国抱敌对情绪的辅政大臣所采取的措施。

“火枪”号海军军士佩里科(Pellicaut)被确认犯有鸡奸罪,故请取消对他授勋的提议。

BB—4 1958第163页

1050　顺化驻扎官黎那致外交部政治司司长毕乐[①]

1884年2月27日于栋弗龙(奥恩)

司长先生:

在我们的谈话中,您给我提出了非常精辟的意见,我打算在有关法国和安南条约的记录中加上一个补充说明。由于种种原因,我一直没有把这个草案拟好,但我希望不久就能把它办理完毕,以便送给您。我对第一稿作了一些修改。

如果内阁总理先生有时间过问这一条约,想向我了解您让我转呈的意见,我就赶快返回巴黎。

正如您提醒我注意的那样,我建议对定居在安南的中国人采取的措施的确过于严酷了,应该予以避免。我认为通过全力使安南不再是中国的属国,便可以相当容易地做到这一点,否则中国人在安南就会像主人一样可以到处随意安居,而不像其他外国人那样遵守同样的规章制度。

在顺化附近发生的事件说明,有必要对我们的基督教徒给以保护,并把这种保护作为条约的一项条款。好些理由促使我们应该关心安南的教徒。如果我们能恰如其分地对待他们,保证他们的安全,给予他们充分的自由,不让他们建立一个国中之国,使他们处于从属我们的地位,那他们对我们会是非常有用的。

我还是坚信,在安南设太多的驻扎官并非好事。我所说的安南指的是老挝东面,从中国边界直至我们殖民地边界的这个国家。我希望"东京"这个词对于我们之间用来指安南领土的一部分是非常有用的,但在条约任何地方都不要提到它。如果我们不是十分

① 原件无标题。此为编者所拟。——编者

细心地留意这一点,我们的驻扎官就会妨碍安南政府的正常工作,而成为动乱的一个根源。我已经说过我在改进安南的行政管理,使这个国家向前发展方面是怎样想的。另外,对这个如此重要和棘手的问题,我以后还将谈到。我原先希望,除了顺化以外,只设立一个驻扎官署。但是,对往事的回忆使我认识到很难深入了解这个国家及其居民的情况,又向我表明不可能把驻扎官的人数缩减到太少,因此我和您一样认为我们应设置 4—5 个驻扎官(除顺化外)。

我相信,在采用一种海关税率之前,有必要请教一下西贡的商会,也许还有必要请示一下殖民委员会。因为我们要避免二重暗礁:一方面不要损害殖民地的利益;另一方面,不能因为他们的利益而牺牲我们为维持保护国的开支而必不可少的收入来源。附带说一下,海关的纯收入平均每年为 60 万法郎,只有几年之后才能明显超过这个数字。

我们从顺化收到的消息使我坚信,8 月底,在顺化商谈之后,就可以很容易把现在的辅政大臣去掉。可怜的协和帝将会怀着感激的心情而赶走一个他认为是最危险的敌人。我同样也认为,我们可以使 9 月 29 日的政变流产,而由我们自己来处理由于某种罪行而产生的继承问题。但是令人懊恼的是,我们要和一个忠实于中国的人谈判。我知道,跟我们商谈的一派,无论它是什么派,总是想回避承担它的诺言。所以我们应不断向它施加压力,使它们不能不遵守签订的条约。但在欺诈和背信弃义方面,任何人都比不上目前在位的一派,辅政大臣肯定是一个很有才能的人,但也正因为如此,他更危险。为了对付国内的敌人,他用全部兵力去镇压他们。他只能暂时屈从于我们,而当他在这方面不用再担忧的时候,他就会利用一切机会来抵抗我们。目前他是无能为力的。如果有一天,我们被卷入欧洲的冲突,他就将变成一个危险的人物,那时我们将会因没有抓住时机将他去掉而感到遗憾。我们当然可以一直从事所做过的事,而只满足于严密监视以辅政大臣为首的一派的工作;也可以在幕后煽动一次新的政变,把目前当权的一派赶下台,觊觎王位者是不乏其人的。

不管人们定下的解决方法如何,我认为,我在安南事务中获得的经验可能会有些用处。虽然我的愿望是不再离开法国,或尽可能少离开,但如果在时机到来时我的健康情况也允许,我将接受同安南签订新的条约和开始执行这项条约的任务,担任几个月的顺化驻扎官。我仅要求给予当年可加拉德克先生在接受重新进行谈判(这种谈判曾多次失败而所有的人都无法成功)的使命时曾得到的优惠条件。这些优惠条件的基本部分只是我过去工作的酬报,如果不是人事部门向海军部①表示反对,可能我已经得到了;对可加拉德克先生也曾提出过反对,只是由于那些支持可加拉德克先生的人的坚持才未能得逞。由于殖民地部②没有别的办法来酬报我,他曾多次提名我为中校,但人事部门都推翻了这些建议,借口说我的工作不属于该部门(可加拉德克先生的情况也是这样,但他还是被任命了)。但是我提供了很多的军事情报,也寄去过一份进攻顺安的方案,与后来采用的方案是一致的。〈海军部〉人事部门告诉我说除非万不得已,否则是不会对一项建议予以答复的。外交部却能轻易地做到这一点。没有它的帮助,尽管我最近在顺化逗留期间做了许多工作,可以肯定这些工作是不会得到什么酬报的。

考虑到掌握有关安南各省重要数据可能是有用的,现将以下

①② 原文如此。当时法国海军及殖民地部内设海军司、殖民地司。——编者

安南税册上的某些情况摘抄给您:

省名	耕地(亩)	登记数	税款(单位:贯)
平顺	42,987	11,137	28,824
庆和(或平和)	12,998	7,991	6,948
富安	42,889	28,615	23,422
平定	85,403	59,193	90,381
广义	50,941	24,444	39,558
广南	134,511	53,433	167,676
承天(顺化)	72,408	37,027	161,788
广治	56,924	23,193	44,492
广平	39,055	16,796	34,203
河静	78,336	39,392	68,788
乂安	96,549	46,599	105,837
清化	311,811	62,730	189,036
宁平	184,106	30,788	105,110
河内	392,586	56,483	270,360
北宁	451,553	53,302	193,239
谅山	6,939	2,750	17,685
高平	21,011	3,947	7,486
宣光	5,853	2,690	18,475
太原	34,056	4,644	15,480
兴化	19,294	8,091	73,757
山西	318,060	47,247	320,770
兴安	194,796	20,445	116,259
南定	491,627	67,033	327,931
海阳	425,190	46,565	226,898
广安	6,790	2,792	9,387

所有这些数字都上溯5年,我认为这些数字是准确的。头9个省组成我们所谓的安南,其他16个省组成一个名叫东京的地区。安南的亩相当于半公顷左右。表上公布的耕地面积(包括稻田)大约为1788335公顷,其中1400000多公顷系稻田,官方数字低于实际数字,但比例要比我们殖民地的情况小得多。通过全面的工作,我们可以找到一个大体满意的种植配额。“登记者”就是那些要交付人头税的人,他们大约占全部人口的1/15;承天(顺化)除外,那里10个居民中就有1个登记者,这就是我们殖民地达到的比率。我们殖民地的6个省内有14,604名登记者。每贯大约值0.60法郎,有些款项除以贯支付外,也有用别的方法支付的,但用银子支付的很少。实物税大约达1500万法郎。

为了不使您感到冗长厌烦,我就此停笔。顺便再写上对养马所征收的税额:平顺1170贯,边和1800贯,边和比平顺稍多;富安、平定所交的贯数相同;平顺从北到南有250公里长,把它并入殖民地后,就使我们的边界有鞭长莫及之感。

在直接邻近中国的省份中,居民少,耕地面积也少,谅山省和高平省是惟一可以放弃的,但要小心不要承认中国的任何所谓权利。

黎那

M.D.亚洲第43卷第102—105页

1051　陆军中将、远征军总司令米乐致海军及殖民地部长电

1884年2月27日下午4时于河内

2月23日,河内:

请求颁布法令,允许我设立军事法庭。

12月2日,由海军部长发出的指令与1月5日由陆军部长发

出的指令之间存在分歧。内容有关军饷问题,宣布无军需官在场无效,请即用电报答复我。

部队已集结好,但军队的装备仍在进行。

BB—4 1956第33页

1052 东京远征军总司令通令(第37号)

1884年2月28日于河内总司令部

陆军中将、总司令现决定:

在河内成立两个军事委员会和一个军事检查委员会。这三个委员会的组成如下:

河内第一军事委员会

布里翁瓦尔	海军陆战队中校	主席
皮若(Pujol)	海军陆战队营长	委员
拉蒂洛(Rathelot)	阿尔及利亚步兵上尉	委员
福瓦萨克(Foissac)	海军炮兵中尉	委员
马塞	海军陆战队军士	委员
蒲歇	海军陆战队上尉	情报专员
布尔尼尼翁(Bourgnignon)	海军陆战队上尉	候补委员
贝加里埃	行政人员	书记
多纳地安(Donnadien)	海军陆战队军士	书记助理

河内第二军事委员会

德·莫西翁	海军陆战队中校	主席
谢瓦利埃	海军陆战队营长	委员
迈斯特尔(Maistre)	海军炮兵上尉	委员

希雅卡西尼(Chiacasini)	阿尔及利亚步兵中尉	委员
贝尔那	海军步兵军士	委员
拉里维埃(Lariviére)	海军步兵上尉	情报专员
德·达米昂(de Damian)	海军步兵上尉	候补委员
雅克泰(Jactel)	海军步兵军士	书记
蒂埃里	海军步兵中士	书记助理

河内军事检查委员会

雷维龙	海军炮兵上校	主席
德·米比埃勒(de Mibielle)	阿尔及利亚营长	委员
科罗纳	海军陆战队营长	委员
德·博克深(de Beauguesne)	安南步兵上尉	政府专员
庞戈依(Pangoy)	海军陆战队军士	书记

陆军中将、总司令 米乐

BB—4 1956第242页

1053 东京分舰队司令孤拔致海军及殖民地部长

1884年2月29日于下龙湾

部长先生:

兹将去年12月8日向您呈报最后一份关于舰艇调动情况的报告以来的舰队调动情况向您报告。

北部地区的巡航情况:12月初,因须集中兵力进攻山西,海防与广安两地的驻军缩减到了最低限度,我不得不将“凯圣”号和“斗拉克”号分别留在广安和海防,负责守卫。有一段时间,我甚至将在太平江巡航的“野猫”号调至海防。该炮舰于12月13日驶往海阳,再次接受博蒙舰长的指挥。有关“野猫”号的调动情况我已向您报告,并提请您注意,该舰在对海阳一带的侦察与军事行动中提供了出色的支援。

差不多与此同时,由于顺化发生动乱,我决定派“益士弼”号归加拉什舰长调遣。

12月10日,由于担心涌潮会延误对顺安驻军的供给,我派遣“巴雅”号前去西贡接应“云雀”号,并将其拖至顺安,这是惟一能保证按时供给的舰只。由于交趾支那总督将“云雀”号拨我调用,故将“阿米林”号留在西贡(修理)。其修理速度极快,12月7日便告结束。在“云雀”号返回西贡后,该巡洋舰于2月10日回到下龙湾。

从12月13日至26日,北部地区巡航的舰只数减少到3艘:“雷诺堡”号、“梭尼”号和“巴斯瓦尔”号。这后两艘舰同时由雷诺技师轮番用于水道测量工程。

“巴雅”号于12月26日由西贡返回,“斗拉克”号同时由香港返回,它曾经到此带去向您电告攻克山西的消息。

自从“巴雅”号与“斗拉克”返回后,巡航情况有所好转,而当“益士弼”号于1月18日由沱瀼返回下龙湾时,巡航力量更为加强。

“巴斯巴尔”号和“梭尼”号数次征讨狗头、巴龙以及吉婆等岛屿的海盗,完全截断了红河三角洲敌军的海上补给通道。由于水道测量工程提供了方便,我们得以深入到各地错综复杂的小岛上去搜寻隐匿的海盗,我们的巡航终于完全制止了海盗活动。祸患大减,沿海人心大快,渔船也开始驶向远离陆地的小岛了。

今年1月,清化、乂安发生骚乱,我将巡航区扩大到这两省的沿岸海域,由“雷诺堡”号、“斗拉克”号和“凯圣”号在该地巡航。3舰舰长与传教士取得了联系。我巡洋舰的出现无疑产生了巨大的精神效果,从而遏制和防止了对教民的暴行。

根据我舰获得的情报,清化和义安两省的官员对我军的占领组织反抗。倘果真如此,我们应要求他们承诺8月25日条约中涉及这两省的条款。

自1月底以来,由于援军的抵达,下龙湾与海防间兵员、物资的调运几乎动用了舰队的全部舰艇,巡航的舰只减至一、二艘。它们出海1个星期,对整个封锁区进行了巡逻。“阿米林”号于2月10日自西贡返回我的驻地后即协助巡航。该巡洋舰舰长在最近一次巡航返回后向我递交了报告。现将该报告的一段摘录随函呈上,此段摘录将使您了解到从中国边境的传教士处所获得的最新情况。

1月31日,“野猫”号载送巴霍先生去沱瀼。他出任法国驻顺化驻扎官,接替参哺先生。该炮舰于2月4日回到下龙。

2月5日至13日,“益士弼”号由水道测量技师调用,以便对筷子笼群岛进行勘测。

2月20日,我派遣“益士弼”号和“野猫”号前往太平江接受米乐将军先生调遣,参加北宁之战。我舰队的登陆部队也前去支援。

运输舰及非舰队船只的调动情况:“维拉”号于12月17日由香港驶至此地,脱利古先生同船抵达。该巡洋舰前来装运“美萩”号所等候的一套新的装备,在这批货物转装完毕后于1月9日启航。

“阿威龙”号于12月20日由西贡返回,因米什兰(Michelin)舰长在西贡住院,暂由德普拉(Delpla)上尉先生指挥。该运输舰于12月30日再度出航,驶往沱瀼和西贡两地装运弹药,以补偿河内炮兵仓库火灾中所造成的损失。1月15日,“阿威龙”号在米什兰舰长的指挥下由该地返回。2月9日,我派其前往西贡接替“美萩”号。后者因“永隆”号受损,推迟返回法国。

“美萩”号于12月3日由法国抵达后，于11日驶往西贡。我与米乐将军商妥，将该舰留在下龙锚地，以备攻取北宁后疏散伤员之用。

“维也纳”号于1月1日由法国抵达海防，并在该地卸货。此后，数次往返于该港与下龙湾之间运送食物与物资。2月7日前往沱瀼为“阿达朗德”号运送食物与煤炭。在“桑罗克”号与“梅斯城”号运来的物资调运结束之前，该舰是我不可缺少的运输舰。

载运增援部队的运输舰卸载情况：运来增援部队的第一艘船“科摩兰”号是于2月7日下午抵达的。接着，租借的运输船及汽船接连而至：“欧洲人”号于9日到达；“美萩”号和“圣日耳曼人”号于13日到达；“安南人”号15日到达；“普瓦图”号于18日到达；“堤岸”号于24日到达。在海防，兵员与物资的卸运工作极其紧张，除了提供人员与小艇的“巴雅”号外，动用了舰队所有的舰艇。

“科摩兰”号在抵达5天之后，于12日驶往法国；

“圣日耳曼人”号在抵达9天后于22日驶往法国；

“普瓦图”号在抵达10天后，于28日驶回法国，该船于24日停止执行任务；

“堤岸”号即将启航；

“欧洲人”号于22日驶往法国；

“安南人”号于29日驶往法国。

至此，6000余人的兵员，3500余吨的物资得以在海防迅速转运与起卸。而且，在连续不断地往返运输的情况下，特别是在夜间，由于正值海潮期间，又多伴有海雾，航道来往行驶困难重重，但均未出任何事故。

沱瀼与顺安的海域警戒情况：“阿达朗德”号继续在沱瀼进行海域警戒；“蝮蛇”号、“标枪”号和46号鱼雷艇在顺安进行海域警戒。12月间,因担心顺化会出骚乱,我派遣"益士弼"号加强那里的海域警戒。该舰于1月初返回。

除了执行一般任务外,"阿达朗德"号主要担负顺安的供给与海底电缆的敷设任务,由舰队的部分舰只提供协助。由于目前这个季节涌潮的影响,供给颇为不易。但在加拉什舰长先生的指挥下,在"益士弼"号、特别是在我为此而向交趾支那总督请调的"云雀"号的协助下,此项工作仍旧得到了保证。萨加藏(sagazan)上尉在攻克顺安后曾执行过同样的任务,此次他在更为不利的季节条件下再次出色地完成了这一任务。

"云雀"号、"阿达朗德"号以及驻守顺安的舰只均为沿海的分段电缆敷设提供了有效的协助。敷设工作最先暂从沱瀼开始;后来,由于出乎意外地连续出现晴天,便一直敷设至顺安。因进行上述各种作业需要转运,故"云雀"号曾先后越过顺化河沙洲达38次之多。

水道测量情况:我在本函中曾报告您,有数艘舰只先后接受了舰队水道测量技师的调遣。这两位先生满腔热情地开展了工作。目前,他们已确定了吉婆岛的轮廓,其中有一部分小岛密布,界限模糊。他们在这些沿岸海域中发现并测绘了仅有一处入口的两个港口,我们分别命名为"巴雅"港和"巴斯瓦尔"港。第一个港口可以容纳数艘像"巴雅"号大小的船只,但须用缆索拖曳而入。需要大修的大船可在此港进行,但其入口狭窄、曲折,虽然"巴斯瓦尔"号不用缆绳拖曳也可进入,然而对于大船来说,入港仍旧困难。第二个港口容易进入,可容纳数艘船只,停泊时间可达6个月。此港在战时极为宝贵,因为在此地防守比在下龙湾容易得多。可惜此处缺少一个存放煤炭的合适地点。雷诺和罗列得利两先生还测绘了鸿基湾以及连接该湾与昂里埃特航道的航道(像"维拉"号一类的巡洋舰经常于高潮时行驶于此航道)。此外,他们还对筷子笼湾及其周围地区进行了勘察、探测。目前,他们正把我们所掌握的从继保(kébo)①到下龙湾一带的各种水文资料进行集中、分析和整理。

舰队舰艇的分派情况:在我向您呈送此报告时,我所指挥的舰艇的分派情况如下:

"益士弼"号和"野猫"号参加北宁之战;"雷诺堡"号执行水道测量任务;"斗拉克"号、"梭尼"号和"维也纳"号在海防卸货;"凯圣"号在东部封锁区巡航;"巴雅"号、"美萩"号在下龙湾;"巴斯瓦尔"号在鸿基湾;"阿米林"号在下龙湾入口处。这后两艘相距较近,以便把"桑罗克"号与"梅斯城"号即将运来的兵员向内河运送;同时,对试图从北宁前往先安、下会(Hakoï)和 Ichuk-san②交界处的中国部队必须经过的航道进行警戒。"阿达朗德"号在沱灢,"蝮蛇"号、"标枪"号和46号鱼雷艇在顺安。

海军少将、东京舰队司令 孤拔

附件 "阿米林"号舰长戎吉埃尔致孤拔

1884年2月22日于下龙湾

将军:

……③

我在北海下船拜会了法国代表德让(Dejean)和英国领事任森(Johnson)先生后,也与外国殖民地最重要的人物、海关税务司科布

---

① 原文如此,疑为锦普(Cam pha)港之旧名。——编者

② 原文如此,似即下文的 Tchok-Shan(竹山)。——编者

③ 原文如此。——编者

斯(Cobse)[①]先生取得联系。我在前几次出航期间,均没有机会见到他。

根据这3个人向我提供的基本一致的情况分析,中国百姓中的不安情绪已趋于平息。他们一致认为这是由于攻占山西的结果,并且说山西的攻占在北海及附近地区引起了极大的反响。似乎可以这样推论,一旦攻占北宁——我们时刻等待这一捷报传来——将会使形势急转直下。至于中国军队的情况,他们只字未提。恰恰相反,德让神甫向我确认,一支由官府在边境征集的1万名中国人的部队大概被派往北宁;在他们获悉山西失守时,可能溃散了一部分。他身边的传道师中有一人系内地一位小官员的儿子。此人来自内地,父母在北宁。根据他们的报告以及他本人的判断,北宁守军——他估计有2万人——士气极为低落,黑旗军全军崩溃。最后这一情况,格朗皮埃尔神甫已向我证实。他说,由竹山(Tchok-Shan)一带征去的士兵已大批返回原籍;并说他们的首领刘永福在山西战役中臂部受伤,连他自己也一蹶不振,他缺乏军饷,企图逃往边界。

"阿米林"号舰长戎吉埃尔

BB—4　1958第165—174页

1054　海军及殖民地部长裴龙致海军中将孤拔

1884年2月29日于巴黎

海军中将先生:

我荣幸地再次肯定我的电报,向您宣布已授予您海军中将衔。

政府想以此一荣誉奖赏您的杰出贡献,而我自己则要向您表

---

① 原名H.Kopsch,中文名葛显礼。——编者

示高度评价您作为东京陆海军总司令的工作。

您对封锁东京海岸的组织工作、乂安的胜利,在微妙而极其困难的情况下对地面部队的杰出领导,夺取山西——这在不久之后给我们的部队带来新的荣誉并巩固了我们的地位,以及您在准备以后的军事行动中所表现出来的灵活部署,这一切使我有义务向共和国总统提出这项奖赏的申请。

海军中将先生,我很高兴提到您对国家所做出的并为海军增光的新贡献。

由于我们与中国的关系以及在这些海域中可能发生的事情仍然处于模糊不定的状态,您暂时仍担任东京分舰队司令职务,而我向您发出的一旦与中国发生军事冲突时由您担任这些海域所有海军力量的总司令的指示,则丝毫没有改变。

BB—4 1953(孤)第17页

1055 海军及殖民地部长致海军中将孤拔

1884年2月29日于巴黎

海军中将先生:

我很感兴趣地看了您由最近一班邮船寄来的报告以及报告中所附的含有明细项目的清单。我也感谢您向我报告关于运输船的运行情况。

我已将您1月10日关于在清化省和乂安省所发生的屠杀事件的(第188号)信送内阁总理先生审阅。

我在17日的电报中已向您指出,批准您与米乐将军为交接对登陆部队的指挥权和暂时把登陆部队留在陆军而商定采取的措施。

我也赞成您把在山西缴获的6门膛线炮运回土伦。

除非情况紧急,否则请您不要使用交趾支那殖民地的人力物力来满足分舰队的需要。因此请您定期向我直接提出关于人员、物资、食物、军火等的要求。但时间应充分提前,以便我能及时予以满足:在您向我提出所需物品的清单到您收到所要求的物品之间,至少应有4个月的时间。

兹通知您,"母狮"号将于3月初从瑟堡启航前往下龙湾待命。

"阿杜尔"号目前正在布雷斯特装备,一俟就绪便派往海防作为浮动工场。这艘船在东京继续由海军中校龙巴尔(Lombard)指挥并直接受米乐将军调遣。

"伊塞尔"号载有第一艘"火枪"号型炮艇,最近即将从土伦驶往其目的地。它直接从新加坡前往下龙湾而不经过西贡,但在从东京返回时,如有必要将在西贡靠岸。

"瓦兹"号载着第二艘"火枪"号型炮艇29日从圣纳泽尔启航。

"边和"号载有"机枪"号和"手枪"号炮艇于28日离开苏伊士。

"美洲豹"号和"鬣狗"号将于3月初从土伦驶往海防,在那里,两船艇长归小舰队司令指挥。

附言:在2月28日电报中我已请梅依海军少将立即将"都尔威"号派回法国并亲自……①

BB—4　1953第18页

1056　东京远征军总司令通令(第38号)

1884年3月1日于河内总司令部

鉴于东京籍的辅助兵员服役异常辛苦,粮食又不易购得;为鼓励新成立的由本地人组成的队伍起见,本司令决定自3月1日起,

① 原档复印件至此中断,下疑有漏复印的文字。——编者

在整个作战时期内,饷银作如下调整:

Linh(二等兵)	30 贯
Beps(一等兵)	33 贯
Caïs(下士)	40 贯
Boïs(二等中士)	50 贯
Doïs(一等中士)	75 贯
Pho-Luï(工人)	30 贯

总司令又决定,安南辅助营的低级军官、下士、士兵可以每日领取配给大米1升。

远征军总司令 米乐

BB—4 1956第243页

1057 海军及殖民地部致孤拔电

1884年3月1日于巴黎

荣幸地通知您,您已被授予海军中将。

BB—4 1953年(孤)第19页

1058 陆军中将、远征军总司令米乐致海军及殖民地部长电

1884年3月1日5时50分于河内

2月29日接到您27日的电报,对有标注的部分,我不理解密电(?)[①]。我们占领了七庙(Sept Pagodes),它在裘江及天德江的汇合处,2月20日由外籍军团的一个营及一个炮兵连轻而易举地占领。

经过20日夜晚的两次出击,重创和击退了敌军。我方只有一

① 原文如此。——编者

人受轻伤。部队已集结好,我们准备向前进军。“桑罗克”号已作好准备。

BB—4　1956 第 35 页

1059　米乐致海军及殖民地部长

1884 年 3 月 1 日于河内

部长先生:

在发出 2 月 29 日密码电报之后,现再向您汇报由 2 月 24 日至 25 日黄昏在七庙附近发起进攻的战斗经过情形。

七庙位于海阳西北、裘江及天德江的汇合处。为了今后作战,我军在 2 月 20 日及 21 日,由外籍军团的一个营及一个配有 4 门山炮的炮兵连前去占领。驻在庙内的部队,是由陆军中校端尼埃指挥的。从 22 日起,这位校官开始构筑防御工事。工事于 23 日完成。七庙附近已建成极稳固的阵地,足以歼灭来犯的敌军。

2 月 24 日至 25 日夜间 3 时半,敌人的先遣部队突然袭击庙宇附近西面斜坡上担任警戒的一个小哨所。敌军在发射一枚火箭以后,攻占了哨所。同时,他们还设法拆除哨所。正在这时,敌方主力部队趁着黑夜,在离我们前哨约 100 米处对我们西北正面的阵地进行猛烈扫射。然而我们的前哨部队并没有因为这次突然袭击而发生慌乱,在与敌人的对攻中,很快就打哑了敌人的火力点,使他们遭受很大的损失。

这时外籍军团其他营的士兵及炮兵连秩序很好地赶到,进入自己的战斗阵地。

敌军第一次进攻被我方击退后,便向庙宇附近的稻田背后扑去。很快他们又来试攻,但仍和上一次一样没有结果。于是,他们急忙把死伤的士兵集拢在一起,仓惶地向西逃窜,一路上放火烧毁村庄。冲天火光给我方炮兵部队提供了射击目标,于是炮兵连续发射好几枚炮弹,狠狠打击敌人。

根据陆军中校端尼埃的报告,敌人约有 300 支长枪及 700 支长矛,由于不满足对村庄的焚烧,他们还打死打伤一些想逃跑的百姓。我们在现场只找到一名受伤的中国人,他在上午死去,仍可见到大片血迹。百姓们证实说,敌人曾运走 100 多个死伤者。至于我们方面,只有外籍兵团贝戈尼乌(Bergonnioux)中尉受轻伤。

人们在地上拾到 200—300 颗雷明顿及施奈德枪弹、火药袋及一些导火线。

米乐

BB—4　1956 第 36—37 页

1060　东京分舰队"火枪"号舰长福尔坦致分舰队司令

1884 年 3 月 1 日于七庙

司令:

刚刚按您的命令,根据您规定的条件进行了侦察。照您的意见我仍然越过了志村,证实该地既无水坝,也无水坝的痕迹,水坝既未开始构筑,也未见筑坝的材料。总之,我没有发现有关水坝的任何情况,仅见志村圩场前有一艘帆船,船上似乎无人,于是我们试图就地把该船夺过来,这真是荒唐之举。

此举不幸使我们付出了高昂的代价。我们有一人死亡,两人受伤,其中一人受重伤。下面是伤亡名单:

迪朗(Durand),下士机械师,阵亡;

勒加尔(Legall),中士粗工,肘部受伤;

贝尼斯唐(Bénistant),获得证书的炮手(哈乞开斯炮),脚部中弹。

此外,我在运河上抓来一名为我提供情报的安南人,手部受轻伤。

这是敌人在这些村庄与志村圩中所占据的一个名副其实的设防阵地。我认为,数名安南人事先告诉我们的 5,000 人这个数字并非夸大。至于黑旗军和红旗军(黑旗军占绝大多数)人数极多,有数处似乎遍地是人。自志村圩 A 村至 B 村,敌人构筑了数座带有雉堞的土工事作掩护;在这些工事之间挖掘了几条地道,可以完全躲避我们的火力;庙宇旁也筑有土掩体。正是在这个展延一海里左右的防御工事面前,我们被迫两次退却(一次溯流而上,一次顺流而下),我们受到连续不断而又极其猛烈的近距离射击。在后面一、二海里的山丘上驻有敌人部队。我们溯流而上时发现远处的敌人在调兵向运河方向逼近,同时敌人的一支主力从该地向我们刚刚经过的村庄运动,企图切断我们的退路。总之,志村圩是一个名副其实的阵地,我认为要想在北江运河地区进行任何军事行动,首先就必须攻取这一地方。但我认为仅用一、二艘炮舰不足以驱走敌人。惟有在北岸设防。

我发现,河流在进入运河前,往返的最浅水位分别为 2.5 米和 2.2 米,这是当小潮期由岛的北面航道进入运河时的深度;白天水位变化不大,比"豹子"号观测的最低水位高 50 厘米,比最高水位低 60 厘米。一旦进入运河,根据在整个溯流而上过程中所作的探测,我们发现最浅水位为 3.5 米。3518 号地图准确无误。地面都不泥泞,可以行走。志村与志村下游有五、六处河岸高约 1.5 米,看来两岸均可停靠。

运河宽约 60 米。我们轻而易举地驶过了 B 村的河道拐弯处。但我认为如不用其他办法帮助,一艘大炮舰难以通过该处;而诸如利用岸上绳缆一类的协助办法,当遇到像我们所遇到的敌人火力时，就无法进行。我们驶至B村，即越过了志村圩、在能够更好地避开敌人的火力时将船掉头。

炮舰多处中弹，有几颗是从炮垒里飞来的枪弹。他们发炮数发（数量不多，有两发落在用铁链系连的装甲上）。我认为这些架在土掩体后面的火炮数量不多，而且口径也不大。倘若没有钢板的保护，我们无疑地会牺牲许多人。使下士机械师迪朗受致命伤的一颗子弹便是穿过舷侧后击中他的。

全体船员沉着镇定，服从指挥，值得赞许。司令，有关此方面的情形，请允许我以后再向您作详细报告。

总之，此次侦察使我获悉如下两方面的情况：

一、从志村圩前至志村圩正前方和直至志村圩后面的第二拐弯处均未发现水坝；

二、敌人在志村圩设防，壁垒森严。

尤其是在溯流而上时，我们歼灭了相当多的敌人，至少有50人左右；顺流而下时，由于敌人掩蔽得更为巧妙，故歼敌不多。

"火枪"号舰长　福尔坦（Fortin）

（原注：本函附于孤拔7月15日密函376号报告内）

附图：

圩场

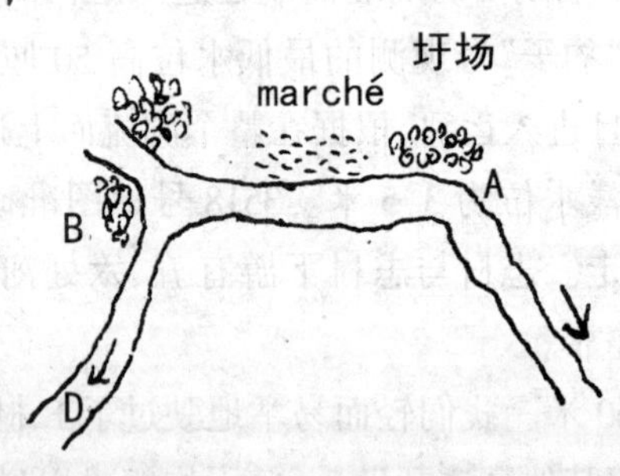

BB—4　1958第299—300页

1061　海军及殖民地部长致内阁总理兼外交部长茹费理

1884年3月3日于巴黎

内阁总理先生:

现转送去年12月15日的一封信。信内共和国驻东京民政特派员先生汇报了一个情报处的筹建情况。

东京远征军总司令先生已于本月18日接到命令,要他把这个行政机构继续办下去。您肯定将会和我一样认为该机构能从政治及军事观点上发挥作用。

附件　总特派员何罗栏致海军及殖民地部长

1883年12月15日于河内

当我肩负着平定东京地区、与安南政府商谈、筹建保护国内部的管理制度的使命到达东京时,为了完成这个复杂而棘手的任务,我必须逐渐了解安南官员的活动情况。大部分官员表面上是顺从的,而实际上他们和我们的敌人甚至和顺化朝廷继续通信,信中流露出他们的两面派嘴脸以及他们无视顺化签订的条约而和我们的敌人同流合污的顽固意志。

在我从交趾支那带来的人员中,有一个负责本地事务的官员马斯先生,由于他熟悉汉语和安南语以及他的活动能力和多种才干,他能够很好地收集和汇总那些在谈判中可供我参考的各种政治情报。

另一方面,东京还没有情报处,所以有许多不便,即使对河内近郊的公路、居民点、敌军的人数、武器装备、编制情况,我们都不了解。对敌军的防御工事和阵地分布,也心中无数。所以5月19日李维业司令的小分队与一些没有料到的敌军不期而遇;8月15

日远征军发现他们面前有一些壕沟防线和炮台，而对其方向和规模却完全不清楚。由于我们军队没有灵通的情报网，我们遇到了挫折，在此我不想再谈。虽然我根本不必插手指挥军事行动，但我认为我有责任使情报指挥部能将我手下人员在不断与本地人接触以及与安南官员交往中可以随时收集的各种情报加以利用。因为我们所面临的情况总是军事行动与政治事件息息相关，而军事行动通常是政治事件的直接后果，又促使政治目的更容易达到。因此，在不必大量增加人员和开支的前提下，我将能够把各个军事和政治情报部门集中起来，统一领导。

我认为这样集中的优点是，使情报处主任能够通过情报部门控制各种情报活动；能够把送给他的报告汇总起来；能够给上级机关送去经过仔细核实的情报；最后能推动研究，促使研究更有效果。送呈各位领导的研究报告，在单独进行时，可能搞错，没有什么成绩，正如直至目前出现的这种情况。但我拥有足够的人员去做这项研究工作，因为我的人员能了解当地人的风俗和语言。

在这些思想的指导下，我 10 月份和军事当局进行了协商，采取了一项决定，创设了一个政治及军事情报处，任命马斯先生为编外驻扎官并担任主任。这项决定从某种意义上讲，只不过是对业已存在的不定形的某种工作的认可，其实效已为事实所证明。事实上多亏了马斯先生与海阳省西班牙传教士们的合作，我才得以从 8 月初起获得准确的情报，由此才攻克了海阳城。

借此机会，我认为有必要提醒您注意，军事当局在尝试对这个驻防城市进行突然袭击时曾犹豫不决和十分勉强，而袭击获得了成功。目前的局势无疑证明了我们必须占领海阳；如果中国军队仍然控制这个城市，在那里能直接威胁我们与海防及海上的交通线，那么如今在北部作战的军队就有危险。敌人刚对这个城市发动的进攻(这次进攻差点成功)充分说明了敌人对占领这个城市给予高度重视。

因此,这样建立的情报处,应注意顺化朝廷派往河内的钦差大臣们的活动(表面上他们的使命是履行条约),应监视这些大臣与已归顺的省份的官员们及北宁、山西省的官员的交往情况。

好几封被截获的信件清楚地证明安南政府背信弃义。我们终于在山西的黄佐炎家里找到一份机密院给他的命令的副本,命令他抵抗法国人。相反,顺化大臣们签发的一份要求安南人服从我们的布告,却在10月12日由他们的一位官员张贴在刘永福山西住所隔壁的墙上。

为了把僬族人争取到我们事业中来(僬族人是久居深山与世隔绝的不开化百姓),现在我们的特使已进行了一些试探,短期内就会收到令人满意的效果。

另一些人负责到山西和北宁省各地去传播法国派来的军队登陆后即将到达各地的消息。

一些由情报处雇用的中国人已被派到广西、广东去探听天朝的活动情况。

情报处编了一些表:

(1)安南官员,他们的出身,他们在国内的关系,他们的政治倾向等等。

(2)一些有势力、对我国政府抱敌对态度的人士,以及一些海盗匪帮的首领、叛乱官员等。

(3)在本地区有一定名望、受到东京人民爱戴,乐意参加我们的事业,而且在必要时,能取代现在的官员的人。

以上就是我们目前从政治的观点取得的成果。

另一方面,对于军事情报,情报处及时提供了有关海阳的中国军队活动的准确情报，如果指挥部重视了这些情报，并采取必要的预防措施，11 月 16 日至 18 日就不会遭到攻击，这个城市也不会完全被破坏。

慈山的海盗集团在清化的活动，北宁的中国和安南军队向河内海关对面的红河左岸上的碉堡偷袭，这一切都在事先向部队指挥部反映过。至于偷袭，我认为阻止不力，结果敌人放火把碉堡烧掉了。

今天，我们已了解北宁和山西附近敌军占领的要塞，知道他们的服装、旗子及他们的首领的名字。

为了将纵队带到这个地区的每个角落，我们建立了一个向导队。

马斯先生收集到的各种情报使他得以绘制出一张八开的北宁周围地形图，制出了一份标有各条马路、障碍物、防御工事等等的一览表，绘制了山西地图，富顺、若马（Re-Mat）、髻带（Kenit）周围地图，最后是一张包括河内到云南整个地区的大地图。

这些资料都附有村庄的位置、道路情况、敌人修建的防御工事等等的确切资料。

这些地图由远征军总参谋部大量复制分发给各位军官们。所有地图毫无例外地都载有根据巴当中校先生收集的情报写成的说明，我们不会毫无顾忌地剽窃别人的成果来据为己有。

我给您附寄去的这一批地图，是根据马斯先生提供，如今巴当中校先生据为己有的地图复制的。

情报处主任马斯先生同法国和西班牙的传教士可以说经常有来往。由于他们在东京百姓中享有威望，所以能获得宝贵的情报并争取到了大量的密探。

以后军事行动需要远征军出动时，马斯先生可以到总司令先生的参谋部担任越语和汉语翻译的任务。

我刚有幸向您陈述其主要成果，非同一般的这个部门的经费是在我们的秘密经费中列支的。在刚过去的两个月中,拥有200名情报人员的这个部门所花的费用估计为3,300法郎左右。

现在此信中附上一份我到达东京后我的秘密经费支出一览表。本表中未列报分给各驻扎官的款项,是供这些官员在他们治内的省份建立与河内这种正发挥作用的情报处相类似的情报机构的。正如你可以根据上述情况判断的那样,河内的情报处已经作出了非常出色的成绩。

最后,为了继续我奉命同天朝政府进行的谈判,我十分想确切了解中国,尤其广州所发生的一切。为此,我汇了一些经费给法国驻该城的领事先生。在宗主国预算的项目下拨给我的秘密经费,我认为应付不了今年全年的开支。正如我曾荣幸地向您汇报的那样,我不得不作出决定,由此我以同样的名义,在东京的地方预算中得到1万法郎。

此外,我有理由为在我刚才提到的基础上建立了情报处感到高兴。多亏了主持该处的这位官员的努力,它的作用已不容置疑。现在还要求该处既要为解决政治问题,也要为解决军事问题提供有效的帮助。

法兰西共和国驻东京民政特派员公署秘密经费开支金额表

用　途	金　额	备　注
情报处经费	3315.12法郎	
寄给法驻广州领事	1368.00法郎	
寄给海防、海阳、南定、宁平的驻扎官	2052.00法郎	
总计	6735.12法郎	

M.D.亚洲第43卷第112—118页

1062 东京分舰队司令孤拔致海军及殖民地部长

1884年3月4日于下龙湾

部长先生：

现将我3月1日、2日发出的3封电报证实如下：

第一封电报

3月1日于下龙湾

“安南人”号于昨日早晨启航前往西贡。

第二封电报

3月1日于下龙湾

“桑罗克”号与“梅斯城”号于今日抵达，由于装船迟延(土伦用去14天，西贡用去11天)，“梅斯城”号将立即开始卸载。

第三封电报

3月2日于下龙湾

感谢部长提升孤拔为中将。

BB—4 1958第175页

1063 东京远征军总司令通令(第40号)

1884年3月4日于河内总司令部

当远征军不在河内时，该地的最高指挥官将由杜雅定上校担任。1883年10月23日命令第四节中对于战区工作的规定必须严格遵守以外，还需增加下列各项措施：

1.一切军事设施、城堡、文书处、出纳部门都将关闭。

2.非租界的居民不得进入。

3.不值勤的部队人员,(不值勤的)炮手、机关人员要像作战部队一样,立即响应召唤,领取子弹,进入最高指挥官上校选定的战斗阵地。

4.医院中的伤病员也要领取武器和子弹。

5.两个连队待命出发占领租界或任何受到威胁的地区。

巴塘据点、左岸据点和一切其他地方都得听命于最高指挥官。

如果出现1883年10月23日命令第201条预计的情况,最高指挥官就得采取一切必要措施以执行该命令第五节(戒严)的规定。

东京远征军总司令　米乐

BB—4　1956第245页

1064　东京远征军总司令通令(第41号)

1884年3月4日于河内总司令部

总司令决定:

在海阳成立第三军事委员会,其组成人员如下:

德富瓦　陆军第5步兵团中校指挥官　主席

戈达　第5步兵团第23营营长　委员

德·萨克雪(de saxcée)　第12炮兵连上尉指挥官　委员

拉克鲁瓦　外籍兵团第2营中尉　委员

贝尔纳克(Berneck)　第23营营部中士　委员

多米内(Dominé)　非洲营第2营第2连上尉　情报专员

芒索(Manceau)　外籍兵团第2营中尉　候补委员

谢鲁兹　一等书记办事员,军士　书记

奥西(Hausshirt)　第111营营部中士　书记助理

总司令　米乐

BB—4　1956第246页

1065 驻华代办谢满禄致茹费理

1884年3月5日于北京

内阁总理先生：

在上次第25号政治报告的结尾，我曾向阁下汇报了以下事情：美国公使也十分不满总理衙门对何天爵先生说话的口吻，并决定写信给恭亲王，代表各国使节对新任大臣张先生不文明的举止表示不满与抗议。杨约翰先生确实向亲王殿下写了信，要求单独会晤，避开总理衙门其他大臣，以便以外交使团团长的身份向亲王明确而又不伤情感地提出自己的要求。

这次会见未得到允许，恭亲王拒绝这样的会谈。依我看来，这种情况下应该谨慎一些，不可再坚持；但杨约翰先生完全不这样看。他对我透露，已派何天爵先生去见总理衙门成员，以说明亲王的复信难以令人满意，并举出他自以为很有说服力的理由来支持会晤亲王的要求，希望获得比上一封令人失望的复函更合情理的回复。我不清楚这种交涉的细节，亦无从知晓彼此来往函件的内容。我所知道的是，巴夏礼2月19日对我说，亲王坚决拒绝了美国公使的要求，因此他认为各国使节最好同心协力，将他们的团长从死胡同拉回来。他对我宣布，为此目的，他准备了一份联合照会，请我们大家第二天聚齐并讨论照会的措词。现荣幸地将这一文件的抄本转送阁下。阁下将不难发现，巴夏礼先生在文件中以整个外交使团名义要求恢复英国条约第5款的规则，即外国使节应受到内阁大学士级别[①]或至少是各部尚书级别[②]的官员接见。

20日在英国公使馆举行的会议上，所有使节都一致认为，他

---

①② 着重号为原文所有。——编者

们在北京受到的待遇是不合适的,希望中国政府日后多多考虑遵守它已接受的条约所规定的义务和正式礼节的要求,以保持和平与良好关系。然而会议未能就为达到目的行之最有效的方式达成协议,因为各人目的不一。于是约定,下次会议于26日在俄国公使馆召开。

第二次会议决定至少目前不采取共同行动,而由各个使馆视与总理衙门的具体关系自行决定措施。谨将会议摘要附于本报告之后。

杨约翰先生起初曾积极为整个使团出谋划策,现在对这种结局大为失望,虽然表面看来并未因与恭亲王打交道失败而沮丧。他说就要离开北京去南方,传闻他入秋以前想回美国,此后不再返华。

附言:此间获悉,谭敦邦伯爵两天前得到机会要求接见,他写了信,坚持要一位尚书与他会晤。每次他提出类似请求,他总是十分自信,相信会受到恭亲王或总理衙门一位高级官员接见。他最反对巴夏礼先提倡的集体交涉。然而这次给他的回复却说,总理衙门诸大臣平级,不需要最老资格的大臣出面。他派遣首席翻译阿恩德先生去总理衙门交涉,表示不满意上述回复,他应该受到尚书一级的大臣接见。总理衙门拒绝了这一要求。

附件1　(略)

附件2　各国驻华使节会议摘要

1884年2月26日

博白傅先生认为:我们固然有权要求总理衙门会晤时至少有一名相当尚书职位的官员在场,然而一年多来,我们一直未对其中资历浅的人与外国使节争论不休这一事实提出过抗议,从而使他们日益放肆;既然事已如此,还有什么必要去提出联合照会来抵制这种从未认真抵制过的既成事实呢?

巴夏礼:我们确未曾予以抵制,但现在却是使团最高领导人被拒之门外!

博白傅先生很少去衙门。他担心,若坚持要求对方履行英国条约,则总理衙门便会拒绝仍照现行做法而实行的各国公使派翻译出面办事的措施。

谭敦邦伯爵与其说关心原则,倒不如说关心实际。他认为:即使坚持要求有一位高级官员出场,每次都能毫无困难地得到满足,也不能改变大家目前所不满意的处境。他担心:对方可以任意给某个人赏个荣誉头衔,结果却会事与愿违。他的意见是:来与外国外交官讨论问题的,应是总理衙门内最有影响的人而不问其品级高低(如过去的王文韶),他认为中国大臣的权力或影响跟他在朝廷的等级并没有直接关系。

博白傅先生还认为:提交讨论的照会过长,不够果断。若我们的权利原来并不够精确,就无递交照会之必要;若我们确有这一权利,那么就不必拘泥,只要对方尊重此项权利即可:两者必居其一。

谢满禄先生认为:有必要将外国使节理所当然的不满情绪通知衙门,而不必知道从何时起恭亲王和尚书们停止接见欧洲使节,因为我们只是最近才感觉到这种不便。照会可按下面意思来写:“各国公使面对近期发生的令人遗憾的事件,特提醒中国政府:根据中英条约第五款,各国公使深信每次拜访衙门均需有一位更高级别的官员接待,中国政府没有理由不接受这条规则。”本照会的主要起因是亲王拒见使团首脑,因此必须给亲王写信,说出想和亲王交涉的内容。谢满禄先生本人并不认为这个问题对自己比对别人更加严重;再者,在目前情况下,他应事先请示本国政府,尔后才能同意发出照会。

博白傅先生认为:只要总理衙门不公开拒绝遵守条约,发出照会便显得过火。他担心,费了九牛二虎之力,收效却异常微小。他觉得各位使节可以单独行动,在拜访总理衙门前发函求见恭亲王,或至少要求见到尚书。

谭敦邦伯爵认为:只要提出要求,总理衙门必会爽快答应。

谢满禄先生同意:本来就是条约规定,现在却弄得乞求恩赐似地才能得到!然而他认为,不必在此时此刻给中国政府增加麻烦。他保留待时机成熟时要求对方予以尊重的权利,但须有本国政府赞同的指令。

巴夏礼先生称:他主意已定,只要对方不按英国条约的安排,不派身份相当的官员与之会晤,他便不去总理衙门。他希望同僚们珍视自己的尊严,保卫自己不容置疑的权利。

会议虽然至今未发出联合照会,但大家都同意由各人单独努力,走向同一目标。

谢满禄

C.P.中国第64卷第140—147页

1066 越南首席辅政大臣致法国内阁总理和海军及殖民地部长电

1884年3月7日于顺安

陛下要我转告两位先生,按与脱利古先生、参哺先生谈妥的文件,他将立即派遣使团去法国讨论条约。

更正纪录:

新加坡电报局通知,将"谈妥的文件"改为:"已和脱利古先生、参喃先生谈妥”。

M.D.亚洲第43卷第127—128页

1067 越南首席辅政大臣致法国内阁总理和海军及殖民地部长电

1884年3月7日于顺安

国王陛下命我通知阁下,他即将派使臣赴法商讨条约事宜,此事前已与脱利古和参喃商定。

BB—4 1954(原件未编页码)

1068 东京远征军总司令米乐致海军及殖民地部长

1884年3月7日于河内

部长先生:

谨送上有关政治和行政方面的报告,其中有我到达时和目前的情况。我还不得不将3月4日接见刚到河内的顺化朝廷使节的情况告诉您。谨附上会见过程的报告(印刷体文字),也就不需要再将会见情况作详细报告了。不过我得向您说明,使节们受到极好的接待,他们的印象非常好,认为是从来没有受到过的招待。

部长先生,我一再向他们表明,我们只在保护国制度的范围内活动。我认为这是我继孤拔将军之后,担任总司令以来最能证明我这些意图的积极行动。

可以设想这件事会在广州和北京引起某些反应,因此,中国与安南之间的关系会再次出现明显的冷淡。一个姓蒋的辅政告诉我,两广总督威胁说,他要亲自去顺化册封。但新皇帝建福直到现在仍对请中国册封之事漠不关心。因此,我希望这项有利于中国对安南的宗主权的册封仪式,至少不要再像过去那样成为传统制度……[1]另一方面,我相信两广总督可能亲自去顺化。

米乐

附件　安南皇帝使节拜会法国驻东京部队总司令米乐中将

1884年3月4日下午4时,总司令在将军府隆重接见安南皇帝的使节。

军队夹道欢迎使节,乐队奏《马赛曲》。贵宾们被引进客厅。总司令和波里也将军以及他们的参谋们在客厅迎接客人。

政治及民政事务主任一一为大家介绍:尹文平(Doan Van Binh)[2],工部尚书,首席使节;黄文常(Huynh Van Thuong)[3],内阁参办,第二使节;黎玑(Le Co),参办;阮有度,河内省总督。

介绍后,团长尹文平发言,向总司令转达安南皇帝赋予他的使命:尽力与法军合作,在东京恢复和平、繁荣,忠诚地执行顺化缔结的条约。

总司令回答说:"诸位使节先生,我为你们到河内来和我们建立联系感到高兴。我的代表政治及民政事务主任先生为我们充当中间人。

使节先生们,为了保卫国家安全,保护国给我们确定了同样的职责。请相信我,我愿意遵守这些义务,并同顺化朝廷一道保证东京诚实、勤俭可爱的公民繁荣昌盛。

如果你们希望我给予支持,我希望你们给予合作,这样,所有已缔结的条约必将有助于重新密切两个缔约国的关系。

---

① 原文如此。——编者

②③ 原文如此,疑为段文会(Doan Van Hõi)、黄有常(Huynh huu Thuong)之误,参见《大南实录》正编第五纪卷二第十六页。——编者

借此机会,请你们向安南皇帝转达我的敬意。”

总司令在告别时同使节们亲切握手。波里也将军为贵宾们主持宴会。席间宾主举杯为安南的繁荣昌盛、为安南皇帝的尊贵使节的健康干杯。

在将使节们介绍给总司令时,红河上鸣放礼炮,乐队高奏迎宾曲。

在离开法租界前,使节们参观了快艇演习,他们似乎对演习很感兴趣。

BB—4 1956 第 40—41 页

1069 米乐致海军及殖民地部长电

1884 年 3 月 7 日上午 11 时于河内

今天在裘江及北宁至天德江之间开始集结优势兵力,明天肯定会与敌军交锋。“火枪”号已在天德江上同敌军进行一次小接触。我方机械师德阿郎(Dearand)①被打死,中士勒加尔受重伤,水手贝尼斯唐受伤。

米乐

BB—4 1956 第 38 页

1070 海军及殖民地部行政处处长致部长办公室主任备忘录

1884 年 3 月 7 日于巴黎

我收到一份盖有“行动办公室”印戳、2 月 29 日发给交趾支那总督的急件,内有下面一段话:

“除特殊情况外,我请米乐将军先生和孤拔海军中将先生不要向您求援,不要从交趾支那殖民地调拨物资来满足远征军、小舰队

① 与上文出现的迪朗(Durand)应为同一人。——编者

和海军分舰队的需要。为此,我请两位将军直接向我报告,并尽量提前提出他们对人员和物资的要求。”

给养包括在物资之内,是否担心交趾支那总督、米乐将军和孤拔海军中将不执行该急件关于食物和物资(确切地说是消费品和备用品)的指令?

如果是这样,2月29日函件中有关规定的说明是不适当的,因为目前远征军、小舰队和东京分舰队在交趾支那得到照顾,能得到葡萄酒、白酒、面粉、咖啡、糖、盐、大米和茶叶的供应。

为此,我荣幸地向少将、总参谋长、部长办公室主任先生提出我的忧虑,如有必要就给交趾支那总督以及东京指挥官下达补充指令。

总稽察、行政处处长①

BB—4 1954(行动办公室收文第236号)

1071 东京分舰队司令孤拔致海军及殖民地部长电

1884年3月7日于海防

我将于12日宣布封锁归仁。并拟于9日乘“巴雅”号前往归仁,该舰将留驻于该地。我将于3月20日之前返回下龙湾。占据归仁业已延期,务请将封锁声明知照外国政府。

BB—4 1958第177页

1072 米乐致海军及殖民地部长急电

1884年3月9日于顺城府 3月14日上午8时35分自海防发出

下午6时15分收到

波里也将军昨天进行了一次非常艰难的行军,今天协助尼格

① “总稽察、行政处处长”后有签名,因字迹过于潦草而无法辨认。——编者

里将军在七庙登陆。昨天中午,我军攻占安定(Yen Dinh)防御工事,3时又攻占由山防御工事。伤亡很少,只有第23团少尉屠歇(Duché)先生被打死。

11日远征军将在天德江左岸阳村(Duong)附近登陆汇合。8日还有第23团于松(Husson)、"益士弼"号水手杜瓦尔、第23团孔罗思(Conraux)以及东京土著步兵一名下士受伤。

M.D.亚洲第43卷第131页

1073　外交部致驻香港领事电①

1884年3月9日于巴黎

请正式通知香港当局:归仁港从3月12日起将实行封锁。

M.D.亚洲第43卷第134页

1074　驻华代办谢满禄致茹费理

1884年3月10日于北京

内阁总理先生:

由于等待夺取北宁的消息,在北京除默默记下中国政府——或者确切地说总理衙门中的激进派时时刻刻对所有的人表现的恶意与怨恨之外,无其他事情可做。假若这种状况持续下去,所有的人好像都惧怕中国,各国使节因本国政府指示他们无论如何要避免在一切可能的冲突中有软弱的表现,形势将变得更加严重。人人都认为应当小心谨慎,简直谨慎到软弱的地步了。因为使节们相信,如果发生争执,是得不到支持的。

---

① 原件无发文单位及日期。参照第1071件孤拔3月7日致海军及殖民地部长电和此件在档案中的排列位置,估计此为外交部发文底稿,发文时间当在3月9日。——编者

一年多来我们和中国的斗争,向对方暴露了外国的弱点,使中国认识到了自己的重要作用。它确信自己的使臣在欧洲受到欢迎,得到重视。虽然它目前困难重重,危机四起,但它看到了光明的前途,它今天极想创造这一光明前途而不是认真考虑对我们作战,它指望以军备更新而产生的精神效果来排除危险,或者减少战争赔款。但是它明白,它无力接受一场战争。

在此为阁下附上去年12月间总理衙门一个奏折的译文[①]。奏折内容涉及沿海防御,与最近北京总理衙门所做的部署相同。奏折中明显地表现出某种对未来异常强烈的关心。

我以为很容易由此得出结论:若我方向中国发出最后通牒,让它进行选择,迫使它要么马上应战(我军就立即进攻北京),要么接受和平(那就可以获得发展贸易的有利条件,使它依靠自己的力量复兴国家),只要我们做好了充分的军事部署,那么,我们就有可能不战而迫和。难就难在可能与我们谈判的代表敢于承担责任,否则他们也许宁愿听任战争发生,也不愿在签订和约后由个人去冒过大的风险。根据天津最新的情报以及我在北京与人的谈话来看,没有人幻想中国军队已经能够阻挡住我军,他们所进行的军备更新在目前[②]主要是为了提高士气——其效果如何已经看得出来,同时使宣扬大力督办军备的高级官员免遭御史的弹劾。

乍看起来,有一点相当令人吃惊,即:其他国家的利益跟单纯涉及法国的利益,目前的状况都一样不妙,一样糟糕。谭敦邦伯爵承认,一年以来他多次抗议和要求,均未得到满意的回复。这是因为,正像曾侯大人的参赞1月间以曾大人的名义写给德国报刊的

---

① 附件略。——编者

② 着重号为原文所有。——编者

信中所说的那样，列强或其代表在这一事件中所扮演的可怜角色不会长久，……[①]考虑到所有这些情况，我倾向于认为，中国人公开地对我们所抱的仇恨，比起对那些假意地劝说他们和阴险地哄骗他们进行一场损害他们的国库、军队和威望的战争的人的仇恨要小得多。当寻求最终解决时，恰当地利用他们这种很自然的感情，我们就能从中找到我们和天朝之间能够密切接近的重要因素。这无疑对我们两国都非常有益。

谢满禄

C.P.中国第64卷第148—158页

1075　海军及殖民地部长致内阁总理兼外交部长

1884年3月12日于巴黎

内阁总理先生，亲爱的同事：

现荣幸地送上刚刚担任中国和日本海域分舰队司令的海军少将利士比先生今日来电的副本。

您将看到，这位将军准备乘"伏尔达"号舰去广州拜访总督。

请尽速告知您是否认为这一行动有什么不妥，我将十分感激。我这方面不存在任何异议。一俟得到您的答复，我就立即用电报通知海军少将利士比先生。

裴龙

附件　海军少将利士比致海军及殖民地部长电

1884年3月12日于香港

"维拉"号派往上海，"杜居士路因"号和"胜利"号派往厦门和

① 原文如此。——编者

北方港口。一俟紧急修理完毕,我准备乘“伏尔达”号去广州。我认为拜访广州总督是有益的。如您认为有什么不妥,请立即电示。

C.P.中国第64卷第159—161页

1076 茹费理致谢满禄

1884年3月13日于巴黎

先生:

您在去年12月22日的来信中说,您会同美国、英国和德国的代表,为争取对最近几次广州骚乱中受到损害的欧洲人给予赔偿而向总理衙门进行的交涉已告失败。

面对这种情况,我认为有必要在广州大力追求我们在北京未能达到的结果。因此我认为应当通过随函给您寄去的电报副本①,重申我的前任给林椿先生所发的指示,并根据您本人去年12月4日所发的电报,请您按照情况,尽力协助我们的领事进行交涉。

C.P.中国第64卷第162页

1077 东京远征军总司令通令(第43号)

1884年3月13日于北宁总司令部

军官们,士官们,士兵们和水兵们:

经过不间断的工作和历尽辛劳永远值得怀念的行军,在这次同中国军队的光辉战斗中,由于你们的英勇善战,北宁被攻克了。

这是一场辉煌的胜利,你们有权自豪,共和国向你们表示感谢。

米乐

BB—4 1956第248页

---

① 原件缺此电报副本。——编者

1078 内阁总理兼外交部长致××[1]急电

1884年3月14日上午11时

米乐将军电告:经过12日的战斗,我军于星期三晚上占领北宁。该电证实了昨晚哈瓦斯通讯社的报导,但比哈瓦斯的报导更详细。收集情报的是随军记者。

茹费理

M.D.亚洲第43卷第135页

1079 海军及殖民地部长致内阁总理兼外交部长

1884年3月14日于巴黎

内阁总理先生、亲爱的同事:

谨送上米乐将军发来的电报。

附件 米乐将军致海军及殖民地部长电

1884年3月14日上午8时50分于海防

经过12日的战斗,敌人溃败,远征军当日晚4时进驻北宁。

M.D.亚洲第43卷第136—137页

1080 海军及殖民地部长致内阁总理兼外交部长(机密)

1884年3月14日于巴黎

内阁总理先生:

谨转送上孤拔将军1月16日的来信副本。他在信中提出,何罗梐先生在出发时忘记将参哺先生的一封正式信件交给他,在该

---

① 收件人姓名因字迹潦草而无法辨认。——编者

信里我们驻顺化的驻扎官提出了辞呈。

请您向何罗栏先生索回该信,我认为该信应该再寄回东京归档。

附件　东京陆海军总司令孤拔致海军及殖民地部长(略)①

M.D.亚洲第43卷第140—141页

1081　东京远征军总司令米乐致海军及殖民地部长电

1884年3月14日傍晚6时55分于海防

1884年3月12日,丰和(Phong Hoa)。

上午6时30分,远征军开始朝北宁方向进发。第一旅从侵村出发,经过志村圩,拔除了由5个堡垒组成防御工事的中山(Trung Son)高地;第二旅在小舰队的支援下,溯裘江而上,拔除了郁村(Uat)及保村(Buoi)的防卫设施以及拉保的障碍物。接着,第二旅断然地将敌军追击到塔求高地,并攻占该高地。

这次联合作战以及零星战斗都取得令人惊奇的成绩。在我军的猛烈攻击下,敌军惊慌万状,狼狈溃逃。我们的部队尽管在运输方面非常困难,可是他们的行军精神和高昂士气令人钦佩。

BB—4　1956第48页

1082　东京远征军总司令通令(第44号)

1884年3月14日于北宁总司令部

陆军中将、东京远征军总司令为了满足北宁省民事、政务两方面的需要,又鉴于1883年8月25日条约第12条以及后面几条的

① 此附件即本书第987件,此处略。——编者

规定,现决定:

(1)任命布里翁瓦尔中校为驻北宁部队的最高指挥官;他暂时兼任驻该省的民事、政务驻扎官。

(2)在颁发新的命令以前,他的办公室将配备1名安南译员和1名安南文书。

(3)由于兼任民事、军事职务,布里翁瓦尔中校可以补领年薪1440法郎。

(4)在调整税率以前,布里翁瓦尔中校每年可以另领3000法郎的交际费。

(5)民事、政务主任以及行政部门主管各自负责贯彻本决定。

(6)布里翁瓦尔中校于明日(3月15日)就职。

总司令　米乐

BB—4　1956第249页

1083　海军及殖民地部长致孤拔电

1884年3月14日于巴黎

海军中将先生:

我极感兴趣地看了您1月18和19日报告东京的陆海军行动,尤其是报告攻占山西的信件。您关于这一辉煌军功的报告已载入正式公报。

我高兴地看到您在军事部署中的灵活性以及表现出的军事素质、远征军的英勇和忠诚。我也注意到在夺取山西之后,为了恢复秩序和维持我们的政权,您积极地多次派人进行侦察。海军中将先生,我荣幸地再次向您表示政府对此极为满意。

您向我提到山西作战中带头冲锋的有米纳埃尔、勒吉里泽克和穆里澳等人,然而只有穆里澳被推荐授予军功章,请说明另外两人是否遗漏了。

我已将您来信的摘要以及在山西缴获的信件转送内阁总理先生。我请茹费理先生一收到您3月6日的电报,便将封锁归仁一事通知各国。

兹通知您,"边和"号已于3月4日离开亚丁,"伊塞尔"号载着一只可拆卸的炮艇于5日离开土伦。

"瓦兹"号载有第二只炮艇于9日到达土伦,又装载大量饼干前往西贡停泊,然后再往下龙湾。"尼夫"号将于20日从土伦出发,在前往东京途中也将经过西贡。

租来的船只"圣纳泽尔城"号在圣纳泽尔装载第3、第4只炮艇的部件。

"鬣狗"号和"美洲豹"号8日离开土伦,于11或12日抵达墨西拿。在亚丁以远的一段航程中,这两艘船由"塞格莱"(Seignelay)号护航直至科伦坡。

为了不使"鬣狗"号和"美洲豹"号装载炮艇占用面积过多而显得拥挤,已将准备安装在该炮艇桅顶以便发射机关炮的活动桅楼改由"尼夫"号运载,到东京时卸下。

"母狮"号将于3月15日前后从瑟堡前往其目的地。

我在2月29日的电报中已请您不要调用交趾支那殖民地的人力物力来满足东京分舰队在人力物资方面的需求,这一意见不包括食物在内。

BB—4 1953(孤)第18—19页

1084 海军及殖民地部长致米乐

1884年3月14日于巴黎

亲爱的将军:

您2月2日来函就任命您为东京远征军总司令和批准您的请求一事向我表示感激,我至为不安。

我很高兴能对授予您这一高级职务稍尽绵薄之力,因为您赢得了政府的信任而被授予这个职务,而且我从来都十分愉快地尽可能满足您的要求和建议。

您3月7日电报告诉我您已离开河内,拟把部队集中于裘江和天德江之间,我希望随时能得到您进入北宁的消息。

我刚刚接到14日向我报告远征军进入北宁的电报,我向您致以最热烈的祝贺。我即将发出本函时,接到您3月12日发自丰和的电报。

BB—4 1953(米)第23页

1085 海军及殖民地部长致米乐电

1884年3月14日于巴黎

14日来电收悉。政府对您以及您所指挥的英勇的士兵深表满意。我们给您以追击敌人和扩大战果的一切行动自由。您今后的军事行动的意图是什么?请立即电复。

BB—4 1953(米)第20页

1086 海军及殖民地部长致米乐(摘要)

1884年3月14日于巴黎

亲爱的将军:

谨通知您,我已将您2月2日来信中关于非洲军队组成两个步兵团的说明转告陆军部长。

我一接到您3月2日的电报,便请海军中将孤拔先生交给您两艘运输汽艇。

现通知您,“边和”号已于3月4日离开亚丁,“伊塞尔”于5日运载1艘可拆卸的炮艇从土伦出发。

装载着第2艘炮艇的“瓦兹”号于9日到达土伦,又装上大量饼干前往西贡停泊,然后驶往下龙湾。“尼夫”号20日从土伦出发,在前往东京途中也将经过西贡。

租借的轮船“圣纳泽尔城”号在圣纳泽尔装载第3和第4艘炮艇的部件。

“鬣狗”号和“美洲豹”号8日从土伦出发,于11日或12日到达墨西拿。这些船只过了亚丁之后,从该港至科伦坡一段航程中,将由“塞格莱”号护航。

为了不使“鬣狗”号和“美洲豹”号装载炮艇占用面积过多而显得拥挤,已将准备安装在该炮艇桅顶以便发射机关炮的活动桅楼改由“尼夫”号运载,到东京时卸下。

“母狮”号将于3月15日前后从瑟堡前往其目的地。

我于2月29日电报中已请您不要调用交趾支那殖民地的人力物力来满足东京分舰队在人力和物资方面的需求,这一意见不包括食物在内。

BB—4 1953(米)第20—21页

1087 外交部长致谢满禄密电

1884年3月15日7时3分于巴黎

经过一系列的战斗,我们的部队已于12日占领了北宁。敌人在溃逃。

C.P.中国第64卷第163页

1088 外交部政治司司长毕乐致海军及殖民地部长裴龙

1884年3月15日于巴黎

尊敬的将军阁下：

随函送上安南王国首席辅政大臣几天前给我部的一份电报[①]。请您以密电发出给顺化驻扎官的答复，这一复电随函附上。

毕乐

附件 外交部长致顺化驻扎官密电

1884年3月15日于巴黎

我们即将派1位全权代表携带新的条约草案前往顺化，对8月25日条约的修改是我们态度缓和及让步的表示。对此，安南朝廷会估量其意义，因为它表明了我们和解的意图。

请通知国王，要求他推迟派使节来法国。

茹费理

BB—4 1954(原件未编页码)

1089 米乐致海军及殖民地部长电

1884年3月15日上午11时于海防

3月13日，北宁6名被击毙者是：

拉维列(Ravelet)，第143连下士；戈弗兰(Godfrin)，外籍军团下士；斯腾(Sturn)、布罗内(Brauner)、雨加尔(Hugard)，外籍军团士兵；斯克兰(Squelin)，海军陆战队士兵。

3名重伤员是：

---

① 原档未附此电报。参阅第1066件越南首席辅政大臣3月7日电报。——编者

勒内托(Reneteau),第143连下士;博昂(Boan),外籍军团士兵;古意(Couy),海军炮手。

22名生命无危险的伤员是:

吕菲埃(Ruffier),第23团士兵;杜维拉尔(Duvillard),第111团士兵;马松(Masson),第143连士兵;提布尔(Tiblé)、奥佩尔(Haupert)、拉方丹(Lafontaine)、佛什(Fauchs)、格拉(Grad)、贝尔特朗(Bertrand)、博托内(Bottoner)、威济考沃斯基(Wyzikovoski)、阿斯铁(Astier),外籍军团士兵;费耶(Feyer),军号手;扎贝纳(Zaberne),中士;里沙尔(Richard)、让凯尔(Jinkel),外籍军团下士;贝洛(Béraut)、科拉尔(Colard)、勒布龙(Leblond)、勒科维(Lecorvée)、厄德·艾蒂安(Eude Etienne),海军陆战队士兵。

在北宁的战役中,我们缴获了:大炮100门,其中好几门是克虏伯炮;一批后膛炮;大量火药和子弹;许多旗帜。现送上帅令旗及5面中国将领的旗。

我派遣了两个纵队,每队由一名陆军少将率领,以便在太原及谅山公路上追击敌军。

BB—4 1956第49—50页

1090 众议员布朗书贝致内阁总理

1884年3月15日于巴黎

内阁总理先生:

我们远征军在东京最近所取得的初步成功使举国欢腾。这个胜利虽不大,但我们对东京形势的迅速进展感到满意,对新的外交谈判和军事纠纷没有受到推延感到高兴。

十多年来,我一直在等待着,也一直需要这样的胜利,而夺取这样的胜利却变得越来越困难了。交趾支那殖民地全体人民和它的代表一样,早就期望这样的胜利了。作为一个东京果断行动的老捍卫者,我冒昧地向您提一些想法——可能您也有这样的想法——正是某些报刊登载的论战文章使我有责任向您表明自己的想法。

与某些报刊所说的相反,我并没有断定攻克山西和北宁便已足够,由此可以结束我们在东京的行动了。

随着这两个城市的攻克,应该迅速使整个国家归顺我们。因为稍有犹豫就会使敌人得以休养生息,并在别处制造新的障碍。内阁总理先生,我希望米乐将军明察情况,善于审时度势,不会就此停止前进;必须征服兴化、晴县(Tanh-Huyen)、谅山、老街及边境的一切隘道,这是目前平定东京及制止中国渗透的惟一方法。想只局限于占领三角洲而把山西、北宁作为边境要塞,这不仅是一桩未竟之业,也是极不牢靠和不持久的。

因为,认为这两个刚被攻克的要塞已足以保证绥靖它们与大海之间的地方,这是不正确的。相反,在这种情况下,只要与天朝毗邻的上游地方不是像三角洲一样清除掉各种各样的海盗和中国正规的或非正规的军队,国家将动乱不安。

我们的目的是把东京从海盗的蹂躏下解救出来,使它摆脱由中国政府公开或不公开支持的那些来自云南、广西或广东的匪帮的入侵;我们同样要使红河上能自由、安全地通航。我们应该自始至终追求这些成果,我们在顺化条约中保证做到这点,我们的利益也要求我们这样干。如果我们在目前停下来,就会使法国刚刚付出的牺牲变得毫无价值,也会使交趾支那殖民地竭尽全力决心继续战斗,直至取得决定性胜利的努力前功尽弃。

我们士兵的无畏精神不能仅仅使我们的国旗具有毫无收获的光荣,他们的胜利应当有利于共和国。

我的想法是,黑旗军在山西血战败北之后,已不再能抵挡我们的士兵。至于中国军队,他们在被迫逃跑和几乎未经战斗就让出他们费尽心机修筑的囤积着各种防御设备、堆满了弹药、棱堡和三重围墙上摆满了许多令人生畏的大炮的要塞之后,是再也不可能重振士气了。

应该利用这种士气低落,使这些逃兵无喘息休整之机,不能得到新的援军和援助。

一位杰出将军的想法肯定便是这样,因为政府把我们的荣誉寄托在他身上。如果不让那些骁勇的士兵勇往直前,那就是使他们在胜利的征途上半途而废。

要钳制中国军队,并使它撤军,无疑是很容易办到的。6个月以来,中国在东京边境上集结了精锐部队,马上有人说北方的军队经过香港前往广州,中国人不怕我们在北京进行示威了,因为河水结冰使我们的舰队无法航行。但这个障碍现已消失,我们的舰队已能到达北直隶。

我认为应该对海南岛进行一次更有益、更实际的牵制。内阁总理先生,我有幸曾向您指出该岛的重要性,没有任何严重的障碍可以阻止我们占领该岛作为和平的抵押物,至少直至中国停止一切敌对行动和赔偿它对我们造成的损失为止。

从另一方面来考虑,即使中国继续自以为了不起,还把攻占北宁看作绝交的理由和宣战的原因来恫吓,也没必要加强远征军;不过需要采取钳制的办法,这样就会很快使北京政府无能为力。太平军的大暴动还没有彻底结束,还会再引起人们的不安。那次暴动之所以失败,多亏了我们的帮助。卜罗德(Protais)海军将军在上海粉碎了暴动,而正是我们的军官指挥着中国军队打击暴动分子。30年来,大理的伊斯兰教徒不仅使云南,而且使整个天朝都疲于奔命。

此外,谁不知道中国在鞑靼的桎梏下已无法忍受?如果我们的军队到广州不是以敌人或征服者的面貌出现,而是对鞑靼宣布独立,北京政府就完蛋了。它明明对此很了解,却指望我们无知,同样也指望欧洲其他国家间的敌对竞争。但它没有看到在欧洲所有国家归根到底都有着同样的利益,它们至关重要的是要瓜分一个庞大的中国,因为这个大国总有一天会成为世界上真正的危险。

因此,目前还不到半途停顿的时刻,相反正是大干的时候。

人们提出反对意见说,直达云南的门口并不重要。因为这些门仍然关着。有人说:如果我们无法到蛮耗(云南的第一座城)去,我们纵然到了老街(东京的最后一座城)又有什么用呢?我可以对他们说,如果中国人有兴趣到我们这边来,那么我们去他们那儿也是没有问题的。通过我们掌握的抵押物或通过另一种方式,我们就可以很容易地使中国开放它的边境。在英国的一位旅游者被杀害后,英国已获准在云南设立一个领事馆,虽然所让与的这种优惠只有四年。我们的对手已这样做了,并且将来会永远这样做下去。作为战胜国的法国难道所受的待遇还会差吗?

在交趾支那,我们有一定数量的穆斯林,在我们的印度殖民地还有大量的穆斯林。我们可以很容易使他们下决心来老街建立一些分会,这些移民很快就会在云南吸引同道。为了使这种渗透方法更加完善,可考虑让我们的非洲土著部队在这个地方驻守几年;或者建立一座清真寺,请来一些伊斯兰教学者。总之,要便利大家传教。不管中国愿不愿意,这不失为进入中国的保险法门。我们喜欢印度掮客甚于中国商人,而阿拉伯军队开始时比我们在越南的军队要好。

在这样有利的情况下,放弃这块地方将是一个极大的错误。法国正在创立一个巨大而成功的殖民帝国,它将使法国对在印度方面受到的损失得到安慰。因为印度成为亚洲的一个殖民地大国,它巩固和增强了宗主国的威力。……当我们只要稍作出些努力就可以成功时却不进而退,这难道不是损害国家的一个罪行吗?

自从存在东京问题以来,交趾支那的殖民者把自己视为保卫国家的先锋队。内阁总理先生,请允许我提醒一下,如果人们过去理解了他们的意愿,那么,从军事观点来说,事件是绝不会发展到它终于达到的程度的。

殖民地存在还不到20年,即已变得如此法国化,以致我们已经看到并且还能看到这么一件富有意义的事。一个刚被我们征服的百姓竟会顶住他们以前国王的一切诡计,为我们勇敢而忠实地同那些他们不久以前还以几乎是宗教般的虔诚加以崇敬的人们进行斗争。

和我们交趾支那土著步兵一起的,现在有东京的义勇军,他们终究还是为了他们的国家而起来战斗的。所有这些辅助兵员每天都在增加,同时他们也变得越来越能征善战,在对付中国士兵方面他们可以派上大的用场。前进吧!既然中国要扮演一个角色,那就让它承担其后果吧!它给了我们清除其陈年的奢望、背时的举动的权利,它给了我们向它提出重大的抵押物的权利。

我承认在8月19日和9月1—3日的激战后我曾经一时感到气馁,因为派来的援军不足,正在那时我们才有证据证明在海盗幕后策划的是中国。这种气馁,这种失望,所有当时在那里的人都有过。但是事情得到果断处理后,我们的信心便已完全恢复而我用不着等待胜利便可以拿出这个证据来。

我认为,内阁总理先生,我刚才向您提出的这些想法,可能也是您的想法。然而我认为,恳求政府把这项顺利开始的任务进行到底,这便是履行我的职责。我是殖民地的代言人,我要代表那里的人们重申，凡是交趾支那的人，对祖国都充满着强烈的爱，因此，必要时他们会毫不犹豫地作出新的牺牲。

茹勒·布朗书贝(Jules Blamsulé)①

M.D.亚洲第43卷第143—149页

1091　海军及殖民地部长致米乐电

1884年3月16日于巴黎

众参两院对最近使法兰西共和国国旗两次扬威东京的将军、军官和士兵致以最热烈的祝贺。

BB—4　1953(米)第24页

1092　米乐致海军及殖民地部长电

1884年3月16日于河内

我恳请授予远征军一级勋章，晋升波里也将军为陆军中将，给尼格里将军颁发法国二级荣誉勋位，并晋升下列军官：

陆军中校盖里埃(Guerrier)晋升为参谋长；

拉克鲁瓦破格提升为陆军上尉；

康斯提升为陆军(炮兵)上尉；

博埃和施伦伯治提升为海军上尉；

科罗纳提升为海军陆战队营长；

福罗热(Frauger)提升为第一土著步兵团上尉；

蒂埃里(Thierry)提升为第三土著步兵团少尉；

于坎(Hukin)晋升为步兵营营长；

---

① 原文如此，前曾有 Blaucsubé，疑为一人，应有一处笔误。——编者

贝戈尼乌(Bergaugnioux)①晋升为外籍军团上尉;

夏皮衣(Chapuis)晋升为第111连上尉;

迪涅(Dignet)晋升为第111连上尉;

勒孔特(Le Comte)晋升为第148连中尉;

德罗热(Desloges)晋升为第143连少尉。

这些军官恪尽职守,进行了英勇斗争,取得了辉煌的胜利。

我将他们全部的伟大功绩上报给您,供您参考。

BB—4　1956第51页

1093　米乐致海军及殖民地部长电

1884年3月17日于北宁

敌人迅速将部队向太原及谅山之间转移,他们被打得七零八落,狼狈溃逃。我认为追击溃逃的敌军,无须追得太远。我们将谅江府(Phu-Lang-Giang)作为前沿。

我军损失甚小,我回到河内后,将立即准备向兴化进军。

政府和国会表扬我们,全体人员都感到光荣自豪。

BB—4　1956第53页

1094　东京远征军总司令通令(第47号)

1884年3月17日于北宁城总司令部

有关3月16日第45号通令为各部队指定的地盘,现作更改如下:

在新的命令下达以前,尼格里将军应在沧江上的谅商府(Phu-Lang-Thuong)②留驻一个分遣队,该队包括:

① 原文如此,与BB—4　1956第37页Bergonnioux稍异。——编者

② 原文如此,与谅江府(Phu-Lang-giang)同为一地,习惯上有两种称谓。——编者

Ⅰ、外籍兵团的一个营

Ⅱ、第4山炮连。

总司令 米乐

BB—4 1956第253页

1095 米乐致海军及殖民地部长电

1884年3月17日于北宁

北宁,15日。波里也将军如果未遇到任何敌军的抵抗,将于17日前后到达太原;尼格里将军的部队渡过沧江,在谅江府同中国正规军交了锋。我军摧毁了该处敌人的碉堡。在战斗中击毙了3名敌人,击伤数名。仍在继续追击。

BB—4 1956第54页

1096 米乐致海军及殖民地部长电

1884年3月17日上午11时45分于北宁

两位将军率部趁敌人撤退时几次给予重创,他们把敌人从一个个阵地上赶走,敌人在溃退中丢弃了大量武器、弹药和军旗。

M.D.亚洲第43卷第151页

1097 顺化驻扎官致海军及殖民地部和外交部电

1884年3月17日下午4时于顺安

收到你们15日的电报,我立即去会见辅政大臣。国王对法国政府派遣全权代表一事表示高兴,已推迟派遣安南使团去法国。

M.D.亚洲第43卷第152页

1098 海军及殖民地部长致孤拔电

1884年3月18日于巴黎

任命戎吉埃尔为海军上尉,接替已提升的施兰伯治。"凯圣"号何时返回?

BB—4 1953(孤)第20页

1099 谢满禄致茹费理电

1884年3月19日5时55分于上海

19日4时30分收到

本月16日德国代办前往总理衙门,我秘密地得到了谈话的详细内容。

北宁被占领使大臣们感到非常不安。他们说他们的部队进行了战斗,因为部队得到了战斗的命令。但是他们还没有得到详细的消息。他们说他们的态度不会因为这次失败而改变。中国人立即进行了紧急交涉,要汇丰银行支付在广州商定好的借款。这家银行拒绝贷款,除非和平有保证。另外,他们想在天津立即签订一项1400万法郎的新的借款协议。银行尚在犹豫。我们如采取威胁姿态,将能阻止这笔借款。

谢满禄

C.P.中国第64卷第164—165页

1100 米乐致海军及殖民地部长电

1884年3月20日上午6时于河内

3月19日,河内。在我即将向您提出建议之前,收到您18日来电。从电报分析,我认为您是想像占领山西那样占领北宁。应海军中将孤拔的要求，再加上您12月20日来信的支持，我的建议就等于被批准了。请原谅我的错误。

米乐

BB—4 1956第56页

1101 东京分舰队司令孤拔致海军及殖民地部长

1884年3月20日于下龙湾

部长先生：

我在2月29日信中曾将分舰队截至该日的调动情况向您汇报。此后，分舰队进行或协助进行了如下活动：

(1)红河三角洲的军事行动；

(2)南、北地区的封锁；

(3)来自法国运输船只的卸载；

(4)水道测量。

(1) 红河三角洲的军事行动

我拨给米乐将军调遣的“益士弼”号和“野猫”号参加了此次行动，最后攻占了北宁。至于两炮舰在作战中的作用如何，详情不知，因为它们尚未返回我的驻地。

(2) 南北地区的封锁

由于舰队几乎所有的舰只均被派出执行各项紧急任务，我用于北部地区警戒的舰只仅有“凯圣”号和“阿米林”号；加之米乐将军要求我在采取行动期间留一艘战舰于广安锚地，我用于巡航的舰艇实际上只有一艘护卫舰了，另一艘用于保卫广安要塞。不过这两舰对于直至白龙一带的沿海海域基本上均予以警戒，并对狗头、竹山、下逵等岛屿的海盗进行了卓有成效的征讨。

如同我3月6日去电中报告您的那样,我与米乐将军商讨之后,决定将南部地区的封锁范围延伸到归仁港。后来,我果然听说此港被安南朝廷作为进口武器弹药的卸载点。我于现场得到的情况证实了上述推测。

在将下龙锚地的勤务交与"富诺堡"号舰长管理后,我于10日早晨乘"巴雅"号前往沱瀼港。去归仁执行封锁任务的"巴斯瓦尔"号比我先行24小时。在经过顺安海面时,由于涌潮的影响,我们失去了联系。11日下午,我泊于沱瀼港。在该地,我遇上了"阿达朗德"号和"巴斯瓦尔"号两舰。当晚,我由沱瀼出发,次日(即12日)抵达归仁。我旋即向安南当局以及停泊于锚地的1艘英国船通告封锁。晚上"巴斯瓦尔"号即与我汇合。我令该舰长指挥封锁巡逻;令"阿达朗德"号舰长指挥南部地区的顺安、沱瀼和归仁等地总的封锁警戒,并令他在执行封锁任务时可以在严密监视的前提下适当放宽通行的限制。除了中国之外,其余各国合法的贸易均给予较大的通行自由权,但对中国坚决不予考虑,任何中国人均无例外,不论在顺安还是在沱瀼,只要有1名中国人登舰,也要执行严格的封锁,这是防止可能妨碍我们意图的政界人物进入安南的惟一措施。

我于14日离开归仁,15日抵达沱瀼,16日早晨离开沱瀼,数小时后到达顺安。我在该地接待了驻扎官与最高指挥官的来访。从他们两人和从其他巡视地点所获得的情报,加上我以前搜集的资料,证实了我对安南政府目前的意向及其行径所持的看法。兹将我收到的一封有关这方面的密函随同本报告一并呈上①。

北宁攻克的消息我是在顺安获悉的。

---

① 原档无此密函。——编者

(3) 对来自法国的运输船的卸载

此任务由“斗拉克”号、“梭尼”号、“维拉”号和“巴斯瓦尔”号担任。

2月29日“堤岸”号是锚地尚未结束卸载的惟一船只了。该汽船于3月3日驶往法国。“桑罗克”号与“梅斯城”号于3月1日抵达,同日开始卸船。“桑罗克”号驶至西贡后于3月8日驶往法国。“梅斯城”号由于卸下了部分物资,特别是卸下了45号鱼雷艇的锅炉,得以于3月8日越过海防沙洲,并于海防完成了卸载任务。该船何时驶往法国,我尚未知悉。“萨尔特”号于12日载运骡子至此。这批牲畜中途死亡5头,其中两头死于鼻疽,幸好此病刚刚开始即被控制。该运输船卸载完毕后于今日驶往西贡,我派它去接受总督的调遣,因为总督最近要求我派船将西贡的4,000吨物资运往东京。这批物资是在“欧洲人”号驶往法国后运至西贡的。由于“斗拉克”号与“梭尼”号负责卸载由法国抵达的运输船只,故我无法调用;而且即使调用这两舰也只能运走这4,000吨物资中的极少部分;此外,在正常情况下,恢复对北部地区的封锁警戒以及继续进行水道测量工程,这两舰对于我来说将是必不可少的。倘若总督先生未能获得其他运输工具,“萨尔特”号可将西贡待运的一部分库存物资运往东京。

(4) 水道测量

2月29日的信中已向您报告,我已派“雷诺堡”号归水道测量技师调遣,以便完成对计宝与筷子笼湾之间尚未了解的航道的测绘。该舰于3月9日返回,出色地完成了任务,我甚为满意。目前我们在下龙湾与计宝之间的那部分群岛中尚有多处需要勘测。

"雷诺堡"号本身还勘查了连接筷子笼湾与计宝的两条航道。水道测量任务还包括在低潮、水最浅时将对每条航道进行疏浚。

为了找到一个有一至二处入口、并且战时可容纳和隐蔽数艘大船的港口,我们进行了多次探寻。遗憾的是,在此地和其他地方均一无所获。我担心最后只能选择离海防甚远、而且远不符合条件的巴门(Ba-maun)锚地了。

目前舰队舰只的分派情况:

"益士弼"号与"野猫"号一直在红河三角洲参加军事行动。

"斗拉克"号与"维也纳"号在海防卸载;

"维也纳"号卸载完毕后将立即驶往法国;

"阿米林"号泊于广安;

"凯圣"号在东面沿岸海域巡航;

"巴雅"号、"美萩"号、"梭尼"号和45号鱼雷艇泊于下龙锚地;

"萨尔特"号也泊于该地,它即将启航;

"雷诺堡"号于今日早晨启航去追捕海盗(据密报,他们在筷子笼湾);该舰返回后,将立即前往顺安、沱瀼和归仁等地巡航;

"蝮蛇"号、"投枪"号和46号鱼雷艇泊于顺安;

"阿达朗德"号泊于沱瀼;

"巴斯瓦尔"号泊于归仁。

45号鱼雷艇锅炉的调换:45号鱼雷艇已装上"梅斯城"号运来的新锅炉,并已将旧锅炉交与"美萩"号。锅炉安装的一系列操作进行得极其迅速。该鱼雷艇已于昨日对新锅炉进行了初次试验。它将于数日后准备就绪。

海军中将、东京分舰队司令　孤拔

BB—4　1958 第178—183页

1102 孤拔致海军及殖民地部长

1884年3月20日于下龙湾

部长先生：

我已于本日向您报告了舰队的调动情况，现将我对安南朝廷目前的意向及其行径的看法概述如下，作为上述报告的补充。我在巡视归仁、沱瀼和顺安等地时获得的情报证实了我数星期以前就持有的这些看法。

自去年11月29日发生改变，废黜协和帝并导致他死亡之后，新朝廷几乎公开对我表示敌对态度。山西的攻占，新援军的抵达，迫使它在表面上态度有所改变，但实际上其感情与意图依然如故。

首席辅政大臣阮文祥表面随和，而由于我军在北宁的再度胜利也许更加如此，但我认为他打算继续与我们为敌。我这一看法可以从以下例子得到证实：他对8月21日停战协定中所规定的拆毁顺化河坝一事从中作梗、拖延，尽管驻扎官与驻军长官再三要求，仍毫无进展；此外，杀害教徒的凶手，根据我们的要求业已拘捕、判决，但尚未正法；相反，因何罗槎先生之故而受牵连的全权代表一直被关押。据我国驻顺化驻扎官称：河内总督可能被降级，因为我将他派往山西，但对他的任命至今未获认可；同样，由我任命的宁平知府也是如此。

至于副辅政大臣、前任兵部尚书尊室说，据悉他对我们的仇恨由来已久，并且毫不掩饰。

我担心出于此种敌视态度，他们会在我们意料不到的某一天废黜安南国王，把首都迁往远离沿海的某个城市。这样，我们将比在顺化更难以对他们施加压力。也许安南朝廷对于能否从该地指挥暴动来反对我们的保护国制度还拿不定主意，只有这样才可以说明他们为何秘密进口武器弹药(我最近途经归仁时证实了这一点)。此外,放弃顺化是安南朝廷蓄谋已久的计划,一旦该计划付诸实施,我们将陷入严重的困境。

我认为,突然出其不意地占领顺化城,是防止上述措施的惟一良策。1000至1200人的兵力、2个炮兵连,加上顺安驻军,足以成功地进行这一行动。在我去归仁之前,我曾将执行此项计划的有关情况告知米乐将军。他认为辅政大臣尚无明显的对抗意向,军事行动的时机选择得不当。我一返回此地,便立即将我刚刚向您陈述的看法以及我认为解决这一问题的办法告诉了他。作为全权代表,他有权对此作出决定或者请求政府作出决定。我等待他的答复,随时准备迅速执行这一占领计划。

海军中将、东京分舰队司令　孤拔

BB—4　1958第184—186页

1103　东京远征军总司令通令(第49号)

1884年3月20日于河内总司令部

总司令很高兴向各部队传达以下电报:

共和国政府、参议院和众议院向新近为法国国旗在东京增添光彩的将军、军官和士兵致以最热烈的祝贺。

陆军中将、远征军总司令　米乐

BB—4　1956第255页

1104　某先生和中国使馆庆先生的谈话

1884年3月20日前后

我问他是否已提出和平建议,他的回答是否定的:中国热衷于和解,但是中国不愿主动提出来,因为这意味着承认被战败了,而且这将不利于整个形势。

我提请他注意,愈等待,法国的军方势力将愈占上风,他们将迫使政府向中国提出更加苛刻的条件。我又说,据我从议会圈子里听到的消息,我认为政府倾向于持温和态度,它命令尼格里停止向谅山进军就是证据。他似乎承认这确实是温和态度的证据,但又表示遗憾,法国没有紧接着发表一份和解的声明。

我提请他注意,这样的声明大概已在北京作出了。鉴于曾侯造成的困难局面,我想谈判与其在巴黎进行,倒不如在北京进行。他承认曾侯的确造成了一种困难的局面,但是他并不认为曾侯返回巴黎公使馆是不可能的事。他说他对星期日的《国民报》发表的消息说曾侯已接到返回巴黎的命令一事一无所知。他还说他本人拥有代办的一切权力,也可以接收一切照会,可以提供一切必要的消息。最后,他似乎非常愿意为取得中法之间的谅解而努力。

我说我的朋友中有一位议员和部长的关系很好,我将把这次谈话告诉他,让他在他认为合适的时机利用这次谈话。我接下去又说,在我们的军人圈子里,有人认为,在我们取得胜利后,理应可以确定谅山、高平和老街之间的边界了。但是我不了解政府的意图。不过我想,尼格里停止进军也向我证明,我们的政府不希望对中国太严厉了,而愿意同中国取得谅解,不愿把一项会激怒中国的条约强加于它。我说,很显然,一切都取决于你们方面的行动。说实话,你们把我们愚弄得太久了,我们有权对你们持怀疑态度。如果你们希望谈判,你们就应坦率点,作出令人信服的保证来证明你们的诚意。不然,我们的政府就难以保持对你们持温和态度,社会舆论也将迫使政府向你们提出更加苛刻的条件。

我提出开放中国一个港口作为红河上的通商口岸的协议。他好像认为这样一项协议并不难。

从我的对话者的态度分析,我认为中国政府珍惜它的自尊心胜于其他一切。比如,它希望我们接受它对安南表面的宗主权。我回答说,在发生了过去的一切之后,我认为这是困难的。

我想法国政府是希望结束东京问题的。我看很显然,中国已承认它确实无能为力,希望能达成协议。困难不在于谈判本身,而在开始谈判的方式上。在目前,谁也不愿开始。然而我想,如果兴化很快被我占领,中国人将会明白,再拖下去对他们是没有什么好处的,他们就会在这里或是在北京要求开始谈判。

C.P中国第64卷第254页

1105　海军及殖民地部致米乐

1884年3月20日于巴黎

政府同意您继续占领府谅(Phu Lang)[①]并立即准备远征兴化。在将占领地点减少到最低限度,同时保持强大的驻防力量的情况下,为保证安全和进行绥靖,三角洲有哪些地方迫切需要控制住?请研究并提出报告。目前,东京籍士兵有多少?是否可以增加?

BB—4　1953第24页

1106　远东分舰队、东京海域舰队及交趾支那海域舰队的编制与组成

1884年3月20日于巴黎

(一)远东分舰队

指挥官:分舰队司令,海军少将。

---

① 原文如此。中文资料称“扶朗”。这里似即为Phu-Lang-giang(谅江府)。——编者

活动范围：西边是亚洲东海岸，从白令海峡(Détroit de Behring)直至东京湾和暹罗湾、安南海岸和交趾支那海岸，这些地方隶属东京海域舰队和交趾支那海域舰队的活动范围(详见下文)。

白令海峡东线，穿过如下几处：北纬45°、东经162°；东经162°的赤道地区；南纬7°、东经166°，以及这里连接南纬20°澳大利亚东海岸一带。

南边从澳大利亚北海岸到梅尔维尔岛(ile Melville)，然后是毗连帝汶岛(Timor)东端一线，最后是马来亚群岛(Chaîne d'îles de Malaisie)北部海岸至新加坡海峡。

远东分舰队的组成		
标准构成	1884年实有舰数	备注
1艘"拉加利桑呢亚"号型	"拉加利桑呢亚"号	
1艘"福尔菲"号(Forfait)型	"德斯丹"号	
1艘"杜沙福"号型	"伏尔达"号	
2艘"母狮"号型	"母狮"号	从原东京分舰队调来
	"蝮蛇"号	从原东京分舰队调来
	"维拉"号	继续服役至1884年
	"鲁汀"号	继续服役至1884年
5艘	7艘	1884年多2艘

(二)东京海域舰队

指挥官：东京舰队司令，海军校级军官(听令于远征军总司令)。

活动范围：东京海域舰队在整个东京湾活动，其范围包括海南海峡、海南岛西岸、整个安南南部海岸至交趾支那边境,由连接海南岛南端和交趾支那边境线组成的东部海域。

东京海域舰队的组成		
标准构成	1884年实有舰数	备注
5艘海船(护卫舰和炮舰)	"巴斯瓦尔"号 "益士弼"号 "梭尼"号 "云雀"号 "雎鸠"号	从原东京分舰队调来 从原东京分舰队调来 从原东京分舰队调来 从原交趾支那海域舰队调来
1个活动船坞	"阿杜尔"号	
20艘江轮	1."戈加"号 2."鬣狗"号 3."美洲豹"号 4."豹子"号 5."机枪"号 6."手枪"号 7."突袭"号 8."大斧"号 9."短枪"号 10."马枪"号 11."标枪"号 12."马苏"号 13."土耳其弯刀"号 14."闪电"号 15."飓风"号 16."火枪"号 17."警报"号 18."雪崩"号	1884年,东京海域舰队暂时拥有27艘江轮,而非仅有20艘。 直至新通知下达之前,没有从法国调来一艘江轮。

	19.“暴风”号 20.“倔强”号(Mutine) 21.“阵风”号 22.“亨利·李维业”号 23.“箭”号 24.“安邺”号 25.“韦鹭”号 26.“雅美”号 27.“茂隆”号	

(三)交趾支那海域舰队

指挥官:东京舰队司令,海军上校。

活动范围:交趾支那海域舰队的活动范围是整个交趾支那海岸,以及昆仑岛、高棉海岸、整个暹罗湾、整个马六甲海峡(Détroit de Malacca)直至连接 Pulo Ponang 到阿什姆(Achem)一线。

交趾支那海域舰队的组成		
标准构成	1884 年实有舰数	备注
1 艘“阿米林”号型	“阿米林”号	从原东京分舰队调来
1 艘“益士弼”号型	“野猫”号	从原东京分舰队调来
6 艘各种舰艇 8 艘武装舰艇	1.“纳戈特纳”号 2.“军乐”号 3.“弗拉梅”号 4.“喇叭口火枪”号 5.“大刀”号 6.“标枪”号 “狄尔昔”号(□……)	从原东京小舰队调来 从原东京小舰队调来 〔“鱼叉”号(Harpon)、“长剑”号(Flamberge)、“利刃剑”号(Glaive)3 舰因无装备,留在西贡。〕

后备舰	后备舰	
1艘"阿达朗德"号型	"阿达朗德"号	从原东京分舰队调来
2艘鱼雷艇{	45号鱼雷艇	从原东京分舰队调来
	46号鱼雷艇	从原东京分舰队调来

活　动　概　况		
活动前舰船情况	舰　名	活　动
"巴雅"号	"巴雅"号	返回布雷斯特。
"阿达朗德"号	"阿达朗德"号	备用。交趾支那海域舰队。
"阿米林"号	"卢梭"号(Roussau)	武装待命。交趾支那海域舰队。
"雷诺堡"号		返回洛里昂。
"巴斯瓦尔"号		武装待命。东京海域舰队。
"野猫"号	"野猫"号	武装待命。交趾支那海域舰队。
"益士弼"号	"益士弼"号	武装待命。东京海域舰队。
"蝮蛇"号	"蝮蛇"号	武装待命。远东北部分舰队。
"母狮"号	"母狮"号	武装待命。远东北部分舰队。
"梭尼"号	"梭尼"号	武装待命。东京海域舰队。
"斗拉克"号	"斗拉克"号	返回土伦。

45号鱼雷艇	45号鱼雷艇	备用。交趾支那海域舰队。
46号鱼雷艇	46号鱼雷艇	备用。交趾支那海域舰队。
中国分舰队	“凯旋”号 “杜居士路因”号	返回土伦。 返回瑟堡。
东京小舰队	“纳戈特纳”号	武装待命。交趾支那海域舰队。
	“军乐”号	武装待命。交趾支那海域舰队。
交趾支那分舰队	“云雀”号	武装待命。东京海域舰队。

BB—4 1954(原件未编页码)

1107 东京远征军总司令米乐致海军及殖民地部长

1884年3月21日于河内

部长先生：

谨送上有关北宁作战的报告。

米乐

附件 东京远征军参谋部关于北宁作战的报告①

（运用战略占领北宁的简要报告）

3月6日对北宁敌军开始发动攻势。12日傍晚6时，敌军据点已被我军占领。

① 原件右上方有眉批：“送政府公报、□……、陆军部、总统府、外交部各1份。”——编者

从情报处提供的情况可以肯定敌军以大量兵力防守北宁,并派出强大的军队向裘江、天德江特别是向下列几处推进:

(a)在河内到北宁的公路上,从演班(Dinh Ban)一直到天德江都满布梯形防御工事。

(b)在北宁到顺城府(Phu Thuan Thanh)的公路上,已占领志尼(Chinè)及顺城府,志尼村的防御严密。

(c)镇桥(Tron-Cau)①高地新筑的工事与裘江的安定棱形堡可相互呼应支援。

(d)在北宁到谅山的公路上,从北宁一直到槟沧,沿沧江岸满布战壕。

(e)在由山(Do Son)②高地四周环绕着小堡垒群。

此外,在拉保及塔求(Dap-Cau)的裘江上筑有两处障碍物及带刺的铁丝网。

当时有两种作战方案:一是在河内至北宁公路上用主力向敌军的正面防御发动进攻,拔除敌军据点;二是设法从后面攻击他们的阵地,使敌人的防御计划落空,迫使他们撤退。与此同时,以远征军主力集中攻击敌军在天德江及裘江之间的集结点,用小舰队联合作战,使敌军措手不及而后撤,小舰队得手之后便重返裘江,威胁敌人后路。

从这两个方案看,第一种必定要使士兵们付出重大牺牲;第二种则可以减少损失,并且能达到更全面的胜利。将军毫不犹豫地采纳第二种方案,据此制定了以下措施:

---

① 原文如此。附图作 Cau Trau。——编者

② 当时与涂山(Do Son)的写法相同,而涂山在海防以南,相去甚远,此处则为田间小山,现暂译由山以示区别,准确名称待考。——编者

第一旅从河内出发,经过红河左岸,沿天德江推进,穿过志村圩与第二旅会师。

第二旅从海阳出发,在裘江和天德江的合流点登陆,攻占镇桥,从天德江背面抄入,进攻中国军队防御阵地,掩护第一旅通过。一旦远征军在天德江左岸会师,两旅主力便勇往直前,猛烈攻击敌军的两道防线:第一道防线从中山的主要高地延伸到拉保堤坝。小舰队在第二旅右侧,联合作战。

3月7、8、9、10及11日白天作战的详细情况:

(a)第一旅

3月7日傍晚5时,第一旅开始沿红河左岸行军,直至深夜。次日黎明5时,尽管我们在物资方面遇到严重困难,仍有秩序地安排了64只木帆船及3只拖船担任军运。上午8时,纵队的先遣队便顺利地向前推进。

11日下午2时50分,也就是从河内出发的第4天,第一旅的人员跟随着2000名苦力,全部到达天德江的左岸,越过侵村。该地的江面约90米,一般情况至少要10小时才能渡完。我们两艘炮舰,牵引着由工兵部队和架桥兵迅速连结起来的帆船,成为一条活动长桥(事先在河内准备好材料,由"闪电"号及"短枪"号炮舰运到渡口),部队从长桥上过江。出乎意料,没有被敌人发现和阻击,因为第二旅已将敌军前哨驱赶到中山一带。

在8、9、10及11日期间,第一旅由河内沿着与河流平行的小路走到天德江的侵村,他们设想在陆地与敌人战斗。困难很大,在狭窄的河堤上缓缓前进,去路时常被切断,便从稻田中间通过。士气颇盛,值得赞扬。

(b)第二旅

第二旅于6日乘船离开海阳,占领七庙附近的山峰(该山位于裘江与天德江交汇处)。8日,该旅与小舰队配合,经过一系列激烈战斗,攻占了镇桥、那奥(Naou)、安定及由山等防御工事。从9日晚起,该旅通过密探和光学电报与第1旅联系,发现了中山与拉保之间的敌军防线。

11日下午2时,远征军集结完毕,将军发布了12日的行动命令:

敌军依仗右侧中山高地和左侧靠近裘江的物村,构成第一道防线,在稍后的一个村庄和拉保村之间有一道水坝封锁着河道。第二旅应于上午6时离开由山,接近敌军防线,随即发动进攻;小舰队从安定启程,驶入裘江摧毁拉保水坝,支援第二旅[①]的进攻。

第一旅于上午6时30分离开由山,先夺取志圩,沿着天德江的左岸前进,然后,集中相应兵力攻占中山阵地。

(a)对敌军阵地的介绍

12日上午,敌军利用中山高地及春和(Xuan-Hoa)村的防御工事防守该地。当时,为了掩护裘江上的拉保水坝,防线的主要配置在东西方向,该水坝由一个强大的炮组严密地保护着。右岸筑有一座堡垒,左岸有一层层的棱堡相助。在春和村及水坝之间,筑有7个方形棱堡,这就是中山,这里筑有中国军队最重要的防御工事。中山高地的顶点有4座碉堡,其火力集中于北宁至海阳的大路上,在该山坡的东面,有一条大路与处在西部山头的一个锥状岩石上的第5座碉堡相通。我们向敌人防御工事后面运动的战术,使敌军感到意外,他们急忙在东部及该高地脚下的村庄赶筑工事。

中山顶上的最高碉堡在海拔300米以上,该高地因而构成该防线的咽喉。刘永福和中国统帅黄桂兰便在那里坐镇。中山居高

① 原文如此,似为第一旅之误。——编者

临下控制了附近的平原,占领该地便使北宁邻近的防御工事受到我们大炮的轰击。只要占据它,就可以使该防线不攻自破。

(b)第一旅的进军情况

从志村圩向北推进,目的有二:一方面可靠近第二旅,另一方面由北面袭击中山。

中午12时50分,总司令下令采取战斗部署,各部队立即展开阵势,炮兵穿过稻田,架炮轰击中山山坡的防御工事。经过约1小时的攻击,第一线步兵在第二线预备队的支援下开始出击,将山坡下的村庄及临近中山顶的几处堡垒攻占。步兵们一停止进攻,炮兵便继续向最高山顶的工事轰击。接着步兵也向敌军碉堡发动攻击,1营海军陆战队、1营阿尔及利亚土著步兵、1营陆军步兵以及安南土著步兵,将山顶团团包围。

下午4时许,敌军抵挡不住,纷纷向北宁公路方向溃逃。他们留下很多同伴的尸体,大批火药,8万余发雷明顿步枪子弹、几面军旗、100多套军服和各种军需品。

(c)第二旅的进军情况

第二旅及小舰队的任务是夺取从中山至裘江最后山坡上的梯形村庄以及拉保的水坝。

驻扎在由山阵地四周山村里的第二旅,于上午6时30分奉命到春和村对面、由山前方3公里处分散隐蔽。经过侦察了解到敌军的布防阵地情况后,第二旅指挥官决定向水坝的防御工事发动佯攻,同时集中火力突破敌人在继磊(Keroï)村大教堂的防线。接着便攻占春和村阵地,夺取水坝上的全部工事,使江水泛滥。

8时,将进军方向点定在继磊村的大教堂。9时我先头部队开始射击。当第二旅前进时,小舰队也沿裘江前进。第二旅收到如下命令:(1)把舰队的先头舰只保持在校准旗后面,旗子由登陆部队执持,而登陆部队排在第二旅的右侧;(2)向水坝的防御工事及水坝开火,一俟这些防御工事被摧毁,即把火力指向左岸的防御工事;然后向水坝进攻,并立即开始进行必要的工作,以便使炮舰及帆船有一条可以通行的通道。11时,我先头部队进入了继磊村及春和。中山的敌军受到我第二旅的猛攻,向北宁公路溃退。该公路在我方占领中山后,就有被封锁的危险。第二旅甚至来不及等第一旅,就开始攀登高地、山坡驱逐守军。

在战斗中,我方3个登陆营和小舰队摧毁了水坝上敌军的全部防御工事。

面对敌军的溃退及第一旅取得进展,率领第二旅的将军决定把自己的部队向前推进。他命令士兵冲向堡垒和水坝。4时,我们封锁了谅山公路,占领了塔求要塞。这是掩护敌军退路的4个防御工事中最主要的堡垒。夺取了这个要塞,就会迫使其他工事中的敌军陆续撤退,溃退的敌军会全部瓦解。逃兵们纷纷绕道朝谅山及太原公路逃亡。只要向北宁开几炮,就足以粉碎敌军的垂死挣扎。未几,我两营不带行装的轻步兵向前挺进,未遇抵抗便占领了该要塞。傍晚5时50分,法国国旗已飘扬在〈北宁〉城堡的高大城楼上。

敌军有2.5万至3万人,逃跑时留下由精锐部队和最著名的将领花了几个月功夫才建筑起来的防御工事。他们曾一度吹嘘能够阻止我军的进攻。他们还留下百多门大炮,一座克虏伯炮组,大量的后膛步枪、弹药(火药及枪弹)以及许多军旗。他们以血的代价,终于懂得法国军队保持了它善于用兵的优点。我们的战士忠于前辈的传统,在这6天的疲劳战斗期间始终坚持不懈。全体军官、士兵和水手都很出色地表现出奋勇、忠诚、毅力和战术可靠的特长。

关于向谅山及太原追击敌军的详细情况，我以后会向您汇报的。

1884年3月21日于司令部

米乐

BB—4 1956第58—66页

1108 米乐致海军及殖民地部长电

1884年3月22日上午9时半于河内

波里也将军已攻占中国军队防守的太原城堡。城堡内放着大批弹药和军需品。将军将于23日返回，将带回40门青铜大炮及大量军旗。

我方毫无损失，敌人的损失很大。

尼格里将军于20日返回，克虏伯炮组也随同带回。

BB—4 1956第74页

1109 米乐致海军及殖民地部长电

1884年3月22日上午11时30分于河内

您的决定损害了我的职权，并使我处境困难。

我还请您解决电报中向您提议的提升名单，您不能将我和我的前任作不同的对待。

请考虑，我如不能得到您授予的指挥权，我的威信将会受到贬损。

米乐

BB—4 1956第75页

1110　东京分舰队司令孤拔致海军及殖民地部长

1884年3月23日于下龙湾

部长先生:

本月20日的信中我曾简要地向您报告本舰队的舰只、特别是“阿米林”号与“雷诺堡”号清剿海盗之事。我认为有必要将两舰舰长指挥的两次行动作比较详细的报告。

3月初,“阿米林”号在巡航时接到告发,鲁斯唐舰长随即率舰前往狗头岛侦缉。结果捕获了一艘被盗帆船(已归还主人),并俘获了一些海盗。3月9日,我再次派遣“阿米林”号前往同一地点登陆,踏遍了海盗盘踞的老巢——沙坝湾(Sha-Pak-wan)岛。鲁斯唐舰长迅速指挥了此次行动,对该岛进行了全面搜查,并烧毁了两个臭名远扬的海盗头子的巢穴,在我海员抵达前不久,这两个匪首已弃巢而去。岛上居民接受鲁斯唐舰长的派遣,担任向导。由于这批海盗早已躲进错综复杂的密林之中,故无法对他们进行突袭,也无法跟踪追击。

3月20日早晨,位于筷子笼湾东北面的锦普(Campha)附近的一个村庄的一些渔民前来求救,要求对300名中国及安南海盗进行讨伐。这批匪徒于前一天抢劫了该村及邻近的一个村庄,他们是乘一艘帆船和28只舢板抵达海岸的。据悉,船上载炮数门。我旋即派遣“雷诺堡”号前去捕获这批海盗,并从“巴雅”号上增拨了30名船员。由渔民作向导的“雷诺堡”号各小艇发现了海盗的帆船和舢板搁浅于一条小河中。但由于附近的整个海岸均为淤泥滩,惟有乘舢板方可靠岸。登陆的32名船员便是利用此法抵达岸边的。他们在红树林中受到海盗猛烈的射击,但在我小艇哈乞开斯炮的火力掩护下,他们追上了这批强盗的小艇。在搬走小艇上的证件、大炮及武器之后，将小艇付之一炬。至于海盗，他们在一开始便躲进了这片红树林中。我们以密集的火力追击，但似乎未见海盗伤亡。天色黑尽时，讨伐工作方告结束。此次行动在波林奴(Boulineau)舰长的亲自指挥下速战速决。他告知我盖东(Guédon)中尉先生给了他有力而灵活的支援。

次日，在返回下龙湾前，"雷诺堡"号舰长命令该舰大副杜博克上尉先生利用小艇对沿岸海域进行侦察，结果又发现了一艘中国帆船。船上的武器在我小艇迫近时被带走，该船也同时被毁坏。

我准备尽可能经常地进行此类征伐。对此，炮舰比巡洋舰以及目前我调用的总舰队侦察舰更为有用。俟登陆部队返回后，我将立即令其前往狗头岛与下逵进行更大规模的讨伐。因此，今后东京湾沿岸海域的海盗行劫现象必将得到长期的制止。

海军中将、东京分舰队司令 孤拔

BB—4 1958 第 191—194 页

1111 脱利古致内阁总理兼外交部长茹费理

1884 年 3 月 24 日于巴黎

谨送上法国与安南 8 月 25 日缔结的条约的修改草案并附安南全权代表要求使词意较为温和的说明①。正如阁下将看到的，草案已考虑到顺化朝廷对几个最重要方面的要求。

毗邻交趾支那的平顺省已归还安南，Hatigne②、乂安及清化省已交由安南政府管理。

条约中有关税收的条款作了修改，由于这样修改，顺化朝廷的

① 原档未附修改草案及安南代表的说明。——编者

② 原文如此。似为 Ha tinh(河静)之误。——编者

反对意见好像落空了。

我认为应该明确涉及我们裁判权行使的一切要点。

对于安南全权代表提出的有关我们保护国的名称和我们驻顺化代表的地位问题的要求,我认为一点也不能再作考虑。

脱利古

附言:我在这里附上安南政府全权代表交给我的一份照会。

阁下,您在附件里可找到一张礼物清单①,这此礼物能博得年轻国王及辅政大臣的喜欢。

附件　越南商舶大臣范致脱利古照会②

大南国权充管理商舶事务范,肃书大法国钦差全权大臣德贵职帐前青炤:本年七月四日,贵全权何罗椊来到本国,谓承贵国委派来商定和约,本国亦听派官会定。贵全权出将约草二十七款,要以二十四点钟即行押记。此次本国适值国丧,业已画押。嗣贵全权又要派官同往北圻,便交回诸省城,本国亦随派官伴行。至兹已逾三月,而原贵派已经占据之海阳、南定、河内三省城既无全交,原无事之兴安、广安、宁平三省又增逼占。兴安巡抚则将射杀,海阳巡抚则捉去何方不识,广安巡抚则现方严监。诸省财帑如铜项则运取,钢铁与一切兵器、械杖、药弹,或投诸水,或付诸火,无一存者。该各省(除河内、南定久已散失外)现贮钱四十万四千余贯,粟米八万余斛方,银三百两,均为贵全权移运,或已销失,或交贵公使封守。又迫取丁田簿籍,揭禁人民不许从省官。现今该各省士民各怀愤激,因此弗静,省官亦不能制,不肖棍徒从而劫掠,平民不胜

① 原档缺礼物清单。——编者

② 原照会为中文,原档附法文译文,现仅辑中文。——编者

其苦,皆贵全权之所为也。本国实甚亏损。贵大臣曾充大清钦使,处心公平,本国亦已久闻能声,今来本国,亦以为欣慰,耑祈审处各款如何,要合公法,则两国和谊方能敦笃。其议处如何,赐覆凭办,是所厚望也。嘉平在候,遥祷荣禧,今肃书。

嗣德叁拾陆年拾贰月初五日[①]

M.D.亚洲第43卷第166—167页

1112 米乐致海军及殖民地部长裴龙

1884年3月24日于河内

海关和税局应该按照政府的意见组建,但政府尚未颁发正式指示。

我建议制定一个切合实际、范围较小的保护国制度的方案,可以参照英国对印度贵族等被保护者实施的制度为基础。至于财务管理、司法、军事、政治连同当地官员的委任、薪金、监督执行人员以及法国工作人员的优厚待遇等,都由法国最高官员掌握。不能立即进行并吞,只能等待,这是获得成功的惟一方法。

请将文件发送突尼斯保护国和东方的领事馆。

BB—4 1956第76页

1113 海军及殖民地部长致内阁总理兼外交部长茹费理

1884年3月25日于巴黎

内阁总理先生、亲爱的同事:

谨随函送去米乐将军刚发来的密码电报一份。

海军及殖民地部长

① 即光绪九年十二月初五日,1884年1月2日。——编者

附件　米乐致海军及殖民地部长电(密)

1884年3月24日下午3时于河内

为保证安全与绥靖以下各处据点,需有8500人守卫:河内、山西、兴化、北宁、扶朗、七庙、海阳、海防、广安、南定、宁平、府里。缩减要塞的部队后,欧洲人兵员可减至6000名,还有炮艇20艘和土著步兵12000名。

土著部队目前是2500人,如能稍增军饷,人数能立即增加一倍或一倍以上。

M.D.亚洲第43卷第184—185页

1114　海军及殖民地部长致内阁总理兼外交部长

1884年3月26日于巴黎

内阁总理先生、亲爱的同事:

谨随函送上法国驻顺化驻扎官先生刚给我发来的电报。

海军及殖民地部长

附件　顺化驻扎官致海军及殖民地部长电

1884年3月26日下午4时于顺安

屠杀基督教徒的元凶、王室的亲王今晨在顺化被处决。

M.D亚洲第43卷第186—187页

1115　海军及殖民地部长致内阁总理兼外交部长

1884年3月26日于巴黎

内阁总理先生,亲爱的同事:

中国海及日本海分舰队司令先生2月19日写的一份报告(第

428号)向我提供了关于英国和中国可能利用1846年签订的有关舟山群岛的条约的各种情况。

我认为这些情报会使外交部感兴趣,现荣幸地随信送上海军少将梅依上述来信的节录。

裴龙

附件 中国海及日本海分舰队司令致海军及殖民地部长

1884年2月19日于香港

部长先生:

……①

舟山。过去我曾向您说过,我们如果要占领舟山,将会遇到来自英国方面的各种困难。自那之后,我得到英国和中国之间可能于1846年签订过条约的消息。关于舟山群岛的条款,没有见之于这两个大国之间所签订的条约中。这个条约可能包括在最初的香港总督之一德庇时(John Davis)所签订的协议之中。英国从舟山撤离时,可能规定过中国保证除英国外不将舟山群岛让与或准许任何一个大国去占领。我还没有搞到这个条约的本文,目前还正在香港的政府公报汇编中寻觅,我希望能找到这个文件。我怀疑英国人此时已有一艘舰只泊在舟山。我准备以拜访在那里的遣使会会士和圣樊尚·保罗(St. Vincent de Paul)修女为借口,把"维拉"号派往舟山,以便进行侦察。

……

梅依

C.P.中国第64卷第257—258页

① 此处及文末省略号均为原文所有。——编者

1116　海军及殖民地部长致米乐

1884年3月27日于巴黎

亲爱的将军:

在进行军事行动之后的一定时间内,继续占领东京以巩固我们的政权是必不可少的。但从现在起应考虑减少为保证三角洲安全所必需的人员。根据您3月24日电报的建议,我打算将下列人员调回法国:

1.第3挺进团的第111、23、143连;

2.陆地炮兵部队的炮兵连人员(物资留东京);

3.海军陆战营。

另外,4个海军陆战连将调回交趾支那。

您还应将下列部门中您认为没有必要的部分军队运回法国:工兵、辎重、后勤、架桥兵等。

在运走这些部队后,您将剩下8500名士兵,这是您上述电报中所建议的人数。

当时机到来时,我将以电报命令您执行这些调动。

将由两艘运输船载运回国:"尼夫"号于3月20日离开土伦,"永隆"号已奉命留在西贡,直到有新的指示。

请您事先采取一切措施以便可能时执行这项回国的工作。

至于您对小船的需求,我已告诉您作了安排,完全可以满足。

我3月25日的电报已通知您,要将安南籍士兵人数增加一倍,估计最近将达到5000人。请您收到本信后,采取必要措施,使本地兵员总数达到8000人。

最后,请特别注意采取措施保证陆地和舰艇人员在气候恶劣的季节的福利和健康,十分认真地执行在炎热国家通行的卫生条例,并尽可能避免部队疲劳。

BB—4 1953(米)第24—25页

1117 海军及殖民地部长致米乐

1884年3月28日于巴黎

亲爱的将军:

全国人民以极其满意的心情获悉夺取北宁的消息。我很高兴地向您重申参议院、众议院和政府对以英勇的行动再次为我军增光的军官、士官、士兵和水兵们所表示的祝贺。

我高兴地看到,由于您灵活的部署和部队的坚毅行动,这一胜利只付出了极小的牺牲。我也注意到您的两个纵队在谅山和高平的公路上对敌人的猛烈追击。目前您正准备远征兴化,我随时等候您的新的捷报。

授予您二级荣誉勋位勋章是崇高业绩应得的奖赏。我已命令将在您的指挥下东京远征军攻占北宁一事载入海军大事记。您对部下的推荐,我将尽可能给予满足;对某些人员尚未批复,一俟收到邮轮送到完整资料后,将予考虑。

(部长亲笔)①

一切有关陆军部队的提升事宜,我将转给陆军部长。

根据我的建议,议会同意向在东京和马达加斯加服役的部队中的大部分人颁发卓著军功奖章。

BB—4 1953(米)第26页

---

① 原文如此。——编者

1118 海军及殖民地部长致孤拔

1884年3月28日于巴黎

海军中将先生：

现将我收到的关于印度支那运输船和编入东京分舰队的船只的最新情况通知您。

“伊塞尔”号载第1艘“火枪”型炮艇于16日从苏伊士出发，载运第2艘炮艇的“瓦兹”号于26日离开土伦。“圣纳泽尔城”号载运第3、第4艘炮艇26日泊于土伦；“南特—波尔多”号于26日在南特开始装载第5、第6艘同类型的炮艇。

“阿威龙”号于24日离开塞得港前往土伦，“圣·日耳曼”号于26日到达土伦。“尼夫”号于20日离开法国前往西贡和下龙湾，26日停泊于塞得港。

“东京”号将于4月20日、“阿威龙”号于5月20日启航。

“鬣狗”号和“加尼亚”号于25日离开苏伊士，“阿杜尔”号于26日从布雷斯特启航。

“母狮”号于19日从瑟堡派出前往东京供您调遣。

BB—4 1953(孤)第21页

1119 海军及殖民地部长致孤拔

1884年3月28日于巴黎

海军中将先生：

我极感兴趣地阅读了所附清单中列举的信件，并将您的信(第14、22、218、232号)呈交内阁总理先生。

您在将陆上指挥权移交给米乐将军时向部队发出的命令中，对未能率领他们到达北宁表示遗憾。事实上，海军中将先生，您比谁都更有资格再次率领您曾杰出地指挥过的部队投入战斗，我将会很高兴地看到您继续率领他们，然而这并不取决于我。

附言：下午5时我刚收到您2月16日的信(第247号)。我认为我的这封信以及以前的信对您被任命为海军中将一事作了充分的答复。

BB—4 1953(孤)第22页

1120 东京远征军总司令通令(第51号)

1884年3月28日于河内总司令部

根据对2月16日总司令部第27号通令的修改，总司令现决定：目前在东京的海军陆战队的24个连队，原来为了便于作战起见划分为2个挺进团，现决定合并为1个团，由杜雅定上校指挥。此任命已经海军部长批准。

因此，原来的第4、第5挺进团分别改为第3、第4挺进团。

陆军中将总司令 米乐

BB—4 1956第257页

1121 东京远征军总司令通令(第53号)

1884年3月29日于河内总司令部

总司令部现将海军部长来电公布如下：

3月25日海军部致东京米乐将军

“您已荣获二级荣誉勋章。

受到晋升一级奖励的军官计有：

于坎少校；福罗热、拉克鲁瓦、迪涅上尉；勒孔特中尉；德罗热少尉；施兰伯治海军上尉。

即将提升的有：

科罗纳少校;康斯上尉;蒂埃里少尉。

对其他保举均将进行认真研究。"

陆军中将、总司令　米乐

BB—4　1956第259页

1122　海军及殖民地部长致茹费理

1884年3月30日于巴黎

4月11日收到

内阁总理先生,亲爱的同事:

我荣幸地随函送去中国海及日本海分舰队司令利士比少将刚给我发来的一封密电。

附件　利士比致海军及殖民地部长密电

1884年3月29日下午5时50分于香港

我已从广州归来,那里的防御工事几乎还是原来的状态,但对部队我不这样认为。人民是平静的。我见到了直隶总督的私人朋友德璀琳[1],他在会见了两广总督之后,就立即被电报叫回天津。

我相信他可能会建议召回曾侯,在下列基础上开始谈判:法国保持由相互协定保证的东京的原有边界,关税协定,减少赔款。

中国主战派希望打仗,即使这场战争是灾难性的,会导致王朝的覆没。李(鸿章)反对,他希望和平,看来他很有势力。这里流传着各种相互矛盾的消息。我请求将中国问题的情况随时告诉我。

C.P.中国第64卷第261—262页

---

① 德璀琳先生是德国人,在广州担任税务司职务。——原注

1123 海军及殖民地部长致内阁总理兼外交部长

1884年3月30日于巴黎

内阁总理先生、亲爱的同事：

我刚刚收到海军少将梅依先生2月25日寄来的第430号报告。报告写的是舟山群岛问题的新材料。现即将报告的节录给您送去，我认为这个报告对外交部是有用的。

附件1 香港商会致英国外交大臣葛兰维尔勋爵

1884年1月14日于香港

阁下：

我荣幸地随函送上一封信的副本。这封信是我遵照本商会委员会的意见写给包文爵士的，是关于维护1846年德庇时条约有关舟山岛的条款的。我还向您转达商会的强烈愿望，希望陛下政府能认识到防止任何一个外国占领该岛，这对英国和殖民地的利益均具有重大意义。

舟山岛被英国军队占领几年之后归还给中国人，这是南京条约立约双方在该岛问题上相互交换义务的一次机会。这种义务，由于形势，是很合理和自然的。委员会向您申明，英国政府对于该岛的最大责任莫过于维持本殖民地的占有所承担的一切责任和由此而产生的保卫该岛的责任。

不大可能有任何一个大国在和中国发生敌对行动时不回避这个条约中的规定，除非这个大国出诸别的原因不能不下决心和英国打仗。在此情况下，从战略的观点来看，占领舟山的权利就不能不被视为具有最重大的意义。

会长 布尔克雷·约翰逊(Bulkeley Johnson)

附件2　香港商会致香港总督包文爵士

1884年2月14日于香港

总督先生:

商会委员会在读了路透社下面的电讯后,深感不安。这条消息说,巴黎新闻界建议法国政府占领舟山岛作为向中国政府要求战争赔偿的物质保证。委员会提请阁下注意1846年4月由陛下政府全权代表德庇时和中国政府之间在虎门签订的协议中的第3和第4条:

3."英军退还舟山后,大清大皇帝永不以舟山等岛给他国。"

4."舟山等岛若受他国侵伐,大英主上应为保护无虞,仍归中国据守;此系两国友睦之谊,无庸中国给与兵费。"

本委员会深切地感到,英王陛下政府维护所作出的这些保证的完整性,对本殖民地和大不列颠的利益将有极其重要的意义。舟山和它那良好的港口控制着长江入口,即英国在远东的重要贸易中心之一。舟山如被另一个强国占领,必将成为一个长期的危险和忧虑的根源。这不仅对本殖民地来说是如此,对所有关心它的贸易的人来说也是如此。

当然,这样做需要为加强防御工事耗费巨资,还需要英国在这些海域保持一支庞大的海军力量。英国政府把舟山岛归还中国人时提出的条件是:在大不列颠的保护下,该岛永远不得让与任何其他国家;英国保证如受到任何攻击,它将予以保护。这一条件的提出似乎已正确地预见到未来复杂的形势。本委员会希望阁下向殖民大臣转达——以便葛兰维尔勋爵得知——商会殷切希望陛下政府将准备维护1846年的条约规定。

会长　布尔克雷·约翰逊

附件3 中国海及日本海分舰队司令梅依致海军及殖民地部长(节录)

1884年2月25日于香港

部长先生:

……

舟山岛问题已由香港商会会长布尔克雷·约翰逊正式向英国政府提出。现在我给您附去经香港总督转给葛兰维尔勋爵的有关这个问题的信件。从这些资料可知,在舟山岛问题上,英国和中国之间可能有一种攻守同盟。的确,德庇时条约的条款规定说,中国保证不将舟山群岛让与任何其他国家。但是第4条说得更加明确:如果该岛受到攻击和侵占,英国政府将起而保护它以击退任何侵犯者,把它归还中国,中国无须给予英国任何补偿。我还未找到1846年4月德庇时条约的全文,但是外交部的档案里可能有这个条约的副本。我总觉得奇怪,在没有取得某些担保的情况下,英国怎么能放弃一个相当重要的军事据点。舟山岛控制着长江和甬江的入口。不占有舟山群岛就很难封锁长江口,长江不仅是中华帝国贸易的大动脉,也是一条交通要道,中国居民相当大的一部分食品是通过它运进去的。

在香港的一些人士断言,如果不存有要得到报答的企图,英国绝对不会撤离舟山。当时的一些大贸易公司,例如怡和洋行[①]布尔克雷·约翰逊即是该公司在香港的代表——在那里已经拥有大量的荒地。

40年来,这些土地一直是非生产性的。虽然怡和洋行仍在做

① 在香港名为渣甸洋行。——译者

着大宗买卖,但它现在远不如过去那样辉煌。因此,舟山群岛对它来说倒是极为重要的大事。我对定海(大舟山)的停泊场受到如此精心和特别的保护再也不感到惊奇了。现在所要知道的是这样一个问题:假如除英国之外的另一个大国和中国发生战争,中国可能把它的军舰和商船驶到舟山群岛置于英国的保护之下,使这个大国不能到那里追逐它们,在这种情况下,是否会引起与英国开战的理由?因为英国受条约的约束,失去了它的独立和中立性,在一个特定的时刻,条约势必迫使它成为一个参战大国。

我深信附寄的这几封信对我国政府十分重要,为此,我认为应该把它们呈交给您。

……

梅依

C.P.中国第64卷第263—268页

1124　驻远东、东京和交趾支那舰队的组建计划

1884年3月31日于巴黎

远东分舰队

组建预算	组建计划	可能实有的舰艇	备注
1名少将司令	1名少将司令	1名少将司令	少将司令每年对交趾支那和东京海军作一次全面视察。
1艘“胜利”号	1艘“拉加利桑呢亚”号	“拉加利桑呢亚”号	
1艘“福尔菲”号	1艘“福尔菲”号	“德斯丹”号	
1艘“杜沙福”号	1艘“杜沙福”号	“伏尔达”号	
1艘“母狮”号	2艘“母狮”号	“母狮”号 “蝮蛇”号	

东京海域舰队

组建预算	组建计划	可能实有的舰艇	备注
“杜沙福”号	1名舰长	1名舰长	暂时有27艘内河轮船而不是20艘。但其中3艘很破旧,已不能服役。它们是“突袭”号“大斧”号、“短枪”号。有两艘“费雷”号(Férey)型船舰,即“机枪号”和“手枪”号。其他几艘也很破旧,已不能服役太久。后6艘“火枪”号型船舰从6月15日至9月1日调往东京服役(每15
	5艘舰艇	“巴斯瓦尔”号 “益士弼”号 “梭尼”号 “云雀”号 “雎鸠”号	
“斗士”号(Gladiateur)内河轮船	1个浮动船坞	“阿杜尔”号	
	20艘内河轮船	1.“戈加”号 2.“鬣狗”号 3.“美洲豹”号 4.“豹子”号 5.“机枪”号 6.“手枪”号 7.“突袭”号 8.“大斧”号 9.“短枪”号 10.“马枪”号 11.“标枪”号 12.“马苏”号 13.“土耳其弯刀”号	

		14."闪电"号 15."飓风"号 16."火枪"号 17."警报"号 18."雪崩"号 19."暴风"号 20."倔强"号 21."阵风"号 22."李维业"号 23."箭"号 24."安邺"号 25."韦鹭"号 26."雅关"号 27."茂隆"号	天一艘)。暂时可以停在东京港,它们是"刺刀"号、"棍棒"号、"大炮"号、"大刀"号、"剑尖"号、"盾牌"号。

交趾支那海域舰队

组建预算	组建计划	可能实有的舰只	备注
1名舰长 1艘"拉布尔多内"号(labourdonnais) 1艘"益士弼"号 1艘"珍贵"号(cher) 2艘"云雀"〈型〉号	1名舰长 1艘"阿米林"号 1艘"益士弼"号	1名舰长 1艘"阿米林"号 1艘"野猫"号	交趾支那海域舰队负责巡逻高棉、交趾支那以及昆仑岛。 3艘小炮艇相当破旧,一直没有装备。它们是

3艘江轮	6艘江轮 后备舰 1艘“阿达朗德”号 2艘鱼雷艇	1.“纳戈特纳”号 2.“军乐”号 3.“弗拉梅”号 4.“喇叭口火枪”号 5.“大刀”号 6.“标枪”号 后备舰 “阿达朗德”号 45号鱼雷艇 46号鱼雷艇	“鱼叉”号、“长剑”号、“利刃剑”号。

概　要

如果将中国、交趾支那和东京按组建预算的总情况与我国在这些海上组建计划(见上表一栏和三栏)情况比较一下,我们就会看到,在组建预算之外,还有如下一些船舰:

(一)27艘武装船艇:

“野猫”号、“母狮”号、“阿杜尔”号、“戈加”号、“纳戈特纳”号、“美洲豹”号、“豹子”号、“突袭”号、“军乐”号、“机枪”号、“手枪”号、“短枪”号、“马苏”号、“火枪”号、“警报”号、“雪崩”号、“暴风”号、“倔强”号、“阵风”号、“标枪”号、“李维业”号、“箭”号、“安邺”号、“韦鹭”号、“雅关”号、“茂隆”号、“狄尔昔”号。

(二)3艘后备舰艇

一艘“阿达朗德”号、两艘鱼雷艇(第45号和第46号)。

最后有8艘船舰将返法国:

"巴雅"号、"凯旋"号、"杜居土路因"号、"雷诺堡"号、"斗拉克"号[①]。

BB—4 1954(原件未编页码)

1125 东京远征军第2旅第4挺进团第1营(属第23步兵团)纪事摘要

1884年3月6日至14日

日 期	行 动 纪 事
3月6日 星期四	规定于3月7日上午5时乘"闪电"号拖带的帆船出发。 留在海阳营地。
3月7日 星期五	6时从海阳营地出发,前往太平河北面渡口搭第一艘渡轮。7时20分全部登上炮舰"闪电"号。航行中很愉快。右边那座长满意大利针叶松树的山峦、急流河均被抛到后面。2时,看到了七庙,那里江面狭窄,两岸各有一座高耸的山,左岸山上有一连外籍军团守卫,右面的山上则有同一个营的其他3个连和某营的第143连守卫着。 从下午3时至3月8日晨5时,驻留在七庙的对面。 临太平江的七庙和附近地带的风景与瑞士的许多有名的胜地一样优美。
3月8日 星期六	早晨5时,"闪电"号启锚北驶,7时炮舰在两岸不太陡峭的河面上航行,最后停靠在扶朗村,在7时半登岸。

① 原文如此,"韦鹭"号、"凯圣"号和"鲁汀"号3舰书写后又被删除。——编者

从早晨7时半至8时15分进餐,休息。

3月8日的战斗

第23步兵团3月8日参加对中国人的战斗。

早晨8时15分向中校呈送正式报告。第2营是第2旅进攻那奥的主力先头部队。

总的方向:南、西南、东、南、扶朗、桥镇(Cau Tran)[①]、那奥村的尖角形防御工事、那奥堡垒、安定堡垒和由山堡垒。

进军:第2营于上午8时15分从扶朗榔出发,跟着先头部队的第12炮兵营所属第12炮兵连穿过分隔桥镇两行山脉的同名山谷和第3个山口的小河,进入战斗阵地。第1连和第4连在第一线上,第2连和第3连作为后备队,那奥堡垒和那奥村西北村头的尖角形防御工事便成为第12炮兵营第12炮兵连轰击的前哨。

战 斗

第一次进攻:攻占那奥堡垒和那奥村、安定。

上午10时50分,本营接到指挥官第5团中校团长的命令,去拔除那奥堡垒和村庄。第二旅作为进攻主力,它的右翼和左翼是水兵和东京土著步兵。

两个连在第一线,两个连为后应。

第1连和第4连两个排相互接应。

第2连和第3连作为后备队。

右向:那奥小堡垒。

① 在上文北宁作战报告的正文中称 Tran Cau(镇桥),但在附图及以后几处纪事中均作 Cau Tran(桥镇),疑为同一处地名。——编者

左向:安定诸村的南部突出点。

中路方向:安定小庙。当我军前进到 300 米时,中国军队向左翼开火,但火力迅速被东京土著步兵和第 111 团一个连压制。

在距敌人 500 米处,我军开始攻击,但司令不顾敌人的猛烈炮火以及占领靠近堡垒和村前的大片稻田命令停火。本营还是迅速分批前进。那奥南面的村子和小堡垒在 11 时 30 分由第 1 连攻克;安定村、竹堡(Fortin de Bambous)和下安定在 11 点 40 分、11 点 50 分和 12 时 20 分由第 4 连攻占。

与正面的运动同时,营长率领并指挥第 3 连向侧翼运动作为补充,一个后备连绕过了安定村南部的突出点。

凌晨 1 时,旅部发出起床令后,本营在两条竹桥处集合。

第 2 次进攻:

奉第 5 步兵团中校团长之命,本营跑步挺进到第 111 团的右翼,进攻村庄和南面从由山俯视的小山丘。这时第一线上有第 3 连和第 2 连,第 1 连和第 4 连作为后备队。

从下午 2 时至 3 时,第 2 连、第 3 连从 1000 米、900 米、700 米处以炮火和排枪向中国军队(其中有几个小队是骑兵队)射击,作进攻准备。本营的左面与第 111 团、右面与外籍军团相联,本营的正中方向是大树 A。

4时,接到新的命令,令本营改变行军方向,到由山村和小堡垒的西侧、面向西北扎营。

进攻时的行军和两次攻击从上午8时15分开始,到下午4时,总共战斗8小时。

伤 亡

死亡:屠歇,第4连少尉,攻克安定村时被一颗子弹击中左顶骨上。

负伤:于松,第4连的二等兵,在猛攻安定逾墙时腹部中了一弹。

敌人伤亡人数:虽然伤亡人数难以估计,但是看来应当很多,因为中国人一定要把战死者尽可能找回去。尽管如此,在安定和下安定的路上、花园里、水潭里和积肥处,以及小河里,本营还是找到了很多敌军尸体,丢下的枪支无法收集。在由山村,其他部队也发现了同样多的伤亡人员。

营长感到很自豪,因为他所领导的年轻士兵经受了炮火的洗礼。他对士兵们的忠诚、奋勇、坚毅的精神备加赞扬。

他在首长面前表扬了军官们的战斗毅力和临阵镇定的态度。

在个人的功绩方面,他特别向上级反映了:

于松,二等兵,在进攻安定中虽然翻墙时腹部中了一颗子弹,但仍保持他的毅力和镇定。

第1连英勇作战值得嘉奖,第4连上尉指挥官凯尔德兰(Kerdrain)、第1连1排中尉指挥官罗贝尔

(Robert)在指挥部队作战中毅力非凡。

弹药消耗情况:子弹3345颗,士兵人均4.5颗。

3月9日 星期日 在由山戒备,进行侦察活动。打扫战场,破坏桥梁。

3月10日 星期一 一个连在由山戒备。

尼格里旅在等待第1旅。

3月11日 星期二 设立一个瞭望台,以便为第2旅确定3月12日的行动方向。

总司令在由山检阅。

将军令第23步兵团在小堡垒设立瞭望台,确定12日从由山至春和、甲桥(Kap-Cau)地区的行动。一个军官带着望远镜不停地观察远方敌情,每两小时一换班,他还测定地图上已标明的地点,并对其名称、位置与当地人、译员提供的情况进行核查校正,最后,绘图员将中山[①]至安定路段绘成全景和直观的半圆形立体图。

向中校送呈3月12日进攻北宁的报告

3月12日 星期三 全营于早晨6时出发,编在旅主力部队的第二线;第111团的两个连是它的左翼。

起点和集合点:鲁决(Rhum-Quyet)。

在春和方向,通过裘江口附近西面的小天主教堂到达天主教堂和传教会所在地。

早晨8时30分,炮兵和先头部队向西方和北方

① 本处原文为Trang-Son,应译庄山;但与前文Trung Son实为一地,故译“中山”。——编者

开火。11 时主力部队进攻春和并将该地攻占。

第 23 步兵团作后备队进行支援，某营吕菲埃阵亡。后备队处在第一线的射击范围内。

中午，本营奉命攻占甲桥堡垒。

全营穿过 1500 米的稻田和传教会所在地，并占领春和村南面的突出点。

下午 1 时 30 分，全营进入战斗状态。在本营的左翼，出现大批中国军队。将要出击之际，将军下令全营向北挺进，去增援外籍军团的右翼，以便包围甲桥堡垒。

下午 2 时，通过小河上的桥以后，全营布好阵势并穿过苗圃沿着裘江向水坝的方向和堡垒的右面射击。

2 时 5 分，第 2 连和第 3 连冲上第一线，直向堡垒进逼。不久，得悉堡垒已经撤空。

3 时 15 分，全营进入甲桥堡垒。

4 时，进入东面堡垒。

5 时，奉命去占领俯视通往中国的公路的柑铺(Pho Cam)山顶。

6 时半，到达柑铺山顶，该处居高临下，控制着通往太原的公路。部队在那里过夜，敌军早已远逃。

5 时至 6 时半，本营从堡垒开往柑铺，随即参加了战斗。

部队在那些逃跑的中国人中间穿过，这批中国人正在寻找通向中国的公路。

从晚7时直至次晨4时的整个夜间,从事侦察戒备。

早晨3时,对逃跑的敌人进行扫射,对在营房附近发现的中国人一律枪决。柑铺距东堡4700米。

这天全营步行了12时30分,死1人。

3月13日
星期四

早晨5时,营部派第2连去支持东京土著步兵的侦察活动。该连将占领通向太原的公路上的一个阵地,同时搜索红河入口以及周围的村庄。中午12时,全营在进入北宁之前发现3批中国人,他们边打边退。第一批取道谅山公路;第二批人数最多(5000—6000人),从太原公路走;第三批从通向河内的公路往山西走。

1时15分,第23步兵团同土著步兵一起搜查通向河内及山西的公路沿线,共搜查9个村庄,抓到一批中国人,还侦察到敌军的动向。他们100人、150人或200人一批,在11—12时离开村庄沿此路逃走。

枪毙了2个中国人,对四散逃跑的敌军进行扫射。

走这条公路的中国人是通过安丰(Yen-Phong)逃往山西的。搜索同高村(village de Dong-Cao)的一个排找到了200名中国人从这里逃往安丰的痕迹。

没有伤亡。

6时10分侦察队返回原地。

3月14日
星期五

在北宁驻扎并进行清扫洗涤。

战士们休息。

第4挺进团第23步兵团1884年3月8日在安定和3月12日

在北宁战斗中死伤、被俘或失踪的军官、士官和士兵名单

姓名	级别	死亡	负伤	被俘	失踪	备注
屠歇	少尉	1				在进攻安定时,被子弹打进左顶骨。
于松	二等兵		1			在越墙进攻安定时腹部中弹。
吕非埃	一等兵		1			3月12日上午11时脖子中弹。
小计		1	2			
合计		3				

BB—4　1957 第 137—142 页

1126　东京远征军第2旅第4挺进团×营(属第111团)行军及作战纪要

1884年3月7日至13日

日期	行动纪事
3月7日	尼格里将军指挥的第2旅离开海阳,开始向北宁进攻。 本营将仓库和23名身体弱的士兵留在海阳,并组成堡垒防守排。 凌晨3时,第1、2、3连及营参谋部一起登上“飓风”号和系在该炮舰上的两艘帆船。 第4连登上由“府里”号牵引的两艘帆船。 11时前后到达七庙,船队奉命停泊在七庙前面,部队则留在船上过夜。
3月8日	凌晨3时,本营乘原船从七庙出发,沿裘江溯流而上。 7时,在裘江右岸的富兰(Phu-lan)登陆。全团在富兰西北的斜坡上排成以连为单位的纵队,连与

连之间相距 6 步。

部队休息 2 小时煮咖啡。

9 时,由第 23 团主力营、第 12 炮兵营第 12 连和第 111 团×营组成纵队,从富兰出发开往桥镇,第 1、2、3 连编入纵队主力部队,第 4 连为后卫。

11 时,到达桥镇山口,纵队在该处集结。11 时 40 分,全团奉命在桥镇北面编成战斗队形,以便向那奥堡垒进攻。舰队已在裘江上向该处炮轰。

队形很快编成,第 23 团主力营在第一线,由第 111 团×营(第 2 连和第 3 连)作支援,其他两个连安排在炮兵连附近作为后备部队。

战线向前推进并开始射击。

12 时 10 分,第 1 连向左运动,作为侧卫以支援与盘据在桥镇西南的丘陵上的一股敌军激烈战斗的东京土著步兵连。该连转到东京土著步兵连的左翼,立即投入战斗。

来自七庙的外籍军团纵队的先头部队,开始在它的左翼上出现。此时,那奥堡垒的争夺战正在激烈进行。敌人溃逃,抛弃了阵地。

12 时 45 分,第 23 团主力营以及同它在一起的第 111 团×营的两个连(第 2、第 3 连)占领了小堡垒及那奥村。

1 时 15 分,本营奉命向左翼转移,进攻仍旧占领着丘陵地带的敌军,东京土著步兵和本营第 1 连正在攻击这些敌人。第2和第3连在第一线上展开。第4连由于已没有炮兵支援被留作后备队。

在这个队形中,营部急速向阵地挺进。

1时45分,第一线上的各连在600米处开火。面对这一进攻,敌人匆匆放弃了阵地,由我们去占领。第1连同营部会合并和第4连一道充作后备队。

继续前进。第3连沿着山脊向前,第2连在它的右翼从稻田中穿越而过。

敌人在我们前面全面逃跑。

在第一线上的各连队,用十分准确的齐射追击他们,看来效果良好。

2时30分,敌人已在我们射击范围之外,射击停止。

2时45分,下令向右移动并向由山堡垒前进。

本营以同样的战斗队形奔向这个阵地。

敌人已撤出由山堡垒,本营于4时05分占领了阵地。

本营在由山高地宿夜。

我们左翼有23团主力营;前面,在平原上,有外籍军团;右面有炮兵部队和野战医院。第4连作为右侧卫,以保护炮队和医院。

宿营地戒备森严,连队宿在小帐篷里,每个连都由一个前哨排保护,派双岗守卫。

本营奉命去志村圩进行侦察;带了一排东京土著步兵、一排工兵和海军炮兵第3连乙编。

侦察由第111团×营营长带领,其目的是:

1.如敌人仍盘据在志村圩,则将其赶走。

2.为来自河内的第1旅寻找有利的过河地点,以便他们在那里通过急流河。

3.必要时,准备通过斜坡探查出口、设置路标并修理道路等等。

上午10时,担任这次侦察的部队离开由山的宿营地。

纵队由东京土著步兵排作侦察,按下列序列前进:

前卫:第2连、工兵排。

主力(按两线行军),第一线:第3连在公路左右两侧,炮队在公路上;第二线:第4连在公路左右两侧。

后卫:第1连。

公路一般可以行车,其平均宽度为1.6米,公路穿过一片稻田遍布的富饶平原,平原上有许多村庄,似乎均有人居住。公路保养得很差,但工兵排迅速把最差的道路修好;因此套牲口的海军炮队可以没有困难地通过。

纵队于11时40分到达志村圩,那里已无敌人。

舰队的一部分舰只停泊在急流河上。

第2连、第3连立即占领了圩场和圩场北面的村庄。

东京土著兵在前面进行侦察,第2连在其侧面进行掩护。第1连和第4连同炮队和工兵留在圩场的入口处充作后卫队。第4连在北面和东面作为侧卫。

工兵为纵队从急流河南岸过渡到北岸侦察到有利的渡河地点。

连队的军官侦察了圩场出口的各条道路,并下令修筑了路面差的路段。穿过村庄建立了通讯道路。

北宁公路上已设置路标。1时30分,第1连由“飓风”号转运到急流河南岸,然后在东街(Dong-Caï)公路上进行侦察。

3时,旅长乘“闪电”号在急流河侦察返回之后下令,第1连一返回,就立即回由山。而他自己则和第4连一起出发。

6时,侦察队返回由山,各连重新返回前夜的宿营地。

3月10日　留在由山。两个连(第2连和第3连)驻在由山村,其余两个连(第1和第4连)同一个前哨排留在自己的警戒宿营地内,以保护宿营并守卫炮队和野战医院。

3月11日　在天亮前一刻钟,所有部队都全副武装,登上由山,埋伏在山顶背后。然后架上炮,留在阵地上。

中午,总司令来到由山堡垒检阅。

6时,第2和第3连返回村里的宿营地。夜间的措施和昨夜相同。

3月12日　第2旅离开由山直接向春和教堂进发,以驱走那里的敌人,夺取裘江上敌人建有坚固水坝的拉保村。该旅主力从那里再向北宁前进。

第1旅在第2旅的左后方列成梯队,3月11日在辰(Thin)越过了急流河,然后从中山高地东面通过,向北宁方向前进。

按照旅部的行动命令,12日白天,本营的两个连(第3和第4连)走在主力部队的第二线上,其他两个连(第1和第2连),在营长的指挥下组成后卫部队。

7时30分,旅部以准备战斗的队形集合在Rohn-Kouié前面。本营各连队在指定的地位上。

8时30分,全军前进,由外籍军团组成的前卫与敌人遭遇,外籍军团的一个营处在左翼上,面对中山。该军团的另一个营和第143团各营组成主力部队的第一线,向春和教堂和Lang Noï Ruoï村发动进攻并加以占领。

10时,后卫队的第2连被派往后方占领小天主教堂。第一连单独留作后卫。

11时15分,指挥后卫部队的营长接到旅长的紧急命令。该命令将在下面作介绍。

营长将第2连安排在身旁,将前单独留作后卫的第1连与第二线上的第3、第4连汇合在一起。这3个连会同第23团左翼一线的兵力一起扑向北宁堡垒。

2时,第4连由旅长派去支援炮兵部队。在通过水坝下面的桥时,这个连碰到了敌人。第4连向他们猛烈进攻,把他们从阵地赶走以便炮兵顺利通过。

在这次激战中,一个名叫杜维拉尔的一等兵左前臂受了枪伤。

3时45分,第4连在布置炮兵阵地的北堡附近赶上了第1和第3连,炮兵部队从该据点上轰击北宁和城北的整片平原。

敌人到处受到打击,抛弃了阵地,我们看到平原上逃兵遍野,用炮火轰击他们。

4时45分,将军命令外籍军团的1个连、第111团的3个连(第1、第3和第4连)以及属于第143团的×营,放下行囊扑向北宁。

敌军已撤离该城和城堡,我们的部队没有遭到抵抗就开了进去。

5时15分,城堡已攻克,本营在那里警戒过宿。

关于旅长向第111团×营营长下达调动后卫部队紧急命令的报告

11时15分,将军口头命令:

夏皮衣少校被任命为留在纵队左翼中山对面,由外籍军团所占领的村庄和庙宇等地的战斗单位的指挥官。该战斗单位的组成如下:

1.外籍军团1个连;

2.原先留守在小教堂阵地上的属于第111团×营后卫部队最后的第2连；

3.海军炮兵部队第3连；

组成这一战斗单位的目的：

1.作为将军对北宁城堡进行大规模包抄行动的中枢。

2.顶住集结在中山的敌军的进攻，并将他们钳制在他们的阵地上，直到第1旅的先头部队到来。

3.当第一旅先头部队出现后，即同将军会合。

这时，阵地是这样安排的：

后备炮队部署在村子后面。

外籍军团的那个连分成两部分：一部分留守庙内；另一部分留守村子南面。

该连与隐蔽在离中山山脚约400米(我们阵地对面)的村子附近的小工事和长堑壕内的敌人进行了长时间的激战。

12时，原先留在小教堂内的属于第111团×营的第2连被调到阵地上来，外籍军团的那一连完全集中守在庙宇内，第111团所属的1个连扎在它的左翼，位于堤坝的背后。

隐蔽在防御工事后面的敌人继续向我们拼命袭击；我军两个连以火炮齐射压制敌军，取得了成果。

12时30分，敌人似乎有意集中在村庄东南部，那里构筑的工事也最坚固，最激烈而又最准确的射击就是从这个据点发出的。

营长将炮兵营调到我们阵地的南面，向大量聚集敌军的据点开炮。炮兵使用1000米的瞄准器发炮，射击十分准确，立即产生了巨大的效果，第4颗炮弹落在敌人阵地中间，敌人当即混乱地放弃阵地逃跑了。我们看到约500个中国人从这些工事里逃出来，向中山方向逃去。我军两个连立即趁机向他们齐射，给予重创。敌人枉费心机企图从村庄后面回到他们原来的阵地，我们的炮兵和步兵的猛烈火力再次将他们完全赶走了。

1时30分，我们已彻底清扫了阵地，人们只看到中山的山坡上有敌人活动，但他们处在步兵和炮兵的有效射程之外。

2时15分，第1旅的先头部队出现在我们的左翼；我们已听到他们炮击中山的隆隆声。

按照将军的命令，部队立即启程去与第2旅主力会合。

7时30分，纵队赶到北宁附近东边堡垒，奉将军之命在村子里宿营。

1884年3月12日在北宁战斗中死亡、负伤、被俘或失踪的军官、士官和士兵名单

姓名	级别	死亡	负伤	被俘	失踪	失踪马匹	备　注
杜维拉尔（让·路易）	二等兵		1				左前臂中弹。

3月13日	部队集中在城堡里。 下午2时总司令进入北宁城堡。 部队列队欢迎总司令。

BB—4 1957第162—166页

1127 东京远征军第12炮兵团第11连行军和作战日记

1884年3月8日至22日

日　期	行　动　纪　事
3月8日	50名士兵、2名下士、2名士官和1名司务在杜歇(Duchez)中尉指挥下组成一个分队,为80毫米野战炮连服务,并在北宁战斗中充作临时突击队员。该分队由第1排的士兵和军官组成。另外两个排在山炮连中服务,它又分成3个梯队,除了要携带自己的装备外,还要携带2万发步枪子弹。它在河内有一个仓库,装备物资由苦力搬运或拖拉。 炮 兵 连 帕尔(Palle)上尉连长,1名传令兵,1名号兵。 诺(Naud)一级中尉,前半连连长。 中士长为后半连连长。 每门炮配备{1名炮长、6名副炮手、1名看守兵、6名苦力}{1名炮长、7名炮手、6名苦力}

每半连配备	1 组弹药(6 箱) 1 名下士 12 名炮手 2 名看守兵 18 名苦力	1 名下士 14 名炮手 18 名苦力

此外,还有两箱个人生活用品,由 6 名苦力搬运,1 名炮手看管。

人员总计

1 名上尉　帕尔先生

1 名中尉助理　诺先生

1 名中士长

6 名炮长

2 名下士,负责半个连的弹药箱

1 名司号兵

63 名值勤的副炮手或炮手

11 名苦力看守兵

78 名苦力

后　备

第 1 梯队

军士和 1 名司号兵

1 名中士(仓库看守兵)

2 名下士

9 名替换兵

60 箱弹药

15 名看管兵　180 名苦力　{分成 15 组,每组看管 12 名苦力,每组包括 4 个箱子和 4 名接替苦力}

4 箱军需品

2 名看管兵

10 名苦力

1 副备用炮架

1 名看守兵

6 名苦力

人员总计

1 名军士　9 名替换兵

1 名中士　18 名看管兵

2 名下士　196 名苦力

1 名司号兵

第二梯队

1 名下士

4 名看管兵

38 名搬运行李的苦力

同时,还采取了下列措施:运输时,从车辕上卸下炮身(置于储藏室的最后一级)。炮座上装有两个铁手柄,柄内可插入一根竹竿。这根竹竿由两名士兵用背带抬在与腰同高的位置;用很牢的缆绳将车辕柄和竹竿捆在一起,两个士兵套在竹竿前部,两个辅助兵在车轮处推动车轮。

在纵队里,每半个炮连后面都有弹药箱跟着,由一名下士看管,每只箱子由两人用竹竿抬运;在6只箱子的后面跟着6名轮换的苦力。

在公路上,野战炮兵连的炮身和箱子都由苦力运输和拖拉。

一个步兵营配备一个炮兵连,该营保证炮兵连在行军中的安全,有时遇到通道困难应该帮助它。

炮兵部队的分配

第1挺进团

第1营 第11炮兵连 帕尔上尉

第2营 第1炮兵连乙编 雷日上尉

第3营 第2炮兵连乙编 温唐伯热(wintemberger)上尉

第3挺进团

第1营 陆战炮兵连 阿姆洛(Hamelot)上尉

第2营 第6炮兵连(乙连)杜德赖衣(Dudraille)上尉

第1营(海军陆战队士兵)旋转炮兵连 巴利(Barry)上尉

炮兵连往往在每个营先头部队的半营中行军。

炮兵连同纵队主力部队中第2营一起行进。

在我们的前面行进的有海军陆战队士兵和巴利上尉的旋转炮兵连,在我们后面有第2步兵营和雷吉斯炮兵连。上午8时出发,出发前的集合很不容易。仓库的秩序始终良好,运输炮和货物箱用的竹竿和缆绳留在原处,以简化发送。

为了使扁担或缆绳在货物箱打开时不致妨碍开箱,我们采取了一些必要的预防措施,在集合前大约1小时,苦力们以作战队形排成两行,作战炮兵中队站在前面(作战炮兵中队的苦力们在左臂上戴着R的标记,而作为后备的苦力则戴在胸前),全部苦力都是坐着,看管苦力的人依次前来寻找自己的苦力,把他们领到各自的岗位上;最后出现的是货物箱、担架等等的苦力看守人。一俟苦力们都到了他们岗位上,就叫他们坐下来静候吩咐。在这类琐事的安排中,有两件既费时又麻烦的事:那就是按苦力排成两行和把他们派往岗位。

出发之初,路相当好走,但走了一段时间就要进入稻田,在那里炮架几乎淹没到轮毂。有四、五段约50米长的淤泥通道尤为难走,旋转炮兵连在通过这些通道时曾经使纵队停了差不多一个小时,它还向步兵连要求支援。炮兵连的炮手全都扛着炮以最大的毅力越过难关:如All-Moore、差同(Sai-Dong)、内富(Noi-Phuy)、Guou-Chioi等。11时,在东林(Dong-Linn)前面餐间休息2小时。下午5时30分,我们抵达位于一处高地附近的古陂(Co-Bi),在野外宿营。夜里,前哨打了几枪。第2炮兵连乙编在凌晨1时才到达营地,它编在后卫部队,行军中又多次陷入泥坑。

3月9日　本营于6时起床,出发时我们排在后卫,我们的后面还有3个连。11时才出发,因为纵队在许多通行困难的地点受到了拦阻,前进得很慢。这天,为了改善前面的路,纵队要求我们向它提供4名士兵和炮队仅仅剩下的5把铲。

炮连的畜力牵引炮车完全依赖骡子拉着在崎岖的小道上前进,他们的困难比我们大得多,他们时常被迫把两个车架分开来并且把马卸套,因为马匹拖不动。这些操作使通行的时间延长了很久。经过相当疲劳的一天以后,我们终于在5时半左右到达顺城府,我们的炮连同另外3个炮连包括士兵和苦力一起宿在一座庙里,城市已完全荒无人烟了。

分发1天的储备食物。

3月10日 6时,同前卫的第2营一起出发,一个排走在我们后面,必要时,它会帮助我们摆脱困境。跟往常一样,行路是艰难费力的。在下午1时左右,我们担负起看守押在我们纵队最后的俘虏的责任。

11时,餐间休息,我们趁机赶筑了一座竹桥,使整个纵队能从桥上过去。在餐间休息时,可以听到在我们左面一阵相当强烈的炮声,我们还能辨出空炸炮弹在空中的爆裂声。到晚上我们才获悉,原来是"短枪"号在通过顺城府至北宁的公路时,在江河中进行炮击。

餐间休息后,苦力们提出他们之中有1人已在邻村被俘,他们是去那里砍柴和找饮水的。由10名士兵和1名下士组成的1个小分队被派去搜查该村庄,但一无所获。晚上,炮兵连同前卫中剩余的人员

一起宿在距离天德江岸不远的一个小镇里,该镇在侵村的对面,大约离纵队主力前卫3公里。

3月11日　上午6时出发,我们同前卫的第1营一起行军,走了2小时后,我们在沿天德江的堤岸上安顿下来。同时,我们用帆船筑成桥梁。部分步兵搭船过了河,并在已由尼格里旅的1个营占领的桑村前面安顿下来。

一俟桥梁完成,半连骑兵就从桥上过去,之后我们的炮兵连再来将炮架在堤上,从那儿轰击侵村和中国军队筑有工事的高地之间的整片平原。由于堤岸不很宽敞,炮不能自由前后移动,我们不得不进行一些整顿工作。随时待命出发的一个排在炮旁过夜。不过,夜晚还是安宁的。我们把炮重新安装得好好的,并打开了弹药箱,准备第二天的战斗。接着是分发1天的口粮。

3月12日　午夜,下列命令传到部队:

命令摘要

"中国人占领着裘江上一条从中山高地展延至剑村(village de Kiem)的战线,尼格里旅将从营地出发,6时动身,向敌人左翼进击。此时,舰队向建立在剑村高地的水坝进攻。波里也旅将于6时半离开侵村营地,通过天德江的左岸前往志村圩,再从那儿向要夺取的中山高地前进。晚上,部队将宿在它夺得的面对北宁的阵地上。"

炮兵连在出发时应同纵队主力部队第2营在

一起。

8时半,从侵村出发。9时半左右,奉命超过所有的炮兵连走到他们前面,以便在战斗一开始时即可从远处射击。我们尽可能快速行军,走了2小时半后,到达志村圩并在那里筑了阵地。在这次不停的快速行军中,一名苦力倒在公路上,疲劳过度而死。到了志村圩,进行餐间休息。11时,全旅又出动了;炮兵连在纵队里处于前卫第1营的第3和第4连之间。

2时左右,步兵继续前进,我们在公路的左面布置好炮位,准备发射。

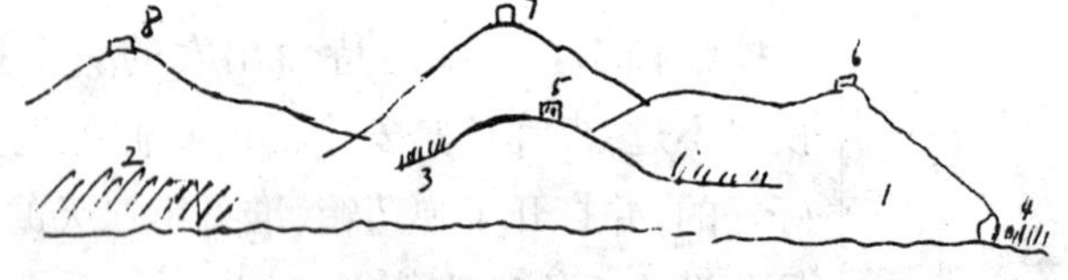

中山高地图

第1个目标是图上标明的1点,在那里密集着白旗军、红旗军、蓝旗军等等,可用肉眼观测,射程是2850米。炮兵连横穿过稻田,走在前面并重新测定射击目标为2200米。

第1炮兵连(乙连)(雷日)前来会合,尽管有些炮弹命中了,但距离还是被认为远了些。因此,炮兵连又向前和向左移动,穿过大约300米水深及膝、淹过炮车轮毂的稻田,我们到达了2号村的对面。正如该地的其他村子一样,村旁都绕种杂竹。火炮仍

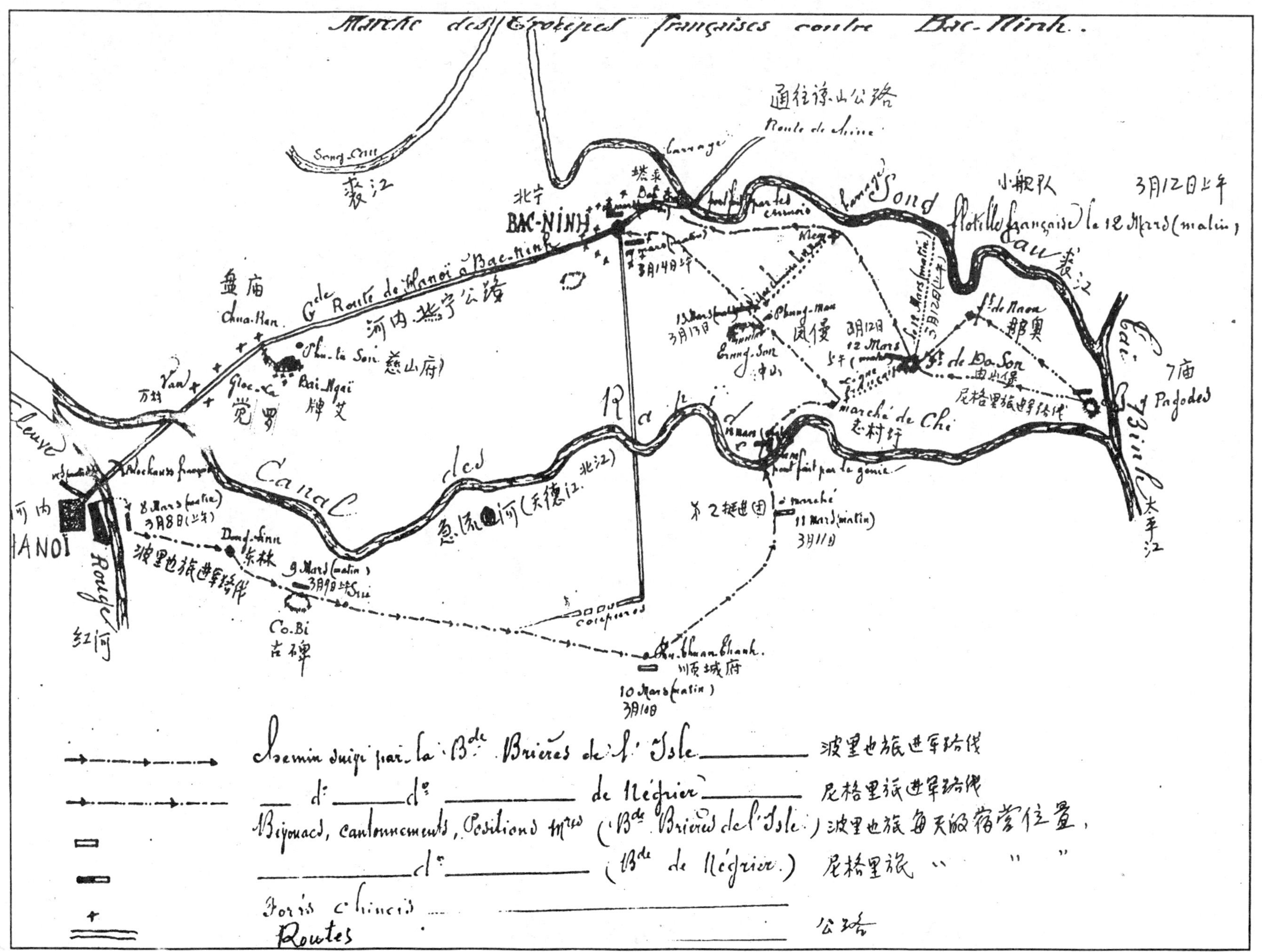

Marche des troupes françaises contre Bac-Ninh.
通往谅山公路
Route de Chine
北宁
BAC-NINH
小舰队
3月12日上午
flotille française le 12 Mars (matin)
Song Cau
盘庙
Chua-Ban
Gde Route de Hanoï à Bac-Ninh
河内北宁公路
Phu-tu-Son 慈山府
Bai-Ngai 牌艾
万村
觉罗
Canal des Rapides
北江
急流河(天德江)
3月14日下午
13 Mars
3月13日
Phung-Mao
凤偎
Trung-Son
中山
3月12日
12 Mars
Fort de Do-Son
那奥
7庙
7 Pagodes
尼格里旅进军路线
marché de Chi
志村圩
pont fait par le génie
第2旅进军
11 Mars (matin)
3月11日
Blockaus français
8 Mars (matin)
3月8日(上午)
河内
HANOI
Fleuve Rouge
红河
Dong-Linh
东林
波里也旅进军路线
9 Mars (matin)
3月9日上午
Co-Bi
古碑
Phu-thuan-thanh
顺城府
10 Mars (matin)
3月10日
Thai-Binh
太平江
Chemin suivi par la Bde Brières de l'Isle 波里也旅进军路线
d° d° de Négrier 尼格里旅进军路线
Bivouacs, cantonnements, Positions mres (Bde Brières de l'Isle) 波里也旅每天的宿营位置,
d° (Bde de Négrier) 尼格里旅 〃 〃 〃
Forts chinois
Routes 公路

是用苦力来搬运,秩序井然。测定以600米的射程向该村庄开火,然后将射距调整到950米。我们在第1炮兵连(乙连)(雷日上尉)的支援下,进行了一阵炮击后,步兵向该村庄推进,进入村内。步兵分两路进兵:右面,阿尔及利亚步兵向据点4和据点6推进;左面,海军陆战队向据点2、3、5前进。步兵一进入2号村,我们便开始向据点3开炮。该据点敌人也发射了许多枪弹,然后射距调整到1900米。

右翼的纵队曾在标明4的村遇到抵抗,我们以2625米距离向该村发射普通炮弹和榴霰弹。步兵于3时半向前推进,我们重新先向据点3、接着又向据点5发射榴霰弹和普通炮弹。海军陆战队有了进展后,我们便在4时15分停止射击。陆战队冲进中国军队的碉堡,完全占领了阵地。于是我们在凤優村(village de Phung-Man)宿营。

这天,炮兵连共发射炮弹74发,其中普通炮弹36发,榴霰弹38发。

步兵作战时,几乎总是很早就由炮兵为他们清除障碍。

在这次战斗中,炮兵连没有受到任何损失,没有一兵一卒伤亡。

3月13日　13日上午,每人得到一份酒和鲜肉。

由于炮兵连规定今天还要会同前卫部队前进,它于上午6时半向北宁方向出发。公路不好走,因为原来一般是由架桥兵来改善路面的,而这次宿在中山高地上的架桥兵没有来得及赶上前卫部队。我们在公路上发现了昨天仍由敌人保卫的一些工事以及他们在匆匆逃跑时未能带走的一些尸体。10时左右,一名参谋部军官来到纵队,他告诉说,尼格里旅昨夜已进入北宁。在3个小时的餐间休息以后,我们走上北宁公路,穿过各条防线,于下午5时到达北宁。炮兵连住在城堡里,居住的地方放满了火药、弹药和爆炸物。我们让一个警卫队睡在存放这些物资的仓库里,并采取了防火措施。一切都说明,敌人匆促逃跑,在我们营房里满地子弹狼藉。

3月14日 在北宁停留。

炮兵连休息,上尉指挥官提出一些军官和士兵的提升提名:若干士兵被提升一等兵,7人被提升为一级操作工,3人被提升为副炮手,他们之中有2人是由于作战中的良好表现而被提名的。

白天,我们在营地上清除火药和炸药,给苦力们付了钱。实际上,这笔款子是这样支付的:苦力组长被带到海军军需官处,军需官把苦力的钱交给他们。

3月15日 在北宁停留。

在军士的指挥下,52名士兵的一个分队由水路出发去河内。杜歇中尉和他的分队返回这里。

上午,我们一名苦力因过度疲劳而死亡。

3月16日 在北宁停留。

向士兵们预付了4天的食物。由于攻克北宁,大家都分配到两份酒。下午,上尉连长检阅部队,士兵都穿着战时服装。

在塔求,将储备箱、车辕等等都装上了船,步兵弹药箱已由仓库代搬,炮兵连自己仅仅保留着以下的器材:6门炮、1副备用炮架、4箱弹药(每门炮)、2箱个人生活用品、3个空箱、4箱野战医院用品。

其余的物资从仓库装上帆船送往河内。

由于军士带领的分队已经出发和杜歇中尉的分队已归队,根据任务和物资运输的要求对人员进行了改组。

3月17日　在北宁停留。

上尉连长检阅穿着战服的部队。

3月18日　在北宁停留。

经营公共食堂的人蜂拥而至,安顿在北宁开始令人厌烦。根据当地的命令,部队在上午9时至下午3时不准离开营房。总司令将军离开北宁。炮兵连分队于15日乘船离开北宁,上午11时到达河内,住在城堡内,并被分派到要塞炮队内。

3月19日　在北宁停留。

城堡围墙上的岗哨几乎减少了一半。

3月20日　在北宁停留。

尼格里旅在谅山公路上追击中国军队,一直追到郎甲,现已返回北宁,因此,这个纵队的炮兵第12团的第12炮兵连也返回北宁。

3月21日　在北宁停留。

尽管采取了一些措施来留住苦力,他们仍大批

	逃走。
3月22日	在北宁停留。 组织了一个新的监视苦力的部门，1名下士和12名士兵专门负责看管苦力，在他们做劳役时陪同着他们。

BB—4 1957第195—202页

1128 东京远征军第12炮兵团第12连行军和作战日记

1884年3月8日至22日①

日期	行动纪事
	炮兵连以下列方式组成： 3名军官：德·萨克雪上尉连长、雷诺(Renaut)一级中尉和拉固埃(Largouêt)二级中尉。 10名士官，134名下士和炮手，210名苦力。 仓库分队——1名下士和14名士兵。 工兵分队——1名中士，1名下士和5名士兵。 炮连兵站——1名下士文书、2名下士和10名士兵。
3月8日	舰队于上午5时驶离七庙，6时15分抵达扶朗村。炮兵连立即下船。旅的纵队于8时开始行军，炮兵连作为前卫，穿过扶朗村，按照下图上所指的路线经过桥镇高地的两个山口，11时左右，在攻那奥堡的a点和邻近丘陵之间排好炮阵。炮连向1100

① 原文未写年代，当为1884年。——编者

米处和更远处发射了 45 发炮弹,以追击撤退的敌人。炮连继续向前朝由山堡垒方向推进,并在距堡垒(b)约 1800 米处布阵,向 1800 米处和更远的地方后撤的部队发射了 44 发炮弹。之后,继续向前进军,炮连在由山(c)右面一个小丘上筑了阵地,从那里向撤退的敌军部队以 2800 米和更远的射程发射了 21 发炮弹。本日消耗炮弹总数达 110 发,炮兵连扎营在最后占领的阵地上。

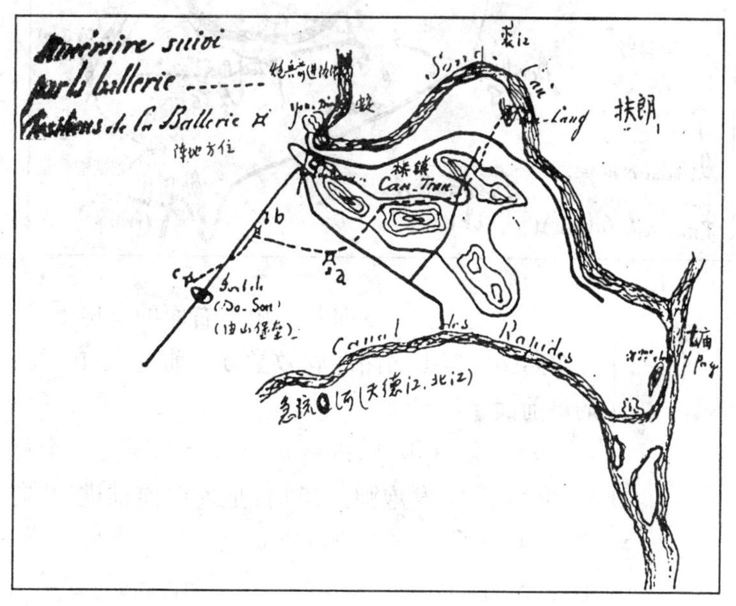

日　期	行　动　纪　事
3月9日	炮兵连驻在原地。
3月10日	炮兵连仍驻在原地，并把每门炮的炮弹补到80发。步兵的弹药供应也完全补足了。
3月11日	炮兵连驻在原地。

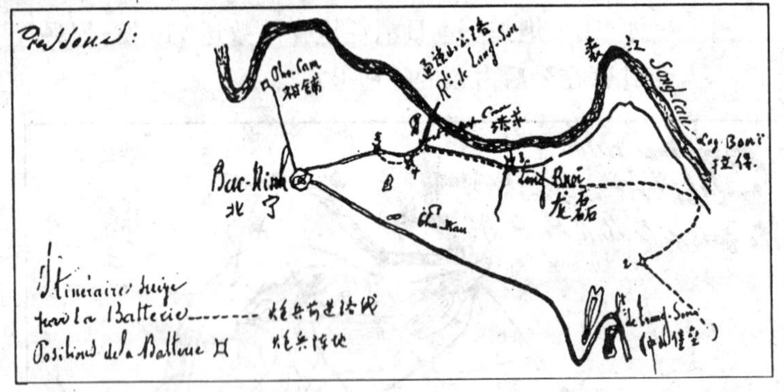

日　期	行　动　纪　事
3月12日	炮兵连于上午6时从在由山右面的营房出发，并按照图中指出的路线朝教堂方向前进，走在主力的最前面。 9时，摆好炮阵，准备进攻教堂左面的一个村庄，发射了11发炮弹。10时，炮连向前推进，并向隆内（Long-Noï）方向的村庄开火，发射22发炮弹。炮连经过前卫，在一排步兵支持下向前推进，并同纵队前卫一起到达了龙磊村（village de Long-Ruoï），等待攻下村子，然后进入村中。 一匹马被一颗子弹射中受伤。在步兵拿下村子

后,第1排向前推进,一直进到村庄的尽头,又在木桥右后方一条小河流入六头江的交点上架好了炮,炮火射向塔求堡和邻近的山坡。另外两个排将炮架在侧面,向原是步兵目标的堡垒射击,炮兵发射20发炮弹。当步兵登上山丘时,即停止射击。1尊炮的炮弹射向六头江上设在堡垒下面的步行桥上,中国人企图通过这座桥到对岸去。炮兵连向塔求堡垒进军,4时到达。随后,又从堡垒上下来,向邻近的山丘进军,对正在撤退的敌军发射12发炮弹。最后移向正面距北宁2公里处步兵刚刚攻克的一个堡垒右面的一座山丘。炮连从那儿向正在撤退并设法朝川山隘(Son-Xuyen-Nai)和同桥(Dong-Cau)方向返回北宁的中国密集部队轰击。6时左右,炮火转向北宁城堡,步兵正向该处进攻。当步兵纵队的先头部队进入该城时,火力才告停止。炮连在阵地上宿营,这个阵地上发射的炮弹计有158发,这天发射的炮弹总数达213发。

3月13日　炮连驻在原地。

3月14日　炮连补充弹药,每门补足到60发。步兵弹药补足到20箱。

3月15日　炮连于6时从北宁宿营地出发,同旅的前卫一起经过六头江前往塔求。部队继续朝谅江府方向前进,在即将到达沧江前,听到先头部队同江边守卫渡口的敌人发生战斗的枪声。炮连要向前挺进,必须走过一条大约300米长盖满厚厚的粘土的公路。这对牵引大炮造成极大的困难。第1门炮成功地通过了,于2时半左右到达陡坡,在那里架好炮后,就向江对岸的敌人发射了8发炮弹。炮连乘帆船和舢板越过沧江,于下午6时左右扎在谅江府至槟沧前面的谅山公路上。

3月16日　上午6时从营地出发,在谅山公路上炮连同前卫部队一起走在前面。9时,在1个村庄左面入口处的1座庙宇附近架好炮。该村距离进攻敌军步兵的纵队先头部队300米,炮连从800米的射程向平原上的敌军增援部队发射21发炮弹。敌军部队撤退后,炮连重新向前推进。2时左右,两门炮排好阵势,一门发射了5发,另一门发射了4发。

最后,炮连于4时在甲(kepp)堡垒邻近的高地上筑了阵地,向甲西北发射了4发,并在阵地上宿营。这天发射炮弹总数为34发。

3月17日　6时半出发,在谅山公路上前进,炮连和主力部队走在一起。一个排被派往甲左面的一个村子里,从那里朝伟列(viliet)方向发了3炮。这个排带回了村里发现的4门克虏伯山炮和3支防御枪。炮连其余部分同纵队一起前进,走到距离甲大约14公里的沧江,下午6时返回昨夜的宿营地。

3月18日　炮连驻扎在原地。一个排于中午出发,陪同去安世(Yen-thé)公路上的侦察队;下午6时返回。

3月19日　6时45分出发,返回北宁。炮连穿过沧江,于下午6时宿在北宁公路上渡口前面的30公里处。

3月20日	炮连于上午6时45分出发,穿过六头江,于2时到达北宁,在城堡东北部宿营。
3月21—22日	炮连驻在原地。

BB—4 1957第206—210页

1129 东京远征军第4挺进团第143步兵团第3营纪事摘录

1884年3月6日至13日

日期	行动纪事
1884年3月6日	下午4时半,乘帆船从海阳出发,第3和第4连由“益士弼”号拖带,第1连和第2连由“野猫”号拖带。
3月7日	上午10时到达七庙。本营在七庙下船,扎营于太平河岸边外籍军团中间的小堡脚下。 对3月8日白天下达的命令规定,在法雷(Farret)少校指挥下的主力部队应在5时35分、外籍军团的第2营于5时38分、炮兵营第3炮兵连于5时38分、野战医院于5时40分、第143团所属×营于5时42分通过城堡凸角堡北面前方的原来据点。后卫由第143团×营的1个连担任。
3月8日	为了执行上述命令,本营于5时35分离开营地并排列在纵队内,位于野战医院后面,第3连抽调1个排作后卫队。炮兵部队由于需要拆卸零件而大大延迟了行军。中午左右,听到七庙方向激烈的枪声。

外籍军团的中校下令把两个连队留在阵地上，并调遣1个巡逻队由1名军官带领去了解七庙分队是否需要增援，如果需要，第1和第4两个连应当折回原地，而其余两个连则继续前进到那奥堡，它们处于左侧位置，以保护炮队，然后再到由山堡垒脚下的村里宿营，它们于下午6时才到达那里。

七庙分队不需要支援，第1和第4连继续向前推进，但是要到营地住宿已为时太迟，只能在那奥堡内过夜，第2天上午7时到达营地。

3月10日 本营奉命同工兵排一起前往太水（Thaï-Thuy）。上午7时从由山出发。在志村圩西面的小河上要架设小桥才能过河，所以进军又被延迟，至11时半才到达太水。在那里歇息和戒备，以保护第1旅的通过。下午，拉佩里纳（Laperrine）上尉率领的一小队非洲轻步兵和工兵司令一起来到，波里也旅于次日到达，本营奉总司令之命返回由山。

3月11日 奉少将之命，下午4时到达由山。本营继续前进至安定，进行补给。6时半到达，补给工作持续到10时半左右。

3月12日 奉少将之命，第143团×营应于7时到达鲁决前面，故本营于5时30分离开安定营地。本该来到第一线归外籍军团迪歇纳中校指挥，但由于道路极其难走，加上左边允许军队在7时通达原据点的惟一的桥梁又告断裂，因此行军时间又延迟了很久。后奉外籍军团指挥官端尼埃中校之命，本营在军团第1营右侧排成双列纵队队形向勋化（Huan-Hoa）方向前进。9时，又奉命组成战斗队形。第3连弗雷西诺(Fraissinaud)上尉应在右翼,第4连奥斯蒂埃(Oestier)上尉在左翼。迪歇纳中校命第3连还应提防盘据在它右侧村庄内的敌人,必要时第4连应及时给予支援。第1连巴比埃上尉和第2连铁波(Thébault)中尉应在它们前面直向教堂进逼。

9时半左右,迪歇纳中校下令不必再警戒右侧的村庄,第3连和第4连应继续行军。本营直向春和进军,此时约9时35分,全线发生激战。本营走在前面,第4连靠在外籍军团的旁边,第3连在军团的右面。在行进中,第4连下士赖威尔被击毙;还有4名士兵:皮若(Pigeot)、福雷(Fauré)、奥斯尔姆(Auselme)和奥亨本(Oyhamburn)受轻伤。

同军团一起到达春和村之后,德罗热少尉的小队前面发现了1个壕沟,他接到迪歇纳中校的命令,向村子南面开火,使军团通过河堤进入该村。朗东(Landon)中尉的小队从中央进入村子,并行前进的第3连向村子左面进攻,它一度被村子右侧的一股相当强烈的火力所阻。第3连的勒孔特中尉指挥援军在右翼形成了一个侧面防御包围圈。整个连队在第1连的支持下继续进军,并从右面进入春和村。第3连下士勒内托在跳越壕沟时跌断了大腿。这时第3连转而从村子右面包抄。迪歇纳中校命令第1连留在村边以防反攻。第3连在村中继续前进,到达村子旁边时向敌人占领的对面村庄发了几枪。射击停止后;没有接到命令,第3连便在春和右侧村子前面的外籍军团营部右边重新以散兵线前进。第1连不久之后也来到,成为它的后备队。10时40分,由于停止了射击,敌人无疑因此而受到鼓舞,便出现在我们右前方约600—700米处,向我们开火。我们几阵齐射使他们销声匿迹。11时左右,本营奉命在公路左面排成连纵队。中午,第2旅司令将军下令进军,第3连进入它前面的村庄。士兵洛莫居代(Lomocudais)肋部受轻伤。第4连呈散兵队形沿堤前进,去攻击塔求村,该村位于流向裘江的小河处,外有护墙。虽然左翼有第2连以钩形攻势加以支援,但在泥泞的稻田里行军非常艰难。第1连紧紧跟在后面,一等兵马松受了轻伤。被赶出村庄的敌人受到由他们原来占据的小河左岸阵地发来的排枪火力的追击。本营过了河,已在左岸展开阵势的第1连用火力追击敌人,然后3个连走向海军陆战队士兵占领的南堡,第3连奉迪歇纳中校之命去支援外籍军团,同向城堡挺进,从那儿又同团队一起由将军派往北堡。此时,于尔兰(Hurlin)少尉率领的排由于过桥迟了些,于11时半接到将军的命令去支援外籍军团波尔热(Bolger)上尉的连,该连在左侧掩护第2旅进军时弹药已用尽。这个排把自己的弹药分给了它,帮助它支持到第1旅到达,这时这个连和排奉命与旅会合。5时半左右本营留下背囊被派往北宁,4个城门每门由一个连守卫。黑夜里响起一阵相当激烈的枪声,他们不得不对纵火者还击了几枪。

在没膝深的稻田里进军极为艰难,本营在敌人的火力下令人钦佩地前进,实在难以突出表扬某一个人,因为所有的人,军官和士兵,都竞相发扬了无比的热情。

BB—4 1957第177—179页

1130　东京远征军总司令通令(第56号)

1884年3月31日于河内总司令部

奉海军及殖民地部长3月30日来电决定:

海军中校施兰伯治暂被任命为东京小舰队司令以代替莫列波约先生。海军部长宣布以后将任命一名海军上校担任小舰队司令。

陆军中将、东京远征军总司令　米乐

BB—4　1956第262页

1131　东京远征军总司令米乐致海军及殖民地部长裴龙

1884年4月1日于河内

部长先生:

谨向您报告,我和孤拔将军一致认为应尽快宣布对归仁港口实行封锁。如果不封锁该港口,就会造成危险,因为外国商船会频繁向该处运送武器、弹药。

海军将军曾经提出用电报向您报告封锁日期,同时由我向您附上海军将军的公函及有关这个问题的公告,对此,我已正式通知顺化朝廷。

陆军中将、远征军总司令　米乐

附件1　孤拔致米乐

1884年3月6日于下龙湾

亲爱的将军:

谨向您转去3月2日巴霍先生发来的一份电报[①],他告诉我,

---

① 原档未附巴霍的电报。——编者

顺化流传消息说，两广总督即将来顺化，主要使命是质问安南宫廷的新国王，为什么没有向中国皇帝要求册封。

我曾向驻广州领事查问有无这种情况，昨天接到领事的回电，他说不能证实这一消息，并说不甚可靠。

我已接到您2月27日发来的第49及50号来信。我和您一样认为，在当前正值安南政府趋向于和平的情况下，应暂缓占领顺化，尽管这些趋向似是而非。

承您告诉我您认定封锁归仁是对安南朝廷有效的策略。前几天，我曾计划按照我送给您的声明副本，派遣一艘军舰到该港执行封锁任务，我也可能乘“巴雅”号去一趟。在这种情况下，我将请“雷诺堡”号舰长根据您的指示来指挥远征军装备的卸载工作。

我很感谢您将封锁归仁的决定通知安南朝廷。我已将宣布封锁的日期电告部长，以便政府及时通知其他国家。

海军中将、东京分舰队司令 孤拔

附件2 孤拔关于封锁归仁的公告

1884年3月5日于“巴雅”号舰上

法兰西共和国驻东京海军分舰队司令孤拔海军中将公告：

鉴于东京存在战争状态，根据我们的权力，从1884年3月12日开始，对归仁港口及安南海岸的避风港、锚地和海湾，包括北纬13°35′至13°55′之间的范围在内，实行有效的封锁。封锁由我指挥的海军分舰队负责执行。友邦及中立国家的船只，应在规定的3天期限内完成装卸工作并离开封锁地点。

凡是试图违背封锁的任何船只，都将按照国际法以及与各中立国间的有效条约进行处理。

孤拔

BB—4 1956第80—84页

1132　东京远征军第二旅旅长尼格里致孤拔

1884年4月3日于北宁

海军中将:

我将动身去河内,已命令将陆战队留在塔求。

我与这批英勇的士兵分开,心里很难受。在3月8日及3月12日的战事中,海军士兵显示了他们的毅力和优良品质,他们虽然只有3个连和半个炮兵连,但在罗蒙司令及其他军官的指挥下,顺利地攻占了塔求要塞,比我预计的进程还提前很多。如果没有他们的提前取得胜利,我们当天晚上就不能占领北宁;即使在其他情况下能够攻占,我们也只能得到一片废墟。您也知道敌军时常采取轰炸政策,□……就在这几分钟内靠海军官兵的主动精神和果敢行动,赢得了这场胜仗。国家将会感谢他们,我想您也一定会全力支持奖励他们。谨向您送去已提交给总司令的请奖清单抄件[①]。

我在报告中再三强调海军陆战队官兵的卓越功劳和出色表现。我在向您指出海军陆战队的优良品质的同时,也向贵海军将军致敬。您善于将这种优良的军人品德赋予您的部队,并启发他们的崇高责任感和荣誉感。

尼格里

BB—4　1956第85页

1133　海军及殖民地部长致米乐

1884年4月5日于巴黎

亲爱的将军:

---

①　原档未附此抄件。——编者

海军中将孤拔先生2月10日向我报告,由于海防海运日益繁忙,他认为有必要委任海军中校德鲁安先生为该港口司令,请求我确定该校官的薪饷:由于此人同时还担任高级指挥官职务,故他要求除发给海上军饷外,再临时加发1878年1月19日法令规定的出差津贴费。

我谨通知您,由于德鲁安先生的港口职务在"阿杜尔"号到达东京时将由该舰舰长接任,故我决定他的补助费发到那时为止。请发布相应的命令。

BB—4 1953(米)第29页

1134 海军及殖民地部长致内阁总理兼外交部长茹费理(机密)

1884年4月5日于巴黎

内阁总理先生、亲爱的同事:

谨向您转送米乐将军先生刚发来的一份密码电报的原文:

"河内,1884年4月5日。我们开始在兴化周围集结军队,将于11日部署就绪。"

海军及殖民地部长

M.D.亚洲第43卷第189页

1135 东京远征军总司令通令(第59号)

1884年4月5日于河内总司令部

远征军总司令决定:

兹任命海军陆战队马耳兹(Martz)营长为顺安最高指挥官,以代替被批准回法国的雷贾尔海军中校。

总司令 米乐

BB—4 1956第265页

1136　驻广州领事林椿致内阁总理茹费理

1884年4月7日于广州

内阁总理先生:

我今日有幸给阁下发出1份电报,内容如下:

“在同福禄诺舰长会晤后,德璀琳在天津受到李鸿章的召见。在此之前,他曾电告李说,法国可能接受下列安排:召回曾侯,签订关税及边界协定,减少赔款,承认法国对安南和东京的保护权。占据谅山及高平两地,利士比司令在北部和孤拔司令在南部的行动可能震慑主战派。”

内阁总理先生,这样的事态就是我认为应该给您发电报的缘由。

阁下通过我国驻天津领事狄隆先生的信件,大概知道该港口海关税务司德璀琳先生多年来在李鸿章左右充当着重要角色,取得了并一直得到李鸿章的信任。

在1878—1879年和1879—1880年两个冬季期间,担任停泊在天津的“野猫”号炮舰舰长的福禄诺先生同德璀琳先生来往密切,曾就李总督所计划的事业向德璀琳先生提供了不少明智的忠告,其中包括建立一所海军学校;多亏了他,我们才有两名海军军官被委任为该校领导。

1882年春,德璀琳先生回欧洲度假后,乘法国最近一班邮船返回中国。海关总税务司赫德先生嫉妒他对李鸿章的影响,把他视为自己危险的劲敌,想把他调离天津,便任命他为广州海关税务司。德璀琳先生正准备动身赴任时,“伏尔达”号也前往广东,船上载有利士比将军。该舰舰长、海军中校福禄诺看到这是同一位能为我们效劳的人物进行有益交谈的好机会,便赶忙请他上船。在整个航行中,话题自然而然地涉及到东京事件。以下便是利士比、尤其是福禄诺舰长说的话,我尽可能忠实地将它记录转述。特别是因为舰队司令在这短短几天的逗留时间,在我面前屡次申述同样的观点,我本人曾参加了他们的谈话。利士比说法国政府认为,中国要想实现和解,惟一的办法就是召回曾侯,从而很可能使两国政府的关系迅速得到缓和。现在已到了必须采取类似措施的时候了,因为我们的舰队不会按兵不动。我们两位将军拥有的海军力量相当可观,并且还可能从东京得到增援部队而增强。这些部队本身则可能会被法国派遣去的新增援部队所代替。

德璀琳先生询问,共和国政府是否同意重新考虑12月提出的建议,是否满足于占有三角洲。利士比坚定地回答:不,曾侯的态度已使我方无论在外交方面还是在军事方面都无法退让。我们将占领整个东京,这是我们惟一能使该地区恢复永久和平的途径。正是曾侯的外交行动迫使我们不得不如此扩大我们的军事行动,中国要承担它的公使所犯错误的后果;另一方面,中国政府暗中介入东京,向我们表明中国敞开该地区的大门,让匪帮轻而易举地侵入并攻击我们,这是不明智的做法。我们认为,慎重的做法是一劳永逸地关闭所有大门:太原、谅山、高平、老街等。

福禄诺舰长接着说:法国政府应该向中国要求巨额战争赔款(如果它还未提出的话),中国只有拿出赔款才能避免受到严重损失,否则,像法国国内许多人所希望的那样,我们的舰队极可能要求取得领土作抵押以保障对我们十分重要的军事、航海、贸易三方面的目标。但是在这个问题上,可能会有一位明智而又友好的中国外交官能找到可以保护本国利益的妥协方法。

最后,还有一个异常重要的问题,应该引起中国政府最严肃的注意,即法国拥有强大的军事力量和第一流的海军,它一旦立足于东京并成为中国的邻居,就可以随意或者保障中国边境平安无事,或者促使广东、广西和云南那些动荡不安的省内叛乱。例如在云南省,有许多人对政府深怀仇恨,15年以前政府曾极其残酷地镇压了当地爆发的回教徒起义。假如有朝一日他们有了可以撤退的后方和得到补给的保证,而我们又以金钱、武器甚至必要时派官员去支援他们,那么他们成功的希望将有多大?这个好斗的民族狂热地信奉着一种宗教,我们队伍中也不乏同一宗教的信徒。只要我们保证他们的自由,他们很快会把云南变成一个独立省,而且他们的行动会蔓延到那些深受中国官员的敲诈勒索之苦的邻近各省。如果有一个中国外交官能使他的国家从如此可怕的危险中摆脱出来,同法国签订一项互相保证共同边境的条约和一项关税协定,从而用友谊和共同利益把两个邻国联系起来,那么举国对他将会感激不尽,而这位外交官将获得崇高的荣誉。

德璀琳先生被这席话所感动,他看到在这个问题中他可能充当一个重要的政治角色。在他到达〈广州〉后第三天,便拜访了张总督。张总督是李鸿章的亲戚和忠实的朋友,他今日成为达官显贵,也由于李鸿章之力。德璀琳先生向张阐述了福禄诺的论点之后指出,如果他们不赶紧让步,便将面临很大的危险。德声称自己是中国忠诚的朋友,他坚请对方对他提出的建议予以极大的重视。以下便是他的建议:中国承认法国对安南和东京的保护权;支付战争赔款;召回曾侯;签订关税及睦邻协定。

看来德璀琳所追求的目的取得了比较可观的成功,因为总督远未表现出拒绝安排一次在相似基础上的讨论,而是赶紧将与德璀琳会谈的内容电告李鸿章。李的复电是邀请德璀琳立刻前往天津。由于这一旅行必须取得赫德的同意,总理衙门出面办理这项手续。这样,福禄诺提出的建议受到欢迎,两位总督之间的来往电报,以及紧急召见德璀琳先生,这一切均使人们相信这些建议并不显得过分,可以猜测到中国政府可能会接受。

然而,为达到这个目的,为促使中国主动向我们接近,还应毫不迟疑地、坚定地采取行动。根据福禄诺舰长的意见(我也完全赞成),需要采取的步骤乃是:1.通过报界,将召回曾侯作为首要和必要的条件;2.通过同样渠道要求巨额战争赔款和领土抵押;3.派兵占领谅山、高平和太原;4.邀请孤拔司令率领两艘战舰和分舰队中最大型军舰访问南方港口,与此同时,利士比司令奉命在北方展示他的分舰队的威力。

毫无疑问,这样的姿态和类似的炫耀将使主战派精神上产生深刻的印象,并使他们认清他们尚未明白的局势的严重性。甚至由于某一个突然变化(在中国人那里不是没有先例),我们会一下子看到抵抗的主战派彻底地为恐惧所慑,率先鼓动中央政府作出痛苦的牺牲,接受我们强加给它的有利于我们方面的条件。

林椿

C.P.C.中国第4卷第185—191页

1137　东京分舰队司令孤拔致海军及殖民地部长

1884年4月7日于下龙湾

部长先生:

我曾在3月20日的密函(第283号)中将我对安南政府所作所为的看法摘要向您报告,同时陈述了我的意见:占领顺化城是制止辅政大臣们的阴谋、最终确定我们的保护国制度的惟一措施。

此后,我国驻顺化驻扎官巴霍先生来电称:杀害顺化省教民的凶手已于26日被处决。在敌视我们的官员中略有震动,百姓中也表现出某种不安。

3月20日,巴霍先生的另一封来电称:情报员告诉他,可能装有武器弹药的许多货箱最近在广耐(Quang-Nay)离岸。广耐港位于巴坦冈角(Cap Batangan)南面10浬处。载货的船可能是一艘汽船,安南人称为"库佛士"号(Kho-Phat-Si),人们认为是德国船。

此外,巴霍先生还告知我,一位安南官员最近可能前往香港订货或购买武器。

部长先生,这些情报更加证实了我3月20日信中向您陈述的看法。为了结束安南政府的这种敌视态度,为了防止由于在我们尚未占领的省份发生公开示威而必然面临的严重困境,惟一的办法就是占领顺化城。

4月2日,在我获悉上述情况之后,我立即向米乐将军再度表示了我坚定不移的看法,并向他重申,我认为一俟在红河三角洲的军事行动缓解,我们可以调出1,200至1,500人的兵力,便应立即占领顺化。

我估计在即将出师兴化之后,随即进行这一行动并非难事。不过,将军对我先前有关此方面的建议尚未给予答复。

海军中将、东京分舰队司令　孤拔

BB—4　1958第197—199页

1138　驻华代办谢满禄致茹费理

1884年4月7日于北京

内阁总理先生:

自3月14日,即北宁被占领的消息传到北京以来,我所能获得的有关中国政府采取的一些措施的确切情报,均已于上月18日电告阁下。一些时候以来,总理衙门官员所采取的态度,使得如今再没有人想到那里去打听消息。另一方面,朝廷作出的决定没有任何的透露——假如有什么决定已经作出的话。然而大臣们似乎明白，对各国需要作出某些具体的让步，以使他们在中国的代表平静下来。公众舆论得知中国在南方遭到失败的消息之后，其吃惊程度同政府一样，甚至有过之。上海的一些报纸甚至不惜公开表示它们的愤慨。我给阁下奉上一份3月16日《申报》上一篇文章的译文①，这篇文章表明，人民对于帝国的声明和对于为反对我们而作的防备所抱有的信任曾达到何种程度，而今，当他们看到这些被如此宣扬的防备归于乌有时，他们又感到何等的屈辱。

我简直相信，在此情况下，政府所遭到的失败可能对它具有灾难性的后果。今天，上海的报纸已可以发行到全国各省，所以现在再也不能像过去那样靠官方的谎言和下令庆祝来掩盖失败了。而令人担心的是这些文章，如我有幸给您指出的那一篇，会很快摧毁帝国的声望和触发一系列的暴动。

南方已发生了暴动。有人传说，喀什噶尔和蒙古边远省份可能已发生多起暴动。这些暴动是不易被住在北京的外国人确切地了解到的。然而很明显，无论我们对外地的讯息如何闭塞，近来仍听说南方和沿海一带有大量的物资和军需品不停地运往甘肃和伊犁。

近来，直隶总督作出很大努力来尽可能地加强北直隶各港口的防御设施。我所收到的天津来信向我表明，有很多部队、武器、军需从那里运往各地(见附件2、3、4号)②。

两天前，巴夏礼先生和他的同事杨约翰先生离开了北京，他们说他们要去南方，到各通商口岸走走。他俩都将在天津逗留一些

① 原档缺此译文。——编者

② 原档缺这些附件。——编者

时候,去拜访李鸿章。我想李鸿章将试图通过他们在巴黎取得一项新的、有利于中国的调解。

上海的报纸刊登欧洲的电讯,说我们要求 1.5 亿法郎赔款。这个要求,在严肃的人来看是温和的;但是外国人却认为,如果我们希望谈判,这个要求将是我们遇到的最大障碍。从英文报纸的舆论来看,嫉妒起着很大的作用。

秋季由总督在广州向汇丰银行进行的借款,前天似已达成了协议,钱也可能支付了。关于这次借款,我在电报中已多次向阁下谈到。贷款为 1400 万法郎,利率 9%,3 年还清。总理衙门作担保,授权总督签约。英国公使馆已收到授权的文件并已传送出去。

有人在谈论一项新借款,可能是在北方进行的。汇丰银行在天津的代理人是法国人博维斯(Bovis),他刚接到要他回纽约的命令,很可能由他的继任者,一位名叫德·圣克鲁瓦(de St Croix)的英国人负责进行谈判。

比利时公使诺丹福(de Noidans)伯爵下星期初将回欧洲。接替他的是目前驻日本的德·格罗沃特(de Groote)先生,对于此人的情况我一无所知。诺丹福伯爵在德国获有好感,他可能不久去摩洛哥,那里虽然已有常驻公使,但担任比利时驻丹吉尔(Tanger)总领事,也不是一件丢面子的事。

关于德国公使馆,如果谭敦邦公爵的话可信的话,巴兰德先生因健康不佳不能离开欧洲。但是谭敦邦公爵本人也不愿再继续留在中国。有一位总领事将以某种头衔被指定负责德国驻北京公使馆,但是他拒绝向我透露这位总领事的名字。这位神秘的人物可能已在路上,大概将乘欧洲最近两艘邮船中的一艘来这里。

意大利公使卢嘉德(de Luca)先生半月前已到达上海。他的政府命令他在北京建立意大利公使馆,不久他将到北京。他将临时下榻德国公使馆，并使用德国翻译官。从各种现象来看，他的到来对我们并非有利。

俄国公使本来年事已高，视力又差，深居简出，从来不去总理衙门，只派他的首席翻译官到那里去。他不断地埋怨，说他通过书面所进行的交涉毫无作用。但是我觉得，他对彼得堡正在发生或者酝酿的事知道得很少。我听说，俄国正在考虑派一个更年轻、更活跃的人到北京来代替他。这样，在一年之内，整个外交使团就将更新一次，因为欧洲报纸告诉我们，西班牙公使刚刚提出辞职，人们对日本公使榎本武扬先生的返回北京还不能肯定。直到新任职的人到来和英美公使离职的这几个月期间，这里的外交使团几乎全由代办组成。

根据本月初总理衙门给我的一封信，山东巡抚和教会主教对解决安治泰教士事件可能已达成协议。我期待着神父们不久将给我寄来详细的报告。

谢满禄

C.P.中国第64卷第277—281页

1139 海军及殖民地部长致内阁总理兼外交部长

1884年4月8日于巴黎

内阁总理先生：

交趾支那总督刚给海军及殖民地部发来一份4月4日的电报。现将下段电文抄录送阅。

“Liému”是中国公使的秘书，乘坐客轮路过。在西贡时他拜访了好几位中国商人，言谈中对曾侯语多讽刺。他说由于曾的笨拙和可笑的自负使自己成为法中关系紧张的主要原因。据可靠的旅客说，他讲了以下这些话：李鸿章是个大傻瓜；恭亲王是中国的刚必达。

我认为向您提供这些情况是有用的。

海军及殖民地部副部长签发

M.D.亚洲第43卷第190页

1140 海军及殖民地部长致孤拔

1884年4月8日于巴黎

海军中将先生:

谨通知您,海军上校特雷弗(Trève)先生已被任命为"阿达朗德"号舰长,而海军上校加拉什已被派为归米乐将军指挥的"雎鸠"号舰长,兼任东京小舰队司令。

在把"阿达朗德"号交海军上校特雷弗先生指挥之后,我们命海军上校加拉什先生归米乐将军调遣。

另外,关于东京分舰队总司令和远征军总司令的职权,以前的指令已作规定,自然丝毫没有改变。

附言:随函附上该电副本①。

BB—4 1953(孤)第23页

1141 海军及殖民地部长致米乐

1884年4月8日于巴黎

亲爱的将军:

我所收到的有关东京战况的历次报告表明,有大量铜炮落入我军之手。

由于这些炮大部分对您来说可能无用,故请您下令将这些炮

① 原档缺此副本。——编者

作为压舱物装在返回法国的船只上。

从这些大炮回收的铜,可用于最近将进行铸造的刚必达铜像。

陆军部长在向我提出这一请求时表示,他将很高兴看到所有在东京用不上的过时铜炮都运回法国。

BB—4 1953(米)第29页

1142 东京分舰队司令孤拔致海军及殖民地部长

1884年4月9日于下龙湾

部长先生:

兹将自3月20日(即自上次报告)以来,本舰队舰艇的调动及海上行动等情况向您报告如下:

一、舰艇调动情况:"雷诺堡"号在对海盗(根据事先告发在筷子笼湾)征讨结束后于21日返回下龙湾岛。该巡洋舰应米乐将军的请求,于23日出航执行一项紧急任务——将米乐将军呈送部长的关于占领北宁的报告及一项提议交与即将于28日离开西贡的邮船。任务完成后,"雷诺堡"号途经归仁、沱瀼与顺安返回下龙湾。"阿米林"号在广安无甚作用,于3月22日返回下龙湾。随后,从26日至4月4日担任巡航任务。

"凯圣"号巡航7天后于3月25日泊于锚地,我立即派它前往海防补给燃料。

米乐将军先生于3月29日来函告诉我,他将"野猫"号与"益士弼"号交我调用。此后,巡航得到了保证,我就可以命令"凯圣"号返回法国。

米乐将军先生要求我将"凯圣"号舰长博蒙先生所率领的登陆部队留在陆上,直至对兴化作战结束时为止。我认为该舰返回法国的时间不能一直推迟至博蒙舰长返回。此外,由于这位校官目下正肩负着指挥重任,终日操劳,健康多少受到损害,必须休息数星期,因此我委托“凯圣”号副官热尔韦斯(Gervaise)上尉先生驾舰返回。事实上当舰长不在时,这位军官曾屡次担任该舰指挥,任务完成得使我十分满意。

4月3日“凯圣”号出发时我交与舰长的训令中规定,该舰须前往西贡补足食物,并在此之前停靠广耐,以便核实巴霍先生向我提供的情报,该情报我已写进4月7日的密函中。

“凯圣”号离开西贡之后,将通过新加坡海峡,然后将根据在阿什姆角所遇到的天气情况,按训令里有关西南季风的规定驶往亚丁或科伦坡。我允许热尔韦斯先生在该舰需要加煤时可以停靠科伦坡港。该舰将停靠亚丁,而在抵达塞得港后,倘若尚未接到您的训令,舰长将向您发电请示应于前方何港停靠。

“维也纳”号在完成卸货任务及补足煤炭后于4月2日由海防返航。该运输舰于4月3日启航返回法国。到达西贡后,“维也纳”号将调换锅炉的给水箱,进行一些小修,补足食物、必需品及燃料等,以确保抵达塞得港前所需的煤炭及抵达法国前所需的食物。

我托“维也纳”号舰长将一封信交给交趾支那总督先生,请他务必尽量加快工作进程,以便使该舰提前返回法国。

我令“维也纳”号舰长先生在离开阿什姆角之后,向南驶至训令中所规定的在西南季风期间应经过的纬度地区,以便抵达哈丰角(Ras Hafoun)或加尔达菲角(Cap Gardafui)。

“维也纳”号将停靠亚丁,以获取新鲜食物。该舰抵达塞得港的时间将会事先电告您;如您尚未给他下令,该舰舰长将向您发电请示:应于前方何港停靠。

“萨尔特”号于3月20日离开下龙湾,前往西贡接受交趾支那总督先生的调遣。他可能将该舰遣回下龙湾,以便将西贡的库存物资运至东京。

"美萩"号于3月26日启航驶往法国,途经西贡时,将向交趾支那总督先生请示。

"野猫"号于4月3日由七庙锚地回到下龙湾,4月6日出航执行巡航任务。

泊于七庙锚地的"益士弼"号——戎基埃尔上尉先生于3月29日担任该舰指挥——于4月2日到达下龙锚地;同日驶往海防补给燃料;4月7日返回下龙湾;次日(即8日)驶往顺安替换"蝮蛇"号。该舰将返回下龙湾协助封锁北部地区。

"边和"号于3月31日载货抵达下龙湾。

"斗拉克"号于4月3日启航首次载货前往海防。

运输船"边和"号运来两艘炮艇:"手枪"号与"机枪"号。这两艘炮艇的下水操作颇为不易,但"巴雅"号借助由"边和"号从土伦运来的船具顺利完成了这一作业。

我任命巴兰库尔(Balincourt)中尉先生与塞内(Sénès)中尉先生分别担任"手枪"号和"机枪"号的艇长。我参照您第132号函,把该函中有关45号、46号鱼雷艇(附属于"巴雅"号)艇长的规定应用于这两艘炮艇(附属于"雎鸠"号)的艇长及船员。当这些炮艇可以返回目的地时,我将把该函中的规定告知总司令将军先生。

二、封锁执行情况:3月20日以来,巡航无任何异常情况。"凯圣"号袭击了通向格朗皮埃尔神甫住地——竹山(在白龙尾附近)的小河中的数只舢板。可惜溯流而上的海盗利用大雾弥漫逃脱了。

在北海,由于德让神甫不在,"阿米林"号舰长向英国领事探询了民情。领事向他确认该地甚为安定。

在义安省会门河口的Hon Gneu锚地,"阿米林"号舰长得以与安南当局及传教士取得了联系。该河口的堡垒指挥官登上“阿米林”号,带来该省总督的问候及礼物,并对于总督因气候不佳未能亲自登舰表示歉意。

该指挥官肯定地说,本地空前太平,长期以来未见海盗侵扰,仅仅听说乂安边界地区有一安南村(从首府步行约三天可达)曾遭到摩依人(Mois)的袭击,该村官员被砍了头。

水道测量情况:将“梭尾”号交两位水道测量工程师使用,继续进行水道测量工作。自3月20日以来该工作包括:

一、修改3936号海图中锦普前面的航道,Shieng-Moon与内河间的交通线;

二、对木门(Cua-mõ)的入口及先安前面的海湾锚地进行勘测。

随后将对谭和(Dam-Hoã)与阿逵(Akoï)前面的内河进行勘测。

狗头群岛:由于对兴化作战结束之前要将登陆部队留在陆上,您向我下达的关于出征狗头群岛、捣毁匪巢的命令不得不展期执行,但我将尽快出击。

顺安的补给情况:3月31日米乐将军来函,要求我派遣一艘舰只前往海防载运顺安站所需的补给食物。

由于舰队没有吃水浅的舰只可以直接担任此项任务,故我准备向将军提供“斗拉克”号或“梭尼”号,由“雎鸠”号或“鹭”号(Héron)(后勤处租借的商船)同往协助。我至今尚未得到他的任何答复。倘若没有“雎鸠”号或“鹭”号协助,“斗拉克”号或“梭尼”号要越过沙洲就必须利用两舰上的小艇帮忙,这样一来,由于要卸下上百吨的货物,很可能得在该地滞留1至2个月。

在结束本报告时我还应向您报告，由船长布拉戈达（Blag-oda……[①]）上尉先生指挥的俄罗斯小型护卫舰“斯科贝莱夫”号（Skobeleff）于3月20日至28日泊于下龙锚地。我将另外向您报告所搜集到的有关该舰的情况。

海军中将、东京分舰队司令　孤拔

BB—4　1958第199—205页

1143　孤拔致海军及殖民地部长（密函）

1884年4月10日于下龙湾

部长先生：

米乐将军对于我迭次通信中向他表示的必须抽调军队占领顺化城的意见作了答复，并向我说明了此措施必须延期执行的理由。现将他就此事复信的副本寄上。

将军对顺化朝廷的意向坚信不移，对此我不敢苟同。我认为，以众多的兵力占领三角洲南部诸据点对于执行8月25日条约将会产生积极的影响。

孤拔

附件　东京远征军总司令米乐致东京分舰队司令孤拔

1884年4月5日于河内

将军先生：

为答复您本月2日的来电，我荣幸地告知您，以我之见，军事占领顺化为时尚早，其理由如下：

---

① Blagoda后尚有字母，因该词在行末，复印时未能全部印出，故用省略号代替。——编者

1.我已下令在对兴化要塞采取行动之后派重兵占领东京南部各主要据点,特别是府里和 Ninu-Bigne[①]两地。应该相信顺化朝廷将会感到我们出兵清化省所产生的威胁,从而不再坚持声称它对执行我们条约的各款力不从心。

2.虽然大臣们表现出一片善意,但是如果对本来完全可能有利于我方政策的一项解决办法匆忙作出决定,必将一无所获。因此,目前以暂不轻举妄动为宜。

3.可能有必要等待夺取兴化所产生的影响来发挥作用,因为兴化是辅政大臣赖以推行其政策的正规部队盘踞的最后堡垒。

4.占领首都顺化可能对政府与中国之间悬而未决的谈判会有妨碍。

总之,倘若我们的希望未能实现,那时再就您与我商量的问题作出决定,亦未为晚。

米乐

BB—4　1958第206—208页

1144　茹费理致谢满禄密电

1884年4月10日晚8时15分

请您让微席叶先生前往西贡接受巴德诺先生的调遣,巴德诺将于5月底抵达交趾支那。由葛林德担任临时翻译。

巴德诺先生在顺化惟一的使命是建立我们的保护国制度。至于他去北京的事,尚未作出任何决定。

我国广州领事报告说,德璀琳被李鸿章召往天津。德璀琳曾给李鸿章发电报说,法国可能接受下列条件:"召回曾,签订关税和

① 原文如此,疑为 Ninh-Binh(宁平)之误。——编者

边界条约,减少赔款,保护安南东京。”届时请证实您的确有理由认为我们准备根据下列基础进行商办:“互相保证中国和东京之间现在的边界,解决边界通商关系,根据中国向安南叛乱分子提供的援助确定赔款。”

曾侯的态度显然已使我们不能再维持同他的关系。

请把这些指示通知法兰亭先生。

C.P.中国第64卷第292页

1145 谢满禄致外交部长电

1884年4月10日上午11时于上海

8日晚邸报公布了一道意想不到的皇太后懿旨,撤销恭亲王的一切职务。军机处的其他成员(包括李鸿藻)均已失宠。不大知名的礼亲王和其他4个倾向敌视外国人的高级官员连同留任的5个成员(其中有张佩纶),将组成总理衙门。

谢满禄

C.P.中国第64卷第293页

1146 谢满禄致外交部长电

1884年4月11日晚9时40分于上海

11日晚6时收到

9日,一道新谕旨任命皇帝的父亲七亲王为军机处成员。此人是主战派的首领、恭亲王的政敌。

谢满禄

C.P.中国第64卷第294页

1147 东京远征军总司令米乐致海军及殖民地部长裴龙

1884年4月11日于河内

部长先生:

谨寄上一份报告,内容详述占领北宁后追击逃往谅山和逃往太原方向的敌军的情况。

参谋长奉命代签

关于朝谅山及太原方向追击敌军的报告

3月12日下午5时,我军占领了北宁要塞。我们让部队休息48小时,因为他们经过了一次辛苦的行军和多天来的作战。总司令派遣两个纵队向谅山及太原方向追击溃逃的敌军。对此,他宣布如下的行动命令:

3月15日上午6时30分,两个纵队将从北宁出发,开始追击敌军。

第一旅由波里也将军率领,向太原方向追击。

第一旅部队包括:

1队骑兵;

1连安南土著步兵;

1排安南辅助队;

3个步兵营;

1个工兵队;

半个分遣队架桥兵;

营长德·杜夫雷(de Douvres)率领的两个炮兵连;

半排救护人员;

一队行政管理人员。

这个纵队的士兵,每人携带4天粮食及120发子弹。每门大炮备带60发炮弹。辎重队运带4天用的粮食。

第二旅配备的第二纵队由尼格里将军率领,朝谅山方向进行追击。

第二纵队配备有:

半排的骑兵部队;

1排安南土著步兵;

3个步兵营;

1个工兵队;

半个分遣队架桥兵;

2个炮兵连;

半排救护人员;

一队行政管理人员。

第二纵队的士兵,每人携带3天粮食及120发子弹。辎重队将运带3天用的粮食。每门大炮配备60发炮弹。

率领第一、第二旅的将领应在14日上午10时前向总司令汇报每旅步兵和炮兵的组成部分及其编制人数的情况。

总司令将亲自决定每个纵队的骑兵、工兵、架桥兵、救护人员及行政管理人员的组成部分和人数的配备。

总司令 米乐

1884年3月13日于北宁城堡总部

作战详情:

1.第一旅所属纵队:

3月15日的情况:

按照3月13日部署的行动命令,第一旅的指挥官于15日上午6时,离开北宁。

征用附近的小船,在甘村(Village de Gam)上游的裘江渡江,需时2时30分。

夜晚,纵队驻扎在威许村(Village de Vaï-Hua)。

3月16日:

渡江后,我军纵队前哨在5公里左右的大路东北处发现一队中国军队,约500—600人,手持各色军旗匆忙奔向北方。

第一旅指挥官断定这是敌军的部分后卫队伍,正撤往安世新城堡;根据总司令的命令,翌日他即将向该城堡进军。

从甘村起,地势明显升高了,这里是稻田,小丘和被淹没的小山谷互相交错。从小丘伸向安世的沙地平原上,到处布满各种各样的植物。平原的东北部有小山环绕,其后面是连绵起伏的群山。因为运输跟不上,纵队的行军速度不得不相应地减慢。第一旅指挥官主要想不给敌军喘息的机会,立即由骑兵队、工兵队、架桥兵队、安南土著步兵连、安南辅助排、阿尔及利亚土著步兵营及一个炮兵排等组成一个小纵队,由陆军上校贝兰带领阿尔及利亚土著步兵向安世方向挺进。

前哨部队到达离安世1200米处时已是傍晚5时,他们迅速向敌军发动进攻。经过半小时的战斗,攻占了敌军据点,并缴获了大批武器弹药:1500公斤火药、铅和炮弹等,26门大炮,各种类型的旧枪枝。雷明顿式及施奈德式新型武器被带走或淹没在稻田里,有几只装满子弹的箱子。敌军还给我们留下了80万升稻谷。

安世城中有以泥土砌成的棱堡式方形围墙高凸耸立,其外围用交叉的竹子编成障碍物,竹子的上端削得尖尖的。我们越过了这样两道竹围墙才到达该地。城堡中的护墙中间有三扇砌造的门,被像栅栏一般的圆柱遮掩着。

照当地收到的情报，在安世，我们前面有 2000 名中国军队和 500 名安南军队。

3 月 17 日：

由于安世至富平这条道路最不好走，而纵队一定要通过这条道路转向太原公路去作战，于是第一旅指挥官命令工兵部队于 17 日下午在半个营阿尔及利亚土著步兵和一排炮兵的掩护下去修好这条路。这支掩护部队应驻扎在德麟（Duc-Lan），并在那儿等候纵队的经过。

3 月 18 日：

18 日，纵队离开安世，向太原挺进。一连海军陆战队、一排阿尔及利亚土著步兵及一排炮兵奉命留在安世，担任必要的爆破活动。当纵队在指定日期退回北宁阵地时，这支部队应在裘江与之会合。

纵队于 18 日上午离开安世，中午即抵达富平下游的裘江堤岸坊瑶（Phuong-Dao），但在太原公路据点的上游，需要经过一条流过坊瑶宽约 80 米、深 2 米左右的河流，这里有一条硬沙凸槛，经常发生 50 到 70 厘米的变形。

这次军队顺利地过了河。晚上，纵队驻扎在裘江右岸的富平。

富平是一处用泥土及竹竿砌成围墙的场地，里面搭建了成行的草房茅舍。这个场地处在一座小山的壁凹内。当时敌军在这里遗弃了三门青铜大炮、两挺重机枪和弹药等。

3 月 19 日：

19 日清晨 5 时 30 分，纵队从富平出发，继续向前进军。路面崎岖不平，还有无数的沟壑及小溪，其中有些沟渠两侧是高 6—7 米的陡坡，有许多架在桩上的桥。由于地面高低不平，行军异常困难。村庄越来越稀少。大地上到处可见放牧的草场和长久荒芜的耕地。在太原阵地西北方向的后面，耸立着巍巍的山脉。

10时30分,先头部队司令报告说,从他停留处望出去,相距约3000米处可看到太原城堡。纵队司令立即采取进攻措施。他运用正面进攻、两翼夹击的策略,以两翼威胁通往宣光及高平的两条公路。看来这两条公路就是敌军的退路。战斗开始时,敌军升起了许多旗帜,却没有丝毫抵抗。及至他们发现我们的进攻意图,并感到背后受到威胁时,我们还没有来得及实现对他们的包围,他们就匆忙地拔脚逃跑了。敌军溃逃时受到我们追击中的齐射火力的打击。不久,我军从北面、东面及南面同时进入城堡。我们占领了太原,并缴获了39门大炮,还有火药、各种型号的步枪、子弹及大量稻谷。

太原城堡是一座方形堡,城长约400米,突兀不平,以泥土筑成,前面是竹林绿篱,城壕外有双重竹围墙。方形堡的每一面上都由一个多边形圆柱与碉堡结成一体,每个边都设有大门,门上有观察岗亭哨和砖砌的警哨。在圆柱和正面处,大门能向两侧开启。

裘江通航看来到太原为止。在上游的村庄里一条小船也没有,人们只使用小型木筏。靠江的庄上还住着一些安南人,其余村庄都属于傜族人。

太原公路及高平公路经过的地方基本上荒无人烟;路面不久就被冲刷成沟或成为树木杂生之地。可以把太原看作郎甲一样。第二旅曾到过郎甲,犹如身临有人常住及过境的东京三角洲耕作区,这里是低地势地区的咽喉。一股军事力量要想从这边入侵伸向海上的富饶地区,必须占有这两个地方才好过日子。而要占领它们又必须占有三角洲。

对于第一旅来说,追击战斗应到太原为止,就像第二旅在郎甲暂停追击一样。

但是,在离开太原前,一定要留下我们军事占优势的印记,要肯定我们的胜利。为此第一旅司令炸毁了城堡的三扇大门。

3月20日：

3月20日那天，纵队逗留在太原，令部队稍事休息，士兵们已过度劳累。组织了一个水上运输队把在城堡中截获的装备运走。

3月21日、22日及23日：

纵队于21日晨开始行军，沿着裘江右岸前往北宁。22日，该队重新渡江，但原来可以涉水而过的沙洲的水变深了，水流又太急，步兵和炮兵一时无法渡过。由留在安世的支队找来帆船，集中在河洲，才使部队重新集合渡过该河。

23日，下午2时，第一旅司令回到北宁。

2.第二旅所属纵队：

3月15日：

3月15日上午7时30分，第二旅所属纵队在塔求要塞的东斜坡上集合编队，然后从中国人建造的一座木筏桥上渡过裘江。我们总参谋部已于前一天派工兵和架桥兵把这座木筏桥加固好。过江行军是在3个陆战连的掩护下进行的，博蒙司令率领陆战连在离河2500米处筑好阵地。

纵队集结在左岸上，等待最后一个梯队到达，全纵队重新行军。中午12时20分，侦察兵报告，敌军占据着沧江左岸据点。由谅商府及谅商府小堡垒组成一个有利阵地。我军先头部队（安南土著步兵）受到敌方炮火及火枪的猛烈轰击。

我军先头部队迅速前进，赶到有100米宽的江岸，那里水相当深。

但是，奉命到谅商府江边运送部队过江的“闪电”号炮舰没有及时到达。

战斗很快就在沧江两岸打响。敌军撤走了停泊在左岸的所有舢板船。从归仁抽调来的安南土著步兵毫不犹豫地跳入江中，泅水寻找舢板。他们的模范行动立即激起其他7名土著步兵也下了水,因此有许多条舢板被拉到右岸。渡江立即在枪炮的猛烈射击下进行。在步兵向谅商府射击的同时,炮兵也发起炮轰。敌军非常震惊,立即撤离村庄阵地,几乎还没有来得及抵抗,堡垒即被我军占领。

4时30分,"闪电"号炮舰和"飓风"号军舰同时赶到。这两艘兵舰在沧江航行时,接二连三碰到障碍物;后来使用了鱼雷,才把障碍物摧毁掉。两艘军舰协助我军渡过了江。

这时,从第一阵地溃逃出来的敌军试图重整队伍,但无效。不久他们就只好朝谅山方向溃逃。

我们在谅商府碉堡内发现6门大炮、两支大口径步枪、一些低劣的施奈德步枪及火药。

7时30分渡江完毕,军队开始扎营。我方伤亡3名;敌军伤亡众多,但没有准确数字;地上躺着许多来不及运走的伤员和尸体。

从占领三角洲的角度考虑谅商府具有若干军事上的好处:它构成北宁的前哨,形成沧江上的一个桥头堡。谅商府的占领为我们打开了通向中国的道路,并由此在我们的后方部署了两条最重要的防线,即裘江和沧江。如果在武器装备精良的敌军的炮火下,渡过这两条江,可能也是很困难的。因此,总司令决定把这个哨所作为常驻防地。

3月16日:

谅商府的占领有利于加速把郎甲夺过来,这个村子处于阵地脚下,东北角以河谷及沧江□……

尽早占领郎甲对我们有利,因为这可以使安世公路同北宁至谅山的公路连接起来。原计划波里也将军的纵队应在3月16日到达安世,应当有把握地通过郎甲,进攻敌军的谅山阵地。还要切断敌人后路。

第二旅纵队于上午6时45分开始行军。9时,与占领林圩的敌军交火。10时半,双方战斗全面停止,但去郎甲方面的行军仍在继续进行。

敌人停留在村前,装出抵抗的样子。部队于2时到达郎甲,驻扎在一些村庄里。一批巡逻队到附近的村庄中进行搜索,抓获了几个俘虏。这一天,我方在战斗中死亡3人,负伤1人。

3月17日、18日、19日及20日:

3月17日,对敌人的追击继续进行。上午7时30分,纵队进入郎甲北面的一个隐蔽地带。不久,在敌人刚放弃的宿营地西面荒无人烟的村庄内,发现有隐蔽着的敌军残余。

将军调派由三个步兵连、一个炮兵排及一个工兵排组成的支队去各村庄进行搜索和追击敌军,掩护我纵队主力继续向谅山方向挺进。

这支部队的侧翼穿过一块人口稠密的肥沃地区,遇到流入沧江的一条小河。河岸很陡峭,到处石垛累累。小河北面有群山连绵起伏。

纵队主力到达离郎甲约10公里处时,总司令命令停止前进。前面是谅山方面的不毛之地。在部队停留的地方,道路弯弯曲曲地向前伸延……周围10公里左右一望无际,仅有近1000米高的群山由东向西呈锯齿状屹立在那里;从山脚到山顶林木茂密。

过了郎甲,就既没有住房,又没有耕地。从占领三角洲的观点来看,郎甲具有无可争议的重要性。它位于一条绵长的隘路后面,隘路由中国公路组成,是由郎甲守卫的。如果侵袭来自北部,该地即是极好的防守阵地。在这里建立一个堡垒,派一支驻军防卫,会有很多好处。这样,我们就是把三角洲的北大门关上了。

17日傍晚,退回来的纵队士兵重新扎营到前一天被他们占领

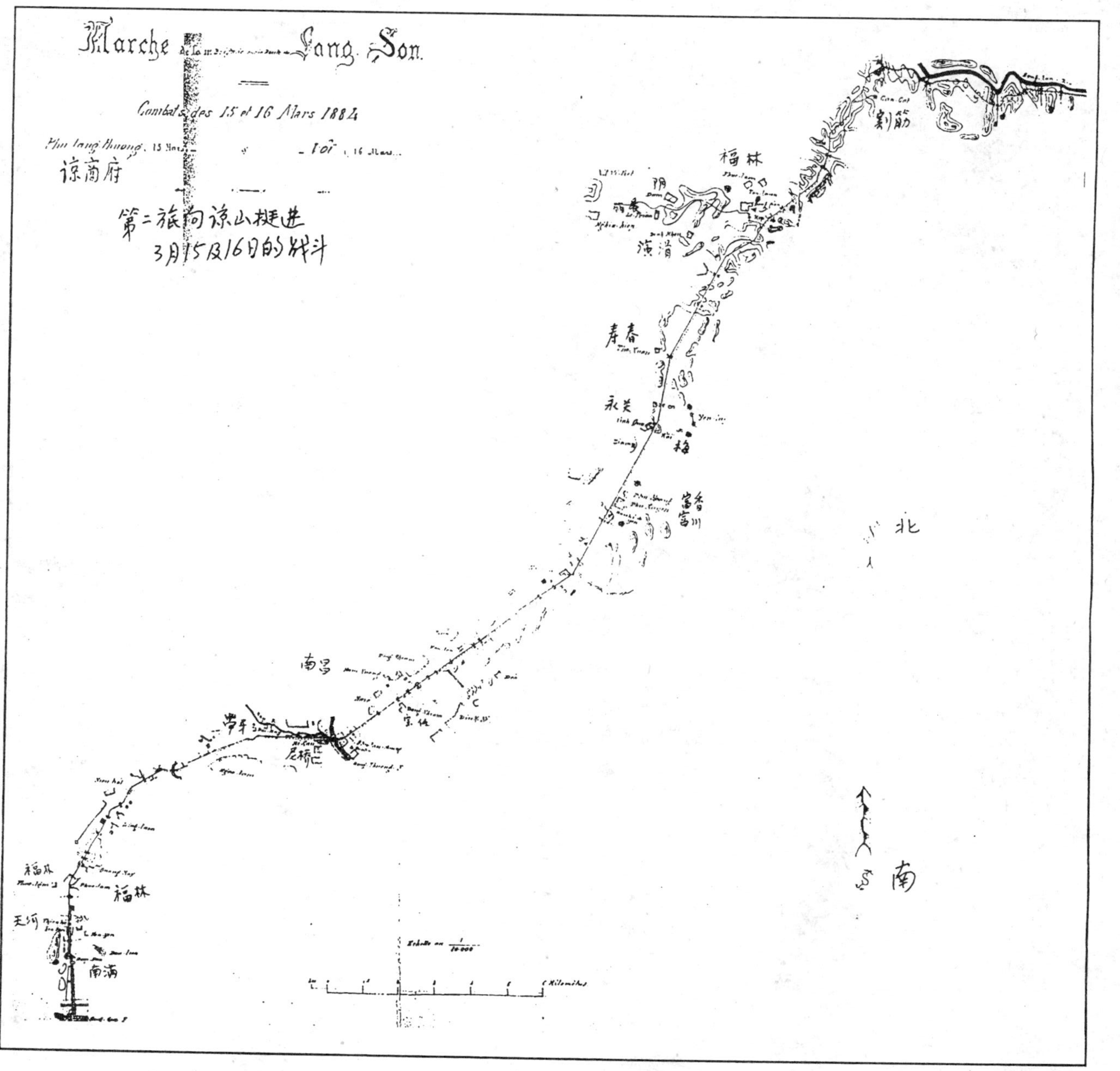
Marche de la IIe Brigade sur Lang Son.
Combats des 15 et 16 Mars 1884
Phu lang thuong
谅商府
第二旅向谅山挺进
3月15及16日的战斗
福林
阴
演涓
割筋
孝春
永关
梅
富香
富川
北
南
南昌
宗位
尼杨仁
福林
福林
天河
南浦
Kilomètres

了的郎甲。

18日,逗留在郎甲的第二旅司令派人到前方和两侧进行侦察,发觉敌军已放弃阵地溃逃。

19日,我军越过沧江。遵照总司令的命令,派了一营步兵及一个炮兵连驻防在谅商府。

20日,第二旅纵队返回北宁。

摘要:

总之,这次在太原及谅山公路两路追击敌人,取得了力所能及的全面胜利。敌人损失惨重。我们截获了他们的武器、弹药、大量军需品,占领了两座城堡。我们不停顿地狠狠紧追,直到敌人服从我们的摆布为止。最后,我们再一次向他们炫示了我们不可战胜的兵力。我军在这些劳累的日子里表现出极大的勇气,我们的部队精力充沛,毅力非凡。

敌人现在清楚地知道,我们能够在必要时去占领谅山,就像占领太原那样容易。

米乐

1884年4月8日于河内

BB—4 1956第107—120页

1148 米乐致海军及殖民地部长电

1884年4月12日于河内

现证实1884年4月11日下午3时从屯河发出的电报:

"部队已集结完毕;战斗在黑河两岸进行,明天将渡河。"

参谋长奉命代签

BB—4 1956第101页

1149 米乐致海军及殖民地部长电

1884年4月12日于黑河

6时起进行炮击。兴化在燃烧中。敌军溃逃时,放火烧毁了周围的村庄。

米乐

BB—4 1956第102页

1150 米乐致海军及殖民地部长电

1884年4月12日晚12时15分于香港

兴化城是黑旗军及从云南来的中国人最后的藏身之地,在我的指挥下,第二旅用重炮从正面轰击,第一旅则绕过敌军阵地向前挺进,该城在我军的联合攻击下落入我手。我们曾以80和85毫米口径的大炮猛轰,产生了意想不到的效果。水位下降,妨碍舰队前来协助。但尽管有种种困难,仍有"飓风"号、"闪电"号及3艘武装小艇参加战斗。陆军及水兵奋勇作战,始终不懈。

米乐

M.D.亚洲第43卷第191页

1151 东京远征军总司令通令(第62号)

1884年4月13日于兴化总司令部

兹任命外籍兵团的迪歇纳中校为兴化最高指挥官。

总司令 米乐

BB—4 1956第267页

1152 “伏尔达”号舰长福禄诺在基隆的四封信①

(一)致军事指挥官

1884年4月13日于基隆

指挥官先生:

我很荣幸地通知您:今天我部下两名军官在休闲散步时,受到驻守要塞东门的士兵的谩骂和举枪威胁,后来又受到这些士兵放出的狼狗的追逐。

我严正地向您声明:这种侮辱行为表明中国军队方面不守规矩,对我们怀有公开的敌意,这对我受命指挥的人员及船只的安全是一种威胁。如果不立即向我真正地赔礼道歉,我将不得不向法国舰队司令汇报。

因此,我荣幸地要求您:

1.驻守该要塞的指挥官由几名军官陪同,前来“伏尔达”号,为他部下士兵的不守规矩的行为道歉。

2.肇事的士兵要严加惩处。

3.由您发布告示,要卫戍部队规规矩矩,尊敬外国人,特别是到这里来没有作任何侵犯行为的法国人。

指挥官先生,我认为有必要事先警告您:如果我这封信没有任

---

① 这里的四封信是一组文件,所涉及的事由在光绪十年五月初十日赫德致总理衙门函(见《中法越南交涉档》第816号)及二十一日穆图善致总理衙门函(同上,第827号)中有详细的叙述。穆图善函附件还有这里的(一)、(二)、(四)三函的译文,分别标作“致曹统领”、“致基隆厅”、“致基隆文武官员”,其文意与此处译出者颇有不同。此处译文有少数地方参照了那里的文字,而全文(包括对收信人的称谓)悉依法文原文。赫德函概述了此处第(三)函(他称为福禄诺致基隆海关总巡胡美利)的大意。这里的原件无标题,此标题为编者拟加。——编者

何回音,我就马上报告法国舰队司令,他将会采取进一步的措施,对此您将承担责任。

"伏尔达"号中校舰长 福禄诺

(二)致道台

我非常惊讶地获悉煤炭商人拒绝向"伏尔达"号出售它所需要的60吨煤。我想中国当局不会发布任何公告让这些商人对一个与中国签有条约、而且就我所知与中国并不处于交战状态的国家采取这种敌视态度。如果中国当局真的发出了一项如此轻率的公告,使一艘奉法国舰队司令之命到基隆来的法国军舰得不到它所需要的煤,那么,签署这一公告的官员应负什么样的责任,我想是用不着我提醒您的。

另外,如果真是那样的话,我就要直接找您本人要煤,要求您立即向我说明您拒绝的理由,并以盖有您的印章的正式文件为凭,以确认每个中国官员在这一对法国的侮辱行为中所应承担的责任。

"伏尔达"号中校舰长 福禄诺

(三)致港务长

1884年4月15日于基隆

先生:

我很荣幸地请您把最近这封信火速转交给基隆要塞的军政当局。我已决定:如果明天早上8时我所需要的煤还没有运到"伏尔达"号船边来的话,我就要对该要塞实施炮轰。

为了应付这即将到来的军事行动,我请您采取一切您认为必要的措施,使邻近我们的那艘英国帆船免受任何损害。如果那艘船转移到西面或西南面去停泊的话,它就不必担心我方的炮火了。当然,为能在今天及时行动,如果您认为有必要的话,在和那艘船的船长协商后,我将把"伏尔达"号和我的小汽艇交给您使用。

请您将我的决定转告那位船长,并告诉他:对法国军旗、同时也是对国际友好往来的一般准则的侮辱导致了这种局面,如果由此会给他造成一些麻烦或损失的话,我完全愿意采取一切可能的措施尽可能使他得到补偿,请他放心。

您在这种复杂困难的形势下表现得很谨慎、有分寸,您也一定要忠告中国当局以避免这样一种对他们的国家利益、对他们受命管理和保护的人民的利益都无好处的结局。请允许我在结束这封信的时候,向您表示感谢。

先生,请接受我崇高的敬意。

"伏尔达"号中校舰长　福禄诺

(四)致基隆要塞中国军政当局

1884年4月15日于基隆

海军中校、侦察舰"伏尔达"号舰长很荣幸地警告基隆中国军政当局:如果明天,即4月16日上午8时,他所要的煤还没运到他的军舰旁的话,他将把中国当局这种先是阻止商人向他提供必要的补给,而在他向中国当局提出书面要求后又亲自拒绝的态度,看作是对他有责任要使之在中国海上受到尊敬的军旗的一种公然敌视和侮辱的行为。

在这种情况下,"伏尔达"号舰长将不得不立即对基隆要塞实施轰击。届时,开炮前半小时,即上午7时30分,在主桅杆上将升起1面红旗,同时鸣炮1响,以通知无敌意的居民去躲避;8时正,"伏尔达"号将升起法国国旗,开始炮击。

通过最近这封信，也就是最后通牒，"伏尔达"号舰长郑重声明：造成这一不幸的军事行动的原因，是中国方面无缘无故地侮辱了法国军旗，如果此举危及中外居民及其利益的话，中国当局必须对所有后果承担全部责任。

因此，"伏尔达"号舰长请中国军政当局采取一切必要的措施，使城乡平民尽可能少受轰击之害——既然他们不愿使百姓完全避免这种轰击——并保护住在福摩萨的外国侨民的利益不受任何损害。因为一旦开火，中国军政当局就不可推卸地对他们负有责任。

"伏尔达"号中校舰长　福禄诺

M.D.亚洲第44卷第202—206页

1153　东京远征军总司令通令(第64号)

1884年4月14日于兴化司令部

接1884年2月19日命令，阿尔及利亚步兵第1团的贝兰中校已被提升为上校。

同一命令宣布他被调往步兵第17团任职，并应立即赴任。

同一命令宣布步兵第43团的列提利埃中校被任命为东京第1步兵团的指挥官以接替提升为上校的贝兰先生。他应立即前往新岗位就职。

总司令　米乐

BB—4　1956第269号

1154　东京分舰队司令孤拔致海军及殖民地部长

1884年4月15日于下龙湾

部长先生：

我曾于今年4月13日去函对您提升我为中将、并给予最高的赞赏表示感谢;我同样感谢您任命我继续担任东京分舰队司令,以便在可能对中国作战时得以指挥中国海域的所有舰艇。这再次的信任使我必须做到:预先了解、掌握有关我们将要进攻的港口防御阵地的情况。我将尽量向利士比将军或向我们的领事了解。但作为由此途径获得情况的补充,我认为有必要亲自察看特别确定为我们从海上进攻的目标——福州与南京两地。

因此,部长先生,倘若您认为时机合适的话,请允许我率领"巴雅"号前往中国沿岸海域,特别是我刚刚指出的两个港口的海面;另外,我再派舰队的一艘护卫舰随同前往,以便在"巴雅"号因吃水深而无法行驶的地方,我可以搭乘护卫舰通过。在我离开舰队期间(时间尽可能短),海湾的警戒将由加拉什舰长指挥。

部长先生,上述计划如获俯允,务请电示。

海军中将、东京分舰队司令　孤拔

BB—4　1958第209—210页

1155　驻上海领事李梅致外交部长

1884年4月15日于上海

部长先生:

现将《字林西报》刊登的一道谕旨全文的译文送上[①]。这道谕旨谈到:

1.恭亲王及若干军机大臣被撤职。

2.对省级高级官员及军队将领的处罚,因为他们未能阻止我们在东京的远征军占领北宁。这次圣上发了怒,老百姓才明白真相。因为他们长期受此间英国人发行的华文报纸《申报》和《沪报》

---

① 原档未附此件译文。——编者

(Hou Pao)的蒙蔽,以为我们在东京的部队屡战屡败,我们的舰队已荡然无存。这些想像的胜利,每天早晨由上述两种报纸登载,每次都加上大量新的内容,使中国人狂妄至极,不接受外国人对报上的报道提出任何相反的看法,尽管这些报道荒诞不经,完全不堪一驳。前两天他们还喜形于色,而今天则在众目睽睽之下感受到了屈辱。他们在报上的语调也变了。我们刚才得到兴化被我方炮击及占领的消息,亦由华方报纸以恰当的语气登出。

当我接到北方来电,得悉恭亲王及军机大臣失宠的消息之后,我立即电告现在厦门的利士比将军,建议他早日来沪,以便密切注视事态的发展,并可与谢满禄直接用电报联系。将军回答我,除非有绝对必要,他想在南方再停留半个月左右。我觉得不必过于强求,我只是去电向他说明我将询问谢满禄先生,应该如何办才好。谢满禄先生对我的电报尚未答复。我猜想他也认为将军没有必要立即来长江,或者至少他认为将军的来临对整个局势的进展并不会起多大作用。可是中国方面一再向我催问将军到达的日期。我认为中国人对将军来中国北部①一事会十分重视。按照他们的估计,我们的海军舰只之所以在香港停留至今,主要是孤拔将军需要增援时能更迅速地驶往东京。如果利士比将军到了上海,这就说明我们在东京的军事行动已经告一段落,我们在东京已有立足之地,我们能应付在其他地区的任何事件。

这里对撤换恭亲王、李鸿藻和宝鋆等人,由七亲王(当今皇上之父)、醇亲王等代替之事议论纷纷。

但是我们坚信,中国必定会了解它已无力跟我们作战,即使军机处的新头目是一个排外者,北京政府也决不会推行加强战备的

---

① 指上海、长江一带,是相对于作为中国南部的闽、粤等地而言。——编者

政策。

巴夏礼爵士和他的美国同行在谕旨颁发前几天就已离开北京,他们是在上海获得有关此事的电讯的。他可能会立即返回北方,但他没有这么做,而他的美国同僚杨约翰却在昨天乘“企业”号(Entreprise)往香港去了。他这次离走,使上海人士大为惊讶。我同巴夏礼爵士谈及此事,他说这次恭亲王失宠,纯粹是中国政府为了讨好舆论不得已而玩弄的一种手法,因为政府自知无法对我们的胜利给它的威信造成的损害进行报复。恭亲王根本无法预计新军机处会采取怎样的态度。很多人认为,政府既然将事件的责任归咎于军机大臣及其将领们的无能,今后也就只好甘心接受我们的胜利给它造成的现状。也就是说,它必须接受我们的观点,只不过要施展全部可能的外交手段讨价还价来取得一些让步而已。照我个人的看法,如果这位对未来身负重任的七亲王今后不适当地缓和他的排外情绪,我将会感到惊讶!如果他当权以后敢于发动战争,那么他就把他儿子的帝位作为与我们较量的赌注了,这样的考虑必然会对他作出决定产生影响。这位亲王不是不知道外国人不愿坐视满洲王朝崩溃,因为他们不大清楚该用什么样的人来取而代之;而相反,如果满洲王朝愿意和外国人和平相处,它肯定会得到外国的援助,去对付国内的敌人。

李梅

C.P.C.上海第11卷第68—72页

1156　驻华代办谢满禄致茹费理电

1884年4月15日下午2时30分于上海

15日下午4时收到

阁下10日的电报要我了解是谁使恭亲王垮台的。

主战派在朝廷占了上风：12 日上谕命奕劻为总理衙门首脑，周德润也进入了衙门。显赫的张之洞被皇帝召回北京。

关于山西和北宁被占领的两道上谕已公布：云南巡抚应负山西失守的责任，广西巡抚负有放弃北宁的责任，两人均被撤职查办。两广总督受斥责。两名指挥官被处死。

这一切都表明，中国人已决心甘愿承受一场战争的最坏后果。这也表明，除非我们真正地威胁到北京，否则谈判是不可能进行的。

谢满禄

C.P.中国第 64 卷第 295 页

1157 驻广州领事林椿致内阁总理兼外交部长茹费理

1884 年 4 月 15 日于广州

内阁总理先生：

12 月 21 日寄给您的信中，向您汇报了广西境内三板桥传教士住地受到骚扰的情况以及我对总督进行交涉的经过。总督回复我的信中说他已命令浔州知府进行调查，对整个事件迅速给予公正的解决。遗憾的是，尽管发布了命令，但未付诸实施，罪犯逍遥法外，遭劫的受害者未得到任何赔偿，胆大妄为的歹徒反而再次攻击我们的宗教设施。

事实上，富于道主教 12 月 31 日的信中告诉我，圣诞节早上，Kong-yen-tang 村的教徒们聚集在 Honén-tchéou 教堂里做祷告时，一伙强盗突然袭击了他们，把他们捆绑起来，剥掉他们的衣服，殴打他们，并且把他们赶出村子，而后洗劫和焚烧了教堂、学校和住房。

不久以后，2 月 6 日，我收到广西主教的一封信，现有幸给您寄上其中一段。信中主教诉说在他居住的城市——上思受到凌辱的事情。

内阁总理先生,我没有忽视立刻把事情告诉总督。我多次给他写信,却只能得到许诺,他保证说已下令对此事进行调查,如有必要,将逮捕罪犯,恢复治安。根据富于道主教的要求,我多次请总督将声明公布于众,以提醒官民认真地遵守条约。但张树声阁下却以张贴布告属于地方当局为借口,拒绝照办。

我把这些事报告共和国驻京公使馆,请他们与中国大臣们进行磋商。但是谢满禄先生告诉我说,在目前情况下,向总理衙门进行交涉不会有任何结果,宁愿不介入此事。

可是广西主教的信件越来越急,他向我反映了传教士非常严重的害怕心情。内阁总理先生,面对如此严重的事态,我不得不写信给总督(随函附上副本)。我完全有理由相信,此信会给张树声阁下留下深刻的印象,因为我秘密地得知,命令确已很快下达到广西最高当局,要他们尽快同富于道主教及贵县境内的三板桥和南乡教堂的雄齐(Chonzy)神甫达成协议。我很快就会收到回信,并将立即把译文转呈部里。

林椿

附件2　林椿致两广总督①

1884年4月10日于广州

总督先生:

我有幸数次给您写信,吁请您对这半年来在广西所发生的令人遗憾的事件多予关注。阁下回信对我保证已向地方当局下达了命令,搜捕、惩处罪犯,并说我通告阁下的事件将得到公正的处理。对于这些保证我曾坚信不移,当即把行将采取的措施告知广西富

① 原文如此,附件1缺。——编者

主教,使他的要求得到满足。然而,我接到该主教的信,得知迄今为止任何恢复秩序和安宁的措施均未采取,罪犯不仅未受逮捕、处罚,反而变本加厉发动新的暴行。就在3月7日,在第一次三板桥骚乱中领头的李亚英再次带领一伙暴徒捣毁宗教设施,将存余的东西摧毁得一干二净;Cha Tong传教士驻地及贵县的许多学校都遭到同样厄运。

我1月21日告知您的贵县教堂事件尚未得到任何解决,地方当局好像丝毫不予重视,甚至不愿费事答复传教士写给他要求给予保护的信件。

最后,在主教驻地上思,虽然当局本身能够觉察到反对传教士的流言蜚语有失真实,最具侮辱性、威胁性的揭帖却仍贴在墙头。富于道主教遭辱骂,他提出的要求保护仍未得到满足。

严重的局势您大概也能了解,面对如此形势,我再次向阁下要求,请您亲自发布并使广西有传教士活动的县份张贴布告,严厉谴责已发生的暴行,提醒地方官和百姓严格遵守条约。另外还要求严惩罪犯,给予遭受洗劫和放火之害者以应有的赔偿。

如果阁下认为无需满足我的要求,我迫不得已将只得报告我国政府。现愿通过和解的渠道,争取使有关保证我们传教权的各项条约得以实现。

附件 张贴在上思城内广西主教住宅的揭帖

告上思州全体居民

数百年来,我们在皇上治理下,国家培养正义,各行各业人人安享和平。同治年间,一个名叫富于道的洋鬼子头目来到我地传教,前几任州官对此应付不善,以致在城内及乡村建立了三座教堂。这些可恶的人来到农村欺骗百姓,说什么要信教,首先要烧毁祖宗牌位,掘毁祖坟。他们宣称只有这样才能升天。一派骗人的鬼话。还听说,教堂在晚上祈祷时男女混在一起,布道时每人得到一杯酒或一杯茶水,喝后即神志不清;蜡烛熄灭后,不分老少人人都可摸弄别人,可以随心所欲地干各种丑事。我等有幸生在中国,深受圣贤教诲,民风敦厚;然竟有人不惜为金钱而抛弃祖宗,彼等想追求光荣却只见耻辱,成为万恶畜牲的奴仆、真正的罪人,每念及此,无不义愤填膺。今年这些洋鬼子的国家竟然对东京开战,仅此一事即令人怒火满腔。基督教徒如此盛气凌人,令人忍无可忍。他们一次运来许多箱柜,他们仅仅是5、6个人,为何需要这么多的东西?人人都感到惊讶。他们出入频繁,有人发现他们持有武器。再者,他们在这里和邻村招纳一些歹徒充当奸细,不顾本国利益,散布谣言。居住在山里的蛮族效忠他们。我地方长官疏忽职责,听之任之。这对国家是多么大的不幸啊!奉劝误入歧途的同胞立即改邪归正,大家一起沿着正道走,否则我们就要同他们不共戴天。地方将官应即驱除威胁我们的邪恶,保护百姓眷属。那些受骗误入歧途的居民,若执迷不悟,继续充当奸细,将逃脱不了百姓的制裁,将被斩草除根,消灭干净。因为我们决不遗祸于子孙后代。

本通告十分重要,请同意我们意见的人多多抄写并散发给城乡居民,使他们知晓,付诸行动。

C.P.C.中国第4卷第192—200页

1158 外交部长致谢满禄密电

1884年4月16日上午9时35分

我军已于12日占领黑旗军和中国云南人最后的隐蔽所兴化。

C.P.中国第64卷第296页

1159 谢满禄致茹费理

1884年4月16日于北京

内阁总理先生:

我上次的报告(第30号)发出后的第二天晚上7时许出版的手抄邸报,对近来大家感觉到的困惑和苦恼情绪,给我们作出了解释:恭亲王在朝中受人攻击已久,并在政敌的指摘下屈服了,不得不短期离京去皇陵祭祖。而在他返回北京的通告公布之前,他失宠的谕旨就颁发了。我荣幸地随函给阁下寄去此谕旨的译文[①]。那天夜里我正忙着起草电文,否则也要等到9日城门打开后才能〈把谕旨译文〉送出去。

大家都对这个出乎意料的事件感到惊讶。一开始,谁也不明白是什么原因导致这一步。垮台的不只是恭亲王一个人,还有两位大学士以及兵部尚书和工部尚书。

我在9日所能收集到的情报是如此矛盾。使我不能明白,摄政皇太后究竟出于什么动机,竟然牺牲这位长期帮助她,给她出谋策划,而且领导中国的政治达24年之久的人。

大部分中国人认为他失宠的主要原因是:一些时候以来,他企图全部或部分地向宫廷隐瞒南方传来的坏消息,对皇帝封锁关于安南事件的报告(山西和北宁的失守),以及御史参奏他侵吞和挪用购买武器的资金,等等。

相反,外国人毫不迟疑地认为,他被撤职的真正原因是中国的军事政治在南方遭到了失败。8日晚,人们就指出,皇太后对我们索取赔款一直表示犹豫,其背景是七亲王和主战派的推动。

---

① 原档未附此件译文。——编者

被指定到军机处接任刚被撤职的4位大臣都是不大知名的人物。因此,还无法确定和评价他们将执行什么政策,特别是对外事务上。他们几个人从未管过这类事务。

第二天邸报上登出七亲王(皇帝的父亲)参与军机处讨论所有重大问题的谕旨,其意更加明确。各公使馆都把这道谕旨理解为采取敌对措施的信号。阁下可在本函所附的译文中见到①。明令采取这样一项措施是公然违背中国最神圣的成法的,因此它立即引起御史们的异议。但是皇太后认为,目前朝廷正处在严重困境中,必须维持她已作出的决定,以她的权威迫使那些刚毅的官员缄默无言。

12日邸报上公布的两道谕旨,彻底地驱散了任何怀疑。第一道谕旨是关于山西失守的;第二道关于北宁被攻占(见附件3)②。如同您从我当时给您的电报中所了解的,中国人决意除去面具。在七亲王的指使下,军机处采取的第一项决定是向公众表明,中国非但不否认曾向东京派出军队,而且甚至愿意承担军队的失败给它带来的一切责任。如果天津方面传来的消息可靠的话,恭亲王和他的同事们的真正错误可能是他们曾暗中命令军队在无法避免一场重大战斗时可以撤退。他这样做可能是希望使中国避免赔款。他的计划的第二部分失败后,抵抗派猛烈地攻击他;加上上海的中外报纸又火上加油,他不能不屈服了。直隶总督自然也感到地位受到很大削弱。他所以能幸免,是因为没有哪一个人敢接替他负责北直隶湾和直隶的防务,而他曾答应要完成这项任务。但是就目前来说,他的威信已消失,他的建议——假如人们还向他征求的话——朝中已是信疑参半了。

---

①② 原档复印件缺附件。——编者

云南巡抚因没有援救山西、广西巡抚和提督因不敢保卫北宁而受到查办，以及两名指挥官因在我们的进攻面前后退而被处死，这些都是对我国的一种真正的挑战，这是人人都承认的。甚至在昨天还为中国辩护，试图减轻中国的责任，希望我们全部或部分放弃我们透露出来的赔款要求的人，如今也公然认为今后我们有充分理由坚持要求赔偿各种费用和支出以及损失和利益。俄国公使在给他的政府的电报中说："这已是中法之间正式的宣战。"在昨天晚上的一次密谈中，他对我说："如果你们想索赔的话，这场战争对你们来说价值4亿。"

当我读完刚译出来的这些重要文件时，我收到阁下10日晚给我发来的电报。您把通过中间人德璀琳进行的间接谈判的情况告诉了我，但未提收到我的电报。我由此得出结论，这份电报是在我的电报到达之前发出的。我译出您来电密码后，向部里拍发了13日的电报①，报告中国政府颁发的严惩军队指挥官的上谕，贝勒（三等亲王）奕劻（即奕亲王②，但人们大都称他劻贝勒）刚被任命为总理衙门的首脑，周德润被指定为该衙门的成员。

这样，我不再有任何怀疑了：恭亲王和主和派之所以垮台，是由于他们向那些不相信受到我们打击的人宣传和平；而他们听任人们采取并洋洋自得地采纳的那些大度措施导致了灾难，因为他们无法以充分地显示力量来使他们的政敌不加妄议。

C.P.中国第64卷第297—302页

---

① 即4月15日由上海发出的电报。见前第1156件。——编者

② 原文如此(Pnince Yi)。——编者

1160　海军及殖民地部长裴龙致海军上校特雷弗电

1884年4月16日于巴黎

舰长先生:

根据总统4月2日决定,您已被任命为东京分舰队"阿达朗德"号装甲舰舰长。

您可乘4月20日由土伦出发的运输舰"东京"号前往东京。

您到达该地后便归海军中将孤拔先生指挥,他将对您就任"阿达朗德"号舰长给予指示。

BB—4　1953(孤)第25页

1161　海军及殖民地部长致茹费理

1884年4月17日于巴黎

内阁总理先生、亲爱的同事:

我荣幸地送上海军少将利士比刚给我发来的一封密电的电文。

附件　海军少将利士比致海军及殖民地部长电

1884年4月17日夜12时30分于厦门

"伏尔达"号在基隆遇到了困难,但是舰长的毅力迫使中国官员让步了。已获得优质煤。那里辽阔的矿区均属于政府,没有欧洲人。该地很富饶,当地人很友好,占领将不会有困难。

原注:基隆是台湾北部的一座城市,拥有煤矿,战时我们可以在那里得到煤的供应。

C.P.中国第64卷第316—317页

1162 海军及殖民地部长致内阁总理兼外交部长

1884年4月17日于巴黎

内阁总理先生：

谨随函附送孤拔少将先生2月11日关于顺化朝廷、安南官员，特别是现任安南帝国首席辅政大臣阮文祥对我们的态度的一封信。

海军殖民部副部长签发

附件 海军少将、东京陆海军总司令致海军及殖民地部长

1884年2月11日于河内

部长先生：

您去年12月20日给第一局第一处的信中提及的阮文祥，曾担任过副代表，1874年3月15日条约签订时他也是签署人之一。此人不是别人，正是协和帝死后担任安南王国首席辅政大臣的重要人物。

我所掌握的关于他的情报，完全证实了寄给您的那些情报。我认为此人毫无疑问对法国一直怀有最敌对的阴谋。虽然他善于在脱利古先生面前掩饰他的意图，他的行为并没有丝毫实质性的改变。今天，他的敌对行为表现为不仅对那些他认为赞成我们观点的人，而且对主和的官员都不惜加以欺压、疏远、迫害。

朝廷颁布的谕旨在各省未能执行。根据某些还未证实的情报，1月25日在清化可能再次发生了屠杀基督徒的事件。虽然该省总督在回复宁平驻扎官的信中曾说，他已严惩犯罪分子并下达了正式命令来防止这些暴行的重演，但我毫不惊奇这些凶犯是受上面指使的。

至于对我们临时任命的各省领导的批准问题,安南当局表示出极大的反感,甚至干脆予以拒绝。目前我不得不让由我任命的山西省总督留任下去,虽然顺化的驻扎官刚告知我,安南政府不准备批准这项任命。在这些问题上的对抗显然是有计划的。参哺先生应该是很了解阮文祥辅政大臣的,因此我不明白他为什么偏偏不但自己信任此人,并且劝我们也相信此人,而此人的所做所为都使我无法同意予以信任。

此人难道没有急忙抓住何罗栏先生向他提供的机会把阮仲合带走,并使之在顺化靠边站,最后用擅自离职的口实把这位被认为是温和派的领袖和拥护和平的高级官员贬黜下去吗?

脱利古先生已得到允诺,阮仲合将在短短几个月内复职。我将过问此事,但我会谨慎行事,以免可能会危害我们的被保护者的性命。

不管怎样,我吩咐驻顺化的驻扎官要始终监视阮文祥辅政大臣的行为,甚至他的意向,并向我作出系统的汇报。必要时,我会采取为保护我们的利益所必要的有效措施。

海军少将、陆海军总司令　孤拔

M.D.亚洲第43卷第194—195页

1163　海军及殖民地部长致米乐电

1884年4月17日于巴黎

政府虽然认为没有必要为了我们东京殖民地的安全而占领谅山和高平,但仍想征求您对此事的意见。您尚未答复3月25日关于占领太原的电报,您摧毁其城堡是完全应该的。

BB—4　1953(米)第33页

1164 谢满禄致茹费理

1884年4月18日于北京

内阁总理先生：

本月9日的报告中我已向阁下汇报恭亲王和军机处其他成员被撤销一切职务。我明确地告诉阁下，宝鋆、李鸿藻和景廉已离开总理衙门。我还提到8日邸报颁发谕旨所任命的接替人可能和总理衙门里5个较年轻的成员组成新的总理衙门，这5个人是：麟书、周家楣、陈兰彬、吴廷芬和张佩纶。但情况并非如此。12日谕旨命贝勒奕劻（三等亲王）主持总理衙门，礼部侍郎周德润被指定为总理衙门成员。目前，总理衙门里没有一位内阁大学士，只剩下工部尚书麟书一个人符合英国条约第5条所规定的有资格和外国使臣保持官方关系的级别。御前大臣[①]由二等名誉亲王[②]劻贝勒担任，是宫廷内的一种职位，相当于欧洲宫廷内的侍从官。

这又是对列强的一个挑战。最近各国代表要求，当他们前去总理衙门时，总理衙门应有一位大学士在场。中国人则忠实地继续着他们既定的目标，即不断地贬低外国代表的身份、特权和权利。我认为应当提请阁下注意这种对我们造成中伤和危害的态度：远东和近东一样，欧洲人要想在这些地区有威望，必须经过不断的斗争，并且不懈地表明，他们是有能力使人尊重他们的。

开始时，法国公使只和一等亲王、钦差大臣、军机大臣恭亲王打交道。后来他们给他增加了两名助手。再往后，又给他增加了4—6名辅助顾问，由这些人组成总理衙门。前不久总理衙门声

---

① 着重号为原文所有。——编者

② 着重号为原文所有。“二等名誉亲王”即“郡王衔”。——编者

称:它的成员都是由皇帝任命的,人人都拥有同等的权威。这一次,总理衙门的领导人只是三等亲王(贝勒)、二等名誉亲王,他不能进入军机处。

从开始到现在,法国公使、英国公使和美国公使从官方的角度来说,只[①]认识恭亲王。只有恭亲王接收和发出照会[②]或官方文件。各国使节——各国的条约都是在总理衙门建立后订立的——和恭亲王以及被指名的各大臣交往。前天晚上我收到这个外交机构的一封信,是用贝勒和6位大臣集体的名义写的,这明确地表明:一反以往的传统,今后法、英、美受到的待遇将和其他国家一样。

现给阁下奉上他们给我的一份照会的译文,以及收到照会后我的回信的副本。根据惯例,我只写给贝勒奕劻一人。

英美两国的公使不在京,他们可能在上海或广州,目前无法和他们协商。现同时给部里寄去英国公使馆秘书曼德(Mande)先生给我的一封信的副本。这封信证明,总理衙门决心把我们都放在同一级别上。礼貌要求不应采取如此简略的方式。我还需要提请阁下注意,新组成的总理衙门已变成二等委员会,它没有处理任何稍微重要的问题的权威了。今天,它的成员没有一个有权参加军机处的会议,进入这个外事委员会的都是些三品官(蓝顶戴),明天可能又会塞进一些四品官,它已变成一个不承担责任的普通行政管理部门。它惟一的目的是愚弄各国公使,把他们弄到忍无可忍的地步,而实际领导中国政治的人可以毫无危险地用不予理睬的办法对待他们。

谢满禄

附言:阁下读了随函奉上的附件后将会注意到,总理衙门甚至

①② 着重号为原文所有。——编者

认为不需要把恭亲王和其他3位大臣失宠的事通知外国公使馆。如果总理衙门认为以集体的名义给外交使团写信就可以了，那么它应该把该衙门组成上的每一个变动都通知外交使团。所以在我的回信中，我特别说明连同新首脑在内只有6位成员给我写了4月15日的信。

附件1 总理衙门致谢满禄照会译文（略）①

附件2 总理衙门致谢满禄照会

光绪十年三月二十日（1884年4月15日）

大清钦命总理各国事务御前大臣、郡王衔多罗贝勒奕，内阁学士兼礼部侍郎衔周，工部尚书麟，二品顶戴、署户部左侍郎、顺天府府尹周，二品顶戴、署礼部左侍郎、都察院左副都御史陈，署都察院左副都御史、翰林院侍讲学士张，二品衔、署工部左侍郎、宗人府府丞吴为照会事：

光绪十年三月十七日内阁奉上谕："郡王衔贝勒奕劻，著管理总理各国事务衙门事务；内阁学士兼礼部侍郎衔周德润，著在总理各国事务衙门行走。钦此。"

相应恭录谕旨，照会贵署大臣可也。须至照会者。

右照会大法署钦差全权大臣、驻扎中国京都总理本国事务谢。

附件3 谢满禄致总理衙门首领奕亲王

1884年4月□日②于北京

法国驻中国代办收到了本月15日的官方信件：总理衙门新首

① 本件为下件（附件2）的法文译文，因下件为其汉文原件，无需从法文回译汉文，故从略。——编者

② 日期处原文留空。——编者

领殿下和其他 6 位成员集体给他写信,将 4 月 12 日发布的具有以下内容的谕旨通知他:

"郡王衔贝勒奕劻,著管理总理各国事务衙门事务;内阁学士兼礼部侍郎衔周德润,著在总理各国事务衙门行走。钦此。"

签收人兹通知殿下,已收到照会并将副本转送共和国政府。他借此机会向殿下致以最崇高的敬意。

谢满禄

附件 4　英国驻华公使馆秘书曼德致谢满禄

1884 年 4 月 16 日于北京

……[①]有一天,总理衙门对卫察理(Everard)[②]说,今后各国公使与该衙门的交往方式将由上任后的奕劻亲王作出决定。他们还说,现在的情况与总理衙门刚建立时不同了。只是现在当我结合昨天的照会重新阅读卫察理星期日和大臣们的谈话底稿时,我才发现了他们的意图——他们的意图很明显,就是利用这个机会作为一个新的起点。不过我认为,既然何天爵[③]准备明天到总理衙门去,新上任的官员会安排接见他。我们不如等一等,看何天爵明天的拜访取得了什么结果再决定采取什么样的措施为好。

曼德

C.P.中国第 64 卷第 318—326 页

1165　海军及殖民地部长致内阁总理兼外交部长

1884 年 4 月 18 日于巴黎

内阁总理先生,亲爱的同事:

---

① 原文如此。——编者

② 英国公使馆翻译。——原注

③ 美国公使馆翻译、秘书。——原注

现荣幸地给您送去中国和日本海域分舰队司令先生刚给我发来的一封密电的电文。

附件　海军少将利士比致海军及殖民地部长电

1884年4月18日下午2时47分于厦门

我计划星期一前去福州和上海。"德斯丹"号留在此地,我认为将对北方产生更好的效果。

C.P.中国第64卷第327—328页

1166　(总理衙门?)[①]致曾侯电[②]

1884年4月21日晚7时于通州

我们已收到您第6707号来电。谢满禄先生尚未要求赔款。保护安南,不付偿款(不付赔款)[③],您对这个问题的看法极是。法国政府提出此事,您要顶住。我们同您的意见一致。

我们已着手处理英国高事件(affaire anglaise Kao)[④]。

C.P.中国第64卷第329—331页

---

① 原文如此,括号及问号均为原文所有。——编者

② 这封发至巴黎给曾侯的电报,21日下午2时45分由中国公使馆转发往伦敦。——原注。

③ 这句话可理解为:"在我们不赔款的条件下承认法国人对安南的保护。"也可理解为:"如果法国人建立对安南的保护制度,我们将不付赔偿费。"电文中没有任何依据能使我选择两种说法中的任何一种,但我觉得第一种说法更好。——原注

④ 原电为密码电报,电码附于原档第329、330及331页。第331页的电码下有破译出来的汉字:"接6707电,谢未索费。保越不偿费,论极是。彼国有此说,务塞持。署同此意。英高事已由署办。有。"——编者

1167　东京远征军总司令通令(第65号)

1884年4月19日于河内总司令部

总司令很高兴向部队公布海军部长的来电:

"海军部长致东京米乐将军

共和国政府为你们取得新的战绩向您和您的勇敢将士们致以热烈的祝贺。"

陆军中将、东京远征军总司令　米乐

BB—4　1956第270页

1168　东京远征军总司令米乐致海军及殖民地部长

1884年4月19日于河内

现确认4月15日晚11时从河内发出的一封电报:

刘永福刚撤离的临洮府已落入我手。黄佐炎亲王的最后藏身之地同安也被我军攻占并炸平。所有的敌人都向中国或安南方向溃退。为威胁东京南部,并讨回我们到达之前发生的屠杀造成的血债,我将派兵往底河右岸继续追击。

我方伤亡:第12连炮手勒布雷通(Lebreton)、塞列(Selet)、布拉尔(Blart),工兵下士瓦里涅(Varigné),传令兵勒热尔(Lejèrre),以及11名苦力溺死于黑河。

一级土著步兵郎拉·茹塞夫(Lamra Joussef)负伤。

参谋长奉命代签

BB—4　1956第105页

1169　海军及殖民地部长致米乐电

1884年4月20日于巴黎

3月25日曾去电询问您认为是否有必要占领太原,并批准您将东京保安队增加一倍。

BB—4 1953(米)第33页

1170 米乐致海军及殖民地部长电

1884年4月20日中午12时45分于河内

高平及谅山没有必要由我军维持治安，太原和谅商府已足够了。(我不了解3月25日的电报。)

BB—4 1956第123页

1171 海军及殖民地部长裴龙致内阁总理兼外交部长茹费理(特急)

1884年4月21日于巴黎

内阁总理先生、亲爱的同事：

请告诉我，在给米乐将军先生及海军中将孤拔先生的指示中，关于巴德诺先生的使命您认为应如何写。

您知道，米乐将军先生除了对外统率陆海军部队以外，目前还在安南行使一切政治、民事及军事权力。派遣巴德诺先生去顺化，您可能认为应当对他的地位做某些改变。

巴德诺先生于4月27日在马赛乘船启程，给米乐将军先生及海军中将孤拔先生的指示也由同船寄发，将于25日星期五送到巴黎邮局，因此，您收到此信后请立即给予答复，谢谢。

我将电请海军中将孤拔先生派遣海军分舰队中可以动用的舰船前往沱瀼，在那里等候巴德诺先生，护送他到顺化。

裴龙

M.D.亚洲第43卷第200—201页

1172　海军及殖民地部长致米乐电

1884年4月21日于巴黎

将占领区限在太原和谅商府。

与您属下的各位将军制定一项关于占领的正式计划,并尽快寄给我。在您3月24日电报中提出的6000名欧洲人和1.2万名本地人的基础上,计算今年下半年的器材、营房费用。

现对您19日的来电答复如下:您作为总司令拥有全权并可以在认为必要时根据1882年10月3日和11月20日法令的精神发布命令。

陆军部长将下列人员的军阶晋升一级:

中校甘内,中尉罗贝尔,少尉蒂埃里。

列入晋升表的有:

少校夏皮衣和克雷坦、上尉弗尔(Faure)、中尉北顾(Pécoul)。

上尉康斯似不可在上尉帕尔之前得到晋升。

BB—4　1953(米)第34页

1173　海军及殖民地部长致孤拔

1884年4月22日于巴黎

海军中将先生:

陆军部长向我提出特隆维尔(Tronville)市长关于希望得到现在阿弗尔(Havre)的3门安南大炮的请求。这3门大炮是海军中校梅格雷运给他的,而由于有规定禁止市镇和个人拥有作战武器,所以运来这些武器引起了一些麻烦。

然而由于估计这些大炮没有什么价值和意义,我便答复康珀农说,我认为没有必要反对把这几门大炮交给特隆维尔市长。

海军中将先生,我事先就能知道,只要我把这种不合规定的运送武器之事告诉了您,以后便不会再发生类似的事件。

BB—4 1953(孤)第26页

1174 海军及殖民地部致米乐电

1884年4月22日于巴黎

5000支马枪、1万箱装备和弹药运往东京。其余在最近运出。

BB—4 1953(米)第35页

1175 茹费理致海军及殖民地部长裴龙(急)

1884年4月23日于巴黎

海军将军先生、亲爱的同事:

现荣幸地随函送上法国与安南王国的条约草案副本。该条约的条款业经我们两部一致商定。同时随函送上在巴德诺即将启程将该条约的最终文本递交给顺化朝廷时对他所作的指示原文。

如您所知,为使巴德诺先生的使团更有声势,使他的讲话更有分量,决定由东京分舰队部分舰只护送他直至顺化河,并且停泊该处,直至新的谈判取得结果为止。此外,还要派一支300—400人[①]的队伍随同他到顺化,并且根据条约第五款在该城驻扎下来。

根据您本月21日来函的意见,请孤拔将军采取措施,以便在我们的使节于5月底抵达沱瀼时,其舰队的全部或部分舰只泊于该地等候。

分舰队司令还应立即着手调拨一些部队作为巴德诺先生的护卫队,并作出一切必要的安排,使这个分队长期驻在顺化城内。还

① 原文如此。——编者

要通知交趾支那总督先生,以便巴德诺抵达西贡时,能将他的活动与将军的部署准确地结合起来。

我并不认为巴德诺此行会改变米乐将军目前的地位,因此有必要给米乐将军下达新的指示。我们全权代表的任命,惟一的目的在于使安南人接受能彻底确定保护国制度的条约;与此同时,利用此行研究该国的情况,收集一些意见,以便将来他担任驻北京公使时能加以利用。只有在以后,在条约经议会同意并得到批准之后,才会进行保护国机构的组织工作,任命总驻扎官,并将行政权力移交给他。就是到那时,米乐将军仍将拥有在必要的文件规定范围内所赋予的行政权力,以便保证东京的秩序和平民生活正常进行。

附件1 外交部长致巴德诺

1884年4月23日①于巴黎

驻华公使巴德诺先生:

当您受共和国政府的信任,荣任法国驻华公使时,外交部本想立即派您赴任,然而,由于东京发生的事件,以及中华帝国政府在去年最后几个月中所采取的态度,使这一计划无法实行,所以我不得不请您推迟出发。今天,中国方面尽管有某些和解的迹象,但尚未表示出明确的和平意图,因而使人无法估计您到北京是否能取得有益的结果。在安南则相反,最近事态有了新的转机,自从夺占北宁和兴化以后,红河三角洲已掌握在我们手中,黑旗军和中国军队已溃散,严格意义的军事行动时期已告结束,我们对整个东京的

① 原件留空未写日期,参考M.D.亚洲第43卷第208页同一文件,确定为23日。——编者

行动已不再遇到严重的障碍。在这种情况下,我们目前可以不管中华帝国而着手最终解决法国与安南因最近事件而造成的新关系。这我认为是有利的①。

您知道,1883 年 8 月,在占领顺安城堡之后,我驻东京总特派员何罗栏先生曾与顺化朝廷签订了一项条约,用以代替尚未完全承认我们实行保护国制度的 1874 年 3 月 15 日的条约。然而,由于东京不断发生敌对行为,批准这一条约似乎尚不适宜,而且条约的某些条款从一开始就超出了我们所追求的目标。另一方面,该条约中的若干条款,尤其是将平顺省并入法属交趾支那和将安南本土内被视为在位王朝的摇篮的北方 3 省置于东京管辖之下等条款,强烈地刺伤了顺化宫廷的自尊心。

安南政府的要求——其态度还是正确的——引起了我们的重视,因为我们实际上是想在交趾支那这一部分地方建立一个可以自立的保护国,从而能够减轻我们的负担和责任。出于明智和符合逻辑的考虑,我们在适当程度上要照顾被征服者的尊严和利益;新条约草案的起草便是基于这样的考虑。现将〈新条约草案〉原文随函附上,这个条约将来要作为两国关系的基础。您将看到,此条约规定在整个安南王国建立法国的保护国制度,并将执行的手段交由我们掌握。与此同时,从安南方面来说,此条约大大减轻了何罗栏所制定的条约中最严厉的条款。目前要将这个条约交给安南国王签字,并开始实行由此而产生的新制度。我要派您去执行这一使命,请您做好准备,立即前往交趾支那。

您的使命的第一部分可能很容易完成,因为当安南国王看到

① 这段文字,已辑入《正编》第 7 册第 213—214 页,这里仍照录以保持此文件的完整。——编者

我们不但没有夺走他的任何省份,而且保证他目前领土的完整时,他很可能会毫不犹豫地签字接受这一条约。然而,在某些方面,新条约的一些条款与旧条约有所不同,对安南当局不太有利;尤其是它要给予我们在必要时得以在顺化城内保留一个护卫队的权利,以保证驻国王身边的总驻扎官的安全,以及我们在认为有必要占领安南领土以行使保护国制度时,有权派部队进入安南各地:这些权利对我们是很有好处的。这些条款以及条约的其他条款,均不得有任何更改;如果安南大臣提出异议,您只需这样答复:这些预防措施是实行保护国制度的必然结果,而且较之我们对顺化宫廷所作的重大让步、放弃夺占其任何部分的领土来说,这些是根本无法相比的。如果他们要坚持,那么您就要声明:共和国政府的决定是不可改变的。为使您的讲话更有分量,使您的使团更有声势,我们已决定派东京分舰队部分舰只护送您到顺化河;而且在您出发之后,还要组成一支护卫队交您指挥。在首都有这样一支驻军是有用的,对此,我已向孤拔中将下达了训令。在您抵达西贡之后,交趾支那总督将告诉您对此所作的最终安排。

一旦签署了条约,您不必等条约的批准书,就应着手建立法国政府的总驻扎官邸。虽然条约正式赋予我们建立总驻扎官和在顺化城内设置总驻扎官军事卫队的权利,但由于物质上的困难,当前我们还只好推迟行使这一权利。根据这一考虑,除了必要的事项外,其余均暂不进行。当然,要控制顺化朝廷,在城堡里驻军是必不可少的,这一点根本用不着说明。我们的总驻扎官有随时进城的权利,有权例如在城里设立一个办公室,设立一个由少量警卫队加以看守的军需仓库,以及诸如此类的防卫措施(您到该地后就可以了解还需要什么措施),这样对安全便有了足够的保证。护卫队的住所,应在总驻扎官官邸附近,并由总驻扎官指挥,这个问题应先与军队指挥官商议,然后取得安南政府的配合,在当地解决。

至于总驻扎官的职权,只有在条约得到批准、军事占领结束之后,他才能在东京各省行使。为此,直到新命令下达之前,民政和军事权力均应集中于一人手中。但必须立即向顺化宫廷明确肯定总驻扎官的权力和行动,对此,您要特别提醒安南政府注意条约第一款,该款规定:安南政府与外国列强的关系由法国负责,与外国政府的所有往来包括与中国的往来都必须通过总驻扎官。我们驻顺化的使节必须严加监视,勿使有违反这一条款的行为发生,这是能够防止新阴谋的惟一办法,最近的动乱正是由于新阴谋活动的发展而造成的。已有确证,安南国王曾接受中国皇帝的印玺,这是藩属关系的象征。对此您应要求安南国王将印玺退还给中国皇帝。

在完成出使顺化这一使命之后,您可以到东京去,在现场研究该地的形势,您可与陆海军当局一起研究保证正常地和平行使我们的保护国权利的最合适的措施,诸如按新条约规定在红河盆地建立保护国等。

您要详细地向我报告这一研究成果,必须解决保护国制度的细节。如果形势需要,您以后也有必要赴北京最终解决最近由于北京干预东京所造成的我们与它的分歧。如果您的行程要继续下去,那时您会接到补充指示;但是,不管发生什么事,最好从现在起您就要了解我们对中国的观点。您知道,最近我们采取军事行动夺取山西后缴获了大量的文件,这些文件令人信服地揭露了北京政府所采取的秘密政策。中国派人员、送装备给我们的对手,因而承担了与我们对抗的直接责任。中国增援安南叛乱部队和黑旗军,鼓励黑旗军抵抗,迫使我们向东京派遣一支正规的部队——本来我们只用几个连就足以击溃反叛部队的。我们要向北京政府要求赔款,尽管赔款的数目以及向它提出的时间还未定下来,但从现在起就要使中国大臣们了解这一点。因此,在您此行中,一有机会,您就要在远东制造舆论。

如果您亲往北京,这个问题很可能是您与总理衙门成员谈判的第一个问题。谈判的协议还要包括相互承认和保障政治边界问题,这些是中国和东京之间一直存在的,曾经有一段时间,法国政府可能与北京朝廷签订一项协议,包括修改这些边界。然而以后事态有所发展,我们对安南作了新的承诺,山西、北宁、兴化已落到我们手中,没有什么能阻止我们的军队,如果有必要的话,我们的军队可推向中国边境。总理衙门必须明白,在迫使我们作出努力以后,我们最起码的要求是维持现状——要达成的协议起码是丝毫不涉及中国所要求的宗主权问题。您使顺化朝廷签署的条约将使这一要求失去任何实际的价值。

附件2 法兰西共和国与安南王国条约草案

法兰西共和国政府与安南国王陛下政府欲永远防止新近发生的纠纷再起,愿意加强它们之间的友好和睦邻关系。为此而决定签订一项专约,并各派全权代表。

法兰西共和国总统方面:

安南国王陛下方面:

全权代表各将所奉全权文凭互相校阅,均属妥协,立定如下诸条款:

第一条 安南承认并接受法国的保护权。

在与所有外国的关系,包括与中国的关系方面,法国将代表安南。

在外国的安南人将受法国的保护。

第二条 法兰西将有一支军队永久占领顺安,顺化河的所有炮台和军事工事将全部拆毁。

第三条 从交趾支那边界到宁平省边界的所有安南官员均继续治理界内诸省,其有关海关、土木工程及一般需要统一指挥或雇用欧人工程师或办事员的部门除外。

第四条 在上述境界内,安南政府除归仁港外,将宣布开放沱瀼及春台港与一切国家通商。其他港口经事先取得协议亦可开放。法国政府将在这些开放港口设置官员,受法国驻顺化总驻扎官指挥。

第五条 法国政府的代表总驻扎官负责安南对外关系,并保证保护权的正常行使,不干涉第三条所定境界内诸省份的地方行政。

总驻扎官驻扎在顺化城堡,并有一支军队护卫。

总驻扎官有权私下觐见安南国王陛下。

第六条 在东京,共和国政府将根据需要,在各省会设置驻扎官或副驻扎官,他们都听命于总驻扎官。

他们将住在城堡里,无论如何都要住在为官员划定的范围内;如果有必要,将派一支法军或土著部队予以护卫。

第七条 驻扎官们要避免参与各省行政的具体事务。各级本地官吏在他们的监督下继续统治和施政,但可根据法兰西当局的要求予以撤换。

第八条 各个部门的法兰西官员只有通过驻扎官的介绍才能与安南当局交往。

第九条 在西贡与河内之间架设一条电报线,由法国雇员经办。

部分收入可归安南政府,而安南政府则以让给电报站必要的土地作为报偿。

第十条　在安南与东京,外籍各国人都受法国的法律管辖。

安南人与外国人之间、外国人相互之间发生的争讼,无论何种性质,均将由法国当局审理。

第十一条　在安南本土,布政官们将为顺化朝廷征收旧有租税,不受法国官员管制。

在东京,总驻扎官将在布政官的协助下,把同样的租税事务集中起来,监督其征收和用途。一个由法国籍人士与安南籍人士组成的委员会将决定应为行政各部门及公共事务的费用拨款的数目,其余额将上交顺化朝廷金库。

第十二条　改组整个王国海关,之后全部委托法国管理人员管理。仅在所有需要的地方设置海关与边境海关。此前军事当局在海关方面采取的措施概行废止,不得重提。

交趾支那关于间接税的法律与规章、关税条例与税则、卫生条例将适用于安南与东京领土内。

第十三条　法国国民或受法国保护的人,可以在东京全境及安南的开放口岸自由来往、经商,取得和处置动产和不动产。安南国王陛下表示确认1874年3月15日条约所规定的有利于传教士和基督教徒的保证。

第十四条　欲在安南境内游历者,必须取得驻顺化总驻扎官或交趾支那总督之批准。

这些当局将发给他们护照,护照将提交安南当局签证。

第十五条　法国保证今后安南国王陛下的国家完整,保护其主权,防止外国的侵略和国内的反叛。

为此,法国当局将派兵占领它认为为确保保护权的实施所必要的安南和东京据点。

第十六条 安南国王陛下除本专约所作的限制外,将一如既往地管理其国家内政。

第十七条 安南所欠法国的现有债务将按今后确定的付款方式偿付。安南国王陛下如无法国政府的许可,不得与外国签订任何借款契约。

第十八条 关于开放港口及每个港口内法国租界的范围、安南和东京沿岸灯塔的设置、矿产的开采与矿务条例、货币条例、关税、杂税、电讯税的收入及本条约第11条未提及的其他收入中应分配给安南政府多少,将另开会作出决定。

本专约将呈交法兰西共和国政府以及安南国王陛下批准;批准书将尽快地交换。

第十九条 本专约将代替1874年3月15日专约。

在发生争议时,以法文文本为准。

双方全权代表于本专约上签字盖章,以昭信守。

BB—4 1954行动办公室第219号

1176 海军及殖民地部长致内阁总理兼外交部长茹费理

1884年4月23日于巴黎

内阁总理先生、亲爱的同事:

海军少将、中国海域分舰队司令利士比先生于3月18日的来信中向我汇报了他的分舰队在中国沿海的调动情况以及中国目前的思想状态方面的各种消息。

现荣幸地随信送上海军少将利士比先生报告的节录,我认为外交部会对此节录感兴趣。

裴龙

附件　利士比致裴龙(节录)

1884年3月18日于香港"拉加利桑呢亚"号舰上

部长先生:

本月15日星期六,根据我在电报中向您说明的意图,我将"杜居土路因"号和"凯旋"号派往厦门。现刚得到它们已到达的消息。等我们的布雷艇维修结束,我准备乘"拉加利桑呢亚"号并带上"伏尔达"号去和它们汇合。我准备把"德斯丹"号留在此地一段时间以作警戒,然后再去和我汇合。我准备率领我的舰只从厦门出发去上海,顺便访问沿海各开放口岸。最后,我还准备把"鲁汀"号留在广州一段时间,在那里泊有一艘法国军舰不无益处。"维拉"号不久将去上海,那里很久以来已没有法国的军舰。

我将利用这次迫不得已地在香港的逗留,乘"伏尔达"号到广州去一趟。为使这艘舰只能通过困难的航道,我不得不等待大的潮汛到来。我在电报中曾向您说明,在我们目前所处的形势下去拜访两广总督,可能会产生良好的效果。自然,我将伺机就地考察一下这次访问可能出现的麻烦。当然,假如我能预见到这次访问将引起人民敌对反应的话,我将节制自己。但是我有理由认为,事情不会到此程度,随"警戒"号由广州来的多威尔(Dowell)将军今天上午对我说,形势很安宁,他走遍全城未遇上什么麻烦事。

攻占北宁的消息不可能不传到这里。这一消息肯定会使中国人的敌对热情平静下来。这个消息是沁冲总督14日正式告诉我的,它轰动了香港。占领北宁的消息受到了英国巨商明显的欢迎。他们认为这次军事行动必然会迅速导致法中之间达成一项协议。他们还认为,我们最终占有东京是符合他们的利益的。

然而邻近的中国当局都散布说我们在北宁失败了。他们可能认为坏消息总是很快被传播开来，使得公众舆论无所适从。根据我所收集到的消息，中国居民眼下最关心的事似乎是法国不至因中国正规军参加保卫北宁的战斗而向中国索取过高的赔款。谣言传说“杜居土路因”号和“凯旋”号出发是去占领厦门作为抵押品。

C.P.中国第64卷第352—354页

1177 东京远征军总司令通令(第71号)

1884年4月23日于河内总司令部

总司令宣布海军部长发来的电报：

海军部致东京米乐将军

波里也将军和尼格里将军荣获二级荣誉勋章。

以下人员晋升一级：

甘内，参谋长；

博埃，海军上尉；

罗贝尔，中尉；

蒂埃里，少尉；

以下人员即将晋升：

夏皮衣，少校；

克雷坦，少校；

弗尔，上尉；

德斯马(Thesmar)，海军上尉；

北顾，中尉；

马尔里亚弗(Marliave)，海军中尉。

陆军中将、总司令 米乐

BB—4 1956第276页

1178　海军及殖民地部长致内阁总理

1884年4月24日于巴黎

内阁总理先生、亲爱的同事:

随函送上致米乐将军及孤拔海军将军先生的密码电报。

海军及殖民地部长

附件1　海军及殖民地部长致孤拔电

1884年4月24日于巴黎

如果黑旗军匪帮企图向顺化方向逃窜,请监视寺港(Vung-Chua)通道,并与克罗克主教联系。我已通知米乐将军,请他考虑是否有必要派军在该地驻守。

附件2　海军及殖民地部长致米乐电

1884年4月24日于巴黎

已令孤拔将军监视寺港通道,如有必要应派军驻守,以阻止黑旗军向顺化方向逃窜。

M.D.亚洲第43卷第223—226页

1179　米乐致海军及殖民地部长电

1884年4月25日于河内

晚11时15分收到

我认为孤拔将军坚持不懈地监视东京海岸,做得很好,但不同意在寺港设置驻军来防止异端分子窜向顺化。我反而认为,将一支部队孤零零地驻在那里是一件危险的事。我已通知孤拔将军,在我们得到顺化归顺和让步前,对在顺化发生任何纠纷,我都不容许。

M.D.亚洲第43卷第229页

1180 海军及殖民地部长致米乐

1884年4月25日于巴黎

(V·F·德·马赛尔于4月25日由巴黎发出)

我一接到您15日来电得知已夺取兴化,便立即去电向您和您英勇的士兵传达政府对你们新胜利的衷心祝贺。

在这里,我再次向你们祝贺,并表示我的完全满意的心情。我高兴地看到您指挥军事行动的灵活性、部队和水兵的斗志和毅力以及您为了摧毁敌人的重要阵地所采取的及时的措施。

我荣幸地授予波里也将军和尼格里将军二级荣誉勋位获得者的称号,而您对德斯马先生和马尔里亚弗先生的推荐,我也可以给予满意的答复。

我在21日的电报中已告诉您陆军部长拟同意您的推荐。

根据您20日电报所表达的意见,同时按照我21日电报中的规定,您应把军事行动局限于太原和谅商府。

希望您在最近能把我4月21日电报中所要的关于占领的正式计划寄给我。

另通知您,"母狮"号19日已离开苏伊士,"伊埃纳"号和"美洲豹"号在"塞涅莱"号的护卫下于12日离开亚丁。"阿杜尔"号由于机器发生故障而停泊于土伦,不久将从该地前往东京。

"安南人"号和"桑罗克"号于10日和22日停泊于土伦。"东京"号于20日离开土伦。

租借的船只"南特—波尔多"号载运了第5和第6艘"火枪"号型的炮艇。该船机器发生故障,因此可能停在南特直至4月底。

BB—4 1953(米)第35页

1181 海军及殖民地部长致孤拔

1884年4月25日于巴黎

海军中将先生:

此信到达时,您当已收到有关政府授予巴德诺先生使命的简要电报。

为使您对此事有详尽的了解,现随函寄去内阁总理先生4月23日的信① 和我们的全权代表交给安南朝廷要它完全接受的条约副本②。

巴德诺先生将于4月27日乘客轮从马赛动身,同行的有我们原驻顺化驻扎官黎那先生。

以后,当法国驻中国公使先生离开安南领土时,黎那先生将在东京占领军总司令的领导下担任驻顺化代理驻扎官职务。只有在我们的保护国制度最后建立时,才会在该城设置正式的总驻扎官。

您可能已收到请您派一艘军舰送巴德诺先生往西贡的电报,先将他送到沱瀼,并请您亲自及时到沱瀼,以便率领所有您认为在北部并非必不可少的军舰在该地迎接他。

我要求您采取一切措施使我们的全权代表的顺化之行尽可能隆重,从而在安南政府的思想上产生对我们的利益有利的印象。

一俟我们的外交代表到达沱瀼,您就要派出您的参谋长陪同他前往顺化。您还应派去一支200—300人③ 左右的部队护送,因此您必须事先着手安排,以保证其住宿和生活以及随着进入顺化

---

①② 原档未附4月23日信及条约副本,可参见上文第1175件及其附件2。——编者

③ 原文如此。——编者

河而产生的通信联系。

您可从顺安驻军中抽调这支小部队,米乐将军已令驻军司令在完成这一使命期间暂时归您指挥。

我认为,如您也认为适宜,这支护卫部队可包括您的分舰队一定数量的水手。

在签订条约时,为了给这一重要行动制造必要的声势,您可向顺化派去一定数量的分舰队军官;至于您本人是否有必要参加,由您自行决定。

您可与巴德诺先生商议,以便为他此行及他在顺化的逗留制定应当采取的措施,尤其是确定在谈判结束、我们的全权代表离开后,留在首都作为黎那先生卫队的士兵数目。

在完成其顺化的使命之后,该外交官将前往东京去现场研究当地局势。此外,根据茹费理先生的指示,他还要与您和米乐将军一道考虑为保证正常而和平地实行我们的保护国制度——条约草案中已规定在红河流域建立——的最适当的措施。

另外,请您给予巴德诺先生一切方便,以便前往他想参观的沿海各个地方。

我决定将这一指示的副本转送给米乐将军,现随函附去,请转送。

BB—4 1953(孤)第27—28页

1182 海军及殖民地部长致东京远征军总司令

1884年4月25日于巴黎

亲爱的将军先生:

当您收到这封信时,您肯定已收到了电报,因此您已经概略地了解了政府授予巴德诺先生的使命。

为了使您对此事有详尽的了解,前信已经给您转去内阁总理4月23日的信件副本及我们全权代表交给安南朝廷要它完全接收的条约副本。

巴德诺先生将于4月27日乘客轮从马赛动身,同行的有我们原驻顺化驻扎官黎那先生。

巴德诺先生的使命不会使授予您的权力有所改变。这次使命的目的在本信的附件[①]中已向您充分说明,以便您能通过向东京的安南当局施加影响给予我们的外交人员提供最有效的帮助。我请您在这方面尽力而为。

请您命顺安的驻军司令先生暂时接受孤拔海军中将先生的指挥,因为将巴德诺先生护送到顺化的护卫队是由他组成的。

我要求孤拔将军与巴德诺先生商议,以便为巴德诺此行及在顺化逗留制定应当采取的措施,特别是要确定在谈判结束、我们的全权代表离开后,留在首都作为黎那先生的卫队的人数。

顺安的驻军将相应缩减。占领顺化及顺安的支队人数今后将改定为500人,其中250名欧洲士兵,250名安南士兵,由一位营长指挥。这500人将全部从交趾支那的驻军中抽调过来。因此交趾支那的军队也将减少相应的人数。所以我4月21日给您的电报所拟定的计划,没有在这方面制订任何开支预算。

完成顺化使命后,巴德诺先生将到东京去现场研究当地的局势,他会把取得的成果告知您。您的政治活动自然是以维持这种形势为目的。

我们的外交代表还应该按照他从外交部长先生那里得到的指示,与您和孤拔海军中将先生一道考虑一些最适当的措施以保证

① 原档无此附件。——编者

根据条约草案规定在红河流域建立的我们的保护国制度正常而和平地执行。

当法国驻华公使离开安南国土时,黎那先生将担任驻顺化的代理驻扎官,从这时起,他将在您的领导之下。只有在我们的保护国制度正式组成后,我们才能在这个城市内设置一个正式的总驻扎官。

我将本指示的副本转给孤拔海军中将先生,您也可以看到一份我将寄给这位将军的指示的副本。

M.D.亚洲第43卷第236—237页

1183 海军及殖民地部副部长致内阁总理

1884年4月25日于巴黎

内阁总理先生:

您在本月7日的信里曾要求海军及殖民地部协助巴德诺先生筹措去顺化执行外交使命时携带赠给安南国王的一些礼品。在您希望海军和殖民地部出资购买的礼品中有一艘汽艇及12把镀金的军刀(海军式)。

我收到这封信后,就赶紧设法满足您的愿望。海军部预算基金中没有任何经费可用来支付购买或制造汽艇,因此不得不动用殖民地的预算基金来造汽艇;但由于基金有限,目前支付这样高的费用是很困难的。

因此,在下令制造之前,我等待您对这方面的新意见。应该补充说明,黎那先生对这个国家的人和事都非常了解,他对赠送这类礼物是否合适提出了保留意见。安南国王似乎已有一艘小汽艇,而从未使用过。黎那先生担心打算送的礼品与经费的开支不相称。

至于赠送安南国王的军刀,我立即下令用殖民地的预算基金来购置,并在短时期内交货。预计只能在巴德诺先生出发后交货。

礼品以何种方式发送目的地,便中请告知,谢谢!

M.D.亚洲第43卷第230—231页

1184　东京远征军总司令通令(第73号)

1884年4月25日于河内总司令部

总司令决定:法国军队将重新占领归仁港内法国租界。

纳韦尔(Navell)先生前不久被任命为归仁领事馆负责人,不日将往该地正式就任。

米乐

参谋长　甘内

BB—4　1956第278页

1185　东京远征军总司令通令(第74号)

1884年4月25日于河内总司令部

鉴于部队在东京地区新的分布情况,为了方便各部门间的通讯联络,总司令决定对今年2月21日所发布的行政通知的规定作如下修改:

各部队今后应将日报、申请、报告和其他公文函件交由各少将先生转呈,各少将先生的管辖权限范围将临时按以下划分:

河内省、山西、兴化和太原各省归驻河内将军司令先生管辖;

南定、宁平、海阳、海防、广安、Hong-yen①省归驻南定将军司令管辖。

米乐

参谋长　甘内

BB—4　1956第279页

---

①　原文如此。疑为Hung-yen(兴安)之误。——编者

1186 米乐致海军及殖民地部长电

1884年4月27日于河内

我已成了东京的绝对主宰者。军事任务既已完成,请下达政治任务,并将相关指示尽快告知。

BB—4 1956第125页

1187 外交部长致顺化驻扎官巴霍

1884年4月27日于巴黎

请告知辅政大臣,全权公使巴德诺由黎那陪同,明天启程前往顺化签署新的条约。

BB—4 1954(原件未编页码)

1188 东京分舰队司令孤拔致海军及殖民地部长

1884年4月27日于海防

24日来电敬悉。仅从海上对寺港警戒,而无陆上驻军,犹如隔靴搔痒。我已询问总司令将军可否提供200人的兵力与4门大炮。一俟得到答复,我便立即率领"巴雅"号与另一艘战舰前往可能发生骚乱的兑社(Xadoay)、寺港及顺化等地。务请从中国海域分舰队派两艘军舰来,因为东京舰队的舰只不敷封锁、警戒之用。

"永隆"号于23日抵达,死亡1人;在对该船进行了为期10天的隔离检疫之后,我已派其前往海面巡航。

孤拔

BB—4 1958第219页

1189 海军及殖民地部长致米乐电

1884年4月28日于巴黎

巴德诺奉命前往顺化,于4月27日与黎那一道动身。黎那在条约签订后将作为代理驻扎官留下来归您指挥。

孤拔海军将军将派舰只到西贡等候巴德诺并把他送到沱瀼。孤拔将率领其分舰队所有可以动用的舰只到沱瀼接待巴德诺,并为其顺化之行和在顺化的逗留作准备。从顺安驻军中抽调200—300人组成卫队护送全权代表。请命令驻军司令在此期间暂时归孤拔海军将军指挥。

巴德诺的使命对您的职权没有丝毫改变。巴德诺完成签订新约后将前往东京与您和孤拔将军磋商。巴德诺的使命主要是协调我们在东京的政治局势。您将收到从邮船寄去的补充这一指示的信件。

我已命令运输船直接前往东京而不在西贡停泊。

BB—4 1953(米)第38页

1190 海军及殖民地部长致孤拔电

1884年4月28日于巴黎

巴德诺奉命前往顺化,于4月27日乘邮船动身;黎那同行,并在条约签订后留下任代理驻扎官,受米乐将军指挥。

请派舰到西贡迎接巴德诺并将他送到沱瀼。您率领尽可能多的舰只及时前往该港湾迎接巴德诺,并为他前往顺化和在顺化的逗留作准备。派你的参谋长陪同巴德诺前往。从顺安驻军中抽调一支护卫队,再加上一小队水兵,总共200—300人。米乐将军将命令顺安驻军司令暂时归您指挥。

巴德诺的使命丝毫不改变米乐将军的权力。

巴德诺离开顺化后前往东京,与您和米乐将军商讨有关事宜。其任务是协调我们在东京的政治局势。

你将通过邮班收到补充这一指示的信件。根据米乐将军的请求,由于霍乱之故,我已令运输船直接前往东京而不在西贡停泊。

BB—4 1953(孤)第31页

1191 海军及殖民地部长致孤拔电

1884年4月28日于巴黎

米乐将军认为不必在寺港驻扎部队,因为那会被孤立于该地。中国海域分舰队舰只太少,难以派出两艘军舰。东京军事行动既已结束,可把"野猫"号和"益士弼"号交还给您支配。监视海岸所应采取的一切措施由您酌定。

BB—4 1953(孤)第39页

1192 东京远征军总司令通令(第77号)

1884年4月28日于河内

东京远征军参谋部

根据1884年4月27日的决定,远征军总司令任命:

1.海军陆战队莫西翁上校先生为东京第1土著兵团团长;

2.海军陆战队布里翁瓦尔上校先生为东京第2土著步兵团团长。

上述任命业经海军及殖民地部长批准。

米乐 参谋长甘内

BB—4 1956第282页

1193　孤拔致海军及殖民地部长电

1884年4月28日晚7时于下龙湾

“永隆”号发生几起霍乱,现把船退回西贡,以便卸货和消毒。

M.D.亚洲第43卷第246—247页

1194　中国海及日本海分舰队司令利士比致海军及殖民地部长电

1884年4月28日晚9时30分于上海

“拉加利桑呢亚”号、“伏尔达”号和“凯旋”号已到。我受到福州官员很好的关照。

C.P.中国第64卷第379页

1195　谢满禄致茹费理

1884年4月28日于北京

内阁总理先生:

法国最近一班邮轮出发之后不几天,《京报》公布了一道谕旨,任命两位总理衙门大臣。一位是户部尚书阎敬铭,另一位是刑部右侍郎许庚身。这两位刚进入总理衙门的新成员还不大为北京各国公使馆所熟悉,他们和各外国使馆还没有过任何联系。他们都是军机处成员。可能是由于总理衙门缺少一位内阁大学士产生了不好的效果,促成他们匆忙受命。很明显,他们被任命可能是对各国公使作出的一种让步,因为外国使节的态度和反应变得极其冷淡了。现随函奉上总理衙门认为应该把皇帝加惠这两位新大臣的谕旨通知给我而写的一封信的译文(附件2),以及我按照以往的公式就这封信写的回执的副本[1]。如果各外国公使今后必须和整个衙门进行联系的话,我觉得中国政府应当事先正式地告诉与中国有条约关系的各国。衙门的体制今日是什么样?今后是什么样?它的职权和职能是什么?这些国家到时要考虑推荐给它们的集体能否代替根据英国条约第5款规定的钦差大臣的角色。万一这些国家认为该接受这一改革方案,我想也要谨慎行事。要分清这个集体中哪些是资历最深的人,哪些是资历最浅的人,哪些是最初被派去协助恭亲王的人,哪些是历来作助理顾问来协助第一批人的人,哪些是高级别的官员,哪些只是当陪衬、级别最多是个道台的人。

无论是贝勒奕劻还是衙门的其他新成员,在任命之后都还没有遵照惯例很快就对各公使馆进行礼节性拜访。也许他们的意图仅是在等待巴夏礼先生和杨约翰先生回来:前者从上海到了朝鲜,后者目前在广州。也许他们是等待巴兰德先生和意大利公使卢嘉德先生来北京:巴兰德先生几天前已到香港,卢嘉德先生则在上海逗留。这样〈各国公使都在北京〉他们就能够在一天之内就结束辛苦的拜访。也可能是他们在等待他们和李鸿章之间对德璀琳先生提出的协议草案讨论的结果。李鸿章积极争取新政府接受这个草案。近几天来自天津方面的消息表明,和平从此可以得到保障。这些消息甚至肯定,从现在起即由总督与汇丰银行协商筹措款项,以支付我们所索取的赔款。我觉得这些消息出现得太早了,我很难相信中国人会如此轻易地慷慨拿出钱来。

然而应当承认,自新官员上台以来,七亲王和他的助手们似乎已经明白盲目地抵抗对这个王朝和帝国来说意味着怎样的危险。

---

① 原档缺回执副本。——编者

很久以前我就向阁下说过,到将来我们愿意立约的时候,我们遇到的最大困难之一将是那些当权的政治家们害怕由于接受了被认为与中国的伟大和尊严不相容的条件而要承担的责任。而这里新近发生的变革的结局,正是我曾经指出的,惟一的差异是他们还来不及同我们协商就垮台了。现在他们已失去了帝国的宠爱,过去所犯的一切错误都归罪于他们。新政府在和我们谈判时所处的形势比过去恭亲王和他的顾问在位时所处的形势更为有利,因为它可以设法把它不得不接受和签字的责任推到它不断地批评的人的身上,而当它从这些人手里接过权力时,形势已经变得非常和解了。以致它能希望在不太严重地损害国家和皇帝安全的情况下使形势得以恢复。另外,那些最有影响的人物,由于他们现在当了政,个人野心得到了满足,他们自必竭力避免在对他们来说是凶多吉少的事件中去冒险,因为这种冒险的结果必然是他们对一切难以避免的灾难要承担重大责任。

德国新任代办 Tembsch①先生一周前已到北京。他以德国代办的身份,在巴兰德先生之前两周到达,大家对他的到来感到惊讶。有人说谭敦邦公爵似乎受到了俾斯麦亲王的训斥,据说他由于就两广总督采取封闭河流的措施给总理衙门写了一封信语气太生硬而被召回。在这件事上,广州的穆林德(Otto F. von Mollendorf)先生似乎也受到严厉的训斥。可能李凤苞向柏林提出了申诉,换来了对这两位代表的严厉措施。我越来越觉得中国和俾斯麦先生之间的关系要比人们通常所想像的要好得多。从中国一些官员嘴里流露出来的一些言语中推测,通过李凤苞,德国在私下已借钱给中国。

① 原文如此。——编者

最近一个时期,好几个在北京的外国公使都认为,对出现反对欧洲人的揭帖一事应当有所警觉。人们在谈论这些揭帖时往往想起1871年大屠杀之前在天津流传的种种神话。外交使团上星期召集了一次会。我本人认为,我们在首都目前不会有危险。如果天主教徒开始遭到严重的骚扰,我将电告阁下并请求指示。我到中国以来,每年在佛教徒到附近的一些有名寺院进香的时候,总可以看到发生反欧洲、尤其是反法国的一些示威。

谢满禄

附言:我刚收到外交部本月26日的来电——微席叶已于昨日去西贡——我一定使中国政府明白法国政府的意图,遵照阁下给我的电报指示办事。

附件1 1884年4月19日京报所载上谕

上谕:户部尚书阎敬铭、刑部右侍郎许庚身著在总理各国事务衙门行走。钦此。

附件2 总理衙门致代办谢满禄

光绪十年三月二十六日(1884年4月21日)

总理各国事务、御前大臣、郡王衔、贝勒奕,军机大臣、户部尚书阎,工部尚书麟,军机大臣、刑部右侍郎许,内阁学士兼礼部侍郎衔周,二品顶戴、署礼部左侍郎、都察院左副都御史陈,二品顶戴、署户部左侍郎、顺天府府尹周,二品衔、署工部左侍郎、宗人府府丞吴,署都察院左副都御史、翰林院侍讲学士张为照会事:

光绪十年三月二十四日(1884年4月19日)内阁奉上谕:"户部尚书阎敬铭、刑部右侍郎许庚身,著在总理各国事务衙门行走。钦此。"

相应恭录谕旨,照会贵署大臣可也。

C.P.中国第64卷第360—367页

1196 谢满禄致茹费理电

1884年4月29日晚7时55分于上海

29日晚9时30分收到

微席叶先生昨天(27日)已赴西贡。德璀琳先生在天津。李鸿章在继续进行防御准备的同时,向北京强调签订条约,由于法兰亭先生的提醒,他可能已得知法国政府的意图。

谢满禄

C.P.中国第64卷第368页

1197 谢满禄致茹费理

1884年4月29日于北京

内阁总理先生:

现荣幸地随函奉上香港报纸《德臣报》(Daily Press)4月3日一则报导的摘要。阁下可以看到英国在缅甸所取得的进展,以及英国政府为了在深入云南省方面超过我们所作的巨大努力。

可能别处已把这份令人感兴趣的消息详细地向部里作了报告,然而我认为我有责任把落到我手里的英文新闻的片断给您寄去。

附件(略)[1]

C.P.中国第64卷第369—370页

---

① 原档所附报纸字迹太小,无法辨认,故未译出。——编者

1198 利士比致海军及殖民地部长密电

1884年4月29日于上海

李鸿章给在上海的马建忠发电报，请求我允许福禄诺作为朋友到他那里去，以便就目前的形势进行交谈。我已将“伏尔达”号派到烟台，并同意福禄诺前去。

C.P.中国第64卷第377页

1199 利士比致海军及殖民地部长密电

1884年4月29日于上海

李鸿章通过给马〈建忠〉的一封电报，请我向您转达一条信息，他刚成功地劝中国政府召回曾侯，以满足法国的第一个要求。

福禄诺中校已去天津，不负官方使命。我将把所有随后的消息向您转达。

北京的形势似很紧张。但是根据总督的措施，我相信达成谅解的日子不会太久了。

C.P.中国第64卷第378页

1200 海军及殖民地部长致内阁总理兼外交部长

1884年4月29日于巴黎

内阁总理先生、亲爱的同事：

现随函送上海军中将孤拔先生3月20日第283号报告的副本。报告中有关安南政府的安排和顺化朝廷主要人物的某些情况，我想您会很感兴趣。

内阁总理、亲爱的同事，您将看到孤拔海军中将能向巴德诺先生提供有关某些安南官员、特别是辅政大臣的有用的情报。

附件　东京分舰队司令致海军及殖民地部长(机密)

1884年3月20日于下龙湾

部长先生:

作为对我本日有关海军分舰队行动的报告的补充,现荣幸地给您寄上我对安南政府目前的安排及其勾当的简评。我这些看法在几个星期以前已经形成,最近又由我巡视归仁、沱瀼及顺安时收集的情报所证实。

去年11月29日政变后,协和帝被废黜,不久就去世了。新的政府对我们抱着几乎是公然敌对的态度。后来我们攻克了山西,新的援军也到了,它表面上不得不改变态度,实际上我认为它的看法、它的愿望并没有改变。

首席辅政大臣阮文祥表面上很随和——我们在北宁的新胜利使他更加强了这一表象——我认为他仍旧保留着敌对的计划。为了证明我这一看法,我将再举一件事实。他反对拆毁顺化河水坝,刁难我们,做事拖拖拉拉。而拆坝一事是8月21日的停战协定中早有明文规定的。不顾驻扎官和最高司令官的一再要求,这项工作还是停滞不前。另一方面,那些杀害基督教徒的凶手虽然已经逮捕,并且应我们的要求判了罪,但是还没有处决。相反地,受何罗栏先生连累的全权代表至今还没有被重用,还被囚禁在牢内。我们驻顺化的驻扎官听说河内的总督可能被降了一级。我在山西提名任命的那个人到现在还没有批准,对于宁平的巡抚也是一样,他也是我提名的。

至于第二辅政大臣,他是前任兵部尚书,人称尊室说,据说他对我们抱有的敌视态度甚至不想掩饰。

我担心这种敌视行动最终总有一天发展为将国王赶走,把政府迁移到远离海岸的一个城市中去。那里比在顺化我们更难施加压力。安南政府也许会因为能在那里指挥暴动,反对我们的保护国制度而沾沾自喜。只有这样解释才能说明它为什么要秘密地输入武器和弹药。这也证实了我最近路过归仁时所得到的消息是可靠的。再说,放弃顺化早就列入了安南政府的预定计划之中。如果该计划付诸实施,将会给我们造成许多重大的阻难。

以我看来,只有出其不意地突然占领顺化城,才是惟一的预防办法。要成功地进行这样一次进攻,有1000—1200人,一个炮兵连,再加上顺安的占领军就足够了。在我动身去归仁之前,我曾就这项计划的执行方面试探了米乐将军的意见。他认为,由于辅政大臣表面的态度,现在还不是时候。我返回这里后,就已把我刚才向您陈述的意见以及结束这一状况我认为必须采取的方法告诉了他。作为全权代表,他有责任对此作出或者请求政府作出决定。我等候他的答复,并随时准备将占领方案付诸实施。

孤拔

M.D.亚洲第43卷第243—245页

1201 内阁总理茹费理致海军及殖民地部长裴龙

1884年4月29日于巴黎

将军先生、亲爱的同事:

4月25日来信承告巴德诺先生馈赠安南国王的礼品中不宜再列汽艇一项。在目前的情况下,我们都有同一想法,我认为这项送礼有必要压缩一些。

关于赠送给安南国王12把镀金军刀,您既已派人购买,如能尽早送往黎那先生处,将不胜感谢。届时黎那先生将把军刀交给我们在顺化的特使。

M.D.亚洲第43卷第251页

1202 海军及殖民地部长致利士比电

1884年4月30日于巴黎

政府同意派福禄诺不负官方使命去天津。请随时将他和总督会谈的情况告我。

C.P.中国第64卷第380页

1203 外交部长致顺化驻扎官巴霍密电

1884年4月30日于巴黎

请告诉我,在目前形势下是否可以等待巴德诺抵达而不必担心?您是否害怕在顺化会引起混乱?

BB—4 1954(原件未编页码)

1204 东京远征军第3挺进团外籍军团第2营行军纪事

1884年2月24日至4月16日

进攻北宁(2月24日至4月2日)

日期	行动纪事
1884年 2月24日	下午3时到达下龙湾锚地,实有人数:士官和士兵共595人。
2月25日	驶离下龙湾。 1.组成人员:第1、第2连及参谋部。 出发日期:2月25日上午6时,由“巴斯瓦尔”号运送。 集合地点:海防

到达日期:2月25日1时。

2.组成人员:第4连。

出发日期:2月25日下午,由“斗拉克”运送。

集合地点:海防。

到达日期:2月26日上午8时。

2月27日 驶离海防。

组成人员:第1、第2、第4连及参谋部。

出发日期:2月27日上午。

第1连的第1排和第2连由“闪电”号炮舰运送,第1连的另一个排和第4连连同参谋部由“飓风”号运送。

到达日期:2月27日下午。

集合地点:海阳。

3个连被部署在城东北的庙宇里。

波尔热上尉的第3连是完成以下的航行后到达海阳的:

1883年12月27日在梅尔斯—克比尔(Mers-et-Kebir)乘上“欧洲人”号,于1884年2月8日晚上8时到达下龙湾。同一天转乘“凯圣”号,因轮船未能越过沙滩,2月10日转乘“斯芬克司”号(Sphinx),于当天下午3时到达海防。10日在海防同第1营携带装备的援军200名士兵会合。2月11日、12日他们留在海防。2月13日分成3批上船,于14日上午9时左右到达河内。同日波尔热奉命开往巴总(Ba-Tong),那里第1营的穆里内(Moulines)连正受到200名敌人的威胁。他带着两排半的兵力于11时30分赶到巴总,在那里筑了一个小小的桥头堡。

穆里内上尉于15日上午10时向后撤退,分遣队重新登船,同穆里内连剩下的人员一起驶往海阳,2月16日上午到达。2月21日第1营约200名增援部队乘船去同设在七庙的指挥部会合。

2月28日 留在海阳。

2月29日 留在海阳。

3月1日 留在海阳。

3月2日 留在海阳。

3月3日 从海阳驶离。

部队组成:第1、第2、第3和第4连以及参谋部。服装管理官芒索先生仍旧留在海阳。

出发日期:3月3日晚上6时。

搭乘船只:"飓风"号和4艘拖带的帆船。

编制:全体军官(芒索先生除外)。

编制人数:754人[1个要塞排,包括中士1名,下士2名,士兵21名。中士格里斯兰(Grislin)留在海阳]。

集合地点:七庙哨所。

到达日期:3月3日晚上10时。只有第2连和第3连的一个排上岸。

死亡人员:第4连……[①] 9295号洛尔(Loll),凌晨1时左右从炮舰上落入江中溺死。

3月4日 早晨6时下船。

① 原文不清。——编者

宿营:第4连在哨所西部的凸角堡内,其他3个连在江边的山麓。

3月5日 留在原地。

3月6日 第1连的科特(Cotte)上尉占领江左的棱堡。

3月7日 留在原地。

3月8日 从七庙出发。

人员组成:第2、第3和第4连。

军官名单:除了芒索先生和第1连的7位军官外,其余的都和驶离奥兰时相同。

士官和士兵的编制:人数574名。

大约800名黑旗军攻击左岸上的小堡垒,该堡垒属于红河右岸的七庙哨所。他们推进了700米,但被“马枪”号、“短枪”号和“飓风”号等炮舰击退,第1连也以排炮支持了舰只,这就决定了黑旗军的溃败,这个连掩护得很好。3月9日敌人又出现,但没有交战便撤退了。

出发日期:3月8日早晨5时35分。迪歇纳中校率领的纵队主力部队以第2营为先头部队,循着裘江右岸朝那奥堡方向溯流而上。在攻克了该堡之后,第2营排成一排,直扑由山堡垒。指挥第2旅的少将下令通过要塞脚下的小桥,穿过那奥堡上游的裘江支流,去夺取由山堡垒西面的鲁决村,以便包抄敌人。第3、第4连摆开了阵势,1个连对着村庄的北部边缘,在已经开火的东京排的右面;另1个连(即第4连)从西面包抄村庄。第3连在阵地的背面并对着他们穿过的村庄进行了几次齐射,然后再改变方向向右挺进,也就是向西面挺进,以猛烈的火力轰击敌军。敌人撤离阵地,把旗帜插在西面800—900米处。此时第2连已到了第3连的左侧,即村庄的西端。这样第3连右面有第4连,左面有第2连。加上排炮齐发,敌人不得不相继逃窜。

宿营:4时半,各连都在鲁决村的东南扎营,第3连则在大树村(hameau du Grand Arbre)以南300米的小村中扎营。

3月9日 留在鲁决的营地上。

3月10日 留在鲁决的营地上。

3月11日 留在鲁决的营地上。

3月12日 从鲁决出发去由山。

部队组成:第2、第3和第4连。

军官名单:同前。

在由山堡垒以西的鲁决村和大树村宿营的第2营,在早晨6时20分就走出村庄,朝由山方向的古螺(Xua Noa)大教堂处开拔,去充当旅部的前卫。第2连以1个排的尖兵走在前卫部队的前列,该排的前面是3个东京土著步兵排,前卫的主力第3连和第4连走在后面600米处(第3连在右面,第4连在左面),它们的前面还有第3海军炮兵队(乙)(6尊炮)。9时左右,东京土著步兵发现敌人占据着这个方向右面的一个村庄;但在这个村庄前面,面对纵队方向还有一个村庄,已由米拉巴尔(Mirabal)上尉率领的第2连奉命用2个排的兵力从右面加以攻占。卡德隆(Carteron)中尉的1个排从左面及时赶到,阻止中国人在那里立足,迫使他们退守到另一个村庄后面的战壕中去,罗诺(Ronost)排则排成丁字形在左面。

这个连在左翼没有什么支援,它以炮兵部队占有这个阵地,直到1时半才由旅的后卫部队接防。

战斗一开始,波尔热上尉的第3连就奉命远远超越应该攻克的一个阵地,一枪不发,迅速向总指挥部西面的一片树丛进发。由于在被水淹没的稻田里行进,前进极为困难。该连在这个阵地上冒着中山山麓的猛烈炮火和村里齐射的火枪,一直坚持到2时15分。第1连向该村的守卫者发动进攻后,第3连从斜面袭击敌军的防线。每一次新的守卫者到达村里和被迫撤退,损失都甚为惨重。

第4连奉命循着几乎同第3连相同的方向前进,拉克鲁瓦中尉的排走在第1连的右面,向前面大约2公里的教堂方向前进,试图从右面去包抄敌人,然后再将其驱向左面的丛山(即中山)中去。那里,在它的右面600米处驻有一大群黑旗军,在它的正面和左面也有同样多的黑旗军,但距离比较远些。朝右方发出齐射起了作用,在第1营的进逼下,敌人开始向左面溜走。

这时该连只需警戒它的正前方和左面。在1时半至2时之间,许多黑旗军向它冲来,一直冲至200米处。打得很准的3次齐射迫使他们急退到一片树林后面,丢下了若干尸体。

总之,在向教堂和北宁城堡前进时,这个营带着保卫本旅左翼的3个连,试图把敌人赶到从后面赶来准备向中山进发的第1旅那里去。

2时1刻,当炮队、第2连以及本旅后卫部队到达它后面教堂的公路上时,第3和第4连看到中山山脊已被第1旅占领,它们就向北面的堡垒前进,于晚上7时到达,在那里宿营。北宁已于下午6时被迪歇纳中校率领的外籍军团占领。

伤亡:

第2连 8030号扎邦(Zabem)中士 伤

第3连 6779号布洛内二等兵 亡

6003号让兹(Jamtz)二等兵 伤

8792号尼尔齐孔基(Nilzikonki)二等兵 伤

8959号佩里古(Perrigoud)下士 伤

9127号蒂尔(Tille)二等兵 伤

9422号博特默(Borteme)二等兵 伤

9849号奥加尔(Augard)二等兵1884年3月13日死亡

9867号阿斯铁二等兵 伤

3月13日 第2营(3个连)于7时半离开宿营地,去占领北宁城堡。上午11时半,它离开城堡,去占领东堡,第2连也被派到那里去。第3连和第4连驻扎在阵地下面的一个村子内,将哨所设在村边。

3月14日 留在原地。

3月15日 第2营走在主力部队的前头,目的是对谅山公路进行侦察。外籍军团的第1营是先遣部队,已去谅商府准备渡江,第2营没有提供什么增援。

3月16日　扎营在南昌(Nam Xuong)前面公路(从谅商府至谅山的公路)两旁的第2营是旅的先头部队,安南步兵在前头开路。第2连作为主力部队的右翼,第3连作为左翼;在第二线的第4连跟在第3连的后面。敌人在定山(Son Dinh),安南人向他们开了火。第2连奉命去夺取右面山丘上的阵地,把敌人驱往左面;第3连继续前进,由于安南人已在作战,它奉命向左面包抄,然后夺取村子南面的突出部分。这时第4连已转向左面,同第3连形成协助安南人的态势。这两个连经过连续进攻,攻克了村子。第3连就在村子前面横跨公路布置了阵地。这时,第2连同右面保卫村庄的中国人周旋(这些中国人在村里设有店铺),并继续和在中午前与其会合的第4连一起向右斜向运动。两个连在夜晚到来前,对纵队右翼进行了搜索。第3连继续沿着公路的右侧尾随着安南人。这些安南人在11时半左右占领天努(Thien Nuc)阵地。第3连在他们后面占领了右面的阵地,中午12时半,重新向前行进。射击也重新开始,只是到郎甲附近才中止。先头部队已在2时半开到那里,那时营部立即趋向郎甲前面800米处,以保卫正在越过公路的纵队。

亡:第3连　5774　杜曼(Thumann)　下士

伤:第2连　9473　米雷(Mureg)　二等兵

东京远征军嘉奖通令:(第46号)

迪歇纳中校率外籍军团在进攻计磊堡垒的作战

	中表现突出,他在指挥对北宁的奇袭时,既有闯劲又有机智。波尔热上尉也杰出地指挥了进攻计磊村,他的连当时是处在敌军步兵和炮兵多于我军的情况下作战的。
3 月 17 日	第 2 营带了一排炮兵去搜索郎甲附近称为城堡的村子,发现有 4 尊克虏伯大炮被投入水潭里,大约 6,000公斤的弹药也被淹在水里。然后他们继续前进直至□……谅山公路的左边,企图消灭依连(Ye Lien)村的中国人(据探大约有 300 人)。村庄已被包围住,向大庙(他们可能扼守在那里)发了 3 发炮弹;然而,什么也没有。晚上,营部又回到郎甲,在谅山公路前面重新恢复了前哨,警戒线前面设了一个陷阱。这时迪歇纳中校离开第 2 营,去指挥返回到北宁的第 1 营。
3 月 18 日	守卫原阵地,休息。
3 月 19 日	该旅回到北宁,第 2 营奉命留在谅商府,建立竹桥、桥头堡和防御设施。
从 3 月 19 日至 4 月 2 日	第 2 营的第 2、第 3 和第 4 连都留在谅商府。留在七庙的第 1 连于 3 月 31 日出发,4 月 1 日到达北宁。

进攻兴化(4 月 3 日至 16 日)

日 期	行 动 纪 事
4 月 3 日	本营奉命立即回北宁,同第 2 旅会合,向兴化进军。
4 月 4 日	晚 10 时 30 分在塔求宿营,次日上午到达北宁。由于旅部已出发,本营便沿天德江而行,渡过天德江后即扎营。

4月5日	第1连抵达红河时与营部会合,乘帆船渡江到达河内,全营在城内宿营。
4月6日	上午6时半,全营从河内出发,在通向山西的公路上的求兴村(Village de Kéu-Hong)宿夜。
4月7日	早晨7时出发,在底河涉水而过。之后,在剑奚(Kem Hé)周围的村子内宿营,距山西仅有3公里之远。但第1旅还未从宿营地出发。
4月8日	全营于早晨7时20分到达山西,并在城堡和西门之间的郊区宿夜(西门后被命名为梅尔门,以纪念在进攻西山时阵亡的第1营上尉副营长)。
4月9日	全营在6时半出发后在福州(Fou-Chou)宿营。进军时纵队主力一起同行。上午10时左右,我们左侧的第1旅架好了大炮。第2旅沿着红河堤前进。没有发生战斗。
4月10日	留在福州和安州(Yen-Chou)的村子里,第1、第2连驻在村内,守卫左(南)翼。在左岸的宁社村(Village de Ninh-Xa)和富法村(Village de Phu-Phap)发现敌人。第3连在红河畔宿营,第4连则把左翼靠在河旁而往后宿营。
4月11日	本营的先头部队到达黑河和红河会合处的张社村(Truong Sha)后,第1旅应搭乘帆船过河去攻击兴化。
	第1旅应越过不拔上游15公里处去包抄敌军阵地,早晨8时半左右到达岸边时,部队奉命扎营。大约在2000米处的黑旗军被几发炮弹驱散。

11 门大口径炮(80 和 95)已经装在营地的后面,对兴化和江上连接临洮府公路(撤退线)的桥梁进行炮击。大约上午 11 时炮击开始,一直继续到下午 4 时半才停止。

城中一片火海,城堡中已空无一人。

全营没有特别任务,一直驻扎在那里。

4 月 12 日　本营奉命为先头部队。中国部队已完全放弃兴化。在登上帆船之前,本旅集结在黑河旁俯视河流的群山后面(距营地 2 公里半)。行军令已改变,外籍军团的两个营改在纵队左边行进,而第 23 和 111 团所属各部走在最前面。第 23 团所属某营在《马赛曲》的歌声中进入兴化城堡。第 2 营在到达兴化之前,同一个前哨排驻扎在红河上。

4 月 13 日　留在原地。

4 月 14 日　留在原地。

4 月 15 日　留在原地。

4 月 16 日　留在原地。军事行动已结束,第 2 营奉命同第 1 营一起驻防兴化。

1884 年 7 月 12 日于兴化

上尉副营长

营长

BB—4　1957 第 131—136 页

1205　东京远征军第 2 旅第 4 挺进团第 2 营(属第 23 团)军事行动纪要

1884 年 4 月 6 日至 22 日

日　期	行 动 纪 事
星期日 4 月 6 日	第 2 旅于早晨 6 时 30 分出发。第 23 团第 2 营为旅主力的先头部队,于 6 时 45 分经过原出发点,10 时 35 分至 11 时 45 分就餐休息。2 时 45 分抵达丰村宿营地,部队部署在村庄西部,警戒部队驻在村后东侧。
星期一 4 月 7 日	第 2 旅于 6 时 30 分出发。 第 23 团第 2 营为先头部队,行军序列:第 4、第 1、第 2、第 3 连。6 时半经过原出发点——巴兰公路和丰村堤岸的交叉路口。 涉水渡过底河,用 25 至 30 厘米长的小木桩标志水深,进入和通过时都很便利。行李由安南小船运送。从 10 时 15 分至 11 时 15 分餐间休息。下午 1 时 30 分到达继迷(Ké-Mé)宿营地。第 23 团派出白天值岗的连队(第 1 连布置于北部和中部)。
星期二 4 月 8 日	第 23 团在山西的宿营地点见图。 第 2 营于 6 时 30 分出发,分散行军,第 2、第 3 连为先头部队,第 1 连为辎重守卫队,第 4 连为后卫部队。10 时 20 分,全营穿过山西的西北部到达富尼(Phu-ni)宿营地,全营布置在村西。

Cantonnements du 23e à Sontay, 8 Avril.

4月8日第23团 极山西的宿营方位

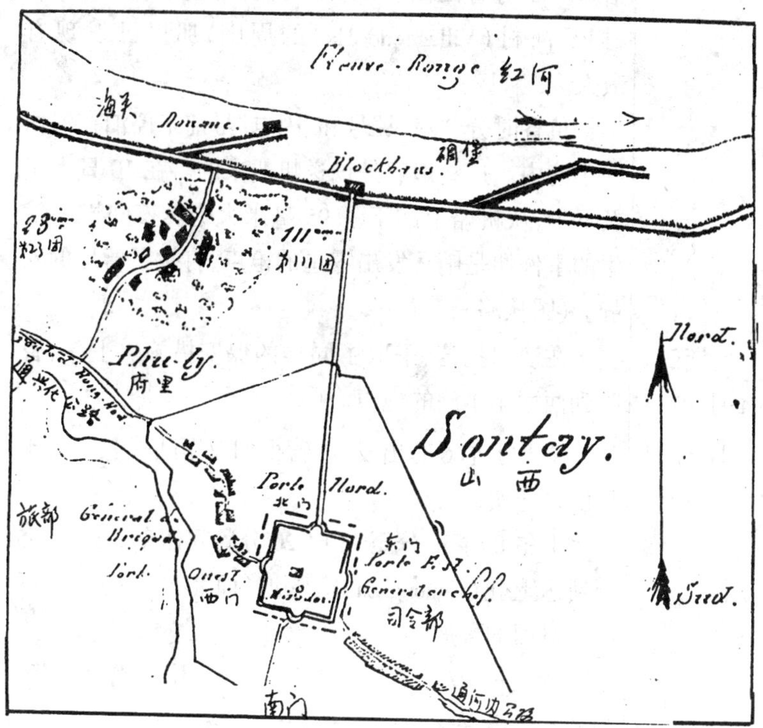

星期三 4月9日

第2营于早晨6时30分出发，排列在第111团的两个连之后，另有纵队来充实它。上午10时至11时大休息。下午2时30分到达演州(Dien-Chu)宿营地。本营分扎在兴化大路两旁。各连自行采取保安措施。面对着西面和北面(河流)并监视着Trinx-Kā村①及河村(Village de Ha)的周围，那里已发现有敌人。

黄昏时分，“飓风”号和“闪电”号前来停泊在河西的小湾内。这些炮舰是护送帆船来的。在10日上午及下午，从帆船上卸下了95毫米大炮。夜间惟一发生的事件便是哨兵发出零星的枪声，打扰了营地的安静。(图从略)

星期四 4月10日

在演州扎营，采取了同样的保安措施。上午，曾听到西面第1旅的炮声。

4月11日

全营于早6时出发，本营得到海军陆战队一排士兵前来充实。

上午8时50分至11时20分餐间休息。11时45分到达上扎(Chuong-Za)宿营地(面北)，由连队负责红河对面的警戒。

从上午10时至下午5时30分，用80毫米和95毫米炮轰击兴化。

炮轰的目标是：1.兴化东部的前沿防御工事；2.兴化；3.敌人撤退时用的红河大桥。

---

① 疑为Trinh ka(陈卡)。——编者

星期六
4月12日

早晨5时30分出发。本营是旅的先头部队,原定搭乘帆船、侦察艇和驳船渡过黑河。

为了掩护纵队过河,本营官兵不得不涉水到西岸。河宽300米,中央深达5至6米。士兵们起先涉水1米、1.1米;由于缺乏木板,他们只得从帆船上直接手拉手地走下水或者干脆跳入水中,这里与西岸距离尚有200米。

在上樟村(Village de Chuong)西侧布防、全力掩护纵队通过。

11时继续前进。

下午12时45分,进入兴化。

本营负责守卫城堡4扇城门,宿营在城内。下午1时30分,一批中国人要把30多包茶叶装上船,人和茶叶都被扣下送往北门的哨所。昨夜炮队在95至4500米远处轰击了这个城。黑旗军和中国人于11日至12日上午弃守。第23团的旗帜于12时50分已悬挂在观察哨的旗杆上,这根旗杆本来悬挂的是刘永福的旗帜。由各连负责保安工作,第3、第4连驻宿在城堡内。堡内都已炸毁,火还在熊熊地燃烧着;火箭频频射出,伤了一些人。

第1、第2连驻扎在城南总司令部外围的林荫道上。

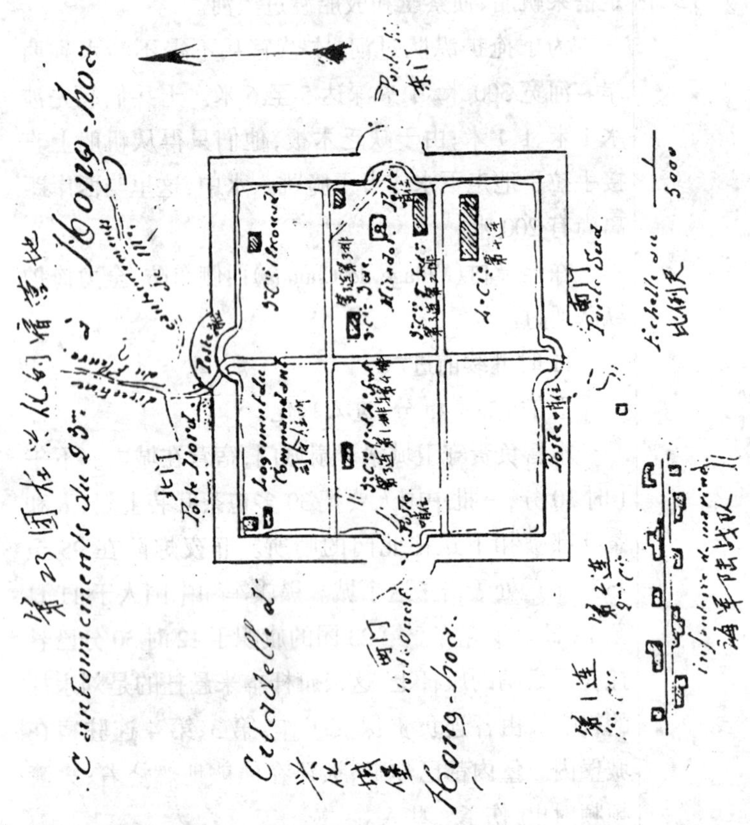
第23团在兴化的宿营地
Cantonnements du 23e à Hong-hoa
Citadelle de Hong-hoa
兴化城堡
北门
Porte Nord
东门
南门
Porte Sud
西门
Echelle de 1/5000
比例尺
海军陆战队
Infanterie de marine

大炮击毁了许多工事和棚屋,但是大火主要是由中国人放的。第1旅于晚上8时左右到达。它来自坡塘(Po - Tang)。东京土著步兵占领了红河左岸。

兴化城堡在市中心。对于这个国家来说,这座城堡的建筑看来是相当牢固的,在各个方向上都精心修筑了无数各式各样的附属工事:鹿砦、尖桩陷阱、4层竹篱、装甲小工事、铁蒺藜、小木桩、防炮战壕,总之,一切都已准备就绪,以便坚守。这也说明,这些人已患上了防御的歇斯底里病。

通令(第61号)

军官们、士官们、士兵们和水兵们:

攻占北宁整整1个月后,你们又攻占兴化城堡,这是一次新的辉煌的胜利,共和国为此向你们表示感谢。

如果说我为你们减少了流血牺牲而感到相当高兴,那么,你们则是在如此紧急的情况下表现出了我深知可以信赖的坚毅精神。因此我高兴地告诉你们,你们使我们美丽的省份旁边又增添了一个优美的属地。

你们再次证明了,法兰西永远拥有怀着最纯洁的爱国主义精神的刚强士兵和勇敢水手。

陆军中将、东京远征军总司令　米乐

1884年4月12日于兴化

星期日 4月13日 复活节

在兴化城堡内戒备，点名，持枪操练。

送出十字勋章和军衔的提名名单。担心城堡内各处存放的火药有着火的危险，我们用水和泥土扑灭了城堡内的大火。

由军官和士兵们组织的侦察队沿着城堡的围墙巡视，搜查城堡内部的墙脚，察看有无火药库和导火线。

星期一 4月14日

在兴化城堡戒备。

设置工事，巡逻，保安工作。第23团占领4处城门。上午6时至8时操练。

星期二 4月15日

在兴化城堡营地戒备，巡逻。上午和下午操练。保安工作。上尉检阅。

星期三 4月16日

在兴化城堡营地戒备，巡逻。上午和下午操练。保安工作。

星期四 4月17日

纵队出发，列提利埃同土著步兵一起出发。

在兴化城堡戒备，巡逻。早晚操练。保安工作。

星期五 4月18日

在兴化城堡营地上戒备，巡逻。保安工作。操练。

4月19日出发前的检阅。

上午，波里也旅出发巡逻。保安工作。

4月18日第1连派征召来的士兵前去侦察。

早晨6时出发。路线：山西门(Porte de Sontay)、红河右岸。1个排展开成散兵，面对大湖，守卫罗常村(village de la Thuong)西侧。与它相邻的另一个排则向红河北岸推进，将隐藏和放牧在罗常、大湖及公路边的稻田里的牛驱赶至通向山西的路上,并将已集中的37头牛牵回营地。

在追赶牛群时,虽然找到当地的土著人来帮助,但还是有1名安南译员被刺伤倒地。

第1连于下午2时返回。

1884年4月18日由第1连进行的侦察。(附图略)

星期六 4月19日

5时35分从兴化出发,第23团主力部队走在第111团的3个连之后,第3连为后卫,行军序列:第4、第1、第2连。从一座下凹的竹桥渡过黑水河之后,于9时50分至10时50分餐间休息。

12时45分到达同桥宿营地。第23团在村东侧扎营;在瓦村(Village de Vac)以西200米处驻着第4炮兵连(即Pa□……和萨克雪炮连)执行安全勤务。

第2连二等兵马列去世。

通令(第65号)

1884年4月19日于总司令部

总司令高兴地将海军部长的来电转告各部队:

海军部长致东京米乐将军:共和国政府为你们取得新的战绩向您和您的勇敢将士们致以热烈的祝贺。

陆军中将、东京远征军总司令　米乐

星期日 4月20日

早晨5时36分出发,第23团是先头部队,后面跟着东京土著步兵。

第4、第1、第2、第3连是纵队主力部队的先头部队，由第4挺进团中校司令德富瓦指挥。

追击盗匪

上午6时30分，先头部队发现盗匪在进攻X村，该村在公路以南300米处，距离跨越公路的芽村(village de Nha)650米。

1884年4月20日上午的报告：

第4挺进团(第23团)的第1营参加了对这伙盗匪的追击。

早晨6时50分，奉第4挺进团中校司令的命令，纵队主力的先头部队第1、第2和第3连离开芽村广场附近的兴化——山西公路向南行进，目的是：

1.与东京土著兵及其后卫第4连取得联系，他们正在向南追击逃走的盗匪。

2.转向左侧搜查，将在右侧各村庄内遇到的匪徒驱赶到东京土著兵及第4连火力控制下的m^1、m^2、m^3、m^4各小山丘上。一俟走出公路，第1连和第2连就连接成单行前进，每个连派2个排负责安排两连的衔接事宜，各排以集合或间隔的班组成。

第3连作为后备队，应有2个排担负后卫工作。

7时20分，本营同第4挺进团相会合并按战斗序列向南前进。

虽有稻田和两条小河，部队仍行进得很快，第1连和第4连穿过V村、V'村、V''村，涉水渡过小河，从木桥上走过大河。在到达高地时，高地后面的匪徒大部分已无踪无影。

同第4连会合在一起的第2连已通过V村,几个人个别开了火,一个班进行了齐射,他们从村庄的一块空地上向西南方向飞快逃跑的劫掠者射击。

第3连占领了石桥阵地。

8时,东京步兵返回后,本营决定通过石桥及芽村东街去同纵队会合。8时36分,本营在第1连走了5.6公里,第2连、第3连和第4连走了5公里后,恢复其在纵队中的位置。

死亡1人:二等兵德洛尔姆(Delorme),被紧跟随在他后面走的士兵的刺刀刺伤左脚跟腱,他走到V村便倒下了。

营长说,他的士兵们精力充沛,他们愉快地穿过稻田和小河去追击敌人。

下午1时到达山西,宿营西街。

星期一 4月21日　早晨5时30分从山西出发。本营在纵队的后面压阵,第4连作为后卫部队。

9时40分至10时40分,餐间休息。从11时40分至下午2时30分乘安南帆船渡过底河,马匹泅水过河,2至3时到达营地,警戒工作由本营各连担任。连的行军序列:第1、第2、第3连,第4连为后卫部队。(17公里)

星期二 4月22日　早晨5时出发,第1连任前卫,第2、第3、第4连作为纵队的先头部队,经过原出发点,于早晨5时7分抵达河内公路一个村庄东面附近的石桥处。9时

30分至10时30分穿过8月16日的黑旗军防线后，在望村进行餐间休息。

12时10分抵达河内，12时25分进入河内城堡。本营即驻扎在城内。

1884年4月22日

营长

BB—4 1957第143—157页

1206 东京远征军第2旅第4挺进团×营(属第111团)进攻兴化日记

1884年4月6日至23日

日　期	行动纪事
4月6日	第2旅离开河内向兴化进军。 本营将军火库和15名体弱军人留在河内。 上午6时，纵队出发，本营是纵队主力的一部分。 下午1时，到达丰村，本营与第23团某营、野战医院及旅部一起在该村宿营。 本营处在第一线，抽调一部分兵力作为前哨。第4连抽出1个排作前哨，以警戒村子的东边；第1连警戒北边并在巴兰公路上设置双岗哨卡。
4月7日	上午6时，第2旅离开丰村，继续前进。 上午7时，涉水渡过经过侦察并设有航标的底河。 全旅在底河左岸，排成集合队形。 8时30分，全旅继续行军。 下午2时，到达Ke□……村，全旅驻扎于该地。

本营处在第二线上，不负责前哨。

4 月 8 日 上午 6 时，第 2 旅离开 Ke□……去山西驻扎。

上午 7 时，全旅在山西前面集合。

上午 8 时，进入营地，本营穿过山西，由东向西去富尼村，同 23 团 × 营和野战医院一起在那里扎营。

每个连为保安工作提供 1 个前哨排。

第 1、第 2 连警戒堤岸边的宿营地正前方，第 3、第 4 连警戒东边和东南方向并守卫野战医院。

4 月 9 日 第 2 旅继续行动，沿着红河右岸的河堤向黑河前进。本营的第 1、第 4 连是主力部队的先头部队，营长指挥由两个安南和东京土著步兵连、1 个炮兵连、1 个工兵排、架桥兵分队、第 111 团的两个连以及 1 个轻型野战医院分队组成的前卫，一路上未发生任何事故。

下午 1 时，到达武秋（Vu-Thu），全体前卫部队和第 111 团 × 营全部扎营在这个村内。纵队的其余部分驻在后面的演州。在武秋营地上的东京土著步兵警戒黑河一边的西线，本营提供两个连作为前哨：右面的第 1 连警戒沿河的北线，而在左面的第 2 连警戒南线。这两个前哨在右面和左面与东京土著步兵和演州后面的第 23 团的前哨相连。

4 月 10 日 在武秋逗留。第 1、第 2 连的前卫任务由第 3、第 4 连接替。

4 月 11 日 全旅在黑河上继续行动。

上午 6 时，本营离开宿营地，第 2、第 3 两个连与纵队主力一道前进，第4连护送纵队的辎重队，第1连作为后卫部队。

8时，到达长河(Truong-Ha)。

全团在村后和黑河右岸高地北面的山坡上集合。

两个80毫米野战炮连和1个95毫米炮连已在长河高地上架好，高地前面平原延伸，把黑河和遥遥在望的兴化城堡分隔开来。

纵队的各部队到达之后，本营驻扎在长河村内。在我们的右翼有第23团×营，在我们的左翼有两个阿尔及利亚步兵连，河上每个连都由1个前哨排进行掩护。

中午，布置在我们后面的长河高地上的炮兵部队开始轰击兴化城堡。

4月12日 第2旅应当穿过黑河，向兴化进军，部队在通往山西公路的地方用帆船渡过黑河。

属于第23团及第111团的两个营作先锋。在过河之后，第23团×营将沿山西公路前进，第111团×营将沿河直到河的汇流处，然后从红河右岸沿着峭岸前进。这两个营将在小河那里停留下来，那里有一个湖，距黑河左岸约1500米，湖内的水流几乎同黑河平行，小河是那个湖的溢流口。

只能在接到命令之后方可渡过小河。

6时，本营离开营地，来到山西公路的左边，在高地后面黑河右岸的地方集合。

8时30分，乘坐汽艇拖带的帆船渡过黑河。

10时30分,全营在小河右岸集合。

在行军中,本营没有遇到敌人,两河汇流处的仙由村(Village de Tien Do),几乎是荒无人烟,一切筑好的防御工事都已撤空。

11时,奉命越过小河,向兴化进军。

此外,本营还有迅速去保护竹桥的任务,因为在兴化从红河此岸到彼岸人们通常都通过该桥,因此,如果可能,应不使该桥遭到破坏。

本营沿着红河右面的陡岸前进,兴化要塞四周由布置得非常好的附属防御工事严加防卫。鹿砦、壕沟、可分层开火的装甲掩蔽所、竹栅栏,各式各样经过巧妙布置的障碍物应有尽有。可是,一切防御工事都被放弃了,我们通过了所有的工事而没有遇到一个敌人。

12时30分,到达竹桥,该桥从此岸架到彼岸,桥的中部架在一个沙岛的尖端上。

兴化到这个岛之间的整个这段桥完好无损,但是从岛至红河左岸的另一段已被破坏。

敌人已完全撤出这一要塞及其外围防御工事。第23团×营没有遇到任何抵抗就占领了城堡。

2时,本营驻扎在桥和城堡之间沿着红河右岸延伸的掩蔽壕里。东京土著步兵在我们之前通过红河,占领了朱远村(Village de Chu-Vien)和阮村(Village de Nguyen)。

一部分炮兵在我们的左翼,在它附近的第4连派出1个排去掩护它的左翼。

每个连都在正前方派1个排来掩护,各排又在红河沿岸上设置了岗哨。

在右翼,第2连派出1名军官指挥1个排负责守卫竹桥。

晚上10时,守卫竹桥桥头堡的军官报告说,该桥剩下的部分被水流冲断了。已向将军报告了这一情况,目前什么办法也没有;但采取措施以防止发生任何更严重的事故。

4月13日 本营仍留在营地上。桥也不修了。在桥的上游,从右岸到沙岛之间设置了1根缆绳,使溜索船能在河上往返通行。另外,又用彩带标出从小岛至左岸可涉水的线路,由第3连派出前卫哨守护这条通道。这样,我们就可以随时渡过黑河,并在必要的时候向临洮进军。

4月14日 在兴化逗留,本营忙于清扫工作和安排营地,同时承担前哨。

4月15日
4月16日
4月17日
4月18日 与14日同

4月19日 5时30分从兴化出发回河内,本营任前卫,第3纵队由德富瓦中校指挥。

这个纵队是这样组成的:

两个东京土著步兵连、1个工兵排、第23团两个营和第111营〔团〕第12炮兵团所属的两个炮兵连,以及第2旅的野战医院。

7时,在架桥兵赶筑的竹桥上通过黑河。

11时30分,纵队到达同桥村,在那里住宿。各连的正前方由1个前哨排警戒。

4月20日 纵队从同桥出发,继续前往山西。

5时30分,本营离开营地;第3、第4和第1、3个连在炮兵后面,与纵队的主力一道前进。第2连组成后卫。

8时,担任前卫的东京土著步兵在珥河(Nhia)[①]遇到一伙匪徒准备抢劫1个村庄,他们在第23营〔团〕支援下,立即追击这伙掠夺者。本营的第3、第4连也迅速赶到炮队前面,准备支持追击行动,但敌人〈已逃走〉未遭到打击。

9时40分,按原来部署继续前进。

中午,到达山西。本营扎在城内的东路。

4月21日 纵队从山西出发继续行军去丰村。

5时,本营离开营地,第4连走在前锋位置,第1、第2连作为纵队主力的先头部队。

10时30分,纵队到达底河左岸,在向兴化进军时使用过的涉水地方已不能再用了,那里涨水高近1米。

摆渡是用前锋征用的帆船进行的。

2时,到达丰村,整个纵队驻在村内。本营宿在4月6日第一次通过时的那些营地上,并担任了同样的前哨工作。

① 即红河。——编者

4月22日	纵队离开丰村前往河内。上午5时15分,本营离开营地,第1、第2、第3连作为纵队的主力部队,第4连组成后卫。 1时30分,抵达河内后,本营宿在城堡的木板屋中。

BB—4 1957第167—176页

1207 东京远征军第2旅第11炮兵连向兴化进军纪事

1884年4月10日至22日

日　　期	行　动　纪　事
	炮兵连4月10日的编制: 军官:帕尔、杜歇、诺。 部队:182人, 马:3匹, 骡:46匹, 苦力:12名, 炮弹:483发。
4月10日	旅纵队出发,第11炮兵连于5时45分离开营地。8时半左右到达黑河东岸靠近公路南面的小丘上,排好炮阵;其左面是第12炮兵连,右面是80毫米野战炮连。不久就与沿着兴化公路行进的大队敌军交战,发了几发炮(1200米,19颗普通炮弹),敌人随即散开。 接着,炮连奉命用火力搜索前面的村庄,射距调在1200米,分别向村庄的两个重要出口以及与村北

毗连的堤岸射击,堤岸背后隐避着几个敌人射手(20 颗普通炮弹和 10 颗榴霰弹)。9 时 15 分左右,上尉指挥官奉命变更目标,搜索兴化公路北面的大村庄,发射了 7 颗普通炮弹,11 颗榴霰弹。10 时许,奉命停止射击。10 时半,奉命向南转移约 500 米,到耸立着庙宇的小丘上。旅参谋部即设在这座庙内。用 80 毫米野战炮在它右面排好阵势。第 12 炮兵连没有更换阵地。到下午 4 时,第 11 炮兵连还来不及在这个新的阵地上射击,上尉指挥官接到旅参谋长下达的口头命令:去仲庙(pagode de Trong)方向代替海军第一炮兵连(乙连)(雷日上尉)。后者原同左翼纵队一起进军,以后要在左面支援,以便同本营构成左翼。把这个行动通知了杜雅定上校。

第 11 炮兵连在仲庙会合第 1 炮兵连(乙连),并同它一起在那里扎营。第 1 炮兵连采取了夜间防卫措施后,又接到留在原地的命令。因此,两个连在一起过夜,第 1 连(乙连)在朝北的阵地上,第 2 连在朝西南的阵地上,彼此均可向河流纵射。在它们右面,有海军陆战营派出的 1 个排作为守卫;在它们左面,有两个海军陆战营(科罗纳、拉克鲁瓦),它们把阵地一直延伸到杜雅定上校所在的岭总(Tong-Lanh)。

白天发射了 39 颗普通炮弹和 24 颗榴霰弹,损坏了 4 只引信拔塞、1 只火门通针和 1 个档板操纵杆的支持环,虽然无法调换这些损坏和消耗的部件,炮兵还是处于可以立即行军的状态。晚上 7 时,上尉连长奉命认真遵守安全措施,并等待第二天离开阵地的新指示。在开始进军时,将因弹药消耗而再用不着的骡子留下,以便 80 毫米野战炮连路过时能使用。

4 月 11 日 上午 8 时,炮兵连奉特别命令,送 6 头骡子给卡尔通(Carton)上尉的 80 毫米野战炮连使用。但 2 小时以后骡子又送回来了,因为炮连的行军计划已经改变。11 时,炮连离开仲庙,插入(科罗纳司令)纵队的主力部队第 1 营中间,向 Ba□……进军,3 时前后到达该地,然后排好炮阵以便在必要时保护通道。

4 时左右,第 1 旅开始渡过黑河,步兵部队乘刚连接成对的小艇渡河。处于前卫的雷日炮兵连,用竹筏第 1 批过了河。可竹筏搁浅在对岸,已不能再用于摆渡炮兵部队,因此炮兵部队中断了摆渡。6 时左右,第 12 炮兵连的 2 门炮才通过舢板摆渡过去。这时,炮兵连来到对面渡口的沙滩上宿营。全部系马的绳都用来组成一束临时的载重绳,骡子都栓在器材上。凌晨 1 时,帆船来到,第 12 炮兵连继续摆渡。

4 月 12 日 第 11 炮兵连在 2 时左右开始摆渡。炮和各种箱子装在第一只帆船上,船上还有军士和 20 名士兵;鞍子装在第 2 只帆船上,由中士长和剩余的人员看守。由于这 2 只帆船难以达到离右岸 25 至 30 米以内的地方,炮连只能涉水艰难地登岸,但到凌晨 3 时半还是完成了。此时,在杜歇先生的指挥下,骡子也只能泅水过河,驭骡手搭乘在大小不同的舢板上,尽管发生了几个细小事件,这次摆渡总算没有发生什么意外。

5时,大家领到了1天的鲜肉,骡群刚过了河。

6时45分,炮兵连开始行军。它同纵队主力部队第3营(科罗纳营)一起前进。从8时半起在沙富(Sa-Phu)休息。在那里分发了1天的罐头肉、酒和两天的饼干。晚上,炮连领到了两天的罐头,加上1天的罐头肉,1天的饼干,1天的咖啡、糖、茶叶和塔菲亚酒等食物。10时半开始行军,3个炮兵连有了调动:海军炮兵连(雷日)调到前卫,第12连调到主力部队第1营,第11连调到主力部队第3营(科罗纳营)。道路险阻难行,时而羊肠小道,陡峭而又曲折;时而跋山穿谷,通过稻田,一步一个泥坑。由于道路越来越难走,炮兵连奉命折回,同第12连一起宿在一个山村里。

我们获悉,从4时起兴化的敌军已经撤走,第2旅在上午已进入该城,我们连将在1个海军陆战营(营长拉克鲁瓦)的护送下,重新通过罗富(La-Phu)沿黑河左岸直达同会(Dong-hoï),那里有1条相当好的公路通往山西。

4月13日　6时半从营地出发,直到罗富,一路行军困难。餐间休息了2个半小时(10至12时半),与此同时,人们在我们前面修路。7时抵达兴化,第11和第12炮兵连宿在……[①]庙里,大家吃完一整天的罐头,只剩下两罐。

---

① 原文如此。——编者

4月14日　休息。炮兵连原来计划于15日同尼格里将军一起追击敌人,但这次出征已取消。

从这天起,分发新鲜食物,晚上奉令解散纵队,第11和第12炮兵连将于19日启程回河内,与第143团德富瓦中校指挥下属于第23团和第111团的两个步兵营一路同行。

4月15至18日　无事记述。有一天的肉没有领到,待补发。

4月19日　上午5时半出发,前卫包括:安南土著步兵营和第111团的一个连、第12炮兵连、第11炮兵连和第23团的3个连。部队从架桥兵架设的竹桥上通过黑河。两个炮兵连同宿瓦村,于上午11时到达,食用了两天中一天的储备粮。

4月20日　行军序列和19日同,只是由第23团为先头部队,第11连走在第12连之前。

5时50分从营地出发。9时左右,前卫靠近芽村时,插着黄旗和红旗的匪帮向他们开枪。步兵部队展开队形,攻占了匪徒撤出的村庄。估计匪徒分成三批,人数约有400或500人。炮兵部队没有参加战斗,但在这一天剩下的时间里,第11炮兵连给前卫补充了一个排。

11时半到达山西,炮兵连食用最后一天的罐头食品,他们分配到的是21日和22日两天的食物(没有分糖),但是仅仅一天的酒和塔菲亚酒。也就是说两天的2/3面包和1/3饼干,两天的咖啡和盐,两天的

	肉(一天鲜肉、一天罐头肉)。
	炮兵连重新带走了它奉命存放在仓库里的毯子。
4月21日	同样的行军序列。第111营〔团〕走在最前面,第12炮兵连先走,它派出一个排作为前卫。上午11时到达底河。由于水位升高,不能涉水,只能乘舢板渡河,马匹则泅水而过。第11炮兵连于12时15分开始摆渡,1时结束,2时半到达丰村。
4月22日	由于气温升高,出发提早了一个小时。杜歇率领的前卫排提前于4时50分动身,炮连及其余部分同纵队的主力部队一起于上午5时出发。11时抵达河内,炮连宿在城堡内,那里它们又遇到了与诺中尉一起调来的第3排。

(1884年7月30日于河内)

BB—4　1957第203—207页

1208　东京远征军第12炮兵团第12连行军和作战日记

1884年4月10日至22日

日　　期	行　动　纪　事
	炮连分到42头骡子,准备上路。每门炮用一头骡子拖曳,箱子由余下的骡子和26名苦力搬运。 炮连每门炮配备炮弹80发。从河内出发时的编制如下: 萨克雪上尉,雷诺中尉,士官8名和炮手102名。留在河内的:下士1名和士兵7名。
4月10日	5时30分,炮连从威(Vai)出发,与一个阿尔及利

亚土著步兵营一起担任前卫。7时到达黑河河畔。

8时,架炮向罗常村、黄更村(village de Hoang-Canh)、罗和村(village de La-Ha)发射52发炮弹。2时许,炮连又向黄更村曾多次向我们开炮的敌人炮垒发射6发炮弹,敌炮随即停火。

炮连露宿在阵地。

4月11日 中午,炮连从阵地出发,在不拔公路上同一个阿尔及利亚土著步兵营一起作为旅的后卫,于6时到达黑河边上的不拔,两门炮是用一条小船运过河的。全部器材本来准备用木筏摆渡,但木筏已经断裂,炮连只得在岸边宿营,等待适当的运输工具。

杜瓦尔中士曾带领4名士兵去海防设法购置骡子,但他回到炮连时只剩下2名士兵,第2旅95毫米炮连名叫佩列(Pelet)和勒布雷通的两名一等炮手长失踪了,估计他们是在 Din-Chu①淹死于红河中了。

4月12日 凌晨2时半,一支船队来了,1只帆船和3只小船是供炮连渡河的:器材和副炮手由帆船摆渡,骡子由乘在小船上的炮手牵着泅水过河。结束卸载后,于早晨4时半重新组成了炮队。号码为2386的一等炮手长布拉尔在摆渡时失踪,估计他被骡子拖走淹死在一个潭里,而他骑的骡子单独泅水过了河。6时,炮连启程,在罗富前面即不拔对岸起一直到兴化的这段公路上停下。然后继续前进,炮连同阿尔及利亚土著步兵营一起走在主力部队的前头,顺着兴化公路前

① 原文如此,疑为 Dien-Chu(演州)之误。——编者

进,一直走到5时。这条公路的路面很差,路基不宽,再加上高低不平,因此相当难走。5时,炮队奉命停下来,折回,开往后面大约一公里的一个村庄内去过宿。

4月13日 6时半,炮连同海军陆战队的一个营一起出发。炮连又走上昨天走过的路,走到了罗富的黑河。顺着堤岸一直走到当下(Dang-ha),再取道通过春阳(Xuan-Duong)的公路,直接走到了山西通往兴化的公路上。晚上10时到达兴化之后,在城堡北面的庙宇里宿营。

4月14—16日 留在兴化。

4月17日 在黑河里找到了布拉尔的尸体,就在兴化埋葬了。

4月18日 留在兴化。

4月19日 炮连于5时半出发,作为纵队的一个部分。纵队包括第11炮兵连、挺进步兵团、一个东京步兵分遣队、工兵部队和辅助部队。炮连同纵队主力部队一起前进,在一条竹桥上穿过黑河,到达威村宿营。

4月20日 炮连于早晨5时同纵队主力部队一起出发。前卫在距山西大约4公里处一个村子附近发现一伙抢劫者。纵队停了下来,而步兵部队则去驱逐这伙歹徒。炮连于中午12时半到达山西。

BB—4 1957第209—210页

1209　东京远征军架桥分队行动纪要

1884年3月8日至4月22日

从3月8日至22日

日　期	行　动　纪　事
	分队的组成
	雷茂萨中尉助理，1名建筑副队长，1名中士，两名下士和16名架桥兵。
	总计：1名军官和20名士兵。
3月8日	分队被分派到波里也将军的纵队。
	上午7时出发。分队被安排在野战医院和行李车之间，晚上8时到达象夫（Vio-Phut）。旅部在那里宿营。
3月9日	中尉奉命率分队走在纵队前卫尖兵后面，其任务是修好公路，保证炮兵部队通过。铲和镐是海军陆战队让给我们的。我们于上午6时出发，炮队的20名炮手被派到分队来，沿路上进行了许许多多的修理工作，但工作量不大。下午2时，我们到十字头村（village de Nga-Tu-Dau），在那里宿营。
3月10日	上午6时出发，断断续续进行了许多修理工作，但量不大。在杜邦米埃少校的指挥下，在木架上筑了1条竹桥，长约10米。
3月11日	上午8时，开始在天德江上架桥，使用的器材有：

4只有甲板的帆船,1只大箩筐,带爪子的小梁,金属起重绳,木头锚。风极微弱,但是变换无常,因此双缆绳是必需的。

4艘帆船的甲板是纵向联接起来的,由抛在下游的两只锚系住,起重绳在上游拖住,箩筐是按普通的方式安置的。架桥兵负责操纵帆船,下锚和起重。桥的长度有92米。

中午,渡河开始,2时结束,没有发生任何事故。3时45分,撤走完毕。

3月12日　第1旅于早晨6时半从侵村出发,1名少尉指挥的阿尔及利亚土著步兵排加入架桥工作,帮助他们修路。如以前一样,修理工作很多但没有重大的。旅纵队于下午1时左右到达中山高地前面,这个高地与公路之间有3公里宽的稻田把二者隔开。分队扎营在高地上的1个村里,没有任何损失。

3月13日　上午6时出发,7时到达前夜尼格里旅到过的北宁,分队在城堡内宿营。

3月14日　早晨6时出发,去修理中国人在裘江上搭的一座竹桥,它与上游的一根曳船索在同一横跨水平,两个桥台被拆去大约20米长。中间有一段桥面极不牢固。于是决定在右岸附近搭一个门桥。修复了2座桥台,桥也加固了,门桥也完成了,分队于5时返回北宁。

3月15日　遵照总司令14日的命令,分队被分为两个部分:由拉克鲁瓦副队长率领的9名士兵跟随尼格里纵队朝谅山方向前进；分队的其余人员——1 名中士和 9 名士兵留下来跟中尉一起，同波里也旅朝太原行进。

第 1 纵队：纵队于 6 时半出发，分队排在前卫尖兵后面。可以通行的公路无需多大修理。10 时，我们到达六头江畔，在那里进行餐间休息之后，我们设法弄到一批舢板，由架桥兵驾驶，整个旅在 3 小时内（11 时半至 2 时半）摆渡完毕，渡河过程中没有发生任何事故。我们继续行军，旅纵队在下午 6 时到达营地。

第 2 纵队：上午 6 时从北宁出发，到塔求时，发现中国人在裘江搭了一座竹桥；纵队在架桥兵的监护下，从桥上通过。纵队在谅商府赶走了保护渡口的中国人后，乘着舢板渡过该河。渡河工作结束后，晚上 9 时在距谅商府 1500 米处宿营。

3 月 16 日
第 1 纵队　早晨 6 时出发，沿途进行了小修补。下午 2 时，随同贝兰中校率领的纵队向安世城堡进发。

4 时半，纵队到达安世城堡前，6 时占领城堡，没有遭受任何损失。分队进入城堡宿营。

第 2 纵队　16 日上午 6 时出发，向谅山行进，经过一次短暂的接触后，于下午 4 时到达牌柑（Bai-Cam）并在那里宿营。

3 月 17 日
第 1 纵队　奉命于下午 3 时从安世出发，并在走时带走了工兵，我们要修理昨天走过的公路。在厄兰（Euling）指挥官领导下的两个阿尔及利亚土著步兵连担任护卫。修理好两座桥，并在一处可涉水而过的地方设置了 1 座不很牢的桥。当我们在距离安世 11 公里处忙于修理 1 个沟壑上的 1 座桥时,纵队的先头部队同敌人交了火。到下午 7 时,双方的射击停止。我们就宿在一座庙宇的附近。

第 2 纵队　早晨 5 时 45 分出发。10 时,分队修理了 1 座由中国人在河的小支流上搭的竹桥。修好后继续行军。在这个阵地的大约 1500 米处,我们修复了敌人建的第 2 座竹桥。下午 1 时纵队折回,重新夺回昨夜的营地。

3 月 18 日 第 1 纵队　早晨 5 时半,朝安世方向出发,去继续进行昨夜未能完成的修理工作。纵队于 7 时半同我们会合,继续向太原方向进军。下午 3 时涉水过裘江,5 时在富平宿营。

第 2 纵队　在北浒休息。

3 月 19 日 第 1 纵队　6 时半出发,10 时半在离太原 3 公里处进行餐间休息。11 时半发现敌人,于是展开进攻。下午 3 时入城,未遭任何损失。

第 2 纵队　返回北宁。下午 5 时在距塔求 3 公里的村庄宿营。

3 月 20 日 第 1 纵队　分队被指派去组织 1 个木筏运送队,以运走从敌人那里缴获的器材和弹药。

第 2 纵队　上午 11 时到达北宁。这天的其余时间休息。

3 月 21 日　运送队由海军陆战队的朗斯洛(Lancelot)上尉率领,早晨 6 时出发。7 时遇到了浅滩,架桥兵和护卫队中的东京兵跳入水中,经过长达 7 小时的艰苦作业,运输队才得通过。3 时重新进军。5 时我们再次停下来,在那里过夜。

第2纵队 修理塔求的桥。

3月22日

第1纵队 早晨5时半,士兵们重新跳入水中,经过2个小时的作业后,成功地使运送队通过。此时,带领1只帆船和6只舢板溯江而上的德·杜夫雷少校到达此地,他命令进行转装。一部分护卫队和一些不太疲劳的病人随着朗斯洛上尉从陆上出发,两只最坚固的木筏被保存下来,我们于12时半同这个新运送队出发。运送队于6时半停下来,我们在船上过夜。

第2纵队 在北宁警戒。

从4月10日至22日

分队的组成

1名军官、2名中士、2名下士和14名架桥兵。总计:1名军官和18名部队士兵。

4月10日 留在武朱(Vu-Chu)。

4月11日 早晨6时从武朱出发。9时半左右到达距兴化大约5.5公里的黑河河畔。

旅纵队按兵不动。80和95毫米炮连炮击兴化。

4月12日 令分队建筑两个栈桥码头,将80和95毫米炮装上“禁门”号。第1个码头于凌晨4时半开始修建,6时结束(用竹子建造)。建筑第2个码头只能在很晚时才开始,因为我们没有拖轮去把器材运到左岸上去。

下午,摆渡结束后,我们宿在左岸的罗和。

10时30分,全营在小河右岸集合。

在行军中,本营没有遇到敌人,两河汇流处的仙由村(Village de Tien Do),几乎是荒无人烟,一切筑好的防御工事都已撤空。

11时,奉命越过小河,向兴化进军。

此外,本营还有迅速去保护竹桥的任务,因为在兴化从红河此岸到彼岸人们通常都通过该桥,因此,如果可能,应不使该桥遭到破坏。

本营沿着红河右面的陡岸前进,兴化要塞四周由布置得非常好的附属防御工事严加防卫。鹿砦、壕沟、可分层开火的装甲掩蔽所、竹栅栏,各式各样经过巧妙布置的障碍物应有尽有。可是,一切防御工事都被放弃了,我们通过了所有的工事而没有遇到一个敌人。

12时30分,到达竹桥,该桥从此岸架到彼岸,桥的中部架在一个沙岛的尖端上。

兴化到这个岛之间的整个这段桥完好无损,但是从岛至红河左岸的另一段已被破坏。

敌人已完全撤出这一要塞及其外围防御工事。第23团×营没有遇到任何抵抗就占领了城堡。

2时,本营驻扎在桥和城堡之间沿着红河右岸延伸的掩蔽壕里。东京土著步兵在我们之前通过红河,占领了朱远村(Village de Chu-Vien)和阮村(Village de Nguyen)。

一部分炮兵在我们的左翼,在它附近的第4连派出1个排去掩护它的左翼。

每个连都在正前方派1个排来掩护，各排又在红河沿岸上设置了岗哨。

在右翼，第2连派出1名军官指挥1个排负责守卫竹桥。

晚上10时，守卫竹桥桥头堡的军官报告说，该桥剩下的部分被水流冲断了。已向将军报告了这一情况，目前什么办法也没有；但采取措施以防止发生任何更严重的事故。

4月13日 本营仍留在营地上。桥也不修了。在桥的上游，从右岸到沙岛之间设置了1根缆绳，使溜索船能在河上往返通行。另外，又用彩带标出从小岛至左岸可涉水的线路，由第3连派出前卫哨守护这条通道。这样，我们就可以随时渡过黑河，并在必要的时候向临洮进军。

4月14日 在兴化逗留，本营忙于清扫工作和安排营地，同时承担前哨。

4月15日
4月16日
4月17日
4月18日 与14日同

4月19日 5时30分从兴化出发回河内，本营任前卫，第3纵队由德富瓦中校指挥。

这个纵队是这样组成的：

两个东京土著步兵连、1个工兵排、第23团两个营和第111营〔团〕第12炮兵团所属的两个炮兵连，

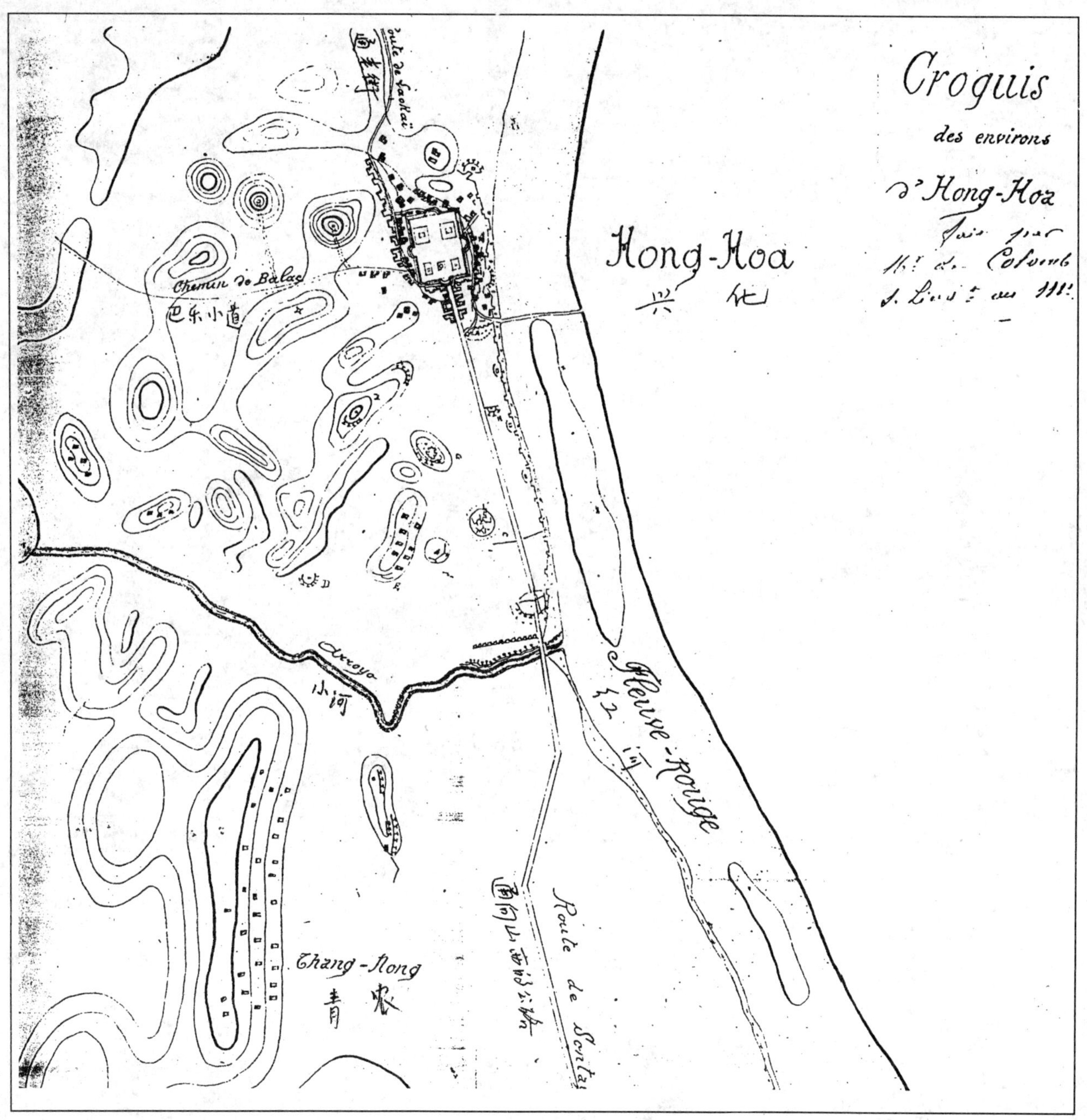
Croquis
des environs
d'Hong-Hoa
Hong-Hoa
兴化
Chemin de Balac
巴乐小道
Arroya
小河
Fleuve-Rouge
红河
Thang-Nong
青农
Route de Sontai

4月13日　向兴化进军。9时,来到一条小河上的桥前,桥墩的架子约有6米高,已完全腐烂,必须建造两条斜通道及一座水平面上长7米的桥。两尊80毫米和1尊95毫米的炮卸了套通过桥面,1尊80毫米炮带着套通过桥面。1头骡子不幸落入水中。没有发生其他事故。

4时到达兴化,在那里宿营。

4月14日　留在兴化。

4月15日　按照炮兵部队上校指挥官下达的命令,分队于早晨5时半出发去罗和修建一座竹桥,以便两个旅通过。另外一座单行竹桥已在布雷诺(Brenot)的指挥下由工兵筑好两个桥台。工程于10时开始,于下午6时结束。安南和东京土著步兵对工程提供了帮助。桥的长度是210米,水流是1.6—1.7米/秒。我们宿在罗和。

4月16日　工程于上午6时开始,桥于11时筑成,海军陆战队的一个营随即开始在桥上通过。宿营。

4月17日　半个骑兵连、1个阿尔及利亚步兵营、1个65毫米套车的炮兵连过了河。

宿营。

4月18日　2个海军陆战队连、两个海军陆战队营、两个炮兵连(一是65毫米炮连,一是4厘米炮连)过了河,1个安南和东京土著步兵营、1个工兵排、野战医院一宪兵队过了河。

宿营。

4月19日	两连东京步兵、两营战列步兵队、两个80毫米山炮连、1个工兵排、1排医务人员、后勤队过了河。 宿营。
4月20日	同分队一起调回河内的3艘甲板帆船于上午7时从罗和出发,下午3时到达山西。宿营。
4月21日	清早5时从山西出发,下午1时半到达河内。旅途中没有发生任何特殊情况。
4月22日	留在河内。

BB—4 1957第211—216页

1210 外交部部长办公室记录

1884年4月①

日意格先生前来告知陈季同先生来信内容:中国可能临时派李凤苞到法国接替曾侯,曾侯只保留驻伦敦和彼得堡使臣的职务。这位新任使臣可能得到训令,命他在宝海的七条的基础上同我们进行谈判,但拒绝索赔要求。李凤苞由于了解这项使命十分艰难,可能推辞不受。但是他曾经询问,在递交国书之前,他是否可以凭中国政府一个简单的电报命令前来巴黎。

C.P.中国第64卷第269页

① 原文没有日期。——编者